서울고등검찰청 송무부 조세판례연구회

조세법판례연구

김진오
김영진
박철경
채명성
황재훈
공 저

세경사

SEOUL HIGH PROSECUTION SERVICE
PRACTICE AND PROCEDURE IN TAX LITIGATION

추 천 사

이번에 서울고등검찰청 김진오 부장검사와 김영진, 박철경, 채명성, 황재훈 공익법무관이 『조세법판례연구』를 발간하게 되었습니다. 바쁜 업무에도 불구하고 밤낮을 가리지 않고 연구, 토론을 하여 마침내 역저를 내게 된 그분들에 대하여 심심한 경의를 표합니다. 또한 본서가 앞으로 조세법 분야의 발전에 기여할 것을 생각하면 기쁜 마음을 금할 수 없습니다.

서울고등검찰청은 연간 1,700여 건의 조세소송을 수행하고 있습니다. 이 중 조정이나 국가 패소로 조세부과처분이 변경되는 비율은 약 30퍼센트에 이르고 있습니다. 이는 조세행정이 그동안 많은 발전을 이루었음에도 불구하고 국민의 기대에 부응하기에는 아직 부족한 것이 아닌가 하는 의구심을 갖게 됩니다.

조세법률주의로 대변되는 정부의 조세권은 국가 주권의 중요한 요소입니다. 조세분야에서 형평성과 적정성은 생명과도 같은 것입니다. 조세권은 방기되어서도 남용되어서도 안 됩니다. 조세의 부과와 집행에 있어서의 적법성은 정부의 신뢰와도 직결됩니다. 법치주의에 철저한 조세행정이 이루어질 때 비로소 정부의 신뢰는 높아지고, 국민의 생계는 풍요로워집니다.

본서는 서울고등검찰청의 검사, 공익법무관이 소송 현장에서 보고, 느낀 것을 바탕으로 판례를 연구, 분석한 살아있는 기록입니다. 현장 경험에서 체득한 생생한 숨결과 번득이는 눈길이 곳곳에 배어 있습니다. 소송 수행자로서의 보람과 아쉬움, 기쁨과 안타까움이 낱낱이 느껴집니다. 국가를 대리하여 소송을 책임진 사람들의 진솔한 기록입니다.

아무쪼록 본서의 발간으로 조세법이 더욱 발전되고 조세법에 대한 국민적 관심이 크게 고양되기를 바라 마지않습니다. 다시 한 번 본서의 출간을 진심으로 축하드립니다.

2010. 3.

서울고등검찰청

검사장 한 상 대

머 리 말

조세법 분야는 최근 국제 경제 질서의 변화 및 국내 경제의 개방화에 따라 큰 변화에 직면하고 있습니다. 내국세 수입 예산만 약 140조원이 넘는 현실을 반영하듯 조세법령 역시 복잡다기할 뿐만 아니라 외국 기업들과의 교류 확대와 새로운 조세회피 수단의 발생으로 인해 이전과 다른 새로운 쟁점들에 대한 연구 및 실무능력의 향상이 필요한 것이 현실입니다.

저자는 서울고등검찰청에서 조세소송을 수행하고 국세청을 지휘·감독하면서 이러한 변화를 직시할 수 있었습니다. 이에 그동안 서울고등검찰청의 전문화를 통해 조세법 분야의 변화에 발맞추고 국가의 소송 수행능력을 향상시키기 위해 노력하여 왔습니다.

특히 직접 실무를 담당하면서 문제가 되는 쟁점들에 대해 같이 토론하고 연구 성과를 축적하기 위해 서울고등검찰청 송무부 내에 저자와 조세팀 법무관들을 주축으로 한 "조세판례연구회"를 정기적으로 개최하여 왔습니다.

이번에 발간하게 된 『조세법판례연구』는 조세판례연구회를 통한 그동안의 연구 성과를 총합한 최초의 성과라고 할 수 있습니다. 『조세법판례연구』는 사건을 직접 맡아 소송을 수행한 저자와 법무관들이 작성한 논문들로 구성되어 개별 사건들에 대한 고민들이 녹아 있을 뿐만 아니라 위 논문들은 현 시점에서 실무적으로 문제가 되고 있는 쟁점들을 기초로 이루어져 관련 업무를 담당하시는 분들에게 큰 도움이 되리라 기대합니다.

본 책자가 발간되기까지 조세 분야에 있어서의 고검 전문화를 위해 아낌없는 지원을 해주신 서울고등검찰청 한상대 검사장님과 매주 조세판례회의를 주관하고 조세판례연구회의 구성원들이 작성한 논문들을 일일이 감수한 서울고등검찰청 홍만표 송무부장님께 다시 한 번 깊은 감사를 드립니다. 아울러 지금까지 저자와 함께 연구·집필에 매진하여 온 김영진, 박철경, 채명성, 황재훈 법무관, 이 책이 출판될 수 있도록 배려해 주신 세경사의 김수진 사장님과 여러 가지로 수고해 주신 최인원 편집부장님 및 세경사 직원 여러분에게도 고마움을 전합니다.

서울고등검찰청 조세판례연구회의 연구 성과가 녹아 있는 이번 책자의 발간을 통하여 한국 세법 분야의 수준이 진일보되고 저자들이 가지고 있는 문제의식들이 널리 공유될 수 있는 계기가 되기를 기원합니다. 감사합니다.

2010. 3.

서울고등검찰청

검사 김 진 오

차 례...

제 1 편 소득세법

제 2 편 법인세법

제 3 편 부가가치세법

제 4 편 상속세 및 증여세법 · 지방세법

제 1 편

소득세법

서울고등검찰청 송무부

지급시기 도래한 미수령 이자에 대한 과세 여부

(서울고등법원 2008누33015 판결 : 종합소득세과세처분취소)

1. 판결요지

금원의 대여로 이자 상당의 소득을 얻는 사업소득의 존부와 금액을 확정하여 과세대상으로 삼는 경우 단지 이자약정 아래 금원을 대여하였다는 사정만으로 그 이자지급시기가 도래하기만 하면 소득이 현실적으로 발생한 것으로 보아 과세할 수 없지만, 만약 원리금을 초과하는 담보물을 취득하고서 금원을 대여한 경우에는 이자지급기일이 도래하기만 하면 그에 의하여 발생한 이자채권은 특별한 사정이 없는 한 그 소득의 실현이 객관적으로 보아 상당히 높은 것이므로 과세관청으로서도 그때 소득이 있는 것으로 보아 과세할 수 있다(대법원 1993. 12. 14. 선고, 93누4649 판결 참조).

소득세법은 현실적으로 소득이 없더라도 그 원인이 되는 권리가 확정적으로 발생한 때에는 그 소득의 실현이 있는 것으로 보고 과세소득을 계산하는 이른바 권리확정주의를 채택하고 있고, 다만 소득의 원인이 되는 채권이 발생된 때라 하더라도 그 과세대상이 되는 채권이 채무자의 도산 등으로 인하여 회수불능이 되어 장래 그 소득이 실현될 가능성이 전혀 없게 된 것이 객관적으로 명백한 때에는 그 경제적 이득을 대상으로 하는 소득세는 그 전제를 잃게 되고, 그와 같은 소득을 과세소득으로 하여 소득세를 부과할 수 없다고 할 것이나, 납세의무자가 그와 같은 사정을 주장·입증하여 과세할 소득이 없는 경우임을 밝혀야 하는 것이고, 이때 그 채권의 회수불능 여부는 구체적인 거래내용과 그 후의 정황 등을 따져서 채무자의 자산상황, 지급능력 등을 종합하여 사회통념에 의하여 객관적으로 평가하는 방법으로 판정하여야 한다(대법원 2002. 10. 25. 선고, 2001두1536 판결 참조).

이 사건의 경우 ① 원고가 소외 갑에게 법적조치를 할 예정임을 통보하였다는 사정은 이 사건 소비대차계약이 정상적인 상관행에 벗어난 것이라는 점을 나타내는 징표가 될 수 없고, ② 이 사건 소비대차계약상 약정이자가 지나치게 고율이라는 사정은 쟁점 소비대차 당시가 IMF 직후 이자제한법이 폐지된 시점임을 감안하면 그 자체로 이자약정이 무효라고 단정하기 어려우며, ③ 설령 이 사건 소비대차에서 정한 이자가 지나치게 고율이어서 일부 무효에 해당한다 하더라도 그러한 사정만으로 이자지급일 약정이 무효가 된다거나 이자지급기일에 관한 약정 자체가 없었다고 볼 수 없고, 무효부분을 제외한 나머지 약정부분은 여전히 유효할 것인바, 달리 이 사건 소비대차계약이 이자지급일의 약정이 없는 경우에 해당한다고 볼 수 없다.

따라서 이 사건 금전소비대차계약상 제2차 변제시기를 1998. 7. 20.로 하면서 이자 20억 원이 최종적으로 변제되어야 할 계약기간의 만료일을 1998. 11. 20.로 정한 이상, 특별한 사정이 없는 한 이자지급일의 약정이 있는 것으로 보아야 하므로 이 사건 이자소득의 귀속시기는 1998년이고, 결국 이 사건 부과처분은 조세부과의 제척기간을 도과하여 한 처분으로서 위법하다.

2. 사실관계

원고는 1997. 11. 12. 소외 갑으로부터 서울 구로구 개봉동 산 ×× 외 16필지에 관하여 채권최고액 40억 원의 근저당권을 설정받고, 같은 달 13. 용○○ 및 김○○에게 20억 원을 대여하면서 제 1 차 변제시기를 1998. 5. 20.로, 제 2 차 변제시기를 1998. 7. 20.로, 최종 변제시기를 1998. 11. 20.로 정하여 차용기간 만료시 원금 및 추가 20억 원(이하 '이 사건이자') 합계 금 40억 원을 변제하기로 하는 이 사건 금전소비대차계약을 체결하였다.

원고는 위와 같은 소비대차계약으로 인하여 지급받기로 한 이자가 아직 원고에게 귀속되지 않았다고 보고 피고에게 1999년도 종합소득세 과세표준 신고를 하면서 이 사건 이자부분을 누락하였다.

그 후 원고는 2005. 6.경 이 사건 소비대차계약에 기한 원리금을 변제받기 위하여 위 부동산에 대한 임의경매를 신청하여, 2006. 5. 26. 금 2,022,034,279원을 배당받았다.

이에 피고는 위 배당금이 비영업대금의 이익으로서 이자지급기일을 정하지 아니한 것으로 보아 그 이자소득의 귀속시기를 2006년으로 하여 2007. 3. 12. 원고에게 2006년 귀속 종합소득세 814,749,540원을 결정・고지하는 이 사건 처분을 하였다.

3. 쟁점의 정리

국세기본법상 조세부과처분의 제척기간은 5년인바, 원고에 대한 이 사건 처분이 종합소득세 법정신고기한으로부터 5년을 경과하여 이루어진 것으로서 적법한 것인지 문제되고, 또한 원고는 소외 갑과 약정한 소비대차계약상 지급시기가 도래하였으나 채무자 갑이 실제 이자를 지급하지 아니하여 수령한 이자소득이 없었는바, 미수령 이자를 실현된 소득으로 보아 과세할 수 있는지 검토되어야 한다.

4. 관련법령

○ **국세기본법**

제26조의 2 【국세부과의 제척기간】

①국세는 다음 각 호에 규정하는 기간이 만료된 날 후에는 부과할 수 없다. 다만, 조세의 이중과세 방지를 위하여 체결한 조약(이하 "조세조약"이라 한다)의 규정에 의하여 상호합의절차가 진행 중인 경우에는 「국제조세조정에 관한 법률」 제25조에서 정하는 바에 따른다.

1. 납세자가 사기 기타 부정한 행위로써 국세를 포탈하거나 환급·공제받는 경우에는 당해 국세를 부과할 수 있는 날부터 10년간
2. 납세자가 법정신고기한 내에 과세표준신고서를 제출하지 아니한 경우에는 당해 국세를 부과할 수 있는 날부터 7년간
3. 제 1 호 및 제 2 호에 해당하지 아니하는 경우에는 당해 국세를 부과할 수 있는 날부터 5년간

○ **국세기본법 시행령**

제12조의 3 【국세부과제척기간의 기산일】

①법 제26조의 2 제 5 항에 따른 국세를 부과할 수 있는 날은 다음 각 호의 날로 한다.

1. 과세표준과 세액을 신고하는 국세(「종합부동산세법」 제16조 제 3 항에 따라 신고하는 종합부동산세를 제외한다)에 있어서는 당해 국세의 과세표준과 세액에 대한 신고기한 또는 신고서 제출기한(이하 "과세표준신고기한"이라 한다)의 다음 날. 이 경우 중간예납·예정신고 및 수정신고기한은 과세표준신고기한에 포함되지 아니한다.

❍ 조세범처벌법

제 9 조

①사기 기타 부정한 행위로써 조세를 포탈하거나 조세의 환급·공제를 받은 자는 다음 각 호에 의하여 처벌한다. 단, 주세포탈의 미수범은 처벌한다.

1. 개별소비세·주세 또는 교통·에너지·환경세의 경우에는 3년 이하의 징역 또는 포탈세액, 환급·공제받은 세액의 5배 이하에 상당하는 벌금에 처한다.
2. 인지세의 경우에는 증서·장부 1개마다 포탈세액의 5배 이하에 상당하는 벌금 또는 과료에 처한다.
3. 제 1 호 및 제 2 호에 규정한 이외의 국세의 경우에는 3년 이하의 징역 또는 포탈세액이나 환급·공제받은 세액의 3배 이하에 상당하는 벌금에 처한다.

②전항의 경우에 있어서 포탈하거나 포탈하고자 한 세액 또는 환급·공제를 받은 세액은 즉시 징수한다.

❍ 소득세법

제16조 【이자소득】

①이자소득은 당해 연도에 발생한 다음 각 호의 소득으로 한다.

12. 비영업대금의 이익

❍ 소득세법 시행령

제45조 【이자소득의 수입시기】

이자소득에 대한 총수입금액의 수입할 시기는 다음 각 호에 규정하는 날로 한다.

9의 2. 비영업대금의 이익약정에 의한 이자지급일. 다만, 이자지급일의 약정이 없거나 약정에 의한 이자지급일 전에 이자를 지급받는 경우 또는 제51조 제 7 항의 규정에 의하여 총수입금액 계산에서 제외하였던 이자를 지급받는 경우에는 그 이자지급일로 한다.

5. 검 토

가. 이 사건에 적용되는 조세부과 제척기간 검토

원고는 소외 갑에게 금원을 대여하고 이자소득이 발생하였음에도 이에 대하여 종합소득세 과세표준신고를 하지 아니하였는바, 이와 같은 원고의 행위가 국세기본법 제26조의 2 제 2 호에 정한 '납세자가 법정신고기한 내에 과세표준신고서를 제출하지 아니한 경우'에 해당하여 7년의 제척기간이 적용된다 하더라도 2007년 현재 국세부과제척기간이 소멸하였으므로 이 경우 원고의 위 행위가 국세기본법 제26조의 2 제 1 호에 정한 '사기 기타 부정한 행위'에 해당하여 10년의 제척기간이 적용되는지 문제된다.

(1) 국세부과권의 제척기간

국세기본법 제26조의 2는 국세부과권의 제척기간에 대해 규정하고 있는바, 국세부과권의 제척기간은 납세의무가 성립된 상태에서의 실체법적 부과권을, 국세징수권의 소멸시효는 조세채권이 확정된 상태에서 절차법적인 징수권을 각 대상으로 한다는 점에서 구별된다.

국세부과권의 제척기간은 각 세목별로 그 기간이 다르게 규정되어 있고, 성질상 통상의 제척기간과 특별한 제척기간으로 나누어 볼 수 있다. 일정한 사실이 후발적으로 발생한 경우에 관하여 특수한 제척기간이 정하여져 있어 통상의 제척기간 경과 후에도 경정・결정할 수 있다(국세기본법 제26조의 2 제 2 항 제 1 호 내지 제 4 호).

통상의 제척기간은 일반적으로 당해 국세를 부과할 수 있는 날부터 5년간이고(제 1 항 제 3 호), 납세자가 사기나 그 밖의 부정한 행위로 국세를 포탈(逋脫)하거나 환급・공제받은 경우에는 10년(제 1 항 제 1 호), 납세자가 법정신고기한까지 과세표준신고서를 제출하지 아니한 경우에는 7년(제 1 항 제 2 호)이다.

다만, 상속세 · 증여세의 경우 일반적으로 10년(제 1 항 제 4 호)이고, 납세자가 사기나 그 밖의 부정한 행위로 상속세 · 증여세를 포탈하거나 환급 · 공제받은 경우, 상속세 및 증여세법 제67조 및 제68조에 따른 신고서를 제출하지 아니한 경우, 상속세 및 증여세법 제67조 및 제68조에 따라 신고서를 제출한 자가 거짓 신고 또는 누락신고를 한 경우 그 거짓신고 또는 누락신고 부분에 대해 15년의 제척기간이 적용된다.

한편 과세기간 이후의 과세기간에 소득세법 제45조 제 3 항, 법인세법 제13조 제 1 호, 제76조의 13 제 1 항 제 1 호 또는 제91조 제 1 항 제 1 호에 따라 이월결손금을 공제하는 경우에는 그 결손금이 발생한 과세기간의 소득세 또는 법인세는 제 2 호와 제 3 호에도 불구하고 이월결손금을 공제한 과세기간의 법정신고기한으로부터 1년간 제척기간이 적용된다.

(2) 제척기간의 기산일

제척기간은 '국세를 부과할 수 있는 날'로부터 기산한다. 먼저 '과세표준과 세액을 신고하는 국세'는 과세표준과 세액에 대한 신고기한 또는 신고서 제출기한의 다음 날부터이다. 이 경우 중간예납 · 예정신고 및 수정신고기한은 과세표준신고기한에 포함되지 아니한다(국세기본법 시행령 제12조의 3 제 1 항 제 1 호).

'과세표준과 세액을 신고하는 국세'는 신고납세방식의 조세는 물론 부과과세방식의 조세에서 납세의무자에게 과세표준과 세액의 신고의무를 지우고 있는 조세도 포함된다.

또한 종합부동산세 및 인지세는 해당 국세의 납세의무가 성립한 날부터, 원천징수의무자 또는 납세조합에 대하여 부과하는 국세에 있어서는 당해 원천징수세액 또는 납세조합징수세액의 법정납부기한의 다음 날부터, 과세표준신고기한 또는 제 1 호에 규정하는 법정납부기한이 연장되는 경우에는 그 연장된 기한의 다음 날, 공제 · 면제 · 비과세 또는 낮은 세율의 적용 등에 따른 세액(소득공제를 받은 경우에는 공제받은 소득금액에 상당하는 세액을 말하고, 낮은 세율을 적용받은 경우에는 일반세율과의 차이에 상당하는 세액을 말한다. 이하 '공제세액 등'이라 한다)을 의무 불이행 등의 사유로 인하여 징수하는 경우에는 당해 공제세액 등을 징수할 수 있는 사유가 발생한 날부터 각 제척기간이 기산한다(국세기본법 시행령 제12조의 3 제 1 항 제 1 호).

(3) 검 토

원고는 종합소득세 과세표준신고서 제출기간에 이 사건 이자소득에 대한 과세표준신고서를 제출하지 않은 행위가 국세기본법 제26조의 2 제 1 항 제 1 호, 제 2 호에 정한 '사기 기타 부정한 행위'에 해당하여 10년의 제척기간이 적용되는지 문제된다. 위 '사기 기타 부정한 행위'는 조세범처벌법 제 9 조 제 1 항에 정한 '사기 기타 부정한 행위'와 같은 것으로 취급된다.

1) 사기 기타 부정한 행위에 해당하는지 여부

먼저 원고의 위와 같은 행위가 '사기 기타 부정한 행위'에 해당하는지에 관하여 보면, 소득의 일부분을 과세표준신고서에서 누락하는 부작위나 허위신고하는 행위는 법에 정한 '사기 기타 부정한 행위'에 해당하지는 않는다는 것이 판례의 태도이다.

즉, 대법원 2003. 2. 14. 선고, 2001도3797 판결은 미술장식품 제작설치 중개업자가 납세신고를 하지 아니하여 관할관청에 의하여 사업자등록이 직권 말소된 후 사업자등록을 하지 아니한 채 위 중개업을 계속하면서 납세신고를 하지 아니하여 조세범처벌법위반죄 등으로 기소된 사안에서 "조세범처벌법 제 9 조 제 1 항에서 말하는 '사기 기타 부정한 행위'라 함은 조세의 부과와 징수를 불능 또는 현저히 곤란하게 하는 위계 기타 부정한 적극적인 행위를 말하고, 단순히 세법상의 신고를 하지 아니하거나 허위의 신고를 함에 그치는 것은 여기에 해당하지 아니한다"라고 판시하였고, 대법원 2005. 3. 25. 선고, 2005도370 판결도 유사석유제품을 제조·판매한 자가 경유 등을 단순 판매한 것처럼 거래품목을 경유로 기재한 세금계산서를 발행하고 이를 관할 과세관청에게 신고하는 등 사위 기타 부정한 방법으로 교통세를 포탈하였다는 이유로 기소된 사안에서 같은 취지로 판단하였다.

그 외 판례가 '사기 기타 부정한 행위'에 해당하는 것으로 인정한 경우는 ① 상속세 등을 포탈하기 위해 법정신고기한 내에 상속세 신고를 하지 않은 채 타인에게 미등기 전매하고, 등기 명의인인 전 소유자로부터 매수인들 앞으로 소유권이전등기 마친 사안(대법원 1992. 4. 24. 선고, 91도1609 판결), ② 부가가치세 포탈 의도로 실제 거래현황이 기재된 일계표와 월말결산서 등을 소각하고, 일부 매입자들에게 세금계산서를 교부하지 않거나 세무신고시에 교부하였던 세금계산서 일부마저 누락시킨 채 세금계산서와 그를 토대로 만든 허위 매입매출장을 제출하는 방법으로 매출금액을 과소신고한 사안(대법원 1988. 3. 8. 선고, 85도 1518 판결), ③ 실제 거래상황이 기재된 장부인 일기장을 작성, 보관하는 외에 그보다 매출액을 적게 기재한 허위의 매입매출장을 작성하여 이에 의하여 세무신고를 함으로써 매출액을 실제보다 과소신고한 사안(대법원 1989. 9. 26. 선고, 89도283 판결) 등이 있다.

한편 판례가 '사기 기타 부정한 행위'에 해당하지 않는 것으로 본 경우는 ① 법인세법상 부당행위계산 부인으로 인한 세무조정금액을 소득금액으로 신고하지 아니하여 과소신고가 이루어진 사안(대법원 2006. 6. 29. 선고, 2004도817 판결), ② 수해복구공사를 수주하기 위하여 건설 사업자로 사업자등록을 하였다가 그 공사가 거의 완료될 무렵 사업부진을 이유로 폐업신고를 하고 세무서에 매출실적이 없다고 허위신고를 한 사안(대법원 1998. 12. 23. 선고, 98도2856 판결), ③ 부가가치세법상 매입세액으로 공제받을 수 없는 것이 분명한 거래를 부가가치세 신고시 매입세액공제대상으로 허위 신고한 사안(대법원 2001. 9. 25. 선고, 2000도1514 판결) 등이 있다.

이 사건의 경우 판례에 따르면 원고가 단순히 1999년도 종합소득세 과세표준신고를 함에 있어 이 사건 이자부분을 누락한 것은 국세기본법 제26

조의 2 제1호에 정한 '사기 기타 부정한 행위'에 해당하지 않는 것으로 보인다.

위와 같은 판례의 태도를 분석해 보면, 원고의 행위가 '사기 기타 부정한 행위'에 해당하기 위해서는 ① 조세포탈의 의도를 가지고, ② 그 수단으로서 조세의 부과·징수를 불능 또는 현저히 곤란하게 하는 위계 기타 부정한 적극적 행위를 하였고, ③ 그로 인하여 조세의 부과·징수가 불능 또는 현저히 곤란하게 되었다는 인과관계가 인정되는 경우라야 할 것이다.

2) 무신고 행위에 해당하는지 여부

참고적으로 원고는 이 사건 이자소득을 종합소득세 과세표준신고서에 기재하지 아니하였지만, 법정신고기한에 과세표준신고서를 제출하기는 하였다. 따라서 이 경우를 국세기본법 제26조의 2 제1항 제2호에 정한 '과세표준신고서를 제출하지 아니한 경우'에 해당한다고 볼 수 없다.

판례도 변호사가 종합소득세 과세표준 신고를 하면서 특정 사건의 성공보수에 대한 신고를 누락한 경우 이를 국세기본법 제26조의 2 제1항 제2호에 정한 무신고행위가 있는 경우로 보아 7년의 제척기간을 적용한 것은 타당하지 않다는 취지로 판시한 바 있다.

3) 소 결

결국 이 사건 처분은 5년의 국세부과권의 제척기간이 적용되는 경우인바, 이 사건 이자소득의 귀속시기가 이 사건 소비대차계약에 정한 최종 변제시기인 1998. 11. 20.인지 임의 경매절차에서 배당금을 받은 2006. 5. 26.로 볼 것인지에 따라 이 사건 처분의 위법 여부가 결정된다.

나. 이 사건 이자소득의 귀속시기

(1) 이자소득의 개념[1)]

사법상 이자란 금전을 대여하여 원본의 금액과 대여기간에 비례하여 받는 돈 또는 그 대체물을 의미하나, 경제적 실질에서의 이자란 결국 돈의 시간가치를 의미한다. 명목을 불문하나, 경제적 실질에서의 이자가 모두 소득세 과세대상이 되는 것은 아니고, 소득원천설의 입장에서 소득세법 제16조 제 1 항[2)]에 정한 소득만이 이자소득으로 과세된다. 대부업자가 받은 대부이자와 같이 사회통념상 이자로서 여겨지는 것도 위 조항에 정하지 않은 이상 이자소득에 해당되지 않는다. 금원 대여가 사업으로 이루어지는 경우 사업소득을 구성하게 되는바, 사업소득에 해당하기 위해서는 영리 또는 수익을 목적으로 금전을 대여하여야 하고, 금전을 대여하는 자가 불특정 다

---

1) 임승순, 『조세법』, 박영사, 2009, p.379 이하 참조.

2) 소득세법 제16조

①이자소득은 해당 과세기간에 발생한 다음 각 호의 소득으로 한다.

1. 국가나 지방자치단체가 발행한 채권 또는 증권의 이자와 할인액
2. 내국법인이 발행한 채권 또는 증권의 이자와 할인액
3. 국내에서 받는 예금(적금·부금·예탁금 및 우편대체를 포함한다. 이하 같다)의 이자
4. 「상호저축은행법」에 따른 신용계 또는 신용부금으로 인한 이익
5. 외국법인의 국내지점 또는 국내영업소에서 발행한 채권 또는 증권의 이자와 할인액
6. 외국법인이 발행한 채권 또는 증권의 이자와 할인액
7. 국외에서 받는 예금의 이자
8. 대통령령으로 정하는 채권 또는 증권의 환매조건부 매매차익
9. 대통령령으로 정하는 저축성보험의 보험차익
10. 대통령령으로 정하는 직장공제회 초과반환금
11. 비영업대금의 이익
12. 제 1 호부터 제11호까지의 소득과 유사한 소득으로서 금전 사용에 따른 대가로서의 성격이 있는 것

수인에게 당해 대여행위를 계속적·반복적으로 행하여야 한다.

문제는 당해 사건과 같이 소비대차 약정상 이자지급일은 도래하였으나 실제 이자가 지급되지 않은 경우 이자소득이 실현되었다고 볼 것인지 여부인바, 이는 소득의 귀속시기와 관련된 문제인바, 이에 대해 살펴보고, 이 사건 이자소득이 실현되었다고 볼 것인지 검토해보기로 한다.

(2) 손익의 인식기준 ── 권리의무 확정주의

1) 권리의무 확정주의의 의의 및 근거

권리의무 확정주의란 권리나 의무의 확정시기와 소득의 실현 또는 의무의 이행시기 사이에 차이가 있는 경우 총수입금액 또는 필요경비를 권리 또는 의무의 득실변경이라는 법적 기준에 의하여 인식하려는 원칙이다. 권리의무 확정주의와 관련하여 소득세법 제39조 제1항은 거주자의 각 연도의 총수입금액과 필요경비의 귀속연도는 총수입금액과 필요경비가 확정된 날이 속하는 연도로 한다고 규정하고 있고, 법인세법 제14조 제1항은 내국법인의 각 사업연도의 소득은 그 사업연도에 속하는 익금의 총액에서 그 사업연도에 속하는 손금의 총액을 공제한 금액으로 한다고 규정하고 있으며, 동법 제40조 제1항은 내국법인의 각 사업연도의 익금과 손금의 귀속사업연도는 그 익금과 손금이 확정된 날이 속하는 사업연도로 한다고 규정하고 있는바, 이는 소득의 귀속시기, 즉 소득의 실현 시점에 관한 권리의무 확정주의의 세법상 근거규정으로 평가되고 있다.[3]

2) 권리의무 확정주의에 있어 '권리확정' 개념 및 판단기준

권리의무 확정주의에서 말하는 권리확정이란 반드시 민법이나 상법에서 말하는 각 권리의 발생요건이나 유효요건을 충족하고 권리로서 법적으로 보장된 상태를 의미하는 것은 아니고 구체적으로 권리의 실현이 가능하

3) 임승순, 전게서, p.435.

다고 인정되는 상태, 즉 계약의 성립과 효력의 발생을 넘어 수익의 원인이 되는 권리의 내용이 법이 보장하는 바에 의하여 그 실현 가능성이 객관적으로 인정되는 상태를 말한다.[4] 이는 결국 소득의 실현시기는 채권이 발생하는 시점에서부터 채권이 변제되어 소멸되어야 하는 시점 사이의 적당한 시점이고, 구체적 사건에서 어느 시점을 실현시기로 볼 것인가는 개개의 구체적인 권리의 성질이나 내용 및 법률상 사실상의 여러 사항을 종합적으로 고려해야 한다는 의미이다.[5]

이와 관련해 대법원 1993. 6. 22. 선고, 91누8180 판결은 "법이 선언하고 있는 법적 기준으로서의 권리확정주의의 '확정'의 개념을 수입의 귀속시기에 대한 예외 없는 일반원칙으로 단정하여서는 아니 되고, 구체적 사안에 있어 소득에 대한 관리, 지배와 발생 소득의 객관화 정도, 납세자금의 확보시기 등까지도 함께 고려하여 소득이 현실적으로 실현될 것까지는 필요 없다 하더라도 실현 가능성에 있어 상당히 높은 정도로 성숙 확정되었는지 여부를 기준으로 귀속시기를 합리적으로 판단함이 상당하다"라고 판시하여 권리의무 확정주의가 불확실한 소득이 장래에 실현될 것으로 전제하도록 하더라도 그 판단기준은 구체적 사정을 고려하여 소득의 객관적 실현 가능성 여부에 따라 달리 판단해야 한다는 점을 강조하였다.

3) 구체적 사례

판례에 나타난 구체적 사례를 살펴보면, ① 합자회사 사원이 퇴사시 지급받는 출자지분환급금 청구소송을 제기하여 승소판결이 확정된 사안에서 채권의 존부 및 범위에 관하여 판결로써 확정이 된 경우 분쟁의 경위, 성질 등에 비추어 사안의 성질상 부당한 분쟁이라고 보여지지 아니하므로 채권의 확정은 판결이 확정된 때로 봄이 상당하여 배당소득의 귀속연도는 판결확정일이 속하는 연도로 보아야 한다(대법원 1993. 6. 22. 선고, 91누8180

---

4) 임승순, 전게서, pp.647~648.

5) 이창희, 『세법강의』, 박영사, 2009, p.727.

판결)고 판단하였고, ② 변호사가 성공보수를 받기로 약정한 경우 성공보수의 귀속시기는 수임사건에서 가집행선고로 가지급금을 받은 때가 아닌 승소판결 확정시라고 판단하였으며(대법원 2002. 7. 9. 선고, 2001두809 판결), ③ 공사업자가 공사대금을 전부 지급받지 못하였다고 하더라도 공사가 완공되고 대금 지급시기가 도래하였으며 일부 대금을 어음으로 지급받기까지 한 이상 채권이 확정적으로 발생하였다고 판단하였다(대법원 1995. 11. 28. 선고, 94누11446 판결).

(3) 이자소득의 귀속시기에 대한 규정

소득세법 시행령 제45조 제 9 호의 2는 이자소득 중 비영업대금의 이익에 관하여 '약정에 의한 이자지급일'을 원칙적인 이자소득의 실현시점으로 규정하면서, 단서에서 '다만, 이자지급일의 약정이 없거나 약정에 의한 이자지급일 전에 이자를 지급받는 경우 또는 제51조 제 7 항의 규정에 의하여 총수입금액 계산에서 제외하였던 이자를 지급받는 경우에는 그 이자지급일'을 귀속시점으로 정하고 있다.

소득세법 시행령 제51조 제 7 항은 "법 제16조 제 1 항 제12호의 규정에 의한 비영업대금의 이익의 총수입금액을 계산함에 있어서 법 제70조의 규정에 의한 과세표준 확정신고 또는 법 제80조의 규정에 의한 과세표준과 세액의 결정·경정 전에 당해 비영업대금이 제55조 제 2 항 제 1 호 또는 제 2 호의 규정에 의한 채권에 해당하여 채무자 또는 제 3 자로부터 원금 및 이자의 전부 또는 일부를 회수할 수 없는 경우에는 회수한 금액에서 원금을 먼저 차감하여 계산한다. 이 경우 회수한 금액이 원금에 미달하는 때에는 총수입금액은 이를 없는 것으로 한다"고 규정하고, 제55조 제 2 항에서는 대손금의 유형을 '채무자의 파산, 강제집행, 형의 집행 또는 사업폐지로 인하여 회수할 수 없는 채권과 채무자의 사망, 실종, 행방불명 등으로 인하여 회수할 수 없는 채권'을 들고 있다.

위와 같은 소득세법 시행령 제51조 제 7 항 및 제55조 제 2 항은 권리의

무 확정주의의 예외 내지 한계를 입법적으로 뒷받침하는 것이라 한다.[6]

(4) 이자소득의 귀속시기에 관한 판례

소득세법 시행령은 비영업대금의 이익에 대해 이자약정일을 소득의 수입시기로 본다고 정하고 있으나 일률적인 적용은 무리가 있고 납세자가 소득이 발생하였다고 볼 수 없는 사정을 입증하게 되면 위 규정의 적용을 벗어날 수 있다고 해석해야 한다고 한다.[7] 구체적 판례 사안을 살펴보면 다음과 같다.

대법원 1987. 11. 10. 선고, 87누598 판결도 "이자제한법 소정의 제한이율을 초과하는 이자 지연손해금은 그 기초가 되는 약정 자체가 무효이어서 약정한 이행기가 도래하였다 하더라도 이자, 지연손해금채권은 발생할 여지가 없으므로 채무자가 임의로 이를 현실지급한 때가 아니면 과세대상 소득을 구성한다고 볼 수 없다"라고 판시하였다.

또한 대법원 1996. 12. 10. 선고, 96누11105 판결은 "소득세법은 현실적으로 소득이 없더라도 그 원인이 되는 권리가 확정적으로 발생한 때에는 그 소득의 실현이 있는 것으로 보고 과세소득을 계산하는 이른바 권리확정주의를 채택하고 있고, 다만 소득의 원인이 되는 채권이 발생된 때라 하더라도 그 과세대상이 되는 채권이 채무자의 도산으로 인하여 회수불능이 되어 장래 그 소득이 실현될 가능성이 전혀 없게 된 것이 객관적으로 명백한 때에는 그 소득을 과세소득으로 하여 소득세를 부과할 수 없다"라고 판시하였다.

또한 대법원 2005. 10. 28. 선고, 2005두5437 판결은 "채권자가 채무자의 부도로 인하여 대여금채권을 회수할 수 없게 된 경우, 그 회수불능 사유가 발생하기 이전의 사업연도에 이미 수령한 이자소득은 비록 그 이후의 사업

---

6) 임승순, 전게서, p.382.

7) 임승순, 상게서, p.381.

연도에 채권원리금 전부를 회수할 가능성이 없게 되었다고 하더라도 여전히 이자소득세의 과세대상이 된다"라고 판시하여 채권 회수불능 사유가 이자소득의 발생 시점 전후 중 언제 발생하였는가에 따라 과세 여부를 달리 판단하고 있다.

또한 대법원 1993. 12. 14. 선고, 93누4649 판결은 "금원의 대여로 이자 상당의 소득을 얻는 사업소득의 존부와 금액을 확정하여 과세대상으로 삼는 경우 단지 이자약정 아래 금원을 대여하였다는 사정만으로 그 이자지급시기가 도래하기만 하면 소득이 현실적으로 발생한 것으로 보아 과세할 수 없지만, 만약 원리금을 초과하는 담보물을 취득하고서 금원을 대여한 경우에는 이자지급기일이 도래하기만 하면 그에 의하여 발생한 이자채권은 특별한 사정이 없는 한 그 소득의 실현이 객관적으로 보아 상당히 높은 것이므로 과세관청으로서도 그때 소득이 있는 것으로 보아 과세할 수 있다"라고 판시하였다.

(5) 이 사건 이자소득의 귀속시기 검토

1) 1심 법원의 태도

이 사건 1심 법원은 원고가 이자지급시기에 관하여 명확히 약정하지 않은 채 소외 갑에게 금원을 대여하였다.

그러나 원고는 채무자 갑으로부터 그 토지에 근저당권을 설정받고 금원을 대여하였는바, 위 93누4649 판례에 따르면 이 사건 이자소득의 수입시기는 최종 변제일인 1998. 11. 20.이고, 이 사건 이자소득에 대한 조세부과권의 제척기간은 법정신고기간 만료일 다음 날인 1999. 6. 1.부터 진행한다고 보아 이 사건 처분이 위법하다고 판시하였다.

2) 검 토

앞서 살펴본 소득의 귀속시기와 관련한 대법원 판례에 따르면 이자소득, 즉 비영업대금의 이익의 경우 소득세법상 규정에도 불구하고 '소득에 대한 관리, 지배와 발생 소득의 객관화 정도, 납세자금의 확보시기 등까지도 함께 고려하여 소득이 현실적으로 실현될 것까지는 필요 없다 하더라도 실현 가능성에 있어 상당히 높은 정도로 성숙 확정되었는지 여부'를 기준으로 소득이 납세의무자에게 귀속되었는지를 판단해야 할 것이다.

1심 판결은 93누4649 판례에 따라 원고가 금원을 대여할 당시 채무자로부터 1순위 근저당권을 설정받았으므로 약정한 이자지급시기에 소득이 귀속된 것이라는 전제에서 제척기간 경과 후 이루어진 이 사건 처분이 위법하다고 판단하였다.

그러나 원고가 근저당권을 취득할 당시 담보 부동산은 개발제한구역 내에 위치하고 있어 담보가치가 충분하다고 보기 어려운 사정이 있었고, 약정된 이자지급시기에는 담보 부동산의 전 소유자인 광산 김씨 종중이 채무자의 소유권이전등기가 무효임을 주장하며 소유권이전등기 말소청구소송을 제기하였고, 담보부동산에 가압류와 처분금지 가처분을 해놓은 상황이어서 원고가 근저당권을 실행하여 대여금채권을 변제받기 어려운 사정이 있었다.

한편 광산 김씨 종중은 채무자를 사기죄 등으로 형사고소하여 채무자는 관할 검찰청에서 사기죄의 피의사실로 수사를 받고 있는 상황이기도 하였다.

위와 같은 사정을 종합하면, 원고가 담보 부동산에 1순위 근저당권을 확보하고 있었다고 하더라도 담보권을 실행하여 피담보채무를 변제받기 어려운 충분한 사정이 인정된다 할 것이므로 약정한 이자지급시기에 소득이 실현되었다고 보기는 어렵다고 판단된다.

한편 1심 판결이 참조하고 있는 93누4649 판결은 사업소득에 대한 것으로 이 사건 이자소득은 부동산소득, 사업소득이나 법인세와 달리 사후적 대손이라는 제도가 존재하지 않는다는 점에서 이를 그대로 이 사건에 적용하는 것은 무리가 있다고 생각된다.

즉, 사업소득의 경우 납세자가 담보권을 확보하고 있어 약정된 지급시기에 소득이 실현된 것으로 보더라도 그 이후 다른 사업연도에 회수 불가능한 사정이 인정되어 대손으로 인정되는 경우 필요경비로 공제받을 여지가 있으나 소득이 이 사건과 같이 비영업대금의 이익인 경우에는 필요경비 공제가 인정되지 않는바, 소득 실현 여부를 판단함에 있어 더욱 신중할 필요가 있을 것으로 생각된다.

따라서 원고가 이 사건 소비대차계약상 이자지급 약정일에 위와 같은 사정이 있었다면 원고가 비록 담보 부동산에 대해 1순위 근저당권을 확보하고 있었다고 하더라도 이 사건 소비대차의 최종 변제기일에 소득의 실현 가능성이 극히 낮았던 것으로 보이고, 결국 이자소득의 귀속시기는 현실적 지급일인 배당금 수령일이 되어야 한다고 생각된다.

서울고등검찰청 송무부

매매계약 해제로 인하여 지급받은 손해배상금에 대한 소득세 과세 여부

(대법원 2007. 4. 13. 선고, 2006두12692 판결)

1. 판결요지

메수인의 채무 불이행으로 주식매매약정이 해제됨에 따라 매도인이 손해배상금으로 매도일로부터 해제시까지의 주가 하락분에 상당하는 금액을 지급받은 경우, 소득세법 시행령 제41조 제 3 항에 정한 기타소득인 '본래의 계약의 내용이 되는 지급 자체에 대한 손해를 넘는 손해에 대하여 배상하는 금전'에 해당하지 않는다.

2. 사실관계

(1) 원고들과 소외 1, 2는 1995. 3. 8. ○○건설 주식회사와 사이에 주식회사 △△산업의 기명식 보통주식 240,000주에 관하여 매매대금을 375억 5천만 원으로 정하여 매도하기로 하는 약정을 체결하고, 주식회사 ○○반도체는 ○○건설의 원고 등에 대한 위 주식 매수대금채무를 연대보증하였다.

(2) 원고 등은 1995. 9. 6. ○○건설의 요청으로 위 매매약정을 변경하여 ○○건설에게 위 기명식 보통주식 24만주 가운데 우선 12만 2천주를 매도하고 그에 대한 주식 매수대금 19,192,186,000원을 지급받고 주식 양도에 따라 회사경영권을 행사하지 않기로 하며, 나머지 주식 11만 8천주에 대하여는 1998. 4. 중에 1주당 13만 원으로 정하여 상호 원만한 합의 아래 ○○건설에 매도하기로 하는 약정을 체결하고, ○○반도체는 ○○건설의 원고들에 대한 위 주식 매수대금채무를 연대보증하였다.

(3) 원고들은 1998. 4. 중순경부터 ○○건설에게 이 사건 매매약정의 이행을 수회 최고하였으나 이에 대해 ○○건설은 매수자금을 마련할 시간을 줄 것을 요청하면서 그 이행을 수회 미루던 중 1999. 4. 23. 서울지방법원에서 회사정리절차 개시결정을 받게 되었고, 이에 따라 선임된 정리회사 ○○건설의 관리인은 법원의 허가를 받아 2000. 2. 23. 이 사건 매매약정을 해제하였다.

(4) 원고들이 ○○반도체를 상대로 제기한 주식대금청구사건에서 서울고등법원이 '○○건설의 연대보증인인 ○○반도체는 원고들에게 이 사건 매매약정의 해제로 인하여 원고들이 입은 손해로서 이 사건 매매약정의 이행기인 1998. 4.경 당시 1주당 주식가치인 13만 원에서 이 사건 매매약정의 해제 당시 1주당 주식가치인 34,418원을 공제한 나머지 금액에 각자의 주식매도량을 곱한 금액을 배상할 의무가 있다'는 내용의 판결을 선고하여 그 판결이 그 무렵 확정되었다.

(5) 서울고등법원의 위 확정판결에 의하여 2001. 2. 16. ○○반도체는 ○○건설의 주식매매약정의 해제로 인하여 원고들이 입은 각 손해배상금 및 이에 대한 같은 날까지의 각 지연손해금을 변제공탁하여, 원고들은 그 무렵 이를 각 수령하였다.

(6) 피고는 2004. 12. 31. 원고들이 ○○반도체로부터 각자 수령한 위 금원 중 손해배상금은 주식의 매매약정의 불이행으로 인하여 이 사건 주식이 매각되지 아니하여 원고들에게 어떠한 손해도 발생하지 아니함에

따라 소득세법 시행령 제41조 제 7 항이 정한 '본래의 계약 내용이 되는 지급 자체에 대한 손해를 넘는 손해에 대하여 배상하는 금전'으로서 소득세법 제21조 제 1 항 제10호에 정해진 기타소득에 해당한다고 보아 원고에게 종합소득세를 부과하였다.

3. 관련법령

❍ 소득세법

제21조 【기타소득】

①기타소득은 이자소득 · 배당소득 · 부동산임대소득 · 사업소득 · 근로소득 · 연금소득 · 퇴직소득 및 양도소득 외의 소득으로 다음 각 호에 규정하는 것으로 한다.

10. 계약의 위약 또는 해약으로 인하여 받는 위약금과 배상금

❍ 소득세법 시행령

제41조 【기타소득의 범위 등】

③법 제21조 제 1 항 제10호에서 "위약금 또는 배상금"이라 함은 재산권에 관한 계약의 위약 또는 해약으로 인하여 받는 손해배상으로서 그 명목 여하에 불구하고 본래의 계약의 내용이 되는 지급 자체에 대한 손해를 넘는 손해에 대하여 배상하는 금전 또는 기타 물품의 가액을 말한다. 이 경우 계약의 위약 또는 해약으로 인하여 반환받은 금전 등의 가액이 계약에 의하여 당초 지급한 총금액을 넘지 아니하는 경우에는 지급 자체에 대한 손해를 넘는 금전 등의 가액으로 보지 아니한다.

4. 당사자의 주장

(1) 원고의 주장

원고는 이 사건 손해배상금은 원고가 입은 손해의 전보에 불과하므로 이로 인하여 추가적인 소득이 생긴 것이 아니어서 기타소득에 해당하지 않는다는 취지의 주장을 한다.

(2) 피고의 주장

이에 대해 피고는 ○○전자가 주식의 매매약정을 이행하지 않음으로써 이 사건 주식이 매각되지 않고 원고들의 소유에 속해 있으므로 원고들에게 어떠한 손해도 발생하지 아니하였으므로 원고들이 손해배상금 명목으로 받은 금원은 손해를 넘어선 것으로 기타소득에 해당한다는 취지의 주장을 한다.

5. 검　　토

가. 쟁점의 정리

원고들은 이 사건 매매약정이 매수인의 귀책사유로 해제되어 연대보증인인 ○○반도체로부터 이 사건 손해배상금을 수령하였는바, 원고들이 수령한 위 손해배상금이 소득세법에 정한 '기타소득'에 해당하는지 여부가 이 사건의 쟁점이다. 이하에서는 소득세법상 과세대상이 되는 소득의 범위, 기타소득의 개념에 대해 살펴보고, 기타소득에 해당하는 '계약의 위약 또는 해약으로 인하여 받은 위약금과 배상금'의 의미에 대해 살펴보기로 한다.

나. 과세대상인 소득의 범위

(1) 소득의 개념

소득이란「재화생산의 계속적 원천으로부터의 수익으로서 일정기간 내에 납세자에게 유입된 재화의 총량」이라고 보는 소득원천설(제한적 소득개념)과「일정기간 내에 있어서 납세자의 순자산의 증가」로 보는 순자산증가설(포괄적 소득개념)이 대립한다.

소득원천설은 안정적인 소득원천의 존재, 소득발생의 순환성·반복성이 소득인정의 조건이 되는바, 불규칙적·우발적으로 발생하는 것은 과세소득의 범위에서 제외되어야 한다. 반면, 순자산증가설은 순자산의 증가를 이루는 모든 이득이 소득이 되며 이득의 발생원인은 묻지 않아 불규칙적·우발적으로 발생하는 이득도 과세소득에 포함된다고 본다.

소득원천설에 의하면 소득은 발생원천별로 구분되며, 그 소득의 종류와 범위를 법에 열거하고, 열거되지 않은 이득에 대해서는 과세할 수 없으나(열거주의), 순자산증가설에 의하면 소득은 발생원천별로 구별되지 않고 무차별적으로 파악되므로 소득의 개념을 규정할 뿐 구체적 범위를 법에 열거할 필요가 없다(포괄주의).

다. 현행 소득세법의 태도

우리 소득세법은 소득의 종류에 따라 과세소득을 이자소득, 배당소득, 부동산임대소득, 사업소득, 근로소득, 일시재산소득, 연금소득, 기타소득, 퇴직소득, 산림소득, 양도소득으로 구분하여 제한적으로 열거하고 있다(소득세법 제 4 조).

따라서 법률에 열거되지 않은 소득은 과세되지 않으나 예외적으로 이자소득과 배당소득의 경우에는 법률에 열거되지 않은 것이라도 유사한 소득으로서 '금전의 사용대가 및 수익분배'의 성격이 있는 것은 과세할 수 있도록 정하고 있다.

또한 사업소득, 부동산임대소득, 산림소득 등의 경우 그 소득의 범위를 원칙적으로 사업자에게 계속적 · 반복적으로 발생하는 것에 국한하고, 고정자산처분이익, 유가증권처분이익 등은 과세대상에 포함되지 않으나, 일시재산소득, 기타소득, 퇴직소득, 양도소득과 같은 불규칙적 · 일시적인 소득도 과세대상에 열거되어 있다.

라. 기타소득

(1) 기타소득의 개념

소득세법 제21조 제 1 항은, 기타소득은 이자소득 · 배당소득 · 부동산임대소득 · 사업소득 · 근로소득 · 일시재산소득 · 연금소득 · 퇴직소득 · 양도소득 및 산림소득 이외의 소득으로서 각 호에 게기하는 것을 말한다고 정하고 있다. 이는 어떤 소득이 기타소득과 다른 소득에 동시에 해당하는 경우 우선적으로 다른 소득으로 구분한다는 의미이다.[1)]

(2) 기타소득의 범위 및 계산

소득세법 제21조 제 1 항 제 1 호 내지 제25호에서는 기타소득을 열거하고 있다. 상금 · 현상금, 복권, 저작 · 음반제작 등의 대가, 영화필름 등의 자산 또는 권리의 양도 · 대여 또는 사용의 대가, 산업상 비밀, 상표권 · 영업권, 토사석의 채취허가에 따른 권리, 지하수의 개발 · 이용권 등의 대가, 물품 또는 장소의 일시 사용대가, 계약의 위약 또는 해약으로 인하여 받는 위약금과 배상금, 문예 · 학술 · 미술 · 음악 또는 사진에 속하는 창작품에 대한 원작자로서 받는 소득, 재산권에 관한 알선수수료, 사례금, 강연료, 심사

---

1) 임승순, 『조세법』, 박영사, 2009, p.414.

료 등 인적용역을 일시적으로 제공하고 지급받는 대가, 법인세법 제67조의 규정에 의하여 기타소득으로 처분된 소득, 퇴직 전에 부여받은 주식매수선택권을 퇴직 후에 행사하거나 고용관계 없이 주식매수선택권을 부여받아 이를 행사함으로써 얻는 이익, 뇌물, 알선수재 및 배임수재에 의하여 받는 금품 등이 포함된다.

기타소득금액은 총수입금액에서 이에 대응되는 필요경비를 공제하여 계산한다(소득세법 제21조 제 3 항). 이는 사업소득과 같고, 나머지 종합소득 과세대상 소득과 다르다. 계약의 위약 또는 해약으로 인한 위약금과 배상금 중 주택입주지체상금, 전속계약금 등 일정한 내용의 기타소득에 대해서는 지급받은 금액의 100분의 80에 상당하는 금액을 필요경비로 보아 공제한다(시행령 87조).

기타소득의 수입시기는 그 지급을 받은 날로 하지만, 법인세법에 의해 처분된 기타소득에 대해서는 당해 법인의 사업연도의 결산 확정일로 한다(시행령 제50조 제 1 항).

판례는 소득의 확정시기와 관련하여 "채권의 존부에 관하여 다툼이 있어 소송으로 나아가 채권자 전부 승소의 제 1 심 판결이 선고된 후 항소심 계속 중에 지연손해금 중 일부를 감액하여 주기로 하는 약정 아래 상대방이 청구를 인낙하였다면, 위 채권은 이에 대한 지연손해금채권 중 일부를 감액하여 주기로 하는 약정하에 청구를 인낙함으로써 확정되었고, 따라서 채권자의 기타소득 총수입금액으로 되는 지연손해금채권도 지연손해금 총액에서 위 약정에 따른 감액분을 공제한 금액으로 확정된다"고 판시하였다(대법원 1998. 6. 23. 선고, 97누20366 판결).

한편 개정 소득세법은 서화·골동품 중 문화재보호법에 따라 국가지정문화재로 지정된 것과 박물관 또는 미술관에 양도하는 것에 대하여는 비과세대상으로 규정하고 있다.

(2) 소득세법 제21조 제 1 항 제10호 소정의 위약금과 배상금

1) 요 건

(가) 재산권에 관한 계약일 것

따라서 생명, 신체, 자유, 명예, 정조, 성명, 초상 등의 인격적 이익이나 비재산적 이익의 침해로 손해를 입은 경우에 받은 손해배상금 또는 위자료는 소득세 과세대상에 해당하지 아니한다. 그러므로 교통사고로 인하여 사망 또는 상해를 입은 자나 그 가족이 피해보상으로 인하여 받은 사망, 상해보상 또는 위자료는 소득세 과세대상에서 제외된다.

(나) 계약의 위약 또는 해약으로 인하여 받는 손해배상일 것

여기서 '계약' 내지 '재산권에 관한 계약'이라 함은 엄격한 의미의 계약만을 가리킨다 할 것이고, 따라서 합자회사의 사원이 퇴사시 지급받는 지분환급금에 대한 지연손해금은 위 법조항에서 말하는 '계약'의 위약으로 인하여 받는 배상금이라 할 수 없다 할 것이므로 그 지연손해금은 기타소득에 해당된다 할 수 없다(대법원 1993. 6. 22. 선고, 91누8180 판결).

또한 수탁보증인이 그 출재로 주채무를 소멸하게 한 다음, 주채무자를 상대로 제기한 구상금 청구소송에서 그 출재액과 이에 대한 면책일 이후 소장 송달일까지의 연 5푼의 민사법정이율에 의한 법정이자와 그 다음 날부터 완제일까지의 소송촉진 등에 관한 특례법 소정의 연 2할 5푼의 비율에 의한 지연손해금에 관한 승소판결을 받고 그 확정판결에 기하여 법정이자와 지연손해금을 수령한 경우, 그 지연손해금은 구 소득세법(1994. 12. 22. 법률 제4803호로 개정되기 전의 것) 제25조 제 1 항 제 9 호, 같은 법 시행령(1994. 12. 31. 대통령령 제14467호로 개정되기 전의 것) 제49조 제 3 항에서 기타소득의 하나로 정하고 있는 "계약의 위약 또는 해약으로 인하여 받는 위약금과 배상금"에 해당하나, 법정이자는 이자의 일종으로서 채무 불이행으로 인하여 발생하는 손해배상과는 그 성격을 달리하는 것이므로, "계약의 위

약 또는 해약으로 인하여 받는 위약금과 배상금"에 해당하지 아니한다(대법원 1997. 9. 5. 선고, 96누16315 판결).

한편 해고무효확인소송 계속 중 사용자와 해고된 근로자 사이에 일정 금액을 지급하기로 하는 내용의 소송상 화해가 이루어진 경우의 화해금은 '분쟁 해결금'으로서 계약의 위약 또는 해약으로 받은 위약금과 배상금으로 보기 어렵고, 재산권에 관한 계약에 근로계약은 포함되지 않는다는 이유로 위 화해금이 기타소득에 포함되지 않는다고 판시하였다(대법원 1991. 6. 14. 선고, 90다11813 판결).

그러나 최근 선고된 대법원 2006. 1. 12. 선고, 2004두3984 판결은 "근로계약은 근로자가 사용자에게 근로를 제공할 것을 약정하고 사용자는 이에 대하여 임금을 지급할 것을 약정하는 쌍무계약으로서, 근로와 임금이 서로 대가적인 관계를 갖고 교환되는 것이고, 근로계약의 효과로 지급되는 퇴직금은 그 자체가 퇴직소득으로서 소득세의 과세대상이 되는 것이며, 한편 금전채무의 이행 지체로 인한 지연손해금을 본래의 계약의 내용이 되는 지급 자체에 대한 손해라고 할 수는 없는 것이므로, 퇴직금 지급채무의 이행 지체로 인한 지연손해금은 소득세법 제21조 제 1 항 제10호 및 구 소득세법 시행령(2000. 12. 29. 대통령령 제17032호로 개정되기 전의 것) 제41조 제 3 항 소정의 재산권에 관한 계약의 위약 또는 해약으로 인하여 받는 손해배상으로서 기타소득에 해당한다"라고 판시하였다.

위 90다11813 판결의 경우 화해금이 계약의 위약 또는 해약을 원인으로 한 것이 아닌 분쟁 해결의 대가 명목으로 지급된 사안이고, 위 2004두3984 판결의 경우 퇴직금지급계약이라는 재산권에 관한 계약의 이행 지체를 원인으로 한 것이므로 사실관계에 있어 차이가 있다.

(다) 본래의 계약의 내용이 되는 지급 자체에 대한 손해를 넘는 손해에 대하여 배상하는 금전 기타 물품의 가액일 것

여기서 '본래의 계약의 내용이 되는 지급 자체에 대한 손해'는 계약의 목적이 되는 급부 자체에 대한 적극적 손해로서 이행이익의 범위 내라는 것을 의미하는 것이고, 그 '손해를 넘는 손해'의 의미는 계약 상대방의 채무불이행으로 인하여 발생한 재산의 실제 감소액(적극적 손해)을 넘는 손해배상금액(소극적 손해), 즉 채무가 이행되었더라면 얻었을 재산의 증가액을 보전받는 것으로 해석된다.

판례는 주로 금전채무 불이행으로 인한 지연손해금과 관련하여 변제기까지의 이자는 본래 계약내용이 되는 지급 자체에 대한 손해로서 기타소득에 해당하지 아니하지만, 변제기 이후의 지연손해금은 기타소득에 해당한다고 일관되게 판시하고 있으며, 현실적인 손해를 전보하기 위하여 지급된 손해배상금은 기타소득으로 볼 수 없다는 취지로 판단하였다(대법원 2004. 4. 9. 선고, 2002두3942 판결).

6. 검　토

이 사건의 경우 법원이 손해배상을 명한 부분은 원래의 계약 내용에 해당하는 것으로 이 사건 매매약정의 이행기인 1998. 4.경 당시의 1주당 주식가치인 13만 원에서 이 사건 매매약정의 해제 당시의 1주당 주식가치인 34,418원을 공제한 나머지 금액에 각자의 주식 매도량을 곱한 금액과 지연손해금을 배상하라는 것으로, 손해배상을 명한 판결에 의하여 원고들이 원래의 계약 내용이 되는 지급 자체를 받은 것에 불과하고 이를 넘어 추가적인 이익을 얻지 못한 것에 대하여 손해의 배상을 명하고 있는 것은 아닌 것으로 보인다.

만약 이 사건 매매약정 이후 주식의 가격이 상승하였다면 ○○건설은 매매계약을 이행하려 했을 것이고, 그렇지 아니하고 ○○건설이 계약을 해제하였다면, ○○건설은 원고 등에게 위약금 등 계약 해제에 따른 손해를 지급하여야 하는데 이 경우 지급받는 금전은 '본래의 계약 내용이 되는 지급 자체에 대한 손해를 넘는 손해에 대하여 배상하는 금전'으로서 기타소득에 해당할 것이다.

따라서 원고들이 지급받은 이 사건 손해배상금은 원고들이 입은 손해의 전보에 불과하므로 이로 인하여 추가적인 소득이 생긴 것이 아니어서 기타소득에 해당하지 않는다고 봄이 상당하다.

7. 보론 : 비상장주식의 포괄적 교환계약 불이행시 지급되는 손해배상금이 소득세법에 정한 기타소득에 해당하는지 여부

가. 사안의 소개

근래 비상장회사가 상장회사나 코스닥 등록회사를 통하여 우회상장하면서 기존의 인수합병방식이 아닌 조세부담 등 각종 규제를 피할 목적으로 주식의 포괄적 교환계약을 이용하는 경우가 증가하고 있다. 최근 우리청 관할 사건 중에도 이와 같은 방식으로 우회상장을 하고자 하였다가 코스닥 등록회사의 주가가 급등하자 코스닥 등록회사 측이 교환계약에 따른 주식이전을 해태하여 계약 불이행을 원인으로 한 손해배상금을 지급받은 원고(××××)에게 소득세를 부과하자 이를 다투는 사건에 대한 1심 판결이 선고되었는바, 위 손해배상금이 소득세법상 기타소득으로서 과세대상인지 여부에 대해 이하에서 살펴보고자 한다.

나. 사실관계

(1) 주식회사 ×××× 에이치큐(이하 '××××')의 대표이사인 원고는 2002. 5. 14. 주식회사 넷△△(이하 '넷△△')의 대표이사인 방○○과 사이에

원고가 보유하던 ×××× 총발행주식의 3%인 30,000주와 방○○이 보유하던 넷△△ 총발행주식의 3%인 21,000주를 당 일자로 교환하기로 하는 교환계약(이하 '이 사건 교환계약')을 체결하였다.

(2) 원고는 2002. 7. 26. 이 사건 교환계약에 따라 방○○에게 유상증자로 인하여 총발행주식이 1,133,140주로 증가된 점을 반영하여 ×××× 총발행주식의 3%인 33,994주를 명의개서하여 주었으나 방○○이 넷△△ 주식의 이전을 지연하자, 2003. 5. 16. 방○○ 및 넷△△을 상대로 주식양도통지 및 명의개서청구의 소를 제기하였다(서울중앙지방법원 2003가합36305 판결).

(3) 한편 넷△△은 2003. 8. 28. 모회사인 △△△△엔터테인먼트 주식회사(이하 '△△△△')에 흡수합병되면서 그 주식합병비율이 1 : 20.2721 비율로 정해져 이 사건 교환계약에 따라 방○○이 원고에게 양도하여야 할 넷△△ 주식수는 합병으로 인하여 △△△△ 주식 425,714주로 변경되었다.

(4) 원고가 방○○ 및 넷△△을 상대로 소를 제기한 후인 2003. 9. 6. 원고와 방○○은 방○○이 이 사건 교환계약에 따라 이행해야 할 이 사건 △△△△ 주식의 금전적 가치가 2003. 9. 5.자 종가 기준으로 약 128억 원인 점을 고려하여 ① 방○○은 원고로부터 명의개서하여 양수받은 ×××× 주식 33,994주를 원고에게 다시 양도하고, ② 방○○은 원고에게 2003. 9. 5.자 종가 기준으로 85억 원에 해당하는 △△△△ 주식 280,992주의 소유권이 원고에게 있음을 확인하고, 위 주식의 처분대가가 85억 원을 초과하는 경우 원고는 초과분 상당을 현금으로 방○○에게 지급하며, 85억 원에 미달하는 경우 방○○이 부족분 상당을 현금으로 원고에게 지급하기로 합의(이하 '이 사건 1차 합의')하고, 방○○은 위 합의 직후 원고에게 ×××× 주식 33,994주에 대한 명의개서절차를 이행하였다.

(5) 한편 △△△△는 2004. 6. 11. ○○인터넷 주식회사(이하 '○○인터넷')로

상호를 변경하였다.

(6) 그런데 이 사건 1차 합의 이후 ○○인터넷의 주가가 크게 하락하자 거액의 정산금을 지급하여야 하는 부담을 줄이고자 하는 방○○의 요청으로, 2004. 10. 5. 원고와 방○○은 이 사건 1차 합의에서 미이행된 85억 원 상당의 채무를 75억 원 상당으로 낮추어 주기로 하고, ① 방○○은 이 사건 교환계약의 대상인 ○○인터넷 주식 425,714주의 소유권이 원고에게 있음을 확인하고, 이에 대한 명의개서절차를 이행하며, ② 이와 별도로 75억 원에 미달하는 부분에 대하여 1,752,861,000원을 현금으로 원고에게 지급하기로 합의하였다(이하 '이 사건 2차 합의').

(7) 이에 피고는 2007. 9. 1. 원고가 방○○으로부터 이 사건 1차 합의에 따라 양도받은 ×××× 주식 33,994주 및 이 사건 2차 합의에 따라 지급받은 정산금 1,752,861,000원이 소득세법 시행령 제41조 제 3 항이 규정한 '본래의 계약의 내용이 되는 지급 자체에 대한 손해를 넘는 손해에 대하여 배상하는 금전'으로서 소득세법 제21조 제 1 항 제10호 소정의 기타소득에 해당한다고 보아 원고에게 2003년 귀속 종합소득세 215,849,290원과 2004년 귀속 종합소득세 876,207,460원 합계 876,207,460원을 부과하는 이 사건 처분을 하였다.

다. 1심 판결요지

이 사건 교환계약의 목적인 각 주식들은 그 계약일과 이행기, 이 사건 1·2차 합의일에 이르기까지 각 그 시가의 변동이 심하였음을 알 수 있으므로 원고가 이 사건 1·2차 합의시에 이 사건 교환계약상 직접적인 급부대상 이외에 자신이 교부한 ×××× 주식을 그대로 반환받고 추가로 현금까지 지급받았다는 사정만으로 원고가 방○○으로부터 반환받은 ×××× 주식과 정산금 전부가 본래의 이행이익을 넘는 손해에 해당한다고 보기 어려운 점 등을 고려하면 피고가 현실적인 손해액을 초과하여 기타소득에 해당하는 부분을 구체적으로 확정하지 아니한 채 원고가 방○○으로부터 반환받은 ×××× 주식과 정산금이 기타소득이라고 본 이 사건 처분은 위법하다.

라. 검 토

(1) 1심 법원은 본 판례연구의 대상 판결을 고려하여, 원고과 넷△△의 주식교환계약 이후 등락을 거듭한 양 회사의 주식가치를 정확히 평가하기 곤란한 점, 원고와 넷△△ 측이 1, 2차 합의를 통하여 교환대상인 넷△△ 주식가치를 128억 원으로 정한 점 등을 고려하여 원고가 받은 정산금 및 ×××× 주식이 기타소득에 해당하지 않은 것으로 보인다.

(2) 그러나 이 사건에서 원고와 넷△△ 주식회사는 우회상장을 목적으로 교환계약을 체결하였는바, 계약의 목적이 주식교환을 통한 차익 실현이 아닌 지배권 확보가 주된 목적이었던 것을 고려하면, 교환계약에 따른 넷△△ 측의 주된 급부의무는 넷△△에서 상호 변경된 ○○엔터테인먼트의 주식 425,714주의 소유권이전 의무라 할 것이다.

(3) 원고는 넷△△을 상대로 소제기한 이후 1, 2차 합의를 거쳐 넷△△ 측으로부터 위 주식 425,714주를 모두 이전받았으며, 추가로 정산금 명목으로 현금 17여억 원 및 원고가 위 교환계약에 따라 넷△△ 측에 이전한 원고회사의 주식 33,994주마저도 반환받았으므로 위 ○○엔터테인먼트의 주식을 이전받음으로써 계약의 목적이 되는 급부 자체의 불이행으로 인한 손해를 전보받았다 할 것이고, 정산금 및 ×××× 주식 부분은 '손해를 넘는 손해'로 볼 여지가 있다고 생각된다.

서울고등검찰청 송무부

검찰
PROSECUTION SERVICE

소득세법상 비거주자에 대한 양도소득세 과세 여부

(대법원 2007. 5. 10. 선고, 2006두798 판결)

1. 판결요지

구 소득세법(2005. 12. 31. 법률 제7837호로 개정되기 전의 것) 제89조 제 3 호, 구 소득세법 시행령(2003. 11. 20. 대통령령 제18127호로 개정되기 전의 것) 제154조 제 1 항 단서 제 2 호 (다)목, 구 소득세법 시행규칙(2004. 3. 5. 재정경제부령 제357호로 개정되기 전의 것) 제71조 제 2 항 제 1 호의 규정들을 1세대 1주택 비과세제도의 취지와 적용요건 등에 비추어 살펴보면, 거주자가 국내에서 주택을 취득·보유하다가 해외이주법에 의한 해외이주로 세대 전원이 출국하여 비거주자가 된 후 당해 주택을 양도하는 경우에도 해외이주 당시 국내 보유주택의 수나 보유 및 거주요건의 구비 여부와 상관없이 그 비거주자가 구성하는 1세대가 당해 주택의 양도일 현재 국내에 1주택을 보유하고 있으면 구 소득세법 시행령 제154조 제 1 항 단서 제 2 호 (다)목이 적용된다.

2. 사실관계

(1) 원고는 1995. 7. 13. 이 사건 아파트를 취득하여 거주하던 중 원고의 처가 1999. 5. 31. 럭키○○아파트에 대한 2/15지분을 취득하였다.

(2) 한편 원고와 원고의 세대원 전원이 2002. 7. 18. 이민을 위하여 미국으로 출국한 다음 원고의 처는 2003. 3. 27. 럭키○○아파트 지분 전부를 취득하였다.

(3) 그 후 원고는 2003. 6. 27. 럭키○○아파트를 양도한 후 이 사건 아파트를 양도하고 양도소득세를 신고납부하였다가 이 사건 아파트의 양도는 1세대 1주택에 해당하는 것으로 양도소득세 비과세대상이라는 이유로 피고에게 양도소득세 경정청구를 하였으나 피고가 이를 거부하는 이 사건 처분을 하였다.

3. 관련법령

❍ **소득세법**

제1조 【납세의무】

①다음 각 호의 1에 해당하는 개인은 이 법에 의하여 각자의 소득에 대한 소득세를 납부할 의무를 진다.

1. 국내에 주소를 두거나 1년 이상 거소를 둔 개인(이하 “거주자”라 한다)
2. 거주자가 아닌 자(이하 “비거주자”라 한다)로서 국내원천소득이 있는 개인

②다음 각 호의 1에 해당하는 자는 이 법에 의하여 원천징수한 소득세를 납부할 의무를 진다.

1. 거주자
2. 비거주자

제89조 【비과세 양도소득】

다음 각 호의 소득에 대하여는 양도소득에 대한 소득세(이하 “양도소득세”라 한다)를 과세하지 아니한다.

3. 대통령령이 정하는 일세대 일주택(가액이 대통령령이 정하는 기준을 초과하는 고가주택을 제외한다)과 이에 부수되는 토지로서 건물이 정착된 면적에 지역별로 대통령령이 정하는 배율을 곱하여 산정한 면적 이내의 토지의 양도로 인하여 발생하는 소득

제119조 【비거주자의 국내원천소득】

비거주자의 국내원천소득은 다음 각 호와 같이 구분한다.

9. 제94조에 규정하는 양도소득(동조 제 1 항 제 3 호의 규정에 의한 소득을 제외한다)으로서 대통령령이 정하는 소득. 다만, 그 소득을 발생하게 하는 자산이 국내에 있는 경우에 한한다.

제121조 【비거주자에 대한 과세방법】

②제120조에 규정하는 국내사업장이 있는 비거주자와 제119조 제 3 호에 규정하는 소득이 있는 비거주자에 대하여는 제119조 제 1 호 내지 제 7 호 및 제11호 내지 제13호의 소득(제156조 제 1 항의 규정에 의하여 원천징수되는 소득을 제외한다)을 종합하여 과세하고, 제119조 제 8 호 내지 제10호에 규정하는 소득이 있는 비거주자에 대하여는 거주자와 동일한 방법으로 과세한다.

❍ 소득세법 시행령

제154조 【1세대 1주택의 범위】

①법 제89조 제 3 호에서 “대통령령이 정하는 1세대 1주택”이라 함은 거주자 및 그 배우자가 그들과 동일한 주소 또는 거소에서 생계를 같이하는 가족과 함께 구성하는 1세대가 양도일 현재 국내에 1주택을 보유하고 있는 경우로서 당해 주택의 보유기간이 3년 이상인 것(서울특별시, 과천시 및 택지개발촉진법 제 3 조의 규정에 의하여 택지개발예정지구로 지정·고시된 분당·일산·평촌·산본·중동 신도시지역에 소재하는 주택의 경우에는 당해 주택의 보유기간이 3년 이상이고 그 보유기간 중 거주기간이 1년 이상인 것)을 말한다. 다만, 1세대가 양도일 현재 국내에 1주택을 보유하고 있는 경우로서 다음 각 호의 1에 해당하는 경우

에는 그 보유기간 및 거주기간의 제한을 받지 아니한다.
2. 다음 각목의 1에 해당하는 경우
다. 국외이주 기타 재정경제부령이 정하는 경우

4. 당사자의 주장

(1) 원고의 주장

원고는 국내에서 이 사건 아파트를 취득하고, 원고의 처가 럭키○○아파트를 취득하여 각 보유하다가 국외로 이주한 상태에서 럭키○○아파트를 양도하고, 그 후 이 사건 아파트를 양도함으로써 이 사건 아파트 당시에는 양도소득세 비과세요건인 1세대 1주택 요건을 충족하였으므로 나중에 양도한 이 사건 아파트에 대해서는 1세대 1주택 비과세규정이 적용되어야 한다.

만약 이 사건 아파트와 럭키○○아파트가 같은 날 동시에 양도되었다고 하더라도 거주자가 1세대 1주택의 양도소득세 비과세요건을 모두 충족한 2개의 주택을 동시 양도하는 경우에는 소득세법 시행령 제154조 제9항 또는 소득세법 기본통칙 89－20의 규정에 의하여 당해 거주자가 선택하거나 보유기간이 가장 오래된 1개의 주택의 양도에 대하여 비과세하면서, 국외 이주로 인하여 비거주자인 상태에서 2개의 주택을 양도하는 경우에는 2개의 주택 모두에 대하여 양도소득세를 부과하는 것은 조세평등의 원칙 및 1세대 1주택 비과세제도의 취지에 반한다.

(2) 피고의 주장

원고는 해외 이주 당시 국내에 이 사건 주택을 보유하고 있었고, 해외 이주로 인하여 비거주자가 된 상태에서 원고의 처가 럭키○○아파트를 취득하였는바, 이는 각각 양도소득세 과세대상에 해당한다.

5. 검 토

가. 쟁점의 정리

소득세법 규정에 의하면 거주자가 양도소득세 비과세대상인 2 이상의 주택을 보유하고 있는 경우 일정한 기준에 의하여 비과세하도록 정하고 있는바, 원고와 같이 거주자의 지위에서 취득한 후 비거주자로서 양도하였는데 양도 당시 1세대 1주택 요건을 갖춘 경우 그 양도소득세를 비과세할 것인지 여부가 문제된다. 이하에서는 양도소득세 비과세대상인 1세대 1주택의 일반적 이론을 검토한 후 위 쟁점에 대해 살펴보기로 한다.

나. 1세대 1주택 비과세 취지

1세대 1주택의 양도로 인하여 발생하는 소득에 대하여 양도소득세를 비과세하는 것은 주택이 국민의 주거생활의 기초가 되는 것이므로 1세대가 국내에 소유하는 1개의 주택을 양도하는 것은 양도소득을 얻거나 투기를 할 목적으로 일시적으로 거주·소유하다가 양도한 것이 아니라고 볼 수 있는 일정한 사유가 있는 경우에는 그 양도소득에 대하여 소득세를 부과하지 아니함으로써 국민의 주거생활의 안정과 거주이전의 자유를 보장하려는 데 그 취지가 있다.[1]

---

1) 대법원 1993. 1. 19. 선고, 92누12988 판결.

다. 비과세요건[2)]

소득세법 제89조 제1항 제3호는 대통령령으로 정하는 1세대 1주택(가액이 대통령령으로 정하는 기준을 초과하는 고가주택은 제외한다)과 이에 딸린 토지로서 건물이 정착된 면적에 지역별로 대통령령으로 정하는 배율을 곱하여 산정한 면적 이내의 토지의 양도로 발생하는 소득에 대해서는 비과세한다고 규정하고 있다.

또한 소득세법 시행령 제154조 제1항은 법 제89조 제1항 제3호에서 "대통령령이 정하는 1세대 1주택"이라 함은 거주자 및 그 배우자가 그들과 동일한 주소 또는 거소에서 생계를 같이하는 가족과 함께 구성하는 1세대(이하 '1세대'라 한다)가 양도일 현재 국내에 1주택을 보유하고 있는 경우로서 당해 주택의 보유기간이 3년 이상인 것을 말한다고 규정하고 있다.

(1) 1세대의 의의

'1세대'라 함은 거주자 및 그 배우자가 그들과 동일한 주소 또는 거소에서 생계를 같이하는 가족과 함께 구성하는 하나의 집단을 말한다. 여기에서 '거주자'란 국내에 주소를 두거나 1년 이상 거소를 둔 개인을 말하고, '배우자'는 법률상의 배우자를 말하고, 또한 '가족'이란 거주자와 그 배우자의 직계존속, 직계비속 및 형제자매를 말하며, 취학, 질병의 요양, 근무상 또는 사업상의 형편으로 본래의 주소 또는 거소를 일시퇴거한 자를 포함한다.

또한 배우자가 없는 경우에도 '거주자의 연령이 30세 이상인 경우', '배우자가 사망하거나 이혼한 경우', '소득이 국민기초생활 보장법에 정한 최저생계비 수준 이상으로서 소유하고 있는 주택 또는 토지를 관리·유지하

2) 임승순, 『조세법』, 박영사, 2009, pp.546~553 참조.

면서 독립된 생계를 유지할 수 있는 경우[3]에는 1세대로 인정한다(소득세법 시행령 제154조 제 2 항).

다만, 미성년자의 경우를 제외하되, 미성년자의 결혼, 가족의 사망 그 밖에 기획재정부령이 정하는 사유로 1세대의 구성이 불가피한 경우에는 그러하지 아니하다.

대법원은 가족 중에 별도의 세대를 구성하고 있는 사람이 없는 경우에는 비록 그 거주자가 미혼이거나 30세 미만이라도 1세대 1주택에 해당한다고 해석한다.[4]

(2) '주택'의 의의

'주택'이라 함은 주거용으로 사용하는 건물과 이에 부수되는 건물정착면적의 5배(도시계획구역 밖의 토지에 대하여는 10배) 이내의 토지를 말한다. 주택에 해당하는지의 여부는 공부상 용도에 관계없이 사실상의 용도에 따라 판단하되, 실제의 용도가 불분명한 경우에는 공부상의 용도에 의하여 판정한다.[5]

'주택에 부수되는 토지'란 양도 주택과 경제적 일체를 이루고 있는 토지로서 사회통념상 주거생활 공간으로 인정되는 토지를 의미한다. 따라서 겸용주택이 그 내부에 세대별로 독립된 주거생활을 영위할 수 있는 구조와 시설을 갖추고 사회 관념상 독립한 거래 객체가 될 정도가 되어 실질상 공동주택에 해당하는 경우에는 각 개별 주택별로 구분하여 판단해야 한다.[6] 다만, 다가구주택을 가구별로 분양하지 아니하고 당해 다가구주택을 하나

---

3) 이 경우 원칙적으로 미성년자는 제외되나, 미성년자라도 결혼, 가족의 사망, 기타 기획재정부령으로 정한 사유에 해당하는 경우에 해당하는 경우에는 1세대를 구성할 수 있다(같은 항 제 3 호 단서).

4) 대법원 1982. 12. 28. 선고, 82누363 판결.

5) 대법원 1983. 11. 22. 선고, 81누322 판결.

6) 대법원 1997. 8. 26. 선고, 97누3712 판결.

의 매매단위로 하여 양도하는 경우에는 이를 단독주택으로 본다(소득세법 시행령 제155조 제15항).

하나의 건물이 주택과 주택 외의 부분으로 복합되어 있는 경우와 주택에 부수되는 토지에 주택 외의 건물이 있는 경우에는 그 전부를 주택으로 본다. 다만, 주택의 면적이 주택 외의 면적보다 적거나 같을 때에는 주택 외의 부분은 주택으로 보지 않고, 주택에 부수되는 토지는 전체 토지면적에 주택부분의 면적이 건물면적에서 차지하는 비율을 곱하여 계산한다(소득세법 시행령 제154조 제 3 항 · 제 4 항).

위 1세대 1주택 및 이에 부수되는 토지에 해당하는지 여부의 판단시기와 관련하여 대법원은 주택과 대지를 양도한 시점을 기준으로 하여 판단하고, 거주자의 지위에서 1세대 1주택의 요건을 갖춘 후 비거주자가 된 경우라 하더라도 거주자가 비거주자로 되는 시기를 기준으로 판단할 것은 아니라고 판시하였다.[7]

도시 및 주거환경정비법 제48조 규정에 따른 관리처분계획의 인가로 인하여 취득한 입주자로 선정된 지위 및 조합원으로부터 취득한 입주자 지위(조합원입주권)를 양도하는 경우 1세대 1주택으로 본다(시행령 제155조 17항). 반면, 도시 및 주거환경정비법에 따른 주택재건축사업 또는 주택재개발사업 외의 주택건설사업에 의하여 신축한 주택의 입주자를 입주자 모집절차에 의하여 선정하는 경우에 그 입주자로 선정된 자의 일반 주택분양권은 본조의 적용대상에 포함되지 않는다.[8]

(3) '국내'에 '1주택' 보유

1주택인지 여부는 그 주택의 양도시를 기준으로 판단하여야 하므로 양도 당시 양도인이 구성하는 세대가 국내에 소유하는 1개의 주택이면 충분

7) 대법원 1993. 12. 28. 선고, 93누11425 판결.

8) 임승순, 전게서, p.548 참조.

하고, 당해 주택의 취득일 이후 다른 주택을 취득한 사실이 일체 없거나 적어도 당해 주택을 보유한 기간 동안 다른 주택을 소유한 사실이 없을 것까지 요구하는 것은 아니라는 것이 판례의 태도이다.[9)]

2개 이상의 주택을 같은 날 양도하는 경우에는 당해 거주자가 선택하는 순서에 따라 주택을 양도한 것으로 본다(시행령 제154조 제 9 항).

다만, 상속으로 인한 2주택의 경우(시행령 제155조 제 2 항), 대체취득을 위한 일시적 2주택의 경우(시행령 제155조 제 1 항), 부모봉양, 혼인 등에 따른 2주택의 경우(시행령 제155조 제 4 항), 지정문화재 등에 해당하는 주택을 포함한 2주택의 경우(시행령 제155조 제 6 항), 농어촌 주택을 포함한 2주택의 경우(시행령 제155조 제 7 항 내지 제14항)에는 예외적으로 1세대 1주택으로 취급한다.

상속으로 인한 2주택의 경우 2002. 12. 30. 개정 전에는 상속받은 주택을 먼저 양도하면 기간에 관계없이 비과세하였으나 위 개정 이후 2003. 1. 1.부터는 상속받은 주택의 비과세 혜택은 없애고 일반주택의 1세대 1주택 판정시 상속받은 주택을 주택수에서 제외하도록 하였다. 한편 공동상속주택은 상속지분이 가장 큰 상속인이 소유하는 주택으로 본다(소득세법 시행령 제155조 제 3 항).

대체취득을 위한 일시적 2주택의 경우 국내에 1주택을 소유한 1세대가 그 주택을 양도하기 전에 다른 주택을 취득함으로써 일시적으로 2주택이 된 경우 다른 주택을 취득한 날부터 2년 이내에 종전의 주택을 양도하는 경우에는 이를 1세대 1주택으로 보아 비과세한다.

또한 국내에 1주택을 소유한 1세대가 그 주택에 대한 주택재개발사업 또는 주택재건축사업의 시행기간 동안 거주하기 위해 다른 주택을 취득한 경우 거주요건, 이주요건, 기한 내 양도요건 등[10)]을 갖추면 1세대 1주택으로

---

9) 대법원 1993. 1. 19. 선고, 92누12988 판결.

10) 소득세법 시행령 제156조의 2 제 5 항 각 호

보아 비과세한다(소득세법 시행령 제156조의 2 제 5 항).

(4) 3년 이상 보유

'보유'란 소유권을 취득하여 향유하는 상태를 말하는데, 당해 주택에서 거주할 필요는 없다. 주택 보유기간은 취득일부터 양도일까지로 하되, 보유기간 중에 소실·도괴·노후 등으로 인하여 멸실되어 재건축한 주택의 경우에는 그 멸실된 주택과 재건축한 주택에 대한 기간을 통산하여 보유기간을 계산한다(법 제95조 제 4 항, 시행령 제154조 제 5 항·제 8 항).

한편 서울, 과천 및 택지개발촉진법 제 3 조의 규정에 의하여 택지개발예정지구로 지정·고시된 분당·일산·평촌·산본·중동신도시지역에 소재하는 주택의 경우에는 당해 주택의 보유기간이 3년 이상이고, 그 보유기간 중 거주기간이 2년 이상이어야 비과세 혜택이 부여된다(시행령 제154조 제 1 항).

다만, 임대주택법에 의한 건설임대주택을 취득하여 양도하는 경우, 공공사업용으로 그 공공사업의 시행자에게 양도하는 경우 등으로서 일정한 요건을 갖춘 경우, 해외이주 등 및 1년 이상 거주한 주택을 기획재정부령이 정하는 취학, 근무상의 형편, 질병의 요양 기타 부득이한 사유로 양도하는 경우 등에는 보유기간의 제한을 받지 아니한다(시행령 제154조 제1·2·3호).

대법원은 보유기간이나 거주기간의 기산일이 되는 주택의 취득일과 관련하여 "취득일의 결정에 관하여는 달리 특별한 규정을 두고 있지 아니하

---

1. 주택재개발사업 또는 주택재건축사업의 사업 시행인가일 이후 대체주택을 취득하여 1년 이상 거주할 것
2. 주택재개발사업 또는 주택재건축사업의 관리처분계획에 따라 취득하는 주택이 완성된 후 2년 이내에 그 주택으로 세대 전원이 이사(기획재정부령이 정하는 취학, 근무상의 형편, 질병의 요양 그 밖의 부득이한 사유로 세대원 중 일부가 이사하지 못하는 경우를 포함한다)하여 1년 이상 거주할 것
3. 주택재개발사업 또는 주택재건축사업의 관리처분계획에 따라 취득하는 주택이 완성되기 전 또는 완성된 후 2년 이내에 대체주택을 양도할 것

므로 자산의 양도차익을 계산함에 있어서 취득시기 및 양도시기를 규정한 구 소득세법 제27조, 같은 법 시행령 제53조가 그대로 적용된다고 봄이 상당하다 할 것이라고 판시하였다(대법원 1987. 3. 24. 선고, 84누144 판결 참조).

따라서 소득세법 시행령 제53조 제 1 항에 의하면 취득시기 및 양도시기는 당해 자산의 대금을 청산한 날로 하되, 다만 대금을 청산한 날이 분명하지 아니한 경우에는 매매계약서에 기재된 잔금지급약정일로 하고, 이 잔금지급약정일이 확인되지 아니하거나 매매계약서에 기재된 잔금지급약정일로부터 등기접수일까지의 기간이 1월을 초과하는 경우에는 등기부에 기재된 등기접수일로 하며, 대금을 청산하기 전에 소유권이전등기를 한 경우에도 등기접수일로 하도록 되어 있으므로 이를 기준으로 취득시기를 정한다.

라. 비과세에서 제외되는 주택의 범위

(1) 고가주택 및 이에 부수하는 토지

고가주택이란 주택 및 이에 부수되는 토지의 양도 당시 실지거래가액의 합계액이 6억 원을 초과하는 것을 의미한다(소득세법 시행령 제156조 제 1 항). 1주택의 일부를 양도하는 경우에는 실지거래가액의 합계액에 양도하는 부분의 면적이 전체 주택 면적에서 차지하는 비율을 나누어 고가주택 여부를 판단한다.

고가주택의 경우 비과세 제외대상이나 양도차익 및 장기보유특별공제액 계산에 있어 특례를 인정하고 있다(소득세법 제95조 제 2 항 · 제 3 항, 소득세법 시행령 제160조 제 1 항).

(2) 주택 등의 분할 양도

주택을 분할하여 양도하고 남는 건물에 주택부분이 있으면 이를 1세대 1주택으로 보고 그 후 양도할 때 주택과 비주택의 면적비율을 따지지 않고 그 양도소득에 대해 비과세한다(대법원 1998. 3. 13. 선고, 97누19199 판결 참조).

(3) 조합원입주권을 보유하는 세대에 관한 비과세 제외

1세대 1주택에 해당하더라도 그 주택 양도 당시 도시 및 주거환경정비법 제48조의 규정에 따른 관리처분계획의 인가로 인하여 취득한 입주자로 선정된 지위(조합원입주권)를 보유하고 있는 경우에는 1세대 1주택에 대한 양도소득세 비과세에 관한 규정을 적용하지 아니한다. 다만, 도시 및 주거환경정비법에 따른 주택재건축사업 또는 주택재개발사업의 시행기간 중 거주를 위하여 주택을 취득하는 경우 그 밖의 부득이한 사유로서 대통령령이 정하는 경우에는 그러하지 아니하다(소득세법 제89조 제 2 항).

조합원입주권도 주택과 마찬가지로 1세대 1입주권에 대하여 양도소득세를 비과세하는 혜택을 부여하되 양자의 중복보유는 인정하지 않고, 일시적으로 주택과 조합원입주권을 함께 보유한 1세대는 원칙적으로 어느 한쪽을 취득한 날부터 1년 이내에 다른 쪽을 양도하는 경우 그 양도하는 주택 내지 조합원입주권에 대해 비과세한다는 취지이다. 다만, 주택을 양도하는 경우에 대해서는 조합원입주권을 취득한 날부터 1년이 경과한 이후에 종전 주택을 양도하는 경우에도 일정한 요건하에 별도 구제조항을 두고 있다(소득세법 시행령 제156조의 2 제 3 항 · 제 4 항).

마. 비거주자에 대한 1세대 1주택 양도소득세 비과세 적용 여부

(1) 쟁 점

구 법 제88조 제 3 호 및 구 시행령 제154조 제 1 항에 의하면 거주자의 지위에서 취득한 후 거주자로서 양도할 당시 1세대 1주택 요건을 갖추면 양도소득세 비과세 혜택이 주어진다는 점은 명백하고, 위 규정들이 원칙적으로 거주자에 한하여 적용되므로 비거주자의 지위에서 취득한 후 비거주자로서 양도할 경우 양도소득세가 과세된다는 점도 명백하다.

그러나 거주자의 지위에서 취득한 후 비거주자로서 양도하였는데 양도 당시 1세대 1주택의 요건을 갖춘 경우 법령에 근거가 없어 양도소득세를

비과세할 것인지 여부가 문제된다.

(2) 과세관행

이 사건 처분 당시 거주자의 지위에서 주택을 취득한 후 비거주자의 지위에서 1세대 1주택 요건을 갖추어 주택을 양도한 경우에 관하여 법률에 명확한 규정은 없었으나 과세관청은 과세관행에 따라 처분을 하였는바, 이는 다음과 같다.

즉, 이민으로 인하여 3년 이상 보유하지 않았을 경우의 비과세 여부와 관련하여 소득세법 기본통칙 89－12는 제 1 항에서 "국내에서 1주택만을 소유하던 거주자가 해외이주 등으로 세대 전원이 출국함으로써 비거주자가 된 상태에서 국내의 1주택을 양도하는 경우에는 보유기간에 제한 없이 1세대 1주택으로서 비과세된다"고 규정하고, 제 2 항에서 "해외이주신고를 한 자가 양도하는 경우에는 납세보증서 등을 제출하고 출국예정일까지 세대 전원이 출국하는 경우에는 제 1 항의 규정을 적용한다"고 정하고 있었는바, 과세관청은 위 기본통칙 규정에 따라 출국 당시 1세대 1주택만을 소유하고 있는 경우로서 출국 후 양도 당시까지 다른 주택을 취득한 사실이 없고, 양도일 현재 1세대 1주택의 요건을 갖춘 경우에만 보유 및 거주요건의 제한 없이 비과세대상이라고 보아왔다. 이에 따르면 이 사건의 경우 원고는 비과세 혜택을 받을 수 없게 된다.

한편 1세대 1주택 요건을 갖춘 2개 이상의 주택을 동시 양도할 경우 과세관청은 소득세법 기본통칙 89－20에 따라 '① 양도한 주택 중에서 보유기간이 가장 오래된 주택, ② 보유기간이 동일한 주택이 2 이상일 경우에는 거주기간이 가장 오래된 주택, ③ 보유기간 및 거주기간이 동일한 주택이 2 이상일 경우에는 양도 당시 거주한 주택'의 순으로 비과세되는 1세대 1주택을 정하도록 하였다.

(2) 견해의 대립

1) 비과세를 부정하는 견해[11]

1세대 1주택의 양도소득을 비과세하도록 한 구 소득세법 제89조 제3호는 거주자의 양도소득 납세의무에 관한 장에 규정되어 있는바, 비거주자에 대해서는 별도 규정이 없어 비과세할 수 없고, 비거주자의 1세대 1주택의 양도소득에 대하여 거주자와 달리 일정한 요건하에 양도소득세를 과세할 것인지 비과세할 것인지는 조세정책상의 문제일 뿐 '비거주자'의 1세대 1주택의 양도소득에 대하여 거주자와 다른 요건으로 양도소득세를 부과하는 것이 부당하다고 볼 합리적인 이유가 없고, 소득세법 제4장에서 비거주자의 납세의무에 관하여 비거주자의 국내원천소득에 관해서만 규정하고 있을 뿐 그 과세표준과 세액계산 등 그 밖의 과세요건이나 절차에 관하여 따로 규정하고 있지 아니하여 거주자의 양도소득세 납세의무에 관한 규정들을 비거주자의 경우에도 적용할 필요가 있다고 하여 거주자와 비거주자의 구별 없이 1세대 1주택이 양도되는 경우에는 언제나 양도소득세가 비과세되어야 한다고 볼 근거로 삼을 수 없다는 이유로 비거주자에 대한 양도소득세 비과세 혜택을 부정하는 견해이다.

또한 소득세법 시행령 제154조 제1항 단서 제2호 다목은 거주자가 국외이주로 인하여 1주택을 양도하는 경우에 대하여 같은 항 본문 소정의 비과세요건이 되는 1주택 보유기간 및 거주기간의 제한을 받지 않는다고 규정할 뿐 주택 양도 당시 소유자가 국외 이주하여 비거주자의 지위에 있는 경우를 상정하여 적용요건을 확장하고 있지 않는다는 점도 그 이유로 들고 있다.

2) 비과세를 긍정하는 견해

① 구 소득세법은 비거주자가 양도소득세 납세의무를 부담하는 국내원

11) 이 사건에 대한 제1심 판결(서울행정법원 2004구합22275 판결).

천소득, 과세방법 등에 관하여만 규정하고 있을 뿐 과세표준과 세액계산 등 그 밖의 과세요건이나 절차에 관하여는 따로 규정하고 있지 않으므로 거주자의 양도소득세 납세의무에 관한 장에 규정된 모든 규정들이 그대로 적용된다고 보아야 하는바, 구법 제89조 제 3 호가 비거주자에게 적용되지 않는다고 볼 수 없고,

② 소득세법 기본통칙 89－12는 과세관청 내부의 세법해석기준 및 집행기준을 시달한 행정규칙에 불과하고 법원이나 국민을 기속하는 법규적 효력이 없으며,

③ 비거주자라는 이유만으로 별도의 요건을 요구하는 것은 해외 이주라는 부득이한 사정을 고려하여 보유기간 및 거주기간의 예외를 두고자 하는 구 시행령 154조 제 1 항 단서의 취지에 반한다.

(3) 검 토

이 사건 대법원 판결은 "구 소득세법 제89조 제 3 호, 구 소득세법 시행령 제154조 제 1 항 및 단서 제 2 호 가목, 소득세법 시행규칙 제71조 제 2 항 제 1 호의 각 규정 내용 및 그 규정들을 1세대 1주택 비과세제도의 취지와 적용요건 등에 비추어 살펴보면, 거주자가 국내에서 주택을 취득하여 보유하다가 해외이주법에 의한 해외이주로 세대 전원이 출국함으로 인하여 비거주자가 된 후 당해 주택을 양도하는 경우에도 해외 이주 당시 국내 보유 주택의 수나 보유 및 거주요건의 구비 여부와 상관없이 그 비거주자가 구성하는 1세대가 당해 주택의 양도일 현재 국내에 1주택을 보유하고 있으면 구 시행령 제154조 제 1 항 단서 제 2 호 다목이 적용된다고 봄이 상당하다"라고 판시하고 있다.

그러나 위와 같은 결론에 대해서는 다음과 같은 이유로 다소 의문이 있다. 즉, 1세대 1주택 양도에 대한 비과세제도의 취지가 양도소득을 얻거나 투기를 할 목적으로 일시적으로 거주·소유하다가 양도한 것이 아니라고 볼 수 있는 사정이 있는 경우 양도소득세를 부과하지 아니함으로써 국

민의 주거생활의 안정과 거주이전의 자유를 보장하려는 데 있다는 점을 참작하면 해외 이주로 인하여 국내에서 주거생활의 필요성이 없어진 비거주자를 거주자와 같이 취급할 필요는 없는 것으로 보이고, 법률 규정상 1세대 1주택 비과세제도는 거주자의 장에 규정되어 있으므로 비거주자에게도 비과세 혜택을 적용하는 것은 법률 문언에 반하는 해석이고, 해외이주로 인하여 1세대 1주택 요건 중 보유요건이나 거주요건을 충족하지 못하는 납세의무자에 대해서는 이미 소득세법 시행령 제154조 제1항 단서 제2호 다목에서 충분한 배려를 하고 있으므로 비거주자에 대해 비과세 적용을 배제하더라도 이는 합리적 차별이며, 해외이주하려는 국민의 거주이전의 자유를 본질적으로 침해한다고 볼 수 없다고 보인다.

마. 관련문제 : 비거주자에게 장기보유특별공제를 인정할 것인지 여부〔서울고검 2009행나13×× 판결(서울고법 2009누105×× 판결)〕

(1) 사실관계

원고는 1980. 6. 20. 해외이주를 위하여 출국해 현재 일본국 가나가와현 요코하마시에 거주하고 있는 비거주자이다.

원고는 1986. 6. 27. 서울 서초구 방배동에 있는 △△△아파트(이하 '이 사건 부동산')를 취득하였다가, 2007. 4. 16. 제3자에게 금 8억 5000만 원에 양도하였다.

원고는 이 사건 부동산의 양도로 인한 차익을 금 778,281,804원으로 계상하고 여기에 장기보유특별공제 30%를 적용하여 양도소득세 165,174,310원을 신고·납부하였다.

그 후 원고는 이 사건 부동산을 보유한 기간이 15년 이상이므로 구 소득세법 제95조 제2항 제3호 단서에 따라 장기보유특별공제율이 45%로 적용하여야 한다는 이유로 양도소득세 37,824,490원의 환급을 요구하는 경정청구를 하였다.

이에 피고는 구 소득세법 단서규정은 거주자에만 적용된다는 이유로 원고의 경정청구를 거부하는 이 사건 처분을 하였다.

(2) 관련법령

❍ 구 소득세법

第95조 【양도소득금액】

②제 1 항에서 "장기보유특별공제액"이라 함은 제94조 제 1 항 제 1 호에 규정하는 자산(제104조 제 1 항 제 2 호의 3 내지 제 2 호의 8의 규정에 의한 세율을 적용받는 자산 및 동조 제 3 항에 규정하는 미등기 양도자산을 제외한다)으로서 그 자산의 보유기간이 3년 이상인 것에 대하여 다음 각 호의 구분에 따라 계산한 금액을 말한다.

3. 당해 자산의 보유기간이 10년 이상인 것

양도차익의 100분의 30. 다만, 양도소득세가 과세되는 대통령령이 정하는 1세대 1주택의 경우에 당해 주택의 보유기간이 15년 이상인 것은 양도차익의 100분의 45

❍ 구 소득세법 시행령

제159조의 2 【15년 이상 장기보유특별공제가 적용되는 1세대 1주택】

법 제95조 제 2 항 제 3 호 단서에서 "대통령령이 정하는 1세대 1주택"이라 함은 1세대가 양도일 현재 국내에 1주택을 소유하고 있는 경우의 그 주택(제155조·제155조의 2·제156조의 2 및 그 밖의 규정에 의하여 1세대 1주택으로 보는 주택을 포함한다)을 말한다.

(3) 항소심 판결요지

장기보유특별공제는 부동산 양도의 경우 물가상승으로 인하여 보유이익이 과도하게 누적되는 것을 감안하여 일정기간 보유한 부동산 양도에 있어 양도소득금액을 계산할 때 양도차익의 일정부분을 공제하여 주는 제도로서 부동산의 건전한 투자행태 내지 소유형태를 유도하기 위한 목적이므로 거주자에 한정하여 적용할 이유가 없다.

따라서 비거주자에게는 구 소득세법 제95조 제2항 제3호 단서에 정한 장기보유특별공제제도가 적용되지 않는다고 보아 한 이 사건 처분은 위법하다.

(4) 검 토

소득세법 시행령 제159조의 2에 정한 대로 15년 이상 장기보유특별공제가 적용되기 위해서는 1세대 1주택인 상황이 전제되어야 한다고 할 것이다.

한편 같은 시행령 제154조 제1항은 "대통령령이 정하는 1세대 1주택"이라 함은 거주자 및 그 배우자가 그들과 동일한 주소 또는 거소에서 생계를 같이하는 가족과 함께 구성하는 1세대(이하 '1세대'라 한다)가 양도일 현재 국내에 1주택을 보유하고 있는 경우로서 당해 주택의 보유기간이 3년 이상인 것"이라고 정하고 있다.

그렇다면 이 사건의 경우 법률 문언상 장기보유특별공제의 전제가 되는 "1세대 1주택"이 거주자만을 대상으로 하고 있으므로 이를 넘어 비거주자에게도 장기보유특별공제가 적용된다고 해석하는 것은 언어의 가능한 범위를 벗어난 유추해석으로 엄격해석원칙에 반하는 해석이라고 생각된다.

서울고등검찰청 송무부

장부기재 없는 부도 어음채권의 소득세법상 필요경비 산입 여부

(대법원 2007. 6. 1. 선고, 2005두6737 판결)

1. 판결요지

소득세법 제27조 제 1 항 · 제 3 항, 같은 법 시행령 제55조 제 1 항 제16호 · 제 2 항, 같은 법 시행규칙 제25조 제 1 항의 규정을 종합해 보면, 사업소득금액의 계산에 있어서 필요경비에 해당하는 대손금은 당해 채권이 법적으로 소멸한 경우와 법적으로는 소멸하지 아니하였으나 채무자의 자산상황, 지급능력 등에 비추어 자산성의 유무에 대하여 회수불능이라는 회계적 인식을 한 경우로 구분할 수 있고, 부도발생일로부터 6월 이상 경과한 수표 또는 어음상의 채권은 후자의 대손금에 해당한다 할 것인데, 전자는 당연히 회수할 수 없게 된 것이므로 사업자가 이를 대손으로 회계상의 처리를 하건 안하건 간에 그 소멸한 날이 속하는 과세연도의 필요경비로 산입되는 것이고, 후자는 채권 자체는 그대로 존재하고 있으므로 사업자가 회수불능이 명백하게 되어 대손이 발생했다고 장부에 필요경비로 계상하였을 때에 한하여 당해 과세연도의 필요경비에 산입할 수 있다.

2. 사실관계

원고는 대금업을 영위하는 사업자인바, 1997년부터 1999년까지 매년 1억 원이 넘는 이자수입이 발생하여 소득세법상 사업소득을 얻고도 이에 대한 세무신고를 전혀 하지 아니하였다.

이에 피고가 원고의 거래내역을 실지조사한 후 사업소득이 발생한 사실을 확인하자 원고는 대금업과 관련한 필요경비를 인정받기 위하여 약속어음이 부도처리되었다는 취지가 기재된 어음장을 제출하였으나 장부상 부도처리된 어음을 필요경비로 계상하지는 않았다.

피고는 원고가 제출한 어음장만으로 자금대여의 수단으로 수취한 약속어음의 대손금 해당 여부를 명확히 파악할 수 없다는 이유로 추계조사방법에 의하여 원고의 총수입금액에 대금업의 표준소득률 82.5%를 적용하여 소득금액을 산정하고 원고에게 종합소득세 140,894,140원을 부과하는 이 사건 처분을 하였다.

3. 관련법령

○ **구 소득세법**(1999. 8. 31. 법률 제5994호로 개정되기 전의 것)

제27조 【필요경비의 계산】

①부동산임대소득금액 · 사업소득금액 · 일시재산소득금액 · 기타소득금액 또는 산림소득금액의 계산에 있어서 필요경비에 산입할 금액은 당해 연도의 총수입금액에 대응하는 비용으로서 일반적으로 용인되는 통상적인 것의 합계액으로 한다. <개정 1995.12.29, 1998.12.28>

②당해 연도 전의 총수입금액에 대응하는 비용으로서 당해 연도에 확정된 것에 대하여는 당해 연도 전에 필요경비로 계상하지 아니한 것에 한하여 당해 연도의

필요경비로 본다.

③필요경비의 계산에 있어서 필요한 사항은 대통령령으로 정한다.

❍ **구 소득세법 시행령**(1999. 12. 31. 대통령령 제16664호로 개정되기 전의 것)

제55조 【부동산임대소득 등의 필요경비 계산】

①부동산임대소득과 사업소득의 각 연도의 총수입금액에 대응하는 필요경비는 다음 각 호의 것으로 한다.

16. 대손금(부가가치세 매출세액의 미수금으로서 회수할 수 없는 것 중 부가가치세법 제17조의 2의 규정에 의한 대손세액공제를 받지 아니한 것을 포함한다)

②제 1 항 제16호의 규정에 의한 대손금은 다음 각 호의 1에 해당하는 것으로 한다.

1. 채무자의 파산・강제집행・형의 집행 또는 사업의 폐지로 인하여 회수할 수 없는 채권
2. 채무자의 사망・실종・행방불명 등으로 인하여 회수할 수 없는 채권
3. 기타 재정경제부령이 정하는 바에 의하여 회수할 수 없다고 인정되는 채권

❍ **구 소득세법 시행규칙**(2000. 4. 3. 재정경제부령 제138호로 개정되기 전의 것)

제25조【회수불능채권의 범위】

①영 제55조 제 2 항 제 3 호에서 “재정경제부령이 정하는 바에 의하여 회수할 수 없다고 인정되는 채권”이라 함은 다음 각 호의 1에 해당하는 것으로 한다.

1. 외상매출금 및 미수금으로서 상법상의 소멸시효가 완성된 것
2. 외상매출금 또는 미수금과 관련하여 받은 어음법상의 소멸시효가 완성된 어음
3. 외상매출금 또는 미수금과 관련하여 받은 수표법상의 소멸시효가 완성된 수표
4. 대여금 및 선급금으로서 민법상의 소멸시효가 완성된 것
5. 부도발생일부터 6월 이상 경과한 수표 또는 어음상의 채권과 외상매출금(조세특례제한법 시행령 제 2 조의 규정에 의한 중소기업의 외상매출금으로서 부도발생일 이전의 것에 한한다). 다만, 당해 사업자가 채무자의 재산에 대하여 저당권을 설정하고 있는 것을 제외한다.
6. 물품의 수출로 인하여 발생한 채권으로서 외국환관리에 관한 법령에 의하여 한국은행총재 또는 외국환은행의 장으로부터 채권회수의무를 면제받은 것
7. 국세징수법 제86조 제 1 항 제 1 호 및 동법 시행령 제83조의 규정에 의하여 세

무서장으로부터 국세결손처분을 받은 채무자에 대한 채권. 다만, 당해 사업자가 채무자의 재산에 대하여 저당권을 설정하고 있는 것을 제외한다.

8. 민사소송법 제616조의 규정에 의하여 채무자의 재산에 대한 경매가 취소된 압류채권
9. 회사정리법에 의한 정리계획인가 또는 화의법에 의한 화의인가의 결정에 따라 회수불능으로 확정된 채권
10. 회수기일을 6월 이상 경과한 채권 중 회수비용이 당해 채권가액을 초과하여 회수의 실익이 없다고 인정되는 2만 원 이하의 채권

4. 당사자의 주장

(1) 원고의 주장

원고는 ① 구 소득세법 제55조 및 소득세법 시행규칙 제25조에는 대손금으로 결산서에 처리한 경우에만 필요경비로 인정한다는 내용이 규정되어 있지 아니함에도 원심이 이 사건 부도어음이 결산서에 처리되지 않았다는 이유로 필요경비로 인정하지 아니한 것은 위법하고, ② 표준소득률에 의해 산정한 비용보다 많은 금액이 부도어음이라는 사실이 장부에 의해 인정됨에도 추계조사결정을 한 것은 위법하다는 취지의 주장을 하였다.

(2) 피고의 주장

이에 대해 피고는 ① 과세관청이 납세자로 하여금 그 제출된 세금계산서·장부 기타 증빙의 부당성을 지적하고 새로운 자료를 제출하게 하여 실지조사를 하더라도 과세표준과 세액을 결정할 수 없음이 명백한 경우까지 그러한 절차를 취하지 아니하고 추계조사결정에 의한 과세처분을 하였다 하여 이를 위법하다고 볼 수는 없고, ② 원고의 수입금액 중 약 3억 9천만 원이 부도발생일로부터 6개월이 경과한 어음상 채권인 점은 인정되나 그

채권을 어음채권으로 보는 경우 대손금으로 결산서에 처리한 경우에만 필요경비로 인정되나 원고가 대손금처리한 사실을 인정할 증거가 없고, 대여금채권으로 보더라도 채권이 시효로 소멸한 경우에만 대손금처리가 가능한데 아직 소멸시효가 완성되지 아니하였으므로 원고의 주장은 타당하지 아니하다는 취지의 주장을 하였다.

5. 검 토

가. 문제의 제기

위와 같은 원·피고의 주장을 검토하면, 결국 이 사건의 쟁점은 ① 부도발생일로부터 6개월 이상 경과한 부도 어음채권이 필요경비로 인정될 수 있는지 여부 및 ② 추계조사방법에 의한 소득금액 산정이 정당한지 여부인바, 이하에서는 위 쟁점에 대해 차례로 살펴보기로 한다.

나. 이 사건 부도어음의 필요경비 산입 여부[1)]

(1) 개 념

대손금이란 외상매출대금·어음·대여금 등 받을 채권 중에서 회수불능이 된 금액을 의미한다. 부가가치세 매출세액의 미수금으로서 회수할 수 없는 것 중 부가가치세법에 의한 대손세액공제를 받지 않을 것도 포함된다. 대손금은 소득세법상 필요경비의 공제가 인정되는 사업소득과 부동산임대

1) 최철환, "부도발생일로부터 6월 이상 경과한 수표 또는 어음상의 채권을 소득세법상 대손금으로 필요경비에 산입할 수 있는지 여부", 『대법원 판례해설』 69호(2007년 상반기), 2008. 1., 법원도서관.

소득에 한정된 문제된다.

소득세법상 인정되는 대손금, 즉 회수불능채권의 종류에는 그에 대응한 청구권이 법적으로 소멸한 경우와 법적으로 소멸하지 아니하였으나 채무자의 자산상황·지급능력 등에 비추어 회수불가능하다는 점이 회계적으로 인식된 경우로 구분되고, 일반적으로 채권의 경우 채무자의 파산과 같이 객관적이고 뚜렷한 경우를 제외하고는 그 불량화가 서서히 진행되고 판단 여부도 모호하기 때문에[2] 소득세법 시행령은 제67조 제1항에 대손금이 인정되는 경우를 엄격히 제한적으로 열거하고 있다.

판례는 법인이 보유한 어음채권이 그 시효가 소멸되었다는 이유로 대손금으로 보아 손금산입을 주장한 사안에서 위와 같은 요건을 갖춘 사실이 객관적으로 밝혀지면 대손금으로 인정되는 것이고, 법원의 강제집행 결과 무재산, 행방불명 등을 원인으로 한 강제집행불능조서 등의 구비서류가 갖추어져야만 하는 것은 아니라고 판시하였다(대법원 1990. 3. 13. 선고, 88누2123 판결).

법령에 따라 대손금을 구체적으로 살펴보면,

첫째, '권리소멸에 의한 대손금'[3]에는 ① 외상매출금 또는 미수금으로서 상법상 소멸시효가 완성된 것(규칙 제25조 제1항 제1호), ② 외상매출금 또는 미수금과 관련하여 받은 어음법·수표법상 소멸시효가 완성된 어음·수표(규칙 제25조 제1항 제2호·제3호), ③ 대여금 또는 선급금으로서 민법상 소멸시효가 완성된 것(규칙 제25조 제1항 제4호)이 있고,

둘째, 회계인식상의 대손금에는 ① 채무자의 파산[4]·강제집행·형의

---

2) 임승순, 『조세법』, 박영사, 2009, p.617.

3) 정해욱, 『종합소득세실무』, 영화조세통람, 2005, pp.199~201 ; 최철환, 전게논문, 주 18에서 재인용.

4) 부산고등법원 2004. 1. 30. 선고, 2003누3222 판결

"파산선고가 있으면 파산자가 파산선고시에 가진 모든 재산은 파산재단을 구성하고, 파산채권자는 그 채권을 일정한 기간 내에 파산법원에 신고한 후 채권조사기일에서의

집행 또는 사업의 폐지로 인하여 회수할 수 없는 채권(시행령 제55조 제 1 항 제 2 호), ② 채무자의 사망·실종·행방불명 등으로 인하여 회수할 수 없는 채권(시행령 제55조 제 1 항 제 2 호), ③ 부도가 발생한 수표 또는 어음상 채권과 외상매출금에 있어서는 부도발생일로부터 6월 이상 경과한 것(다만, 사업자가 채무자의 재산에 대하여 저당권을 설정하고 있는 경우를 제외)(규칙 제25조 제 1 항 제 5 호)이 있다.

(2) 대손금의 필요경비 산입방법[5)]

사업소득 및 부동산임대소득에 대한 소득세 산출시 대손금을 필요경비로 산입하려면 신고조정 또는 결산조정이라는 거쳐야 한다.

신고조정이란 소득세 신고과정에서 세무조정하는 절차를 의미하는데, 사업자의 장부상 수익 또는 비용으로 계상함이 없이 소득세 과세표준의 신고과정에서 세무조정계산서상에만 총수입금액 또는 필요경비로 계상함으로써 세무상 총수입금액 또는 필요경비에 산입되는 것을 의미한다. 결산조정사

조사를 거쳐 확정된 금액 및 순위에 따라 배당을 받게 되므로, 파산선고 자체만 가지고 당연히 그 채권을 회수할 수 없는 경우에 해당한다고 볼 수는 없고, 파산관재인이 최후 배당액을 결정, 통지함으로써 배당이 확정될 때 채권액에 대하여 전혀 배당이 없든가 그 중 일부만이 배당되었을 경우에 비로소 회수할 수 없는 채권액으로 확정된다고 봄이 상당하고, 또한 구 부가가치세법 시행령(2002. 12. 30. 대통령령 제17827호로 개정되기 전의 것) 제63조의 2 제 1 항은, 대손세액공제 사유로 파산법에 의한 파산과 아울러 강제화의를 포함한다고 규정하고 있는바, 파산법상의 강제화의는 파산선고 후 파산절차 중에 파산적 청산을 회피하고 파산자의 경제적 갱생을 위하여 파산절차를 종료시키는 제도인데(파산법 제262조, 제275조 참조), 대손의 확정시기를 파산선고시로 본다면 굳이 강제화의를 파산과 별도로 규정할 필요가 없는 점, 파산관재인에 대한 사실조회 결과에 의하면 파산자가 파산선고시에 가진 파산재단에 속하는 재산으로 별제권자에 대한 변제 이외에 파산채권자에게 배당이 가능한 점 등을 종합하여 판단하면, 거래상대방인 공급받는 자가 파산선고를 받은 것만으로는 용역대금의 대손이 확정되었다고 할 수 없다."

5) 정해욱, 전게서, pp.180~181, p.201 ; 최철환, 전게논문, 주 19 재인용.

항이 아닌 경우는 모두 신고조정이 가능한 것인바, 결산조정사항이 아닌 인건비나 매출원가 등이 장부에 누락되었다 하더라도 실제 사업과 관련하여 지출된 것이 확인되는 경우에는 세무조정에서 필요경비에 산입할 수 있다.

채권에 대한 권리가 법적으로 소멸된 경우 결산상 필요경비로 계상하지 않은 경우에도 신고조정에 의하여 필요경비에 산입할 수 있으므로 '권리소멸에 의한 대손금'에 해당되는 경우에는 신고조정이 가능하다.

한편 결산조정이란 사업자의 결산과정에서 필요경비에 계상하는 절차를 의미하는바, 사업자의 장부에 필요경비로 계상한 경우에 한하여 세무상 필요경비에 산입되는 항목을 의미한다. 감가상각비, 대손충당금 전입액, 필요경비에 산입하는 기부금, 회계인식상의 대손금 등을 말한다.

권리가 소멸되지 않은 채권에 있어서는 사업자가 채무자의 자산상황·지급능력·채무의 규모 등에 비추어 회수가 사실상 불가능한 것으로 인식한 경우에 그 인식을 바탕으로 당해 사업자가 그 채권을 대손금으로 계상한 경우에 한하여 필요경비에 산입한다. 따라서 '회계인식상의 대손금'은 결산조정에 의하여만 필요경비 산입이 가능하다.

(3) 대손금의 필요경비 산입시기

대손금의 필요경비 산입시기와 관련하여 당초 법령에 아무런 규정이 없었으나 대법원이 "법인세법 제 9 조 제 3 항, 제17조 제 1 항, 같은 법 시행령 제12조 제 2 항 제 8 호, 제21조, 같은 법 시행규칙 제 9 조 제 2 항 등을 종합하면 대손금의 형태는 그에 대응한 청구권이 법적으로 소멸된 경우와 법적으로는 소멸되지 안했으나 채무자의 자산상황, 지급능력 등에 비추어 자산성의 유무에 대하여 회수불능이라는 회계적 인식을 한 경우로 구분할 수 있으며 전자는 당연히 회수할 수 없게 된 것이므로 법인이 이를 대손으로 회계상의 처리를 하건 안하건 간에 그 소멸된 날이 속하는 사업연도의 손금으로 산입되는 것이고 후자는 채권 자체는 그대로 존재하고 있으므로 법인이 회수불능이 명백하게 되어 대손이 발생했다고 회계상의 처리를 하였을 때에 한하여 세무회계상 당해 사업연도의 손금에 산입할 수 있다"(대법원 1988. 9. 27. 선고, 87누465 판결)라고 판시하여 대손금의 필요경비 산입시기 및 기준을 명확히 하였다.

그 후 1998. 12. 31. 대통령령 제15970호로 개정된 법인세법 시행령 제62조 제 3 항에 위와 같은 판결취지에 따른 규정이 신설되었고, 그 후 소득세법 시행규칙 제25조 제 4 항에도 같은 취지의 내용이 신설되었다.

(4) 소득세법상 사업자의 필요경비 계상 의무 존부

법인의 경우 법인세법 제112조에 법인의 장부 비치 및 기장의무를 규정하고 있으나, 소득세법상 사업자에게도 법인의 경우와 같이 장부 비치 및 기장의무가 있음을 전제로 대손금을 필요경비를 계상한 경우에만 필요경비로 산입을 허용하는 것이 타당한지 문제된다.

1998. 12. 28. 법률 제5580호로 개정된 소득세법 제160조, 소득세법 시행령 제208조에 의하면, 사업자는 소득금액을 계산할 수 있도록 증빙서류 등을 비치하고 그 사업에 관한 모든 거래사실이 객관적으로 파악될 수 있도록 복식부기에 의하여 장부에 기록·관리하여야 하고, 일정규모 미만의 사업자는 수입에 관한 사항, 경비지출에 관한 사항 등을 기재할 수 있는 간편장부를 비치하고 그 사업에 관한 거래사실을 성실히 기재하여야 한다고 규정하여 모든 사업자에게 장부 비치 및 기장의무를 부과하고 있는바, 위 법 시행일인 1999. 1. 1. 이후의 소득세법상 모든 사업자는 복식부기에 의한 장부 또는 간편장부 비치 및 기장의무가 있다고 해석된다.

한편 위 법 시행 이전의 구 소득세법 제160조, 같은 법 시행령 제132조·제208조에 의하면 직전 사업연도 수입금액 합계액이 3억 원인 경우를 기준으로 3억 원 이상 사업자에게는 위와 같은 장부 비치 및 기장의무를 지우고, 3억 원 미만 사업자는 간이소득금액 계산서 첨부대상자로 분류하여 장부기장의무는 없으나 매입·매출계산서와 경비지출에 관한 영수증 보관의무를 지우고 있었고, 종합소득세 과세표준 신고시에 세액계산의 기초가 되는 총수입금액과 필요경비의 계산에 필요한 서류로서 '소득금액계산서' 또는 '간이소득금액계산서'를 첨부하여 각 계산서에 필요경비를 기재하도록 하고 있었다.

그렇다면, 결국 모든 사업자는 장부 또는 간이소득금액계산서에 필요경비를 기재하고 필요경비를 계상할 의무가 있었던 것으로 해석된다.

(5) 소 결

그러므로 원고는 대금업을 영위하는 자로서 필요경비를 공제받기 위해 장부 또는 간이소득금액계산서에 필요경비를 기재할 의무를 부담하고 있었다고 할 것이고, 원고가 필요경비로 주장하는 부도발생일부터 6개월 경과한 어음채권은 아직 어음채권의 소멸시효는 경과하지 아니한 것으로 법적으로 당연히 소멸되었다고 볼 수 없는바, 회수불능하다는 점이 회계적으로 인식된 경우에 한하여 대손금으로 보아 필요경비로 인정하는 것이 타당하다.

원고는 어음을 제출하였으나 결산서에 필요경비로 산입하지 않았는바, 이 사건 부도어음이 소득세법 시행규칙 제25조 제 6 호에 해당한다는 이유로 필요경비로 인정되어야 한다는 주장은 타당하지 아니하다.

다. 추계조사결정의 당부

원고는 관련 증빙자료에 의해 실제 수입금액이나 필요경비 등이 인정됨에도 피고가 추계조사의 방법에 의하여 원고의 수입금이나 필요경비를 산정한 이 사건 처분은 위법하다고 주장하는바, 추계조사결정의 위법 여부와 관련하여 추계조사결정의 의의 및 요건, 단일한 과세단위를 실지조사와 추계조사를 혼합하여 산정하는 부분추계가 타당한지 여부에 대해 살펴보기로 한다.

(1) 추계조사결정의 의의

추계조사결정이란 소득세 또는 법인세 등을 과세관청이 결정 또는 경정하는 경우에 그 과세표준을 장부나 증빙 기타 직접적인 과세자료에 의하지 아니하고 납세의무자의 재산이나 채무의 증감상태, 수입이나 지출의 현황, 생산량·판매량·기타의 거래량, 종업원수 기타 사업규모 등의 간접자료에 의하여 과세표준을 결정하는 과세방법을 말한다.[6]

(2) 추계조사결정의 요건

추계조사는 일정한 객관적 사유(추계 필요성)가 존재하고, 그로 인하여 실지조사가 불가능할 것(추계의 보충성)이라는 요건이 인정되는 경우 이루어진다.[7]

1) 추계 사유의 존재(소득세법 시행령 제143조 제 1 항 제 1 호 내지 제 3 호)

① 과세표준을 계산함에 있어서 필요한 장부와 증빙서류가 없거나 중요한 부분이 미비 또는 허위인 경우, ② 기장의 내용이 시설규모·종업원수·원자재·상품 또는 제품의 시가·각종 요금 등에 비추어 허위임이 명백한 경우, ③ 기장의 내용이 원자재사용량·전력사용량 기타 조업상황에 비추어 허위임이 명백한 경우에 추계조사결정을 할 수 있다.

2) 실지조사가 불가능할 것(추계의 보충성)

추계사유가 존재한다고 하더라도 실지조사에 의하여 과세표준을 정할 수 있을 때에는 추계조사가 허용되지 않으며, 실지조사에 의하여 과세표준과 세액을 결정할 수 없는 경우에만 추계조사가 가능하다(소득세법 제80조 제 3 항).

판례도 "종합소득세의 과세표준과 세액은 실지조사의 방법에 따라 밝

---

6) 임승순, 전게서, p.459.

7) 최철환, 전게논문, p.228.

혀진 실액에 의하여 결정하는 것이 원칙이고 추계조사방법에 의하여 이를 결정하려면 납세자의 장부나 증빙서류 등이 없거나 그 중요부분이 미비 또는 허위로 기재되어 신뢰성이 없고 달리 과세관청이 그 소득의 실액을 밝힐 수 있는 방법이 없는 때에 한하여 예외적으로 허용되는 것이므로 납세자가 비치, 기장한 장부나 증빙서류 중 일부 허위로 기재된 부분이 포함되어 있다고 하더라도 그 부분을 제외한 나머지 부분은 모두 사실에 부합하는 자료임이 분명하여 이를 근거로 과세표준을 계산할 수 있다면 그 과세표준과 세액은 실지조사의 방법에 의하여 결정하여야지 추계조사방법에 의해서는 아니 된다"(대법원 1996. 1. 26. 선고, 95누6809 판결 참조)라고 판시하였다.

또한 "과세관청이 과세처분 당시 장부 등의 미비로 추계과세를 하였다고 하더라도 그 처분의 취소심판 또는 소송에 있어서 장부 기타의 증빙서류가 나타났을 때에는 그 장부 등에 의한 실지조사의 방법으로 수입금액이나 과세표준을 결정하여야 하고 추계조사의 방법으로 결정할 수는 없다"(대법원 1986. 12. 9. 선고, 86누516 판결 참조)라고 판시하여 추계의 보충성을 추계조사결정의 요건으로 인정하고 있다.

한편 위 86누516 판결에 의하면 추계사유의 판단은 처분시가 아닌 사실심 변론종결시를 기준으로 해야 한다고 해석되고,[8] 추계과세의 적법 여부가 다투어지는 경우 추계사유의 존재 및 추계방법의 타당성에 대한 입증책임은 과세관청에게 있다는 것이 대법원의 태도이다.[9]

---

8) 임승순, 전게서, p.461.

9) 대법원 1999. 10. 8. 선고, 98두915 판결 등 참조 ; 최철환, 전게논문, p.230 재인용.

(3) 소득세법상 추계의 방법

1) 수입금액의 추계(시행령 제144조 제 1 항)

사업자의 수입금액을 장부 기타 증빙서류에 의하여 계산할 수 없는 경우 그 수입금액은,

① 기장이 정당하다고 인정되어 기장에 의하여 조사 결정한 동일 업황의 다른 사업자의 수입금액을 참작하여 계산하는 방법(제 1 호),

② 국세청장이 사업의 종류, 지역 등을 감안하여 사업과 관련된 인적·물적 시설(종업원·객실·사업장·차량·수도·전기 등)의 수량 또는 가액과 매출액의 관계를 정한 영업 효율이 있는 때에는 이를 적용하여 계산하는 방법(제 2 호),

③ 국세청장이 업종별로 투입 원재료에 대하여 조사한 생산수율을 적용하여 계산한 생산량에 당해 과세기간 중에 매출한 수량의 시가를 적용하여 계산하는 방법(제 3 호),

④ 국세청장이 사업의 종류별·지역별로 정한 다음 각목의 1[10]에 해당하는 기준에 의하여 계산하는 방법(제 4 호),

⑤ 추계결정·경정대상 사업자에 대하여 제 2 호 내지 제 4 호의 비율을 산정할 수 있는 경우에는 이를 적용하여 계산하는 방법(제 5 호),

⑥ 주로 최종 소비자를 대상으로 거래하는 업종에 대하여는 국세청장이 정하는 입회조사기준에 의하여 계산하는 방법(제 6 호)에 의하여 산정한다.

이와 같은 수입금액 추계방법은 제한적·열거적인 것으로 해석된다.[11]

---

10) 가. 생산에 투입되는 원·부재료 중에서 일부 또는 전체의 수량과 생산량과의 관계를 정한 원단위 투입량

나. 인건비·임차료·재료비·수도광열비 기타 영업비용 중에서 일부 또는 전체의 비용과 매출액의 관계를 정한 비용관계비율

다. 일정기간 동안의 평균 재고금액과 매출액 또는 매출원가와의 관계를 정한 상품회전율

11) 임승순, 전게서, p.463.

2) 소득금액의 추계(비용의 추계)(시행령 제143조 제3항)

수입금액에서 인적공제와 특별공제를 하여 과세표준을 결정하는데 소득금액 추계방법에는 기준경비율 혹은 단순경비율에 의한 방법, 동업자 권형에 의한 방법과 당해 사업자의 직전 과세기간의 소득률 또는 당해 과세기간에 기장된 부분 등의 활용에 의한 방법, 기타 국세청장이 합리적이라고 인정하는 방법 등이 있다.[12]

구 소득세법 시행령(2000. 12. 29. 대통령령 제17032호로 개정되기 전의 것) 제143조 제3항은 수입금액에 표준소득률을 곱한 금액을 소득금액으로 인정하였으나, 그 후 시행령 개정으로 기준경비율 또는 단순경비율을 적용하여 소득금액을 산정하는 방법으로 변경되었다.

기준경비율제도는 사업거래상 통상적으로 증빙서류가 교부되는 것으로 예정된 인건비 등 주요경비는 증빙서류에 의해서만 비용산입을 인정하고, 그 나머지 비용은 정부가 정한 기준경비율에 의해 필요경비를 산정하여 소득금액을 인정하는 방식이다.[13] 표준소득률제도는 무기장 사업자에게 지출경비에 대한 입증책임을 면제함으로써 근거과세에 장애를 가져오고 추계요건의 적용을 둘러싼 분쟁 또한 빈번하였으나, 기준경비율제도의 시행에 의하여 일정규모 이상의 사업자에 대하여 장부기장을 적극 유도함으로써 거래의 투명성 확보와 근거과세의 확립에 중요한 계기를 마련하게 되었다[14]고 평가되고 있다.

3) 부분추계의 문제

단일한 과세대상의 총수입금액 또는 비용을 실지과세와 추계과세를 혼합하여 산정하는 것이 타당한지 문제된다.

이에 대해 판례는 "총수입금액과 과세표준은 모두 세액 산출의 근거가

12) 임승순, 전게서, p.462.

13) 임승순, 상게서, p.464.

14) 임승순, 상게서, p.464.

되는 수액이나, 양자는 그 산출의 근거와 단계를 달리하므로 이를 어떠한 방법으로 조사결정할 것인가 하는 문제는 각각 그 조사결정방법에 관한 법정사유 중 어느 것에 해당하는가에 따라 각별로 결정되어야 할 것이고 그 두 가지가 반드시 같은 방법에 의하여 조사결정되어야 하는 것은 아니어서 소득표준율을 적용하여 과세표준을 추계조사의 방법으로 결정할 경우라도 총수입금액에 관하여는 그 실액조사가 가능하다면 총수입금액은 실지조사의 방법으로 결정하여야 한다"(대법원 1998. 7. 10. 선고, 97누13894 판결 참조)라고 판시하고, "소득표준율을 적용하여 과세표준을 추계조사의 방법으로 결정할 경우라도 총지출금액에 관하여 그 실액조사가 가능하다면 그 금액은 실지조사의 방법으로 결정하여야 한다"(대법원 1994. 7. 29. 선고, 94누5175 판결)라고 판시하여 이를 허용하고 있는 것으로 해석된다.

(4) 소 결

당해 사안의 경우 앞서 살핀 바와 같이 원고가 주장하는 부도어음은 장부에 기장되지 아니하여 대손금에 해당하지 않고, 그 외 원고가 주장하는 필요경비에 대하여 장부 및 증빙서류가 제출되지 아니하였는바, 1심 및 항소심 법원은 '과세표준을 계산함에 있어 필요한 장부와 증빙서류가 없는 경우'에 해당하므로 추계사유의 존재가 인정되므로 피고의 이 사건 처분이 정당하다고 판시하였다.

라. 검 토

앞서 살핀 바와 같이 소득세법 제160조, 제70조 등이 모든 소득세법상 사업자에게 장부 비치 및 기장의무를 부여하고, 모든 사업자에게 종합소득 과세표준 확정신고 의무를 부여하면서 계산서에 필요경비를 기재하여야 한다고 규정하고 있다. 따라서 그동안 법인세에 있어 손금산입대상인 대손금에 관하여 청구권이 법적으로 소멸된 경우와 소멸되지 아니하였으나 회수불능이 회계적으로 인식된 경우를 구분하여 전자를 신고조정사항으로 후자를 결산조정사항으로 보던 대법원 판례가 이 사건과 같이 소득세법상 사업자에게 적용되는 것은 타당하다고 생각된다.

한편 이 사건에서 원고는 대여금채권의 담보로 어음을 수취한 사실이 인정되었는바, 주된 채권의 담보인 이 사건 어음채권이 대손금으로서 요건을 갖추었다고 하더라도 대여금채권과 별도로 필요경비에 산입할 수는 없는 것으로 보인다.

서울고등검찰청 송무부

스타타워 양도소득세 부과처분 취소사건 개관

(서울행정법원 2009. 2. 16. 선고, 2007구합37650 판결)

1. 판결요지

(1) 국내법상의 실질과세원칙을 국가 간의 조세조약의 규정에 대한 해석의 기준으로 삼을 수 있는지 여부(적극)

헌법상의 조세법률주의와 조약의 해석에 관한 기본원칙, 실질과세원칙의 근거와 내용, '대한민국과 벨지움 간의 소득에 대한 조세의 이중과세회피와 탈세방지를 위한 협약'이 체결된 목적과 위 협약 제13조의 주식 양도로 인한 소득은 양도인의 거주지국에서만 과세되도록 규정한 규정 취지 및 국세기본법 제14조 제 1 항 실질과세의 원칙은, 과세부담의 공평과 응능부담의 원칙을 구현하기 위한 것으로서 국내법상의 납세의무자인 거주자와 비거주자 모두에게 공평하게 적용되는 것인 점을 종합하여 보면, 실질과세의 원칙은 국가 간의 조세조약의 규정을 해석함에 있어서 문언 자체의 의미를 유추 · 확장하거나 문언에 반하는 것이 아닌 한 그 해석의 기준으로 삼을 수 있다.

(2) 벨기에 이외의 국적을 가진 비거주자가 벨기에에 법인을 설립하였으나 벨기에에서는 정상적인 사업활동 없이 원투자자의 조세회피만을 목적

으로 대한민국 내에서 사업을 영위한 경우, 약칭 '한·벨 조세조약'의 조세 면제규정인 제13조에 정한 '양도자'에 해당하는지 여부(소극)

'대한민국과 벨지움 간의 소득에 대한 조세의 이중과세회피와 탈세방지를 위한 협약'상의 벨기에국 거주자로 인정되는 법인이 대한민국 내에서 사업상 거래를 하고 위 협약에 따라 소득원천에 대하여 한국 법에 따른 과세의 면제 혜택을 받기 위하여는 그가 위 협약 제13조가 정한 양도자이어야 하는데, 여기에서 '양도자'의 의미를 정함에 있어서는 이중과세 방지 또는 조세회피 방지의 취지에 부합하고 조약의 문언에 배치되지 않는 범위 내에서 실질과세의 원칙에 따른 해석상의 제한이 따라야 한다. 그러므로 벨기에 이외의 국적을 가진 비거주자가 대한민국 내에 투자목적으로 벨기에에 법인을 설립하고 그 법인의 이름으로 대한민국 내에서 자본이득을 목적으로 한 사업을 영위하는 경우 그 법인의 거주지인 벨기에에서는 정상적인 사업활동이 없고 그 법인의 대한민국 내의 거래행위에도 독자적인 경제적 이익과 사업목적 없이 원투자자를 위한 형식상 거래 당사자의 역할만 수행하였을 뿐 그 실질적인 거래주체는 원투자자이고 그러한 것이 오로지 원투자자의 조세회피만을 목적으로 한 경우에는 그 법인은 위 협약상의 양도자라고 할 수 없다.

(3) 구 소득세법 제 1 조 제 1 항에서 정한 '국내에 주소를 두거나 1년 이상 거소를 둔 거주자가 아닌 자'로서 개인이 아닌 자를 소득세법상 납세의무자로 볼 수 있는지 여부(소극)

구 소득세법(2008. 12. 26. 법률 제9270호로 개정되기 전의 것) 제 1 조에서는 소득세의 납세의무자를 거주자인 개인과 비거주자인 개인으로 하되 법인으로 보지 않는 단체인 비법인단체를 거주자로 규정하고 있다. 그러므로 거주자의 경우 개인과 비법인단체 모두가 소득세 납세의무자가 되지만, 비거주자의 경우에는 개인만이 소득세 납세의무자가 되고 비거주자로서 개인이 아닌 자는 소득세법상 납세의무자가 된다고 볼 수 없다.

(4) 유한 파트너십(LP)은 우리 상법상의 합자회사와 유사하여 외국법인에

대한 법인세 과세의 문제로 보아야 하고, 설령 유한 파트너십(LP)을 조합에 유사한 조직이라 본다고 하더라도 비거주자인 비법인단체에 해당하여 소득세법상 소득세 납부의무자라고 보기 어렵다.

2. 사실관계

원고 및 ×××펀드(버뮤다) L.P.가 설립한 벨기에 법인 ×× Holdings SCA(이하 'SH')는 2001. 6. 15. 우리나라 법인 ○&○ Trading이 발행한 주식 전부를 인수하면서 동시에 회사의 상호를 주식회사 ◇◇타워로 변경하였고, 주식회사 ◇◇타워는 당시 신축 중이던 서울 강남구 소재 ○○타워빌딩을 양수하여 이 빌딩을 완공한 뒤 그 명칭을 ◇◇타워빌딩으로 정하였다.

SH는 2004. 12. 28. 위 주식회사 ◇◇타워가 발행한 주식 전부를 소외 싱가폴 투자청 산하법인인 '×× Kangnam Pte Ltd'에 매각하여 245,066, 185,237원의 양도차익을 얻었는바, 관할 세무서장인 피고 △△세무서장은 2005. 12. 15. ◇◇타워 발행주식을 양도한 SH는 원고 등 ×××펀드가 주식 양도차익을 비과세하도록 규정한 한·벨기에 조세조약에 편승하기 위해 설립한 도관회사에 불과하므로 주식 양도차익의 실질귀속자는 원고라고 판단하여 미국 거주자인 원고에 대하여 '대한민국과 미합중국 간의 소득에 관한 조세의 이중과세회피와 탈세방지 및 국제무역과 투자의 증진을 위한 협약'(이하 '한·미 조세조약'이라 한다)과 소득세법(2008. 12. 26. 법률 제9270호로 개정되기 전의 것, 이하 같다) 제119조 제 9 호, 소득세법 시행령(2006. 2. 9. 대통령령 제19327호로 개정되기 전의 것, 이하 같다) 제158조 제 1 항 제 1 호 등에 따라 양도소득세 61,365,637,480원(본세 52,928,788,580원, 가산세 8,436,848,900원)를 부과하는 이 사건 처분을 하였다.[1]

---

1) 그 밖에 ×××펀드 Ⅲ의 나머지 구성원에 대하여도 아래 표와 같다.

3. 관련법령

○ **구 소득세법**(2008. 12. 26. 법률 제9270호로 개정되기 전의 것)

제1조 【납세의무】

①다음 각 호의 1에 해당하는 개인은 이 법에 의하여 각자의 소득에 대한 소득세를 납부할 의무를 진다.

1. 국내에 주소를 두거나 1년 이상 거소를 둔 개인(이하 "거주자"라 한다)
2. 거주자가 아닌 자(이하 "비거주자"라 한다)로서 국내원천소득이 있는 개인

③법인격 없는 사단·재단 기타 단체 중 「국세기본법」 제13조 제4항의 규정에 의하여 법인으로 보는 단체(이하 "법인으로 보는 단체"라 한다) 외의 사단·재단 기타 단체는 이를 거주자로 보아 이 법을 적용한다.

제94조 【양도소득의 범위】

①양도소득은 당해 연도에 발생한 다음 각 호의 소득으로 한다.<개정 2003.12.30, 2005.12.31, 2006.12.30>

4. 다음 각목의 1에 해당하는 자산(이하 이 장에서 "기타자산"이라 한다)의 양도로 인하여 발생하는 소득
   다. 주식등의 주권 또는 출자증권을 발행한 법인의 주주의 구성, 부동산의 보유현황 또는 사업의 종류 등을 감안하여 대통령령이 정하는 자산

제119조 【비거주자의 국내원천소득】

비거주자의 국내원천소득은 다음 각 호와 같이 구분한다.

납세의무자	주식보유지분	세목	양도차익(원)	고지세액(원)
××× Fund Ⅲ, L.P.(U.S)	60%	양도소득세	147,059,412,746	61,365,637,480
××× Fund Ⅲ, L.P.(Bermuda)	38%	양도소득세	93,405,448,785	38,846,116,190
Hudco Partners Korea.Ltd(Bermuda)	2%	법인세	4,901,323,726	1,675,521,340

9. 제94조에 규정하는 양도소득(동조 제 1 항 제 3 호의 규정에 의한 소득을 제외한다)으로서 대통령령이 정하는 소득. 다만, 그 소득을 발생하게 하는 자산이 국내에 있는 경우에 한한다.

제121조 【비거주자에 대한 과세방법】

①비거주자에 대하여 과세하는 소득세는 당해 국내원천소득을 종합하여 과세하는 경우와 당해 국내원천소득을 분리하여 과세하는 경우로 구분하여 계산한다. <개정 1999.12.28>

②제120조의 규정에 따른 국내사업장이 있는 비거주자와 제119조 제 3 호의 규정에 따른 소득이 있는 비거주자에 대하여는 제119조 제 1 호부터 제 7 호까지 및 제11호부터 제13호까지의 소득(제156조 제 1 항에 따라 원천징수되는 소득을 제외한다)을 종합하여 과세하고, 제119조 제 8 호 및 제 9 호의 규정에 따른 소득이 있는 비거주자에 대하여는 거주자와 동일한 방법으로 과세한다.

❍ **구 소득세법 시행령**(2006. 2. 9. 대통령령 제19327호로 개정되기 전의 것)

제157조 【대주주의 범위】 <개정 2000.12.29>

④법 제94조 제 1 항 제 3 호 가목에서 “대통령령이 정하는 대주주”라 함은 다음 각 호의 1에 해당하는 자(이하 이 장에서 “대주주”라 한다)를 말한다.

1. 법인의 주식 또는 출자지분(신주인수권을 포함하며, 이하 이 장에서 “주식등”이라 한다)을 소유하고 있는 주주 또는 출자자 1인(이하 이 장에서 “주주 1인”이라 한다) 및 그와「국세기본법 시행령」제20조의 규정에 의한 친족 기타 특수관계에 있는 자(이하 이 장에서 “기타주주”라 한다)가 주식등의 양도일이 속하는 사업연도의 직전 사업연도 종료일 현재 당해 법인의 주식등의 합계액의 100분의 3(코스닥상장법인의 주식등 및「증권거래법 시행령」제84조의 27 제 5 항의 규정에 따라 거래되는「벤처기업육성에 관한 특별조치법」제 2 조 제 1 항의 규정에 의한 벤처기업의 주식등의 경우에는 100분의 5. 이하 이 조에서 같다) 이상을 소유한 경우의 당해 주주 1인 및 기타주주. 이 경우 직전 사업연도 종료일 현재에는 100분의 3에 미달하였으나 그 후 주식등을 취득함으로써 100분의 3 이상을 소유하게 되는 때에는 그 취득일 이후의 주주 1인 및 기타주주를 포함한다.
2. 주식등의 양도일이 속하는 사업연도의 직전 사업연도 종료일 현재 주주 1인

및 기타주주가 소유하고 있는 당해 법인의 주식등의 시가총액이 100억 원(코스닥상장법인의 주식등 및 「증권거래법 시행령」 제84조의 27 제 5 항의 규정에 따라 거래되는 「벤처기업육성에 관한 특별조치법」 제 2 조 제 1 항의 규정에 의한 벤처기업의 주식등의 경우에는 50억 원) 이상인 경우의 당해 주주 1인 및 기타주주

제158조 【기타 자산의 범위】

①법 제94조 제 1 항 제 4 호 다목에서 "대통령령이 정하는 자산"이라 함은 다음 각 호의 1에 해당하는 것을 말한다.

1. 다음 가목 및 나목에 해당하는 법인의 주주 1인 및 기타 주주가 그 법인의 주식등의 합계액의 100분의 50 이상을 주주 1인 및 기타 주주 외의 자에게 양도하는 경우의 당해 주식등
   가. 당해 법인의 자산총액 중 법 제94조 제 1 항 제 1 호 및 제 2 호의 자산가액의 합계액이 차지하는 비율이 100분의 50 이상인 법인
   나. 당해 법인의 주식등의 합계액 중 주주 1인과 기타 주주가 소유하고 있는 주식등의 합계액이 차지하는 비율이 100분의 50 이상인 법인

제179조 【비거주자의 국내원천소득의 범위】

⑩법 제119조 제 9 호 본문에서 "대통령령이 정하는 소득"이라 함은 다음 각 호의 1에 해당하는 소득을 말한다.

1. 법 제94조 제 1 항 제 1 호 · 제 2 호의 소득
2. 법 제94조 제 1 항 제 4 호의 소득. 이 경우 동호 중 "주식 등"은 제158조 제 1 항의 규정에 불구하고 양도일이 속하는 사업연도 개시일 현재 당해 법인의 자산총액 중 법 제94조 제 1 항 제 1 호 및 제 2 호의 자산가액의 합계액이 100분의 50 이상인 법인의 주식 또는 출자지분(유가증권시장에 상장 또는 등록된 주식 또는 출자지분을 제외한다)으로 한다.

❍ **소득세법 시행규칙**

제 2 조 【법인격 없는 단체의 구분】

①「국세기본법」 제13조 제 1 항 및 제 2 항의 규정에 의하여 법인으로 보는 단체 외의 단체 중 대표자 또는 관리인이 선임되어 있으나 이익의 분배방법이나 분배

비율이 정하여져 있지 아니한 것은 그 단체를 1거주자로 보아 법을 적용한다. ②제 1 항의 규정을 적용함에 있어서 명시적으로 이익의 분배방법이나 분배비율이 정하여져 있지 아니하더라도 사실상 이익이 분배되는 경우에는 그 단체의 구성원이 공동으로 사업을 영위하는 것으로 보아 법을 적용한다.

4. 당사자 주장의 요지

가. 원고 측 주장

원고는,

(1) SH가 벨기에 거주자인바, 「대한민국과 벨지움 간의 소득에 관한 조세 이중과세회피와 탈세방지를 위한 협약」(이하 '한·벨 조세조약') 제13조에 주식 양도로 인한 소득은 양도인의 거주지국에서만 과세권을 갖는 것이고,

(2) 피고가 근거로 삼는 경제협력개발기구(Organiczation for Economic Cooperation and Development, 이하 'OECD') 조세조약 모델협약의 관련 주석규정(이하 'OECD 주석')은 법적 기속력이 있는 국제법규가 아니고, 피고가 원용한 2003년 변경 OECD 주석 내용은 국내법상 조약남용에 대한 방지규정을 요구하고 있으나 국세기본법 제14조는 국내법상 일반규정일 뿐 조약남용 방지규정으로 볼 수 없으므로 실질과세원칙을 근거로 한 이 사건 처분은 위법하고, 만약 실질과세원칙상 이 사건 주식 양도소득의 귀속 주체를 원고로 보더라도

(3) 한·미 조세조약 제16조는 거주지국에만 과세권을 부여하고 있고, 한·미 과세당국 간의 상호합의인 Announcement 2001－34 미합중국과 대한민국 간 합의(2001. 4. 6., 이하 '쟁점합의')는 조약실시상의 협의절차에 불과하고 한국에서 공포된 바 없어 조약과 다른 내용의 과세를 할

근거가 될 수 없으며,

(4) 소득세법 제1조는 소득세 납세의무자로 거주자의 경우 개인과 비법인 단체를, 비거주자의 경우 개인만을 정하고 있고, 소득세법 시행규칙 제2조는 비법인단체 중 '대표자 등이 선임'되고, '이익의 분배방법이나 분배비율이 정하여져 있지 아니한 것'에 한하여 그 단체를 1거주자로 보아 소득세법을 적용하고, 이익 분배방법이나 비율이 정하여져 있거나 사실상 이익이 분배되는 단체의 경우 그 구성원이 공동사업을 영위하는 것으로 보도록 규정하고 있으므로, 원고는 비거주자로서 개인이 아니며, 이익 분배방법 등이 정해져 있어 소득세법상 납세의무자에 해당하지 아니한다는 취지의 주장을 하였다.

나. 피고 측 주장

이에 대해 피고는,

(1) OECD 주석 규정에 의하면 조약 편승을 통한 조세회피목적으로 도관회사를 설립하여 조세조약을 남용할 경우 국내법상 실질과세원칙을 적용하여 조세조약의 혜택을 부인할 수 있고,

(2) SH의 경우 정당한 사업목적 없이 조세회피만을 목적으로 설립되어 실질적 사업활동이 없고, 이 사건 주식의 취득·처분 및 양도차익에 관하여 실질적 지배권이 없으므로 벨기에 거주자인 SH를 이 사건 주식 양도소득의 실질적 귀속 주체로 볼 수 없어 한·벨 조세조약을 적용할 수 없으며,

(3) 따라서 원고는 이 사건 주식 양도소득의 실질적 귀속 주체로서 양도소득의 납세의무자에 해당하므로 원고의 거주지국인 미국과 체결한 조세조약이 적용되며, 한·미 조세조약 및 쟁점합의에 따라 부동산 과다보유법인의 주식 양도를 부동산 양도로 보아 피고가 과세권을 행사할 수 있으며,

(4) 원고는 비거주자인 비법인단체에 해당하나, 원고의 내부 기준이 원고가 투자이익에 부과되는 세금을 직접 납부하고 이를 비용으로 처리한 후의 이익을 파트너들에게 배당하도록 되어 있을 뿐 세금 납부 전의 이익 분배방법 등에 관해 정하고 있지 않아 원고가 소득세 납세의무자에 해당하므로 이 사건 처분은 적법하다고 주장하였다.

5. 검 토

가. 실질과세원칙이 이 사건 처분의 직접 근거가 되는지 여부

(1) 문제의 소재

피고는 국세기본법 제14조에서 정한 실질과세원칙을 근거로 이 사건 양도소득의 실제 귀속자가 벨기에 거주자인 SH가 아닌 원고라고 보고 이 사건 처분을 하고, OECD 주석을 원용하여 처분의 타당성을 주장하였는바, 국내법상 실질과세원칙이 조세조약의 해석기준으로 삼을 수 있는지 문제된다.

(2) OECD 주석의 발간 배경 및 내용

OECD는 1977년부터 회원국 사이의 조세 마찰을 해결하기 위해 노력하여, 그 결과 '소득 및 자본에 대한 이중과세 방지를 위한 모델조약(Model Double Taxataion Convention on Income and on Capital)을 제정하였다. 위 OECD 모델조약은 세계 각국에 자극이 되어 국가 간 이중과세 회피조약을 체결하도록 하였고, 우리나라도 이를 참조하여 현재 세계 여러 나라들과 조세조약을 체결하고 있다. 그러나 국가 간의 제도적 차이로 인하여 이중과세 방지를 위한 국가 간의 노력들이 조세회피의 수단으로 악용되자, OECD 재정위원회는 국제적 논의를 통하여 회원국들의 유해 조세관행

(harmful tax practice)으로 인하여 발생한 자산 및 소득에 조세협약상 혜택을 제한하는 방안을 강구하여 이 사건 OECD 주석 등을 제정하게 되었다.

이에 OECD 주석은 조세협약을 해석함에 있어 국내법상 실질과세원칙을 적용하는 것은 조세협약의 목적·취지와 상충되지 않고, 국내법의 남용방지조항은 조세조약에 의해 영향을 받지 않을 뿐 아니라 일반적인 조세남용 방지규정을 조약에 특별히 규정할 필요가 없으며,[2] 도관회사 설립을 통한 조세회피의 경우 실질적인 통제 및 관리 장소 등을 근거로 거주지를 판단해야 한다는 등의 내용을 담고 있다.

(3) OECD 주석의 국내법상 지위

헌법 제6조 제1항은 "헌법에 의하여 체결·공포된 조약과 일반적으로 승인된 국제법규는 국내법과 같은 효력을 가진다"라고 정하고 있어 국가 간에 체결·공포되지 아니한 OECD 주석의 법적 효력이 문제되는바, 이에 대해 이 사건 1심 법원은 OECD 주석은 체결·공포된 조약이 아니고 일반적으로 승인된 국제법규라고까지 할 수 없어 법적 구속력은 없으나 OECD 국가 간 조세조약의 올바른 해석을 위한 국제적 기준으로서 국내법상 실질과세원칙 등과 관련한 OECD 국가 간 조약 해석에 있어 참고자료로 삼을 수 있다고 판시하였다.

---

2) OECD 모델협약 주석서 Article 1 9.6 참조.

9.6 The potential application of general anti-abuse provisions does not mean that there is no need for the inclusion, in tax conventions, of specific provisions aimed at preventing particular forms of tax avoidance. Where specific avoidance techniques have been identified or where the use of such techniques is especially problematic, it will often be useful to add to the Convention provisions that focus directly on the relevant avoidance strategy. Also, this will be necessary where a State which adopts the view described in paragraph 9.2 above believes that its domestic law lacks the anti-avoidance rules or principles necessary to properly address such strategy.

(4) 실질과세원칙이 조세조약 해석기준이 되는지 여부

1심 판결은 실질과세의 원칙은 국가 간의 조세조약의 규정을 해석함에 있어서 문언 자체의 의미를 유추·확장하거나 문언에 반하는 것이 아닌 한 그 해석의 기준으로 삼을 수 있고, 과세관청인 피고가 이 사건 주식 양도 및 그 양도차익의 귀속자를 누구로 보아 과세할 것인지 여부는 한·벨 조세조약 제13조 규정에 관한 OECD 주석 적용 여부와는 직접 관계없이 국내법상의 실질과세원칙에 따라 판단할 수 있다고 하여 이를 긍정하였다.

헌법 제6조 제1항에 정한 대로 국가 간 체결·공포된 조약이 법률과 같은 효력이 있고, 헌법의 기속을 받는 이상 헌법상 조세법률주의원칙을 구현한 국세기본법 제14조는 조세조약의 해석기준으로 삼기에 충분하므로 이 부분에 대한 1심의 결론은 타당하다고 생각된다.

1심 법원은 실질과세원칙을 근거로, 벨기에 거주자인 SH가 이 사건 주식 양도소득의 귀속자이므로 한·벨 조세협약상 과세권 면제된다는 원고 주장을 배척하고 사실인정을 통하여 원고가 이 사건 주식 양도소득의 실제 귀속자라고 확정하였다.

나. 한·미 조세조약에 따른 과세 가능 여부

(1) 문제 소재

한·미 조세조약 제15조[3]는 부동산 처분으로 발생하는 이득은 부동산

---

3) 부동산 양도소득에 대한 과세 배경에 대하여, 이용섭, 『국제조세』, 세경사, p.267 각주 55에는 다음과 같이 설명하고 있다.

"미 의회는 1985년 세법 개정에서 '부동산이 50% 이상인 법인의 주식(부동산주식)'의 양도에 대하여 미국과 여타 국가와의 조약에 불구하고 자국 내에서 과세할 수 있도록 하였다〔이를 소위 '조약효력의 무효화(treaty override)'〕. 이는 미국세법상 주식의 양도가 부동산 등의 양도보다 세율이 낮아 부동산을 주된 자산으로 하는 법인을 설립하여 그 주식을 양도할 경우 실질적으로는 부동산 자체를 양도하면서 세율도 저율로

소재지의 체약국에게 과세권이 있다고 규정하고, 같은 조약 第16조는 부동산, 고정사업장 및 고정시설 관련 재산의 양도 이외에 주식을 비롯한 나머지 재산의 양도에 대하여는 일방체약국 거주자는 타방체약국의 과세권이 면제된다고 규정하고 있어, 이 사건 주식 양도소득의 실제 귀속자가 원고라고 보더라도 미국 거주자인 원고에 대하여 우리나라의 과세권이 인정되는지 문제된다.

(2) 한 · 미 조세조약 第27조, 쟁점합의의 내용 및 효력

한 · 미 조세조약 第27조는 "양 체약국의 권한 있는 당국이 …… 특정소득항목의 원천을 동일하게 결정하는 것에 관하여 상호합의를 할 수 있으며, 권한 있는 당국이 그러한 합의에 도달하는 경우에는, 동 합의에 따라 양 체약국이 동 소득에 대하여 과세하며 또한 과세의 환부 또는 세액공제를 허여한다"고 규정하고 있다.

또한 2001. 4. 6. 발표된 이 사건 쟁점합의는 한 · 미 조세조약 第27조에 따른 것으로서, 한국의 소득세법과 법인세법하에서는 '법인의 주식 양도소득'이 ① 당해 법인의 부동산 가액이 총자산가액의 50% 이상이고, ② 주주와 특수관계자가 당해 법인의 주식의 50% 이상을 소유하며, ③ 그 주주가 당해 법인의 주식의 50% 이상을 양도하는 경우에 해당하면 이를 '부동산

과세되는 행위가 빈번하였기 때문에 이를 방지하기 위함이다. 미 의회는 국내 세법에 우선하는 효력이 있는 조세조약이 적용되는 외국인의 투자 또는 외국을 우회한 투자에 대하여 국내 세법의 개정만으로는 그 효과를 기할 수 없다고 판단하여 소위 부동산주식에 대하여는 주식이 아닌 부동산으로 과세하도록 조약을 무력화시키는 규정을 통과시켰다. 한 · 미 양국의 과세당국은 부동산주식에 대하여는 미국 내에서만 과세권이 행사되는 불합리한 점을 개선하기 위하여 합의절차를 개시였다. 부동산주식 양도소득을 소득원천지국에서도 과세할 수 있도록 하는 내용의 상호합의에 도달하게 되었다. 이에 따라 재정경제부는 한 · 미 조세조약에 따라 자산이 주로 부동산으로 구성된 법인의 주식도 소득원천지국인 한국에서 과세될 수 있는 것으로 유권해석(국조 46017-89, 2001. 5. 23.)을 하게 된 것이다."

양도소득'으로 본다고 규정하고 있고, 이러한 경우 한국은 그러한 주식 양도소득을 비거주자와 외국법인 모두에 대하여 한국 원천소득으로 다룬다는 것이고, 한국과 미국은 이중과세를 방지하기 위해 그러한 한국 법인의 주식 양도소득은 부동산 소재지에 원천이 있음을 합의하였다는 등의 내용을 정하고 있다.

(3) 검 토

쟁점합의는 그 내용상 한·미 조세조약에 근거하여 조약의 의미상 불명료한 사항에 관하여 그 구체적 내용을 보충하고, 조약의 규정 내용을 명확하게 확인한 것으로 보인다.

1심 판결도 이 사건 쟁점합의가 확인규정에 불과하므로 새로운 조약 내용을 창설하는 것임에도 한국에서 공포된 바 없어 법적 효력이 없다는 원고의 주장을 배척하고 원고 등이 한 이 사건 주식 양도소득을 부동산 양도소득으로 보아 우리나라의 과세권을 인정하였다.

다. 원고가 소득세법상 납세의무자인지 여부

이 사건 주식 양도소득에 대하여 우리나라의 과세권이 인정된다고 보는 경우 원고와 같은 리미티드 파트너십 형태의 단체가 우리 세법상 납세의무자에 해당하는지 문제된다.

(1) 리미티드 파트너십의 법적 성격[4)]

리미티드 파트너십(Limited Partnership, 이하 'LP')은 우리법 체계에서는 낯선 개념이며, 법인의 개념이 존재하지 않는 영미 법제상의 단체개념으로서 일반 파트너(general partner)와 유한 파트너(limited partner), 두 종류의

4) 전휴재, "주식회사 이외의 미국 기업 형태의 개관", 법률신문, 2008. 2. 21. 참조.

파트너로 구성되는 단체이다. LP의 일반 파트너는 업무 집행을 담당하며 기업 채무에 대해 무한책임을 부담하고, 유한 파트너는 업무에 관여하지 않으며 유한책임만을 부담한다.

이 점에서 무한책임사원과 유한책임사원이 있는 우리 상법상 합자회사와 유사하나 합자회사와 달리 법인격이 없고, 모든 조합원의 업무 관여와 공동책임을 전제로 하는 민법상 조합과도 차이가 있다. 우리 민법상 조합은 일반 파트너들로만 구성된 일반 파트너십(General Partnership)에 유사한 것으로 평가된다.

우리법상으로는 자본시장과 금융투자업에 관한 법률 제9조 제18항 제5호에 규정한 '투자조합'이 LP와 동일한 것으로 평가된다.[5] 위 법률은 명시적으로 다른 취지의 규정을 두지 않는 한 민법의 조합에 관한 규정이 투자조합에 정하는 것으로 규정하고 있는바, 이는 우리법에 LP에 관한 규정이 없어 부득이 이루어진 조치이고, 투자조합의 실제 운영에 많은 어려움이 있다고 한다.[6]

(2) LP에 대한 세법상 취급

우리법에 예정되지 않은 단체인 LP가 세법이 규정한 납세의무자 중 어느 유형에 속하는지 문제된다.

이와 관련해 이 사건 1심 법원은 "외국기업에 관한 과세도 체약국들 사이의 과세권 배분의 단계에서는 조약이 문제된다고 할 것이지만, 구체적 납세의무는 결국 국내의 개별 세법에 의하여 결정되는 것이고 보면, 회사 등 단체에 관한 법제가 나라마다 같지 아니한 상태에서는 그 단체의 사법적 성질을 살펴 그것이 국내법의 어느 단체에 가장 가까운 것인가를 따져

---

5) (사)한국증권법학회 편, 『자본시장법』[주석서], 박영사, 2009, p.241.

6) (사)한국증권법학회 편, 상게서, 2009, p.241.

한편 상법 회사편 개정안 제86조의 2 내지 86조의 9는 LP와 실질적으로 동일한 합자조합 형태를 신설하는 내용을 포함하고 있다고 한다.

보아 국내 세법을 적용하여야 한다"라고 밝히고, 원고가 "유한책임사원과 무한책임사원으로 구성되어, 그 고유 투자목적을 가지고 투자자로부터 유치한 자금을 그에 따라 운용하면서 고유 사업활동을 하고 있으며, 거래자금의 실질적 공급처로서의 실체를 가진다"고 보아 우리 상법상 합자회사와 유사하다고 보아 원고가 법인세법상 외국법인에 해당한다고 판단하였다. 따라서 1심 법원은 이 사건 주식 양도소득은 소득세법이 아닌 법인세법에 의해 이루어져야 하는 문제로 판단하였다. 다만, 1심 법원은 원고가 소득세법상 법인이 아닌 단체일 경우를 전제로 소득세법상 납세의무자에 해당하는지 여부도 아울러 판단하였다.

(3) 원고가 소득세법상 납세의무자에 해당하는지 여부

1) 법률의 규정

소득세법상 납세의무자는 '개인'으로서, 개인은 거주자와 비거주자로서 국내원천소득이 있는 개인으로 나뉜다. 소득세법 제 1 조는 소득세법상 납세의무자로서 거주자를 국내에 주소를 두거나 1년 이상 거소를 둔 개인과 법인격 없는 사단·재단 기타 단체 중 국세기본법 제13조 제 4 항 규정에 의하여 법인으로 보는 단체 이외의 사단·재단 기타 단체로 정하고 있고, 비거주자를 국내에 원천소득이 있는 자로서 거주자 아닌 자로 정하고 있다.

2) 판 례

대법원 판례도 소득세 납세의무자에 대하여 "개인인 거주자와 비거주자이며 법인격 없는 단체는 위 국세기본법 제13조 제 1 항, 동법 시행령 제 8 조 소정 요건에 해당하는 것은 법인으로 보되 그 이외의 법인격 없는 단체는 거주자로서 소득세 납세의무가 있다"라고 판시하였다(대법원 1989. 1. 31. 선고, 85누728 판결).

3) 검 토

1심 법원은 위 대법원 판례를 원용하면서 "소득세 납세의무자로서 거주자는 개인과 비법인단체가 이에 해당하고, 비거주자는 개인만이 납세의무자에 해당한다"고 전제한 뒤 비거주자인 원고는 그 법적 형태가 합자회사인지 민법상 조합에 유사한 것으로 소득세법에 정한 비법인단체에 해당하는지 여부와 무관하게 소득세법상 납세의무자가 될 수 없다고 보아 이 사건 처분이 위법하다고 판단하였다. 한편 원고가 이익 분배방법 등을 정하여 소득세법에 정한 비법인단체에 해당하는지 여부에 관한 당사자의 주장에 대해 판단을 하였다.

다만, 피고는 소득세법 제 2 조 제 3 항이 국세기본법 제13조 제 1 항, 동법 시행령 제 8 조에 정한 법인 이외의 단체를 거주자로 보도록 규정한 취지는 비거주자인 비법인단체가 국내에 1년 이상 국내에 거소를 두고 있는 경우에도 이를 거주자로 보기 위한 것이라는 주장을 하였음에도 1심 법원은 이에 대한 판단을 하지 않았다.

(4) 소득세법 제 1 조 제 3 항에 대한 해석

앞서 살핀 바와 같이 구 소득세법은 소득세 납세의무자로 국내에 주소를 두거나 1년 이상 거소를 둔 개인과 국내에 원천소득이 있는 거주자 아닌 개인으로 정하고, 비법인단체를 거주자로 간주하는 규정을 두었다.

이 사건의 경우 원고는 미국 비법인단체 형태인 미국 거주자에 해당하는바, 원고와 같이 비법인단체가 국내에 원천소득이 있으나 주소나 거소가 존재하지 아니하는 경우 소득세 납세의무가 인정되는지 문제된다.

1심은 위 법령 규정 체계 및 대법원 85누728 판결 취지상 비거주자는 개인만이 소득세 납세의무자라고 판단하였으나, 이는 비거주자인 원고에 대하여 우리나라의 과세권을 인정하면서도 납세의무자에 대한 소득세법 규정을 지나치게 형식적으로 해석하였다는 비판을 면하기 어렵다고 생각된다.

조세법률주의의 원칙상 과세요건이나 비과세요건을 막론하고, 조세법규의 해석은 엄격하게 하여야 하고 확장해석이나 유추해석은 허용되지 않는다고 할 것이지만, 이러한 엄격해석원칙이 합목적적 해석을 금지하는 것은 아닌바 1심 법원으로서는 비거주자가 국내원천소득이 있는 경우 과세하는 목적 및 비법인단체인 비거주자를 개인인 비거주자와 달리 취급할 합리적 이유가 있는지 여부에 대해 검토해 보고 원고의 납세의무 여부를 판단했어야 한다고 생각된다.

사견으로는 비거주자가 국내에서 사업활동을 영위한 결과 국내원천소득이 발생하였다면 비거주자가 개인인지 비법인단체인지 여부와 무관하게 그에 대한 소득세 납세의무를 부담하는 것이 응능과세원칙, 실질과세원칙상 당연하다고 생각된다. 우리나라의 과세권이 인정되는 이상 비거주자인 비법인단체에게 특별히 혜택을 줄 이유는 없다고 생각된다. 원고와 같이 LP의 경우 우리법상 합자회사나 민법상 조합 중 어느 쪽으로도 해석될 여지가 있는 경우 납세자의 신고 내지 신청에 따라 소득세나 법인세를 구분하면 될 것인바, 원고는 이 사건 처분이 있기 전에 과세관청에 아무런 신고를 한 바 없다.

한편 이 사건 주식 양도 당시의 구 소득세법 제1조 제3항은 "법인격 없는 사단·재단 기타 단체 중 국세기본법 제13조 제4항의 규정에 의하여 법인으로 보는 단체(이하 '법인으로 보는 단체'라 한다) 외의 사단·재단 기타 단체는 이를 거주자로 보아 이 법을 적용한다"라고 규정하고 있었으나, 그 후 2009. 12. 31. 법률 제9897호로 개정된 소득세법은 위 내용을 제2조 제3항에 규정하면서 비법인단체를 거주자 또는 비거주자로 보아 소득세법상 납세의무자의 범위에 포함되는 것으로 규정하였다.

이 사건에서 위 구 소득세법 제1조 제3항의 규정 취지가 국내에 주소 또는 1년 이상 거소를 둔 비법인단체를 비거주자로 보아 소득세 납세의무를 인정할 것인지 문제된다.

(5) 원고가 소득세법 제 1 조 제 3 항에 정한 비법인단체에 해당하는지 여부

원고는 영리단체로서 이익 분배약정이 존재하고, 그 파트너십 약정 Article Ⅳ section 4.08 (g)은 "외국의 관할에 의하여 파트너십이나 자회사의 이익에 부과된 소득과세 혹은 이와 유사한 조세는 파트너십의 비용으로 회계처리되어야 하고 어떠한 이유로든지 파트너들에게 이를 배분하는 것으로 취급하여서는 안 된다"라고 규정하고 있다.

우리 소득세법 시행규칙 제 2 조가 비법인단체가 대표자 및 구성원에 대한 이익 분배방법에 대한 정함이 있는지 여부를 기준으로 비법인단체의 소득세 납세의무를 판단하는 취지는 단체 앞으로 소득이 유보되어 하나의 과세단위로 삼을 수 있는지를 보기 위함인바, 원고의 위 파트너십 약정은 원고가 단체이름으로 소득세 등의 납세의무를 부담하고, 조세부담이 개별 파트너에게 미치는 것을 방지하는 내용으로서 위 약정을 근거로 원고에게 납세의무가 있다고 봄이 상당하다고 생각된다.

서울고등검찰청 송무부

재건축조합원이 대체취득한 주택 양도시 양도소득세 비과세 여부

(대법원 2008. 9. 25. 선고, 2007두8973 판결)

1. 판결요지

(1) 구 소득세법 시행령(2005. 12. 31. 대통령령 제19254호로 개정되기 전의 것) 제155조 제 1 항의 취지는, 국내에 1주택을 소유한 1세대가 그 주택을 양도하기 전에 다른 주택을 취득함으로써 일시적으로 2주택이 된 경우 다른 주택을 취득한 날로부터 1년 이내에 종전의 주택을 양도하면 1세대 1주택의 양도로 보아 양도소득세를 부과하지 않으려는 데 있고, 재건축조합의 조합원이 당해 조합에 기존의 주택이나 대지를 제공하여 그 사업계획에 따라 신축주택을 취득하였다고 하더라도 기존의 주택과 별개의 주택을 취득한 것으로 볼 것은 아니므로, 이를 두고 '국내에 1주택을 소유한 1세대가 그 주택을 양도하기 전에 다른 주택을 취득함으로써 일시적으로 2주택이 된 경우'에 해당한다고 할 수 없다.

(2) 구 소득세법 시행령(2005. 12. 31. 대통령령 제19254호로 개정되기 전의 것) 제154조 제 1 항 본문, 단서 제 2 호 (다)목, 구 소득세법 시행규칙(2003. 4. 14. 재정경제부령 제311호로 개정되기 전의 것) 제71조 제 2 항 제 4 호에 의하면, 재건축조합의 조합원이 재건축사업 시행기간 중 다른 주택을

취득하여 거주하다가 그 사업계획에 따라 취득하는 주택으로 세대 전원이 이사하기 위하여 다른 주택을 양도하는 경우, 구 소득세법 시행령 제154조 제1항 본문의 보유기간 및 거주기간의 제한을 받지 않더라도 1세대가 양도일 현재 국내에 1주택을 보유하고 있는 경우라는 요건을 갖추고 있어야 주택의 양도로 인하여 발생한 소득이 양도소득세 비과세대상에 해당한다.

(3) 재건축아파트를 취득하여 보유하다가 재건축사업계획 승인 후 다른 주택을 취득한 자가 사업계획에 따라 신축아파트를 취득한 후 1년 이내에 다른 주택을 양도한 사안에서, 이는 양도일 당시 1세대 2주택으로서 구 소득세법 시행령 제155조 제1항의 '일시적 1세대 2주택'에 해당하지 않으므로, 나아가 같은 시행령 제154조 제1항 단서 제2호 (다)목의 요건에 해당하는지 따져 볼 필요가 없다고 한 사례.

2. 사실관계

원고는 1987. 11. 26. 이 사건 재건축아파트를 취득하여 보유하다가 재건축사업이 시행되자 재건축조합에 출자하고, 2000. 9. 6. 재건축사업계획 승인 후 재건축공사 기간 중 거주하기 위하여 2002. 9. 24. 종전 주택을 취득하고 가족과 함께 거주하였다.

그 후 원고는 재건축공사가 완료되자 2004. 9. 30. 이 사건 신축아파트를 취득하고, 그로부터 1년 이내인 2005. 3. 15. 재건축 기간 동안 거주한 종전 주택을 양도하고, 2005. 5. 30. 피고에게 이 사건 종전 주택의 양도가 1세대 1주택 비과세대상이라고 보고 양도가액 중 6억 원 초과분인 4500만 원에 대해서만 양도소득세를 신고·납부하였다.

한편 원고는 1995. 10. 31. 제3주택을 취득하여 보유하다가 2002. 7. 15. 이를 양도하였다.

3. 관련법령

❍ **구 소득세법**(2005. 12. 31. 법률 제7837호로 개정되기 전의 것)

제89조 【비과세 양도소득】

다음 각 호의 소득에 대하여는 양도소득에 대한 소득세(이하 "양도소득세"라 한다)를 과세하지 아니한다.

3. 대통령령이 정하는 1세대 1주택(가액이 대통령령이 정하는 기준을 초과하는 고가주택을 제외한다)과 이에 부수되는 토지로서 건물이 정착된 면적에 지역별로 대통령령이 정하는 배율을 곱하여 산정한 면적 이내의 토지의 양도로 인하여 발생하는 소득

❍ **구 소득세법 시행령**(2005. 12. 31. 대통령령 제19254호로 개정되기 전의 것)

제154조 【1세대 1주택의 범위】

①법 제89조 제 3 호에서 "대통령령이 정하는 1세대 1주택"이라 함은 거주자 및 그 배우자가 그들과 동일한 주소 또는 거소에서 생계를 같이하는 가족과 함께 구성하는 1세대(이하 "1세대"라 한다)가 양도일 현재 국내에 1주택을 보유하고 있는 경우로서 당해 주택의 보유기간이 3년 이상인 것(서울특별시, 과천시 및 「택지개발촉진법」 제 3 조의 규정에 의하여 택지개발예정지구로 지정・고시된 분당・일산・평촌・산본・중동 신도시지역에 소재하는 주택의 경우에는 당해 주택의 보유기간이 3년 이상이고 그 보유기간 중 거주기간이 2년 이상인 것)을 말한다. 다만, 1세대가 양도일 현재 국내에 1주택을 보유하고 있는 경우로서 다음 각 호의 1에 해당하는 경우에는 그 보유기간 및 거주기간의 제한을 받지 아니한다.

2. 다음 각목의 1에 해당하는 경우. 이 경우 가목 및 나목에 있어서는 그 양도일 또는 수용일부터 2년 이내에 양도하는 그 잔존주택 및 그 부수토지를 포함하는 것으로 한다.

   다. 국외이주 기타 재정경제부령이 정하는 경우

第155조 【1세대 1주택의 특례】

①국내에 1주택을 소유한 1세대가 그 주택을 양도하기 전에 다른 주택을 취득(자기가 건설하여 취득한 경우를 포함한다)함으로써 일시적으로 2주택이 된 경우 다른 주택을 취득한 날부터 1년 이내에 종전의 주택을 양도하는 경우(1년 이내에 양도하지 못하는 경우로서 재정경제부령이 정하는 사유에 해당하는 경우를 포함한다)에는 이를 1세대 1주택으로 보아 제154조 제 1 항의 규정을 적용한다.

❍ **소득세법 시행규칙**(2003. 4. 14. 재정경제부령 제311호로 개정되기 전의 것)

第71조 【1세대 1주택의 범위】

②영 제154조 제 1 항 제 2 호 다목에서 "국외이주 기타 재정경제부령이 정하는 경우"라 함은 다음 각 호의 1에 해당하는 사유로 당해 주택을 3년 이상 보유하지 못하게 되는 경우를 말한다.

4. 주택건설촉진법에 의한 재건축사업에 재건축조합의 조합원으로 참여한 자가 그 재건축사업 시행기간 중 다른 주택을 취득하여 거주하다가 동법에 의한 사업계획에 따라 취득하는 주택으로 세대 전원이 이사하게 되는 경우

4. 당사자 주장의 요지

(1) 원고 측 주장

구 소득세법 시행령 제154조 제 1 항 단서 제 2 호 다목, 구 시행규칙 제71조 제 2 항 제 4 호는 시행령 제154조 제 1 항에 정한 양도소득세 비과세대상인 1세대 1주택의 요건의 특례규정이고, 위 규정에 재건축조합원이 재건축사업계획 승인일 현재 1세대 1주택을 보유한 경우에 한하여 비과세대상이 되는 것으로 정하고 있지 아니하므로 원고가 이 사건 사업계획 승인일 현재 2주택을 보유하고 있었다고 하더라도 이 사건 종전 주택의 양도는 비과세되어야 한다.

(2) 피고 측 주장

관련규정상 재건축과 관련된 1세대 1주택 비과세요건은 재건축사업계획 승인일 현재 1세대 1주택자일 것을 전제로 적용되는 규정이므로 원고가 이 사건 재건축사업계획 승인일 현재 2주택인 이상 비과세대상에 해당하지 아니하고, 원고가 재건축조합원 지위에서 취득한 이 사건 재건축아파트는 시행령 제155조 제 1 항에 규정한 '다른 주택'에 해당하지 아니하므로 일시적 1세대 2주택 요건도 충족하지 못한다.

5. 검　　토

가. 원고가 일시적 1세대 2주택자에 해당하는지 여부

(1) 문제의 소재

원고는 이 사건 종전 주택 양도시점에 종전 주택과 재건축아파트를 각 보유하고 있어 2주택 상태였으므로 원고가 1세대 1주택 비과세대상에 해당하기 위해서는 먼저 구 소득세법 시행령 제155조 제 1 항에 정한 일시적 1세대 2주택 요건을 충족하여야 하는바, 이에 대해 살펴볼 필요가 있다. 이는 결국 재건축된 주택을 기존 주택과 동일한 주택으로 볼 것인지 새로운 다른 주택으로 볼 것인지의 문제이다.

(2) 당사자들의 주장

1) 일시적 2주택자에 해당하지 않는다는 입장

재건축조합원이 기존 주택을 토지와 함께 재건축조합에 출자하여 재건축사업계획이 승인되면 기존 주택이 분양권으로 변환되었다가 아파트의 신축으로 주택과 토지를 취득하는 것이므로 결국 기존 주택과 재건축된 주택은 실질적으로 동일한 주택이므로 '다른 주택을 취득하여 일시적으로 2주택자가 된 경우'가 아니라는 견해이다.

대법원은 "단독주택을 취득하여 소유하다가 이를 헐고 그곳에 다가구주택을 신축하여 사용검사를 마쳤고, 위 단독주택을 헐기 전 아파트를 취득하였다가 위 다가구주택에 대한 사용검사 후 소득세법 시행령 제155조 제1항 소정의 기간 내에 이를 양도한 경우, 기존의 주택을 헐고 그곳에 새 주택을 신축하였다 하더라도 기존의 주택과 별개의 주택을 취득한 것으로 볼 것은 아니므로, 이를 두고 '국내에 1주택을 소유한 1세대가 그 주택을 양도하기 전에 다른 주택을 취득함으로써 일시적으로 2주택이 된 경우'에 해당한다고 볼 수 없다"(대법원 1998. 12. 8. 선고, 98두13508 판결 참조)라고 판시하였는바, 이러한 법리는 재건축아파트를 신축한 경우에도 마찬가지로 적용되어야 한다.

또한 과세관청은 기존 주택을 멸실하고 재건축한 주택을 준공시점에 새로운 주택으로 볼 것인지 종전 주택의 연장으로 볼 것인지 여부와 관련해 재건축한 주택을 기존 주택의 연장으로 본다고 질의회신한 바 있으므로 (재산 46014－10135, 2002. 11. 22.) 이 사건의 경우에도 재건축된 이 사건 아파트를 기존 주택과 동일한 것으로 해석해야 한다.

2) 일시적 2주택자에 해당한다는 입장[1]

나대지에 건물을 신축하여 취득하는 경우는 다른 주택으로 보아 비과세[2]하면서 재건축사업 시행에 따라 기존 건물을 철거하고 신축하는 경우에는 달리 본다는 것은 같은 건물의 신축임에도 합리적 이유 없는 차별이므로 이 사건 신축아파트를 기존 주택과 다른 별개 주택을 취득한 것으로 보아야 한다는 입장이다.

재건축사업 시행기간 동안 일시 거주를 위해 대체주택을 취득하였다가

---

1) 법무법인 율촌 조세판례연구회 편, 『조세판례연구 Ⅱ』, 세경사, p.105.

2) 대법원 1994. 4. 29. 선고, 93누20764 판결

다시 재건축된 아파트로 거주 이전하는 경우 그때까지도 대체주택을 양도하지 못함에 따라 일시 2주택 상태가 될 수 있는바, 이때 시행령 제155조 제 1 항의 적용 여부를 판단함에 있어 재건축된 아파트를 기존 주택과 별개 주택으로 보지 않는다면 '다른 주택을 취득함으로써'라는 요건을 갖출 수 없어 위 규정이 적용될 여지가 없게 되어 시행규칙 제71조 제 2 항 제 4 호 규정을 무용화시키고 재건축의 경우 거주 이전을 용이하게 하여 국민생활에 불편함을 없도록 한다는 입법취지에도 맞지 않게 된다.

피고가 예로 든 판례들은 일반 주택의 재건축에 관한 것으로 재건축사업 시행으로 인한 재건축아파트에 관련된 이 사건에 적용될 수 없다

(3) 판례의 태도

1) 거주기간에 관한 판례

1세대가 일정한 대지 위에 1개의 주택을 보유하고서 상당한 기간 거주한 이상 그 사이에 구주택이 너무 낡아 이를 헐고 그곳에 신주택을 재개축한 경우에는 소득세법 제 5 조 제 6 호 (자)목, 구 소득세법 시행령(1993. 12. 31. 대통령령 제14083호로 개정되기 전의 것) 제155조 제 1 항 소정의 거주기간을 산정함에 있어서는 마땅히 신 · 구주택의 거주기간을 통산하여야 한다(대법원 1994. 4. 29. 선고, 93누20764 판결).

1세대가 일정한 대지 위에 1개의 주택을 보유하고서 상당한 기간 거주한 이상 그 사이에 구주택이 너무 낡아 이를 헐고 그곳에 신주택을 재개축한 경우에는 소득세법 제 5 조 제 6 호 (자)목, 구 소득세법 시행령(1993. 12. 31. 대통령령 제14083호로 개정되기 전의 것) 제155조 제 1 항 소정의 거주기간을 산정함에 있어서는 마땅히 신 · 구주택의 거주기간을 통산하여야 한다. 위와 같은 법리는 구주택을 헐고 신주택을 신축하면서 이를 소득세법 시행령 제15조 제 3 항의 겸용주택으로 지은 경우에도 마찬가지로 적용되어야 하며, 이때 신축한 겸용주택이 비과세의 대상으로 되는 범위도 위 규정의

기준에 따라 판단되어야 하고, 구주택을 헐고 겸용주택을 신축한 경우라고 하여 항상 주택부분에 한하여만 비과세대상이 된다는 등으로 달리 해석할 수는 없다(대법원 1994. 4. 29. 선고, 93누20764 판결).

2) 신 · 구주택의 동일성에 관한 판례

시행령 제155조 제 1 항의 취지는 국내에 1주택을 소유한 1세대가 그 주택을 양도하기 전에 다른 주택을 취득함으로써 일시적으로 2주택이 된 경우 다른 주택을 취득한 날로부터 1년 이내에 종전의 주택을 양도하면 1세대 1주택의 양도로 보아 양도소득세를 부과하지 않으려는 데 있고, 재건축조합의 조합원이 당해 조합에 기존의 주택이나 대지를 제공하여 그 사업계획에 따라 신축주택을 취득하였다고 하더라도 기존의 주택과 별개의 주택을 취득한 것으로 볼 것은 아니므로, 이를 두고 '국내에 1주택을 소유한 1세대가 그 주택을 양도하기 전에 다른 주택을 취득함으로써 일시적으로 2주택이 된 경우'에 해당한다고 할 수 없다(대법원 2000. 12. 22. 선고, 2000두3535 판결).

원고는 1976. 8. 6. 서울 강남구 ○○동 48의 18 소재 단독주택을 취득하여 소유하다가 1995. 9. 27. 이를 헐고 그곳에 다가구주택을 신축하여 1996. 2. 6. 사용검사를 마쳤고, 1989. 11. 1. 같은 구 △△동 19의 4 소재 상아아파트 2동 902호를 취득하였다가 다가구주택에 대한 사용검사 후인 1996. 2. 28. 이를 양도하였다는 것인바, 사실관계가 이와 같다면 원고가 기존의 주택을 헐고 그곳에 새 주택을 신축하였다 하더라도 기존의 주택과 별개의 주택을 취득한 것으로 볼 것은 아니므로, 이를 두고 '국내에 1주택을 소유한 1세대가 그 주택을 양도하기 전에 다른 주택을 취득함으로써 일시적으로 2주택이 된 경우'에 해당한다고 볼 수 없다(대법원 1998. 12. 8. 선고, 98두13508 판결).

3) 검 토

위 판례들의 취지는 멸실된 구주택과 신축된 주택은 물리적으로 별개라 할지라도 1세대가 투기목적이나 양도소득을 얻을 목적으로 2주택 이상 보유하지 않는다는 점에서는 마찬가지이므로 신 · 구주택의 거주기간이나 보유기간을 통산하고, 신 · 구주택을 동일하게 보는 것으로 평가된다.[3)]

개정된 구 소득세법 시행령 제155조 제11항에 의하면 거주기간이나 보유기간을 계산함에 있어 거주하거나 보유하는 중에 소실 · 도괴 · 노후 등으로 멸실되어 재건축하는 경우에는 멸실된 주택과 재건축한 주택에 대한 기간을 통산한다고 규정하였는바, 위 규정은 종래의 해석을 확인하는 주의적 규정이라고 평가된다.[4)]

(4) 일시적 2주택자에 해당한다는 입장의 문제점[5)]

위 견해에 따르면 이 사건의 경우 원고는 제 3 주택을 양도하면서 비과세되고, 이 사건 종전 주택을 양도하면서도 비과세되므로 3개의 주택을 양도하여도 양도소득세를 전혀 부담하지 않게 되는 결과가 된다.

또한 상속으로 인한 일시 2주택의 경우에도 상속주택이 재건축된 경우 다른 주택으로 보아야 하는 결과가 되나 이는 재건축 목적으로 더 부득이한 사유로 2주택자가 된 경우를 더 불리하게 대하는 것으로 불합리하다. 그러므로 기존 판례의 태도가 타당하다고 생각된다.

(5) 소 결

원고는 종전 주택 양도 당시 이 사건 신축아파트와 종전 주택 보유자로서 2주택자인바, 대체취득 목적의 일시 2주택에 해당하기 위해서는 1주택(종전 주택) 보유, 다른 주택 취득, 1년 이내 종전 주택 양도, 종전 주택은

---

3) 조성권, "대체취득 목적의 일시적 2주택 여부 판단에 있어 재건축사업계획에 따라 취득한 신축아파트가 기존 주택과 별개의 주택인지 여부", 『대법원 판례해설』 78호, 2008년 하, 법원도서관, p.314.

4) 대법원 1992. 10. 27. 선고, 92누8781 판결.

5) 조성권, 상게논문, p.315.

1세대 1주택으로 비과세요건 구비라는 요건을 구비해야 한다.

원고는 이 사건 재건축아파트에 대한 재건축사업계획 승인 전에 2주택 보유자였지만 이 사건 종전 주택 취득 당시에는 이 사건 재건축아파트가 변형된 분양권만 보유하고 있었을 뿐 그 분양권을 양도한 것은 아니므로 1주택(종전 주택) 보유라는 요건은 갖추었다.

그 후 원고는 분양권이 변형된 이 사건 신축아파트를 취득하였으나 이는 기존 주택인 이 사건 재건축아파트와 동일한 주택이므로 '다른 주택을 취득한 것'에 해당하지 않는다.

결국 원고는 종전 주택 양도 당시 2주택자였고, 소득세법 시행령 제155조 제1항에 정한 대체취득 목적의 일시 2주택자 요건에 해당하지 아니하므로 비과세대상이 아니라 할 것이다.

나. 원고가 1세대 1주택자에 해당하는지 여부

(1) 문제의 소재

원고는 소득세법 시행령 제154조 제1항 단서 제2호 다목, 소득세법 시행규칙 제71조 제2항 제4호가 재건축사업에 재건축조합의 조합원이 그 재건축사업 시행기간 중 다른 주택을 취득하여 거주하다가 재건축된 주택으로 세대 전원이 이사하게 되는 경우 보유기간 및 거주기간 요건을 갖추지 못한 경우에도 1세대 1주택 비과세 적용을 받을 수 있도록 하면서, 재건축조합원이 재건축사업계획 승인일 현재 1세대 1주택을 보유한 경우에 한하여 비과세대상이 되는 것으로 정하고 있지 아니하므로 원고가 이 사건 사업계획 승인일 현재 2주택을 보유하고 있었다고 하더라도 이 사건 종전 주택의 양도는 비과세되어야 한다는 취지의 주장을 하므로 그 당부를 살펴보기로 한다.

(2) 시행규칙 제71조 제 2 항 제 4 호만으로 1세대 1주택 비과세 적용받을 수 있는지 여부

1) 원고 주장

아파트 재건축사업 시행으로 인하여 재건축한 기간 중 거주할 주택을 구입한 경우에도 1세대 1주택 요건을 갖춘 경우에만 비과세 적용을 받는 것으로 해석하면서 재건축아파트가 기존 아파트와 동일한 것이라고 본다면, 재건축조합원들은 대부분 일시 2주택 상황이 발생함에도 재건축아파트는 다른 주택이 아니어서 1세대 1주택 요건을 갖출 수 없게 되고, 반드시 재건축아파트 취득 전에 기존 주택을 양도할 것을 강요하는 결과가 되어 불합리하다고 주장한다.

2) 피고 주장

1세대 1주택의 범위를 규정한 소득세법 시행령 제154조 제 1 항은 "…… 양도일 현재 국내에 1주택을 보유하고 있는 경우로서 ……"라고 하여 법문상 양도 당시 1세대 1주택 요건을 갖춘 경우에만 비과세하는 것으로 규정하고 있다.

또한 원고가 비과세의 근거로 주장하는 소득세법 시행령 제154조 제 1 항 단서 제 2 호, 시행규칙 제71조 제 2 항 제 4 호는 재건축사업이 시행된 경우에 일시 2주택이 된다고 하더라도 이를 1세대 1주택으로 의제하는 규정이 아니라 보유요건 및 거주요건의 예외를 인정하는 규정일 뿐이다.

따라서 재건축아파트 취득 후에는 2주택자가 되므로 종전 주택 양도에 있어 비과세 적용을 받기 위해서는 소득세법 시행령 제155조 제 1 항에 정한 요건을 충족해야만 한다.

3) 대상 판례

이 사건 판례는 이 부분에 대해 "재건축조합의 조합원이 재건축사업 시행기간 중 다른 주택을 취득하여 거주하다가 그 사업계획에 따라 취득하는 주택으로 세대 전원이 이사하기 위하여 다른 주택을 양도하는 경우, 구 소득세법 시행령 제154조 제 1 항 본문의 보유기간 및 거주기간의 제한을 받지 않더라도 1세대가 양도일 현재 국내에 1주택을 보유하고 있는 경우라는 요건을 갖추고 있어야 주택의 양도로 인하여 발생한 소득이 양도소득세 비과세대상에 해당한다"라고 판시하였다.

4) 검 토

소득세법 시행령 제155조 제 1 항은 "일시적으로 2주택이 된 경우 다른 주택을 취득한 날부터 1년 이내에 종전의 주택을 양도하는 경우에는 이를 1세대 1주택으로 보아 제154조 제 1 항의 규정을 적용한다"라고 규정하고 있는바, 법률 규정의 문언 및 체계상 2주택자가 제155조 제 1 항의 요건을 충족해야 비로소 제154조 제 1 항의 비과세 적용을 받는 것으로 해석하는 것이 법률 문언에 충실한 해석이라고 생각된다.

결국 재건축사업 시행으로 인하여 대체주택을 취득한 경우 신축아파트를 취득하기 전까지 대체주택을 양도해야 1세대 1주택 비과세 적용을 받는다. 이러한 결과는 재건축조합원에게 다소 불리한 면이 없지 않으나, 이러한 점을 감안하여 과세실무에서는 아래에서 보는 바와 같이 재건축사업 시행으로 대체주택을 취득하였다가 재건축아파트 취득 후 1년 이내에 대체주택을 양도하는 경우에는 재건축사업 시행 전부터 1세대 1주택자인 경우 비과세하고 있었다.

(3) 과세실무에 대한 검토[6]

가) 과세실무

과세실무에서는 재건축사업계획 승인 당시 1세대 1주택자의 경우 재건축아파트 취득 후 1년 이내에 다른 주택을 양도하기만 하면 일시 1세대 2

---

6) 조성권, 전게논문, p.323 참조.

주택자인 경우라도 비과세하고, 재건축사업계획 승인 당시 1세대 2주택자인 경우에는 같은 경우 비과세하고 있었다.

즉, 서면 4 팀－1956, 2004. 12. 1.에서는 "재건축사업 시행기간 중에 취득한 주택의 1세대 1주택 비과세 특례규정인 소득세법 제89조 제 3 호의 1세대 1주택 비과세 규정, 동법 시행령 제154조 제 1 항 단서 및 제 2 호 다목, 동법 시행규칙 제71조 제 2 항 제 4 호의 규정을 적용하는 경우에는 동 규정의 취지, 제반 사실관계를 종합하여 과세의 형평과 당해 조항의 합목적성을 고려하여 합리적으로 적용해야 하는바, 소득세법 시행규칙 제71조 제 2 항 제 4 호의 규정은 당초 1세대 1주택인 자가 당해 주택이 주택건설촉진법(현행 도시 및 주거환경정비법)에 의한 주택 재건축사업이 추진됨에 따라 일시 거소지를 마련할 이유로 부득이하게 취득하는 다른 주택에 대한 보유기간 등의 특례규정으로 보아야 하므로, 재건축대상 주택에서 거주하다 재건축사업 추진으로 부득이하게 다른 주택을 취득할 것, 재건축주택이 준공되어 신축주택으로 세대 전원이 이전하면서 준공 후 1년 이내에 다른 주택을 양도해야 하는 것으로 판단해야 합니다"라고 회신하였고, 서면 4 팀－1874, 2004. 11. 19.에서는 "주택 재건축사업 시행 당시 1세대 2주택 이상에 해당하는 자는 소득세법 시행규칙 제71조 제 2 항 제 4 호의 규정이 적용되지 아니합니다"라는 취지로 회신하였다.

이와 같은 실무 운영은 재건축아파트 취득 전에 대체주택을 양도하지 못하는 경우가 많고 그 기간을 연장해 달라는 민원이 많아 구 소득세법 시행규칙 제71조 제 2 항 제 4 호의 입법취지를 고려하여 서민보호 차원에서 재건축사업 시행 전에 1세대 1주택자인 경우에 한하여 특별히 배려하는 차원에서 이루어진 것[7]일 뿐 법령상 근거는 없는 것으로 판단된다.

---

7) 조성권, 전게논문, 주 42 참조.

(4) 검 토

앞서 살핀 바와 같이 소득세법 시행령 제155조 제 1 항과 제154조 제 1 항의 문언 및 체계상 재건축아파트 취득으로 인하여 2주택자가 된 경우 제155조 제 1 항에 따라 1세대 1주택 요건을 갖추어야 제154조의 비과세 적용을 받는다고 해석된다.

이 사건에서 원고는 종전 주택 양도일 현재 2주택자이고, 시행령 제155조 제 1 항에 정한 일시적 2주택 요건을 갖추지 못하였는바, 비과세 적용을 받지 못한다.

이와 같은 논란은 2005. 12. 31. 소득세법과 소득세법 시행령에 과세실무와 같은 내용을 규정함으로써 입법적으로 해결하였다.

❍ 소득세법

제89조 【비과세 양도소득】

①다음 각 호의 소득에 대하여는 양도소득에 대한 소득세(이하 "양도소득세"라 한다)를 과세하지 아니한다.

1. 파산선고에 의한 처분으로 인하여 발생하는 소득
2. 대통령령이 정하는 경우에 해당하는 농지의 교환 또는 분합으로 인하여 발생하는 소득
3. 대통령령이 정하는 일세대 일주택(가액이 대통령령이 정하는 기준을 초과하는 고가주택을 제외한다)과 이에 부수되는 토지로서 건물이 정착된 면적에 지역별로 대통령령이 정하는 배율을 곱하여 산정한 면적 이내의 토지(이하 이 조에서 "주택 부수토지"라 한다)의 양도로 인하여 발생하는 소득
4. 삭제

②제 1 항의 규정에 불구하고 동항 제 3 호의 규정은 대통령령이 정하는 1세대가 주택(주택 부수토지를 포함한다. 이하 이 조에서 같다)과 「도시 및 주거환경정비법」 제48조의 규정에 따른 관리처분계획의 인가로 인하여 취득한 입주자로 선정된 지위〔동법에 따른 주택재건축사업 또는 주택재개발사업을 시행하는 정비사업조합의 조합원으로서 취득한 것(그 조합원으로부터 취득한 것을 포함한다)에 한하며, 이에 부수되는 토지를 포함한다. 이하 "조합원입주권"이라 한다〕를 보유하

다가 그 주택을 양도하는 경우에는 이를 적용하지 아니한다. 다만, 「도시 및 주거환경정비법」에 따른 주택재건축사업 또는 주택재개발사업의 시행기간 중 거주를 위하여 주택을 취득하는 경우 그 밖의 부득이한 사유로서 대통령령이 정하는 경우에는 그러하지 아니하다.

❍ **소득세법 시행령**

제155조 【1세대 1주택의 특례】

⑯법 제89조 제 2 항 본문의 규정에 따른 조합원입주권(이하 "조합원입주권"이라 한다)을 1개 소유한 1세대〔「도시 및 주거환경정비법」 제48조의 규정에 따른 관리처분계획의 인가일(인가일 전에 기존 주택이 철거되는 때에는 기존 주택의 철거일) 현재 제154조 제 1 항의 규정에 해당하는 기존 주택을 소유하는 세대에 한한다〕가 당해 조합원입주권을 양도하는 경우 다음 각 호의 어느 하나에 해당하는 경우에는 법 제94조 제 1 항 제 2 호 가목의 규정에 불구하고 이를 제154조 제 1 항의 규정에 따른 1세대 1주택으로 본다. 다만, 제 2 호의 경우에는 당해 1주택을 취득한 날부터 1년 이내에 당해 조합원입주권을 양도하는 경우에 한한다.

1. 양도일 현재 다른 주택이 없는 경우
2. 양도일 현재 1조합원입주권 외에 1주택을 소유한 경우

제 2 편

법인세법

서울고등검찰청 송무부

검찰 PROSECUTION SERVICE

엔화스왑예금거래를 이용한 조세회피[1)]

(서울행정법원 2009. 2. 4. 선고, 2008구합12528 판결)

1. 판결요지

(1) 소득세법 제16조 제1항 제3호는 국내에서 받은 예금의 이자와 할인액을 이자소득의 하나로 열거적으로 규정하면서, 같은 항 제13호는 3호 등의 소득과 유사한 소득으로서 금전의 사용에 따른 대가의 성격이 있는 것 또한 이자소득으로 규정하고 있는 반면, 외환거래에 있어서 환율의 차이를 통해 발생하는 외환매매이익은, 소득을 수입의 형태로 파악하고 있는 소득세법이 과세대상으로 열거하여 규정한 소득 중 어느 것에도 해당하지 아니하여, 소득세법에서 규정된 과세대상 소득이 아니다.

(2) 은행과 그 고객 간의 예금 등의 거래로 인하여 고객이 받은 수익이 이자에 해당하는지 그 밖의 외환거래로 인한 차익 등의 비과세 소득에 해당하는지 여부는 당해 거래의 기초가 되는 법률행위를 어떻게 볼 것인가의 해석에 귀결되는 문제로서 거래의 내용이나 당사자의 의사를

1) 본 논문은 송무사례집(서울고등검찰청, 2009.)에 수록한 내용을 수정・보완한 것이다.

기초로 판단하여야 할 것이지만, 실질과세의 원칙상 단순히 당해 계약서의 내용이나 형식에만 의존할 것이 아니라 당사자의 의사와 계약 체결의 경위, 수익률의 정도와 그 수익이 확정적인지 여부, 그 밖에 거래 전체 과정을 실질적으로 참작하여야 한다.

(3) 원고들과 거래한 고객들은 이 사건 거래가 엔화정기예금거래와 선물환거래로 분리될 수 있다거나 선물환거래의 실태 및 선물환차익의 개념 등을 정확하게 인지하지 못한 채 단순히 소득세 비과세상품으로서 금융소득종합과세를 피할 수 있는 하나의 확정금리 정기예금상품으로 인식하고 이 사건 거래계약을 체결한 것으로 보이는 점, 따라서 이 사건 거래에 있어서 선물환거래 항목으로 지정된 부분이 없었더라면 고율의 확정금리를 원하는 고객들로서는 단순히 약 연 0.05% 정도의 이자율만이 확보될 뿐인 엔화정기예금거래에 거액의 원화를 예치하지는 않았을 것이므로 이 사건 거래 자체가 성립하기 어려웠을 것으로 보이는 점, 원고들은 고객과 사이에 엔화정기예금거래계약을 체결하면서 함께 선물환거래계약을 체결하는 형식을 취하였고, 이때 선물환계약의 만기일을 엔화정기예금거래의 만기일과 일치시켰으며, 만기시 엔화정기예금거래와 선물환거래의 약정이 함께 해지되어 선물환거래 약정에 따라 사전에 약정된 금액이 고객에게 입금되는 형태로 이루어졌는바, 이를 통해 고객들은 원고들에게 원화를 예치하고 만기해지를 할 때 최종적으로 원화로 된 원금에 이 사건 거래 체결일 당시에 이미 확정된 비율의 원화 이익금을 받게 되므로, 그 실질은 원화정기예금과 다를 바가 없는 점 등에 비추어 현물환거래, 엔화정기예금거래 및 선물환거래를 통합된 하나의 거래이다.

2. 사실관계

(1) 원고 주식회사 ××은행 외 3명은 2003년부터 2006년 초반까지 주로 거액의 예금고객 및 외화예금 고객을 대상으로 엔화정기예금거래 이자(약 0.05%)는 과세대상에 포함되지만 소득세법상 선물환차익(연 약 3~ 4%)은 비과세되어 금융소득종합과세를 피할 수 있으므로 3개월 정기예금으로도 이자율 연 4% 가량을 확보할 수 있다는 점을 내세워, 고객으로부터 원화를 받아 이를 엔화로 환전한 후 엔화정기예금에 가입시키고, 예금거래 당일에 만기가 동일한 선물환계약을 체결하여 만기 시에 수취할 원화 원리금을 확정하는 방식으로 엔화정기예금거래를 하였다.

(2) 이에 대하여 피고 ○○○ 세무서장 외 1명은 엔화정기예금거래에 의한 이자뿐만 아니라 선물환거래로부터 발생하는 이익까지도 포함한 전체가 구 소득세법 제16조 제 1 항 제13호에서 정한 이자소득에 해당한다고 판단하고 원고들에게 원천징수 이자소득세 부과처분 및 법인세 부과처분을 하였다.

3. 관련법령

❍ **국세기본법**(2007. 12. 31. 법률 제8830호로 개정되기 전의 것)

제14조 【실질과세】

①과세의 대상이 되는 소득·수익·재산·행위 또는 거래의 귀속이 명의일 뿐이고 사실상 귀속되는 자가 따로 있는 때에는 사실상 귀속되는 자를 납세의무자로 하여 세법을 적용한다.

②세법 중 과세표준의 계산에 관한 규정은 소득·수익·재산·행위 또는 거래의

명칭이나 형식에 불구하고 그 실질내용에 따라 적용한다.

❍ **국세기본법**(2007. 12. 31. 법률 제8830호로 개정된 이후의 것)

제14조 【실질과세】

①과세의 대상이 되는 소득·수익·재산·행위 또는 거래의 귀속이 명의일 뿐이고 사실상 귀속되는 자가 따로 있는 때에는 사실상 귀속되는 자를 납세의무자로 하여 세법을 적용한다.

②세법 중 과세표준의 계산에 관한 규정은 소득·수익·재산·행위 또는 거래의 명칭이나 형식에 불구하고 그 실질내용에 따라 적용한다.

③제3자를 통한 간접적인 방법이나 2 이상의 행위 또는 거래를 거치는 방법으로 이 법 또는 세법의 혜택을 부당하게 받기 위한 것으로 인정되는 경우에는 그 경제적 실질내용에 따라 당사자가 직접 거래를 한 것으로 보거나 연속된 하나의 행위 또는 거래를 한 것으로 보아 이 법 또는 세법을 적용한다.

제15조 【신의·성실】

납세자가 그 의무를 이행할 때에는 신의에 따라 성실하게 하여야 한다. 세무공무원이 직무를 수행할 때에도 또한 같다.

제18조 【세법 해석의 기준 및 소급과세의 금지】

①세법을 해석·적용할 때에는 과세의 형평(衡平)과 해당 조항의 합목적성에 비추어 납세자의 재산권이 부당하게 침해되지 아니하도록 하여야 한다.

②국세를 납부할 의무(세법에 징수의무자가 따로 규정되어 있는 국세의 경우에는 이를 징수하여 납부할 의무. 이하 같다)가 성립한 소득, 수익, 재산, 행위 또는 거래에 대해서는 그 성립 후의 새로운 세법에 따라 소급하여 과세하지 아니한다.

③세법의 해석이나 국세행정의 관행이 일반적으로 납세자에게 받아들여진 후에는 그 해석이나 관행에 의한 행위 또는 계산은 정당한 것으로 보며, 새로운 해석이나 관행에 의하여 소급하여 과세되지 아니한다.

부 칙<제8830호, 2007.12.31>

제1조 【시행일】

이 법은 2008년 1월 1일부터 시행한다. 다만, 제46조의 2의 개정규정은 2008년 10월 1일부터 시행하며, 제85조의 6의 개정규정은 2010년 1월 1일부터 시행한다.

❍ **소득세법**(2006. 12. 30. 법률 제8144호로 개정되기 전의 것)

제16조 【이자소득】

①이자소득은 당해 연도에 발생한 다음 각 호의 소득으로 한다.

1. 국가 또는 지방자치단체가 발행한 채권 또는 증권의 이자와 할인액
2. 내국법인이 발행한 채권 또는 증권의 이자와 할인액
3. 국내에서 받는 예금(적금·부금·예탁금과 우편대체를 포함한다. 이하 같다)의 이자와 할인액
4. 상호저축은행법에 의한 신용계(信用係) 또는 신용부금(信用賦金)으로 인한 이익
5. 국내에서 받는 투자신탁(대통령령이 정하는 이자부 투자신탁을 말한다. 이하 이 조에서 같다)의 이익
6. 외국법인의 국내지점 또는 국내영업소에서 발행한 채권이나 증권의 이자와 할인액
7. 외국법인이 발행한 채권 또는 증권의 이자와 할인액
8. 국외에서 받는 예금의 이자와 투자신탁의 이익
9. 대통령령이 정하는 채권 또는 증권의 환매조건부매매차익
10. 대통령령이 정하는 저축성보험의 보험차익
11. 대통령령이 정하는 직장공제회초과반환금
12. 비영업대금의 이익
13. 제 1 호 내지 제12호의 소득과 유사한 소득으로서 금전의 사용에 따른 대가의 성격이 있는 것

②이자소득금액은 당해 연도의 총수입금액으로 한다.

③제 1 항 각 호의 규정에 의한 이자소득 및 제 2 항의 규정에 의한 이자소득금액의 범위에 관하여 필요한 사항은 대통령령으로 정한다.

4. 평 석

가. 문제의 제기

파생상품(derivatives)이란 주식, 채권, 통화 등 기초자산을 기초로 하여 파생되어진 금융상품을 의미한다. 파생상품은 원래 기초자산이 금리나 환율 등의 변동에 따라 가치가 변화됨에 따라 발생하는 위험을 회피(hedge)하기 위해 고안되었으나 현재에는 위험을 활용한 투기(speculation)의 수단으로도 널리 이용되고 있다. 이러한 파생상품은 국제통화체제가 변동환율제로 전환되면서 발생하는 환차손에 대한 회피수단으로 1972년 미국에서 처음 도입된 이래 1980년대 중반부터는 전세계적으로 급속도로 확대되어 현재는 시장규모가 600조 달러에 이르는 것으로 알려져 있다.

아울러 파생상품시장의 확대에 따라 이전에 볼 수 없었던 다양한 파생상품의 개발이 이루어지고 있다. 대부분의 파생상품들은 위험회피나 위험을 감수한 투기를 목적으로 하지만, 최근에는 조세회피를 통한 추가수익의 실현을 목적으로 하는 파생상품들도 다양하게 개발되고 있다. 이러한 파생상품들은 대부분 조세조약이나 경제적 실질은 동일함에도 불구하고 세법의 형식적 구분에 따라 다른 세율을 적용받는 세법상 허점(loophole)을 이용하여 수익을 창출하고 있다.[2] 파생상품들은 복잡, 다양하며 짧은 시간 내에 개발되어 확산되는 데에 반해 과세당국이 이러한 상품들의 실체를 파악하

2) 이러한 조세회피의 사례로 국내 세법과 조세조약의 허점을 이용한 변칙적 파생상품거래, 조세피난처의 역외펀드를 이용한 주식거래, 금융상품을 이용한 이월결손금 변칙공제 등이 있으며, 이에 대하여 외국 과세당국에서는 반조세회피 일반규정(general anti-tax avoidance rule)을 도입하거나 국가 간 협력을 통한 공동대응방안 모색을 통해 대처하고 있다 : 국세청 보도참고자료, 2006. 3. 16. p.2.

고 기존 세제와의 조화를 유지하면서 과세범위에 포함시키기까지는 많은 시간이 소요되어 실질과세의 원칙을 확립하기가 매우 어려운 실정이다.[3]

최근에 발생한 엔화스왑예금거래에 대한 과세 역시 이러한 조세회피 목적의 파생상품과 관련된 문제의 일례라고 할 수 있다. 엔화스왑예금은 2001년 금융소득종합과세의 재시행으로 고소득층의 세금부담이 가중되자 이자소득을 파생상품거래이익의 일종인 선물환차익으로 전환시켜 조세를 회피할 목적으로 개발된 금융상품으로 2002년부터 시중은행을 통해 판매되기 시작했다. 엔화스왑예금은 절세상품으로 널리 알려지면서 2003년과 2004년에는 예금가입액이 크게 증가하였다.[4] 그러나 엔화스왑예금에서 발생하는 선물환차익이 이자소득에 해당하는지 여부에 관하여 국세청이 2004. 8. 제기한 질의에 대해 재정경제부(현 기획재정부)는 2005. 3. 30. 선물환차익이 이자소득에 해당할 수 있다는 유권해석을 발표하였고,[5] 이후 국세청은 엔화스왑예금을 판매한 시중은행들과 예금주들에 대하여 법인세 및 소득세 부과처분을 하였다. 시중은행들과 예금주들은 국세청의 위와 같은 처분에 불복하여 행정소송을 제기하였고 2009년 현재 1심 판결들이 나오고 있으나 재판부별로 그 결과가 엇갈려 논란이 계속 이어지고 있는 상황이다. 따라

3) 파생상품시장별로 20년 이상의 전문가를 국세청 내에 확보한 미국, 영국, 캐나다 등의 나라에서조차 상품과 거래의 경제적 실체를 정확히 파악하여 기존 세제와의 조화를 꾀하면서 세법 및 규칙, 예규를 마련하고 판례가 성립되는 데 많은 시간이 소요된다고 한다 : 노영훈, "파생금융상품의 개발을 통한 조세회피와 그 대응방안", 한국조세연구원, 2005, p.12.

4) 엔화예금의 잔고 변화(국세청 2005. 5. 18.자 보도참조자료)

- 256억엔(2002. 12.), 1,944억엔(2003. 12.), 5,867억엔(2004. 8.), 540억엔(2005. 2.)

5) 재정경제부(현 기획재정부)는 2005. 3. 30. 외화예금 거래와 선물환거래가 하나의 통합된 거래로 운영되어 금융기관에게는 금전사용의 기회가 제공되고, 고객에게는 이에 대한 대가가 지급되는 경우에는 당해 외화예금 및 선물환거래로부터 발생하는 이익 전체는 소득세법 제16조 제 1 항 제13호 규정에 따른 이자소득에 해당하는 것이며, 당해 거래가 이에 해당하는지 여부는 거래금액, 계약기간, 계약동기 등을 종합하여 사실 판단할 사항이라는 유권해석을 내린 바 있다.

서 이 글에서는 엔화스왑예금거래의 경제적 구조를 분석함과 아울러 판례에서 문제가 되고 있는 쟁점들에 대하여 검토해 보기로 한다.

나. 엔화스왑예금거래의 구조에 대한 경제적 분석

(1) 파생상품 개관

파생상품에 대하여 기업회계기준 등에 관한 해석(53-70)은 ① 기초변수 및 계약단위의 수량(또는 지급규정)이 있을 것, ② 최초 계약시 순투자금액을 필요로 하지 않거나 시장가격변동에 유사한 영향을 받는 다른 유형의 거래보다 적은 순투자금액을 필요로 할 것, ③ 차액결제가 가능할 것의 요건을 모두 충족하는 금융상품 또는 이와 유사한 계약이라고 정의하고 있다. 그리고 법인세법 시행규칙 제42조의 4는 시행령 제88조 제1항 제7호의 2에서 '기획재정부령으로 정하는 파생상품'이라 함은 기업회계기준에 따른 선도거래, 선물, 스왑, 옵션, 그 밖에 이와 유사한 거래 또는 계약을 말한다고 규정하고 있다. 이 중 선도거래란 미래 일정 시점에 약정된 가격에 의해 계약상의 특정 대상을 사거나 팔기로 계약 당사자 간에 합의한 거래를 의미하며, 선물은 수량·규격·품질 등이 표준화되어 있는 특정 대상에 대하여 현재 시점에서 결정된 가격에 의해 미래 일정 시점에 인도·인수할 것을 약정한 계약으로서 조직화된 시장에서 정해진 방법으로 거래되는 것을 말한다. 그리고 스왑은 특정 기간 동안에 발생하는 일정한 현금흐름을 다른 현금흐름과 교환하는 연속된 선도거래를, 옵션은 계약 당사자 간에 정하는 바에 따라 일정한 기간 내에 미리 정해진 가격으로 외화나 유가증권 등을 사거나 팔 수 있는 권리에 대한 계약을 의미한다.[6]

파생상품은 기본적으로 위와 같이 선도(forward), 선물(future), 옵션(option), 스왑(swap)으로 나누어지지만 위 기본 파생상품들을 결합하거나 변형시킨

6) 기업회계기준 등에 관한 해석(53-70).

다양한 형태의 파생상품(복합파생상품)이 개발되어 거래되고 있어 파생상품을 일률적으로 규정하기는 어려운 실정이다. 특히 이러한 복합파생상품거래는 여러 거래계약들이 동시에 또는 순차적으로 이루어지고 있어 한 거래주체가 체결한 여러 거래들 중 어디까지를 포함하여 하나의 거래관계로 볼 것인가 따라 과세범위 내지 효과가 달라지므로 그 경제적 실질을 파악하는 것이 중요하다.[7)]

기본 파생상품 중 엔화스왑예금과 관련하여 논의되는 선물환거래(forward exchange transactions)는 계약 시점에 협정한 가격으로 미래의 지정된 시점에 양국의 통화를 교환하려는 당사자 간의 약정을 의미한다. 선물환거래는 계약 체결 후 제 2 영업일을 초과하는 특정 영업일에 현물의 인수・인도로 결제되며, 통상 결제일은 제 2 영업일로부터 1주일, 1개월, 2개월, 3개월, 6개월, 1년 후의 영업일이 된다. 선물환거래는 통화선물거래와 달리 장외거래이므로 계약크기나 인도일자 등이 당사자의 협의에 따라 조정가능하며 실물인도도 빈번히 이루어진다는 특징을 가지고 있다.[8)] 아울러 대법원은 선물환거래에 대한 직접적인 설시는 아니지만 선물환거래와 같은 선도거래가 연속된 형태인 스왑거래에 대하여 '국제금융거래에서 스왑거래라 함은 이른바 신종 파생금융상품의 하나로 외국환 거래에 있어서 환거래의 당사자가 미래의 이자율 또는 환율 변동에서 오는 위험을 회피하기 위하여 채권이나 채무를 서로 교환하는 거래로서, 그 종류로는 크게 보아 이자율 변동으로 인한 고객의 위험을 회피하기 위하여 고객이 부담할 변동이자율에 의한 이자지급채무를 미리 약정된 시기에 고정이자율이나 다른 변동이자율에 따른 이자지급채무로 교환하여 부담하는 이자율스왑(Interest Rate Swap)과, 차입비용을 절감하고 구성통화의 다양화를 통한 환율 변동의 위험을 회피

---

7) 오윤, "복합파생상품거래에 대한 과세", 『조세법연구 XI-2』(한국세법학회 편), 세경사, 2005, p.235.

8) 양재왕, "통화선물계약의 가격결정이론과 환위험적용에 관한 연구", 배제대 국제통상대학원, 2008, p.23, p.26.

하기 위하여 계약 당사자 간에 서로 다른 통화표시 원금과 이자를 미리 약정된 시기에 교환하여 부담하기로 하는 통화스왑(Currency Swap)이 있다. 이러한 스왑거래를 통하여 고객의 입장에서는 미래의 이자율이나 환율의 변동으로 인하여 입을 수 있는 불측의 손해를 방지할 수 있고, 은행의 입장에서는 고객의 위험을 인수하게 되지만 이자율 변동, 환율 변동 등 제반 여건의 변화를 사전에 고려하여 계약조건을 정하고 은행 스스로도 위험을 방어하기 위한 수단으로 다시 다른 은행들과 2차 커버거래를 하거나 자체적으로 위험분산 대책을 강구하게 되는데, 국내에는 이러한 스왑거래에 따르는 외국환은행들의 위험을 흡수할 수 있는 금융시장의 여건이 형성되는 단계에 있어 주로 해외의 은행들과 커버거래를 하게 되며, 이러한 스왑거래 과정을 통하여 은행은 일정한 이윤을 얻게 된다. 한편 외국은행 지점이 국내기업과 위와 같은 스왑거래를 할 때에는 거래목적에 따라 변형거래가 행하여지고 있는데, 이자율스왑의 변형에 해당하는 것으로는 이자율 스왑계약과 동시에 국내기업이 외국은행 지점으로부터 변동금리부 이자에 해당하는 이자금액을 선취하고 계약만기에 외국은행 지점은 고정금리에 해당하는 이자금액을 후취하는 형태의 거래가 있고, 통화스왑의 변형에 해당하는 것으로는 외국은행 지점이 국내기업이 부담하기로 하는 것보다 높은 고금리 통화의 원금을 지급하기로 하는 통화스왑계약을 체결함과 동시에 이자를 교환하여 기업이 정산이자 차액만큼 외화자금을 선취하고 계약만기에 원금을 계약시의 약정환율로 역교환하는 형태의 거래 등이 있고, 그 밖에도 여러 가지 모습의 변형된 스왑거래가 있으며 그 거래목적도 외국환거래에 있어서의 위험회피, 외화대부, 투기적 이익도모 등 다양하게 이루어지고 있다'라고 판시한 바 있다.[9)]

9) 대법원 1997. 6. 13. 선고, 95누15476 판결.

(2) 금리평가이론(interest rate parity theory)

엔화스왑예금거래에 대한 이해를 위해서는 금리평가이론에 대한 기본적인 이해가 필요하다. 후술하는 바와 같이 엔화스왑예금거래는 이자율의 감소분을 환차익으로 전환시켜 절세효과를 노리는 예금상품이기 때문이다. 금리평가이론이란 자본이동에 대한 규제가 없는 금융시장에서 국가 간 환율과 금리 차의 균형관계를 설명한 이론으로 이에 따르면 두 국가 간의 금리 차이는 환율의 변화율과 일치하게 된다. 이를 식으로 표현하면 아래와 같다.

$E(S_t) / S_0 = (1 + r_X) / (1 + r_Y)$

→ S_0 : 초기의 현물 환율 …… 환율은 〔X국 통화 / Y국 통화〕로 전제

$E(S_t)$: t시점의 현물 환율

r_X : X국의 t기간 명목이자율

r_Y : Y국의 t기간 명목이자율

그런데 위 식에서 $E(S_t)$는 미래 일정 시점에서의 환율을 의미하고 미래 환율의 변화에 따른 환위험이 커버되어 있지 않으나, 현실 세계에서는 선물환거래를 통해 이러한 환위험을 커버하고 있으므로 $E(S_t)$는 현재 시점에서의 선물 환율(F)로 대체될 수 있다. 이를 식으로 나타내면 다음과 같다.

$F / S_0 = (1 + r_X) / (1 + r_Y)$

$(F - S_0) / S_0 = (1 + r_X) / (1 + r_Y) - 1 \doteq r_X - r_Y$

위 식에 따르면 현재 시점에서 양국의 이자율 차이는 현재 시점에서의 통화 현물과 통화 선물의 차이와 일치한다. 예를 들어, 일본의 이자율이 1%, 한국의 이자율이 5%이고, 현재 시점에 1엔이 100원에 거래된다고 가정할 경우 1년 뒤 선물환율은 1엔당 약 104원이 된다. 따라서 100원을 한국은행에 예치할 경우 5원의 이자를 얻게 되지만, 100원을 엔화로 환전한 뒤

일본은행에 예치하고 1년 뒤 다시 원화로 환전할 경우에는 1/100엔의 이자와 4원의 선물환차익을 얻게 된다. 투자자의 입장에서는 한국과 일본에서 얻을 수 있는 수익률이 동일하므로 차익거래(arbitrage transaction)는 발생되지 않는다.

하지만 환율이나 이자율이 이러한 균형상태를 벗어나게 되면 차익거래의 유인이 발생하여 추가수익을 얻을 수 있는 국가의 금융자산으로 자본이 이동하게 되고, 그에 따라 이자율이나 환율이 다시 변동하며 균형을 찾아가게 된다.[10]

(3) 엔화스왑예금거래의 구조

현재 문제가 되고 있는 엔화스왑예금은 고객이 현물환율로 은행으로부터 엔화를 매수한 뒤 이를 엔화정기예금에 예치함과 동시에 은행은 고객에게 만기 시에 엔화예금이자 및 예금 당시에 이미 확정되는 선물환차익을 지급할 것을 약정한 예금거래이다. 통상적으로 시중 은행들은 고객들에게 엔화스왑예금거래를 통해 연 4%가량(선물환차익 3.95% + 이자 0.05%)의 확정수익을 보장하였다.[11]

---

10) 현실적으로 국가 간의 자본이동에 제도적인 제약이 없다고 하더라도 정치적 위험, 외환 및 자본거래에서의 거래비용, 신용 및 거래상대방 리스크 등의 요인들 때문에 금리평가이론이 항상 성립되는 것은 아니다(한국은행, "차익거래 유인과 외은지점 및 외국인의 국내 채권투자에 관한 분석", 2008, pp.59~60). 실제로 2004년 8월 이후 엔화스왑예금의 잔고가 크게 감소한 이유를 엔화환율의 급락(엔화의 강세)으로 인해 한국과 일본의 이자율 차이를 반영한 환율의 지속적인 증가를 기대하기 어려워짐에 따라 시중은행들이 선물환계약을 체결하기 어려워졌기 때문으로 해석하는 견해도 존재한다(전병욱 · 최원욱, "엔화스왑예금 거래의 과세에 대한 경제적, 법률적 연구", 『회계저널』 제16권 제 4 호, 한국회계학회, 2007, p.170).

11) 국세청, 2005. 6. 7. 보도자료.

<일반정기예금과 엔화스왑예금의 비교>[12]

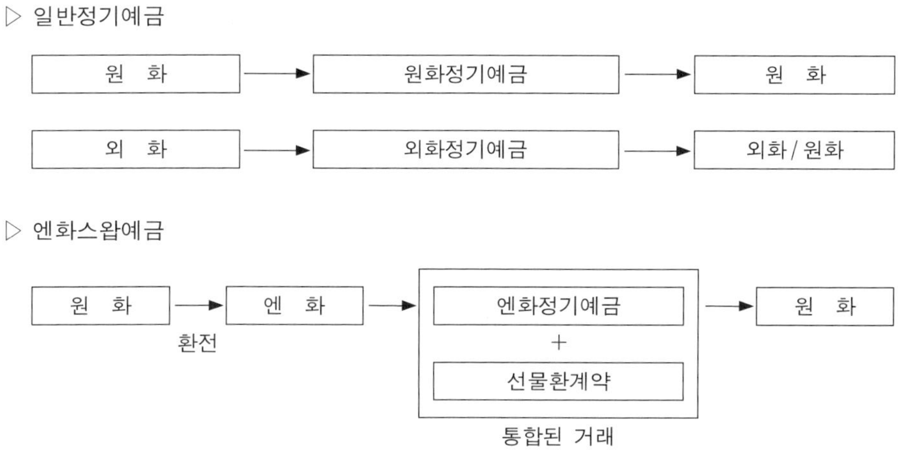

엔화스왑예금이 집중적으로 판매되던 2003년과 2004년 국내 예금이자율이 4% 정도였으므로 엔화스왑예금거래를 통해 얻은 수익과 큰 차이를 보이지는 않는다. 하지만 국내은행에 현금을 예치할 경우 발생되는 이자수익의 경우 전부 소득세의 과세대상에 포함됨에 반해, 엔화스왑예금거래를 통해 얻는 수익의 대부분을 차지하는 선물환차익의 경우 파생상품거래이익의 일종으로 비과세대상이었으므로 세후수익률에 있어서는 큰 차이를 보일 수 있었다. 특히 엔화스왑예금이 금융소득종합과세의 대상자들에게 주로 판매되었다는 점에서 이러한 세후수익률의 차이는 보다 중요했을 것으로 판단된다.

다. 엔화스왑예금거래에 대한 판례의 분석[13]

2009년 1월 처음 1심 판결을 내린 이후 여러 재판부에서 엔화스왑예금

12) 국세청, 2005. 5. 18. 정책보고서.

13) 서울행정법원의 경우 1, 5, 12부의 경우에는 엔화스왑예금거래에 대한 과세가 위법하다고 판단한 반면, 3, 4, 6, 11, 14부의 경우에는 과세가 적법하였다고 판단하였다.

과 관련한 판결을 선고하고 있다. 하지만 앞서 언급한 바와 같이 그 결론이 상이하여 논란이 계속 이어지고 있다. 재판과정에서는 소득세법 제16조 제1항 제13호의 범위, 엔화스왑예금거래를 가장행위나 조세회피행위로 볼 수 있는지 여부, 엔화정기예금거래와 선물환거래를 통합된 거래로 판단할 수 있는지 여부가 주된 쟁점이 되었으며, 결론적으로는 실질과세원칙과 거래의 통합에 대한 관점의 차이가 재판부별로 상이한 결론의 원인이 되었다.

(1) 소득세법 제16조 제1항 제13호의 범위에 대한 판단[14)]

소득세법 제16조 제1항 제13호의 범위에 선물환차익이 포함되지 않는다는 점에 있어서 각 재판부들의 결론이 동일하다. 즉, 소득세법 제16조 제1항 제3호는 국내에서 받은 예금의 이자와 할인액을 이자소득의 하나로 열거적으로 규정하면서, 같은 항 제13호는 3호 등의 소득과 유사한 소득으로서 금전의 사용에 따른 대가의 성격이 있는 것 또한 이자소득으로 규정하고 있어 동 규정은 유형별 포괄주의의 도입임을 전제한 다음, 외환거래에 있어서 환율의 차이를 통하여 발생하는 외환매매이익은 소득을 수입의 형태로 파악하고 있는 소득세법이 과세대상으로 열거하여 규정한 소득 중 어느 것에도 해당하지 아니하여 소득세법에 규정된 과세소득이 아니라고 판시하고 있다.[15)]

아울러 선물환차익은 금전의 사용에 따른 대가가 아닐 뿐만 아니라 환

---

14) 국세심판원은 소득세법상 이자소득의 개념은 사법상의 이자와 반드시 동일한 것은 아니며 이자소득이 있었는지 여부는 국세기본법 제14조 제2항에서 규정하고 있는 실질과세의 원칙에 따라 합리적으로 판단하여야 한다고 설시하고 있을 뿐 외환매매이익이 이자소득에 해당하는지에 대해 별도의 판단을 하고 있지는 아니하다(국심 2007. 12. 21. 선고, 2007서1113 결정 ; 국심 2007. 12. 26. 선고, 2007서1266 결정 등).

15) 서울행정법원 2009. 1. 20. 선고, 2008구합12511 판결 ; 서울행정법원 2009. 1. 23. 선고, 2008구합12719 판결 ; 서울행정법원 2009. 1. 23. 선고, 2008구합13781 판결 ; 서울행정법원 2009. 2. 4. 선고, 2008구합12528 판결 ; 서울행정법원 2009. 7. 8. 선고, 2008구합12313 판결 등.

매조건부매매차익은 '외국통화'가 아닌 '채권' 또는 '증권'의 매매차익을 전제로 한다는 점에서 선물환차익은 소득세법 제16조 제 1 항 제 9 호의 환매조건부매매차익과 유사한 성격의 소득도 아니라고 판시하고 있다.[16)]

(2) 가장행위와 조세회피행위에 대한 판단[17)]

엔화스왑예금거래에 대한 과세가 위법하다고 판시한 판결들은 엔화스왑예금거래가 법률행위의 형식상으로 현물환거래, 엔화정기예금거래, 선물환거래로 나누어지고, 이와 같은 각각 별개의 법률행위를 하는 것, 특히 선물환거래의 법적 형식을 통하여 소득세법상 이자소득세의 과세대상이 되지 않는 선물환차익을 얻기로 하는 것에 관하여 시중은행들과 고객들 사이에 진정한 의사의 합치가 있었으므로 선물환거래를 가장행위로 보기에 부족하다고 판시하고 있다.

아울러 동 판결들은 경제적 관찰방법 또는 실질과세의 원칙에 의하여 당사자의 거래행위를 그 법 형식에도 불구하고 조세회피행위라고 하여 그 행위계산의 효력을 부인할 수 있으려면 조세법률주의의 원칙상 법률에 개별적이고 구체적인 부인규정이 마련되어 있어야 하는데, 현재 이러한 엔화정기예금거래를 원화정기예금거래와 동일하게 취급할 수 있는 구체적인 부인규정이 존재하지 아니하여 그 행위계산의 효력을 부인할 수 없다고 판시하고 있다.[18)]

한편 엔화스왑예금거래에 대한 과세가 적법하다고 판시한 판결들은 가

---

16) 서울행정법원 2009. 6. 18. 선고, 2008구합12542, 14180(병합) 판결 등.

17) 국세심판원은 시중은행들의 내부품의서나 홍보팜플렛 등을 근거로 엔화스왑예금거래에 조세회피의도가 있다고 설시하였으나, 가장행위나 조세회피행위에 대해 별도의 판단을 하지는 아니하였다(국심 2007. 12. 21. 선고, 2007서1113 결정 ; 국심 2007. 12. 26. 선고, 2007서1266 결정 등).

18) 서울행정법원 2009. 1. 20. 선고, 2008구합12511 판결 ; 서울행정법원 2009. 7. 8. 선고, 2008구합12313 판결 등.

장행위나 조세회피행위에 대하여 명시적 판단을 하고 있지는 않으나, 뒤에서 언급하는 바와 같이 엔화정기예금거래나 선물환거래의 유효성을 인정하는 전제하에 그 통합 가능성에 대한 판시하고 있는 점에 비추어 선물환거래를 가장행위로 판단하고 있지 않은 것으로 보인다.[19]

(3) 거래의 통합 가능성에 대한 판단[20]

엔화정기예금거래와 선물환거래를 하나의 통합된 거래로 볼 수 있을 것인가에 대한 판단에 있어서 엔화정기예금거래에 대한 과세 가능성을 긍정한 판결과 부정한 판결들의 판단이 나누어지고 있다. 과세 가능성을 긍정한 판결들은 실질과세원칙을 강조하여 은행과 그 고객 간의 예금 등 거래로 인하여 고객이 받는 수익이 이자에 해당하는지 그 밖의 외환거래로 인한 차익 등의 비과세 소득에 해당하는지 여부는 당해 거래의 기초가 되는 법률행위를 어떻게 볼 것인가의 해석에 귀결되는 문제로서 거래의 내용이나 당사자의 의사를 기초로 판단하여야 할 것이지만, 실질과세의 원칙상

---

19) 서울행정법원 2009. 1. 23. 선고, 2008구합12719 판결 ; 서울행정법원 2009. 1. 23. 선고, 2008구합13781 판결 ; 서울행정법원 2009. 2. 4. 선고, 2008구합12528 판결 등.

20) 거래의 통합 가능성과 관련하여 국세심판원은 엔화스왑예금을 판매함에 있어 엔화정기예금거래와 선물환거래가 하나의 상품으로 홍보 및 판매가 이루어진 점, 엔화정기예금거래의 해지시에는 선물환거래도 동시에 해지되도록 계약한 점, 엔화스왑예금에 가입한 고객의 90% 이상이 엔화스왑예금의 구조 및 선물환거래의 실태에 대해 이해하지 못하면서 확정금리를 지급한다는 은행의 설명만을 믿고 엔화스왑예금에 가입한 점 등을 이유로 엔화정기예금거래와 선물환거래를 하나의 통합된 거래라고 판단하였다. 아울러 국세심판원은 엔화스왑예금과 관련된 선물환계약은 환율 변동의 위험을 피하기 위한 것이 아니라 원화예치에 대한 수익을 보장하기 위한 목적 또는 원화예금보다 상대적으로 이자율이 낮은 엔화스왑예금을 모집하기 위한 것이므로 엔화스왑예금 중 선물환거래는 엔화정기예금거래에 부종하는 거래로서 선물환거래로부터 발생한 이익은 소득세법상의 이자소득에 해당한다고 판단하였다(국심 2007. 12. 21. 선고, 2007서1113 결정 ; 국심 2007. 12. 24. 선고, 2007서0769 결정 ; 국심 2007. 12. 28. 선고, 2007서2366 결정 등).

단순히 당해 계약서의 내용이나 형식에만 의존할 것이 아니라 당사자의 의사와 계약체결의 경위, 수익률의 정도와 그 수익이 확정적인지 여부, 그 밖에 거래 전체 과정을 실질적으로 참작하여야 한다고 전제한 뒤 시중은행과 거래한 고객들은 엔화스왑예금거래가 엔화정기예금거래와 선물환거래로 분리될 수 있다거나 선물환거래의 실태, 선물환차익의 개념 등을 정확하게 인지하지 못한 채 단순히 소득세 비과세상품으로서 금융소득종합과세를 피할 수 있는 하나의 확정금리 정기예금상품으로 인식하고 은행들과 계약을 체결한 점, 선물환거래가 없었더라면 고율의 확정금리를 원하는 고객들로서는 단순히 약 연 0.05%의 이자율만이 확보되는 엔화정기예금거래에 가입하지 않았을 것으로 보이는 점, 엔화정기예금거래와 선물환거래는 동시에 체결되었을 뿐만 아니라 만기일도 일치하여 만기시 엔화정기예금거래와 선물환거래의 약정이 함께 해지되어 사전에 약정된 금원이 고객에게 입금되는 형태를 취하였으므로 고객들은 원화를 예치한 뒤 만기시에 원화와 확정이익금을 받는다는 점에서 엔화정기예금거래는 원화정기예금거래와 다를 바가 없는 점 등을 근거로 엔화스왑예금계약은 현물환거래, 엔화정기예금거래 및 선물환거래가 서로 밀접한 연관성을 가지고 하나로 통합되어 이루어진 원화정기예금에 유사한 계약이므로 선물환차익을 소득세법 제16조 제 1 항 제13호에서 정한 금전의 사용에 따른 대가의 성격이 있는 이자소득이라고 판시하고 있다.[21)]

반면 과세 가능성을 부정하는 판결들은 사인 간에 엔화스왑예금거래라는 한 가지 방식을 택하여 현물환거래, 엔화정기예금거래, 선물환거래의 각 법률관계를 형성하였다면, 그로 인한 조세의 내용과 범위는 그 법률관계에 맞추어 개별적으로 결정된다고 할 것이므로 실질과세원칙만을 내세워 엔화스왑예금의 실질이 확정수익이 보장되는 원화정기예금과 같은 것으로 보아

---

21) 서울행정법원 2009. 1. 23. 선고, 2008구합12719 판결 ; 서울행정법원 2009. 1. 23. 선고, 2008구합13781 판결 ; 서울행정법원 2009. 2. 4. 선고, 2008구합12528 판결 등.

과세처분을 하여서는 아니된다고 판시하고 있다.[22)]

(4) 추가적 쟁점에 대한 판단

법원은 인터넷 질의·회신을 과세관청의 공적인 견해표명으로 볼 수 있는지 여부에 대하여 공적인 과세표명이나 비과세관행에 대하여는 그 해석이나 관행의 존재에 대한 입증책임이 납세자에게 있다고 할 것인데, 그러한 해석이나 관행의 존재를 인정할 증거가 없어 원고들의 주장이 이유없다는 판결을 한 바 있다.[23)]

라. 선물환차익에 대한 과세의 문제

(1) 선물환차익에 대한 각국의 과세 현황

미국은 과세체계에 있어 우리 세법이 유형별 포괄주의를 취하는 것과는 달리 완전 포괄주의를 취하고 있다. 미국세법 제61조 (a)항은 총수입을 "원천에 관계없이 취득하는 모든 소득"으로 포괄적으로 규정하여 원천에 관계없이 합산하여 과세함을 원칙으로 하고 있으며, 동조에서 소득의 종류를 15가지로 예시하고 있다.[24)] 아울러 미국세법 제988조 (a)(1)(A)항은 외

22) 서울행정법원 2009. 6. 18. 선고, 2008구합 12542, 14180(병합) 판결 ; 서울행정법원 2009. 1. 20. 선고, 2008구합12511 판결 ; 서울행정법원 2009. 7. 8. 선고, 2008구합12313 판결 등.

23) 서울행정법원 2009. 1. 23. 선고, 2008구합12719 판결 ; 서울행정법원 2008구합13781 판결 등.

24) Internal Revenue Code Section 61 Gross income defined

(a) General definition

Except as otherwise provided in this subtitle, gross income means all income from whatever source derived, including (but not limited to) the following items :

(1) Compensation for services, including fees, commissions, fringe benefits, and similar items ;

환매매이익을 경상이익으로 간주하여 이자소득으로 취급한다. 다만, 통화선도, 선물, 옵션거래로부터 발생하는 외환매매이익에 대하여는 당해 거래가 스트래들을 구성하지 않는 등의 요건하에 납세자가 그 이익을 자본이익으로 선택할 수 있는 가능성을 열어놓고 있다.[25] 즉, 미국세법상 선물환차익은

---

(2) Gross income derived from business ;
(3) Gains derived from dealings in property ;
(4) Interest ;
(5) Rents ;
(6) Royalties ;
(7) Dividends ;
(8) Alimony and separate maintenance payments ;
(9) Annuities ;
(10) Income from life insurance and endowment contracts ;
(11) Pensions ;
(12) Income from discharge of indebtedness ;
(13) Distributive share of partnership gross income ;
(14) Income in respect of a decedent ; and
(15) Income from an interest in an estate or trust.

25) Internal Revenue Code Section 988 Treatment of certain foreign currency transactions
(a) General rule
Notwithstanding any other provision of this chapter-
(1) Treatment as ordinary income or loss
(A) In general
Except as otherwise provided in this section, any foreign currency gain or loss attributable to a section 988 transaction shall be computed separately and treated as ordinary income or loss (as the case may be).
(B) Special rule for forward contracts, etc.
Except as provided in regulations, a taxpayer may elect to treat any foreign currency gain or loss attributable to a forward contract, a futures contract, or option described in subsection (c)(1)(B)(iii) which is a capital asset in the hands of the taxpayer and which is not a part of a straddle (within the meaning of section 1092(c), without regard to paragraph (4)

이자소득 또는 자본이득으로 취급되는데, 미국세법 제61조 (a)(3)항은 이자소득을, 동조 (a)(4)항은 자본이득을 과세대상 소득으로 예시하고 있어 선물환차익에 대한 과세에 아무런 문제가 없다.

일본의 경우에는 일본 소득세법 제35조에서 잡소득에 대하여 "잡소득이란 이자소득, 배당소득, 부동산소득, 사업소득, 급여소득, 퇴직소득, 산림소득, 양도소득 및 일시소득의 어느 것에도 해당되지 않는 소득"이라고 규정하고 있다.[26] 즉, 일본의 잡소득은 법상 명시된 소득을 제외한 모든 소득을 포괄하고 있어 우리나라의 기타소득보다는 그 범위가 넓다. 일본 소득세법상 구체적으로 선물환차익이 잡소득에 포함된다는 규정을 하고 있지는 아니하지만 일본은 선물환차익이 잡소득에 해당된다는 전제하에 과세 및 납부절차가 이루어지고 있다.

결론적으로 미국과 일본 모두 선물환차익을 이자소득과 별개로 취급하고 있을 뿐만 아니라 선물환차익에 대한 과세가 이루어지고 있다.

(2) 우리나라의 경우

1) 순자산증가설과 소득원천설

소득의 개념에 대하여는 크게 순자산증가설과 소득원천설로 견해가 나뉘는바, 순자산증가설은 소득을 '일정기간 내에 있어서 납세자의 순자산의 증가'로 정의하는 반면, 소득원천설은 소득을 '재화생산의 계속적 원천으로부터 수익으로서 일정기간 내에 납세자에 유입된 재화의 총량'으로 정의한다. 순자산증가설에 따르면 소득은 일정기간에 있어 순자산증가로 정의되

---

thereof) as capital gain or loss (as the case may be) if the taxpayer makes such election and identifies such transaction before the close of the day on which such transaction is entered into (or such earlier time as the Secretary may prescribe).

26) 所得税法 第三十五条　雑所得とは、利子所得、配当所得、不動產所得、事業所得、給与所得、退職所得、山林所得、讓渡所得及び一時所得のいずれにも該当しない所得をいう。

므로 정형적인 소득뿐만 아니라 일시적인 소득도 과세대상에 포함되므로 포괄적 소득개념을 지닌다고 볼 수 있다. 반면 소득원천설은 정형적 소득원천에 착안한 한정적 개념으로 발생 태양의 순환성·반복성을 소득의 요건으로 하므로 자본소득이나 일시소득 등은 소득에서 제외된다.[27] 현행 법인세법 제14조 제 1 항은 '내국법인의 각 사업연도의 소득은 그 사업연도에 속하는 익금의 총액에서 그 사업연도에 속하는 손금의 총액을 공제한 금액으로 한다'고 규정하고 있으며, 동법 제15조 제 1 항은 익금에 대하여 '당해 법인의 순자산을 증가시키는 거래로 인하여 발생하는 수익의 금액'으로, 동법 제19조 제 1 항은 손금에 대하여 '당해 법인의 순자산을 감소시키는 거래로 인하여 발생하는 손비의 금액'으로 정의하고 있어 법인세법은 순자산증가설을 채택하고 있는 것으로 보인다. 반면 소득세법은 소득의 종류에 대하여 이자소득, 배당소득, 사업소득, 근로소득 등으로 열거하고 있어 소득원천설을 취하고 있는 것으로 판단된다.

2) 현행법제상 선물환차익에 대한 과세

우리나라의 경우에는 선물환거래에 따른 외환매매이익과 관련하여 세법상 체계적으로 명문화된 규정은 찾아보기 어렵다. 법인세의 경우 순자산증가설의 입장에서 소득의 종류에 관계없이 과세되므로 선물환차익으로 인한 소득에 대하여 과세하는 데 문제가 없다. 하지만 소득세의 경우에는 열거주의방식을 취하고 있는데 선물환차익은 소득세법에 열거되어 있지 아니하여 과세대상이 되지 아니한다.[28] 실제로 정부는 2004년에 선물환거래 등 파생상품의 거래로부터 발생하는 이득을 기타소득으로 분류하여 과세하기 위해 소득세법 개정안을 국회에 제출하였으나, 과세의 기술적인 문제점과

---

27) 임승순, 『조세법』, 박영사, 2009, p.361, p.362, p.573.

28) 다만, 소득세법 시행령 제26조의 3에 따르면 특정주권의 가격이나 주가지수의 수치의 변동과 연계하여 주권 또는 금전의 지급청구권을 표시하는 증권 또는 증서로부터 발생한 수익의 분배금 등은 배당소득으로 인정된다.

자본유출의 우려 등을 이유로 재정경제위원회의 심사에서 폐기된 바 있다. 다만, 2002년에 소득세법에 열거주의방식을 완화시킨 규정들이 도입되었으나,[29] 위 규정들이 선물환차익을 과세의 대상에 포함시킨 것인지 여부에 대하여는 논란의 소지가 있다.

특히 선물환차익이 소득세법 제16조 제 1 항 제13호에 해당되는지 여부가 문제되는바, 위와 같이 포괄적 규정을 둔 취지가 기존의 열거주의방식으로 과세대상에 포함되지 아니하였던 파생상품에 대한 규제에 있고 실질과세의 원칙에 비추어 위 규정의 범위를 넓히고자 한다면 선물환차익 역시 소득세법 제16조 제 1 항 제 3 호의 이자소득과 유사한 소득으로 과세가 가능하다고 볼 여지도 있다.

하지만 이자란 "금전 기타 대체물의 사용대가로서 원본액과 사용기간에 비례하여 지급되는 금전 기타의 대체물"을 의미하는바,[30] 선물환거래는 계약 자체로는 금전의 이전이 일어나지 아니하고 단지 환율 변동에 따른 위험을 회피하기 위한 계약에 불과하여 선물환차익을 금전의 사용대가로 보기는 어려울 뿐만 아니라, 선물환차익의 크기는 시간의 흐름에 따라 반드시 커지는 것이 아니라 시장의 현물과 선물 시세에 따라 우연적으로 결정되는 것이므로 선물환차익을 이자소득으로 보기는 어렵다. 이자소득은 지급불능 등의 특별한 사정을 제외한다면 시간의 흐름에 따라 확정적으로 예측이 가능한 반면 선물환거래는 현물환을 보유하지 않은 상태라면 이익의 크기가 유동적이고 때로는 손실을 입을 가능성도 배제할 수 없다는 점에서 양자는 명백히 구별된다. 따라서 선물환차익은 소득세법 제16조 제 1 항 제13호에서 규정하는 "제 1 호 내지 제12호의 소득과 유사한 소득으로서

29) 소득세법 제16조 제 1 항 제13호는 "제 1 호 내지 제12호의 소득과 유사한 소득으로서 금전의 사용에 따른 대가의 성격이 있는 것"을 이자소득에 포함시키고 있으며, 동법 제17조 제 1 항 제 7 호는 "제 1 호부터 제 6 호까지 및 제 6 호의 2의 소득과 유사한 소득으로서 수익분배의 성격이 있는 것"을 배당소득에 포함시키고 있다.

30) 『신법률학사전』, 법률신문사, 1995, p.1047.

금전의 사용에 따른 대가의 성격이 있는 것”에 해당되지 아니하므로 동조에 의해서는 엔화스왑예금거래의 선물환차익에 대하여 과세를 할 수는 없다고 보는 것이 옳다.

아울러 선물환차익이 소득세법 제16조 제 1 항 제 9 호의 환매조건부매매차익과 유사한 소득이 아닌지 여부도 논의되는바, 엔화스왑예금거래가 은행들이 예금주들로부터 현물환율을 기준으로 원화를 지급받은 뒤 엔화의 소유권을 이전하고 일정 시점이 지난 뒤에 고객들의 엔화를 다시 현물환율보다 높게 설정된 선물환율로 매수하는 구조이어서 환매조건부매매거래와 유사한 것이 사실이다.

하지만 소득세법 제16조 제 1 항 제 9 호의 환매조건부매매거래는 대상이 ‘채권’ 또는 ‘증권’임에 반해 이 사건 거래의 대상은 ‘엔화’이고, 환매조건부매매거래가 금전소비대차 내지 채권담보를 목적으로 함에 반해 이 사건 거래는 은행과 예금주가 엔화스왑예금거래로부터 발생한 이익의 공유를 목적으로 할 뿐만 아니라 앞서 언급한 바와 같이 선물환차익이 금전의 사용에 따른 대가의 성격을 가지지 아니하므로 동조에 의한 과세도 타당하지 아니한 것으로 보인다.

마. 거래의 통합과 실질과세

(1) 가장행위와 과세의 문제

1) 가장행위와 과세 가능성

가장행위는 행위 자체가 당사자의 진의에 의하지 아니한 경우로서 민법 제108조 통정허위표시가 그 대표적인 예라고 할 수 있다. 가장행위의 경우에는 그 행위는 사법상 무효가 되지만, 그 행위에 다른 법률행위가 은닉된 경우 은닉행위를 기초로 과세가 이루어지게 된다.[31] 독일 조세기본법 제

31) 가장행위와 달리 조세회피행위란 납세자가 경제인의 합리적인 거래형식에 의하지 아

41조 제2항은 가장행위는 세법상 효력을 발생하지 아니하며, 가장행위에 의하여 다른 법률행위가 은닉된 경우에는 그 은닉된 행위가 과세의 기초가 된다고 규정하고 있다.[32] 우리 세법상 가장행위에 대한 명문의 규정은 존재하지 아니하지만 학설과 대법원의 입장은 가장행위에 대하여 인정을 하고 있는 듯하다. 구체적으로 대법원은 과중한 양도소득세 부담을 회피하기 위해 각자의 토지를 교환한 뒤에 이를 은행에 양도한 사례에서 '원고와 갑이 서로의 토지를 교환하고 각자 교환취득한 토지를 다시 을 은행에 양도한 것이 과중한 양도소득세의 부담을 회피하기 위한 행위라 해도 위와 같은 토지 교환행위는 가장행위에 해당한다는 등 특별한 사정이 없는 이상 유효하다고 보아야 할 것이므로 이를 부인하기 위하여는 권력의 자의로부터 납세자를 보호하기 위한 조세법률주의의 법적 안정성 또는 예측가능성의 요청에 비추어 법률상 구체적인 근거가 필요하다 할 것인바, 이를 부인하게 된 구체적인 법률상 근거를 심리도 하지 아니한 채 원고와 갑이 서로의 토지를 교환하고 각자 교환취득한 토지를 다시 을 은행에 양도한 일련의 과정을 실질적으로는 원고가 교환 전의 소유 토지를 을 은행에 양도한 것으로 본 원심 판결은 조세법률주의 내지 실질과세의 원칙에 관한 법리오해 또는 심리미진의 위법을 저지른 것이다'라고 판시[33]하여 당사자의 행위가 가장행위에 해당된다면 실질에 따른 과세가 가능하다는 입장을 보이고 있다. 다만, 대법원은 양도소득세 중과를 피하기 위해 토지 매매계약서상 매수인 명의를 실질적 매수인인 법인 대신에 법인의 대표이사로 하고 대표이

니하고 우회행위, 다단계 행위 등 비정상적 거래형식을 취함으로써 통상적인 행위형식에 의한 것과 같은 경제적 목적을 달성하면서도 조세의 부담을 부당히 감소시키는 행위를 의미한다 : 임승순, 『조세법』, 2009, 세경사, p.53. 조세회피행위는 사법상 유효하며, 과세목적상 부인이 이루어질 수 있을지 여부가 논의된다.

32) 한송희, "법인세법상 부당행위계산 부인제도에 관한 연구", 상지대학교 대학원, 2006, pp.8~9.

33) 대법원 1991. 5. 14. 선고, 90누3027 판결.

사 앞으로 소유권이전등기를 한 뒤에 법인 앞으로 재차 소유권이전등기를 한 사안에서 매도인과 대표이사 간의 매매계약을 가장행위라고 판시한 바 있는데,[34] 법인과의 거래에서 중간에 개인이 개입한 경우 이는 조세회피행위의 부인이 적용될 것인지의 문제임에도 대법원은 이를 가장매매가 중간에 개입하였는가의 여부에 관한 사실확정의 문제로 보고 있어,[35] 대법원이 위와 같이 인정하고 있는 가장행위는 조세회피행위의 부인과의 구별도 명확하지 아니하고, 민법상 가장행위와 동일한 기준을 적용하고 있는지 여부에 관하여도 의문이 있다.[36]

2) 엔화스왑예금거래와 가장행위

엔화스왑예금거래가 가장행위로 인정되기 위해서는 은행과 예금주들 사이에 엔화정기예금거래가 아닌 원화예금거래만을 하려는 통정이 존재하였음이 입증되어야 한다. 그런데 엔화스왑예금에 가입한 예금주들 중 약 90% 이상이 엔화스왑예금거래의 구조 및 선물환거래의 실태를 이해하지 못하면서 확정금리를 지급한다는 은행 측의 설명만을 믿고 엔화스왑예금에

34) 매도인이 건설회사가 아파트 건축을 위하여 토지를 매수한다는 사실을 알면서도 법인 앞으로 양도하게 되면 실지거래가액에 따른 양도소득세를 부담하게 된다는 이유로 회사의 대표이사 개인 명의로의 양도를 고집하여 그와 같은 내용의 계약서를 작성하고 대표이사 개인 앞으로 소유권이전등기를 경료하였다가 후에 회사 앞으로 소유권이전등기를 경료한 경우, 매도인과 대표이사 개인 간에 체결된 계약과 그로 인한 소유권이전등기는 회사가 부동산을 실질적으로 매수함에 있어 매도인이 양도소득세의 중과를 피할 목적에서 대표이사 개인 명의를 중간에 개입시킨 가장매매행위라 보아 매도인이 법인에게 부동산을 양도한 것으로 판단하였다(대법원 1991. 12. 13. 선고, 91누7170 판결).

35) 임승순, 전게서, p.54.

36) 매도인은 매매가격이 동일한 이상 부동산을 개인이나 법인 중 누구에게나 팔 수 있으며, 세법상 유리하다는 이유로 개인에게 팔았다면 이를 매도인의 진정한 의사라고 보아야 한다는 점에서 대법원이 말하는 가장행위가 민사상 가장행위와 같은 개념인지에 대해 의문이 있다는 견해가 존재한다 : 윤지현, “국제조세조정에관한법률 제 2 조의 2 제 3 항의 해석에 관한 일고찰”, 『조세법연구 XII-2』(한국세법학회 편), 세경사, 2006, p.270.

가입하였으며, 단순히 엔화스왑예금에 가입하면 일반정기예금보다 높은 세후수익이 보장되며 소득세 비과세상품으로 금융소득종합과세를 피할 수 있다는 이유만으로 엔화스왑예금거래에 가입한 것으로 파악된다.[37]

예금주들이 확정금리를 지급한다는 은행 측의 설명만을 믿고 예금에 가입하였다는 점에 주목하면 엔화스왑예금거래가 가장행위라고 볼 여지가 전혀 없는 것은 아니다.

하지만 고객들이 엔화스왑예금거래의 실태를 정확히는 이해하지 못하였다고 하더라도 소득세 비과세상품으로 엔화스왑예금거래를 인식하였고, 그렇다면 단순히 원화예금이 아닌 선물환거래에 대한 인식이 존재하였다고 할 것이다. 실제로 고객들은 엔화정기예금거래와 선물환거래에 대한 별도의 계약서를 작성하였으며, 계약서 작성시 선물환거래에 대해 정확히 이해하지는 못하였다고 하더라도 통상의 원화예금거래와는 다른 선물환거래가 포함된 엔화스왑예금거래를 통해 비과세 혜택을 누릴 수 있다는 점에 대한 인식이 있었다고 보아야 할 것이므로 엔화스왑예금거래를 가장행위로 보기는 어렵다고 할 것이다.

(2) 거래의 통합과 실질과세

1) 미국세법상 외국통화의 헤지규정[IRC section §988(d)]

엔화스왑예금과 같이 외국통화예금이 선물환계약과 결합되어 있는 경우에 대하여 미국세법 제988조는 이러한 거래로부터 발생하는 이익을 이자소득으로 취급하기 위한 특별한 규정을 두고 있다. 즉, 미국세법 제988조는 외환거래와 관련된 계약에서 발생하는 외환거래손익을 경상손익으로 규정하여[38] 이자소득 또는 이자비용으로 취급한다.[39] 아울러 동 규정은 납세자가

37) 서울행정법원 2009. 2. 4. 선고, 2008구합12528 판결 등 참조.

38) IRC §988(a)(1)(A).

39) IRC §988(a)(2).

보유하고 있는 또는 보유할 자산의 환율위험을 관리하기 위하여[40] 또는 납세자가 부담하고 있거나 부담할 대출이나 다른 채무와 관련된 환율위험을 관리하기 위한 목적의 거래[41]를 통화해지거래로 규정하고, 해지거래에 해당하는 거래들을 통합하여 하나의 거래로 취급한다.[42), 43), 44)]

---

40) IRC §988(d)(2)(A)(i).

41) IRC §988(d)(2)(A)(ii).

42) Internal Revenue Code Section 988 Treatment of certain foreign currency transactions

(d) Treatment of 988 hedging transactions

(1) In general

To the extent provided in regulations, if any section 988 transaction is part of a 988 hedging transaction, all transactions which are part of such 988 hedging transaction shall be integrated and treated as a single transaction or otherwise treated consistently for purposes of this subtitle. For purposes of the preceding sentence, the determination of whether any transaction is a section 988 transaction shall be determined without regard to whether such transaction would otherwise be marked-to-market under section 475 or 1256 and such term shall not include any transaction with respect to which an election is made under subsection (a)(1)(B). Sections 475, 1092, and 1256 shall not apply to a transaction covered by this subsection.

(2) 988 hedging transaction

For purposes of paragraph (1), the term "988 hedging transaction" means any transactions

(A) entered into by the taxpayer primarily?

(i) to manage risk of currency fluctuations with respect to property which is held or to be held by the taxpayer, or

(ii) to manage risk of currency fluctuations with respect to borrowings made or to be made, or obligations incurred or to be incurred, by the taxpayer, and

(B) identified by the Secretary or the taxpayer as being a 988 hedging transaction.

43) 홍범교, 전게논문, pp.100~101.

44) 미국세법 제988조(d)는 미국국세청에게 해지거래에 해당하는 거래들을 통합하여 하나

따라서 위 규정에 의하면 엔화정기예금거래와 선물환거래가 결합된 형태인 엔화스왑예금 역시 헤지거래에 해당하고, 선물환거래 역시 엔화정기예금거래와 일체로 판단하게 되므로 선물환거래로부터 발생된 차익에 대하여도 이자소득으로 과세가 가능하다.

2) 국내법상 실질과세원칙

(가) 국세기본법 제14조 제 3 항의 도입

국세기본법 제 4 조 제 3 항은 2007년말 국세기본법에 실질과세의 원칙을 보다 구체화하여 단계거래를 통한 조세회피행위를 규율할 수 있도록 하기 위해 도입되었다. 이 규정은 국제조세조정에관한법률 제 2 조의 2 제 3 항과 거의 동일한바, 국제거래뿐만 아니라 국내거래에 있어서도 제 3 자를 통한 간접적 방법이나 2 이상 행위 또는 거래를 통한 조세의 부당한 회피행위에 대한 규율이 필요하다는 인식하에 도입된 것이다.

제14조 【실질과세】 <개정 2007.12.31>
①과세의 대상이 되는 소득·수익·재산·행위 또는 거래의 귀속이 명의일 뿐이고 사실상 귀속되는 자가 따로 있는 때에는 사실상 귀속되는 자를 납세의무자로 하여 세법을 적용한다.
②세법 중 과세표준의 계산에 관한 규정은 소득·수익·재산·행위 또는 거래의 명칭이나 형식에 불구하고 그 실질내용에 따라 적용한다.
③제 3 자를 통한 간접적인 방법이나 2 이상의 행위 또는 거래를 거치는 방법으로 이 법 또는 세법의 혜택을 부당하게 받기 위한 것으로 인정되는 경우에는 그 경제적 실질내용에 따라 당사자가 직접 거래를 한 것으로 보거나 연속된 하나의 행위 또는 거래를 한 것으로 보아 이 법 또는 세법을 적용한다.<신설 2007.12.31>

의 거래로 볼 수 있도록 하는 권한을 부여했지만, 실제로 통합된 헤지거래를 다루는 미국재무부규칙은 오히려 그 적용대상을 좁게 해석하여 아주 제한된 경우에만 통합된 거래로 보아 과세하고 있다 : 노영훈, 전게논문, p.46.

(나) 규정의 해석

① 제 3 자를 통한 간접적인 방법이나 2 이상의 행위 또는 거래를 거치는 방법

우선 '제 3 자를 통한 간접적 방법'이란 둘 이상의 직접 당사자 사이의 거래에 제 3 자를 개입시켜 직접 당사자 사이의 거래가 간접적인 것이 되도록 하는 방법을 의미하며, '2 이상의 행위 또는 거래를 거치는 방법'이란 수개의 거래행위의 결과가 단일한 거래행위의 결과와 경제적으로 동일하도록 하는 방법을 의미한다. 엔화스왑예금의 경우 엔화정기예금거래와 선물환거래를 통해 원화정기예금과 사실상 동일한 경제적 효과를 얻고 있으므로 '2 이상의 행위 또는 거래를 거치는 방법'에 해당한다고 볼 수 있다.

'2 이상의 행위 또는 거래를 거치는 방법'의 해석에 있어 고려해야 할 점은 단계적 거래와의 구별이다. '단계적 거래 이론'이란 미국세법상 실질우선의 원칙(The substance-over form doctrine)의 일례로 수개의 단계적 거래들을 통합하여 판단하는 것이 그 거래의 실질을 보다 정확히 반영하는 것일 경우 세법상 하나의 거래로 간주하는 이론을 의미한다.[45] 미국법원은 이러한 '단계거래의 원칙'에 대한 구체적 기준으로 ① the binding commitment test, ② the end result test, and ③ the mutual interdependence test를 규정하고 있다. The binding commitment test는 첫 번째 단계에서 거래 당사자가 이후의 거래 단계로 가도록 강제되는 경우에 통합을 인정하며, The end result test는 당사자의 의도를 중시하여 각 거래 단계가 특정 목적을 달성하기 위한 계획이나 구조의 일부라고 인정되는 경우에 통합을 인정한

45) US Department of Treasury, The Problem of Corporate Tax Shelters, July 1999, pp. 49~50.

"The step transaction doctrine is a relatively common application of the substance-over-form doctrine. Under the doctrine, formally separate steps may be treated as one transaction for tax purposes (rather than giving tax effect to each separate step), if integration of the steps more accurately reflects the underlying substance"

다. 그리고 The mutual interdependence test는 객관적 사실을 합리적으로 해석하여 각 단계가 상호의존적이어서 하나의 거래에서의 법률관계가 거래 전체를 놓고 보지 않는다면 의미가 없는 정도인지 여부를 기준으로 한다.[46)]

그런데 국세조정법 제14조 제 3 항의 경우에는 2 이상의 행위 또는 거래가 세법의 혜택을 부당하게 받기 위한 것인지 여부만을 문제 삼을 뿐 2 이상의 행위 또는 거래의 통합정도에 관하여는 언급하고 있지 아니하여 'The end result test'의 기준과 유사하게 단계거래로 인정되는 범위를 넓게 보고 있다. 다만, 뒤에서 언급하는 '이 법 또는 세법의 혜택을 부당하게 받기 위한 것'의 의미를 고려하면 그 범위는 좀 더 축소될 수 있을 것이다.

② 이 법 또는 세법의 혜택을 부당하게 받기 위한 것

법인세법 제52조는 부당행위계산 부인과 관련하여 '부당'이라는 용어를 사용하고 있다. 부당행위계산 부인에 있어서의 '부당'은 경제적 합리성의 결여를 의미하며, 이는 정상적인 경제인의 합리적인 거래형식에 의하지 아니하고 우회행위, 다단계행위 그 밖의 이상한 거래형식을 취함으로써 통상의 합리적인 거래형식을 취할 때 생기는 조세의 부담을 경감 내지 배제시키는 행위계산을 의미한다. 아울러 경제적 합리성의 유무에 대한 판단은 제반 사정을 구체적으로 고려하여 그 거래행위가 건전한 사회통념이나 상관행에 비추어 경제적 합리성을 결한 비정상적인 것인지의 여부에 따라 판단한다.[47), 48)]

국세기본법 제14조 제 3 항의 '부당'을 부당행위계산 부인규정의 '부당'과 동일한 의미로 볼 수 있는지에 대하여 국세기본법상의 '부당'은 소득 자체를 줄이거나 특수관계자에게 이익을 분여하는 '거래의 결과'가 '부당'한 행위라는 것이 아니라, 다른 형태의 거래 형식을 취하였더라면 받을 수 없

46) US Department of Treasury, 전게논문, pp.50~51.

47) 임승순, 전게서, pp.693~694.

48) 대법원 1997. 5. 28. 선고, 95누18697 판결.

었을 혜택을 '부당'하게 받는 것, 즉 '거래의 형식'이 부당하다고 말하는 것이므로 서로 차원을 달리하는 개념이라는 견해도 존재한다.[49] 하지만 부당한 형식을 통해 얻은 혜택은 '부당'한 것이라고 할 수 있으며, 세법상 '부당'한 혜택이라면 부당한 형식에서 기인할 수밖에 없으므로(부당하지 않은 행위에 의한 결과라면 세법의 혜택을 받기 위한 것이라도 부당하다고 할 수 는 없다) '거래의 결과'와 '거래의 형식'은 동전의 양면과 같다고 할 것이다. 따라서 국세기본법상의 '부당'은 법인세법상의 '부당'과 동일한 개념으로 보아 '경제적 합리성의 결여'를 의미하는 것으로 봄이 상당하다.

③ 경제적 실질내용에 따른 재구성

'경제적 실질내용'의 의미는 법적 실질설과 경제적 실질설의 대립을 고려하면, 일응 경제적 실질설에 따라 과세를 하겠다는 내용으로 받아들여질 수 있다. 하지만 경제적 실질설에 따른다고 하더라도 개별 거래에서 경제적 실질을 어떠한 기준에 따라 결정할 것인지, 어떠한 방법에 따라 재구성을 하여야 할 것인지 등에 대하여 논란이 제기될 수 있다.[50]

이에 관하여 대법원은 앞에서 언급한 바와 같이 가장행위의 형식을 통하여 일종의 재구성을 시도하고 있는 것으로 보이나, 재구성의 가능성이나 기준에 대한 입장이 명확하다고 말하기는 어렵다. 추후 판례의 집적이 보다 필요한 부분이라고 할 것이다.

(다) 사안에의 적용 가능성

국세기본법 제14조 제 3 항은 2007. 12. 31. 신설되었고 국세기본법 부칙(2007. 12. 31. 법률 제8830호) 제 1 조에서 동법 시행일을 2008. 1. 1.로 규정하

---

49) 윤지현, 전게논문, pp.252～253.

위 견해는 국제조세조정에관한법률 제 2 조의 2 제 3 항에 관한 것이지만 위 조항과 국세기본법 제14조 제 3 항은 그 내용이 사실상 동일하여 동일한 견해의 대립이 가능하리라는 전제하에 논의를 진행한다.

50) 윤지현, 상게논문, pp.271～272.

고 있는 점에 비추어, 대부분이 2006년 이전에 이루어진 엔화스왑예금거래에 대하여 동법은 적용되지 아니하는 것으로 볼 수도 있다.

하지만 그러한 경우라도 동법이 확인적 규정에 불과하다면 당연히 동법 시행일 이전의 행위에도 적용되어야 한다. 실질과세원칙의 '실질'을 법적 실질로 본다면 동법을 확인적 규정으로 보기는 어려울 것이지만 경제적 실질로 본다면 동법을 확인적 규정으로 판단할 수 있을 것이다. 납세자의 권익 침해 가능성이라는 현실적 요청을 고려한다면 법적 실질설이 타당할 수 있으나, 법과 제도가 상당부분 정비된 오늘날에 있어서 납세자의 권익보호보다 실질적 조세평등과 조세회피 방지의 요청이 보다 크다고 할 것이므로 조세법상의 실질은 경제적 실질이라고 할 것이고, 따라서 동법은 확인적 규정이라고 할 것이다.[51), 52)]

엔화스왑예금이 국세기본법 제14조 제 3 항의 요건에 해당되기 위해서는 '이 법 또는 세법의 혜택을 부당하게 받기 위한 것'이란 요건을 충족하여야 하는바, 엔화스왑예금의 세전 수익은 원화예금과 다를 바가 없어 오직 비과세 혜택을 받기 위해 구성된 것이고, 위 예금의 고객들 역시 스스로 잘 알지 못하는 엔화정기예금거래나 선물환거래를 한 것은 비과세 혜택에 대한 은행 측의 권유에 의한 것인 점, 선물환거래는 장외거래로서 거래상대방 위험이 존재하여 비과세 혜택을 받을 목적이 아니라면 구태여 그런 위험을 감수할 이유가 없는 점 등에 비추어 경제적 합리성을 결여하였다고

51) 반면 서울행정법원 2009. 1. 20. 선고, 2008구합12511 판결은 국세기본법 제14조 제 3 항이 창설적 규정인지 확인적 규정인지에 대하여 논란이 있으므로 동법 시행일 이전의 사건에 대하여는 직접적 근거가 될 수 없다는 입장이다.

52) 거래가 '부당'하다고 인정되는 일정한 경우에 한하여 실질과세원칙을 적용할 수 있다는 내용은 기존의 실질과세원칙 규정 또는 경제적 실질설에서 찾아볼 수 없으므로 국세기본법 제14조 제 3 항은 창설적 규정으로 보아야 한다는 견해가 존재하나(윤지현, 전게논문, p.279), 실질과세원칙에 의해 법적 형식을 넘어 실질에 따른 과세를 하기 위해서는 법적 형식에 따른 과세가 공평과세의 원칙에 비추어 부당하다는 사정이 전제되어야 할 것이므로 국세기본법 제14조 제 3 항은 확인적 규정으로 보아야 한다.

할 것이므로 위 요건을 충족한다. 아울러 엔화스왑예금거래로부터 발생된 이익은 뒤에서 보는 바와 같이 그 실질이 이자수익이라고 할 것이므로 엔화스왑예금거래에 대하여는 국세기본법 제14조 제 3 항 및 소득세법 제16조 제 1 항 제13호에 따른 과세가 가능하다.

3) 엔화스왑예금거래에 대한 과세 가능성

(가) 실질과세원칙과 통합의 문제[53)]

위에서 보는 바와 같이 엔화스왑예금에 국세기본법 제14조 제 3 항이 적용된다면 선물환차익에 대한 과세도 가능하게 된다. 하지만 위 법의 적용을 제외하고서도 선물환차익에 대한 과세는 가능하다. 국세기본법은 실질과세원칙을 천명하고 있으며, 특히 동법 제14조 제 2 항은 '과세표준의 계산에 관한 규정은 소득 · 수익 · 재산 · 행위 또는 거래의 명칭이나 형식에 불구하고 그 실질내용에 따라 적용한다'고 규정하고 있어 여러 개의 거래가 통합되어 실질적으로 하나의 거래로 볼 수 있을 경우에는 실질에 따라 과세할 수 있게 된다. 다만, 이 경우에도 여러 개의 거래가 실질적으로 통합되었는지, 통합된 거래의 실질을 무엇으로 볼 것인지는 구체적으로 판단되어야 할 것이다.

(나) 통합된 하나의 거래로 볼 수 있는지 여부

엔화스왑예금은 형식적으로는 그 구조를 엔화정기예금거래와 선물환거래로 분리할 수 있다. 하지만 엔화스왑예금의 가장 큰 특징은 비과세 혜택이 있는 확정금리인데 이는 엔화정기예금거래와 선물환거래가 결합되어야 가능하다. 선물환거래 자체는 그 수익이 미래의 시장상황에 따라 가변

---

53) 앞서 언급하였듯이 법적 형식을 넘어 실질에 따른 과세를 하기 위해서는 법적 형식에 따른 과세가 공평과세의 원칙에 비추어 부당하다는 사정이 전제되어야 할 것이므로 실질과세원칙에 따른 통합을 위해서는 '부당성'에 대한 검토도 필요하나 앞에서 이미 검토하였으므로 여기에서는 별도의 검토를 생략한다.

적이어서 수익이나 손실이 모두 가능하며 그 크기도 다양하다. 따라서 엔화정기예금거래를 통한 현물환을 미리 확보해야만 그 수익을 일정하게 고정시키고 손실의 가능성을 배제할 수 있다. 따라서 선물환거래와 엔화정기예금거래를 분리하여 상정하기는 어렵다고 할 것이다.

아울러 사안에서 은행이 고객들을 상대로 엔화스왑예금이라는 하나의 상품으로 홍보 및 판매를 하였고, 고객들도 엔화스왑예금을 절세 효과가 있는 하나의 확정금리상품으로 인식하고 구매하였던 점, 고객들은 엔화정기예금거래와 선물환거래에 동시에 가입하였고, 엔화정기예금거래가 중도에 해지될 경우 선물환거래도 동시에 해지되도록 계약된 점, 엔화정기예금과 선물환계약의 만기가 일치한 점, 선물환율은 엔화정기예금의 세후 수익률이 원화정기예금의 세후 수익률을 약간 상회하도록 설정된 점, 엔화스왑예금거래에서 엔화자금의 이동은 명목상으로만 존재하고 고객들은 원화를 예치하고 일정기간 후에 원금과 일정 수익을 회수하였을 뿐인 점, 엔화정기예금거래와 선물환거래를 분리할 경우 고객들이 제로금리에 가까운 엔화정기예금거래에 가입할 이유가 없는 점 등에 비추어 엔화정기예금거래와 선물환거래는 통합된 하나의 거래로 보는 것이 상당하다.

(다) 실질이 예금거래인지 여부

엔화정기예금거래와 선물환거래를 통합된 하나의 거래로 간주한다고 하더라도 통합된 거래의 실질이 무엇인지는 별도의 검토가 필요하다. 실질을 예금거래로 간주한다면 발생한 이득은 이자수익으로 과세가 가능하지만, 실질을 선물환차익으로 간주한다면 전체 발생 이득에 대한 과세는 불가능하기 때문이다.

엔화스왑예금에서 발생되는 수익의 대부분은 선물환차익이고 엔화정기예금거래로부터 발생되는 이자는 미미한 수준인 점, 고객들은 엔화스왑예금에 가입하는 대신 증권선물거래소에서 엔화 선물을 매수함으로써 엔화스왑예금과 비슷한 수익률을 확보할 수 있었을 것이며 이 경우에는 과세당국의 과세처분은 불가능했을 것이란 점을 고려하면 엔화스왑예금의 실질을 선물환거래로 볼 여지도 있다.

하지만 일반적인 선물환거래가 이행보증금만을 예치하는 것과는 달리 엔화스왑예금은 고객들이 일정기간 동안 금전의 사용을 포기하는 대가로 은행으로부터 확정수익을 받는 구조로 이루어져 있는 점, 기초자산을 확보하지 아니한 상태에서의 선물환거래는 외환시장의 불확실성에 따라 확정수익을 얻는 것이 불가능하여 통상의 예금거래와는 그 성질을 달리하는 점 등에 비추어 보면 엔화스왑예금의 실질은 예금거래로 볼 수 있다. 따라서 엔화스왑예금을 구성하는 선물환거래로부터 발생한 이익에 대하여는 소득세법 제16조 제 1 항 제13호에 따라 과세가 가능하다.

바. 신의성실원칙 위배 및 가산세 부과처분의 위법 여부

(1) 신의성실원칙 위배 여부

1) 신의성실의 원칙

(가) 의 의

신의성실의 원칙이란 법률관계의 당사자들은 권리를 행사하거나 의무를 이행함에 있어 신의와 성실에 따라 행동하여야 한다는 원칙으로[54] 민법 제 2 조는 '권리의 행사와 의무의 이행은 신의에 좇아 성실히 하여야 한다'고 규정하며, 국세기본법 제15조는 '납세자가 그 의무를 이행할 때에는 신의에 따라 성실하게 하여야 한다. 세무공무원이 직무를 수행할 때에도 또한 같다'고 규정하고 있다. 조세법규는 그 내용이나 체계가 전문적·기술적이고 복잡하여 과세관청 그 해석과 집행에 관하여 납세자에게 세무지도 등을 한 경우에는 납세의무자로서는 이를 신뢰할 수밖에 없는 경우가 대부분

54) 지원림, 『민법강의』, 홍문사, 2004, p.40.

이고, 이와 같이 조세법규의 집행과정에서 납세자가 과세관청의 언동을 기초로 새로운 법률관계를 형성한 경우 그것을 과세관청이 뒤늦게 번복하는 것은 오히려 법적 안정성을 해치는 결과가 되므로 납세자의 신뢰가 보호할 가치가 있는 경우 기존의 법률관계를 존중하여 납세자의 신뢰를 보호하자는 것이 신의성실의 원칙이다.[55)]

(나) 적용요건

조세법률관계에 있어서 과세관청의 행위에 대하여 신의성실의 원칙을 적용하기 위해서는, 첫째 과세관청이 납세자에게 신뢰의 대상이 되는 공적인 견해표명을 하여야 하고, 둘째 과세관청의 견해표명이 정당하다고 신뢰한 데 대하여 납세자에게 귀책사유가 없어야 하며, 셋째 납세자가 그 견해표명을 신뢰하고 이에 따라 무엇인가 행위를 하여야 하고, 넷째 과세관청이 위 견해표명에 반하는 처분을 함으로써 납세자의 이익이 침해되는 결과가 초래되어야 한다.[56)] 특히 과세관청의 공적인 견해표명인지 여부가 문제되는 경우가 많은바, 공적인 견해표명은 원칙적으로 일정한 책임 있는 지위에 있는 세무공무원에 의하여 이루어짐을 요하며, 과세관청의 공적 견해표명이 있었는지의 여부를 판단하는 데 있어 반드시 행정조직상의 형식적인 권한분장에 구애될 것은 아니고 담당자의 조직상의 지위와 임무, 당해 언동을 하게 된 구체적인 경위 및 그에 대한 납세자의 신뢰 가능성에 비추어 실질에 의하여 판단하여야 한다.[57)] 대법원은 국세기본법 제15조, 제18조 제3항의 규정이 정하는 신의칙 내지 비과세관행이 성립되었다고 하려면 장기간에 걸쳐 어떤 사항에 대하여 과세하지 아니하였다는 객관적 사실이 존재할 뿐만 아니라 과세관청 자신이 그 사항에 대하여 과세할 수 있음을 알면서도 어떤 특별한 사정에 의하여 과세하지 않는다는 의사가 있고 이와

55) 임승순, 『조세법』, 박영사, 2009, p.58.

56) 대법원 2009. 10. 29. 선고, 2007두7741 판결.

57) 대법원 1995. 6. 16. 선고, 94누12159 판결.

같은 의사가 대외적으로 명시적 또는 묵시적으로 표시될 것임을 요한다고 해석되며, 특히 그 의사표시가 납세자의 추상적인 질의에 대한 일반론적인 견해표명에 불과한 경우에는 위 원칙의 적용을 부정하여야 한다고 판시한 바 있다.[58]

2) 소급과세금지원칙

(가) 의 의

국세기본법 제18조 제 3 항은 '세법의 해석이나 국세행정의 관행이 일반적으로 납세자에게 받아들여진 후에는 그 해석이나 관행에 의한 행위 또는 계산은 정당한 것으로 보며, 새로운 해석이나 관행에 의하여 소급하여 과세되지 아니한다'고 규정하고 있다.[59] 이를 비과세관행이라고 하며 소급과세금지원칙의 특수한 적용영역으로 인정된다. 원래 신의칙의 적용은 구체적 사안에 대해 개별적인 판단을 필요로 하는 것이나, 비과세관행이라는 객관적인 상황을 설정하고 그에 대한 납세자의 신뢰를 입법을 통해 일반적으로 보호하고자 하는 것이 위 규정의 취지이다.[60]

(나) 적용요건

비과세관행 내지 소급과세금지원칙이 적용되기 위해서는 첫째 장기간에 걸쳐 어떤 사항에 대하여 과세하지 아니하였다는 객관적 사실이 존재하여야 하며, 둘째 과세관청 자신이 그 사항에 대하여 과세할 수 있음을 알면서도 어떤 특별한 사정에 의하여 과세하지 않는다는 의사가 있을 뿐만 아니라, 셋째 그러한 의사가 대외적으로 명시적 또는 묵시적으로 표시될 것

---

58) 대법원 1993. 7. 27. 선고, 90누10384 판결.

59) '세법의 해석 또는 국세행정의 관행이 일반적으로 납세자에게 받아들여진 것'이라고 함은 특정한 납세자가 아닌 불특정의 일반납세자에게 그와 같은 해석 또는 관행이 이의 없이 받아들여지고, 납세자가 그 해석 또는 관행을 신뢰하는 것이 무리가 아니라고 인정될 정도에 이른 것을 말한다(대법원 1993. 5. 25. 선고, 91누9893 판결).

60) 임승순, 『조세법』, 박영사, 2009, p.64.

임을 요한다.[61] 따라서 단순한 과세누락은 비과세관행에 해당되지 아니하며[62], 비과세관행에 대한 입증책임은 원칙적으로 납세자에게 있다.[63]

3) 신의성실원칙과 소급과세금지원칙의 차이

소급과세금지원칙은 신의성실원칙과 몇 가지 측면에서 구별되는바, 주관적인 적용대상에서 신의성실의 원칙은 과세관청 및 납세자 모두에게 적용되지만, 소급과세금지원칙은 과세관청만을 적용대상으로 한다는 점, 신의성실원칙의 적용은 구체적인 사안에 대하여 개별적 판단을 필요로 하지만, 소급과세금지원칙은 객관적인 상황을 설정하고 그에 대한 납세자의 신뢰를 일반적으로 보호하고자 하는 취지의 규정이라는 점 등이 주된 차이라고 할 수 있다.[64]

4) 사안의 경우

원고들은 2002년 엔화스왑예금이 처음 판매된 때부터 2005년 국세청이 선물환차익에 대하여 과세를 하기까지 상당기간 동안 비과세관행이 형성되었을 뿐만 아니라, 2003. 9. 국세청은 인터넷 종합상담센터를 통해 개인이 금융기관에서 원화를 엔화로 환전한 후 외화예금을 가입함과 동시에 선물환계약을 체결할 경우 비사업자인 개인의 선물환차익은 과세대상이 아니라는 질의·회신을 한 사실이 있는바, 국세청이 이러한 회신을 하였음에도 회신에 대한 원고들의 신뢰에 반하여 선물환차익에 대해 과세처분을 하는 것은 위법하다고 주장한다.

반면 피고는 원고들이 주장하는 기간 동안 과세가 이루어지지 않았다는 사정만으로 비과세관행이 형성되었다고 보기는 어려우며, 세무공무원들의 상담내용은 신뢰의 대상이 되는 과세당국의 유권해석이 아니므로 신의

---

61) 대법원 1993. 7. 27. 선고, 90누10384 판결.

62) 대법원 1989. 2. 14. 선고, 88누3 판결.

63) 대법원 2003. 9. 5. 선고, 2001두10837 판결.

64) 임승순, 『조세법』, 박영사, 2009, p.64.

성실원칙 내지 소급과세금지원칙 위배는 아니라고 주장한다.

이에 대하여 국세심판원은 인터넷 질의 · 회신을 과세관청의 공적인 견해표명으로 볼 수 있는지에 대하여 이는 법적 효력이 있는 유권해석이라고 보기 어렵고, 질의내용 자체도 엔화스왑예금거래에 특정된 것이라 볼 수 없어 신의칙 내지 소급과세금지원칙에 반하는 것은 아니라고 결정하였다.[65)]

5) 소결론

국세청은 이 사건 질의 · 회신 이전인 2001. 3.부터 인터넷 상담 홈페이지 초기화면에 인터넷 상담에 대한 답변은 제시한 자료만을 근거로 작성되므로 법적 효력을 갖는 유권해석이 아님을 공지하여 왔으며, 세무공무원의 상담내용만으로는 과세관청의 공적인 견해표명으로 보기는 어렵다. 아울러 사안에서의 질의는 엔화스왑예금거래의 구조 등에 대해 정확히 밝히지 않은 상태에서 이루어져서 세무공무원 역시 이에 대한 일반적인 수준의 답변을 하였는바, 그러한 추상적 수준의 견해표명만으로는 공적인 견해표명이 성립된다고 보기는 어려워 보인다. 대법원 역시 과세관청의 의사표시가 일반론적인 견해표명에 불과한 경우에는 신의성실의 원칙이나 소급과세금지원칙의 적용이 부정된다는 취지로 판시한 바 있다.[66)] 그리고 비과세관행이 성립되기 위해서는 상당기간 동안 과세를 하지 아니한 객관적 상황뿐만 아니라 과세관청 자신이 그 사항에 관하여 과세할 수 있음을 알면서도 어떤 특별한 사정 때문에 과세하지 않는다는 의사가 있어야 하며 위와 같은 공적 견해나 의사는 명시적 또는 묵시적으로 표시되어야 할 것인데, 사안에서 국세청이 약 3년간 과세를 하지 아니한 정황이 인정된다고 하여도 그러한 사정만으로 비과세관행의 인정을 위한 상당기간이 인정된다고 보기는 어렵고, 과세관청이 과세할 수 있음을 알면서도 특별한 사정 때문에 과세하지 아니한다는 의사표시를 표명했다고 보기도 어려우므로 사안은 신의성

65) 국심 2007. 12. 21. 선고, 2007서1113 결정 ; 국심 2007. 12. 21. 선고, 2007서2574 결정 등.

66) 대법원 2001. 4. 24. 선고, 2000두5203 판결.

실원칙 내지 소급과세금지원칙의 적용대상이 아닌 것으로 판단된다.

(2) 가산세 부과 처분의 위법 여부

1) 가산세의 의의

조세법은 원활한 조세행정과 조세의 공평부담을 실현하기 위하여 납세자에게 납세의무 이외에 과세표준 신고의무, 성실납부의무, 원천징수의무, 과세자료 제출의무 등의 여러 가지 협력의무를 부과하고 있다. 조세법은 이와 같은 협력의무의 이행을 촉진하고 그 위반을 방지하기 위한 제도적 장치를 마련하고 있는데, 그 중 하나는 성실한 의무이행을 유도하기 위해 세제상의 혜택 부여이고, 다른 하나는 의무위반에 대한 제재이다. 의무위반에 대한 제재의 대표적 수단으로 가산세제도를 들 수 있다.[67]

국세기본법 제47조는 '정부는 세법에서 규정한 의무를 위반한 자에게 이 법 또는 세법에서 정하는 바에 따라 가산세를 부과할 수 있다(제1항). 가산세는 해당 의무가 규정된 세법의 해당 국세의 세목(稅目)으로 한다. 다만, 해당 국세를 감면하는 경우에는 가산세는 그 감면대상에 포함시키지 아니하는 것으로 한다(제2항)'고 규정하여 가산세를 조세의 한 종목을 규정하고 있다.

가산세의 법적 성격에 대하여는 행정질서벌인 과태료라는 견해, 행정상의 제재라는 견해, 행정질서벌과 별개의 조세행정상의 특별과벌이라는 견해 등이 존재하나,[68] 대법원은 세법상 가산세는 과세권의 행사 및 조세채권의 실현을 용이하게 하기 위하여 납세자가 정당한 이유 없이 법에 규정된 신고, 납세 등 각종 의무를 위반한 경우에 법이 정하는 바에 따라 부과하는 행정상 제재로서 납세자의 고의·과실은 고려되지 아니하고 법령의 부지·착오 등은 그 의무위반을 탓할 수 없는 정당한 사유에 해당하지 아

---

67) 임승순, 『조세법』, 박영사, 2009, p.133.

68) 임승순, 상게서, p.134.

니한다고 판시하여,[69] 가산세를 행정상의 제재로 보는 듯한 태도를 취하고 있다.

2) 가산세의 면책

국세기본법 제48조 제 1 항은 '정부는 이 법 또는 세법에 따라 가산세를 부과하는 경우 그 부과의 원인이 되는 사유가 제 6 조 제 1 항에 따른 기한 연장 사유에 해당하거나 납세자가 의무를 이행하지 아니한 데 대한 정당한 사유가 있는 때에는 해당 가산세를 부과하지 아니한다'고 규정하여 정당한 사유가 존재하는 경우를 가산세의 면책사유로 인정하고 있다.

정당한 사유의 존재와 관련하여 개별적인 검토가 필요한바, 대법원은 법령의 부지 · 착오 등은 그 의무위반을 탓할 수 없는 정당한 사유에 해당하지 아니하며,[70] 납세의무자가 세무공무원의 잘못된 설명을 믿고 그 신고 납부의무를 이행하지 아니하였다 하더라도 그것이 관계법령에 어긋나는 것임이 명백한 때에는 그러한 사유만으로 정당한 사유가 있다고 볼 수 없는 반면,[71] 납세자가 과세관청의 질의회신 또는 공적인 견해표명을 신뢰하고 의무가 없다고 판단한 경우[72]나 납세자가 사정변경으로 의무를 부담하고 있음에도 이를 인식하기 어려운 사정으로 인하여 의무를 이행하지 아니하였으며 과세관청도 이에 대하여 이의나 시정지시를 하지 아니한 경우[73]에는 정당한 사유를 인정하고 있다.

(3) 견해의 대립

원고들은 사안에서 과세관청이 재정경제부의 유권해석이 있기 전까

---

69) 대법원 2004. 6. 24. 선고, 2002두10780 판결.

70) 대법원 2007. 4. 26. 선고, 2005두10545 판결.

71) 대법원 1997. 8. 22. 선고, 96누15404 판결.

72) 대법원 1995. 11. 14. 선고, 95누10181 판결.

73) 대법원 1980. 3. 25. 선고, 79누165 판결.

지는 선물환차익에 대하여 과세를 하지 아니하였으며, 원고들뿐만 아니라 시중의 모든 은행들이 엔화스왑예금의 선물환차익을 비과세 처리하였으므로 원고가 납세의무를 이해하지 아니한 데에는 정당한 사유가 있다고 주장한다.

반면 피고는 원고들이 엔화스왑예금의 개발 과정에서 이미 과세 가능성에 대하여 인식을 하고 있었고, 엔화스왑예금의 거래구조에 대하여 대외적으로 밝히려 하지 아니한 점 등에 비추어 정당한 사유는 부정되어야 한다고 주장한다.

이에 대하여 국세심판원은 예금주들의 경우에는 납세의무 불이행에 '정당한 사유'가 있는 것으로 보아 가산세 부과 처분이 위법하다고 결정하였으나, 은행들의 경우에는 과세 가능성에 대하여 이미 알고 있었으면서도 엔화스왑예금을 이자소득세 경감과 금융소득종합과세 회피를 위하여 하나의 통합된 거래가 아닌 것으로 보이기 위한 방법을 추구한 점, 엔화스왑예금 활성화 방안 계획의 일환으로 조세회피를 목적으로 상품개발이 이루어진 점 및 엔화스왑예금 거래구조에 대하여 대외적으로 정확한 사실관계를 밝히려 하지 아니한 점 등에 비추어 '정당한 사유'를 인정하기 어렵다고 결정하였다.[74)]

(4) 소결론

국세청도 엔화스왑예금에 대하여 처음에는 과세권을 적극적으로 행사하지 아니하다가 재정경제부의 유권해석이 나온 이후 과세를 한 점 등을 고려하면 정당한 사유가 인정될 여지도 있다. 하지만 위에서 언급한 국세심판원의 결정문에 의하면 원고들은 이미 엔화스왑예금에 대한 법률자문을 통해 과세관청이 엔화스왑예금에 대한 전체적인 거래구조를 파악한다면 이를 조세회피를 위한 변칙적인 금융거래로 판단하고 과세할 가능성이 높음

74) 국심 2007. 12. 21. 선고, 2007서1113 결정 ; 국심 2007. 12. 21. 선고, 2007서2574 결정 등.

을 이미 인식하고 있었던 것으로 보인다. 뿐만 아니라 국세심판원은 원고들이 엔화스왑예금의 판매 초기에 동 상품의 거래구조에 대한 사실관계를 밝히지 아니하고 하나의 통합된 거래로 보아 과세되는 것을 피하기 위한 방법들을 강구한 점들을 정당한 사유가 없는 이유로 들고 있다. 국세심판원이 인정한 사실관계들을 종합하면 원고들은 과세 가능성에 대한 인식을 하고 있었던 것으로 보이므로 정당한 사유를 인정하지 않는 것이 타당하다.

사. 결　　론

엔화스왑예금거래와 관련된 소송들이 현재 진행 중이며 앞에서 언급한 바와 같이 1심 판결들이 나오고 있으나, 재판부마다 그 결론을 달리하고 있어 앞으로 상당기간 동안 법리공방이 계속될 것으로 보인다. 재판부마다 결론이 나누어지는 주된 이유는 국세기본법 제14조 제 3 항의 적용을 논외로 한다면 거래통합에 의한 과세를 인정할 것인지 여부에 있으며, 이는 다시 실질과세의 원칙을 얼마나 적극적으로 바라볼 것인가에 대한 입장차이로 귀결된다. 대법원의 경우 이 부분에 있어 아직 그 입장이 명확하다고 보기는 어려우므로 엔화스왑예금거래와 관련된 판결을 통해 그 입장을 명확히 설시할 필요가 있다고 본다.

아울러 국세기본법 제14조 제 3 항의 도입으로 우회적인 조세회피행위에 대한 규제의 근거법규가 마련되었으나, 파생상품의 발달로 인해 위 조항의 적용을 받지 아니하고 동일한 경제적 효과를 달성할 수 있는 가능성은 얼마든지 존재한다. 따라서 실질적 공평과세의 원칙을 실현하기 위해서는 궁극적으로는 파생상품 일반에 대한 과세가 필요하다. 다만, 파생상품의 복잡성, 다양성으로 인해 파생상품에 대한 과세에 있어서 종합적인 대응책 마련이 어려운 현실을 고려하면 우리도 이에 대한 점진적인 접근이 필요할 것으로 보인다.

서울고등검찰청 송무부

검찰
PROSECUTION SERVICE

대표이사의 횡령과 사외유출

(대법원 2008. 11. 13. 선고, 2008두1009 판결)

1. 판결요지

(1) 법인이 실질적 경영자인 대표이사 등이 법인의 자금을 유용하는 행위는 특별한 사정이 없는 한 애당초 회수를 전제로 한 것이 아니어서 그 금액에 대한 지출 자체로서 이미 사외유출에 해당한다고 할 것이고(대법원 1999. 12. 24. 선고, 98두7350 판결 ; 대법원 2001. 9. 14. 선고, 99두3324 판결 등 참조), 여기서 그 유용 당시부터 회수를 전제하지 않은 것으로 볼 수 없는 특별한 사정에 대하여는 횡령의 주체인 대표이사 등의 법인 내에서의 실질적인 지위 및 법인에 대한 지배정도, 횡령행위에 이르게 된 경위 및 횡령 이후의 법인의 조치 등을 통하여 그 대표이사 등의 의사를 법인의 의사와 동일시하거나 대표이사 등과 법인의 경제적 이해관계가 사실상 일치하는 것으로 보기 어려운 경우인지 여부 등 제반 사정을 종합하여 개별적·구체적으로 판단하여야 하며, 이러한 특별한 사정은 이를 주장하는 법인이 입증하여야 한다.

(2) ……(중략)…… 이러한 ○○○ 등의 □□□□ 인수 및 횡령 등 일련의 불법행위에 이르게 된 경위, 소액주주 등이 55%나 되는 주권상장법인

인 □□□□ 에 있어서 ○○○ 등의 의사를 □□□□의 의사와 동일시하거나 □□□□와 ○○○ 등의 경제적 이해관계가 사실상 일치하는 것으로 보기는 어려운 점, □□□□가 ○○○ 등에 대한 권리행사에 착수하여 위 횡령으로 인한 손해배상채권을 확보하기에 이른 점 등 횡령 전후의 여러 사정을 앞서 본 법리에 비추어 볼 때, □□□□는 ○○○ 등에 대하여 위 횡령 등의 불법행위로 인한 손해배상채권을 보유하고 있다고 봄이 상당하고, 따라서 위 횡령 당시 곧바로 횡령금 상당액의 자산이 사외유출되었다고 보기는 어렵다고 할 것이다.

2. 사실관계

(1) 피고는 2004. 3. 11. 원고에 대한 세무조사를 실시하여, ① 2003. 4. 14. 유상증자대금 61억 원 중 52억 원이 가공의 선급금으로 계상되어 사외유출된 사실을 확인하고, 이를 당시 원고의 부사장으로서 유상증자 대금을 보관, 관리하던 ◇◇◇에게 귀속된 것으로 보아 ◇◇◇에 대한 상여로 소득처분을 하고, ② 2003. 4. 23. 중국현지법인인 문동□□□□유한공사에 대한 출자지분을 □□기계 주식회사에 대금 13억 원에 매각하고도 그 대금을 장부상 미계상하여 사외유출하였음을 이유로 이를 원고의 회장 ○○○에 대한 상여로 소득처분하였다.

(2) 그리고 피고는 2004. 4. 19. 소득세법상 갑종근로소득의 원천징수의무자인 원고에게 위 소득처분을 근거로 소득금액변동통지를 하고, 2004. 4. 21. 2003년 근로소득세 28억 원 및 2004년 근로소득세 10억 원을 부과하였다.

3. 관련법령

❍ **법인세법**

제67조 【소득처분】

제60조의 규정에 의하여 각 사업연도의 소득에 대한 법인세의 과세표준을 신고하거나 제66조 또는 제69조의 규정에 의하여 법인세의 과세표준을 결정 또는 경정함에 있어서 익금에 산입한 금액은 그 귀속자 등에게 상여·배당·기타 사외유출·사내유보 등 대통령령이 정하는 바에 따라 처분한다.

❍ **법인세법 시행령**(2005. 2. 19. 대통령령 제18706호로 개정되기 전의 것)

제106조 【소득처분】

①법 제67조에 따라 익금에 산입한 금액은 다음 각 호의 규정에 의하여 처분한다. 비영리내국법인과 비영리외국법인에 대하여도 또한 같다.

1. 익금에 산입한 금액이 사외에 유출된 것이 분명한 경우에는 그 귀속자에 따라 다음 각 목에 따라 배당, 이익처분에 의한 상여, 기타소득, 기타 사외유출로 할 것. 다만, 귀속이 불분명한 경우에는 대표자(소액주주 등이 아닌 주주 등인 임원 및 그와 제43조 제8항에 따른 특수관계에 있는 자가 소유하는 주식 등을 합하여 해당 법인의 발행주식총수 또는 출자총액의 100분의 30 이상을 소유하고 있는 경우의 그 임원이 법인의 경영을 사실상 지배하고 있는 경우에는 그 자를 대표자로 하고, 대표자가 2명 이상인 경우에는 사실상의 대표자로 한다. 이하 이 조에서 같다)에게 귀속된 것으로 본다.
   가. 귀속자가 주주 등(임원 또는 사용인인 주주 등을 제외한다)인 경우에는 그 귀속자에 대한 배당
   나. 귀속자가 임원 또는 사용인인 경우에는 그 귀속자에 대한 상여
   다. 귀속자가 법인이거나 사업을 영위하는 개인인 경우에는 기타 사외유출. 다만, 그 분여된 이익이 내국법인 또는 법 제94조의 규정에 의한 외국법인의 국내사업장의 각 사업연도의 소득이나 거주자 또는 「소득세법」 제135조의 규정에 의한 비거주자의 국내사업장의 사업소득을 구성하는 경우에 한한다.

라. 귀속자가 가목 내지 다목 외의 자인 경우에는 그 귀속자에 대한 기타소득

○ **소득세법**(2005. 5. 31. 법률 제7528호로 개정되기 전의 것)

第20조 【근로소득】

①근로소득은 당해 연도에 발생한 다음 각 호의 소득으로 한다.

1. 갑종

가. 근로의 제공으로 인하여 받는 봉급·급료·보수·세비·임금·상여·수당과 이와 유사한 성질의 급여

나. 법인의 주주총회·사원총회 또는 이에 준하는 의결기관의 결의에 의하여 상여로 받는 소득

다. 「법인세법」에 의하여 상여로 처분된 금액

라. 퇴직으로 인하여 받는 소득으로서 퇴직소득에 속하지 아니하는 소득

第127조 【원천징수의무】

①국내에서 거주자나 비거주자에게 다음 각 호의 어느 하나의 소득금액 또는 수입금액을 지급하는 자는 이 절의 규정에 의하여 그 거주자나 비거주자에 대한 소득세를 원천징수하여야 한다.

1. 이자소득금액

2. 배당소득금액(제17조 제 3 항 단서의 규정에 의하여 총수입금액에 가산하는 배당소득금액을 제외한다)

3. 대통령령이 정하는 사업소득에 대한 수입금액

4. 갑종에 속하는 근로소득금액

第128조 【원천징수세액의 납부】

①원천징수의무자는 원천징수한 소득세를 그 징수일이 속하는 달의 다음달 10일까지 대통령령이 정하는 바에 의하여 원천징수 관할 세무서·한국은행 또는 체신관서에 납부하여야 한다. 다만, 상시고용인원수 및 업종 등을 참작하여 대통령령이 정하는 원천징수의무자는 원천징수한 소득세를 그 징수일이 속하는 반기의 마지막 달의 다음달 10일까지 납부할 수 있다.<개정 1998.12.28>

②제 1 항 단서의 규정에 의한 원천징수의무자는 「법인세법」 제67조의 규정에 의하여 처분된 상여·배당 및 기타소득에 대하여는 제 1 항 본문의 규정에 따라 납부하여야 한다.<신설 2004.12.31>

4. 평 석

가. 사외유출의 의의 및 효과

(1) 의 의

사외유출이란 세무조정금액이 사내에 유보되지 않고 법인의 외부로 유출되어 기업 외부의 자에게 귀속된 경우에 행하여지는 소득처분이다.[1] 법인세법 제67조는 각 사업연도의 소득에 대한 법인세의 과세표준을 신고하거나 법인세의 과세표준을 결정 또는 경정함에 있어서 익금에 산입한 금액은 그 귀속자 등에게 상여 · 배당 · 기타 사외유출 · 사내유보 등 대통령령이 정하는 바에 따라 처분한다고 규정하며, 동법 시행령 제106조 제1항 제1호는 익금에 산입한 금액이 사외에 유출된 것이 분명한 경우에는 그 귀속자에 따라 배당, 이익처분에 의한 상여, 기타소득, 기타 사외유출로 간주하며, 귀속이 불분명한 경우에는 대표자에게 귀속된 것으로 본다고 규정하고 있다. 따라서 사안과 같이 대표자가 법인의 자금을 횡령한 경우에는 대표자에 대한 상여로 소득처분을 하게 된다.

(2) 효 과

법인의 실질적 경영자인 대표이사 등이 법인의 자금을 횡령한 경우 현행 세법상 횡령으로 인한 자산감소분은 법인의 익금에 산입되고, 이는 사외유출로 보아 대표자에 대한 상여로 소득처분을 하게 된다(법인세법 제67조, 동법 시행령 제106조 제1항 제1호 나목). 과세관청은 소득처분되는 금액에 대하여 소득금액변동통지서에 의한 통지를 하며, 통지서를 받은 날 상

---

1) 송상엽 등, 『세법개론』, 도서출판 웅지, 2009, p.138.

여를 지급한 것으로 본다(소득세법 시행령 제192조 제 1 항, 제 2 항). 아울러 상여로 처분된 금액은 갑종근로소득에 해당하여(소득세법 제20조 제 1 항 제 1 호 다목) 법인은 상여로 처분된 금액에 대하여 소득세를 원천징수할 의무를 부담한다(소득세법 제127조 제 1 항 제 4 호). 즉, 사외유출이 인정되면 법인은 자산감소분의 익금산입에 의해 법인세 납부의무를 지게 됨과 아울러 원천징수하였어야 할 소득세의 납부의무도 지게 된다.

나. 사외유출과 사내유보의 구별

(1) 구별 기준

사외유출이 인정되면 법인으로서는 익금산입에 의한 법인세를 부담할 뿐만 아니라 상여처분된 금액에 대한 소득세의 원천징수의무까지 부담하게 되므로 사외유출과 사내유보의 구별은 실무상 매우 중요하다.

사내유출과 사내유보의 구별 기준에 관하여는, 법인이 손해배상청구권 등의 권리를 보유하고 있는가의 여부를 기준으로 하는 견해와 당해 소득이 법인을 위하여 사용되었는가의 여부를 기준으로 하는 견해가 있다.[2] 회사의 대표이사 등이 회사의 자산을 횡령한 경우 전자의 견해에 따른다면 법인이 그 횡령행위를 용인하거나 추인하였다고 볼 수 있는 경우가 아닌 한 법인은 당해 대표이사 등에 대하여 여전히 손해배상청구권을 가지고 있다고 볼 수 있으므로 해당 자산은 종국적으로 사외유출이 된 것이 아니라고 볼 것이나, 후자의 견해에 의하면 당해 자산은 횡령 시점에 확정적으로 사외유출된 것으로 보게 된다.

한편 법인세법 기본통칙 34－62…6은 '사용인이 법인의 공금을 횡령한 경우로서 동 사용인과 그 보증인에 대하여 횡령액의 회수를 위하여 법에 의해 제반절차를 취하였음에도 무재산 등으로 회수할 수 없는 경우에는 동

2) 임승순, 『조세법』, 박영사, 2009, p.724.

횡령액을 대손처리할 수 있다. 이 경우 대손처리한 금액에 대하여는 사용인에 대한 근로소득으로 보지 아니한다'고 규정하여 법인이 회수를 위하여 노력을 기울인 경우에는 횡령액을 상여로 보지 않는 입장을 취하고 있다.

(2) 판례의 태도

1) 피용자에 의한 사외유출의 경우

대법원은 피용자에 의한 사외유출에 대하여 아래에서 보는 바와 같이 손해배상청구권 등의 권리를 보유하고 있는가의 여부를 기준으로 하는 견해에 가까운 입장을 취하고 있다.

"법인의 대표이사 또는 실질적 경영자 등이 그의 지위를 이용하여 법인의 수익을 사외에 유출시켜 자신에게 귀속시킨 금원 가운데 법인의 사업을 위하여 사용된 것이 분명하지 아니한 것은 특별한 사정이 없는 한 상여 내지 임시적 급여로서 근로소득에 해당한다 할 것이나(대법원 1999. 12. 24. 선고, 98두7350 판결 ; 대법원 2001. 9. 14. 선고, 99두3324 판결 등 참조), 한편 법인의 피용자의 지위에 있는 자가 법인의 업무와는 무관하게 개인적 이익을 위해 법인의 자금을 횡령하는 등 불법행위를 함으로써 법인이 그 자에 대하여 그로 인한 손해배상채권 등을 취득하는 경우에는 그 금원 상당액이 곧바로 사외유출된 것으로 볼 수는 없고(대법원 1989. 3. 28. 선고, 87누880 판결 참조), 해당 법인이나 그 실질적 경영자 등의 사전 또는 사후의 묵인, 채권회수포기 등 법인이 그에 대한 손해배상채권을 회수하지 않겠다는 의사를 객관적으로 나타낸 것으로 볼 수 있는 등의 사정이 있는 경우에만 사외유출로 보아 이를 그 자에 대한 상여로서 소득처분할 수 있다 할 것이며, 대표이사의 직위에 있는 자라 하더라도 그 실질상 피용자의 지위에 있는 경우에는 이와 마찬가지로 보아야 할 것이다."[3)]

---

3) 대법원 2004. 4. 9. 선고, 2002두9254 판결.

즉, 위 판례에 따르면 피용자에 의한 사외유출의 경우에는 그 유출행위로 인하여 법인이 피용자에 대한 손해배상청구권을 취득하고 있다고 할 것이므로, 유출 자체만으로 사외유출에 해당한다고 보기는 어렵고 법인이 손해배상청구권을 포기하거나 유출행위를 추인하는 등의 행위를 하였을 때 사외유출을 인정하게 된다. 아울러 판례는 형식적으로 대표이사의 직위에 있는 자라고 하더라도 그 실질이 피용자에 불과한 경우에는 사외유출 여부를 판단함에 있어 피용자로 간주하는 태도를 보이고 있다.

2) 대표이사나 실질적 경영자에 의한 사외유출의 경우

대법원은 대표이사나 실질적 경영자의 사외유출과 관련하여 이는 특별한 사정이 없는 한 회수를 전제로 한 것이 아니어서 그 금액에 대한 지출 자체로 사외유출에 해당한다고 하여 손해배상청구권의 존부를 문제 삼지 아니하고 당해 소득이 법인을 위해 사용되지 아니한 이상 사외유출에 해당된다는 입장을 취하여 왔다.

"당시 대표이사인 소외 1의 횡령행위는 애당초 회수를 전제로 하여 이루어진 것이 아니어서 그 금액에 대한 지출 자체로서 사외유출에 해당하는 것이므로, 이 사건 징수처분이 정당하다. 위 소득금액변동통지에 의하여 원고 회사에게 그 소득에 대한 원천징수의무가 적법하게 발생한 이상, 소론이 내세우는 바와 같이 원고 회사가 이 사건 처분 후에야 위 사실을 뒤늦게 알고 횡령금액의 회수를 위하여 손해배상청구소송을 제기하였다거나 채무자의 재산에 대한 가압류절차를 개시하였다고 하더라도, 위 횡령금액에 대한 회수 가능성 여부가 위 소득처분의 당부를 좌우하는 것은 아니라고 할 것이다."[4]

하지만 이후 대법원은 아래에서 보는 바와 같이 위와 같은 입장을 완화하여 회수를 전제로 한 것이라고 볼 수 있는 특별한 사정에 대하여 적극

4) 대법원 1995. 10. 12. 선고, 95누9365 판결.

적인 판단을 내리고 있으며,[5] 아울러 이 사안의 판례와 같이 법인이 적극적인 권리행사를 통해 손해배상채권을 확보한 경우 역시 특별한 사정이 존재한다고 판시하고 있다.

"법인의 실질적 경영자인 대표이사 등이 법인의 자금을 유용하는 행위는 특별한 사정이 없는 한 애당초 회수를 전제로 하여 이루어진 것이 아니어서 그 금액에 대한 지출 자체로서 이미 사외유출에 해당한다고 할 것이다(대법원 1999. 12. 24. 선고, 98두7350 판결 ; 대법원 2001. 9. 14. 선고, 99두3324 판결 등 참조). 여기서 그 유용 당시부터 회수를 전제하지 않은 것으로 볼 수 없는 특별한 사정에 대하여는 횡령의 주체인 대표이사 등의 법인 내에서의 실질적인 지위 및 법인에 대한 지배 정도, 횡령행위에 이르게 된 경위 및 횡령 이후의 법인의 조치 등을 통하여 그 대표이사 등의 의사를 법인의 의사와 동일시하거나 대표이사 등과 법인의 경제적 이해관계가 사실상 일치하는 것으로 보기 어려운 경우인지 여부 등 제반 사정을 종합하여 개별적 · 구체적으로 판단하여야 하며, 이러한 특별한 사정은 이를 주장하는 법인이 입증하여야 한다."[6]

(3) 소결론

법인세법 제67조는 법인이 의지적으로 행위 · 계산한 금액을 세법적으로 조정하는 규정이므로 법인의 의사와 무관하게 임직원이 횡령한 금액은 기본적으로 위 조문의 적용대상이 아니며, 다만 기본통칙이 규정하는 바와 같이 법인이 횡령을 용인한 경우에는 사후적으로 법인의 의사에 기한 처분

---

5) 이전의 판례는 회사의 채권자단이 직접 회사를 경영하면서 면허대여료 수입으로 채권자단의 채권변제에 충당한 경우(대법원 1991. 3. 8. 선고, 90누9047 판결)나 기장누락한 상가분양수익이 법인의 상가건설 관련 대지의 매입잔금이나 건축비에 충당된 경우(대법원 1988. 3. 22. 선고, 86누587 판결) 등 유출로 인정된 자금이 실질은 회사를 위해 사용되었음이 입증된 경우에 한하여 특별한 사정을 인정하였다.

6) 대법원 2008. 11. 13. 선고, 2007두23323 판결.

이 이루어진 것으로 볼 수 있으므로 위 조문의 적용대상이 된다.[7)]

대법원의 과거 판시는 대표이사 등의 횡령은 회수를 전제로 하지 아니하였다는 가정으로 인해 법인의 의사와는 무관하게 소득처분을 인정하는 것처럼 보였으나, 최근의 판례는 회수를 전제로 한 것으로 볼 수 있는 특별한 사정에 대한 적극적 판단을 통해 보다 법문언에 부합하는 것으로 판단된다. 아울러 이러한 판례의 변화는 과거에 비해 법인이 상여처분으로 인한 과도한 부담을 회피할 수 있는 길을 보다 넓게 인정하여 기업과 대표자는 별개로 판단되어야 하며, 기업유지는 사회적으로 의미를 지닌다는 원칙에 보다 부합하는 것으로 보인다.

다. 결 론

법인의 실질적 경영자나 대표이사 등에 의해 횡령이 이루어진 경우 법인은 횡령에 의한 자산감소분이 익금에 산입됨에 따른 법인세를 부담해야 할 뿐만 아니라 상여로 인해 소득처분된 금액에 대한 소득세를 원천징수할 의무를 부담하게 된다. 법인이 이러한 소득세를 납부할 경우 대표이사 등에게 구상을 할 수도 있지만, 구상권 행사가 현실적으로 쉽지 않은 경우가 많다는 점에서 당해 법인은 큰 부담을 지게 된다.[8)] 특히 법인의 경영자 등의 범죄행위로 사외유출이 일어난 경우나 법인이 사후에 횡령금의 회수를

---

7) 이철송, “법인대표자에 대한 상여처분의 타당성”, 『조세법연구 Ⅸ-1』(한국세법학회 편), 세경사, pp.27~28.

8) 법인의 구상권 행사 가능성과 관련하여 과거의 판례는 “해당 금원이 실제로 대표자에게 귀속되었다는 입증이 없는 한 구상청구를 받아들일 수 없다”(대법원 1988. 9. 27. 선고, 87누519 판결)고 하여 법인의 구상권 행사에 엄격한 입장이었으나, 이후에는 “대표자는 익금산입액이 불분명하다는 사유로 상여처분된 소득금액에 대하여는 특별한 사정이 없는 한 그 금액이 현실적으로 자신에게 귀속되었는지에 관계없이 원천징수의무자인 법인이 납부한 근로소득세액 상당을 당해 법인에게 지급할 의무가 있다”고 판시하여 법인의 구상권 행사요건을 완화시키고 있다.

위해 적극적인 조치를 취한 경우에까지 법인의 원천징수의무를 인정하는 것은 이미 횡령으로 인해 큰 타격을 입은 법인에게 지나치게 가혹하다고 할 것이므로 대법원의 입장 변화는 바람직한 것으로 보인다.

서울고등검찰청 송무부

검찰 PROSECUTION SERVICE

조세피난처를 이용한 조세회피와 실질과세원칙

(서울행정법원 2009. 7. 17. 선고, 2008구합16896 판결)

1. 판결요지

(1) 헌법상 조세평등주의의 이념은 법률과 같은 효력을 지니는 조세조약의 적용에 있어서도 예외일 수는 없고 또 그러한 적용이 조세조약에 대한 엄격해석의 원칙에 위배된다고 할 수도 없으며, 외국인에 대하여 실질과세의 원칙을 적용함에 있어서는 헌법 제 6 조 제 2 항에 따라 적용 당시의 국제법 및 그 외국인의 국적국과의 조약의 내용 등을 고려하여야 할 것인바, 이와 같은 해석은 기계적, 형식적 평등이 아닌 실질적인 평등을 내용으로 하는 헌법상 평등의 원칙 내지 조세평등주의에 부합한다.

(2) 헌법 제 6 조 제 1 항에 의해 체결·공포된 조약이 아니고 일반적으로 승인된 국제법규라고 볼 수도 없는 OECD 주석은 법적 구속력이 없는 것이지만, 이는 OECD 국가 간의 조세조약의 올바른 해석을 위한 국제적 기준으로서 국내법상의 실질과세원칙 등과 관련한 OECD 국가 간 조약 해석에 있어서 하나의 참고자료로 삼을 수 있다.

(3) 헌법상의 조세법률주의와 국가 간 조세조약의 해석기준, 국세기본법

제14조의 실질과세원칙의 취지와 내용, 한·벨 조세조약의 목적과 비거주자에 대한 면세규정의 취지 등을 종합하여 보면, 한·벨 조세조약상의 벨기에 거주자로 인정되는 법인이 우리나라 내에서 사업상 거래를 하고 위 조세조약에 따라 소득원천에 대하여 우리나라 법에 따른 과세의 면제혜택을 받기 위하여는 그가 한·벨 조세조약 제13조가 정한 양도자이어야 하는 것인데, 여기에서 '양도자'의 의미를 정함에 있어서는 이중과세 방지 또는 조세회피 방지의 취지에 부합하고 조약의 문언에 배치되지 않는 범위 내에서 실질과세원칙에 따른 해석상의 제한이 따라야 하는 것이므로, 벨기에 이외의 국적을 가진 비거주자가 우리나라 내에 투자목적으로 벨기에에 법인을 설립하고 그 법인의 이름으로 우리나라 내에서 자본이득을 목적으로 한 사업을 영위하는 경우 그 법인의 거주지인 벨기에에서는 정상적인 사업활동이 없고 그 법인의 대한민국 내의 거래행위에도 독자적인 경제적 이익과 사업목적이 없이 원투자자를 위한 형식상 거래 당사자의 역할을 수행하였을 뿐 그 실질적인 거래주체는 원투자자이며 그것이 오로지 원투자자의 조세회피만을 목적으로 한 경우에는 그 법인을 실질적으로 원투자자와 별개의 실체로서 한·벨 조세조약상의 양도자라고 인정할 수는 없는 것이고, 따라서 원투자자가 그러한 형식이나 외관만을 내세워 벨기에 법인이 거래행위의 주체임을 이유로 한·벨 조세조약의 조세면제규정을 원용하는 것은 조세회피목적만을 위하여 취한 형식을 이유로 원투자자가 원래 부담하여야 할 조세에 관하여 혜택을 부여하는 것으로서 허용될 수 없다.

2. 사실관계

(1) 영국 법에 의해 2001. 5. 30. 설립된 유한 파트너십 '□□□'는 한국 내 부동산에 투자할 목적으로 자금을 출연하여 룩셈부르크에 '◇◇◇'을 설립하고, 이를 통하여 벨기에 법률에 의하여 '○○○'을 설립하였다.

(2) '○○○'은 2002. 2. 1. 자산유동화에 관한 법률에 따라 설립된 □□□유동화전문회사의 주식 전부를 4,725,000,000원에 인수한 다음 □□□유동화전문회사를 통하여 서울 종로구 적선동 소재 현대상선빌딩을 매수하여 보유하던 중 2004. 9. 9. □□□유동화전문회사의 주식을 영국법인인 원고에게 43,295,000,000원에 매각하여 주식 양도차익을 얻었다.

(3) 원고는 한·벨 조세조약 제13조에 의거하여 주식 양도로 인한 소득은 양도인의 거주지국에서만 과세하도록 규정되어 있다는 이유로 ○○○에 대한 이 사건 주식 양도대금 지급시 이 사건 양도소득에 대한 법인세를 원천징수하지 아니하였으나, 피고 종로세무서장은 '□□□'를 이 사건 주식의 실질적 소유자로 보아 '한·영 조세협약 제13조 등에 따라 원천징수의무자인 원고에게 이 사건 양도소득에 대한 법인세와 원천징수불성실가산세 합계 4,762,485,000원을 부과하는 처분을 하였다.

3. 관련법령

❍ **법인세법**(2004. 12. 31. 법률 제7289호로 개정되기 전의 것)

제93조 【국내원천소득】

외국법인의 국내원천소득은 다음 각 호와 같이 구분한다.

7. 소득세법 제94조의 규정에 의한 양도소득(동조 제 1 항 제 3 호의 규정에 의한

소득을 제외한다)으로서 대통령령이 정하는 소득. 다만, 그 소득을 발생하게 하는 자산이 국내에 있는 경우에 한한다.

제98조 【외국법인에 대한 원천징수 또는 징수의 특례】

①외국법인에 대하여 제93조 제 1 호·제 2 호·제 4 호 내지 제 7 호 및 제 9 호 내지 제11호의 규정에 의한 국내원천소득으로서 국내사업장과 실질적으로 관련되지 아니하거나 그 국내사업장에 귀속되지 아니하는 소득의 금액(국내사업장이 없는 외국법인에 지급하는 금액을 포함한다)을 지급하는 자는 제97조의 규정에 불구하고 그 지급하는 때에 다음 각 호의 금액을 당해 법인의 각 사업연도의 소득에 대한 법인세로서 원천징수하여 그 원천징수한 날이 속하는 달의 다음달 10일까지 대통령령이 정하는 바에 따라 납세지 관할 세무서 등에 납부하여야 한다. 다만, 제93조 제 5 호의 규정에 의한 소득 중 조세조약에 따라 국내원천사업소득으로 과세할 수 있는 소득을 제외한다.

3의 2. 제93조 제 7 호에 규정하는 소득에 있어서는 그 지급액의 100분의 10. 다만, 당해 부동산의 취득가액 및 양도비용이 확인되는 경우에는 그 지급액의 100분의 10에 상당하는 금액과 당해 부동산의 양도차익의 100분의 25에 상당하는 금액 중 적은 금액으로 한다.

❍ **소득세법**(2004. 1. 29. 법률 제7120호로 개정되어 2005. 1. 30. 시행되기 전의 것)

제94조 【양도소득의 범위】

①양도소득은 당해 연도에 발생한 다음 각 호의 소득으로 한다.

4. 다음 각목의 1에 해당하는 자산(이하 이 장에서 "기타자산"이라 한다)의 양도로 인하여 발생하는 소득

다. 주식 등의 주권 또는 출자증권을 발행한 법인의 주주의 구성, 부동산의 보유현황 또는 사업의 종류 등을 감안하여 대통령령이 정하는 자산

❍ **소득세법 시행령**(2005. 2. 19. 대통령령 제18705호로 개정되기 전의 것)

제158조 【기타 자산의 범위】

①법 제94조 제 1 항 제 4 호 다목에서 "대통령령이 정하는 자산"이라 함은 다음 각 호의 1에 해당하는 것을 말한다.

1. 다음 가목 및 나목에 해당하는 법인의 주주 1인 및 기타 주주가 그 법인의 주

식 등의 합계액의 100분의 50 이상을 주주 1인 및 기타 주주 외의 자에게 양도하는 경우의 당해 주식 등

가. 당해 법인의 자산총액 중 법 제94조 제 1 항 제 1 호 및 제 2 호의 자산가액의 합계액이 차지하는 비율이 100분의 50 이상인 법인

나. 당해 법인의 주식 등의 합계액 중 주주 1인과 기타 주주가 소유하고 있는 주식 등의 합계액이 차지하는 비율이 100분의 50 이상인 법인

③제 1 항 제 1 호 가목 및 동항 제 5 호 가목의 규정에 의한 자산총액 및 자산가액은 당해 법인의 장부가액(토지의 경우에는 기준시가)에 의한다. 이 경우 다음 각 호의 금액은 자산총액에 포함하지 아니한다.

1. 법인세법 시행령 제24조 제 1 항 제 2 호 마목 내지 사목의 규정에 의한 무형고정자산의 금액
2. 양도일부터 소급하여 1년이 되는 날부터 양도일까지의 기간 중에 차입금 또는 증자 등에 의하여 증가한 현금・금융재산(상속세및증여세법 제22조의 규정에 의한 금융재산을 말한다) 및 대여금의 합계액

○ **대한민국과 벨지움 간의 소득에 관한 조세의 이중과세회피와 탈세방지를 위한 협약**

제13조 【양도소득】

1. 제 6 조 제 2 항에 규정된 부동산의 양도로부터 얻은 이익은 그 재산이 소재하는 체약국에서 과세될 수 있다.
2. 일방체약국의 기업이 타방체약국에 가지고 있는 고정사업장의 사업용 자산의 일부를 형성하는 동산의 양도로부터 얻는 이득과 그러한 고정사업장을 (단독으로 또는 기업전체와 함께) 양도함으로써 발생하는 이득은 그 타방체약국에서 과세될 수 있다. 그러나 일방체약국의 기업에 의하여 국제운수상 운행하는 선박 또는 항공기와 그러한 선박 또는 항공기의 운행에 부수되는 동산의 양도로부터 취득되는 타방체약국에서 조세로부터 면제된다.
3. 상기 제 1 항과 제 2 항에 규정된 재산 이외의 재산의 양도로부터 발생하는 이득은 그 양도인이 거주자로 되어 있는 체약국에서만 과세된다.

❍ 대한민국정부와 영국정부 간의 소득 및 양도소득에 대한 조세의 이중과세회피와 탈세방지를 위한 조약

第13조 【양도소득】

1. 제6조에서 언급되고 타방체약국에 소재하는 부동산의 양도로부터 일방체약국의 거주자가 취득하는 이득에 대하여는 동 타방체약국에서 과세할 수 있다.
2. 일방체약국의 거주자가 다음의 양도로부터 취득하는 이득에 대하여는 타방체약국에서 과세할 수 있다.
   가. 승인된 증권거래소에 상장된 주식 이외의 주식으로서 그 주식의 가치 또는 동 가치의 대부분이 타방체약국에 소재하는 부동산으로부터 직접 또는 간접적으로 발생하는 것
   나. 그 자산이 주로 타방체약국에 소재하는 부동산 또는 '가'호에 언급된 주식으로 구성된 조합 또는 신탁의 지분

4. 평　　석

가. 문제의 제기

경제활동의 자유화, 외국인 투자의 증가 및 금융기법의 발달에 따라 세법상의 허점을 이용한 조세회피 행위가 세계적으로 심각한 문제로 대두되고 있다. 특히 조세피난처를 이용한 조세회피 행위는 최근 해외자본을 통해 빈번히 이루어지고 있는바, 이에 대하여 실질과세원칙에 따른 과세가 가능한지 여부가 문제된다.

나. 조세피난처의 의의 및 판별기준

(1) 의 의

조세피난처란 법인의 소득 혹은 법인의 특정종류의 소득에 대한 세 부

담이 전혀 없거나 혹은 극단적으로 낮은 국가 또는 지역을 의미한다.[1] 이러한 지역들은 전통적으로 혹은 외국 자본의 유치를 위해 낮은 세율을 유지하고 있으며, 많은 기업들이 이러한 조세피난처에 자회사를 설립하고 이를 통해 경제활동을 하는 등의 방법으로 조세회피를 시도하고 있다.

(2) 판별기준

OECD는 1998년 조세피난처 판정기준을 수립·공표하였는데 그 기준은 '비과세 또는 형식적 저율과세'의 요건을 충족하면서 '효과적인 정보교환이 결여'되거나 '제도 운영상의 투명성이 결여'된 국가이다. OECD는 같은 해 42개국을 잠정적 조세피난처 선정한 후 2000년에 정보교환 이행을 공개 확약한 국가를 제외한 35개국을 비협조적 조세피난처로 공표하였다. 이들 국가 중 안도라, 모나코, 리히텐슈타인은 현재까지 비협조적 조세피난처로 존속중이다.[2), 3)]

우리나라의 경우 국세조세조정에 관한 법률 제17조 제 1 항에서 법인의 실제발생소득의 전부 또는 상당부분에 대하여 조세를 부과하지 아니하거나 그 법인의 부담세액이 당해 실제발생소득의 100분의 15 이하인 국가 또는 지역을 조세피난처로 규정하고 있다. 여기서 법인의 실제발생소득의 전부 또는 상당부분에 대하여 조세를 부과하지 아니하는 국가 또는 지역이라 함은 경제협력개발기구(OECD) 또는 동 기구의 회원국이 조세피난처로 지정·고시한 국가 또는 지역을 고려하여 국세청장이 기획재정부장관의 승인을 얻어 지정·고시하는 국가 또는 지역을 의미하며,[4] 법인의 부담세액이 당해 실제발생소득의 100분의 15 이하인 국가 또는 지역이라 함은 그 거주

1) 임승순, 『조세법』, 박영사, 2009, p.1020.

2) 국세청 2009. 3. 31.자 보도자료.

3) 위 세 나라는 국세청장이 조세피난처로 지정·고시한 국가 또는 지역과 일치한다(국세청고시 제2008－5호).

4) 국제조세조정에 관한 법률 시행령 제30조 제 1 항.

지국 세법에 의하여 당해 법인의 해당 사업연도를 포함한 최근 3사업연도(3사업연도에 미달하는 경우에는 해당 사업연도까지의 기간으로 한다. 이하 이 장에서 "최근 3사업연도"라 한다)의 법인세차감전당기순이익의 합계액(법인세차감전당기순이익이 결손인 사업연도의 경우 그 결손은 없는 것으로 본다. 이하 이 조에서 같다)에 대한 조세의 합계액이 동 법인의 최근 3사업연도의 법인세차감전당기순이익의 합계액의 100분의 15 이하인 국가 또는 지역을 말한다. 이 경우 실제로 부담한 세액은 당해 법인의 실제발생소득에 대하여 당해 거주지국 외의 국가에서 납부한 세액을 포함한다.[5]

다. 조세피난처를 이용한 조세회피의 유형[6]

(1) 거주지 이전

거주지 이전은 조세피난처를 통한 조세회피의 수단으로 가장 전통적인 방법이다. 일반적으로 선진국인 고세율국은 자국 거주자에 대하여 귀속되는 소득에 대해 소득의 발생지를 불문하고 과세를 하기 때문에 이러한 고세율국의 거주자는 거주지를 조세피난처로 이전하여 조세를 회피할 수 있다. 기업의 경우 법인의 본사 주소지나 이사회가 열리는 지역 등이 법인의 거주지 판정기준이 되므로 자국법상 거주지 판정기준에 따라 필요한 요소들을 조세피난처로 이전함으로써 조세회피가 가능하다.

(2) 현지 자회사의 설립

조세피난처에 자회사인 페이퍼컴퍼니를 설립하여 그 자회사를 통한 조세회피가 가능하다. 모회사는 명목상 자회사로 이전한 자산을 제 3 국에 투자하여 수익을 얻지만 자회사가 거주하는 조세피난처는 국외로부터 얻은

5) 국제조세조정에 관한 법률 시행령 제30조 제 2 항.

6) 안종석 · 최준욱, "국제조세 회피의 행태 및 경제적 효과 분석", 한국조세연구원, 2003, p.23 이하.

소득에 대하여 과세하지 않으므로 모회사는 조세 부담 없이 자회사에 투자이익을 축적할 수 있다.

그리고 이러한 방식으로 자회사에 축적된 이익은 제 2 차 조세회피를 통해 모회사로 이전된다. 제 2 차 조세회피 방법으로 주로 자금대여나 투자소득의 자본이득으로의 전환이 많이 이용된다. 즉, 자회사가 유보된 이익을 모회사에 대여하면 모회사는 조세 부담 없이 투자이익을 환수할 수 있으며, 모회사의 소득 중 일부는 이자의 형태로 조세 부담 없이 다시 자회사에 축적될 수 있다. 아울러 자회사에 상당 정도의 자산이 축적된 경우 자회사를 청산하면 투자소득이 청산소득으로 전환된다. 통상 청산소득과 같은 자본이득에 대한 세율이 배당소득에 대한 세율보다 낮으므로 청산을 통하여 조세 부담을 감소시킬 수 있다.

(3) 국내거래소득에 대한 조세회피

내국법인이 조세피난처에 자회사인 페이퍼컴퍼니를 설립하고 자회사를 통해 다시 국내에 투자하여 비과세의 혜택을 받는 경우도 존재한다. 이 경우는 조세피난처를 거치지 않았을 경우 국내거래로서 과세대상임에도 불구하고 조세피난처의 자회사를 통한 거래를 통해 투자수익이 자회사에 귀속되는 결과가 발생된다. 다만, 이와 같은 경우에는 국내자본의 해외이탈은 일어나지 않으며 정부의 세수입을 민간부문의 가처분 소득으로 전환하는 효과를 가져오게 된다.

라. 실질과세원칙

국세기본법 제14조는 제 1 항에서 '과세의 대상이 되는 소득·수익·재산·행위 또는 거래의 귀속이 명의일 뿐이고 사실상 귀속되는 자가 따로 있는 때에는 사실상 귀속되는 자를 납세의무자로 하여 세법을 적용한다'고 규정하고 있으며, 동조 제 2 항과 제 3 항에서는 '세법 중 과세표준의 계산에 관한 규정은 소득·수익·재산·행위 또는 거래의 명칭이나 형식에 불구하고 그 실질내용에 따라 적용한다. 제3자를 통한 간접적인 방법이나 2 이상의 행위 또는 거래를 거치는 방법으로 이 법 또는 세법의 혜택을 부당하게 받기 위한 것으로 인정되는 경우에는 그 경제적 실질내용에 따라 당사자가 직접 거래를 한 것으로 보거나 연속된 하나의 행위 또는 거래를 한 것으로 보아 이 법 또는 세법을 적용한다'고 설시하여 실질과세원칙을 천명하고 있다. 아울러 2006년에 같은 취지의 조문이 국제조세조정에 관한 법률 제2조의 2(국제거래에 관한 실질과세)에 신설되었다. 이러한 실질과세원칙은 헌법상 조세평등주의의 조세법적 표현으로서 조세조약의 해석에 있어서도 당연히 적용되어야 한다.

아울러 OECD 보고서에는 실질과세원칙의 구체적 적용과 관련하여 ① 조세피난처 소재 자회사의 법인격을 부인하는 방법, ② 조세피난처의 자회사를 거주지국의 모회사로 의제하는 방법, ③ 조세피난처의 자회사를 거주지국 모회사의 항구적 시설(PE)로 간주하는 방법, ④ 조세피난처 자회사의 활동 및 소득을 모회사의 활동 및 소득으로 간주하는 방법 등을 제시하고 있으며, 2003년 OECD 모델협약 주석에서는 국제투자 및 교역촉진을 위해 국가 간에 체결되는 이중과세 방지협약이 국제적 조세회피 및 탈세를 조장하여서는 아니되므로 조세조약의 남용행위에 대하여 실질과세원칙을 엄격히 적용하여 적극 과세할 것을 회원국들에게 권고하고 있다.[7]

마. 사안의 경우

(1) 견해의 대립

위 사안에서 원고들은 벨기에에 설립된 법인들은 벨기에 법률에 따라

7) 최용환, "조세피난처를 이용한 국제조세회피에 대한 국내외의 과세실무 및 대응방안에 관한 연구", 연세대 대학원, 2008, pp.123~124.

법적 실체를 가지고 있고, 벨기에 내에서 사업을 실제 영위하기 위해 직원을 보유하면서 벨기에 내외에서 투자활동을 하고 있으므로 법적 실체를 갖는 법인이라고 주장한다.

반면 피고는 벨기에 법인들은 형식적 계약 주체였을 뿐 사실상 영국법인이 계약의 실질적 당사자였으며, 영국 법인이 조세회피의 의도가 없었더라면 [영국 → 룩셈부르크 → 벨기에 → 유동화화사]의 거래구조를 취할 정당한 사업상 이유가 없을 뿐만 아니라, 벨기에 법인들이 법적, 경제적 실체를 가진다고 보기도 어려우므로 벨기에 법인들은 도관회사에 불과하다고 주장한다.

(2) 판례의 태도

국내에 들어와 설립된 지 5년이 지나지 않은 법인이 신축 중인 빌딩을 매수하여 등기할 경우에는 등록세 중과세규정에 따라 중과세율을 적용한 등록세를 납부하여야 하나, 설립된 지 5년이 훨씬 지난 휴면법인을 인수하여 휴면법인이 빌딩을 매수하는 방법으로 등록세 중과세규정을 회피한 사안과 관련하여, 대법원은 "설립등기를 마친 후 폐업을 하여 사업실적이 없는 상태인 법인의 주식 전부를 제 3 자가 매수한 다음 법인의 임원, 자본, 상호, 목적사업 등을 변경하였다 하여 이를 위 조항이 규정하는 '법인의 설립'에 해당한다고 볼 수는 없고, 설령 그러한 행위가 등록세 등의 중과를 회피하기 위한 것으로서 이를 규제할 필요가 있다 하더라도 그와 같은 행위의 효력을 부인하는 개별적이고 구체적인 법률 규정을 두고 있지 않은 조세법하에서 그 행위가 위 조항의 '법인의 설립'에 해당한다고 보아 등록세를 중과하는 것은 조세 법규를 합리적 이유 없이 확장 또는 유추해석하는 것으로서 허용될 수 없다"고 판시하여 실질과세원칙의 적용과 관련하여 엄격하게 판단하는 태도를 취하고 있는 것으로 보인다.[8]

---

8) 박철경 등, "해외자본에 대한 과세", 서울고등검찰청, 2008, pp.32~40.

(3) 소결론

대법원은 법인격의 부인과 관련하여 회사가 외형상으로는 법인의 형식을 갖추고 있으나 법인의 형태를 빌리고 있는 것에 지나지 아니하고 실질적으로는 완전히 그 법인격의 배후에 있는 사람의 개인기업에 불과하거나, 그것이 배후자에 대한 법률적용을 회피하기 위한 수단으로 함부로 이용되는 경우에는, 비록 외견상으로는 회사의 행위라 할지라도 회사와 그 배후자가 별개의 인격체임을 내세워 회사에게만 그로 인한 법적 효과가 귀속됨을 주장하면서 배후자의 책임을 부정하는 것은 신의성실의 원칙에 위배되는 법인격의 남용으로서 심히 정의와 형평에 반하여 허용될 수 없고, 따라서 회사는 물론 그 배후자인 타인에 대하여도 회사의 행위에 관한 책임을 물을 수 있다고 보아야 한다고 판시한 바 있다.[9] 사안의 경우 영국 법인은 국내 투자를 위해 법적 자문을 거친 이후 벨기에 법인들을 설립한 점, 벨기에 법인들의 국내 투자는 사실상 영국 법인의 투자계획 수립과 자금조달에 의해 이루어진 점, 벨기에 법인들은 벨기에 내에 전일제 근로자를 두고 있지 않는 등 사업체로서의 실체를 갖추고 있지 않은 점 등을 고려하면 수익의 실질적 귀속자는 영국 법인이라고 할 것이고, 벨기에 법인은 도관회사에 불과하므로 이 사건 처분은 적법한 것으로 보인다.

바. 결　론

조세피난처 활용 등에 의한 조세회피 행위의 심각성에 대한 우려가 최근 크게 증가하고 있으나, 선진국에서도 호주 등 일부 국가를 제외하고는 아직 적극적인 대처를 못하고 있는 실정이다. 조세회피행위에 대한 대처방안으로는 조세회피 행위와 관련된 정보를 수집, 분석 및 조사를 전담할 기구를 설립하거나 관련국과의 정보교환 등도 거론되지만 조세회피방지를 위

9) 대법원 2008. 9. 11. 선고, 2007다90982 판결.

한 규정의 정비가 무엇보다도 중요하다고 할 수 있다. 이와 관련하여 호주, 뉴질랜드, 캐나다, 독일 등의 국가에서는 소득세법이나 조세기본법에 반조세회피 일반규정을 두고 있다.[10)]

우리나라도 국세기본법 제14조와 국제조세조정에 관한 법률 제 2 조의 2에서 실질과세의 원칙을 천명하고 있으나, 위 규정은 형식에 불과하다는 비판을 받고 있다. 실제 대법원 역시 논란의 소지는 있으나 앞서 본 바와 같이 조세법률주의를 실질과세원칙보다 우위에 두고 있는 듯한 판시를 하고 있다. 조세회피기법들이 고도화, 지능화되고 있는 데 반해 세법 규정들은 그러한 기법들을 포괄하는 규정을 하기에는 시간적 간격이 존재하는 점이나 조세회피행위에 의한 사회적 손실을 고려하면 국세기본법 제14조와 국제조세조정에 관한 법률 제 2 조의 2를 실질화하려는 노력이 보다 필요하다고 할 것이다.

---

10) 안종석, "APT(Aggressive Tax Planning) 사례와 대응방안", 한국조세연구원, 2006, pp.19~20.

서울고등검찰청 송무부

검찰
PROSECUTION SERVICE

접대비와 광고선전비

(서울행정법원 2009. 11. 19. 선고, 2009구합23525 판결)

1. 판결요지

(1) 접대비는 기업활동의 원활과 기업의 신장을 도모하기 위하여 필요한 경비로서 기업체의 영업규모와 비례관계에 있는 점, 접대비의 손금산입제한의 취지가 기업의 불건전한 지출을 억제하기 위한 것인 점 등을 고려하면, 손금불산입을 규정하고 있는 접대비는 조세법률주의원칙상 엄격하게 해석하여야 할 것이다. 그리고 법인세법은 "접대비라 함은 접대비 및 교제비·사례금 기타 명목여하에 불구하고 이에 유사한 성질의 비용으로서 법인이 업무와 관련하여 지출한 금액을 말한다"라고 규정하고 있고(제25조 제5항), 법인세법 시행령은 "법인이 광고선전목적으로 견본품·달력·수첩·부채·컵 기타 이와 유사한 물품을 불특정 다수인에게 기증하기 위하여 지출한 비용은 이를 접대비로 보지 아니한다"라고 규정하고 있는바(제42조 제5항), 법인이 사업을 위하여 지출한 비용 가운데 상대방이 사업에 관련이 있는 자들이고 지출의 목적이 접대 등의 행위에 의하여 사업관계자들과의 친목을 두텁게 하여 거래관계의 원활한 진행을 도모하는 데 있다면 접대비라 할 것이나, 지

출의 상대방이 불특정 다수인이고 지출의 목적이 구매의욕을 자극하는 데 있다면 광고선전비라 할 것이다(대법원 2002. 4. 12. 선고, 2000두2990 판결 등 참조).

(2) 다음과 같은 사정을 고려하면 사안의 광고지원비는 접대비가 아닌 광고선전비에 해당한다고 할 것이다.

① 원고는 회사의 경영여건 및 마케팅 전략상 이 사건 광고지원비를 지출할 필요성이 있었다. 원고는 2004년 당시 전년 대비 매출액이 감소하자 새로운 포장용기 시장을 개척할 필요성이 있었고, ○○○○ 역시 프리미엄급 우유시장으로의 적극적 진출을 모색하고 있었다. 따라서 음료완제품 등과 함께 포장재료를 노출시켜 광고하는 경우 기존 음료회사의 인지도에 더하여 해당 음료와 상호보완적으로 새로운 포장용기의 인지도를 높일 수 있다.

② 원고는 ○○○○과 이 사건 포장용기의 광고지원계약과 더불어 포장기계에 대한 리스계약을 체결하면서 3년간 임대 이후의 구입 가격을 해당 기간 동안의 ○○○○ 팩 생산량과 연동시켜서 결정되도록 하여 새로운 포장용기의 매출 및 수입 확보가 가능하도록 약정하였다.

③ 원고는 새로운 포장용기를 통한 시장개척의 필요성과 선점효과, ○○○○의 우유시장의 지위 등을 고려하여 이 사건 광고지원비를 지출하기로 결정한 것으로 보일뿐만 아니라, ○○○○에 포장기계를 리스하면서 체결한 계약 내용에 포장기계 판매조건, 포장재료의 최소 구매량, ○○○○의 광고선전비 지출의무 등이 포함되어 있는 점 등에 비추어 이 사건 광고지원비는 원고의 매출증대에 목적이 있다고 보여진다.

④ 이 사건 광고지출비의 직접적인 상대방이 특정업체인 ○○○○이라고 하더라도, 이는 원고가 중간재의 성격을 가지는 포장용기를 주로 판매하는 회사이고, ○○○○은 불특정 다수인에 대하여 지출을 하기 위한 매개체에 해당하는 경우이므로, 이 사건 광고지원비 지출의 종국

적인 상대방 역시 불특정 다수인으로 볼 수 있다. 즉, 이 사건 광고선전비를 통하여 일반 소비자들에게 ○○○○의 '□□□'에 이 사건 포장용기가 사용되었다는 점을 홍보하고, 다른 우유음료업체의 관계자들에게도 프리미엄 우유시장에 이 사건 포장용기가 사용되었다는 점을 광고선전하는 효과가 있다.

2. 사실관계

(1) 원고는 1991년 설립된 유한회사로서 장기 보관용 액체음료의 포장용기, 포장기계 및 포장재료의 판매사업을 영위하는 회사인바, 원고의 2003~2005사업연도 총매출액의 구성비율을 보면 매출액의 약 95%가 포장용기의 판매수익에 의존하고 있다.

(2) 원고는 프리미엄급 우유 포장용기시장으로의 진출을 모색하던 중, 2004. 6. ○○○○과 포장기계 리스계약 및 포장재료 판매계약을 체결함과 동시에 ○○○○의 광고비용 일부를 부담하고 광고이미지 결정과정에 참여하기로 계약하였다. 이후 ○○○○의 프리미엄 우유 광고에 원고의 포장재료에 대한 광고문구가 등장하였다.

(3) 원고는 이 사건 광고지원비를 당해 사업연도에 손금산입하였으나, 피고 국세청은 위 광고지원비를 접대비로 간주하여 접대비 한도초과액에 해당하는 부분을 손금불산입하였다.

3. 관련법령

○ 법인세법

제19조 【손금의 범위】

①손금은 자본 또는 출자의 환급, 잉여금의 처분 및 이 법에서 규정하는 것을 제외하고 당해 법인의 순자산을 감소시키는 거래로 인하여 발생하는 손비의 금액으로 한다.

②제 1 항의 규정에 의한 손비는 이 법 및 다른 법률에 달리 정하고 있는 것을 제외하고는 그 법인의 사업과 관련하여 발생하거나 지출된 손실 또는 비용으로서 일반적으로 용인되는 통상적인 것이거나 수익과 직접 관련된 것으로 한다.

③「조세특례제한법」 제100조의 18 제 1 항에 따라 배분받은 결손금은 제 1 항의 손금으로 본다.

④제 1 항부터 제 3 항까지의 규정에 따른 손비의 범위 및 구분 등에 관하여 필요한 사항은 대통령령으로 정한다.

제25조 【접대비의 손금불산입】

①내국법인이 각 사업연도에 지출한 접대비(제 2 항에 해당하는 금액을 제외한다)로서 다음 각 호의 금액을 합한 금액을 초과하는 금액은 당해 사업연도의 소득금액계산에 있어서 이를 손금에 산입하지 아니한다.

1. 1천200만 원(대통령령이 정하는 중소기업의 경우에는 1천800만 원)에 당해 사업연도의 월수를 곱하고 이를 12로 나누어 산출한 금액
2. 당해 사업연도의 수입금액(대통령령이 정하는 수입금액에 한한다)에 다음 표에 규정된 적용률을 곱하여 산출한 금액. 다만, 제52조 제 1 항의 규정에 의한 특수관계자와의 거래에서 발생한 수입금액에 대하여는 그 수입금액에 다음 표에 규정된 적용률을 곱하여 산출한 금액의 100분의 20에 상당하는 금액으로 한다.

수입금액	적 용 률
100억 원 이하	1만분의 20
100억 원 초과 500억 원 이하	2천만 원 + 100억 원을 초과하는 금액의 1만분의 10
500억 원 초과	6천만 원 + 500억 원을 초과하는 금액의 1만분의 3

⑤제 1 항 내지 제 3 항에서 "접대비"라 함은 접대비 및 교제비·사례금 기타 명목여하에 불구하고 이에 유사한 성질의 비용으로서 법인이 업무와 관련하여 지출한 금액을 말한다.

⑥접대비의 범위 및 지출증빙 보관 등에 관하여 필요한 사항은 대통령령으로 정한다.

❍ 법인세법 시행령

제19조 【손비의 범위】

법 제19조 제 1 항에 따른 손비는 법 및 이 영에서 달리 정하는 것을 제외하고는 다음 각 호에 규정하는 것으로 한다.

1. 판매한 상품 또는 제품에 대한 원료의 매입가액(기업회계기준에 따른 매입에누리금액 및 매입할인금액을 제외한다)과 그 부대비용

제42조 【접대비의 범위】

①주주 또는 출자자(이하 "주주등"이라 한다)나 임원 또는 사용인이 부담하여야 할 성질의 접대비를 법인이 지출한 것은 이를 접대비로 보지 아니한다.

②법인이 그 사용인이 조직한 조합 또는 단체에 복리시설비를 지출한 경우 당해 조합이나 단체가 법인인 때에는 이를 접대비로 보며, 당해 조합이나 단체가 법인이 아닌 때에는 그 법인의 경리의 일부로 본다.

❍ 법인세법 시행규칙

제10조 【판매부대비용의 범위】

영 제19조 제 1 호의 2에서 "판매와 관련된 부대비용"이란 기업회계기준(영 제79조 각 호에 따른 회계기준을 말한다. 이하 같다)에 따라 계상한 판매 관련 부대비용을 말한다.

4. 평 석

가. 접 대 비

(1) 접대비의 의의

접대비란 접대비 및 교제비·사례금 기타 명목여하를 불구하고 이와 유사한 성질의 비용으로서 법인의 업무와 관련하여 지출한 비용을 말한다(법인세법 제25조 제5항). 접대비는 업무와 관련 있는 지출이어야 하며, 특정인에게 무상으로 제공되고, 명목 여하에 불구하고 실질에 따라 판단된다는 특징을 가지고 있다. 접대비는 법인의 업무와 관련하여 발생한 순자산감소액이므로 법인세법상 원칙적으로 손금으로 인정된다. 그러나 법인세법은 소비성 경비인 접대비의 과도한 지출을 억제하기 위하여 일정한도액까지만 손금으로 인정하고 있으며, 접대비지출의 투명성을 확보하고 유흥업소의 과세표준을 양성하기 위하여 접대비에 대한 법정증빙서류를 요구하고 있다.[1]

(2) 각국의 접대비[2]

1) 미국의 접대비

미국의 접대비는 접대, 오락, 레크레이션과 관련된 비용으로 납세자의 사업활동과 직접적으로 관계가 있으며, 사업목적의 활동 전·후에 행하여지는 것임을 입증할 수 없는 경우 원칙적으로 손금 등에 불산입한다.

---

1) 송상엽 등, 『세법개론』, 도서출판 웅지, 2009, p.282.

2) 류우열, "우리나라 접대비 과세제도의 공평성 제고방안에 관한 연구", 호서대 대학원, 2006, pp.31~47.

과거에는 접대비 전액을 손금산입하기도 하였으나, 1986년 레이건 행정부의 세제개혁으로 1987년부터는 영업활동에 직접 관련되는 접대비, 영업활동에 부수되어 통상 필요한 접대비일지라도 지출액의 80%만 손금산입하는 등 접대비 비용처리요건이 대폭 강화되었다.

또한 1993년 클린턴 행정부의 세제개혁으로 인해 1995년부터는 사업수행과 관련하여 통상 필요한 접대비라고 할지라도 사업활동에 직접 관련된 것과 사업목적 회의 직전, 직후에 지출되는 것에 한하여 지출액의 50%만 손금 등에 산입될 수 있게 되었다.

2) 일본의 교제비

일본은 우리의 접대비와 유사한 교제비제도를 두어 접대 및 이와 유사한 행위를 위하여 지출한 비용으로서 기부금, 복리후생비, 급여 등에 해당되지 아니하고 사용용도가 불분명한 비용 등을 손금불산입하고 있다.

1952년 당시 일본은 기초산업의 설비투자에 대한 내수 확대로 호황을 누리고 있어 교제비 낭비가 심각하였고, 그에 따른 수입증가 및 국제수지 악화를 막기 위해 일본 정부는 교제비제도를 도입하여 무분별하고 과도한 지출을 억제하고 자본을 축적하고자 하였다.

일본의 조세특별조치법은 교제비, 접대비, 기밀비 기타의 비용으로 법인이 그의 거래처, 매입처, 기타 사업에 관련된 자에 대한 접대, 유흥, 위안, 증정 기타 이러한 것에 유사한 행위를 위하여 지출한 비용을 교제비로 규정하고 있다. 일본은 이러한 교제비의 지출에 대하여 원칙적으로 전액 손금불산입하며, 예외적으로 자본금 5000만 엔 이하의 법인에 대하여는 자본금의 크기에 따라 일정 금액을 손금산입하고 있다.

3) 독일의 접대비

독일의 접대비는 소득세법상의 규정을 따른다. 독일의 접대비는 그 비용이 세금에 관한 일반적인 관점에서 적절한 것이고 장부상의 금액에 대한 증빙을 제시할 수 있다면 지출액의 80%까지 공제가 가능하다. 비용이 적절할 것인지 여부는 개별적으로 판단되어야 하며, 납세자는 접대장소, 접대일시, 참가자, 행사비용 등에 대한 내용을 기록하여야 한다. 접대비는 다른 비용과는 별도로 기록되어야 하며 그렇지 아니한 경우에는 접대비는 공제되지 않는다.

(3) 다른 비용과의 구별

접대비는 업무와 관련하여 특정인에게 지출한 비용인 반면 기부금은 법인의 업무와 관련 없는 지출이라는 면에서 접대비와 구별된다. 아울러 복리후생비는 사내의 종업원들의 능률 향상을 위해 지출되는 비용인 반면 접대비는 사업을 위하여 거래처 등과의 거래관계의 원활한 진행을 위해 지출되는 비용이라는 측면에서 차이가 있다. 그리고 종업원에게 상시 지급되는 간식 등의 비용, 자기상품이나 제품 등을 시가 이하로 종업원에게 판매하는 경우 시가와의 차액은 근로의 대가로서 급여적 성질을 가지므로 접대비에 해당하지 아니하며, 사내 또는 통상 회의장소가 개최되는 장소에서 제공하는 다과 및 음식물 등의 가액 중에서 사회통념상 인정될 수 있는 범위 내의 금액은 접대비가 아닌 화의비로서 각 사업연도 손금에 전액 산입될 수 있다.[3)]

(4) 접대비의 범위

접대비의 구체적인 범위에 대하여 법인세법 시행령과 법인세법 기본통칙은 구체적인 규정을 두고 있다.

1) 주주 또는 출자자(이하 "주주등"이라 한다)나 임원 또는 사용인이 부담하여야 할 성질의 접대비를 법인이 지출한 것은 이를 접대비로 보지 아니한다(법인세법 시행령 제42조 제 1 항).

---

3) 임승순, 『조세법』, 박영사, 2009, p.632.

2) 법인이 그 사용인이 조직한 조합 또는 단체에 복리시설비를 지출한 경우 당해 조합이나 단체가 법인인 때에는 이를 접대비로 보며, 당해 조합이나 단체가 법인이 아닌 때에는 그 법인의 경리의 일부로 본다(법인세법 시행령 제42조 제 2 항).

3) 약정에 의해 채권의 전부 또는 일부를 포기하는 경우 이를 대손금으로 보지 아니하고 접대비나 기부금으로 본다. 다만, 특수관계자 외의 자와의 거래에서 발생한 채권으로서 채무자의 부도발생 등으로 장래에 회수가 불확실한 어음·수표상의 채권 등을 조기회수하기 위하여 당해 채권의 일부를 불가피하게 포기하는 경우 동 채권의 일부를 포기하거나 면제한 행위에 객관적으로 정당한 사유가 있는 경우 동 채권포기액은 손금에 산입한다(법기통 34-62…5).

4) 사업과 직접 관계있는 자에게 금전 또는 물품을 기증한 경우에 그 물품의 가액은 접대비로 구분하며, 사업과 직접 관계없는 자에게 금전 또는 물품을 기증한 경우에 그 물품이 업무와 관련하여 지출한 경우 접대비로, 그렇지 아니한 경우에는 기부금으로 구분한다. 다만, 금전으로 지급한 경우와 정치단체, 사회단체, 기념사업회 등에 지급한 경우에는 이를 원칙적으로 기부금으로 한다(법기통 24-0…1).

5) 정상적인 업무를 위하여 지출하는 회의비로서 사내 또는 통상 회의가 개최되는 장소에서 제공되는 다과 또는 음식물 등의 가액 중 사회통념상 인정될 수 있는 범위 내의 금액은 이를 각 사업연도의 소득금액 계산상 손금에 산입하며, 위 범위를 초과하여 지출된 금액과 유흥을 위하여 지출하는 금액은 이를 접대비로 본다(법기통 25-0…4).

6) 골프장을 경영하는 법인이 그 고객이 조직한 임의단체에 제공하는 금품은 접대비로 본다(법기통 25-0…5).

7) 적금·보험 등의 모집을 위하여 지출한 모집권유비가 소득세법상 근로소득 또는 사업소득으로 과세되는 경우 이를 접대비로 보지 아니한다(법기통 25−0…6).

8) 판매한 상품 또는 제품에 대한 부대비용과 유사한 손비로서 통칙 19−19…3 상의 판매부대비용에 해당하지 아니하는 금품의 가액은 법에 특별한 규정이 있는 경우를 제외하고는 이를 접대비로 본다(법기통 25−0…7).

나. 광고선전비

광고선전비란 자사 상품 및 용역의 판매 또는 공급을 촉진하기 위하여 불특정 다수인을 대상으로 광고선전활동에 사용된 비용을 의미한다. 법인세법은 광고선전비에 대하여 별도의 규정을 두지 아니하고, 다만 구 법인세법 시행령 제42조 제 5 항은 법인이 광고선전 목적으로 견본품, 달력, 수첩, 부채, 컵 기타 이와 유사한 물품을 불특정 다수인에게 기증하기 위하여 지출한 비용은 이를 접대비로 보지 아니한다고 규정하고 있었다.

광고선전비는 소비자들의 구매욕구를 자극하여 판매를 촉진하거나 자사의 이미지를 개선할 것을 목적으로 하며, 지출의 상대방은 불특정 다수인이 된다. 광고선전 자체가 불특정 다수인에게 정보 및 이미지를 전달하여 자사 상품을 홍보하는 것이기 때문에 특정인을 대상으로 한 지출이라면 광고선전비라기보다는 접대비에 가깝다고 보아야 할 것이다.

다. 접대비와 광고선전비의 구별 실익

접대비는 과다지출로 인한 기업의 부실 및 사회적 낭비, 조세부담의 불공평 방지 등의 조세정책상 각 사업연도에 지출한 금액 중 일정 부분은 필요경비 산입에서 제외되어 손금산입이 제한됨에 반해, 광고선전비는 전액이 손금산입되므로 비용이 접대비인지 광고선전비인지 여부는 기업의 조세부담의 측면에서 큰 차이를 가져온다. 따라서 실무상으로도 비용을 접대비로 볼 것인지, 아니면 광고선전비로 볼 것인지 여부가 첨예하기 다투어지는 사례가 자주 발생하고 있으나 그 구체적 기준이 아직까지 명확한 것은 아니다.

비용이 광고선전비로 인정된 경우에는 별 문제가 없으나, 접대비로 인정된 경우에는 손금산입의 범위에 대해 구체적으로 판단되어야 한다. 원칙적으로 접대비는 1200만 원과 당해 사업연도 수입금액에 일정 적용률을 곱하여 산출한 금액의 합계액을 한도로 손금산입액을 제한한다(법인세법 제25조 제1항). 아울러 접대비로 신용카드를 사용하지 아니하거나 세금계산서를 교부받지 아니하고 지출한 경우에는 1회 한도액을 1만 원으로 제한하고 있으며, 경조금의 경우 1회 20만 원을 한도로 한다(법인세법 시행령 제41조 제1항).

라. 접대비와 광고선전비의 구별 기준

(1) 학설의 태도[4)]

어떠한 비용이 접대비에 해당되는지 여부에 대하여 지출의 상대방 및 지출의 목적을 기준으로 판단하여야 한다는 견해와 위 두 가지 요건 이외에 지출행위의 형태가 접대, 향응, 위안, 증정 기타 이와 유사한 형태로 이루어져야 한다는 견해의 대립이 있다. 전자의 경우 후자가 추가적으로 언급하고 있는 지출행위의 형태라는 것은 지출의 상대방이나 목적과 전혀 무관한 것이 아니라 위와 같은 요건들에 비추어 예상되는 지출의 모습에 불과하여 지출의 상대방과 지출의 목적 이외에 별도의 요건은 필요하지 아니하다고 주장한다.

---

4) 한국세법학회, 『조세판례백선』, 박영사, 2005, p.290.

(2) 판례의 태도

판례는 접대비와 광고선전비의 구별기준에 대하여 '법인이 사업을 위하여 지출한 비용 가운데 상대방이 사업에 관련이 있는 자들이고 지출의 목적이 접대 등의 행위에 의하여 사업관계자들과의 친목을 두텁게 하여 거래관계의 원활한 진행을 도모하는 데 있다면 접대비라 할 것이나, 지출의 상대방이 불특정 다수인이고 지출의 목적이 구매의욕을 자극하는 데 있다면 광고선전비라 할 것이다'라고 판시하여 지출의 상대방과 지출의 목적을 통해 접대비와 광고선전비를 구별할 수 있다는 입장을 취하고 있는 것으로 보인다.

대법원 판결들을 구체적으로 검토해 보면 다음과 같다.

1) 대법원 2002. 4. 12. 선고, 2000두2990 판결

백화점을 경영하는 원고는 신용카드 회원을 모집하면서 그 입회자격을 일정한 기준에 의하여 제한하는 한편 신용카드입회안내문과 신용카드입회신청서를 통해 그 구체적인 기준은 밝히지 아니한 채 거래실적이 우수한 회원에게는 각종 선물을 증정한다는 사실을 고지하였다. 이후 원고는 백화점의 물품을 일정 금액 이상 구매한 고객들에 대하여 선물증정권을 지급하고 선물증정권을 회원카드와 함께 가져오는 고객들에게 사은품을 지급하였다. 원고는 위와 같은 사은품 지출비용을 광고선전비로 보아 손금에 산입하여 법인세를 신고·납부하였으나, 피고는 위 사은품 지출비용을 접대비에 해당한다고 보아 접대비 한도초과액을 손금불산입하였다.

이에 대하여 대법원은 "법인이 사업을 위하여 지출한 비용 가운데 상대방이 사업에 관련 있는 자들이고 지출의 목적이 접대 등의 행위에 의하여 사업관계자들과의 사이에 친목을 두텁게 하여 거래관계의 원활한 진행을 도모하는 데 있다면 접대비라고 할 것이나, 지출의 상대방이 불특정 다수인이고 지출의 목적이 구매의욕을 자극하는 데 있다면 광고선전비라고 할 것이다(대법원 1993. 9. 14. 선고, 92누16249 판결 등 참조).

원심 판결 이유에 의하면, 원심은 원고가 원고 백화점의 신용카드회원을 모집함에 있어서 그 구체적인 기준을 밝히지 아니한 채 거래실적이 우수한 회원에게는 각종 선물을 증정한다는 내용의 문구를 원고 백화점 신용카드입회안내문 및 신용카드입회신청서에 각 기재하고 있었던 사실, 원고는 1992. 2. 17. 1992년 구정을 맞이하여 1991년 하반기 동안 800,000원 이상 원고 백화점의 물품을 구매하고 그 대금을 입금한 회원들 중 신용불량자를 제외한 회원에게 9,900원 상당의 찜기세트 선물증정권을 자택으로 우송하여 그 회원이 신용카드와 선물증정권을 가지고 오면 위 선물과 교환하여 주기로 하는 방식으로 사은품을 지급하는 등 1994. 9. 17.까지 사이에 매년 구정 및 추석 2회에 걸쳐 위와 같은 방법으로 원심 판결 별지 사은품 지급내역 기재와 같이 사은품을 지급한 사실을 인정한 다음, 백화점을 경영하는 원고가 판촉활동의 일환으로 거래실적이 우수한 불특정 고객에게 선물을 증정한다고 사전에 홍보하고 사은품을 지급하여 왔다면 이는 소비자의 구매의욕을 자극함으로써 판매를 촉진하기 위한 것이므로 그 구입에 소요된 비용은 상품의 판매를 위한 광고선전 목적으로 불특정 다수인을 상대로 지출한 광고선전비에 해당한다고 판단하였다.

앞서 본 법리 및 기록에 비추어 살펴보면, 원심의 위와 같은 인정 및 판단은 정당하고, 거기에 상고이유에서 주장하는 바와 같은 접대비 및 광고선전비에 관한 법리오해 등의 위법이 없다"고 판시하였다.

2) 대법원 1993. 9. 14. 선고, 92누16249 판결

예식장을 경영하는 원고가 예식장을 이용하는 고객들에게 개업기념 상품으로 시가 20,000원 상당의 벽시계를 증정하고 이를 광고선전비로 손금산입하였으나, 피고는 이를 접대비로 보아 접대비 한도초과액을 손금불산입하였다.

이에 대하여 대법원은 "원고가 1981. 3. 9.경 예식장을 개설, 경영하면서 위 예식장을 이용하는 고객이면 누구나에게 특정기간 동안 개업기념 사

은품 명목으로 개당 금 20,000원 상당의 벽시계를 증정하였고, 위 예식장에 대한 신문광고시 이용고객을 확보할 목적으로 예식장을 이용하는 고객에게는 개업기념 사은품으로 벽시계를 증정한다는 내용의 문안도 써 넣은 사실을 인정할 수 있으므로 위 시계 구입대금은 접대비라기보다는 광고선전비에 해당한다"고 판시하였다.

3) 대법원 1988. 12. 6. 선고, 88누933 판결

주유소를 경영하는 원고는 면장갑, 화장지 등에 원고의 주유소 상호 등을 인쇄하여 원고의 주유소에서 주유하는 고객들에게 나누어 주거나 세차장, 주차장 등에 배포하였는바, 원고는 이러한 비용을 광고선전비로 보아 손금산입하였으나, 피고는 이를 접대로 보아 접대비 한도초과액을 손금불산입하였다.

이에 대하여 대법원은 "원고가 경영하는 ○○주유소는 행정구역상으로는 인천시에 소재하고 있지만 부평근방의 구 도로변에 위치하고 있어 도로폭이 좁고 교통량이 많지 아니한 곳에 자리잡고 있는데다 새로이 개업한 유선주유소도 변두리 지선도로변에 위치하고 있어 자동차 운전자들에게 잘 알려지지 않고 있었기 때문에 이를 극복하기 위하여 적극적인 광고선전 활동과 유류판매촉진을 위한 홍보활동을 강화하지 아니할 수 없게 되어 광고선전매체로서 운전자들이 사용하는 면장갑, 화장지, 온도계, 구두주걱 등에다가 원고가 경영하는 주유소의 상호 등을 인쇄하여 불특정다수의 주유하는 고객에게 나누어 주거나 이를 세차장, 주차장, 화물터미널 등에 배포하고 또 주유소에 온 운전자들에게 사탕, 껌, 과자류를 제공한 것이라고 인정하고 따라서 이는 원고가 유류판매를 촉진시키려고 불특정 다수인의 고객을 위하여 지출한 비용일 뿐만 아니라 그 지출의 목적도 고객의 구매의욕을 자극하기 위한 경비로 사용한 것임이 분명하여 광고선전비인 필요경비에 해당한다"고 판시하였다.

4) 대법원 1987. 4. 14. 선고, 86누378 판결

콘도미니엄을 운영하는 원고는 홍보를 통해 매수인을 찾기 위하여 불특정 다수인을 대상으로 현지시찰초청장을 발송하고 이에 응하는 고객을 대상으로 원고의 부담으로 교통비 및 숙박비를 제공하였다. 원고는 이러한 고객들의 현지시찰 비용을 광고선전비로 손금산입하였으나, 피고는 이를 접대비로 보아 접대비 한도초과액을 손금불산입하였다.

이에 대하여 대법원은 "콘도미니엄 원매자의 현지답사에 제공된 교통비 및 숙식비 금 134,489,642원에 대하여 피고가 광고 등에 의한 공개적인 모집이 아니고 특정인만을 제한적으로 초청한 것으로서 접대비로 인정하여 한도초과액을 익금가산한데 대하여 원심은 원고가 국내에서 처음으로 콘도미니엄사업을 시작하면서 분양을 하는 데 특별한 홍보활동이 필요하여 신문광고 등으로 사업내용을 홍보하는 한편 아파트단지 등의 가정이나 기업체에 안내광고문을 발송하여 예상고객으로 하여금 콘도미니엄 시설현장에 초치하여 판매촉진을 하고자 초청대상자에 아무런 제한을 두지 않고 불특정 다수의 예상고객에게 원고 측이 비용부담하는 현지시찰초청장을 보내 이에 응하는 사람들을 콘도미니엄 현장에 안내하고 그 여비, 숙식비들을 지출한 사실을 인정한 다음 그 비용은 광고선전비에 해당하고 접대비가 아니라는 이유로 위 과세처분을 위법이라고 판단하였다.

법인의 사업을 위하여 지출한 비용 가운데 지출의 상대방이 사업에 관계있는 자들이고 지출의 목적이 접대 등의 행위에 의하여 사업관계자들과의 사이에 친목을 두텁게 하여 거래관계의 원활한 진행을 도모하는 데 있다면 접대비라고 할 것이나 지출의 상대방이 불특정 다수인이고 지출의 목적이 구매의욕을 자극하는 데 있다면 광고선전비라고 하여야 할 것이다.

법인세법 시행령 제44조 제 4 항은 법인이 광고선전목적으로 견본품, 달력, 수첩, 부채, 컵 또는 이와 유사한 물품을 불특정 다수인에게 기증하기 위하여 지출한 비용은 지출한 사업연도의 소득금액 계산상 손금에 산입한다고 규정하고 있으나 이는 광고선전비의 예시에 불과한 것이다. 원심이 그

인정과 같은 비용을 광고선전비로서 인정한 것은 정당하다"고 판시하였다.

(3) 검 토

앞에서 언급한 바와 같이 판례는 지출의 목적이 구매의욕의 자극보다는 사업관계자들과의 친목을 통한 거래관계의 원활한 진행에 있고, 지출의 상대방이 사업에 관계있는 자들로 특정되어 있는 경우에는 접대비로 인정하고 있다. 지출의 상대방과 관련된 특정의 개념은 상대적인 것이기 때문에 어느 정도 지출의 상대방이 특정된 경우에 접대비로 볼 수 있을 것인지도 논의될 수 있으나 판례는 이에 대하여 구체적인 언급은 하지 아니하고 있다. 다만, 판례가 백화점의 우수 고객들에게만 사은품을 증정한 사안이나 콘도미니엄의 현지시찰자들에게 여비, 숙식비를 제공한 경우에 그에 사용된 경비를 접대비로 보지 아니한 점에 비추어 판례는 접대비에서의 상대방 특정 범위를 지나치게 넓히고 있지는 않은 것으로 보인다.

접대비의 요건과 관련하여 지출의 상대방과 지출의 목적만으로 판단하는 것이 판례와 다수설의 입장인 것으로 판단되나, 접대비인지 여부를 판단함에 있어서는 위의 두 가지 요건 이외에 접대비의 손금제한 취지나 지출의 태양도 고려함이 상당하다고 판단된다. 법인세법 제19조 제 2 항은 법인의 사업과 관련하여 발생하거나 지출된 손실 또는 비용으로서 일반적으로 용인되는 통상적인 것이거나 수익과 직접 관련된 것을 원칙적으로 손금에 산입하도록 규정하고 있으며, 예외적으로 접대비의 손금산입을 제한하고 있다. 접대비의 손금산입을 제한하는 취지가 앞에서 언급한 바와 같이 소비성 경비인 접대비의 과도한 지출을 억제하고 접대비지출의 투명성을 확보하여 건전한 기업 발전을 이루고자 하는 데 있다는 점을 고려하면 이러한 취지를 저해하지 않는 비용은 접대비에 해당되지 않은 것으로 해석하는 것이 타당할 것이다. 아울러 법인세법 제25조 제 5 항에서 "접대비"라 함은 접대비 및 교제비 · 사례금 기타 명목여하에 불구하고 이에 유사한 성질의 비용으로서 법인이 업무와 관련하여 지출한 금액이라고 규정하여 지출의 태양에 대해 접대비나 교제비, 사례금으로 예시를 하고 있다. 위 법에 규정된 태양을 열거적으로 볼 수는 없겠지만 법에서 지출의 태양을 몇 가지로 열거하고 그러한 태양이나 그와 유사한 성질의 비용이라고 규정한 이상 그러한 규정을 무시하고, 예를 들어 특정인에게 자산을 싸게 파는 경우 등의 경우와 같이 법문의 규정과 전혀 동떨어진 태양의 경우에도 접대비로 보아 처분할 수는 없을 것으로 판단된다.

아울러 지출의 태양이 법에서 예정한 형태를 갖춘 이상 지출의 명목은 문제가 되지 아니한다. 지출의 명목이 사례비인지 기부금인지 혹은 특별수당인지 여부를 불문하고 그 지출의 실질적인 내용에 따라 판단되어야 할 것이기 때문이다.

따라서 종합하여 보면 접대비는 지출의 목적이 사업관계자들과의 원활한 사업활동 진행이고, 지출의 상대방이 특정되어 있을 뿐만 아니라, 접대비의 손금산입 제한 취지상 건전한 기업발전에 저해가 되는 지출이며, 지출의 태양이 접대비, 교제비, 사례금 또는 이와 유사한 형태를 가져야 한다고 할 것이다.

마. 본 사안에 대한 판단

(1) 지출의 목적

본 사안에서 원심은 원고가 이 사건 금원을 지출한 목적이 새로운 포장재료의 인지도 상승을 통한 매출증대에 있다고 보았다. 하지만 본 사안에서 원고가 지출한 금원은 원고의 고객인 ○○○○가 지급받았을 뿐이며, 원고가 ○○○○의 신제품 광고에서 인지도 향상을 의도하였는지는 의문이다. 실제 ○○○○의 신제품 광고에 원고의 새로운 포장재료에 대한 광고문구가 잠깐 등장하기는 하지만 광고문구의 노출시간이나 크기 등을 고려하면 위 광고가 원고의 포장용지까지 함께 광고하고 있다고 보기는 어렵다. 아울러 원심도 인정한 바와 같이 원고는 ○○○○와 계약 체결시 ○○○○

에 광고선전비를 지원하는 대신 ○○○○은 원고의 제품을 일정기간 동안 일정량 이상 사용하기로 하였는바, 이러한 점들을 고려하면 원고가 지출한 금원은 사업관계자와의 친목을 통한 거래관계의 원활한 진행에 있다고 봄이 상당하다.

(2) 지출의 상대방

원심은 이 사건 광고지원비의 직접 상대방이 특정업체라고 하더라도, 이는 원고가 중간재의 성격을 지니는 포장용기를 주로 판매하는 회사이고, ○○○○은 불특정 다수인에 대하여 지출을 하기 위한 매개체에 해당하는 경우이므로 위 광고지원비의 종국적인 상대방은 불특정 다수인이라고 판시하였다.

원심의 판시대로 지출의 직접적인 상대방은 특정되어 있다고 하더라도 그 특정인을 매개로 하여 불특정 다수인에게 지출을 하게 되는 경우라면 당해 지출은 불특정 다수인에 대한 지출이라고 보아야 할 것이다.

하지만 사안의 경우 앞서 언급한 바와 같이 주된 목적이 광고선전이 아닌 ○○○○와의 원활한 거래관계 유지에 있었다고 할 것이므로 지출의 상대방도 광고를 시청하는 불특정 다수인이 아닌 ○○○○로 특정되어 있다고 보아야 할 것이다.

(3) 접대비의 손금산입 제한 취지

사안의 경우는 특정 업체와의 거래관계 체결 및 유지를 위해 광고지원비를 지출한 경우로서 이러한 지출을 용인할 경우에는 당해 기업들의 건전한 성장이 저해되고 투명한 거래관계 조성이 방해받을 우려도 높다고 할 것이다. 따라서 사안의 거래에 대한 손금산입 제한은 접대비규정을 마련한 취지에 부합한다.

(4) 지출의 태양

사안에서 원고는 광고지원비를 금전의 형태로 ○○○○에 지급하였는 바, 이는 법인세법이 상정한 전형적인 접대비 지출의 태양에 해당한다. 지출의 태양이 접대비의 전형적인 형태에 해당하는 이상 그 명목이 사례금인지 기부금인지 여부는 전혀 문제가 되지 아니한다. 접대비는 그러한 명목에 관계없이 비용의 실질에 따라 판단되어야 하기 때문이다.

(5) 소결론

위에서 검토한 바와 같이 사안은 지출의 목적, 지출의 상대방, 접대비의 손금산입 제한 취지나 지출의 태양의 측면에서 접대비에 해당하는 것으로 판단된다. 따라서 원고가 지원한 비용을 광고지원비가 아닌 접대비로 본 과세관청의 판단은 적절하였다고 할 것이다.

바. 결 론

앞서 살펴본 바와 같이 접대비와 광고선전비의 구별은 지출의 목적, 지출의 상대방, 접대비의 손금산입 제한 취지 및 지출의 태양을 종합적으로 고려하여 판단하여야 한다. 이러한 요건 중 지출의 목적은 일률적으로 판단하기 어려우며, 지출의 상대방 역시 현실적으로 특정 여부를 판단하기 어려운 경우가 많은 것도 사실이다. 앞으로 판례가 좀 더 축적되어야 할 것으로 보인다. 아울러 현재까지는 판례가 접대비의 손금산입 제한 취지나 지출의 태양에 대하여 명시적으로 언급하고 있지는 않은 듯 하지만 접대비에 대한 규정을 도입한 취지를 실질적으로 구현하고, 조세법률주의의 원칙에 보다 충실하고자 한다면 이에 대한 고민도 필요할 것으로 보인다.

서울고등검찰청 송무부

휴면예금과 소멸시효

(서울행정법원 2009. 11. 12. 선고, 2009구합6575 판결)

1. 판결요지

(1) 원고는 최종 거래일로부터 5년이 경과하기 전의 예금에 대하여 이자가 발생한 경우 정기적으로 이자를 그 예금계좌에 예금결산이자 명목으로 지급하는 것으로 전산처리하였는데, 위와 같은 원고의 행위는 원고가 예금주의 예금채권의 존재를 인식하고 있다는 것을 전제로 한 것이어서 채무의 승인에 해당한다고 할 것이고, 예금주는 영업소를 방문하거나 인터넷뱅킹, 통장정리 등을 통한 잔액조회를 함으로써 이자의 지급처리사실을 확인할 수 있으며, 지급처리된 이자는 원칙적으로 예금주 이외에 누구도 인출할 수 없어 예금주가 그 처분권을 취득하게 되므로, 설령 상대방인 예금주가 이자의 지급처리사실을 알지 못하였다고 하더라도, 이로써 원고가 예금채권의 존재를 인식하고 있다는 통지의 내용을 예금주가 객관적으로 알 수 있는 상태에 놓였다고 할 것으므로 채무 승인의 통지는 예금주에게 도달하였다고 할 것이다.

(2) 이 사건에 관하여 보건대, 설령 소멸시효가 완성되었다고 본다고 하더라도, 원고가 이자를 계속 지급처리하면서 고객의 청구가 있으면 언제

든지 시효완성예금을 지급하고 인터넷뱅킹 등을 통하여 그 권리를 고객으로 하여금 확인할 수 있도록 하는 상태에 두고 있는 점, 5년이 경과하여 예금채권의 소멸시효가 완성되었다고 하더라도 원고는 예금채무가 소멸되는 것이 아니라는 내용을 언론이나 영업장 등을 통하여 홍보하고 고객의 휴면예금 찾아주기 운동을 실시하고 있고, 원고의 감독기관인 금융감독원은 휴면예금에 대하여 소멸시효 완성을 이유로 잡수익에 편입하는 것을 지양하고 고객에게 돌려줄 것을 요구하고 있으며, 원고도 휴면예금에 대하여 예금주의 청구가 있으면 언제든지 지급하고 있고 예금주도 자신의 예금을 찾을 수 있다는 신뢰가 어느 정도 형성되어 있는 것으로 보이는 점, 휴면예금이 2007. 8. 3. 이후 관련 법률에 따라 활동계좌 및 휴면예금관리재단에 이체 또는 출연된 점 등에 비추어 보면, 소멸시효 완성에도 불구하고 원고가 실질적으로 예금채무를 계속 부담하고 있는 이상 소멸시효가 완성된 때에 수익으로 인식할 만큼 그 실현 가능성이 상당히 높은 정도로 성숙·확정되었다고 볼 수 없다.

2. 사실관계

(1) 원고는 은행업을 영위하는 법인으로서 2005사업연도에 발생한 휴면예금(만기일 및 최종 거래일로부터 5년이 경과한 예금)들을 2006사업연도에 익금산입하여 법인세를 신고·납부하였다.

(2) 피고는 2007. 8.경에 이루어진 정기세무조사결과를 근거로 위 휴면예금을 2005사업연도에 익금산입하면서 과세표준 및 세액을 경정하고 2007. 12.경 원고에게 2005년 귀속 법인세 부과처분을 하였다.

(3) 원고는 2008. 3. 조세심판원에 심판청구를 제기하였는데, 조세심판원은 당좌예금 등의 반환채권은 당좌거래계약이 해지 등으로 종료되는 때로

부터 소멸시효의 진행이 개시된다는 이유로 위 휴면예금 중 당좌 관련 예금은 익금불산입하여 과세표준 및 세액을 경정하는 내용의 심판결정을 하였고, 피고는 위 결정에 따라 2005사업연도 법인세 과세표준 및 세액을 감액경정하였다.

3. 관련법령

❍ **법인세법**

제15조 【익금의 범위】

①익금은 자본 또는 출자의 납입 및 이 법에서 규정하는 것을 제외하고 당해 법인의 순자산을 증가시키는 거래로 인하여 발생하는 수익의 금액으로 한다.

③제 1 항의 규정에 의한 수익의 범위 및 구분 등에 관하여 필요한 사항은 대통령령으로 정한다.

❍ **법인세법 시행령**

제11조 【수익의 범위】

법 제15조 제 1 항의 규정에 의한 수익은 법 및 이 영에서 달리 정하는 것을 제외하고는 다음 각 호에 규정하는 것으로 한다.

6. 채무의 면제 또는 소멸로 인하여 생기는 부채의 감소액

10. 그 밖의 수익으로서 그 법인에 귀속되었거나 귀속될 금액

❍ **민 법**

제168조 【소멸시효의 중단사유】

소멸시효는 다음 각 호의 사유로 인하여 중단된다.

1. 청구
2. 압류 또는 가압류, 가처분
3. 승인

제184조 【시효의 이익의 포기 기타】

①소멸시효의 이익은 미리 포기하지 못한다.

②소멸시효는 법률행위에 의하여 이를 배제, 연장 또는 가중할 수 없으나 이를 단축 또는 경감할 수 있다.

❍ 상 법

제64조 【상사시효】

상행위로 인한 채권은 본 법에 다른 규정이 없는 때에는 5년간 행사하지 아니하면 소멸시효가 완성한다. 그러나 다른 법령에 이보다 단기의 시효의 규정이 있는 때에는 그 규정에 의한다.

❍ 휴면예금 이체에 관한 특별법(제정 2007. 8. 3. 법률 제8573호)

제1조 【목적】

이 법은 휴면예금을 동일 금융기관 또는 다른 금융기관에 원권리자의 명의로 개설되어 활동 중인 계좌로 이체하는 데 필요한 사항을 규정하고 나아가 휴면예금에 대한 원권리자의 권익을 보호함을 목적으로 한다.

제3조 【휴면예금 이체】

금융기관은 대통령령으로 정하는 금액 이하의 휴면예금을 해당 휴면예금 원권리자의 활동계좌로 이체할 수 있다.

제4조 【시효이익의 포기】

제3조에 따라 이체되는 휴면예금에 관하여는 해당 금융기관이 시효이익을 포기한 것으로 본다.

부 칙<제8573호, 2007.8.3>

①**【시행일】** 이 법은 공포한 날부터 시행한다.

②**【유효 기간】** 이 법은 시행 후 6개월이 경과하는 날까지 효력을 가진다.

③**【적용례】** 이 법은 2003년부터 발생한 휴면예금에 대하여 적용하되, 그 이전에 발생한 휴면예금에 대하여도 금융기관이 시효이익을 포기할 경우 효력을 가진다.

❍ 휴면예금관리재단의 설립 등에 관한 법률

제1조 【목적】

이 법은 휴면예금관리재단을 설립하여 휴면예금의 효율적이고 공정한 관리 및 운용 등을 수행함으로써 예금자 보호, 서민생활의 안정 및 복지 향상 등을 도모하고 경제 · 사회의 균형 있는 발전에 이바지함을 목적으로 한다.

제21조 【휴면예금의 출연】

①금융기관은 휴면예금을 재단에 출연할 수 있다.

②금융기관은 제 1 항에 따라 휴면예금을 재단에 출연할 경우에는 휴면예금 원권리자의 성명, 주소, 주민등록번호, 휴면예금액 및 그 밖에 대통령령으로 정하는 자료를 재단에 제출하여야 한다.

제27조 【휴면예금 원권리자의 자료 조회】

재단은 휴면예금 원권리자가 대통령령으로 정하는 바에 따라 제21조 제 2 항에서 정한 자료를 조회할 수 있도록 하여야 한다.

제28조 【휴면예금 원권리자에 대한 통지】

금융기관은 제21조 제 1 항에 따라 휴면예금을 출연하기로 결정한 경우에는 대통령령으로 정하는 금액 이상의 예금에 대하여 출연하기 1개월 전에 휴면예금 원권리자에게 출연에 관한 통지를 하여야 한다. 이 경우 통지의 방법 및 그 밖에 필요한 사항은 대통령령으로 정한다.

제29조 【휴면예금의 지급 청구 등】

재단은 휴면예금이 재단에 출연된 후 5년이 경과하는 날까지 휴면예금 원권리자의 지급 청구가 있는 경우에는 휴면예금에 갈음하는 금액을 해당 휴면예금 원권리자에게 지급하여야 한다. 다만, 재단이 지급의 필요성을 인정하는 경우에는 5년이 경과한 후에도 지급할 수 있다.

4. 평 석

가. 서 론

(1) 휴면예금의 의의

휴면예금이란 저축예금·기업자유예금·자유저축예금 등 입금과 출금이 자유로운 예금 가운데 일정기간 이상 거래가 없는 계좌를 말한다. 일반적으로 잔액이 1만 원 미만인 통장은 1년 이상, 잔액이 1만 원 이상 5만 원 미만인 통장은 2년 이상, 잔액이 5만 원 이상 10만 원 이하인 통장은 3년 이상 거래가 없을 때 휴면계좌가 된다.[1]

(2) 휴면예금 현황 및 환급 등

금융감독원은 2003. 8. 28.경 각 금융기관에 '휴면예금처리에 대한 업무협조 요청' 공문을 보내 각 금융기관이 휴면예금 찾아주기 운동에 적극적으로 협조하여 줄 것을 요청한 바 있으며, 소멸시효완성 예금 관련 회계처리에 대한 질의에 대하여 금융감독원은 2004. 9. 15. 상법상 소멸시효가 완성된 예금이라고 하더라도 예금거래의 공공성, 동종업계의 관행, 감독당국의 지침 등으로 사실상의 예금지급의무를 부담하고 있다면 그 예금을 상법상 소멸시효 완성시점이 아닌 실질적으로 부담하는 예금지급의 경제적 의무가 소멸되었다고 추정되는 시점에 수익으로 인식하는 것이 타당하고, 예금지급에 대한 경제적 의무가 사실상 소멸되었다고 추정되는 시점은 예금잔액의 규모, 예금청구기간, 과거의 예금지급실적 및 은행의 예금지급정책 등을 종합적으로 고려하여 결정하여야 한다고 회신하였다. 이에 따라 시중

---

1) http://www.encyber.com

은행들은 시효가 완성된 예금이라고 하더라도 예금주의 청구가 있으면 시효를 주장하지 아니하여왔다.[2] 2006. 11. 현재 소멸시효가 완성된 은행권 휴면예금 잔액은 총 3,525만 계좌에 3,666억 원 수준이며, 이 가운데 10만 원 이하 휴면예금이 47.6%를 차지하는 것으로 파악되었다. 2006. 4.경부터 은행연합회, 생보·손보협회는 공동으로 휴면계좌통합조회시스템을 구축하여 적극적으로 휴면예금을 환급하고 있으며, 그 결과 2006. 5.경부터 같은 해 11.경까지 약 102억 원의 휴면예금이 원권리자에게 지급되었다. 아울러 은행들은 2006. 12.경부터 휴면예금 보유자가 동일한 은행에 활동계좌를 보유하고 있는 경우, 은행들이 30만 원 범위 내에서 휴면예금을 활동계좌로 이체시켜 주고 있다.[3] 2007. 8. 3. 휴면예금 이체에 관한 특별법이 제정되었으며, 2008. 2. 4.부터는 휴면예금관리재단의 설립 등에 관한 법률이 시행되고 있다.

(3) 문제의 소재

휴면예금이 은행에게 귀속될 것인지가 문제된다. 만약 예금이 은행에 귀속된다면 은행은 이러한 예금을 익금에 산입하여 추가적으로 법인세를 납부하여야 할 것이나, 휴면예금이 은행에 귀속되지 않는다고 볼 경우에는 이러한 예금은 은행의 소득과는 아무런 관련이 없고 추가적으로 법인세를 납부할 필요도 없기 때문이다. 구체적으로 휴면예금채권이 시효완성되었는지, 아니면 채무의 승인이나 시효이익의 포기에 해당하는지 여부와 시효가 완성되었다고 하더라도 권리의무 확정주의와의 관계에 비추어 수익으로 인식할 수 있는지 여부가 검토되어야 한다. 이하에서는 이러한 각각의 쟁점에 대하여 고찰해보기로 한다.

---

2) 서울행정법원 2009. 11. 12. 선고, 2009구합6575 판결.

3) 금융감독원 2007. 2. 7. 보도자료.

나. 채무의 승인

(1) 승인의 의의

시효란 법률이 권리 위에 잠자는 자의 보호를 거부하고 사회생활상 영속되는 사실상태를 존중하여 여기에 일정한 법적 효과를 부여하는 제도이기에 어떤 사실상의 상태가 계속 중 그 사실상의 상태와 상용할 수 없는 사정이 발생할 때는 그 사실상의 상태를 존중할 이유를 잃게 된다고 할 것이니 이미 진행한 시효기간의 효력을 상실케 하는 것이 소멸시효의 중단이다.[4] 소멸시효가 중단되면 중단시까지의 시효기간은 이를 산입하지 아니하고 중단사유가 종료된 때부터 시효가 새로 기산된다.[5]

민법은 시효중단의 사유로 ① 청구, ② 압류 또는 가압류, 가처분, ③ 승인의 3가지를 인정하고 있다.[6] 이 중 앞의 두 가지는 권리자가 의무자에게 자신의 권리를 주장하는 것인 반면, 승인은 의무자가 권리자를 상대로 자신의 의무를 인정하는 것이다. 사안과 관련하여 특히 문제되는 시효중단 사유로서의 승인은 시효이익을 받을 자가 시효의 완성으로 말미암아 권리를 상실하게 될 자 또는 그 대리인에 대하여 그 권리가 존재함을 인식하고 있다는 뜻을 표시하는 행위로, 그 법적 성질은 관념의 통지이다.[7]

(2) 승인의 요건 및 방법

승인을 시효중단 사유로 한 이유가 승인에 의해 진정한 권리관계가 객관화되어 권리자의 태만을 인정할 수 없게 되었기 때문인 이상 승인은 시효이익을 받을 자 또는 그 대리인이 권리의 존재를 인식하면서 행하여야 한다. 다만, 승인은 상대방의 권리의 존재를 인식하는 것에 지나지 아니하

4) 대법원 1979. 7. 10. 선고, 79다569 판결.

5) 민법 제178조 제1항.

6) 민법 제168조.

7) 지원림, 『민법강의』 제6판, 홍문사, 2008, p.381.

므로 승인에 상대방의 권리에 관한 처분의 능력이나 권한이 있음을 요하는 것은 아니다.[8)]

승인은 특별한 방식을 요하지 아니하며, 명시적이건 묵시적이건 다 가능하다. 면책적 채무인수나 변제기한의 유예요청, 이자의 지급이나 담보의 제공 등은 묵시적 승인으로 볼 수 있다. 아울러 승인은 시효완성 전에만 가능하므로, 시효완성 후에는 시효이익의 포기가 문제될 수 있을 뿐이다.[9)] 판례 역시 소멸시효 중단사유로서의 채무의 승인은 시효이익을 받을 당사자인 채무자가 소멸시효의 완성으로 권리를 상실하게 될 자에 대하여 그 권리가 존재함을 인식하고 있다는 뜻을 표시함으로써 성립하며, 그 표시의 방법은 아무런 형식을 요구하지 아니하고, 또 그 표시가 반드시 명시적일 것을 요하지 않고 묵시적인 방법으로도 가능한 것이기는 하지만, 그 묵시적인 승인의 표시는 적어도 채무자가 그 채무의 존재 및 액수에 대하여 인식하고 있음을 전제로 하여 그 표시를 대하는 상대방으로 하여금 채무자가 그 채무를 인식하고 있음을 그 표시를 통해 추단하게 할 수 있는 방법으로 행해져야 한다고 판시하고 있다.[10)]

(3) 휴면예금과 승인

사안에서 원고는 휴면예금에 대한 채무의 승인을 긍정하는 입장에서 은행이 고객이 예치한 예금에 대하여 그 예금계좌에 이자를 지급하였고, 언론이나 영업장을 통하여 최종 거래일로부터 5년이 지나더라도 예금을 찾을 수 있음을 홍보하였으므로 이는 소멸시효 중단사유로서의 승인에 해당된다고 주장한다.

반면 피고는 승인의 효력을 부정하는 입장에서 채무승인으로서 시효중

8) 민법 제177조.

9) 지원림, 전게서, pp.381~382.

10) 대법원 2007. 11. 29. 선고, 2005다64552 판결 등.

단의 효력이 발생하기 위해서는 그 승인의 의사표시가 상대방에 대하여 행하여져야 하고 상대방에게 도달되어야 하는데, 은행들은 전산상으로만 이자를 원금에 가산하여 지급한 것으로 처리하였을 뿐이고, 영업장이나 언론을 통하여 최종 거래일로부터 5년이 지났다고 하더라도 예금채무는 소멸되지 아니한다는 홍보활동을 하였다고 하더라도 그것만으로는 상대방에 대하여 권리가 존재함을 인식하고 있다는 뜻을 표시한 것이 아니어서 채무의 승인이라고 볼 수 없고, 가사 채무의 승인에 해당한다고 하더라도 상대방인 예금주에 대하여 행하여졌거나 상대방에게 도달되었다고 볼 수 없다고 주장한다.

이에 대하여 본 사안의 판결은 시효중단사유로서 승인이란 시효의 이익을 받을 자가 시효에 의하여 권리를 잃게 될 자에 대하여 그 권리의 존재를 인식하고 있다는 것을 표시하는 행위로서 관념의 통지이고, 관념의 통지와 같은 준법률행위의 도달은 의사표시와 마찬가지로 사회관념상 상대방이 통지의 내용을 알 수 있는 객관적인 상태에 도달하였을 때를 지칭하고, 그 통지를 상대방이 현실적으로 수령하거나 그 통지의 내용을 알았을 것까지는 필요하지 않다는 전제하에 은행들이 휴면예금에 대해 이자가 발생한 경우 이를 그 예금계좌에 결산이자 명목으로 지급하는 것으로 전산처리한 것을 채무의 승인으로 볼 수 있으며, 예금주가 영업소 방문이나 인터넷 뱅킹 등으로 잔액조회가 가능하여 채무승인의 통지가 예금주가 객관적으로 알 수 있는 상태에 놓였다고 판단하였다.

(4) 검 토

은행들이 휴면예금에 이자를 지급하였다고 하더라도 이는 일종의 전산처리에 불과하다고 보는 것이 타당하다. 휴면예금은 통상 예금주가 예금잔액을 인출하였으나 결산이자가 후에 가산되어 예금주가 인식하지 못한 경우, 온라인 송금을 위해 일시 사용목적으로 개설된 계좌가 온라인 송금 후 사용되지 않는 경우, 예금액보다 예금인출에 소요되는 시간, 교통비가 커서

예금주가 이를 방치하여 두는 경우 등의 경우에 발생하게 된다. 이러한 발생사유들을 검토해 보면 휴면예금은 예금주가 휴면예금의 존재 자체에 대해 인식을 하지 못하는 경우가 대부분이다. 따라서 휴면예금에 대하여 예금주가 영업소를 방문하거나 인터넷 뱅킹 등을 통하여 잔액을 조회하는 것이 가능하다고 하더라도 이러한 경우가 현실적으로 발생할 가능성은 희박하다고 할 것이므로 채무 승인의 통지가 예금주에게 도달하였거나 예금주가 이를 객관적으로 인식할 수 있는 상태에 있다고 보기는 어려우므로 채무 승인의 효력은 부정하는 것이 상당하다고 할 것이다. 아울러 휴면예금을 찾아갈 것을 영업장을 통해 홍보하거나 홍보용 포스터 부착, 보도자료 배포 등을 하였다고 하더라도 이러한 행위를 직접적인 채무 승인 행위로 보기는 어렵다고 할 것이다. 따라서 사안에서 휴면예금은 시효중단의 사유가 발생하지 아니하여 시효완성되었다고 보는 것이 타당하다.

다. 시효이익의 포기

(1) 시효이익 포기의 의의 및 요건

시효이익의 포기란 소멸시효 완성의 이익을 받을 권리자가 그러한 이익을 받지 않기로 하는 처분행위이다. 시효이익의 포기는 처분행위이므로 처분의 능력과 권한을 가지고 있어야 함이 통설이다.[11] 따라서 권리에 대한 처분의 능력이나 권한이 있음을 요하지 아니하는 채무의 승인과 구별된다. 소멸시효이익의 의사표시를 할 수 있는 자는 시효완성의 이익을 받는 당사자나 대리인에 한정되고, 그 밖의 제 3 자는 시효이익 포기의 의사표시를 하였다고 하더라도 시효완성의 이익을 받을 권리자에 대하여 아무런 효력도 없다.[12] 아울러 시효이익 포기의 효력은 그 의사표시가 권리에 직접적인 영

11) 김형배, 『민법학강의』(제 2 판), 신조사, 2002, p.296.

12) 대법원 1998. 2. 27. 선고, 97다53366 판결.

향을 받는 상대방에게 도달하는 때에 발생된다.[13)]

(2) 시효이익 포기의 의사표시

시효이익 포기의 의사표시는 명시적으로 또는 묵시적으로 하는 것이 가능하다. 시효완성의 이익을 받을 권리자가 상대방에 대하여 명시적으로 시효이익 포기의 의사표시를 하는 경우는 문제가 되지 않으나, 의사표시가 명시적이지 아니한 경우에는 그러한 의사표시를 시효이익 포기의 의사표시로 볼 수 있을지 개별적으로 판단되어야 한다.

이에 대하여 대법원은 국유재산을 점유하여 취득시효가 완성된 후 국가와 국유재산 대부계약을 체결하고 대부료를 납부한 사실만으로는 취득시효 완성의 이익을 포기하는 적극적인 의사표시를 한 것으로 보기는 어렵지만, 그러한 대부계약이 아무런 하자 없이 여러 차례에 걸쳐 체결되었다거나, 단순히 대부계약의 체결에 그치지 않고 그 계약 전에 밀린 점용료를 변상금이란 명목으로 납부하는 데까지 나아갔다면 그러한 대부계약 체결이나 변상금 납부는 국가의 소유권을 인정하고 취득시효 완성의 이익을 포기한다는 적극적인 의사표시를 한 것으로 봄이 상당하다고 판시한 바 있으며,[14)] 채무자가 소멸시효 완성 후 채무를 일부 변제한 때에는 그 액수에 관하여 다툼이 없는 한 그 채무 전체를 묵시적으로 승인한 것으로 보아야 하고, 이 경우 시효완성의 사실을 알고 그 이익을 포기한 것으로 추정되므로, 소멸시효가 완성된 채무를 피담보채무로 하는 근저당권이 실행되어 채무자 소유의 부동산이 경락되고 그 대금이 배당되어 채무의 일부 변제에 충당될 때까지 채무자가 아무런 이의를 제기하지 아니하였다면, 경매절차의 진행을 채무자가 알지 못하였다는 등 다른 특별한 사정이 없는 한, 채무자는 시효완성의 사실을 알고 그 채무를 묵시적으로 승인하여 시효의 이익을 포기

---

13) 대법원 1994. 12. 23. 선고, 94다40734 판결.

14) 대법원 2007. 4. 13. 선고, 2006다62546 판결.

한 것으로 보아야 한다고 판시한 바 있다.[15)]

반면 대법원은 채무자가 채권자로부터 소멸시효가 완성된 연대보증채무의 이행청구를 받고 그 채무액의 일부를 지급하고 사건을 종결하자는 내용의 합의안을 제의하였다가 거절당한 사안에서, 합의안 제의의 배경 등 제반 사정에 비추어 채무자가 위 합의안을 제의한 사실만으로 채권자에게 연대보증채무를 부담하고 있다는 채무승인의 뜻을 확정적으로 표시한 것이라고 해석하기 어렵고,[16)] 국유재산의 무단 점유자가 동사무소 직원의 요청에 따라 도장을 건네줌으로써 그 직원이 변상금납부기한 유예신청서 등에 인장을 날인한 경우, 그러한 사실만 가지고 그 점유자가 국가에게 그 국유재산에 관하여 취득시효 완성 사실을 알고 그에 따른 소유권이전등기청구권을 포기하겠다는 등의 적극적인 의사표시를 한 것으로 볼 수 없다고 판시한 바 있다.[17)]

(3) 휴면예금과 시효이익의 포기

사안에서 원고는 휴면예금에 대한 시효이익의 포기가 유효하다는 입장에서 은행들이 시효가 완성된 예금이라도 언제든지 인터넷뱅킹 등을 통하여 잔액을 조회하고 거래를 할 수 있도록 하였으며, 금융감독원의 지시에 따라 은행들이 휴면예금 찾아주기 운동을 실시하면서 영업장에 안내문을 게시하거나 언론에 보도자료를 배포하는 등의 행위를 하였으므로 유효한 시효이익의 포기가 있었다고 주장한다.

반면 피고는 시효이익 포기의 효력을 부정하는 입장에서 민법 제184조 제 1 항을 주된 논거로 들고 있다. 즉, 민법 제184조 제 1 항은 소멸시효의 이익은 미리 포기하지 못한다고 규정하고 있는바, 시효이익 포기가 유효하

---

15) 대법원 2001. 6. 12. 선고, 2001다3580 판결.

16) 대법원 2008. 7. 24. 선고, 2008다25299 판결.

17) 대법원 1995. 12. 8. 선고, 94다16356 판결.

다고 주장하는 견해를 제시하는 은행들의 행위는 대부분이 시효이익의 완성 전에 이루어져 위 민법 규정에 반한다는 것이다. 뿐만 아니라 고객들이 인터넷뱅킹 등을 통해 잔액을 조회하거나 거래할 수 있고, 은행들이 보도자료를 배포하거나 안내문을 게시하는 등의 행위를 하였다고 하더라도 이를 시효이익 포기의 상대방인 고객들에 대한 의사표시로 보기는 어렵다고 주장한다.

이에 대하여 하급심 판결은 시효이익의 포기는 상대방에 대한 의사표시에 의하여 행하여지거나 특별한 방식이 요구되지 않고, 명시적인 포기뿐만 아니라 묵시적인 포기도 가능하며, 단독행위인 점에서 관념의 통지인 시효중단사유로서의 승인과 구별되나 구체적인 태양에 있어서는 승인과 유사하고, 시효이익은 시효완성 전에 미리 포기하지 못한다는 전제하에, 은행들이 최종 거래일로부터 5년이 지났다고 하더라도 예금채무가 소멸하는 것은 아니라는 내용을 언론이나 영업장 등을 통하여 홍보하거나, 5년이 지난 예금에 대하여 고객이 언제라도 인터넷 뱅킹, 텔레뱅킹 등을 통하여 잔액을 조회하고 고객이 원하면 거래할 수 있도록 하고 고객예금(휴면예금) 찾아주기 운동을 실시하면서 각 영업장 및 인터넷 팝업창에 홍보용 포스터 및 안내문을 게시하고 언론기관에 보도자료를 배포하여 보도되도록 하였다고 하더라도, 이러한 방법만으로는 직접 상대방인 예금주에 대하여 통지 내지는 의사표시가 행하여졌다고 보기는 어려우므로 시효이익의 포기가 있다고 할 수 없다고 판시하였다.[18]

(4) 검 토

시효이익 포기의 의사를 시효완성 당시의 진정한 소유자가 아닌 원인무효인 등기의 소유명의자에게 표시한 사안에서 대법원은 시효이익의 포기와 같은 상대방 있는 단독행위는 그 의사표시로 인하여 권리에 직접적인

---

18) 서울행정법원 2008. 9. 24. 선고, 2007구합18048 판결.

영향을 받는 상대방에게 도달하는 때에 효력이 발생한다 할 것인바, 취득시효완성으로 인한 권리변동의 당사자는 시효취득자와 취득시효완성 당시의 진정한 소유자이고, 실체관계와 부합하지 않는 원인무효인 등기의 등기부상 소유명의자는 권리변동의 당사자가 될 수 없는 것이므로, 결국 시효이익의 포기는 달리 특별한 사정이 없는 한 시효취득자가 취득시효완성 당시의 진정한 소유자에 대하여 하여야 그 효력이 발생하는 것이지 원인무효인 등기의 등기부상 소유명의자에게 그와 같은 의사를 표시하였다고 하여 그 효력이 발생하는 것은 아니라고 판시한 바 있다.[19] 마찬가지로 휴면예금과 관련하여서도 시효이익 포기의 의사는 시효이익 포기에 의해 직접적인 영향을 받는 고객들에 대하여 개별적으로 이루어져야 한다. 하지만 은행들은 고객들에게 그러한 의사표시를 한 사실은 없고, 단지 홍보용 포스터나 안내문, 언론사에 배포한 보도자료를 통하여 시효이익 포기의 의사표시를 하였을 뿐이므로 그러한 의사표시가 고객들에게 도달하였다고 볼 수는 없다. 아울러 은행들이 한 의사표시 중 시효완성 이전에 이루어진 부분은 도달 여부를 불문하고 민법 제184조 제 1 항에 따라 효력이 없음은 당연하다고 할 것이다.

라. 시효의 완성과 권리의무 확정주의

(1) 권리의무 확정주의의 의의

권리의무 확정주의란 권리나 의무의 확정시기와 소득의 실현 또는 의무의 이행시기 사이에 차이가 있는 경우 권리나 의무가 확정된 때를 수익과 비용의 발생시기로 인식하는 원칙이다. 권리의무 확정주의와 관련하여 법인세법 제14조 제 1 항은 내국법인의 각 사업연도의 소득은 그 사업연도에 속하는 익금의 총액에서 그 사업연도에 속하는 손금의 총액을 공제한

19) 대법원 1994. 12. 23. 선고, 94다40734 판결.

금액으로 한다고 규정하고 있으며, 동법 제40조 제1항은 내국법인의 각 사업연도의 익금과 손금의 귀속 사업연도는 그 익금과 손금이 확정된 날이 속하는 사업연도로 한다고 규정하고 있다.

(2) 세무회계와 기업회계[20]

일반적으로 기업회계상의 실현주의는 이익측정의 기준으로서 어느 것을 실현된 수익으로 볼 것인가 하는 사실적 측면에서 파악하는 것임에 반해 세법상의 권리의무 확정주의는 권리의 확정성에서 소득을 파악하고자 하고, 또 과세목적과 기간과세의 적정성을 추구하기 때문에 양자가 반드시 일치하는 것은 아니다. 또한 수익의 실현시기 자체도 기업의 거래형태가 변화함에 따라 반드시 고정적일 수는 없고 다양성을 띠게 되므로 기업회계상 실현의 개념과 세법상 권리확정의 개념은 서로 보완적이라고 할 수 있다.[21]

구체적으로 기업회계상 실현주의는 첫째, 수익이 실현되었거나 실현가능성이 있을 것, 둘째, 거래의 완성을 가늠할 수 있는 결정적 사건이 완료되었을 것을 요건으로 한다. 반면 세법은 수익이나 비용의 계상시기를 명확하게 하기 위해 권리의무 확정주의를 채택하여 수입할 수 있는 권리 또는 대가를 지급하여야 할 의무의 확정이라는 법적 기준에 의하여 권리와 의무의 귀속시기를 결정하게 된다.[22] 대법원 역시 권리확정주의는 소득의 원인이 되는 권리의 확정시기와 소득의 실현시기와 사이에 시간적 간격이

---

20) 기업회계가 기업의 경영성과를 정확하게 분석하여 이를 대외적으로 공표하고 장래의 경영활동에 있어서 지침으로 삼고자 하는 데 그 기본목적을 두고 있는 반면, 세무회계는 국가나 지방자치단체의 재정수입 확보에 그 일차적 목적을 두므로, 그와 같은 회계목적의 차이는 손익의 인식시기에 대하여도 영향을 미치게 된다. 그러한 회계목적의 차이 때문에 일반적으로 세무회계는 기업회계에 비해 소득은 빠르게, 비용은 천천히 인식하려는 경향이 있다 : 임승순, 『조세법』, 박영사, 2009, p.647.

21) 임승순, 상게서, p.646.

22) 백승한, "파생상품의 과세에 관한 연구", 서울시립대 세무대학원, 2006, pp.108~109.

있을 때 과세상 소득이 실현된 때가 아닌 권리가 발생된 때를 기준으로 하여 그때 소득이 있는 것으로 보고 당해 연도의 소득을 산정하는 방식으로서 실질적으로는 불확실한 소득에 대하여 장래 그것이 실현될 것을 전제로 하여 미리 과세하는 것을 허용한 것이라고 판시하고 있다.[23)]

(3) 권리확정의 구체적 의미

권리의무 확정주의에서 말하는 권리확정이란 반드시 민법이나 상법에서 말하는 각 권리의 발생요건이나 유효요건을 충족하고 권리로서 법적으로 보장된 상태를 의미하는 것은 아니고 구체적으로 권리의 실현이 가능하다고 인정되는 상태, 즉 계약의 성립과 효력의 발생을 넘어 수익의 원인이 되는 권리의 내용이 법이 보장하는 바에 의하여 그 실현 가능성이 객관적으로 인정되는 상태를 말한다. 구체적으로 권리의무 확정주의 아래에서 권리실현이 객관적으로 가능하다고 인정되는 상태는 권리를 실행할 수 있고, 또 실행함에 장애가 없는 경우라야 하지만 나아가 그 권리에 대하여 강제집행에 착수할 수 있다거나 권리의 존재에 대하여 불가쟁력이 발생하였을 필요까지는 없다.[24)]

이에 대하여 판례는 아래와 같은 판시를 하고 있다.

1) 대법원 2004. 11. 25. 선고, 2003두14802 판결

원고는 1994.경부터 ○○ 주식회사와 리스계약을 체결하여 왔는데 ○○ 주식회사는 1997년 부도를 내고, 같은 해 서울지방법원으로부터 회사정리개시결정을 받았다. 이에 원고는 ○○ 주식회사에 대한 운용리스료 및 연체이자를 자사의 수익에 산입하지 아니하였다.

이에 대하여 원심은 "원고가 ○○ 주식회사에 대한 공동리스계약에 참여회사로 참가하여 온 사실, ○○ 주식회사는 1997. 1. 23. 부도를 내고, 서

23) 대법원 1984. 3. 13. 선고, 83누720 판결.

24) 임승순, 전게서, pp.647~648.

울지방법원으로부터 1997. 8. 27. 회사정리법에 의한 회사정리개시결정을 받은 사실을 인정한 다음, 일단 회사가 부도를 내고 회사정리개시결정을 받게 되면 그에 대한 채권원리금을 제대로 받을 수 없다는 것이 우리의 경험칙에 부합하고, 특히 ○○ 주식회사는 부도 직후 경영진이 거액의 회사자금을 빼돌리는 등 극히 불투명한 회계처리로 대규모의 부실이 드러나 있었으므로, 1997. 4. 1.부터 1998. 3. 31.까지로 한 원고의 사업연도 결산 당시에 위 리스계약에 기하여 발생한 회사정리개시결정일(1997. 8. 27.)부터 1998. 3. 31.까지의 운용리스료 및 부도일(1997. 1. 23.)부터 1998. 3. 31.까지의 운용리스료 연체이자는 수익이 발생할 권리로서 실현 가능성이 높은 정도로 성숙·확정되었다고 할 수 없었다"고 판단하였다.

그러나 대법원은 "권리확정주의란 소득의 원인이 되는 권리의 확정시기와 소득의 실현시기와의 사이에 시간적 간격이 있는 경우에는 과세상 소득이 실현된 때가 아닌 권리가 발생한 때를 기준으로 하여 그때 소득이 있는 것으로 보고 당해 연도의 소득을 산정하는 방식으로, 실질적으로는 불확실한 소득에 대하여 장래 그것이 실현될 것을 전제로 하여 미리 과세하는 것을 허용하는 것으로 납세자의 자의에 의하여 과세연도의 소득이 좌우되는 것을 방지하고자 하는 데 그 의의가 있는 것이며, 이와 같은 과세대상 소득이 발생하였다고 하기 위하여는 소득이 현실적으로 실현되었을 것까지는 필요 없다고 하더라도 소득이 발생할 권리가 그 실현의 가능성에 있어 상당히 높은 정도로 성숙·확정되어야 하고, 따라서 그 권리가 이런 정도에 이르지 아니하고 단지 성립한 것에 불과한 단계로서는 소득의 발생이 있다고 할 수 없으며, 여기서 소득이 발생할 권리가 성숙·확정되었는지 여부는 일률적으로 말할 수 없고 개개의 구체적인 권리의 성질과 내용 및 법률상·사실상의 여러 사항을 종합적으로 고려하여 결정하여야 하는 것이고, 소득의 원인이 되는 채권이 발생된 때라 하더라도 그 과세대상이 되는 채권이 채무자의 도산 등으로 인하여 회수불능이 되어 장래 그 소득이 실현될 가능성이 전혀 없게 된 것이 객관적으로 명백한 때에는 그 경제적 이득을 대상으로 하는 법인세는 그 전제를 잃게 되고, 그와 같은 소득을 과세소득으로 하여 법인세를 부과할 수 없다고 할 것이나, 이때 그 채권의 회수불능 여부는 구체적인 거래내용과 그 후의 정황 등을 따져서 채무자의 자산상황, 지급능력 등을 종합하여 사회통념에 의하여 객관적으로 평가하는 방법으로 판정하여야 한다는 전제하에, 기록에 의하면, 원고는 1995. 3. 1. ○○ 주식회사와의 사이에 공동리스계약의 형식으로, 리스물건 냉연강판제조설비, 리스기간 1995. 3. 1.부터 84개월간으로 하는 내용의 리스계약을 체결하였고, 위 계약에 기하여 ○○철강에 대하여 이 사건 리스료 채권을 갖고 있었으며, 그 후 ○○철강이 받은 회사정리계획인가결정에 의하면 이 사건 리스료의 원금 중 일부를 2004.부터 2018.까지 차등 분할상환받기로 되어 있었던 사실을 알 수 있는데다가 구 법인세법 시행령(1998. 2. 31. 대통령령 제15970호로 전문 개정되기 전의 것) 제21조, 구 법인세법 시행규칙(1999. 5. 24. 재정경제부령 제86호로 전문 개정되기 전의 것) 제 9 조 제 2 항 제13호의 규정에 의하면 회사정리법에 의한 정리계획인가결정에 따라 회수불능채권으로 확정된 채권을 대손금 해당 채권으로 규정하여 대손금으로 손금산입하도록 하고 있는 점을 감안하면 원고의 결산일(1998. 3. 31.) 당시 이 사건 리스료 채권이 이미 발생하였다고 할 것이고, 채무자인 ○○철강이 회사정리개시결정을 받았다는 사실과 그 무렵 ○○철강의 재정상태가 악화되었다는 사정만으로는 이 사건 리스료가 객관적으로 회수불능이 되었다고 할 수 없으므로, 원고의 결산일(1998. 3. 31.) 당시에 이 사건 리스료가 수익이 발생할 권리로서 실현 가능성이 높은 정도로 성숙·확정되지 않았다고 보기는 어렵다"고 판시한 바 있다.

2) 대법원 2003. 12. 26. 선고, 2001두7176 판결

원고는 ×××와 임차보증금 100,000,000원, 차임 월 8,000,000원으로 하는 임대차계약을 체결하였는데, 원고는 첫 달 이후 ×××로부터 차임을 전혀 지급받지 못하였다. 원고는 약정된 차임을 지급받지 못하였으므로 이

부분은 소득세 부과대상이 아니라고 주장하였다.

이에 대하여 대법원은 "소득의 원인이 되는 채권이 발생된 때라 하더라도 그 과세대상이 되는 채권이 채무자의 도산 등으로 인하여 회수불능이 되어 장래 그 소득이 실현될 가능성이 전혀 없게 된 것이 객관적으로 명백한 때에는 그 경제적 이득을 대상으로 하는 소득세는 그 전제를 잃게 되고, 그와 같은 소득을 과세소득으로 하여 소득세를 부과할 수 없다고 할 것이나, 이때 그 채권의 회수불능 여부는 구체적인 거래내용과 그 후의 정황 등을 따져서 채무자의 자산상황, 지급능력 등을 종합하여 사회통념에 의하여 객관적으로 평가하는 방법으로 판정하여야 한다는 전제하에 이 사건 처분의 과세대상인 임대소득은 원고가 임차인으로부터 임대보증금으로 금 1억 원을 수령하고 1993. 12.부터 매월 말일에 월 800만 원씩의 차임을 지급받기로 약정함으로써 그 차임채권의 실현 가능성이 상당히 높은 정도로 성숙, 확정되어 차임 상당의 수입이 그 월 차임 약정 지급일에 원고에게 귀속된 것으로 봄이 상당하고, 그 후 원고가 임차인으로부터 첫 달분 차임의 일부조로 600만 원을 지급받은 외에는 그동안 차임을 전혀 지급받지 못하였다거나, 원고가 위 임대보증금 1억 원의 반환을 담보하기 위하여 이 사건 건물에 대하여 설정하여 준 전세권의 근저당권자와의 소송에서 패소하여 임대보증금에서 연체차임을 공제하지 못하고 임대보증금 전액을 ○○리스에게 반환한 점, 임차인에게는 별다른 재산이 없어서 그 연체차임을 회수하기가 여의치 아니한 점 및 1995. 12. 30.자로 금정세무서장이 임차인에 대한 부가가치세 1,120,240원에 관하여 무재산을 사유로 결손처분하였다는 점 등의 사정만으로는 이 사건 과세대상인 부동산 임대소득의 수입시기인 1993. 12.부터 1995. 2.경까지 사이에 그 임대소득의 실현 가능성이 전혀 없게 된 것이 객관적으로 명백하다고 할 수 없으며, 또한 그 이후에 나타난 위와 같은 사정과 연체차임 채권의 시효소멸 등의 점은 그러한 사정이 발생한 때의 과세연도에 대손금으로 필요경비에 산입할 수 있는지 여부만 문제될 뿐이어서 위 임대소득에 대한 권리가 확정되었다고 보고 이루어진 이 사건 처분은 적법하다"고 판시하였다.

3) 대법원 2002. 10. 25. 선고, 2001두1536 판결

원고들은 □□□에게 이 사건 토지를 매도하기로 계약하였고 약정에 따라 □□□로부터 계약금과 중도금을 지급받았다. 그런데 □□□이 잔금을 지급하지 아니하자 원고들은 □□□를 상대로 소를 제기하여 승소하고, 승소확정판결에 기하여 □□□의 재산에 강제집행을 하였다. 하지만 □□□의 재산부족으로 일부 채권에 대하여는 회수를 하지 못하였다. 이에 원고들은 회수하지 못한 잔금채권은 양도소득에서 제외되어야 한다고 주장하였다.

이에 대하여 대법원은 "과세대상이 되는 채권의 회수불능 여부는 구체적인 거래내용과 그 후의 정황 등을 따져서 채무자의 자산상황, 지급능력 등을 종합하여 사회통념에 의하여 객관적으로 평가하는 방법으로 판정하여야 한다는 전제하에, □□□가 잔금 및 이자를 지급하지 아니하자 원고들이 □□□를 상대로 매매대금청구의 소를 제기하여 1996. 2. 16. 승소판결을 받은 다음, 위 판결에 기하여 □□□ 앞으로 이미 소유권이전등기가 경료된 이 사건 토지에 대한 강제경매를 신청하여 그 경매절차에서 금 48,257,692원을 배당받고, 또한 □□□가 경영하던 철물점의 물건에 대한 유체동산강제경매신청을 하여 그 경매절차에서 금 3,840,000원을 배당받아 위 잔금 중 일부를 회수한 사실, 그 밖에도 위 원고는 위 철물점에 대하여 추가로 경매신청을 하고자 하였으나, □□□의 가족들이 위 철물점을 운영하는 것처럼 하거나 사업자등록을 타인 명의로 해 두어서 그 목적을 달성하지 못하고 있고, □□□ 소유 명의로 되어 있던 토지에 대하여 강제경매를 신청하였다가 □□□의 명의의 각 4/26지분을 제외한 나머지 지분에 대한 말소를 명하는 판결이 선고되자 1997. 6. 22. 경매신청을 취하한 사실을 각 인정한 다음, 위에서 본 사정만으로는 원고들이 □□□로부터 나머지 양도대금을 지급받을 가능성이 전혀 없게 되어 그 나머지 양도대금채권이 회수불가능

한 것으로 확정되었다고 단정할 수 없고 달리 이를 인정할 증거가 없다"고 판시한 바 있다.

(4) 권리의무 확정주의와 휴면예금

사안에서 원고는 시효완성된 휴면예금의 은행들의 수익이 아니라는 입장에서 법인세법상 권리의무 확정주의에 따라 수익으로 계상할 수 있기 위해서는 납세의무자가 현실적으로 수익을 지급받지는 않더라도 지급받을 가능성이 상당히 높은 정도로 성숙・확정되어야 하는데, 휴면예금의 경우 비록 시효완성되었다고 하여도 금융감독원의 지시나 휴면예금 찾아주기 홍보 운동, 금융기관의 공익성 등에 비추어 소멸시효가 완성된 때에 수익으로 인식할 만큼 그 실현 가능성이 성숙・확정되었다고 보기는 어렵다고 주장한다.

반면 피고는 시효완성된 휴면예금은 은행들의 익금에 산입되어야 한다는 입장에서 소멸시효가 완성된 예금계좌는 채권자가 그 계좌나 잔액의 존재도 인식하지 못하고 있을 뿐만 아니라 전혀 관리되지 않고 있어 채권자가 회수해 갈 가능성이 극히 희박한 점, 시효완성에 대해 절대적 소멸설의 입장에서 소멸시효 기간이 경과하면 채권자의 권리는 당연히 소멸하는 것인 점, 일단 소멸시효가 완성되면 그 사업연도에 익금산입하여 그에 대한 법인세를 납부한 다음 추후 은행들이 채권자들에게 환급한 경우 그 환급액을 그 환급일이 속하는 사업연도에 손금으로 산입하면 족한 점 등에 비추어 시효가 완성된 휴면예금은 시효완성된 당해 사업연도에 법인의 익금에 산입되어야 한다고 주장한다.

이에 대하여 본 사안의 판결은 설령 소멸시효가 완성되었다고 보더라도 은행들이 이자를 계속 지급처리하면서 고객의 청구가 있으면 언제든지 시효완성예금을 지급하고 인터넷뱅킹을 통하여 그 권리를 고객으로 하여금 확인할 수 있도록 하는 상태에 두고 있는 점, 은행들이 휴면예금 찾아주기 운동을 실시하고 있으며 금융감독원 역시 은행들에게 휴면예금을 고객들에게 돌려줄 것을 요구하고 있는 점, 2007. 8. 3. 이후 관련법령에 따라 휴면예금의 활동계좌 및 휴면예금관리재단에 이체된 점 등에 비추어 원고는 계속 예금채무를 부담하고 있다고 할 것이어서 소멸시효가 완성된 때에 수익으로 인식할 만큼 그 실현 가능성이 상당히 높은 정도로 성숙·확정되었다고 볼 수 없다고 판시하였다.

(5) 검 토

2005. 3.경 금융권의 누적 휴면예금은 1조 원을 넘었음에도 불구하고 반환율은 5%대에 불과하였다.[25] 원심은 금융감독원의 반환 요구나 은행들의 휴면예금 찾아주기 운동 등으로 수익의 실현 가능성이 상당히 높은 정도로 성숙·확정되었다고 볼 수 없다고 판시하였으나 95%에 달하는 예금이 반환되지 아니한 채 사실상 은행에 귀속되었다는 측면에서 휴면예금 중 실제 반환된 금원을 제외하고는 은행들의 수익으로 인식되어야 한다. 아울러 사안은 2005사업연도에 산입된 익금과 관련된 문제로서 그 이후에 제정·시행된 휴면예금 이체에 관한 특별법이나 휴면예금관리재단의 설립 등에 관한 법률은 고려대상에서 제외되어야 한다. 2005년 당시 위 법률들이 시행되어 휴면예금이 휴면예금관리재단에 이체될 것이 확실하였다고 보기 어렵기 때문이다.

절대적 소멸설에 따라 소멸시효가 완성되면 그 효과로서 당사자의 원용 없이도 사법상 채권자의 권리는 소멸한다고 할 것이고, 현실적으로도 이렇게 은행에 귀속된 예금이 예금주들에게 거의 반환되지 아니하였을 뿐만 아니라, 예금주들이 휴면예금의 존재에 대해 대부분 인식조차 하지 못하고 있었던 점에 비추어 휴면예금은 소멸시효가 완성된 때 수익으로 인식할 만큼 그 실현 가능성이 상당히 높은 정도로 성숙·확정되었다고 할 것이다. 아울러 소멸시효가 완성된 예금을 은행이 예금주들에게 반환하였다면 이는 소멸시효 완성시 익금에 산입하고, 반환시 반환액에 한하여 손금

---

25) 김현미, "휴면예금, 저소득층 지원사업에 쓰자", 국회보, 2006, p.29.

에 산입하면 족한 문제이다. 우리 세법이 인정하고 있는 권리의무 확정주의는 대법원이 인정한 바와 같이 권리의 확정시기와 소득의 실현시기 사이에 시간적 간격이 있을 때 과세상 소득이 실현된 때가 아닌 권리가 발생된 때를 기준으로 하여 그때 소득이 있는 것으로 보고 당해 연도의 소득을 산정하는 방식으로서 실질적으로는 불확실한 소득에 대하여 장래 그것이 실현될 것을 전제로 하여 미리 과세하는 것을 허용하고자 하는 원칙이지,[26] 이미 시효완성되어 법률상 권리자가 되었음에도 은행들이 금융감독원의 요구나 스스로의 이미지, 공익성 등을 고려하여 사실상 반환한 금원이 존재한다고 하여 권리의 확정을 부정하고자 하는 원칙은 아니라고 할 것이다.

마. 결 론

앞서 살펴본 바와 같이 은행들이 직접적인 채무 승인의 의사표시를 하였다거나 시효이익을 포기하였다고 보기는 어려워 보인다. 아울러 시효완성된 휴면예금이 수익으로 인식할 만큼 그 실현 가능성이 상당히 높은 정도로 성숙・확정되었고 볼 수 있는지 여부를 판단하기 위해서는 은행과 고객들 간의 거래내용이나 형태, 시효완성 후의 정황 등을 구체적으로 고려하여 판단하여야 하는바, 고객들이 휴면예금의 존재 자체에 대해 알지 못하고 있는 점이나 은행들도 고객들에게 휴면예금에 대한 별도의 개별적 고지는 하지 않은 점, 절대적 소멸설의 개념에 비추어 보면 휴면예금에 대한 은행들의 권리는 시효완성시에 확정되었다고 보는 것이 타당해 보인다.

현재는 휴면예금과 관련하여 휴면예금관리재단에 관한 법률이 제정되는 등 휴면예금과 관련하여 사회적 합의에 따른 활용방안들이 구체화되고 있고, 은행들의 휴면예금 운영 및 관리와 관련된 지침들이 내부적으로 마련되고 확립되어 있어 사안과 유사한 문제들이 발생할 가능성은 많지 않다

---

26) 대법원 1984. 3. 13. 선고, 83누720 판결.

고 할 것이다. 하지만 권리의무의 확정기준과 관련하여서는 구체적 사안마다 명확한 기준을 설정하기가 쉽지 않은 경우도 자주 발생되고 있는바, 이에 대하여 판례가 보다 집적될 필요가 있다고 본다.

서울고등검찰청 송무부

검찰
PROSECUTION SERVICE

상표권 매입과 부당행위계산 부인

(서울행정법원 2009. 6. 12. 선고, 2008구합31536 판결)

1. 판결요지

(1) 실질과세원칙에 의하여 당사자의 거래행위를 그 법 형식에도 불구하고 조세회피행위라고 하여 그 행위계산의 효력을 부인할 수 있으려면 조세법률주의의 원칙상 법률에 개별적이고 구체적인 부인규정이 마련되어 있어야 하고, 위와 같은 조세회피행위에 충족요건에 관한 주장의 입증책임은 과세관청에 있다(대법원 1992. 9. 22. 선고, 91누13571 판결).

원고와 ○○○○ 사이의 이 사건 상표권 거래는 그 형식이나 실질면에서 매매임이 명백하고 이를 금전소비대차라고 할 수는 없는 것이고, 한편 피고 주장사실을 모두 고려한다고 하더라도 위와 같은 거래가 원고와 ○○○○ 사이에 매매를 가장하여 금전을 대여한 것으로 볼 수도 없다.

(2) 업무무관 가지급금에 관한 법인세법 제28조 제1항 제4호 나목, 법인세법 시행령(2007. 2. 28. 대통령령 제19891호로 개정되기 전의 것) 제53조 제1항은 특수관계있는 자에게 '명칭 여하에 불구하고 당해 법인의 업무와 관련이 없는 자금을 대여한 경우 그 대여액'에 해당하는 차입금

의 지급이자에 대하여는 이를 손금불산입하도록 규정하고 있고, 여기에는 순수한 의미의 대여금은 물론 채권의 성질상 대여금에 준하는 것도 포함되고, 또 특수관계있는 자로부터 적정한 이자율에 따른 이자를 받으면서 가지급금을 제공한 경우도 포함되며, 이때 가지급금의 업무관련성 여부는 당해 법인의 목적사업이나 영업내용 등을 기준으로 객관적으로 판단하여야 한다(대법원 1992. 11. 10. 선고, 91누8302 판결).

조세법 규정에 대한 해석은 엄격하여야 하고 확장해석이나 유추해석은 허용되지 아니하는바, 원고가 ○○○○로부터 이 사건 상표권을 양수한 행위는 당사자들이 선택한 거래형식에 따라 매매로 보아야 하고 이를 '자금의 대여'에 해당한다고 볼 수 없을 뿐만 아니라, 매매와 금전소비대차는 법적 성질이 전혀 다르므로 이를 대여행위에 준하는 것이라고 보기도 어렵다.

(3) 법인세법 시행령 제88조 제 1 항 각 호를 적용함에 있어서 조세법률주의의 원칙상 과세대상이 된 거래의 법 형식에 따라야 하고, 과세관청이 임의로 당사자가 선택한 거래형식을 부정하고 새로운 거래형식을 구성하여 위 규정을 적용할 수는 없다.

법인세법 시행령 제88조 제 1 항 제 6 호는 법인이 특수관계가 있는 자에게 금전 등을 무상 또는 시가보다 낮은 이율로 대부하거나 제공한 경우에 적용되는 규정이므로, 원고가 ○○○○로부터 이 사건 상표권을 양수한 행위를 ○○○○에 대한 금원의 '대여행위'로 평가할 수 없는 이상 위 6호는 적용될 수 없다.

(4) 아울러 부당행위계산 부인 유형의 하나인 고가매입에 관하여 법인세법 시행령 제88조 제 1 항 제 1 호는 '자산을 시가보다 높은 가액으로 매입한 경우'를 규정하고 있는바, 여기서 '시가'라 함은 특수관계자가 아닌 정상적인 거래에서 적용되거나 적용될 것으로 판단되는 가격을 말하는 것으로서(법인세법 제52조 제 2 항), 당해 거래와 유사한 상황에서 당해 법인이 특수관계자 외의 불특정 다수인과 계속적으로 거래한 가격 또

는 특수관계자가 아닌 제3자 간에 일반적으로 거래된 가격이 있는 경우에는 그 가격을 시가로 보고, 그러한 가격이 없는 경우에는 지가공시및토지등의평가에관한법률에 의한 감정평가법인이 감정한 가액, 상속세 및 증여세법 제61조 내지 제64조의 규정을 준용하여 평가한 가액을 순차적으로 적용하여 그 가액을 평가하여야 하며(법인세법 시행령 제89조 제1항, 제2항), 위와 같은 시가 등에 관한 주장·입증책임은 과세관청에 있다.

사안에서 원고가 이 사건 상표권을 시가보다 고평가된 금액으로 매입하였다고 볼 여지가 있으나, 피고가 그 정확한 시가가 얼마인지, 법령상의 감정평가액이 얼마인지 등에 관하여 아무런 주장·입증이 없을 뿐 아니라, 원고가 제시하는 감정평가액이 부당하다는 점에 대하여 뚜렷한 증거를 제시하지 못하고 있는 점 등에 비추어 피고의 처분은 위법하다.

2. 사실관계

(1) 원고는 다국적기업인 □□그룹의 모회사 ××의 자회사인 △△가 99.9%를 투자하여 2001. 3. 21. 설립된 법인이고, ○○○○는 원고와 법인세법상 특수관계에 있는 회사이다. 원고는 2001. 12. 1. ○○○○로부터 이 사건 상표권을 감정가액인 13,374,000,000원에 양수하였고, 유상증자를 통해 자금을 조달하여 위 상표권 양수대금을 지급하였다.

(2) 원고는 2005. 5. 31. 이 사건 상표권을 원고와 특수관계가 없는 ◇◇에 양도하였는데, 양도가액은 3,015,333,442원으로 산출되었다.

(3) 이에 피고는 원고가 특수관계법인인 ○○○○로부터 이 사건 상표권을 매수하는 과정에서 부당하게 상표권 양수대금 상당액을 대여한 것으로 간주하여 지급이자 상당액을 손금산입하고, 인정이자 상당액을 익금산

입하는 등의 처분을 하였다.

3. 관련법령

❍ **국세기본법**

제14조 【실질과세】

②세법 중 과세표준의 계산에 관한 규정은 소득·수익·재산·행위 또는 거래의 명칭이나 형식에 불구하고 그 실질내용에 따라 적용한다.

❍ **법인세법**

제 4 조 【실질과세】

①자산 또는 사업에서 생기는 수입의 전부 또는 일부가 법률상 귀속되는 법인과 실질상 귀속되는 법인이 서로 다른 경우에는 그 수입이 실질상 귀속되는 법인에 대하여 이 법을 적용한다.

②법인세의 과세소득이 되는 금액의 계산에 관한 규정은 소득·수익 등의 명칭이나 형식에 불구하고 그 실질내용에 따라 이를 적용한다.

제28조 【지급이자의 손금불산입】

①다음 각 호의 차입금의 이자는 내국법인의 각 사업연도의 소득금액계산에 있어서 이를 손금에 산입하지 아니한다.

4. 다음 각목의 1에 해당하는 자산을 취득하거나 보유하고 있는 내국법인이 각 사업연도에 지급한 차입금의 이자 중 대통령령이 정하는 바에 따라 계산한 금액(차입금 중 당해 자산가액에 상당하는 금액의 이자를 한도로 한다)

나. 제52조 제 1 항의 규정에 의한 특수관계자에게 당해 법인의 업무와 관련없이 지급한 가지급금 등으로서 대통령령이 정하는 것

⑥제 1 항의 규정에 의한 차입금 및 지급이자의 범위 및 계산 등에 관하여 필요한 사항은 대통령령으로 정한다.

제52조 【부당행위계산의 부인】

①납세지 관할 세무서장 또는 관할 지방국세청장은 내국법인의 행위 또는 소득

금액의 계산이 대통령령이 정하는 특수관계에 있는 자(이하 "특수관계자"라 한다)와의 거래로 인하여 그 법인의 소득에 대한 조세의 부담을 부당히 감소시킨 것으로 인정되는 경우에는 그 법인의 행위 또는 소득금액의 계산(이하 "부당행위계산"이라 한다)에 관계없이 그 법인의 각 사업연도의 소득금액을 계산할 수 있다.

②제 1 항의 규정을 적용함에 있어서는 건전한 사회통념 및 상관행과 특수관계자가 아닌 자 간의 정상적인 거래에서 적용되거나 적용될 것으로 판단되는 가격(요율·이자율·임대료 및 교환비율 기타 이에 준하는 것을 포함하며, 이하 이 조에서 "시가"라 한다)을 기준으로 한다.

④제 1 항 내지 제 3 항의 규정을 적용함에 있어서 부당행위계산의 유형 및 시가의 산정 등에 관하여 필요한 사항은 대통령령으로 정한다.

❍ **법인세법 시행령**(2007. 2. 28. 대통령령 제19891호로 개정되기 전의 것)

제53조 【업무무관자산등에 대한 지급이자의 손금불산입】

①법 제28조 제 1 항 제 4 호 나목에서 "대통령령이 정하는 것"이라 함은 명칭여하에 불구하고 당해 법인의 업무와 관련이 없는 자금의 대여액(제61조 제 2 항 각 호의 1에 해당하는 금융기관 등의 경우 주된 수익사업으로 볼 수 없는 자금의 대여액을 포함한다)을 말한다. 다만, 기획재정부령이 정하는 금액을 제외한다.

제88조 【부당행위계산의 유형 등】

①법 제52조 제 1 항에서 "조세의 부담을 부당히 감소시킨 것으로 인정되는 경우"란 다음 각 호의 어느 하나에 해당하는 경우를 말한다.

1. 자산을 시가보다 높은 가액으로 매입 또는 현물출자받았거나 그 자산을 과대상각한 경우

6. 금전, 그 밖의 자산 또는 용역을 무상 또는 시가보다 낮은 이율·요율이나 임대료로 대부하거나 제공한 경우. 다만, 다음 각 목의 어느 하나에 해당하는 경우는 제외한다.

9. 그 밖에 제 1 호 내지 제 7 호, 제 7 호의 2, 제 8 호 및 제 8 호의 2에 준하는 행위 또는 계산 및 그 외에 법인의 이익을 분여하였다고 인정되는 경우

제89조 【시가의 범위 등】

①법 제52조 제 2 항을 적용할 때 해당 거래와 유사한 상황에서 해당 법인이 특수관계자 외의 불특정 다수인과 계속적으로 거래한 가격 또는 특수관계자가 아닌 제 3 자 간에 일반적으로 거래된 가격이 있는 경우에는 그 가격(주권상장법인이 발행한 주식을 한국거래소에서 거래한 경우 해당 주식의 시가는 그 거래일의 한국거래소 최종 시세가액)에 따른다.

②법 제52조 제 2 항의 규정을 적용함에 있어서 시가가 불분명한 경우에는 다음 각 호의 규정을 순차로 적용하여 계산한 금액에 의한다.

1. 「부동산가격공시 및 감정평가에 관한 법률」에 의한 감정평가법인이 감정한 가액이 있는 경우 그 가액(감정한 가액이 2 이상인 경우에는 그 감정한 가액의 평균액). 다만, 주식등을 제외한다.
2. 「상속세 및 증여세법」 제38조 내지 제39조의 2 및 동법 제61조 내지 제64조의 규정을 준용하여 평가한 가액. 이 경우 「상속세 및 증여세법」 제63조 제 2 항 제 1 호 및 동법 시행령 제57조 제 1 항·제 2 항의 규정을 준용함에 있어서 "직전 6월(증여세가 부과되는 주식등의 경우에는 3월로 한다)"은 이를 각각 "직전 6월"로 본다.

⑤제88조의 규정에 의한 부당행위계산에 해당하는 경우에는 법 제52조 제 1 항의 규정에 의하여 제 1 항 내지 제 4 항의 규정에 의한 시가와의 차액 등을 익금에 산입하여 당해 법인의 각 사업연도의 소득금액을 계산한다. 다만, 기획재정부령이 정하는 금전의 대여에 대하여는 이를 적용하지 아니한다.

❍ 상속세 및 증여세법

제64조 【무체재산권등의 평가】

①매입한 무체재산권의 가액은 매입가액에서 매입한 날부터 평가기준일까지의 「법인세법」상의 감가상각비를 차감한 금액으로 평가한다.

②제 1 항 외의 공업소유권등 기타 무체재산권의 평가는 당해 재산의 취득을 위하여 소요된 가액 또는 장래의 경제적 이익등을 감안하여 대통령령이 정하는 방법에 의하여 평가한다.

❍ 상속세 및 증여세법 시행령

제59조 【무체재산권등의 평가】

①매입한 무체재산권의 가액은 매입가액에서 매입한 날부터 평가기준일까지의

감가상각비상당액을 차감한 가액에 의한다.

⑤특허권·실용신안권·상표권·디자인권 및 저작권 등은 그 권리에 의하여 장래에 받을 각 연도의 수입금액을 기준으로 기획재정부령이 정하는 바에 의하여 계산한 금액의 합계액에 의한다. 이 경우 각 연도의 수입금액이 확정되지 아니한 것은 평가기준일 전 3년간의 각 연도 수입금액의 합계액을 기획재정부령이 정하는 바에 따라 평균한 금액을 각 연도의 수입금액으로 할 수 있다.

❍ **상속세 및 증여세법 시행규칙**

제19조 【무체재산권등의 평가】

②영 제59조 제5항 전단에 따른 특허권·실용신안권·상표권·디자인권 및 저작권등의 가액은 다음의 산식에 의하여 환산한 금액의 합계액으로 한다.

각 연도의 수입금액 $\div (1 + 10/1001 + 10/100)^{n}$

n : 평가기준일부터의 경과연수

③제2항의 산식을 적용함에 있어서 평가기준일부터의 최종 경과연수는 당해 권리의 존속기간에서 평가기준일 전일까지 경과된 연수를 차감하여 계산한다. 이 경우 평가기준일부터의 최종 경과연수가 20년을 초과하는 때에는 20년으로 한다.

④영 제59조 제5항 후단에 따라 특허권·실용신안권·상표권·디자인권 및 저작권 등의 권리에 의한 각 연도의 수입금액이 확정되지 아니한 경우에는 평가기준일 전 최근 3년간(3년에 미달하는 경우에는 그 미달하는 연수로 한다. 이하 이 항에서 같다)의 각 연도의 수입금액의 합계액을 평균한 금액을 각 연도의 수입금액으로 하되, 최근 3년간 수입금액이 없거나 저작권(저작인접권을 포함한다)으로서 평가기준일 현재 장래에 받을 각 연도의 수입금액이 하락할 것이 명백한 경우에는 법 제6조 제1항 본문에 따른 세무서장등이 2 이상의 공신력 있는 감정기관(「부동산 가격공시 및 감정평가에 관한 법률」에 의한 감정평가법인을 말한다) 또는 전문가의 감정가액 및 해당 권리의 성질 기타 제반사정을 감안하여 적정한 가액으로 평가할 수 있다.

4. 평 석

가. 가장행위와 과세

(1) 가장행위의 의의[1)]

가장행위란 행위 자체가 당사자의 진의에 의하지 아니한 경우로서 민법 제108조 통정허위표시가 그 대표적인 예라고 할 수 있다. 가장행위는 사법상 무효이지만, 은닉행위는 유효하게 취급받기 때문에 은닉행위에 대한 과세가 가능하다. 본 사안에서 국세청은 원고의 상표권 매수행위를 가장행위로 취급하고, 금전의 대여행위가 은닉행위라고 보았는바, 세법상 가장행위가 인정되는지, 인정된다면 사안의 경우를 가장행위라고 판단할 수 있을지가 문제된다.

(2) 가장행위에 대한 판례의 태도

대법원은 매도인이 건설회사가 아파트 건축을 위하여 토지를 매수한다는 사실을 알면서도 법인 앞으로 양도하게 되면 실지거래가액에 따른 양도소득세를 부담하게 된다는 이유로 회사의 대표이사 개인 명의로의 양도를 고집하여 그와 같은 내용의 계약서를 작성하고 대표이사 개인 앞으로 소유권이전등기를 경료하였다가 후에 회사 앞으로 소유권이전등기를 경료한 경우, 매도인과 대표이사 개인 간에 체결된 계약과 그로 인한 소유권이전등기는 회사가 부동산을 실질적으로 매수함에 있어 매도인이 양도소득세의

---

1) 가장행위와 달리 조세회피행위란 납세자가 경제인의 합리적인 거래형식에 의하지 아니하고 우회행위, 다단계 행위 등 비정상적 거래형식을 취함으로써 통상적인 행위형식에 의한 것과 같은 경제적 목적을 달성하면서도 조세의 부담을 부당히 감소시키는 행위를 의미한다 : 임승순, 『조세법』, 박영사, 2009, p.53.

중과를 피할 목적에서 대표이사 개인 명의를 중간에 개입시킨 가장매매행위라 보아 매도인이 법인에게 부동산을 양도한 것으로 판단하여 가장행위의 경우 은닉행위에 기한 과세가 가능하다는 태도를 취하고 있다.[2] 아울러 대법원은 법인세법상 부당행위계산 부인제도는 내국법인의 행위 또는 소득금액계산이 대통령령이 정하는 특수관계자와의 거래에 있어서 그 법인의 소득에 대한 조세의 부담을 부당히 감소시키는 것으로 인정되는 경우에 그 법인의 행위 또는 계산의 효력을 부인하고 정부가 소득금액을 독자적으로 계산하는 제도이므로, 부당행위계산에 따른 부인을 위해서는 내국법인과 위 특수관계자 사이에 내국법인의 행위 또는 소득금액의 계산이 있어야 하나 그 기초적 사실행위에 불법행위, 허위행위 또는 가장행위가 있는 경우 과세관청으로서는 조사결정권에 의하여 그 행위의 존재 자체를 부정하고 실질적인 거래에 대하여 과세하여야 하는 것은 당연한 이치라 할 것이고, 나아가 그 실질적인 거래가 위 부당행위계산에 해당하는 경우에는 부당행위계산 부인제도에 의하여 그 행위 또는 계산의 효력을 부인하고 과세할 수 있다고 판시한 바 있다.[3]

반면 대법원은 갑이 부동산 취득을 위해 부동산을 소유한 법인의 주식을 취득한 사안에서 법인 또는 개인이 다른 법인 소유의 부동산을 취득하고자 하는 경우 이를 위한 거래의 법적 형식은, 당해 부동산을 매매에 의하여 직접 취득하는 방식과 그 부동산을 소유하는 법인 자체에 대한 지배권을 취득할 수 있는 주식을 양수하는 방식으로 나눌 수 있는바, 원고가 당초 이 사건 부동산을 취득하기 위하여 어느 방식을 취할 것인가의 문제는, 그 목적 달성의 효율성, 조세 등 관련비용의 부담 정도 등을 고려하여 스스로 선택할 사항이라고 할 것이며, 원고가 어느 한 가지 방식을 선택하여 부동산 취득을 위한 법률관계를 형성하였다면, 그로 인한 조세의 내용이나 범

---

2) 대법원 1991. 12. 13. 선고, 91누7170 판결.

3) 대법원 1995. 2. 10. 선고, 94누1913 판결.

위는 그 법률관계에 맞추어 개별적으로 결정된다 할 것이고, 위와 같이 서로 다른 거래의 궁극적 목적이 부동산의 취득에 있다 하여 그 법적 형식의 차이에도 불구하고 그 실질이 같다고 하거나 조세법상 동일한 취급을 받는 것이라고 할 수는 없다고 판시하여[4] 가장행위의 인정에 신중을 기하는 태도를 보이고 있다.

(3) 사안의 검토

과세관청은 이 사건 상표권의 양도행위를 실질적으로 자금의 지원으로 판단하였다. 즉, 과세관청은 원고는 □□그룹 계열사들로부터 상품을 매입하여 국내에 단순판매하고 매출액 대비 2.25%의 확정된 이익만을 받는 무위험 판매법인이므로 별도의 독립된 투자결정을 할 필요가 없음에도, 이 사건 상표권을 약 130억 원에 매입하였고 불과 4년 뒤에 이를 30억 원에 매도하여 상표권 취득이라는 거래형식을 빙자하여 결손이 누적된 특수관계법인에게 부당하게 자금을 지원하였다는 것이다.

하지만 원고는 이 사건 상표권을 ○○○○로부터 매입하여 4년간 이를 활용하였으며, 그 후에 위 상표권을 제 3 자에 매도하였다. 가사 원고에게 상표권 매수를 통해 특수관계법인인 ○○○○를 지원하고자 하는 의사가 있었다고 하더라도 원고가 ○○○○로부터 상표권을 매수하고자 하는 의사가 없었음이 입증되지 아니한 이상 원고의 상표권 매수행위는 사법상으로 유효하다고 보아야 할 것이다.

나. 업무무관 가지급금

(1) 업무무관 가지급금의 범위 등

업무무관 가지급금에 대하여 법인세법 시행령 제53조 제 1 항은 '명칭

4) 대법원 1998. 5. 26. 선고, 97누1723 판결.

여하에 불문하고 당해 법인의 업무와 관련이 없는 자금의 대여액'이라고 규정하고 있다. 업무무관 가지급금에는 순수한 의미의 대여금은 물론, 채권의 성질상 대여금에 준하는 것도 포함되고, 적정한 이자율에 의하여 이자를 받으면서 가지급금을 제공한 경우도 포함되며, 가지급금의 업무관련성 여부는 당해 법인의 목적이나 영업내용을 기준으로 객관적으로 판단하여야 한다.[5] 다만, 구체적 사안에서 업무무관 가지급금에 해당하는지 여부가 명확한 것은 아니다.[6] 당해 대여액이 업무무관 가지급금으로 인정되면 법인세법 제28조 제1항 제4호 나목 및 동법 시행령 제53조에 따라 지급이자를 손금불산입할 뿐만 아니라 법인세법 제52조 및 동법 시행령 제88조 제1항 제6호에 따라 인정이자를 익금산입하게 된다. 따라서 당해 법인으로서는 이중의 제재를 당하는 셈이 된다.

(2) 업무무관 가지급금에 대한 판례의 태도

대법원은 주식회사가 유상증자를 하면서 사채업자들로부터 가지급금을 차용하여 그 신주 인수주주들이 납입하여야 할 주식인수대금을 대신 납입한 경우, 가지급금에 대한 인정이자를 익금에 산입하고 그 지급이자 부분을 손금에 불산입한 과세처분이 적법하며,[7] 법인이 특수관계에 있는 자로부터 지급받아야 할 공사대금의 회수를 정당한 사유 없이 지연시키는 것은 실질적으로 공사대금이 계약상의 의무이행기한 내에 전부 회수된 후 다시 가지급된 것과 같은 효과를 가져온다는 점에서 그 공사대금을 회수하여야 할 날에 그 미회수 공사대금을 가지급금으로 지출한 것으로 보아야 할 것이며,[8] 정리회사가 특수관계에 있는 ○○에게 자금을 대여하거나 미지급된

---

5) 대법원 1992. 11. 10. 선고, 91누8302 판결 ; 대법원 2007. 9. 20. 선고, 2006두1647 판결 등.

6) 현재 심판이나 소송실무에서는 부당행위계산 부인의 인정범위보다는 업무무관 가지급금의 범위를 다소 좁게 보고 있는 듯 하나 그 경계가 반드시 분명한 것만은 아니다 : 임승순, 전게서, p.642.

7) 대법원 2006. 9. 8. 선고, 2004두8170 판결.

8) 대법원 1995. 12. 26. 선고, 95누3589 판결 ; 대법원 2003. 3. 11. 선고, 2002두4068 판결 ;

수출관련 대금을 정리회사의 비용부담으로 처리한 것은 정리회사의 목적사업이나 영업내용, ○○의 영업내용 및 정리회사와의 거래관계 등에 비추어 볼 때 정리회사의 업무와 관련 없이 지급한 가지급금에 해당한다고 판시한 바 있다.[9]

반면 대법원은 지급이자 손금불산입의 대상이 되는 업무무관 가지급금 등에는 순수한 의미의 대여금은 물론 구상금채권과 같이 채권의 성질상 대여금에 준하는 것도 포함되고, 또한 그 구상금채권에 대한 회수의 지연이 건전한 사회통념이나 상관행에 비추어 경제적 합리성이 결여되어 조세의 부담을 부당하게 감소시킨 것으로 인정되는 경우에는 인정이자 익금산입의 대상에도 해당된다 할 것이지만(대법원 1992. 11. 10. 선고, 91누8302 판결 ; 대법원 2006. 10. 26. 선고, 2005두1558 판결 등 참조), 이와 같은 구상금채권과 관련하여 지급이자 손금불산입이나 인정이자 익금산입을 하기 위해서는 당해 법인이 구상금채권을 보유하고 있음이 전제가 되어야 하므로 만약 그 법인이 특수관계자에 대한 구상금채권을 포기하였다면 그 포기행위가 별도로 부당행위계산 부인의 대상이 되고 특수관계자에게는 증여세 등이 부과될 수 있음은 별론으로 하고, 그 후에는 더 이상 그 구상금채권의 보유를 전제로 한 지급이자 손금불산입이나 인정이자 익금산입을 할 수는 없고,[10] 회사가 특수관계 법인들에 대한 은행 대출을 위해 정기예금을 예치하여 담보로 제공한 경우, 법인세법 제28조 제 1 항 제 4 호 (나)목에서 정한 '업무무관 가지급금'에 해당하지 않는다고 판시한 바 있다.[11]

즉, 대법원은 법문에 규정된 '대여'의 의미에 충실하여 직접적으로 금전의 대여라고 볼 수 있는 행위가 존재하는지 여부에 따라 가지급금에 해당되는지 여부를 파악하여, 간접적으로 금전의 대여와 동일한 효과를 가져

대법원 2004. 2. 13. 선고, 2002두11479 판결 등.

9) 대법원 2004. 2. 13. 선고, 2002두11479 판결.

10) 대법원 2009. 10. 29. 선고, 2007두16561 판결.

11) 대법원 2009. 4. 23. 선고, 2006두19037 판결.

오는 행위를 하였다고 하더라도, 주식인수대금의 대납이나 공사대금의 회수 연기와 같은 금전의 대여로 볼 수 있는 행위가 존재하지 아니하면 업무무관 가지급금으로 인정하지 않고 있는 듯하다.

(3) 사안의 검토

과세관청은 본 사안에 대하여 상표권 매입을 사실상 자금의 대여로 판단하여 이 사건 금원을 업무무관 가지급금에 해당한다고 판단하였다. 과세관청의 주장대로 이 사건 상표권 매입을 자금의 대여를 위한 가장행위로 볼 수 있다면 업무무관 가지급금에 대한 과세관청의 주장도 타당할 것이나, 앞서 검토한 바와 같이 상표권 매수 행위의 사법상 효력을 부인할 근거가 없는 상황에서 이를 업무무관 가지급금으로 보기는 어려울 것이다. 대법원 역시 업무무관 가지급금에 해당하기 위해서는 금전의 대여로 볼 수 있는 행위를 요하고 있는바, 상표권의 매수 행위는 가사 그러한 행위를 통해 금전의 대여와 동일한 효과를 가져온다고 하더라도 금전의 대여로서의 외형을 갖추지 못하였다고 할 것이므로 업무무관 가지급금에 해당되지 않는다고 판단할 가능성이 높다고 본다. 따라서 원고가 ○○○○로부터 이 사건 상표권을 양수한 행위는 당사자들이 선택한 거래형식에 따라 매매로 보아야 하고 이를 '자금의 대여'에 해당한다고 볼 수 없을 뿐만 아니라, 매매와 금전 소비대차는 법적 성질이 전혀 다르므로 이를 대여행위에 준하는 것이라고 보기도 어렵다는 원심의 판시는 타당하다고 할 것이다.

다. 부당행위계산 부인

(1) 부당행위계산 부인의 의의

부당행위계산 부인이란 납세자가 정상적인 경제인의 합리적인 거래형식에 의하지 아니하고 우회행위, 다단계행위 그 밖의 이상한 거래형식을 취함으로써 통상의 합리적인 거래형식을 취할 때 생기는 조세의 부담을 감소시키는 행위계산을 조세법적으로 부인하여 과세상 시정하는 것을 의미한다.[12] 즉, 특수관계있는 자와의 거래를 통하여 부당하게 조세의 부담을 감소시키는 거래를 규제하여 공평과세의 원칙 내지 실질과세의 원칙을 구현하고자 하는 조세법상의 규정이라고 할 수 있다.

이와 관련하여 대법원은 법인세법에 부당행위계산 부인규정을 둔 취지는 법인과 특수관계있는 자와의 거래가 법 시행령 제88조 제 1 항 각 호에 정한 제반 거래형태를 빙자하여 남용함으로써 경제적 합리성을 무시하였다고 인정되어 조세법적인 측면에서 부당한 것이라고 보일 때 과세권자가 객관적으로 타당하다고 인정되는 소득이 있었던 것으로 의제하여 과세함으로써 과세의 공평을 기하고 조세회피행위를 방지하고자 하는 것이라고 판시한 바 있다.[13]

(2) 부당행위계산 부인의 요건

법인세법 제52조 제 1 항에 따르면 부당행위계산 부인규정의 요건에 해당하기 위해서는 ① 특수관계에 있는 자와의 거래일 것, ② 내국법인의 행위 또는 소득금액의 계산이 부당할 것, ③ 법인의 소득에 대한 조세의 부담을 감소시켰을 것, ④ 법인세법 시행령 제88조 제 1 항에 열거한 유형에 해당될 것이라는 요건을 충족하여야 한다.

위 요건 중 행위·계산의 부당성을 판단하는 기준으로 특수관계가 없는 자와의 통상적인 거래에서는 행할 수 없는 거래에만 부당성을 인정하는 비특수관계자 비교설, 사회통념상 순경제인이라면 선택할 것으로 예상되는 법적 수단이나 계산과 비교하여 불합리하고 부자연스럽게 보이는 경우에 부당성을 인정하는 경제적 합리성설, 부당성의 판단기준을 복합적으로 파악하여 여러 사정을 살펴보아도 조세회피 이외에는 도저히 정당하다고 여

12) 임승순, 전게서, p.690.

13) 대법원 2006. 11. 10. 선고, 2006두125 판결.

겨질 합리적 사유가 없는 경우에 부당성을 인정하는 절충설이 대립하는바, 경제적 합리성설이 통설이며,[14] 판례 역시 경제적 합리성설의 입장에서 어떤 행위가 법인세법상의 부당행위계산에 해당되느냐의 여부는 거래행위의 제반 사정을 구체적으로 고려하여 과연 그 거래행위가 건전한 사회통념이나 상관행에 비추어 경제적 합리성을 결여한 것인지 여부에 의하여 판단하여야 하는 것이라고 판시한 바 있다.[15]

아울러 대법원은 법인세법 시행령 제88조 제 1 항이 조세의 부담을 부당하게 감소시키는 것으로 인정되는 경우에 관하여 제 1 호 내지 제 8 호에서는 개별적 · 구체적인 행위유형을 규정하고, 그 제 9 호에서는 '기타 제 1 호 내지 제 8 호에 준하는 행위 또는 계산 및 그 외에 법인의 이익을 분여하였다고 인정되는 경우'라고 하여 개괄적인 행위유형을 규정하고 있으므로, 제 9 호의 의미는 제 1 호 내지 제 8 호에서 정한 거래행위 이외에 이에 준하는 행위로서 특수관계자에게 이익분여가 인정되는 경우를 의미하며,[16] 한편 부당행위계산 부인에 있어 반드시 조세부담을 회피하거나 경감시킬 의도가 있어야만 하는 것은 아니라고 판시한 바 있다.[17]

(3) 법인세법 시행령 제88조 제 1 항 제 1 호(자산의 고가매입)의 판단 기준

법인세법 시행령 제88조 제 1 항 제 1 호는 '자산을 시가보다 높은 가액으로 매입'한 경우를 부당행위계산의 유형으로 예시하고 있다. 사안에서의 상표권 매입이 위 자산의 고가매입에 해당되는지를 판단하기 위해서는 고가매입의 기준 설정이 필요하다. 이에 대하여 동법 시행령 제89조는 해당 거래와 유사한 상황에서 해당 법인이 특수관계자 외의 불특정 다수인과 계

14) 김현희, "법인세법상 부당행위계산 부인규정에 관한 연구", 이화여대 대학원, 2005, pp. 48~49.

15) 대법원 2000. 11. 14. 선고, 2000두5494 판결.

16) 대법원 2003. 12. 12. 선고, 2002두9995 판결.

17) 대법원 2000. 2. 11. 선고, 97누13184 판결.

속적으로 거래한 가격 또는 특수관계자가 아닌 제 3 자 간에 일반적으로 거래된 가격이 있는 경우에는 그 가격(주권상장법인이 발행한 주식을 한국거래소에서 거래한 경우 해당 주식의 시가는 그 거래일의 한국거래소 최종 시세가액)을 기준으로 하되, 그러한 시가가 불분명한 경우에는 「부동산가격공시 및 감정평가에 관한 법률」에 의한 감정평가법인이 감정한 가액(감정한 가액이 2 이상인 경우에는 그 감정한 가액의 평균액), 「상속세 및 증여세법」 제38조 내지 제39조의 2 및 동법 제61조 내지 제64조의 규정을 준용하여 평가한 가액을 순차로 적용하도록 규정하고 있다.

대법원은 특수관계자 발행의 주식인수와 관련된 사안에서 특수관계자가 발행한 주식의 시가가 액면가에 미달함에도 그 신주를 액면가로 인수한 것이 부당행위계산 부인의 대상이 되는바, 신주인수행위는 취득 당시에 그 가치가 확정되어 있는 일반적인 자산의 매입과는 달리 당해 주식대금의 납입 자체로 인하여 바로 발행법인의 주식가치가 변동함으로써 인수자가 신주를 취득할 때는 이미 그 가치가 변동한 상태인 점을 감안하면, 신주의 고가인수로 인한 부당행위계산 부인액 산정의 기준이 되는 주식의 시가도 증자 대금 납입 직후의 주식가액이라고 보아야 한다고 판시한 바 있다.[18)]

(4) 사안의 경우

사안의 경우 앞서 검토한 바와 같이 본 사안에서 상표권 매수를 자금의 대여로 보기는 어려우므로 법인세법 시행령 제88조 제 1 항 제 6 호의 부당행위계산 부인규정이 적용되기는 어렵다. 다만, 상표권 매수 가액이 지나치게 고가인지 여부에 따라 동법 시행령 제88조 제 1 항 제 1 호의 적용될 수 있을지가 문제된다. 상표권의 시가와 관련하여 원고는 상표권 매수 이전에 상표권의 시가에 대한 감정평가를 받았고 그 감정평가액에 따라 상표권을 매수하였으므로 고가매입이 아니라고 주장한다. 반면 피고는 원고가

---

18) 대법원 2004. 2. 13. 선고, 2002두7005 판결.

제시하는 감정평가액이 문제가 있다고 전제하에 상속세 및 증여세법 시행규칙 제19조에 따라 위 상표권의 시가를 12,628,245,632원으로 평가하고 이 사건 처분을 하였다. 그리고 이에 대하여 원심은 원고가 제시하는 감정평가액이 부당하다는 점에 대하여 피고가 별도의 감정평가자료를 제시하는 등 뚜렷한 증거를 제시하지 못하고 있어, 사안을 상속세 및 증여세법에 의한 보충적 평가방법에 의해 가액을 산정하여야 하는 경우라고 단정하기 어렵다고 판시하였다.

이 사건 상표권의 평가를 위한 감정평가서에 따르면 이 사건 상표권과 같은 경우는 비용접근법[19]이나 시장접근법,[20] 소득접근법[21]과 같은 통상적인 가치평가 방법이 적용되기 어렵다. 비용접근법의 경우 장래의 수익을 고려하지 않는다면 문제점이 있고, 시장접근법의 경우 이 사건 상표권의 경우 과점시장 내에서 일정 지위를 점하고 있는 상표권의 매매로 유사 사례를 찾기가 어렵다는 문제점이 있으며, 소득접근법의 경우 대상 기업이 상표권 매도 당시 영업적자를 기록하던 중이었고 흑자전환 시점도 예측하기 어려운 문제점이 있기 때문이다. 따라서 이 사건 상표권은 원고가 상표권 매수 후 지급받을 로열티를 기준으로 하여 영구적으로 받게 될 로열티를 현재가치로 할인하는 방법을 사용하였으며, 로열티는 순매출액의 2%, 순매출액은 매년 상승하는 것으로 설정하였다.

피고는 이에 대하여 이 사건 상표권의 매도인인 ○○○○는 매도 당시 2년간 대규모 적자를 실현한 법인이었음에도 순매출액이 매년 상승하는 것

---

19) 비용접근법은 감정평가의 대상을 창출하기 위해 투입된 비용을 기준으로 대상의 가치를 평가하는 방법이다.

20) 시장접근법은 감정평가의 대상이 시장에서 거래되는 가격을 기준으로 대상의 가치를 평가하는 방법이다. 동종거래나 유사거래가 많은 경우 유용한 방법이라고 할 수 있다.

21) 소득접근법은 감정평가 대상이 장래에 창출할 수익을 기준으로 대상의 가치를 평가하는 방법이다. 감정평가의 대상이 창출할 수익의 정도와 기간 등이 예측 가능한 경우 유용한 방법이다.

으로 전제한 점, 로열티를 순매출액의 2%로 설정한 것 역시 비교대상 업체들이 상표권뿐만 아니라 기술정보, 기술용역 등 일체를 이전하는 대가로 순매출액의 2% 미만의 로열티를 받는 점에 비추어 과도한 점 등에 비추어 부당하다고 주장한다.

실제로 원고가 이 사건 상표권을 3년이 지난 뒤 매수 가액의 1/4에도 미치지 못하는 가격에 ◇◇에 매도한 점에 비추어 보아도 위 감정평가액은 이 사건 상표권의 시가를 고평가하였다고 판단할 수 있다. 원심도 이러한 점을 고려하여 이 사건 상표권의 시가가 고평가된 금액으로 매입되었다고 볼 여지가 있다고 판시하였으나, 그러한 점이 이 사건 감정평가액을 배제할 정도는 아닌 것으로 판단하고 있는 듯하다.

하지만 대법원은 감정평가법인이 평가한 건물 등의 감정가액이 문제된 사안에서 감정평가법인이 한 감정평가액이라고 하더라도 그 감정평가액을 실질거래가액으로 보기 위해서는 그 감정평가가 적정한 감정방법에 따라 행하여진 것으로서 공정성과 합리성을 가진 것이어야 하므로, 감정평가법인의 공동주택에 대한 감정평가가 감정방법에 있어 그 시가를 적정하게 반영하지 못하였고 감정결과 역시 분양가격과 큰 차이를 보이는 경우 이를 실지거래가액으로 보기는 어렵다고 판시한 바 있다.[22] 사안의 경우에도 매출액이나 로열티의 산정기준 등에 있어 문제점을 가지고 있으며 감정평가액 역시 시가와 큰 차이를 보이는 것으로 판단되는 점 등에 비추어 원고가 제출한 감정평가액은 배제되어야 할 것으로 보인다. 아울러 순차적으로 법인세법 시행령 제89조 제 2 항 제 2 호에 따라 피고가 평가한 상표권의 시가가 적정한지 여부가 검토되어야 할 것이다.

22) 대법원 2001. 1. 30. 선고, 99두7876 판결.

라. 결 론

조세법률주의원칙에 비추어 이 사건 상표권 매입을 금전의 대여로 간주하거나 업무무관 가지급금으로 판단하기는 어려워 보인다. 하지만 사안에서 드러난 여러 정황들에 비추어 이 사건 상표권 매입이 지나치게 고가로 이루어져 경제적 합리성이 결여되었다고 볼 수 있으므로 부당행위계산 부인은 가능한 것으로 판단된다. 그런데 부당행위계산 부인을 위해서는 이 사건 상표권의 시가가 확인이 되어야 하는바, 이 사건 상표권과 같이 동종 내지 유사거래를 찾기 어렵고, 상표권이 창출할 수익도 불분명한 경우 그 시가 산정에 어려움이 많다. 실무상으로도 시가의 평가와 관련하여 적절한 산정방법이나 비교대상 거래를 찾기 어려운 경우가 많으며, 감정평가액만을 기준으로 삼기에는 부족한 경우도 존재한다. 따라서 장기적으로 이 부분에 대하여 구체적 타당성을 기할 수 있는 평가이론과 법리의 개발 및 비교대상자료의 축적이 필요할 것으로 보인다.

서울고등검찰청 송무부

검찰
PROSECUTION SERVICE

합병과 이월결손금 공제

(서울행정법원 2009. 5. 13. 선고, 2008구합36036 판결)

1. 판결요지

(1) 이 사건 변경등기가 합병등기와 같은 날 이루어지기는 하였으나, 이 사건 변경등기는 이 사건 합병등기를 전제로 하여 이루어진 것이므로 그 논리적 선후관계에 있어 이 사건 변경등기가 이 사건 합병등기의 '후'에 이루어졌다고 볼 수밖에 없는 점, 합병등기시점 이후인데도 합병등기일에 이루어진 상호변경 등기를 이월결손금공제 제한요건에서 제외하여야 할 아무런 합리적 이유도 찾아볼 수 없는 점, 따라서 만일 위와 같은 상호변경 등기가 구 법인세법 시행령(1998. 12. 31. 대통령령 제15970호로 개정되기 전의 것, 이하 같다) 제 8 조의 3 제 1 항 제 3 호 소정의 '합병등기 후 2년 이내에 상호변경등기'에 해당하지 아니한다면 이월결손금 공제 제한요건을 탈법적으로 회피하는 행위를 용인하여 주는 결과가 되어 위 시행령 조항의 취지에 부합하지 아니하는 점 등에 비추어 볼 때, 구 법인세법 시행령 제 8 조의 3 제 1 항 제 3 호에 정한 '합병등기 후 2년 이내의 기간'이라 함은 합병등기를 마친 시점 이후부터 2년 이내의 기간이라고 봄이 상당하다.

(2) 구 법인세법 시행령 제8조의 3 제1항 제3호에 정한 '합병법인의 상호를 피합병법인의 상호로 변경등기할 것'이라 함은 피합병법인의 상호와 동일한 상호로 변경등기할 것을 의미한다고 해석하는 것이 자연스러운 문언해석이라 할 것이고, 이와 달리 당해 상호가 가지는 실질적 의미와 가치가 계속 유지되고 있느냐를 기준으로 실질적으로 동일한 상호로 변경등기하는 것도 포함된다고 해석하는 것은 위 법문을 확장 · 유추해석하는 것이 되어 허용되지 아니한다.

특히 2006. 2. 9. 대통령령 제19328호로 개정된 구 법인세법 시행령 제81조 제5항 제1호에 이르러 비로소 합병법인의 상호와 피합병법인의 상호 중 피합병법인의 상호만 포함된 다른 상호를 포함하는 방식으로 합병법인의 상호를 변경하는 경우도 피합병법인의 상호와 동일한 상호로 변경하는 것과 같게 규율하도록 규정하고 있는 점에 비추어 볼 때, 이러한 명시적인 규정 없이 '합병법인의 상호를 피합병법인의 상호로 변경등기할 것'의 의미를 피합병법인의 상호 일부가 포함되는 등 유사한 경우까지 확장하여 해석하는 것은 타당하지 아니하다고 할 것이다.

2. 사실관계

(1) 원고는 건설 및 산업용 고품질 폴리머, 섬유 등의 제조업 · 도매업 등을 영위하는 것을 주업으로 하여 '□□폴리머 주식회사'라는 상호로 설립된 회사로서, '한국□□ 주식회사'를 합병한 후, 1997. 3. 27. 합병등기를 마치고 같은 날 상호를 '주식회사 □□'으로 변경등기하였다.

(2) 이 사건 합병 당시 피합병법인인 '한국□□ 주식회사'의 이월결손금은 없었던 반면 원고의 이월결손금은 약 17,060,242,483원이었다.

(3) 원고는 1997, 1998사업연도 소득금액에서 위 이월결손금을 공제하여 각

사업연도 법인세를 신고·납부하였으나, 피고는 이 사건 합병이 구 법인세법(1998. 12. 28. 법률 제5581호로 개정되기 전의 것) 제 8 조 단서에 정한 조세를 부당하게 감소시키기 위한 목적의 합병으로 구 법인세법 시행령(1998. 12. 31. 대통령령 제15970호로 개정되기 전의 것) 제 8 조의 3 제 1 항에 정한 요건에 해당하여 이월결손금을 공제할 수 없다고 판단하고 이 사건 법인세 부과 처분을 하였다.

3. 관련법령

❍ **국세기본법**

제 4 조 【기간의 계산】

이 법 또는 세법에 규정하는 기간의 계산은 이 법 또는 그 세법에 특별한 규정이 있는 것을 제외하고는 「민법」에 의한다.

❍ **민 법**

제157조 【기간의 기산점】

기간을 일, 주, 월 또는 연으로 정한 때에는 기간의 초일은 산입하지 아니한다. 그러나 그 기간이 오전영시로부터 시작하는 때에는 그러하지 아니하다

❍ **법인세법**

제 8 조 【과세표준】 (1998. 12. 28. 법률 제5581호로 개정되기 전의 것)

내국법인의 각 사업연도의 소득에 대한 법인세의 과세표준은 각 사업연도의 소득의 범위 안에서 다음 각 호에 규정하는 소득과 금액을 순차로 공제한 금액으로 한다. 다만, 조세를 부당하게 감소시키기 위한 목적의 합병이라고 인정되는 합병으로서 대통령령이 정하는 합병의 경우에는 제 1 호에 규정하는 결손금을 공제하지 아니한 금액으로 한다.

1. 각 사업연도 개시일 전 5년 이내에 개시한 사업연도에서 발생한 결손금으로서 그 후의 각 사업연도의 소득금액 또는 과세표준계산상 공제되지 아니한 금액

2. 이 법 및 다른 법률에 규정하는 비과세소득
3. 이 법 및 다른 법률에 규정하는 소득공제액

제45조 【합병시 이월결손금의 승계】 (1998. 12. 28. 법률 제5581호로 개정된 것)
①다음 각 호의 요건을 갖춘 합병으로서 합병법인이 피합병법인의 자산을 장부가액으로 승계하는 경우 합병등기일 현재 피합병법인의 제13조 제 1 호의 규정에 의한 결손금은 이를 합병법인의 결손금으로 보아 그 승계받은 사업에서 발생한 소득금액의 범위 안에서 대통령령이 정하는 바에 따라 합병법인의 각 사업연도의 과세표준계산에 있어서 이를 공제한다.
1. 제52조 제 1 항의 규정에 의한 특수관계자 외의 법인 간에 합병하는 경우로서 제44조 제 1 항 각 호에 해당할 것
2. 피합병법인의 주주등이 합병법인으로부터 받은 주식등이 합병법인의 합병등기일 현재 발행주식총수 또는 출자총액의 100분의 10 이상일 것
3. 합병법인이 제113조 제 3 항의 규정에 의하여 구분경리할 것

②제 1 항의 규정에 의하여 피합병법인의 결손금을 공제한 합병법인이 합병등기일이 속하는 사업연도의 다음 사업연도 개시일부터 3년 이내에 피합병법인으로부터 승계받은 사업을 폐지하는 경우에는 공제한 결손금의 전액을 그 폐지한 날이 속하는 사업연도의 소득금액계산에 있어서 익금에 산입한다.
③조세를 부당하게 감소시키기 위한 목적의 합병이라고 인정되는 합병으로서 대통령령이 정하는 합병의 경우 합병법인의 제13조 제 1 호의 규정에 의한 결손금은 합병법인의 각 사업연도의 과세표준계산에 있어서 이를 공제하지 아니한다.

❍ **법인세법 시행령**

제 8 조의 3 【과세표준의 계산】 (1998. 12. 31. 대통령령 제15970호로 개정되기 전의 것)
①법 제 8 조 제 1 항에서 "대통령령이 정하는 합병"이라 함은 다음 각 호의 요건에 해당하는 합병을 말한다.
1. 하나의 법인이 다른 법인의 총발행주식수 또는 총출자지분의 100분의 20 이상을 소유하거나 출자하고 있는 경우 당해 법인 간의 합병 또는 동일인이 2 이상의 법인에 대하여 총발행주식수 또는 총출자지분의 100분의 30 이상을 각각 소유하거나 출자하고 있는 경우 당해 법인 간의 합병일 것
2. 법 제 8 조 제 1 항 제 1 호의 규정에 의한 결손금이 많은 법인을 합병법인으로

할 것

3. 합병등기 후 2년 이내에 합병법인의 상호를 피합병법인의 상호로 변경등기할 것

②제 1 항 제 1 호의 규정에 의한 소유주식 또는 출자지분과 제 1 항 제 2 호의 규정에 의한 결손금은 합병등기일 현재의 현황에 의한다.

③제 1 항 제 1 호 및 제 2 호의 요건에 해당하는 합병법인이 각 사업연도의 소득금액계산상 법 제 8 조 제 1 항 제 1 호의 결손금을 공제한 후 제 1 항 제 3 호의 요건에 해당하게 되는 경우 당해 사업연도 전에 공제한 결손금은 제 1 항 제 3 호의 요건에 해당하게 되는 날이 속하는 사업연도의 소득금액계산상 이를 익금에 산입한다.

제81조 【합병시 이월결손금의 승계】 (1998. 12. 31. 대통령령 제15970호로 개정되기 전의 것)

④법 제45조 제 3 항에서 "대통령령이 정하는 합병"이라 함은 다음 각 호에 해당하는 합병을 말한다.

1. 하나의 법인이 다른 법인의 발행주식총수 또는 출자총액의 100분의 20 이상을 소유하거나 출자하고 있는 당해 법인 간의 합병 또는 동일인이 2 이상의 법인에 대하여 발행주식총수 또는 출자총액의 100분의 30 이상을 각각 소유하거나 출자하고 있는 당해 법인 간의 합병일 것
2. 법 제13조 제 1 호의 규정에 의한 결손금이 많은 법인을 합병법인으로 할 것
3. 합병등기일 후 2년 이내에 합병법인의 상호를 피합병법인의 상호로 변경등기할 것

⑤제 4 항 제 1 호의 규정에 의한 소유주식 또는 출자지분은 합병등기일이 속하는 사업연도의 직전 사업연도 개시일(그 개시일이 서로 다른 법인이 합병한 경우에는 먼저 개시한 날을 말한다)부터 합병등기일까지의 현황에 의하며, 동항 제 2 호의 규정에 의한 결손금의 합병등기일 현재의 현황에 의한다.

⑥제 4 항 제 1 호 및 제 2 호에 해당하는 합병법인이 각 사업연도의 소득금액계산에 있어서 법 제13조 제 1 호의 결손금을 공제한 후 제 4 항 제 3 호의 요건에 해당하게 되는 경우 당해 사업연도 전에 공제한 결손금은 제 4 항 제 3 호에 해당하게 되는 날이 속하는 사업연도의 소득금액 계산에 있어서 이를 익금에 산입한다.

第81조 【합병시 이월결손금의 승계】 (1999. 12. 31. 대통령령 제16658호로 개정된 것)

④법 제45조 제3항에서 "대통령령이 정하는 합병"이라 함은 다음 각 호에 해당하는 합병을 말한다.

1. 하나의 법인이 다른 법인의 발행주식총수 또는 출자총액의 100분의 20 이상을 소유하거나 출자하고 있는 당해 법인 간의 합병 또는 동일인이 2 이상의 법인에 대하여 발행주식총수 또는 출자총액의 100분의 30 이상을 각각 소유하거나 출자하고 있는 당해 법인 간의 합병일 것
2. 법 제13조 제1호의 규정에 의한 결손금이 많은 법인을 합병법인으로 할 것
3. 합병등기일이 속하는 사업연도의 직전 사업연도 개시일(그 개시일이 서로 다른 법인이 합병한 경우에는 먼저 개시한 날을 말한다)부터 합병등기일까지의 기간 중에 합병법인의 상호를 피합병법인의 상호로 미리 변경등기하였거나 합병등기일 후 2년 이내에 합병법인의 상호를 피합병법인의 상호로 변경등기할 것

第81조 【합병시 이월결손금의 승계】 (2006. 2. 9. 대통령령 제19328호로 개정된 것)

⑤법 제45조 제3항에서 "대통령령이 정하는 합병"이라 함은 합병등기일 현재 법 제13조 제1호의 규정에 따른 결손금이 많은 법인을 합병법인으로 하는 합병으로서 다음 각 호의 어느 하나에 해당하는 합병을 말한다.

1. 합병등기일이 속하는 사업연도의 직전 사업연도 개시일(그 개시일이 서로 다른 법인이 합병한 경우에는 먼저 개시한 날을 말한다)부터 합병등기일까지의 기간 중에 피합병법인의 상호(합병법인의 상호와 피합병법인의 상호 중 피합병법인의 상호만 포함된 다른 상호를 포함한다. 이하 이 호에서 같다)로 미리 변경등기하였거나 합병등기일 후 5년 이내에 합병법인의 상호를 피합병법인의 상호로 변경등기할 것

4. 평　　석

가. 합병과 이월결손금 공제

(1) 이월결손금

이월결손금이란 당해 사업연도 이전에 발생된 결손금으로 당해 사업연도로 이월된 결손금을 의미한다. 각 사업연도의 소득금액 계산에 있어서 이전 사업연도의 손익은 반영하지 아니하는 것이 원칙이지만, 평균소득은 동일함에도 결손이 발생한 적이 있는 법인의 세부담이 높은 불평등을 해소하고 결손기업이 유지될 수 있도록 하기 위해 법인세법 제13조 제 1 호는 각 사업연도의 개시일 전 10년 이내에 개시한 사업연도에서 발생한 결손금으로서 그 후의 각 사업연도의 과세표준계산에 있어서 공제되지 아니한 금액을 당해 연도의 과세표준에서 공제할 수 있도록 하고 있다.

법인세법상 결손금은 반드시 법인의 과세표준 확정신고나 정부의 조사・결정에 의한 과세표준 확정시에 결손금으로 조사된 금액만이 아니라 어느 사업연도의 손금 총액이 익금 총액을 초과하는 경우 그 금액은 당연히 결손금에 해당한다고 보아야 하는 것이고, 또한 이월결손금은 법정 공제기간 내에서 먼저 발생한 것부터 순차로 공제하여야 한다.[1]

(2) 2009년 이전 이월결손금 공제제도

이월결손금 공제제도는 2009년 이전에도 몇 차례의 개정이 이루어졌지만 2009년 이후와의 비교를 위해 2009년 이전의 법인세법(2008. 2. 29. 법률 제8852호로 개정된 것)을 살펴보면, 동법 제45조 제 1 항에서 ① 제44조 제 1

---

1) 대법원 2004. 6. 11. 선고, 2003두13212 판결.

항 각 호에 해당할 것, ② 피합병법인의 주주등이 합병법인으로부터 받은 주식등이 합병법인의 합병등기일 현재 발행주식총수 또는 출자총액의 100분의 10 이상일 것, ③ 합병법인이 제113조 제3항의 규정에 의하여 구분경리할 것의 요건을 갖춘 합병으로서 합병법인이 피합병법인의 자산을 장부가액으로 승계하는 경우 합병등기일 현재 피합병법인의 제13조 제1호의 규정에 의한 결손금은 이를 합병법인의 결손금으로 보아 그 승계받은 사업에서 발생한 소득금액(제3호 단서의 규정에 해당되어 구분경리하지 아니한 합병법인의 경우에는 그 소득금액을 대통령령이 정하는 자산가액 비율로 안분계산한 금액)의 범위 안에서 대통령령이 정하는 바에 따라 합병법인의 각 사업연도의 과세표준계산에 있어서 이를 공제한다고 규정하여 일정한 요건하에 피합병법인의 결손금은 합병법인의 결손금으로 보아 공제할 수 있도록 하였다.

아울러 동법 제45조 제3항과 동법 시행령(2008. 10. 7. 대통령령 제21063호로 개정된 것) 제81조 제5항에 의해 조세를 부당하게 감소시키기 위한 목적의 합병이라고 인정되는 합병으로서 합병등기일이 속하는 사업연도의 직전 사업연도 개시일(그 개시일이 서로 다른 법인이 합병한 경우에는 먼저 개시한 날을 말한다)부터 합병등기일까지의 기간 중에 피합병법인의 상호(합병법인의 상호와 피합병법인의 상호 중 피합병법인의 상호만 포함된 다른 상호를 포함한다. 이하 이 호에서 같다)로 미리 변경등기하였거나 합병등기일 후 5년 이내에 합병법인의 상호를 피합병법인의 상호로 변경등기한 합병이나 ① 합병계약 당시 주식등의 시가총액(총발행 주식 등의 시가총액을 말한다)이 피합병법인보다 낮을 것, ② 피합병법인보다 합병등기일이 속하는 사업연도의 직전 사업연도의 소득금액이 적거나 결손금이 많을 것, ③ 합병등기일이 속하는 사업연도의 직전 사업연도의 장부가액에 의한 순자산가액이 피합병법인보다 적을 것, ④ 합병등기일이 속하는 사업연도의 직전 3사업연도의 소득금액 합계액이 결손금 합계액에 미달할 것, ⑤ 합병등기일 현재 합병법인과 피합병법인 간 법 제13조 제1호의 규정에 따른 결손금의 차액이 합병법인의 결손금의 100분의 50을 초과할 것의 요건을 충족한 합병의 경우 이월결손금 공제를 제한하였다.

(3) 2009년 이후의 이월결손금 공제제도

현행 법인세법 제45조 제 1 항은 내국법인이 다른 내국법인을 합병하는 경우 합병법인의 합병등기일 현재 제13조 제 1 호의 결손금은 합병법인의 각 사업연도의 과세표준을 계산할 때 피합병법인으로부터 승계받은 사업에서 발생한 소득금액(제113조 제 3 항 단서에 해당되어 구분경리하지 아니한 경우에는 그 소득금액을 대통령령으로 정하는 자산가액 비율로 안분계산한 금액으로 한다. 이하 이 조에서 같다)의 범위에서는 공제하지 아니한다고 규정하여 합병법인의 결손금은 원칙적으로 합병법인이 합병 전부터 영위하던 사업에서만 공제가 가능하고 피합병법인으로부터 승계받은 사업으로부터는 공제할 수 없도록 규정하였다. 따라서 결손금이 많은 법인이나 적은 법인 중 어느 법인이 합병법인이 되는지 여부와 무관하게 결손금의 공제범위는 동일하게 되어 종래와 같은 조세 부당감소 목적의 합병에 대한 규제는 불필요하여 삭제되었다.[2)]

다만, 동조 제 2 항에 따라 ① 제44조 제 1 항 각 호에 해당할 것, ② 합병법인이 피합병법인의 자산을 장부가액으로 승계할 것, ③ 피합병법인의 주주등이 합병법인으로부터 받은 주식등이 합병법인의 합병등기일 현재 발행주식총수 또는 출자총액의 100분의 10 이상일 것의 요건을 갖춘 합병의 경우 합병등기일 현재 피합병법인의 제13조 제 1 호의 결손금은 합병법인의 결손금으로 보아 피합병법인으로부터 승계받은 사업에서 발생한 소득금액의 범위에서 대통령령으로 정하는 바에 따라 합병법인의 각 사업연도의 과세표준을 계산할 때 공제하도록 규정하여 예외를 인정하고 있다.

---

2) 법인세법 개정이유 및 주요내용(2008. 12. 26. 법률 제9267호).

(4) 사안의 경우

사안에서 이월결손금 공제는 1998년에 이루어졌으며, 당시 법인세법은 조세를 부당하게 감소시키기 위한 목적의 합병이라고 인정되는 합병으로서 대통령령이 정하는 합병의 경우 합병법인의 제13조 제1호의 규정에 의한 결손금은 합병법인의 각 사업연도의 과세표준계산에 있어서 이를 공제하지 아니한다고 규정하고 있었는데, 대통령령에 규정된 요건 중 특히 '합병등기 후 2년 이내에 합병법인의 상호를 피합병법인의 상호로 변경등기할 것'의 요건을 충족하였는지 여부가 문제된다. 구체적으로 사안에서는 합병등기일과 상호 변경등기일이 동일하였는데 이러한 경우에도 합병등기 후 2년 이내에 변경등기를 한 경우에 해당될 수 있는지, 상호를 '주식회사 □□'로 변경한 것이 피합병법인의 상호인 '한국□□ 주식회사'로 변경한 것으로 볼 수 있는지 여부에 대하여 검토가 필요하다.

나. 조세법률주의

헌법 제38조는 모든 국민은 법률이 정하는 바에 의하여 납세의 의무를 진다고 규정하고 있으며, 제59조는 조세의 종목과 세율은 법률로 정한다고 규정하고 있다. 조세법률주의의 원칙상 과세요건이거나 비과세요건 또는 조세감면요건을 막론하고 조세법규의 해석은 특별한 사정이 없는 한 법문대로 해석할 것이고 합리적 이유 없이 확장해석하거나 유추해석하는 것은 허용되지 아니한다.[3] 아울러 조세법률주의의 내용인 과세요건 명확주의에 의하면 과세요건과 부과징수절차를 규정한 법률 또는 그 위임에 따른 명령, 규칙은 그 내용이 일의적이고 명확하여야 하며 함부로 불확정개념이나 개괄조항을 사용하여서는 안 되는바, 과세관청의 자의를 배제하고 법적 안정성과 국민의 예측 가능성을 보장하기 위해서는 과세요건이 명확하게 규정

3) 대법원 2003. 1. 24. 선고, 2002두9537 판결.

될 것이 요구되며 그렇지 않을 경우 조세법률주의는 형해화될 수밖에 없다.[4)]

대법원은 상수원보호구역 안의 임야를 1990. 5. 31. 이전부터 소유하던 법인을 1990. 6. 1. 이후에 합병함으로써 그 임야를 취득·소유하게 된 경우, 구 법인세법 시행령 제194조의 15 제5항 전단 괄호 안의 '1990. 6. 1. 이후에 당해 임야를 상속받아 소유하는 경우'를 '1990. 6. 1. 이후에 당해 임야를 법인합병으로 인하여 취득하여 소유하는 경우'까지 포함하는 것으로 확장해석하거나 유추해석할 수 없다는 이유로 그 임야는 분리과세대상에 포함되지 않는다고 판단한 바 있으며,[5)] 등록세 중과를 회피하기 위해 폐업 중인 법인을 이용한 사안에서 설립등기를 마친 후 폐업을 하여 사업실적이 없는 상태인 법인의 주식 전부를 제3자가 매수한 다음 법인의 임원, 자본, 상호, 목적사업 등을 변경하였다 하여 이를 '법인의 설립'에 해당한다고 볼 수는 없고, 설령 그러한 행위가 등록세 등의 중과를 회피하기 위한 것으로서 이를 규제할 필요가 있다 하더라도 그와 같은 행위의 효력을 부인하는 개별적이고 구체적인 법률 규정을 두고 있지 않은 조세법하에서 그 행위가 위 조항의 '법인의 설립'에 해당한다고 보아 등록세를 중과하는 것은 조세법규를 합리적 이유 없이 확장 또는 유추해석하는 것으로서 허용될 수 없다고 판시한 바 있다.[6)]

다. '합병등기 후 2년 이내'의 해석

사안에서 원고 측은 '합병등기 후 2년 이내'의 해석과 관련하여 수원지방법원 2003. 7. 2. 선고, 2003구합200 판결을 참고자료로 제시하였는바,

---

4) 서울행정법원 2009. 5. 13. 선고, 2008구합36036 판결.

5) 대법원 2000. 11. 28. 선고, 2000두5746 판결.

6) 대법원 2009. 4. 9. 선고, 2007두26629 판결.

동 판결은 '국세기본법 제 4 조에서는 국세기본법이나 세법에 특별한 규정이 있는 것을 제외하고는 민법에 의하여 기간을 계산한다고 규정하고 있는바, 합병등기일 후 2년 이내라 함은 기간을 정한 것이라 할 것인데, 그 기간의 계산에 관하여 국세기본법이나 세법에 특별한 규정이 없으므로, 결국 민법 제157조에 의하여 초일인 합병등기일은 산입하지 아니한 채 합병등기일 다음 날 오전 영시에 시작하여 2년 이내라고 해석할 수밖에 없다'고 판시하였다.

반면 피고 측은 '합병등기 후 2년 이내'는 종기에 대한 규정일 뿐 시기에 대하여는 명확한 규정을 하고 있지 아니하여 합병등기일에 이루어진 상호변경 뿐만 아니라 합병등기 이전에 상호변경이 이루어지더라도 '합병등기 후 2년 이내'에 상호변경을 한 것으로 보아야 한다고 주장하였다.

이에 대하여 원심은 구 법인세법 시행령 제 8 조의 3 제 1 항 제 3 호에 정한 '합병등기 후 2년 이내의 기간'을 계산하기 위하여 민법 제157조 본문에 의하여 초일인 합병등기일은 산입하지 아니한 채 합병등기 다음 날 오전 영시부터 기산하여 2년의 기간을 산정함이 타당하나, 민법 제157조는 기간 전체의 계산, 즉, 기간의 종기를 계산하기 위한 전제로서 기산점을 정하는 데에 그 의미가 있다고 할 것이어서 그 기산점 자체가 바로 시기가 된다고 할 수는 없고 오히려 기간 계산에서는 산입되지 아니하는 초일이 기간의 시기가 된다고 보는 것이 기간을 정한 당사자들의 의사나 입법자의 의도에 부합하는 해석이 될 경우도 있으므로, 결국 그 시기는 법규의 문언 및 전체 법규의 체계, 합목적성 등을 염두에 두고 법규의 올바른 해석을 통하여 확정하여야 한다는 전제하에, 구 법인세법 시행령 제 8 조의 3 제 1 항 제 3 호에 정한 '합병등기 후 2년 이내의 기간'이라 함은 합병등기를 마친 시점 이후부터 2년 이내의 기간이라고 판시하였다.

원심이 판시한 바와 같이 민법 제157조는 기산점을 정하는 데에 의미가 있을 뿐 기산점이 반드시 시기가 된다고 보기가 어려우므로 시기에 대하여는 별도의 검토가 필요하다. 만일 원고의 주장처럼 합병등기일이 위 시행령이 정한 기간에 포함되지 않는다면 합병등기 익일에 상호변경이 이루어진 경우와 비교하여 역합병에 따른 효과를 부당하게 누리면서도 이에 대하여 이월결손금 공제를 제한하지 못하는 불합리가 발생하게 된다. 법문에는 '합병등기 후'라고만 규정하고 있을 뿐 시기에 대해 별도로 언급하고 있지 않으며, 합병등기일을 위 규정에서 제외하여야 할 합리적 이유를 찾아보기 어려울 뿐만 아니라, 입법자의 의도 역시 합병등기일을 포함하여 그로부터 2년 내에 이루어진 상호변경을 규제하고자 함에 있다고 할 것이므로 이에 대한 원심의 설시는 타당하다고 할 것이다.

라. '합병법인의 상호를 피합병법인의 상호로 변경등기할 것'의 해석

'합병법인의 상호를 피합병법인의 상호로 변경등기할 것'의 요건과 관련하여 피고는 피합병법인의 상호와 동일하지는 아니하더라도 실질적으로 피합병법인의 상호로 볼 수 있는 경우까지 포함하여야 한다고 주장한다. 반면 원고와 원심 판결은 구 법인세법 제 8 조의 3 제 1 항 제 3 호에서 정한 '합병법인의 상호를 피합병법인의 상호로 변경등기할 것'의 의미는 피합병법인과 동일한 상호로 변경할 것을 의미한다고 보는 것이 문언해석에 부합하며, 이와 달리 당해 상호가 가지는 실질적 의미를 기준으로 할 경우에는 위 법문을 확장 · 유추해석하는 것이 된다고 주장한다. 특히 2006. 2. 29. 대통령령 제19328호로 개정된 구 법인세법 시행령 제81조 제 5 항 제 1 호에서 합병법인의 상호와 피합병법인의 상호 중 피합병법인의 상호만 포함된 다른 상호를 포함하는 방식으로의 상호변경 역시 동조의 상호변경으로 규율할 수 있도록 개정된 점에 비추어 이러한 개정이 있기 전에는 피합병법인의 상호가 일부 포함되는 등 유사한 경우까지 확장할 수는 없다는 입장이다.

하지만 원심도 인정하는 바와 같이 실질과세의 원칙이나 공평과세의 원칙 등에 비추어 불합리한 결과를 초래하는 경우에는 문언해석에 구속되기보다 입법의 취지를 잘 살려 합목적적으로 해석하는 것이 필요하다고 할 것이므로 2006년 피합병법인의 일부 상호가 포함된 형태로의 상호변경에 대해 규율하였더라도 이는 법문의 해석을 명확히 하기 위한 개정이지, 그러한 개정이 있었다고 하여 이전에는 피합병법인의 일부 상호가 포함된 형태의 상호변경이 규율대상이 아니었다고 볼 수는 없다. 사안처럼 기업이 의도적으로 조세 부담을 회피하기 위해 결손법인이 흑자법인을 합병한 뒤 상호를 변경하는 행위에 대하여는 규제가 필요하다고 할 것이고, 입법자의 의도 역시 사안과 같은 행위를 규제하기 위해 동법을 제정한 것으로 보인다.

상호변경이란 원칙적으로 상호의 동일성이 유지되는 내에서의 변경을 의미한다고 할 것인바, 상호가 완전히 일치하는 변경만을 상호변경으로 인정하게 된다면 상호에 지극히 사소한 불일치만 존재하는 경우에도 법에서 말하는 상호변경이 아닌 것이 되고 동등한 경제적 실질에 대하여 다른 법적 평가가 내려지는 경우가 되어 실질과세의 원칙이나 공평과세의 원칙 구현에 장애가 될 것이다.

아울러 사안과 같은 상호변경에는 상법상 상호 속용에 관한 법리도 참조가 될 수 있을 것이다. 대법원은 상호 속용과 관련하여 일반적으로 영업양도인이 사용하던 상호와 그 양수인이 사용하는 상호가 완전히 동일할 것까지는 요구하지 않고, 다만 전후의 상호가 주요부분에 있어서 공통되기만 하면 된다고 판시하고 있는데,[7] 상호 속용에 관한 상법 규정은 채권자 보호를 위해 영업양도에 있어 양수인이 양도인의 상호를 계속 사용하는 경우 양수인의 영업으로 인한 제3자의 채권에 대한 변제책임을 인정하는 규정이어서 사안과 같은 이월결손금 공제 제한규정과는 그 취지는 다를 수 있지만, 두 가지 경우 모두 상호의 사용으로 인한 사용자의 책임을 인정하기 위한 기준의 문제로, 상호가 기존의(피합병법인이나 양수인의) 상호와 어느 정도까지 동일하여야 상호의 사용자에게 책임을 지울 수 있는지의 문제로

7) 대법원 1989. 12. 26. 선고, 88다카10128 판결.

볼 수 있으므로 본 사안에서도 상호 속용과 관련된 법리를 참조함이 상당하다고 판단된다.

이러한 기준에 비추어 사안을 판단하면 '한국□□ 주식회사'와 '주식회사 □□'은 상호 중 기업 주체를 나타내는 주요부분인 '□□'가 그대로 유지되고 있으며, 외부에서 객관적으로 보아 동일성을 인정할 수 있을 정도의 변경이라고 할 것이므로 구 법인세법 제 8 조의 3 제 1 항 제 3 호에서 정한 상호변경에 해당된다고 할 것이다.

마. 결 론

앞서 살펴본 바와 같이 민법 제157조는 기산점을 정하는 기준으로의 의미가 있을 뿐이므로 그 시기에 대하여는 별도의 검토가 필요한바, 법문에서는 '합병등기 후'라고만 규정하고 있을 뿐이므로 문언 해석상이나 입법자의 의도를 고려하면 합병등기 후라면 합병등기일도 포함되는 것으로 봄이 상당하다. 아울러 법문상 '피합병법인의 상호'란 피합병법인의 상호와 주요 부분에 있어 동일성이 인정되는 상호라고 해석함이 규정의 취지나 실질과세, 공평과세의 원칙에 비추어 적정해 보인다.

역합병을 통한 이월결손금 공제와 관련된 문제는 2009년 법 개정을 통해 상당 부분 해소된 것으로 판단되지만, 이월결손금 공제와 관련하여서는 여전히 다양한 쟁점들이 산재되어 있어 이에 대한 꾸준한 관심이 필요할 것으로 보인다.

서울고등검찰청 송무부

이전가격세제와 정상가격의 산정

(서울행정법원 2009. 11. 6. 선고, 2007구합47138 판결)

1. 판결요지

(1) 비록 원고가 채권형 유동화증권을 발행한 것은 ○○가 아니라 국내법인인 □□은행이라고 할 것이지만, 국제조세법에서 정한 '국제거래'는 그 문언상 직접적인 계약관계를 의미하는 '계약'이 아닌 좀 더 포괄적인 법률관계를 포함하는 '거래'로 규정한 점, 위 법 제2조 제1항 제1호의 정의상 '기타 거래자의 손익 및 자산에 관련된 모든 거래'도 포함하고 있는 점, 국제거래는 일반적으로 국내계약과는 달리 여러 단계의 계약 관계가 하나의 경제적 이해관계를 해결하기 위하여 형성되어 일률적으로 그 계약 또는 거래 내용을 확정할 수 없어 직접 계약관계를 형성한 당사자 사이의 거래만을 법 적용 대상으로 한다면 특수관계 및 법인격을 이용한 다단계 및 우회 거래를 통하여 국가 간의 조세회피를 방지하고자 하는 국제조세법의 취지가 몰각될 수 있는 점, 원고와 □□은행과의 관계, 원고와 ○○와의 관계 및 이자지급 내역 등을 종합하면, 원고가 ○○에 대하여 채권형 유동화증권의 채권자와 채무자의 관계에서 이자를 지급한 거래는 국제조세법이 적용되는 거래에 해당한다.

(2) 아래와 같은 점을 모두 고려하면, 국제조세법 제 5 조 제 1 항에 따른 정상가격을 산출함에 있어서는 특수관계 없는 자 간의 '국제거래'뿐만 아니라 '국내거래' 역시 그 비교대상이 될 수 있다고 해석하여야 한다.

① 국제조세법은 앞서 본 바와 같이 과세조정의 기준이 되는 '정상가격'의 개념에 관하여 '거주자·내국법인 또는 국내사업장이 국외특수관계자가 아닌 자와의 통상적인 거래에서 적용되거나 적용될 것으로 판단되는 가격'(제 2 조 제10호)으로 정의하고 있을 뿐 이를 국제거래로 제한하고 있지 않다.

② 이 사건 처분에 적용된 비교 가능 제 3 자 가격방법에 관하여, 국제조세법 제 5 조 제 1 항 제 1 호 역시 '당해 거래와 유사한 거래상황에서 특수관계가 없는 독립된 사업자 간의 거래가격'을 정상가격으로 규정하고 있을 뿐 명시적으로 비교 가능거래를 국제거래만으로 한정하고 있지 않다.

③ 국제조세법 제 5 조 제 2 항의 위임에 따라 정상가격의 산출방법을 규정한 국제조세법 시행령 제 5 조 및 제 6 조의 규정이 정상가격 산정의 기준이 되는 거래를 '국제거래'로 명시적으로 제한하고 있지 않을 뿐 아니라, 달리 국제조세법 시행령에서 비교 가능거래를 국제거래로 국한한 규정을 찾을 수 없다.

④ 국제조세법 시행령 제 5 조 제 1 항 제 1 호 및 제 3 호가 앞서 본 바와 같이 당해 거래와 특수관계 없는 자 간의 국제거래 사이의 비교 가능성 등을 들고 있기는 하나, 이는 국제조세법 제 5 조 제 1 항이 정한 여러 가지 정상가격 산출방법 중 당해 거래에 적용될 가장 합리적인 산출방법을 선택하기 위한 기준 중 일부로 열거된 것에 불과하고, 비교되는 거래가 국내거래인 경우에 관한 선택기준이 국제거래에 비하여 불비함을 입법론적으로 지적함은 별론으로 하고, 국제조세법 시행령 제 5 조 제 1 항의 규정만으로 국제거래 가격만을 정상가격으로 보아야 한다는 근거로 삼을 수는 없다.

⑤ 국제조세법 제5조 제2항에 따른 같은 법 시행령 제5조 제1항 제1호는 2004. 12. 31. 대통령령 제18628호로 "특수관계가 있는 자 간의 국제거래와 특수관계가 없는 자 간의 '거래' 사이에 비교 가능성이 높을 것"으로 변경되었는데, 이와 같은 개정이 이루어지게 된 이유에 관하여, 기존에 비교대상 거래를 국제거래에 한정하였으나, 비교 가능성이 높은 경우에는 국내거래도 비교대상으로 선택할 수 있도록 비교거래의 범위를 확대하여 정상가격 산정의 합리화를 제고하고 납세자의 협력비용을 경감시키기 위한 것이라고 밝히고 있으나, 이는 '국제거래'라고 예시되어 있는 '시행령'의 문구를 개정함에 있어 그 이유를 밝힌 것에 불과하고, 이것으로 인하여 국제조세법에 규정된 정상가격 산출방법 중 비교 가능 제3자 가격방법이 그 비교 가능거래를 '국제거래'로 한정하고 있다고 해석할 수는 없다.

⑥ 당해 거래와 비교 가능한 거래로서 국제거래 및 국내거래가 병존하고 그 중 국제거래가 납세의무자에게 상대적으로 불리한 결과를 가져올 수 있는 경우에 있어서는, 국제거래만을 정상가격 산정의 기준인 비교대상 거래로 삼아야 한다는 법문과 달리 한정해석한다면, 이로 인하여 오히려 납세의무자의 이익이 침해될 가능성이 있다.

(3) 비교 가능성이 높기 위해서는 비교 가능 제3자 거래와 당해 국제거래 사이의 차이가 비교되는 거래의 가격이나 순이익에 중대한 영향을 주지 아니하는 경우가 원칙이겠으나, 중대한 영향을 주는 경우에도 그러한 영향에 의한 차이를 제거할 수 있는 합리적 조정이 가능한 경우라면 비교 가능성이 높다고 할 것이다. 한편 비교 가능 제3자 거래와 당해 국제거래 사이의 차이를 평가하는 방법으로 국제조세조정에 관한 법률 시행령 제5조 제2항은 가격이나 이윤에 영향을 미칠 수 있는 사업활동의 기능, 계약조건, 거래에 수반되는 위험, 재화나 용역의 종류 및 특성, 시장여건의 변화, 경제여건 등에 대한 분석을 요구하고 있고, 2006. 8. 24. 신설된 국제조세법 시행령 제6조 제7항은, 국세조세

조정에 관한 법률 기본통칙의 5−0…2의 내용을 반영하여, 정상이자율 판단시 고려사항으로 채무액, 채무의 만기, 채무의 보증 여부, 채무자의 신용 정도를 열거하고 있다.

2. 사실관계

(1) 원고는 2000. 7. 21. □□은행과 버뮤다국 소재 ××가 각 50%씩 출자하여 버뮤다국에 설립한 △△의 내국법인이다.

(2) 원고는 2000. 7. 21. □□은행으로부터 액면 9036억 원 상당의 일반채권 등을 약 3406억 원에 매수하여, 같은 날 위 채권 등을 기초자산으로 하여 7년 만기, 연리 18%의 조건의 채권형 유동화증권(ABS)을 발행하였다. □□은행과 ××는 위 채권형 유동화증권을 각 50%씩 인수하였고, □□은행은 2001. 5. 30. 아일랜드 법인인 ○○에 위 채권형 유동화증권을 매도하였다.

(3) 원고는 ○○가 인수한 채권형 유동화증권에 대한 이자 명목으로 2000년부터 2004년까지 약 738억 원을 지급하였다.

(4) 피고는 비교 가능 제3자 거래방법을 선택하여 원고가 채권형 유동화증권을 발행한 2000년에 특수관계 없는 자에게 선·후순위 모두 공모발행 방식으로 채권형 유동화증권을 발행한 14개 업체의 채권형 유동화증권 이자율을 비교거래로 선정한 뒤, 발행시기, 발행형식, 발행통화, LTV(Loan to Value), 만기, 신용보강 여부의 차이를 차례로 조정하여 정상이자율로 중위값인 13.31%를 산정하고 이를 기준으로 과세조정을 하였다.

구 분	가중평균 이자율	공・사모 차이 조정 후 이자율	만기조정 후 이자율	신용보강조정 후 이자율	발행통화 차이조정 후 최종 이자율
1/4 분위값	10.52	11.01	11.61	11.62	11.94
중위값	11.53	11.96	12.44	12.45	13.31
3/4 분위값	12.54	13.08	13.64	13.64	14.82

3. 관련법령

❍ **국제조세조정에 관한 법률**

제2조 【정의】

①이 법에서 사용하는 용어의 뜻은 다음과 같다.

1. "국제거래"란 거래 당사자의 어느 한 쪽이나 양쪽이 비거주자 또는 외국법인인 거래로서 유형자산 또는 무형자산의 매매・임대차, 용역의 제공, 금전의 대출・차용, 그 밖에 거래자의 손익(損益) 및 자산과 관련된 모든 거래를 말한다.

10. "정상가격"이란 거주자, 내국법인 또는 국내사업장이 국외특수관계자가 아닌 자와의 통상적인 거래에서 적용되거나 적용될 것으로 판단되는 가격을 말한다.

제4조 【정상가격에 의한 과세조정】

①과세당국은 거래 당사자의 어느 한 쪽이 국외특수관계자인 국제거래(그 어느 한 쪽이 국내사업장인 경우로서 「소득세법」 제119조 또는 「법인세법」 제93조에 따른 국내원천소득을 발생시키는 거래는 제외한다. 이하 이 장에서 같다)에서 그 거래가격이 정상가격보다 낮거나 높은 경우에는 정상가격을 기준으로 거주자(내국법인과 국내사업장을 포함한다. 이하 이 장에서 같다)의 과세표준 및 세액을 결정하거나 경정할 수 있다.

②납세자가 제2조 제1항 제8호 다목 및 라목에 따른 특수관계에 해당하지 아니한다는 명백한 사유를 제시한 경우에는 제1항을 적용하지 아니한다.

제 5 조 【정상가격의 산출방법】

①정상가격은 다음 각 호의 방법 중 가장 합리적인 방법으로 계산한 가격으로 한다. 다만, 제 4 호의 방법은 제 1 호부터 제 3 호까지의 방법으로 정상가격을 산출할 수 없는 경우에만 적용한다.

1. 비교 가능 제 3 자 가격방법 : 거주자와 국외특수관계자 간의 국제거래에서 그 거래와 유사한 거래 상황에서 특수관계가 없는 독립된 사업자 간의 거래가격을 정상가격으로 보는 방법
2. 재판매가격방법 : 거주자와 국외특수관계자가 자산을 거래한 후 거래의 어느 한 쪽인 그 자산의 구매자가 특수관계가 없는 자에게 다시 그 자산을 판매하는 경우 그 판매가격에서 그 구매자의 통상의 이윤으로 볼 수 있는 금액을 뺀 가격을 정상가격으로 보는 방법
3. 원가가산방법 : 거주자와 국외특수관계자 간의 국제거래에서 자산의 제조 · 판매나 용역의 제공 과정에서 발생한 원가에 자산 판매자나 용역 제공자의 통상의 이윤으로 볼 수 있는 금액을 더한 가격을 정상가격으로 보는 방법
4. 대통령령으로 정하는 그 밖에 합리적이라고 인정되는 방법

②제 1 항에 따른 정상가격 산출방법에 관한 구체적인 사항은 대통령령으로 정한다.

❍ 국제조세조정에 관한 법률 시행령

제 4 조 【정상가격의 산출방법】

법 제 5 조 제 1 항 제 4 호에서 “대통령령으로 정하는 기타 합리적이라고 인정되는 방법”이란 다음 각 호에서 정하는 방법을 말한다.

1. 이익분할방법

   거주자(내국법인과 국내사업장을 포함한다. 이하 이 장에서 같다)와 국외특수관계자 간의 국제거래에 있어, 거래쌍방이 함께 실현한 거래순이익〔제 3 자와의 거래에서 실현한 매출액에서 매출원가 및 영업비용(판매와 일반관리비를 말한다. 이하 이 조에서 같다)을 차감한 금액〕을 다음 각 목에서 정하는 배부기준에 의하여 측정된 거래 당사자들간의 상대적 공헌도에 따라 배부(거래형태별로 거래 당사자들의 적절한 기본수입을 우선 배부하는 경우를 포함한다. 이하 같다)하고 이와 같이 배부된 이익을 기초로 산출한 거래가격을 정상가격으로 보는

방법. 이 경우 상대적 공헌도는 유사한 상황에서 특수관계가 없는 독립된 사업자 간의 거래시 일반적으로 행하여지는 공헌도에 의하여 측정한다.

가. 자산의 매입 · 제조 · 판매 또는 용역의 제공을 위하여 지출하였거나 지출할 비용

나. 자산의 개발 또는 용역의 제공을 위하여 소요된 자본적 지출액, 사용된 자산총액 또는 부담한 위험정도

다. 각 거래단계에서 수행된 기능의 중요도

라. 기타 측정가능한 합리적인 배부기준

2. 거래순이익률방법

거주자와 국외특수관계자 간의 국제거래의 경우에서 거주자와 특수관계가 없는 자 간의 거래 중 해당 거래와 비슷한 거래에서 실현된 다음 각 목에서 정하는 거래순이익률을 기초로 산출한 거래가격을 정상가격으로 보는 방법. 다만, 해당 거래와 비슷한 거래를 특수관계가 없는 자와 행하지 아니한 경우에는 특수관계가 없는 제3자 간의 거래 중 해당 거래의 조건과 상황이 비슷한 거래의 거래순이익률을 사용할 수 있다.

가. 거래순이익의 매출에 대한 비율

나. 거래순이익의 자산에 대한 비율

다. 거래순이익의 매출원가 및 영업비용에 대한 비율

라. 매출총이익(거래순이익과 영업비용의 합을 말한다)의 영업비용에 대한 비율

마. 기타 합리적이라고 인정될 수 있는 거래순이익률

3. 삭 제<2009.2.4>

4. 기타 거래의 실질 및 관행에 비추어 합리적이라고 인정되는 방법

제5조 【정상가격 산출방법의 선택】

①법 제5조 제1항의 규정에 의하여 정상가격을 산출하는 경우에는 다음 각 호에서 정하는 기준을 고려하여 가장 합리적인 방법을 선택하여야 한다.

1. 특수관계가 있는 자 간의 국제거래와 특수관계가 없는 자 간의 거래 사이에 비교 가능성이 높을 것. 이 경우 비교 가능성이 높다는 것은 다음 각목의 1에 해당하는 경우를 말한다.

가. 비교되는 상황 간의 차이가 비교되는 거래의 가격이나 순이익에 중대한 영

향을 주지 아니하는 경우

나. 비교되는 상황 간의 차이가 비교되는 가격이나 순이익에 중대한 영향을 주는 경우에도 동 영향에 의한 차이를 제거할 수 있는 합리적 조정이 가능한 경우

2. 사용되는 자료의 확보 · 이용 가능성이 높을 것
3. 특수관계가 있는 자 간의 국제거래와 특수관계가 없는 자 간의 거래를 비교하기 위하여 설정된 경제여건 · 경영환경 등에 대한 가정이 현실에 부합하는 정도가 높을 것
4. 사용되는 자료 또는 설정된 가정의 결함이 산출된 정상가격에 미치는 영향이 작을 것

②제 1 항 제 1 호의 규정에 의하여 비교 가능성이 높은지의 여부를 평가하는 경우에는 가격이나 이윤에 영향을 미칠 수 있는 사업활동의 기능, 계약조건, 거래에 수반되는 위험, 재화나 용역의 종류 및 특성, 시장여건의 변화, 경제여건 등의 요소를 분석하여야 한다.

③제 4 조 제 2 호 라목의 방법은 거주자가 재고에 대한 부담이 없이 단순 판매활동을 수행하거나 용역을 수행하는 경우에 적용할 수 있다.

④제 4 조 각 호에 따른 정상가격 산출방법을 적용하는 경우 같은 조 제 4 호의 방법은 같은 조 제 1 호 및 제 2 호의 방법을 적용할 수 없는 경우에만 적용한다.

⑤과세당국은 특수관계가 없는 자 간의 거래가 거래 당사자에 의하여 임의로 조작되어 정상적인 거래로 취급될 수 없는 경우에는 동 거래를 비교 가능한 거래로 선택하지 아니할 수 있다

제 6 조 【정상가격 산출방법의 보완 등】

①제 4 조 각 호의 정상가격 산출방법은 법 제 5 조 제 1 항 제 1 호 내지 제 3 호의 정상가격 산출방법을 보완하기 위하여 사용할 수 있다.

②법 제 5 조의 규정에 의하여 정상가격을 산출하는 경우 당해 거래와 특수관계가 없는 자 간의 거래 사이에서 수행된 기능, 부담한 위험 또는 거래조건등의 차이로 인하여 적용하는 가격 · 이윤 또는 거래순이익에 차이가 발생하는 때에는 그 가격 · 이윤 또는 거래순이익의 차이를 합리적으로 조정하여야 한다.

③법 제 5 조 제 1 항 제 2 호의 규정에 의한 재판매가격방법은 합리적인 정상가격

산출을 위하여 필요한 경우에는 용역거래 및 기타 국제거래에 있어서도 이를 적용할 수 있다.

④법 제5조의 규정에 의하여 정상가격을 산출하는 경우 특수관계가 없는 자 간에 행한 2 이상의 거래를 토대로 정상가격범위를 산정하여 이를 법 제4조의 규정에 의한 정상가격에 의한 과세조정 여부의 판정에 사용할 수 있다.

⑤과세당국이 정상가격범위를 벗어난 거래가격에 대하여 법 제5조의 규정에 의하여 과세조정을 하는 경우에는 당해 정상가격범위 안의 거래에서 산정된 평균값·중위값·최빈값 기타 합리적인 특정가격을 기준으로 하여야 한다.

⑥무형자산에 대한 정상가격을 산출하는 경우에는 그 특성에 따라 다음 각 호의 요소를 고려하여야 한다.

1. 무형자산으로 인하여 기대되는 추가적 수입 또는 절감되는 비용의 크기
2. 권리행사에 대한 제한 여부
3. 다른 사람에게 이전되거나 재사용을 허락할 수 있는지 여부

⑦거주자와 국외특수관계자와의 국제거래에서 적용되는 자금거래의 정상이자율은 특수관계자가 아닌 자 간의 통상적인 자금거래에서 적용되거나 적용될 것으로 판단되는 이자율로서 다음 각 호의 사항을 고려하여 계산하여야 한다.

<신설 2006.8.24>

1. 채무액
2. 채무의 만기
3. 채무의 보증 여부
4. 채무자의 신용정도

4. 평　석

가. 이전가격세제

(1) 의 의

통상 다국적기업은 관련 기업들과 거래를 함에 있어 거래가격을 조작

하여 세율이 낮은 국가에 설립된 자회사의 소득을 증가시키고 세율이 높을 국가에 설립된 자회사의 소득을 감소시키는 방식으로 다국적기업 전체의 조세부담을 감소시킬 수 있다. 이러한 가격조작은 다국적기업의 조세부담을 감소시키는 데 그치지 않고 국가 간 세수의 불균형을 가져올 우려가 있을 뿐만 아니라 조세피난처를 이용한 조세회피 수단으로도 활용이 가능하여 이에 대한 규제가 필요하다.[1] 이에 따라 각국은 법령을 통하여 이러한 행위에 대한 규제를 하고 있는데, 원래 기업들이 이전한 가격을 이전가격이라 하며, 그에 반하여 이전가격이 적정하였는지 판단의 기준이 되는 특수관계 없는 자들 사이의 가격을 정상가격이라고 한다. 그리고 기업이 위와 같이 국외특수관계자와의 거래에 있어 정상가격과 달리 거래하여 과세소득을 감소시키는 경우, 과세당국이 그 거래에 대하여 정상가격을 기준으로 과세소득을 재산정하여 과세하는 제도를 이전가격세제라고 한다.

(2) OECD Guideline과 국내 입법 현황

이전가격세제는 주로 다국적 기업이나 여러 국가의 기업들이 특수관계를 지닌 경우에 문제가 되므로 국가 간 세제의 통일이 특히 요구되는 분야이다. 이에 OECD는 1979년에 “다국적기업과 과세당국을 위한 이전가격지침”을 발표하였고, 1984년에는 “이전가격과 다국적기업 : 3가지 주요 과세문제”라는 제목의 추가보고서를 발표하여 이전의 지침을 보완하였다. 아울러 1994년과 1995년의 이전가격보고서 초안을 거쳐 1995년에는 수정된 이전가격과세지침을 발표하였다.

---

1) 이전가격의 조작동기로는 ① 조세부담의 최소화 및 이윤의 극대화, ② 외환통제의 회피나 외환 유출, ③ 특정 자회사에 대한 부품, 원재료의 공급가격을 원가 이하로 낮추어 자회사의 가격경쟁력 향상, ④ 기업그룹 전체의 가격 통일, ⑤ 신설기업의 개업비 등을 모회사 또는 관리회사가 부담하여 신설기업의 재정운용을 용이하게 하기 위한 것 등을 들 수 있다 : 이준희, “우리나라 이전가격 과세제도에 관한 연구”, 경희대학교 국제법무대학원, 2006, pp.18~19.

1995년에 발표된 이전가격과세지침은 정상가격을 기준으로 한 독립기업의 원칙을 천명하고, 비교 가능 제 3 자 방법, 재판매가격법 및 원가가산법 등 전통적인 이전가격 결정방법을 존중하고 기타의 방법은 그 최후의 수단으로서 인정하였을 뿐만 아니라 이전가격 결정방법을 적용함에 있어 비교 가능한 기업 또는 거래를 어떻게 해석할 것인지 비교 가능법의 기준, 요소, 조건 등을 제시하였다는 특징을 가지고 있다.[2)]

우리나라의 경우에는 1998년까지 이전가격과 관련된 별도의 규정을 두지 아니하고 부당행위계산 부인제도를 통해 이전가격을 통제하여 왔으나, 1988. 12. 31. 개정된 구 법인세법 시행령 제46조 제 4 항, 제 5 항을 신설하여 1989사업연도분부터 이전가격과세제도를 부당행위계산 부인의 유형으로 규정하였다. 아울러 1995. 12. 6. 법률 제4981호로 국제조세조정에관한법률이 제정되면서 이전가격과세제도에 대해 규정하였고, 이에 따라 종전 법인세법 시행령에 규정된 이전가격과세제도 관련규정들은 삭제되었다.[3)]

(3) 정상가격 산출방법

1) 산출방법

국제조세조정에 관한 법률 제 2 조 제10호는 "정상가격"이란 거주자, 내국법인 또는 국내사업장이 국외특수관계자가 아닌 자와의 통상적인 거래에서 적용되거나 적용될 것으로 판단되는 가격을 의미한다고 규정하고 있으며, 동법 제 5 조 제 1 항에서 정상가격은 제 1 호의 비교 가능 제 3 자 가격방법, 제 2 호의 재판매가격방법, 제 3 호의 원가가산방법 중 가장 합리적인 방법에 의해 산출하며, 위 제 1 호부터 제 3 호까지의 방법으로 정상가격을 산출할 수 없는 경우에는 제 4 호에서 정한 방법에 따라 정상가격을 산출한

2) 문상태, "다국적기업의 이전가격에 대한 과세평가제도 연구", 성균관대학교 대학원, 2006, p.18.

3) 한국세법학회, 『조세판례백선』, 박영사, 2005, pp.532~533.

다고 규정하고 있다. 위 제 4 호는 '대통령령으로 정하는 그 밖에 합리적이라고 인정되는 방법'으로 규정되어 있는바, 이에 대하여 동법 시행령 제 4 조는 대통령령이 정하는 그 밖의 합리적이라고 인정되는 방법으로 제 1 호의 이익분할방법, 제 2 호의 거래순이익률방법, 제 3 호의 매출총이익의 영업비용에 대한 비율 방법(2009. 2. 4. 삭제), 제 4 호의 기타 거래의 실질 및 관행에 비추어 합리적이라고 인정되는 방법을 열거하고 있다.

(가) 비교 가능 제 3 자 가격방법

비교 가능 제 3 자 가격방법이란 거주자와 국외특수관계자 간의 국제거래에서 그 거래와 유사한 거래 상황에서 특수관계가 없는 독립된 사업자 간의 거래가격을 정상가격으로 보는 방법이다.[4] 정상가격을 비교 가능 제 3 자 가격법에 의하여 산정함에 있어서는, 국외의 특수관계자와의 거래와 동종의 재화 또는 용역에 관한 거래로서 거래조건 · 거래수량 등 제반 조건이 유사하여 비교 가능성 있는 독립된 사업자 간 거래의 가격을 시가로 하되, 거래조건 · 거래수량 등 제반 조건의 차이가 있는 경우에 그 차이에 의하여 가격을 조정할 수 있는 경우에는 합리적인 방법에 의하여 조정한 후의 금액을 시가로 하여야 한다. 아울러 과세관청이 납세의무자에게 법령 소정의 자료 및 증빙서류의 제출을 요구하는 등의 최선의 노력으로 확보한 자료에 기하여 합리적으로 산정한 정상가격과 차이를 보이는 경우에는, 국외의 특수관계자와의 이전가격이 비교 가능성 있는 독립된 사업자 간의 거래가격이 신뢰할 만한 수치로서 여러 개 존재하여 정상가격의 범위를 구성할 수 있다는 점 및 당해 국외 특수관계자와의 이전가격이 그 정상가격의 범위 내에 들어있어 경제적 합리성이 결여된 것으로 볼 수 없다는 점에 관하여 그 입증책임이 납세의무자에게 돌아간다.[5]

---

4) 국제조세조정에 관한 법률 제 5 조 제 1 항 제 1 호.

5) 대법원 2001. 10. 23. 선고, 99두3423 판결.

(나) 재판매가격방법

재판매가격방법이란 거주자와 국외특수관계자가 자산을 거래한 후 거래의 어느 한 쪽인 그 자산의 구매자가 특수관계가 없는 자에게 다시 그 자산을 판매하는 경우 그 판매가격에서 그 구매자의 통상의 이윤으로 볼 수 있는 금액을 뺀 가격을 정상가격으로 보는 방법이다.[6] 여기서 '구매자의 통상의 이윤'이란 구매자가 특수관계가 없는 자에게 자산을 판매한 금액에 판매기준통상이익률을 곱하여 계산된 금액으로 한다. 이 경우 판매기준통상이익률이라 함은 구매자와 특수관계가 없는 자와의 거래 중 당해 거래와 수행기능, 사용된 자산 및 부담한 위험의 정도가 유사한 거래에서 실현된 매출총이익률을 말하며,[7] 자산의 구매자의 통상이익률을 산출할 수 없는 경우에는 특수관계가 없는 자 간의 제 3 의 거래 중 당해 거래와 수행기능, 사용된 자산 및 부담한 위험의 정도가 유사한 거래에서 발생한 통상이익률을 판매기준통상이윤율로 사용할 수 있다.[8]

(다) 원가가산법

원가가산법이란 거주자와 국외특수관계자 간의 국제거래에서 자산의 제조·판매나 용역의 제공 과정에서 발생한 원가에 자산 판매자나 용역 제공자의 통상의 이윤으로 볼 수 있는 금액을 더한 가격을 정상가격으로 보는 방법이다.[9] 여기서 '자산의 판매자나 용역의 제공자의 통상의 이윤'이라 함은 자산의 판매자가 당해 자산을 정상가격으로 구입·건설 또는 제조하는데 소요되는 원가나 용역의 제공자가 당해 용역을 제공하는 과정에서 정상가격에 의하여 발생된 원가에 원가기준통상이익률을 곱하여 계산한 금액으로 한다. 이 경우 원가기준통상이익률이라 함은 자산의 판매자나 용역의

6) 국제조세조정에 관한 법률 제 5 조 제 1 항 제 2 호.

7) 국제조세조정에 관한 법률 시행령 제 8 조 제 1 항.

8) 국제조세조정에 관한 법률 시행령 제 8 조 제 3 항.

9) 국제조세조정에 관한 법률 제 5 조 제 1 항 제 3 호.

제공자와 특수관계가 없는 자와의 거래에 있어 당해 거래와 수행기능, 사용된 자산 및 부담한 위험의 정도가 유사한 거래에서 발생한 원가에 대한 매출총이익의 비율을 말하며,[10] 자산의 판매자나 용역의 제공자가 특수관계가 없는 자와의 거래로부터 적정하게 통상이익률을 산출할 수 없는 경우에는 특수관계가 없는 자 간의 제 3 의 거래 중 당해 거래와 수행기능, 사용된 자산 및 부담한 위험의 정도가 유사한 거래에서 발생한 통상이익률을 원가기준통상이윤율로 사용할 수 있다.[11] 원가가산법은 적용이 간편하고 산식화가 가능하면 회계정보에 바탕을 두고 과세관청에 대하여 이전가격의 정당성을 입증하기 쉽다는 장점을 가지고 있으나, 원고나 가산가액의 인식에 불명확한 점이 많다는 단점도 가지고 있다.[12]

(라) 기타 합리적이라고 인정되는 방법

위 세 가지 방법으로 정상가격을 산정할 수 없는 경우에는 이익분할방법, 거래순이익률방법, 기타 거래의 실질 및 관행에 비추어 합리적이라고 인정되는 방법에 따라 정상가격을 산정할 수 있다.[13] 이익분할방법이란 거주자(내국법인과 국내사업장을 포함한다. 이하 이 장에서 같다)와 국외특수관계자 간의 국제거래에 있어, 거래쌍방이 함께 실현한 거래순이익(제 3 자와의 거래에서 실현한 매출액에서 매출원가 및 영업비용을 차감한 금액)을 자산의 매입·제조·판매 또는 용역의 제공을 위하여 지출하였거나 지출할 비용, 자산의 개발 또는 용역의 제공을 위하여 소요된 자본적 지출액, 사용된 자산총액 또는 부담한 위험정도, 각 거래단계에서 수행된 기능의 중요도 등의 고려하여 측정된 거래 당사자들 간의 상대적 공헌도에 따라 배부하고 이와 같이 배부된 이익을 기초로 산출한 거래가격을 정상가격으로 보는 방법이

10) 국제조세조정에 관한 법률 시행령 제 8 조 제 2 항.

11) 국제조세조정에 관한 법률 시행령 제 8 조 제 3 항.

12) 임승순, 『조세법』, 박영사, 2009, p.1014.

13) 국제조세조정에 관한 법률 제 5 조 제 1 항 제 4 호, 동법 시행령 제 4 조.

다. 이 경우 상대적 공헌도는 유사한 상황에서 특수관계가 없는 독립된 사업자 간의 거래시 일반적으로 행하여지는 공헌도에 의하여 측정한다.[14] 그리고 거래순이익률방법은 거주자와 국외특수관계자 간의 국제거래의 경우에서 거주자와 특수관계가 없는 자 간의 거래 중 해당 거래와 비슷한 거래에서 실현된 거래순이익의 매출에 대한 비율, 거래순이익의 자산에 대한 비율, 거래순이익의 매출원가 및 영업비용에 대한 비율, 매출총이익(거래순이익과 영업비용의 합을 말한다)의 영업비용에 대한 비율 등을 기초로 산출한 거래가격을 정상가격으로 보는 방법이다. 이 방법을 사용할 때 해당 거래와 비슷한 거래를 특수관계가 없는 자와 행하지 아니한 경우에는 특수관계가 없는 제3자 간의 거래 중 해당 거래의 조건과 상황이 비슷한 거래의 거래순이익률을 사용할 수 있다.[15]

2) 선택기준

정상가격 산출방법을 사용함에 있어 국제조세조정에 관한 법률 제5조 제1항은 위에서 소개한 방법들 중 가장 합리적인 방법을 사용하도록 규정하고 있다. 다만, 동항 제4호의 방법은 제1호부터 제3호까지의 방법으로 정상가격을 산출할 수 없는 경우에만 적용한다고 규정하고 있다.[16]

가장 합리적인 방법의 선정기준에 관하여는 동법 시행령 제5조 제1항에서 특수관계가 있는 자 간의 국제거래와 특수관계가 없는 자 간의 거래 사이에 비교 가능성이 높을 것(이 경우 비교 가능성이 높다는 것은 비교되는 상황 간의 차이가 비교되는 거래의 가격이나 순이익에 중대한 영향을 주지 아

---

14) 국제조세조정에 관한 법률 시행령 제4조 제1호.

15) 국제조세조정에 관한 법률 시행령 제4조 제2호.

16) 대법원 역시 정상가격 산출방법 중 시행령 제4조 제3호 소정의 '기타 거래의 실질 및 관행에 비추어 합리적이라고 인정되는 방법'은 법 제5조 제1항 제1호 내지 제3호의 방법으로 정상가격을 산출할 수 없는 경우에 한하여 적용하되, 시행령 제4조 제1호 또는 제2호의 방법도 적용할 수 없는 경우에 보충적으로 적용 가능한 방법이라고 판시한 바 있다(대법원 2006. 7. 13. 선고, 2004두4239 판결).

니하는 경우나 비교되는 상황 간의 차이가 비교되는 가격이나 순이익에 중대한 영향을 주는 경우에도 동 영향에 의한 차이를 제거할 수 있는 합리적 조정이 가능한 경우를 의미한다), 사용되는 자료의 확보·이용 가능성이 높을 것, 특수관계가 있는 자 간의 국제거래와 특수관계가 없는 자 간의 거래를 비교하기 위하여 설정된 경제여건·경영환경 등에 대한 가정이 현실에 부합하는 정도가 높을 것, 사용되는 자료 또는 설정된 가정의 결함이 산출된 정상가격에 미치는 영향이 작을 것의 기준을 제시하고 있다.[17] 비교 가능성이 높은지의 여부를 평가하는 경우에는 가격이나 이윤에 영향을 미칠 수 있는 사업활동의 기능, 계약조건, 거래에 수반되는 위험, 재화나 용역의 종류 및 특성, 시장여건의 변화, 경제여건 등의 요소를 분석하여야 한다.[18]

나. 국제조세조정에 관한 법률의 적용 여부

(1) 국외특수관계자

국제조세조정에 관한 법률 제 2 호 제 1 호는 국제거래에 대하여 거래당사자의 어느 한 쪽이나 양쪽이 비거주자 또는 외국법인인 거래로서 유형자산 또는 무형자산의 매매·임대차, 용역의 제공, 금전의 대출·차용, 그 밖에 거래자의 손익(損益) 및 자산과 관련된 모든 거래라고 정의하고 있으며, 동법 제 4 조 제 1 항은 과세당국은 거래 당사자의 어느 한 쪽이 국외특수관계자인 국제거래에서 그 거래가격이 정상가격보다 낮거나 높은 경우에는 정상가격을 기준으로 거주자의 과세표준 및 세액을 결정하거나 경정할 수 있다고 규정하고 있다. 따라서 동법에 따라 정상가격을 기준으로 과세를 하기 위해서는 국외특수관계자가 내국법인과 거래하여야 한다.

여기서 '국외특수관계자'란 거주자, 내국법인 또는 국내사업장과 특수

---

17) 국제조세조정에 관한 법률 시행령 제 5 조 제 1 항.

18) 국제조세조정에 관한 법률 시행령 제 5 조 제 2 항.

관계에 있는 비거주자, 외국법인 또는 이들의 국외 사업장을 말하며, 특수관계란 ① 거래 당사자의 어느 한 쪽이 다른 쪽의 의결권 있는 주식의 100분의 50 이상을 직접 또는 간접으로 소유하고 있는 관계, ② 제 3 자가 거래 당사자 양쪽의 의결권 있는 주식의 100분의 50 이상을 직접 또는 간접으로 각각 소유하고 있는 경우 그 양쪽 간의 관계, ③ 자본의 출자관계, 재화·용역의 거래관계, 자금의 대여 등에 의하여 거래 당사자 간에 공통의 이해관계가 있고 거래 당사자의 어느 한 쪽이 다른 쪽의 사업 방침을 실질적으로 결정할 수 있는 관계, ④ 자본의 출자관계, 재화·용역의 거래관계, 자금의 대여 등에 의하여 거래 당사자 간에 공통의 이해관계가 있고 제 3 자가 거래 당사자 양쪽의 사업 방침을 실질적으로 결정할 수 있는 경우 그 거래 당사자 간의 관계를 말한다.[19)]

(2) 실질과세의 원칙

국제조세조정에 관한 법률 제 2 조는 실질과세원칙을 천명하여 국제거래에서 과세의 대상이 되는 소득, 수익, 재산, 행위 또는 거래의 귀속에 관하여 사실상 귀속되는 자가 명의자와 다른 경우에는 사실상 귀속되는 자를 납세의무자로 하여 조세조약을 적용하며(제 1 항), 국제거래에서 과세표준의 계산에 관한 규정은 소득, 수익, 재산, 행위 또는 거래의 명칭이나 형식과 관계없이 그 실질 내용에 따라 조세조약을 적용할 뿐만 아니라(제 2 항), 국제거래에서 조세조약 및 이 법의 혜택을 부당하게 받기 위하여 제 3 자를 통한 간접적인 방법으로 거래하거나 둘 이상의 행위 또는 거래를 거친 것으로 인정되는 경우에는 그 경제적 실질에 따라 당사자가 직접 거래한 것으로 보거나 연속된 하나의 행위 또는 거래로 보아 조세조약과 이 법을 적용한다(제 3 항). 위 규정이 처음 도입된 국제조세조정에 관한 법률(2006. 5. 24. 법률 제7956호로 개정된 것)의 부칙 제 1 조에 따르면 동법은 공포일인

19) 국제조세조정에 관한 법률 제 2 조 제 8 호, 제 9 호.

2006. 6. 24.부터 시행하는 것으로 하고, 부칙 제 2 조에서는 이 법은 이 법 시행일이 속하는 과세연도부터 적용하는 것으로 규정하고 있으나, 위 규정의 시행 이전에도 위 규정이 적용될 것인지에 대하여는 명확한 규정을 두고 있지 아니하다.

만일 위 규정이 확인적 규정이라면 위 규정의 시행 이전의 거래에 대하여 동 규정이 적용될 수 있을 것이지만, 동 규정을 창설적 규정으로 본다면 동 규정의 시행 이전의 행위에 대하여는 동 규정이 적용될 수 없다. 거래가 '부당'하다고 인정되는 경우에 한하여 실질과세원칙을 적용할 수 있다는 내용은 기존의 실질과세원칙 규정 내지 경제적 실질설의 입장에서는 찾아볼 수 없었던 것이므로 이러한 의미에서 동 규정은 창설적 규정으로 보아야 한다는 견해도 존재하지만,[20] 실질과세원칙에 의해 법적 형식을 넘어 실질에 따른 과세를 하기 위해서는 법적 형식에 따른 과세가 공평과세의 원칙에 비추어 부당하다는 사정이 전제되어야 할 것이므로 동 규정은 실질과세원칙에 대한 확인적 규정으로 봄이 상당하다.

(3) 사안의 경우

사안에서 원고는 내국법인이고 원고로부터 채권형 유동화증권의 50%를 인수한 □□은행 역시 내국법인이다. □□은행이 위 채권형 유동화증권을 매도한 아일랜드 법인인 ○○은 외국법인이기는 하지만 □□은행과는 국외특수관계를 가지지 아니하므로 사안에서 원고가 아일랜드 법인인 ○○에게 채권형 유동화증권에 따른 이자를 지급한 행위가 국제조세조정에 관한 법률의 적용대상인지가 문제된다.

원고는 위 사안과 관련하여 원고가 국내법인인 □□은행에게 채권형 유동화증권을 발행한 행위는 국내법인 간의 거래이고, □□은행이 아일랜

20) 윤지현, "실질과세원칙의 조세조약에의 적용", 『조세법연구 XIII-1』(한국세법학회 편), 세경사, 2007, p.210.

드 법인인 ○○에게 채권형 유동화증권을 매도한 행위는 국외특수관계가 없는 자 간의 거래이므로 국제조세조정에 관한 법률의 적용대상이 아니라고 주장한다. 반면 원심은 비록 원고가 채권형 유동화증권을 발행한 것은 국내법인인 □□은행이지만 국제거래관계에서 직접적인 계약관계를 형성한 당사자 사이의 거래만을 법적용대상으로 한다면 특수관계 및 법인격을 이용한 다단계 및 우회거래를 통하여 국가 간의 조세회피를 방지하고자 하는 국제조세조정에 관한 법률의 입법취지가 몰각될 우려가 있어 원고와 □□은행과의 관계, 원고와 ○○와의 관계 및 이자지급 내역 등을 종합하면 이 사건 거래는 국제조세조정에 관한 법률이 적용되는 거래라고 판시하였다.

사안은 원고가 국내법인인 □□은행에게 채권형 유동화증권을 매도하였고, 다시 □□은행이 아일랜드 법인인 ○○에게 채권형 유동화증권을 매도하였으며, 원고와 아일랜드 법인인 ○○는 특수관계에 있는 법인들이다. 국제조세조정에 관한 법률 제2조의 2 제3항은 국제거래에서 조세조약 및 이 법의 혜택을 부당하게 받기 위하여 제3자를 통한 간접적인 방법으로 거래한 것으로 인정되는 경우에는 그 경제적 실질에 따라 당사자가 직접 거래한 것으로 볼 수 있는바, 사안에서 원고가 지급한 이자가 정상이자율을 초과하고 그것이 부당히 조세부담을 감소시키기 위한 것으로 인정된다면, 사안의 거래를 원고가 원고가 아일랜드 법인인 ○○에게 채권형 유동화증권을 매도한 거래로 재구성할 수 있을 것이다. 그 결과 이 사건 거래는 거래 일방이 국외특수관계자인 국제거래로서 국제조세조정에 관한 법률의 적용대상이 된다. 물론 국제조세조정에 관한 법률 제2조의 2 제3항의 법적 성질 및 적용 가능성에 대하여 견해가 대립하고 있으나, 동조를 창설적 규정으로 보아 적용할 수 없다고 하더라도 원심이 설시한 바와 같이 동법이 '국제계약'이 아닌 '국제거래'라는 포괄적인 용어를 사용하고 있는 점이나 국제조세조정에 관한 법률의 입법취지, 실질과세원칙 및 공평과세원칙을 고려하면 이 사건 거래는 국제조세조정에 관한 법률의 적용을 받는 거래라고 봄이 상당하다.

다. 비교거래의 범위

(1) 문제의 소재

국제조세조정에 관한 법률 시행령 제 5 조 제 1 항 제 1 호는 2004. 12. 31. 대통령령 제18628호로 개정되기 전에는 정상가격 선택기준으로 '특수관계가 있는 자 간의 국제거래와 특수관계가 없는 자 간의 국제거래 사이에 비교 가능성이 높을 것'을 규정하고 있었으나, 이후 '특수관계가 있는 자 간의 국제거래와 특수관계가 없는 자 간의 거래 사이에 비교 가능성이 높을 것'이라 개정하여 비교대상 거래를 국제거래에 한정하지 않는 형태로의 개정이 이루어졌다. 위 시행령의 개정이유는 ① 거주자가 국외특수관계자와의 국제거래를 함에 있어서 정상가격을 산출하기 위하여 선택하는 비교대상 거래를 국제거래로 한정함에 따라 자료확보가 어렵거나 납세자의 납세협력비용이 과다하게 드는 문제점이 발생하고, ② 거주자에 대한 과세 여부를 결정하기 위한 정상가격 산출시 비교대상 거래를 국제거래로 한정하던 것을 비교 가능성이 높은 경우에는 국내거래도 비교대상으로 선택할 수 있도록 함과 아울러, ③ 국제거래뿐만 아니라 국내거래도 비교대상이 되도록 함으로써 정상가격 산정의 합리성을 제고하고 납세자의 납세협력비용을 경감시키기 위해서라고 하는바,[21] 위 시행령의 개정 이전에는 '국내거래'가 비교대상 거래가 될 수 없는지가 문제된다.

(2) 국내거래가 비교대상 거래가 될 수 있는지 여부

원고는 구 국제조세조정에 관한 법률 시행령(2004. 12. 31. 대통령령 제18628호로 개정되기 전의 것) 제 5 조는 비교 가능 제 3 자 거래방법에 의하여 과세조정을 하는 경우 국제거래를 비교거래로 하도록 규정하고 있으므로,

---

21) 국제조세조정에 관한 법률 시행령(2004. 12. 31. 대통령령 제18628호 일부개정) 개정이유.

국내거래를 비교대상 거래로 선정하여 산출한 이 사건 정상이자율은 위법하다고 주장한다.

반면 원심은 위 시행령이 개정 이전에는 국제거래만을 비교대상 거래로 한정하는 듯이 보이기는 하지만, 국제조세조정에 관한 법률 제2조 제10호가 과세조정의 기준이 되는 정상가격에 대하여 국제거래에 의한 가격으로 제한하지 않고 있으며, 비교 가능 제3자 거래방법에 관한 국제조세조정에 관한 법률 제5조 제1항 제1호 역시 명시적으로 비교 가능거래를 국제거래를 한정하고 있지 않은 점, 구 국제조세조정에 관한 법률 제5조 제2항의 위임에 따라 정상가격의 산출방법을 규정한 구 국제조세조정에 관한 법률 시행령 제5조 및 제6조의 규정이 정상가격 산정의 기준이 되는 거래를 국제거래로 명시적으로 한정하고 있지 아니할 뿐 아니라, 달리 구 국제조세조정에 관한 법률 시행령에서 비교 가능거래를 국제거래로 국한한 규정을 찾을 수 없는 점, 위 시행령의 개정이유가 국내거래도 비교대상 거래로 선택할 수 있도록 비교거래의 범위를 확대시킨 것이라 밝히고는 있지만, 이는 국제거래라고 예시되어 있는 시행령의 문구를 개정함에 있어 그 이유를 밝힌 것에 불과한 점 등에 비추어 비교대상 거래를 국내거래로 한정할 수는 없다고 판시하였다.[22]

헌법이 규정하고 있는 조세법률주의의 원칙상 과세요건이거나 비과세요건을 막론하고 조세법규의 해석은 특별한 사정이 없는 한 법문대로 해석할 것이고 합리적 이유 없이 확장해석하거나 유추해석하는 것은 허용되지 아니하지만,[23] 다국적기업은 관련 기업 간에 재화 및 용역 거래시 거래가격을 조작함으로써 상대적으로 세율이 낮은 국가에 소재한 기업의 소득을 증가시키고 세율이 높은 국가에 소재한 기업의 소득을 감소시켜 다국적기업 전체의 조세부담을 최소화하려는 경향이 있고, 이러한 거래가격 조작에 의

22) 대전고법 2009. 8. 13. 선고, 2009누513 판결 역시 같은 취지의 판시를 하였다.

23) 대법원 2003. 1. 24. 선고, 2002두9537 판결.

한 다국적기업의 조세회피행위를 규제하고 자국의 과세권을 보호하기 위한 제도가 이전가격과세제도인 점에 비추어,[24] 이전가격과세제도와 관련된 법령의 해석에 있어서는 이러한 취지를 고려한 해석이 필요하다. 정상가격을 산정함에 있어 비교대상 거래의 설정이 무엇보다도 중요한바, 이를 국제거래로 한정할 경우에는 비교대상 거래를 확보하기가 어려운 경우가 많고, 설사 그러한 자료를 확보한다고 하더라도 과세관청뿐만 아니라 납세자의 납세협력 비용이 과다하게 소요되는 경우가 많다. 비교대상 거래를 국내거래로 하더라도 국제거래보다 비교 가능성이 오히려 높은 경우도 존재하며, 가사 그렇지 않더라도 합리적 조정을 통해 적정한 수준까지 비교 가능성을 높일 수 있다는 측면에서 보면 비교대상 거래를 국제거래로 한정하는 것은 적절하지 아니한 것으로 보인다. 아울러 국제조세조정에 관한 법률에서 정상가격이나 비교 가능 제 3 자 거래방법을 정의함에 있어 비교대상 거래를 국제거래로 한정하고 있지 아니한 점에 비추어 동법 시행령에서의 '국제거래'는 비교내상 거래를 국제거래로 한정한 취지라기보다는 예시적 규정으로 보는 것이 타당하다고 할 것이다.

라. 정상이자율 산정의 적법성

(1) 비교 가능 제 3 자 가격 방법에 따른 정상이자율 산정

비교 가능 제 3 자 가격 방법에서 비교 가능성이 높은지를 평가하는 기준으로 국제조세조정에 관한 법률 시행령 제 5 조 제 2 항은 가격이나 이윤에 영향을 미칠 수 있는 사업활동의 기능, 계약조건, 거래에 수반되는 위험, 재화나 용역의 종류 및 특성, 시장여건의 변화, 경제여건 등의 요소를 분석하여야 한다고 규정하고 있고, 동법 시행령 제 6 조 제 7 항은 정상이자율의 판단시 고려사항으로서 채무액, 채무의 만기, 채무의 보증 여부, 채무자의

24) 대전지법 2009. 1. 14. 선고, 2007구합5143 판결.

신용정도를 열거하고 있다. 아울러 입증책임과 관련하여 일반적으로 과세처분 취소소송에 있어서 과세요건 사실에 관한 입증책임은 과세권자에게 있으므로, 과세당국이 거주자와 국외특수관계자 간의 국제거래에 있어서 그 거래가격이 정상가격에 미달하거나 초과한다는 이유로 정상가격을 기준으로 거주자에게 국조법 제4조에 의하여 과세표준 및 세액을 결정하기 위해서는, 과세처분의 기준이 된 정상가격이 국조법 제11조 제2항, 국조법 시행령 제19조에 의하여 납세의무자에게 요구하여 얻은 자료 및 증빙서류 등 최선의 노력으로 확보한 자료에 기하여 합리적으로 산정된 것임을 입증하여야 하되, 그 거래가격이 정상가격의 범위를 벗어나는 것까지 입증할 필요는 없다. 한편 납세의무자는 비교 가능성 있는 독립된 사업자 간의 거래가격이 신뢰할 만한 수치로서 여러 개 존재하여 정상가격의 범위를 구성할 수 있고, 당해 국외특수관계자와의 거래가격이 그 정상가격의 범위 내에 들어 있어 정상가격에 미달하거나 초과하는 경우가 아님을 입증할 필요가 있다.[25)]

(2) 사안의 경우

사안에서 원고는 피고가 선정한 비교거래가 법령에서 규정한 비교거래에 해당된다고 하더라도 이 사건 비교거래는 원고의 채권형 유동화증권과는 거래영역, 기초자산, 발행형식, 만기, 보증 여부 등에서 현저한 차이를 보이므로 비록 차이의 일부가 조정되었다고 하더라도 정상가격 산정을 위한 비교거래가 될 수 없다고 주장하는바, 결론적으로 이 사건 채권화 유동화증권의 발행과 비교거래가 발행형식이나 발행통화, LTV(Loan to Value) 등에 있어서 차이를 보이므로 이에 대한 조정이 필요하지만, 피고가 제시한 조정방식은 아래에서 검토한 바와 같이 적절하지 아니하여 이 사건 처분은 적법하지 아니한 것으로 판단된다.

25) 대법원 2001. 10. 23. 선고, 99두3423 판결 참조.

1) 발행형식의 차이

피고는 비교거래를 선정함에 있어 사모가 아닌 공모 형식의 채권형 유동화증권 발행을 비교거래로 선정하였다. 사모발행의 경우 대개 특수관계자 간의 거래에 해당되어 비교거래로 적합하지 아니하였기 때문인바, 피고는 사모발행의 경우 공모발행보다 이자율이 다소 높게 형성된다는 전제하에, 원고가 채권형 유동화증권을 발행한 시점을 기준으로 한국증권업협회가 고시한 3년 만기 AAA 등급 일반 회사채의 공모발행 수익률과 사모발행 수익률의 차이(1 – 1.5%)를 비교거래의 이자율에 가산하여 정상이자율을 산정하였다.

이에 대하여 원심은 AAA등급 일반 회사채와 채권형 유동화증권의 신용등급상의 차이점 및 채권형 유동화증권과 일반 회사채의 성질상의 차이점 등을 고려할 때 피고의 조정방식이 합리적이라고 보기 어렵다고 판시하였다.

사모발행은 공모발행에 비해 투자자가 제한적이고 재판매시장이 존재하지 않는 등 위험부담이 크다는 측면에서 공모발행 수익률과 사모발행 수익률의 차이를 조정하는 과정은 필요하다. 하지만 원심의 판시와 같이 일반 회사채와 채권형 유동화증권은 그 구조나 성질이 다르고, 신용등급상의 차이도 존재하므로 비교대상으로 적절하지 아니하다. 오히려 유사한 채권형 유동화증권의 공모발행 수익률과 사모발행 수익률의 차이를 직접적으로 조사하여 사안에서의 차이를 조정하는 방법이 보다 적정한 것으로 보인다.

2) 발행통화 간의 차이

피고는 이 사건에서는 원고가 기초자산으로부터 원화를 회수하여 채권형 유동화증권에 대한 이자를 외화(USD)로 지급하는 반면, 비교거래에서는 원화로 현금을 회수하여 원화로 이자를 지급하므로 이 사건 거래가 비교거래보다 환위험에 더 노출되어 있어 이를 헤지하기 위한 추가비용이 소요된다는 가정하에, 이때 발생할 추가적 비용을 이 사건 비교거래의 만기별 통화스왑거래가격과 국고채 만기수익률과의 차이의 평균으로 산정하여 이를 비교거래의 이자율에 가산하였다. 이에 대하여 원심은 피고가 이 사건 비교거래의 만기별 통화스왑거래가격과 국고채 만기수익률의 차이를 토대로 헤지비용을 산정한 근거를 제시하지 아니하여 이를 합리적인 조정으로 단정할 수 없다고 판시하였다. 원심의 판시대로 이 사건 조정과 관련하여서는 합리적인 근거가 제시되지 아니하여 조정이 타당하였는지 여부를 판단하기는 어려워 보인다.

3) LTV(Loan to Value)의 차이

피고는 기초자산에 대한 채권형 유동화증권의 발행비율(LTV)이 높을수록 채권자의 위험이 커지고 이자율이 높게 형성되는 점, 이 사건 채권형 유동화증권은 취득가액의 약 85% 정도를 선·후순위의 구별 없이 발행하였으나 이 사건 비교거래의 경우 선·후순위로 나누어 채권형 유동화증권을 발행하여 직접 비교가 곤란한 점 등을 고려하여 가중평균이자율을 통하여 채권형 유동화증권과 이 사건 비교거래 사이의 LTV 차이에 따른 이자율의 차이를 조정하였다. 하지만 원심도 인정한 바와 같이 피고가 제시한 가중평균이자율을 통한 조정에는 인적담보·물적담보뿐만 아니라 선·후순위 발행에 따른 내부 신용보강 등의 다양한 담보에 대한 포괄적인 접근이 이루어졌다고 보기 어렵고, 선·후순위 증권에 따르는 만기의 차이도 고려되지 아니하여 적정한 조정이라고 보기 어렵다.

4) 만기의 차이

피고는 채권의 만기가 길수록 위험에 노출되는 시간이 길어져 이자율이 높아진다는 전제하에, 이 사건 채권형 유동화증권의 만기와 비교거래의 채권형 유동화증권이 만기가 다르므로 한국증권업협회가 고시하고 있는 발행일자별 무보증회사채(AAA등급)의 만기에 따른 채권수익률 차이만큼을 이 사건 비교거래 이자율에 가산하여 조정을 하였다. 하지만 원심도 인정한 바와 같이 만기가 길수록 위험프리미엄이 높아지지만, 그 정도는 채권의 신용도에 따라 다르다고 할 것이므로 일률적으로 무보증회사채(AAA등급)를 기준으로 하는 것은 적정한 조정으로 볼 수 없다.

마. 결　론

사안의 경우 채권형 유동화증권의 매매가 두 단계를 거쳐서 이루어졌고, 각각의 단계를 별개로 판단한다면 국제조세조정에 관한 법률의 적용대상이 아니라고 볼 수 있지만, 국제조세조정에 관한 법률 제 2 조의 2 제 3 항이나 실질과세원칙을 고려하면 거래를 전체로 보아 동법의 적용대상으로 판단할 수 있다. 아울러 정상이자율 산정을 위한 비교거래에는 국제거래뿐만 아니라 국내거래도 포함된다고 할 것이어서 피고가 국내거래를 비교거래로 선정한 것 자체는 적법하다고 할 것이지만, 앞서 검토한 바와 같이 이 사건 거래와 비교거래 사이의 조정이 합리적이었다고 보기는 어려워 보인다. 국제조세조정에 관한 법률 및 동법 시행령이 비교거래의 선정 및 조정과 관련된 일응의 기준을 제시하고는 있으나, 구체적 사안에서 적정한 비교거래의 선정이나 비교되는 상황 간의 차이에 대한 합리적 조정을 위해서는 보다 구체적인 기준설정 및 이론의 정립과 판례의 축적이 필요할 것으로 보인다.

서울고등검찰청 송무부

검찰 PROSECUTION SERVICE

책임준비금의 손금산입과 엄격해석의 원칙

(서울고등법원 2009. 7. 14. 선고, 2008누34551 판결)[1)]

1. 판결요지

(1) 조세법률주의의 원칙상 조세법규는 과세요건이거나 비과세요건을 가리지 아니하고 특별한 사정이 없는 한 법률의 문언대로 해석하여야 하고 합리적 이유 없이 확장해석하거나 유추해석하는 것은 허용되지 아니하는바, ① 법인세법 제30조 제1항에서는 보험사업을 영위하는 내국법인이 '각 사업연도에 보험업법 기타 법률의 규정에 의하여 책임준비금을 손금으로 계상한 경우'에는 대통령령이 정하는 바에 따라 계산한 금액의 범위 안에서 당해 사업연도의 소득금액계산에 있어서 이를 손금으로 산입하도록 규정하고 있을 뿐, 책임준비금의 손금산입 범위나 요건에 있어 손해보험과 인보험, 또는 기보고 발생손해액과 미보고 발생손해액을 구분하고 있지 않은 점, ② 다만 손해보험의 경우와는 달리 2004. 7. 16. 이전에는 보험업법 기타 법률의 규정에서 생명보험의 미보고 발생손해액을 책임준비금올 적립 · 계상할 수 있는 근거규정을

1) 1심 판결인 서울행정법원 2008. 11. 6. 선고, 2008구합10607 판결과 같은 취지의 판결이다.

둔 바 없었으나, 2004. 7. 16. 보험업법, 같은 법 시행령, 같은 법 시행규칙, 보험업감독규정 등의 순차적인 위임에 따라 적법하게 개정된 보험업감독업무시행세칙에 생명보험의 미보고 발생손해액을 책임준비금으로 적립·계상할 수 있는 근거규정이 신설된 점, ③ 2004사업연도 당시에 적용되던 이 사건 조항에서는 '책임준비금은 같은 항 제 1 호의 금액과 당해 사업연도 종료일 현재 보험사고가 발생하였으나 아직 지급하여야 할 보험금이 확정되지 아니한 경우 그 손해액을 감안하여 추정한 보험금 상당액. 다만, 인보험에 있어서는 보험계약상의 보험금을 합한 금액의 범위 안에서 당해 사업연도의 소득금액계산에 있어서 손금에 산입'하도록 규정하고 있어, 명시적으로 인보험의 미보고 발생손해액을 손금산입의 대상에서 배제하고 있지 않은 점, ④ 미보고 발생손해액이란 '사업연도 종료일 현재 이미 발생되었으나 보험사업을 영위하는 내국법인에 아직 보고되지 아니한 사고에 대하여 지급하여야 할 보험금의 추정액'을 뜻하는 것으로서 그 개념상 이 사건 조항의 본문에서 규정한 '당해 사업연도 종료일 현재 보험사고가 발생하였으나 아직 지급하여야 할 보험금이 확정되지 아니한 경우'에 해당할 뿐 아니라, 2007. 2. 28. 대통령령 제19891호로 개정된 법인세법 시행령 제57조 제 1 항 제 2 호는 이 사건 조항 중 단서규정만을 삭제하고 위 본문규정은 변경하지 않았음에도, 규칙 제23조에서 인보험의 미보고 발생손해액도 손금산입될 수 있음을 명시한 점, ⑤ 이 사건 조항에서는 손해보험과 인보험으로 분류하여 규정하고 있을 뿐 손해보험사가 판매하는 인보험과 생명보험사가 판매하는 인보험을 달리 규정하고 있지 않음에도, 피고는 그동안 손해보험사가 판매하는 인보험에 대하여는 미보고 발생손해액의 적립금을 손금으로 인정하여 온 점, ⑥ 행정부의 행정해석은 행정부 내부의 해석지침에 불과할 뿐 대외적인 법규적 효력이 인정되는 것은 아닌 점 등을 종합하면, 법인세법 제30조 제 1 항 및 이 사건 조항은 보험업법 등에 의하여 책임보험금으로 적립·계상될 수 있는 이상 손해보험이나 인보험, 기보고 발생손해액이나 미보고 발생손해액을 불문하고 손금산입의 대상으로 하되, 손금산입액의 한도를 정함에 있어 인보험의 경우에는 그 특성을 반영하여 보험계약상 보험금을 기준으로 한 것으로 해석함이 상당하다.

(2) 따라서 2004. 7. 16. 보험업법 등의 위임을 받은 보험업감독업무시행세칙의 개정으로 생명보험의 미보고 발생손해액도 책임보험금으로 계상할 수 있게 된 이상, 2004사업연도의 경우에는 생명보험사가 운영하는 인보험의 미보고 발생손해액도 보험계약상의 보험금의 범위 내에서 손금으로 계상할 수 있음에도, 이와 달리 원고들의 2004사업연도 미보고 발생손해액이 법인세의 손금산입 대상에 해당하지 않음을 전제로 한 이 사건 각 처분은 위법하다.

2. 사실관계

(1) 원고들은 인보험인 생명보험업을 영위하는 보험회사들로서, 2004. 7. 16. 개정된 보험업감독업무시행세칙 제4-3조의 2 제 1 항 제 2 호의 규정에 따라 대차대조표일 이전 1년간 위험보험료의 3% 해당액을 미보고 발생손해액으로 보아 2004사업연도 지급준비금으로 적립하고, 법인세법 제30조 및 동법 시행령(2007. 2. 28. 대통령령 제19891호로 개정되기 전의 것) 제57조 제 1 항 제 2 호에 근거하여 같은 금액을 2004사업연도 책임준비금으로 손금산입하여 법인세 과세표준을 신고하였다.

(2) 감사원은 2006. 10. 11.부터 2006. 12. 1.까지 서울지방국세청에 대한 감사를 실시하여, 생명보험사들은 추정금액인 미보고 발생손해액을 손금에 산입할 수 없음에도 이를 손금산입하였음을 이유로 시정을 요구하였고, 서울지방국세청은 원고들이 책임준비금으로 적립한 이 사건 금원을 손금불산입하여 법인세 부과처분을 하였다.

3. 관련법령

○ **법인세법**

제30조 【책임준비금등의 손금산입】

①보험사업을 영위하는 내국법인이 각 사업연도에 「보험업법」 기타 법률의 규정에 의하여 책임준비금과 비상위험준비금을 손금으로 계상한 경우에는 대통령령이 정하는 바에 따라 계산한 금액의 범위 안에서 당해 사업연도의 소득금액계산에 있어서 이를 손금에 산입한다.<개정 2006.12.30>

②제 1 항에 따라 손금에 산입한 책임준비금은 대통령령으로 정하는 바에 따라 다음 사업연도 또는 손금에 산입한 날이 속하는 사업연도의 종료일 이후 3년이 되는 날(3년이 되기 전에 해산 등 대통령령으로 정하는 사유가 발생하는 경우에는 해당 사유가 발생한 날)이 속하는 사업연도의 소득금액을 계산할 때 익금에 산입한다.

○ **법인세법 시행령**(2007. 2. 28. 대통령령 제19891호로 개정되기 전의 것)

제57조 【책임준비금 등의 손금산입】

①법 제30조 제 1 항의 규정에 의한 책임준비금은 다음 각 호의 금액을 합한 금액의 범위 안에서 당해 사업연도의 소득금액계산에 있어서 이를 손금에 산입한다.

1. 금융감독원장(「농업협동조합법」에 의한 공제사업의 경우에는 농림부장관을, 「수산업협동조합법」에 의한 공제사업의 경우에는 해양수산부장관을, 「수출보험법」에 의한 수출보험사업의 경우에는 산업자원부장관을 말한다)이 인가한 보험약관에 의하여 당해 사업연도 종료일 현재 모든 보험계약이 해약된 경우 계약자 또는 수익자에게 지급하여야 할 환급액(해약공제액을 포함한다)
2. 당해 사업연도 종료일 현재 보험사고가 발생하였으나 아직 지급하여야 할 보험금이 확정되지 아니한 경우 그 손해액을 감안하여 추정한 보험금 상당액. 다만, 인보험에 있어서는 보험계약상의 보험금으로 한다.

❍ **법인세법 시행령**(2007. 2. 28. 대통령령 제19891호로 개정된 것)

제57조 【책임준비금 등의 손금산입】

①법 제30조 제1항의 규정에 의한 책임준비금은 다음 각 호의 금액을 합한 금액의 범위 안에서 당해 사업연도의 소득금액계산에 있어서 이를 손금에 산입한다.<개정 1999.12.31, 2005.2.19, 2007.2.28>

1. 금융감독원장(「농업협동조합법」에 의한 공제사업의 경우에는 농림부장관을, 「수산업협동조합법」에 의한 공제사업의 경우에는 해양수산부장관을, 「수출보험법」에 의한 수출보험사업의 경우에는 산업자원부장관을 말한다)이 인가한 보험약관에 의하여 당해 사업연도 종료일 현재 모든 보험계약이 해약된 경우 계약자 또는 수익자에게 지급하여야 할 환급액(해약공제액을 포함한다)
2. 당해 사업연도 종료일 현재 보험사고가 발생하였으나 아직 지급하여야 할 보험금이 확정되지 아니한 경우 그 손해액을 감안하여 추정한 보험금 상당액

부 칙<제19891호, 2007.2.28>

제1조 【시행일】

이 영은 공포한 날부터 시행한다.

제2조 【일반적 적용례】

이 영은 2007년 1월 1일 이후 최초로 개시하는 사업연도분부터 적용한다.

제23조 【책임준비금 등의 손금산입에 관한 적용특례】

제57조 제1항 제2호 단서의 개정규정을 적용하는 경우 인보험에 대하여 사업연도 종료일 현재 이미 발생되었으나 보험사업을 영위하는 내국법인에 아직 보고되지 아니한 사고에 대하여 지급하여야 할 보험금의 추정액(이하 이 조에서 "미보고발생손해액"이라 한다)에 대하여는 제57조 제1항 제2호 단서의 개정규정에 불구하고 이 영 시행 후 최초로 계상하는 사업연도분의 경우에는 해당 사업연도의 미보고발생손해액의 100분의 30을, 그 다음 사업연도분의 경우에는 해당 사업연도의 미보고발생손해액의 100분의 60에 상당하는 금액을 각각 제57조 제1항 제2호에 따라 추정한 보험금으로 한다.

❍ **보험업법**(2008. 2. 29. 대통령령 제8863호로 개정되기 전의 것)

제120조 【책임준비금 등의 적립】

①보험회사는 결산기마다 보험계약의 종류에 따라 대통령령이 정하는 책임준비금과 비상위험준비금을 계상하고 따로 작성한 장부에 각각 기재하여야 한다.

②제 1 항의 규정에 의한 책임준비금과 비상위험준비금의 계상에 관하여 필요한 사항은 재정경제부령으로 정한다.

○ **보험업법 시행령**(2008. 2. 29. 대통령령 제20653호로 개정되기 전의 것)

제63조 【책임준비금 등의 계상】

①보험회사는 법 제120조 제 1 항의 규정에 의하여 장래에 지급할 보험금·환급금 및 계약자배당금(이하 이 조에서 "보험금등"이라 한다)의 지급에 충당하기 위하여 다음 각 호의 금액을 책임준비금으로 계상하여야 한다.

1. 매 결산기말 현재 보험금등의 지급사유가 발생하지 아니한 계약에 대하여 보험종목별 또는 계약기간 경과별로 보험료 및 책임준비금 산출방법서에서 정하는 바에 따라 계산한 보험료 적립금과 미경과보험료
2. 매 결산기말 현재 보험금등의 지급사유가 발생한 계약에 대하여 보험금등에 관한 소송이 계속 중인 금액이나 지급이 확정된 금액과 보험금 지급사유가 이미 발생하였으나 보험금 지급금액의 미확정으로 인하여 이직 지급하지 아니한 금액
3. 보험회사가 보험계약자에게 배당하기 위하여 적립한 금액

○ **보험업법 시행규칙**(2008. 3. 3. 방송통신위원회령 제875호로 개정되기 전의 것)

제29조 【책임준비금 등의 계산】

①영 제63조 제 1 항 제 1 호의 규정에 의한 보험료적립금은 이미 납입된 순보험료를 기준으로 한 순보험료식에 의하여 계산한 금액보다 적은 금액으로 할 수 없다.

②영 제63조 제 1 항 및 제 4 항의 규정에 의한 책임준비금과 비상위험준비금의 계산방법 등 책임준비금과 비상위험준비금의 계상에 관하여 필요한 세부사항은 금융감독위원회가 정한다.

○ **보험업감독규정**(2004. 7. 16. 금융감독원 공고 제2004-42호로 개정된 것)

제8-11조 【책임준비금의 적립】

①보험계약에 대한 책임준비금은 보험료적립금·미경과보험금적립금·지급준비

금·계약자배당준비금·계약자이익배당준비금·배당보험손실보전준비금·재보험료적립금으로 구분하여 각각 적립한다.

④지급준비금은 매 회계연도말 현재 보험금 등의 지급사유가 발생한 계약에 대하여 지급하여야 하거나 지급하여야 할 것으로 추정되는 금액 중 아직 지급하지 아니한 금액을 말한다.

⑤지급준비금 산출은 보험사고별로 추산하거나 통계적인 방법 등을 사용하며, 구체적 산출기준은 감독원장이 정한다.

○ **보험업감독업무시행세칙**(2004. 7. 16. 개정된 것)

제4-3조의 2 【생명보험의 지급준비금 적립】

①생명보험 및 생명보험 수재보험의 지급준비금은 다음 각 호 1의 합계액으로 한다.

1. 개별추산액 : 소송, 계류 등으로 보험회사에 보고된 보험사고별로 추산하여 산출한 금액(일부 지급시는 지급 후 잔여액)
2. 미보고발생손해액 : 대차대조표일 이전 1년간 위험보험료의 3% 해당액
3. 실효비금 : 보험료 미납으로 인하여 실효된 계약 중 부활권 및 유보기간이 경과되지 아니한 계약의 준비금(해지환급금상당액)
4. 미지급보험금 : 보험금, 환급금, 배당금 등의 지급이 확정된 금액으로 지급되지 아니한 금액

○ **보험업감독업무시행세칙**(2006. 2. 24. 개정된 것)

제4-3조의 2 【생명보험의 지급준비금 적립】

①생명보험 및 생명보험 수재보험의 지급준비금은 다음 각 호 1의 합계액으로 한다.

1. 개별추산액 : 소송, 계류등으로 보험회사에 보고된 보험사고별로 추산하여 산출한 금액으로 하되 일부 지급시는 지급 후 잔여액(수재보험의 경우에는 출재보험자로부터 통보된 금액)
2. 미보고발생손해액 : 보험회사에 보고되지 아니하였으나 이미 발생된 사고의 보험금추정액과 지급청구 재개로 인해 추가 지급될 보험금 추정액의 합계액(수재보험의 경우에는 출재보험자로부터 통보된 금액)
3. 실효비금 : 보험료 미납으로 인하여 실효된 계약 중 부활권 및 유보기간이 경

과되지 아니한 계약의 준비금(해지환급금상당액)

4. 미지급보험금 : 보험금, 환급금, 배당금 등의 지급이 확정된 금액으로 지급되지 아니한 금액

4. 평 석

가. 조세법의 해석

(1) 조세법률주의

조세법률주의란 조세를 부과·징수하기 위해서는 법률의 근거를 요하며, 이러한 법률의 근거 없이는 모든 국민은 납세의 의무를 지지 아니한다는 원칙을 의미한다. 헌법 제38조는 '모든 국민은 법률이 정하는 바에 의하여 납세의 의무를 진다'고 규정하고, 제59조는 '조세의 종목과 세율은 법률로 정한다'고 규정함으로써 조세법률주의를 채택하고 있는바, 이러한 조세법률주의원칙은 과세요건 등은 국민의 대표기관인 국회가 제정한 법률로써 규정하여야 하고, 그 법률의 집행에 있어서도 이를 엄격하게 해석·적용하여야 하며, 행정편의적인 확장해석이나 유추적용은 허용되지 않음을 의미하므로, 법률의 위임이 없이 명령 또는 규칙 등의 행정입법으로 과세요건 등에 관한 사항을 규정하거나 법률에 규정된 내용을 함부로 유추, 확장하는 내용의 해석규정을 마련하는 것은 조세법률주의원칙에 위배된다.[2)]

이러한 조세법률주의의 파생원칙으로 통상 과세요건법정주의, 과세요건명확주의, 소급과세금지의 원칙, 엄격해석의 원칙, 합법성의 원칙이 논의되지만, 사안에서 문제가 되는 조세법령의 해석과 관련하여 엄격해석의 원칙에 대해 논의하기로 한다.

---

2) 대법원 2000. 3. 16. 선고, 98두11731 전원합의체 판결.

(2) 엄격해석의 원칙

조세법률주의의 파생원칙인 엄격해석의 원칙은 조세법령은 문언에 따라 엄격하게 해석하여야 하며 법의 흠결을 유추해석이나 확장해석으로 해결하는 것은 허용되지 아니한다는 원칙을 의미한다. 조세법령은 개인의 권리를 침해하는 규정으로 과세요건이 명확하게 규정될 것이 요구되나, 모든 입법이 일의적으로 명확하게 제정되는 것은 사실상 불가능하므로 해석과정이 항상 문제가 된다. 이러한 해석과정에서는 항상 엄격해석의 원칙에 기해 문언에 충실한 해석을 하여야 한다.

하지만 아무리 문리해석에 충실하게 해석한다고 하여도 문언의 개념은 상대적이고, 세법은 그 규율대상 자체가 수시로 변하고 여러 가지 경제정책적 목적 및 사회정책적 목적을 수행하고 있어 그 해석에 있어서 모호하거나 의심스러운 상황은 항상 발생하게 된다. 이러한 경우 그 해석방향과 관련하여 국고에 유리하게 해석하여야 한다는 견해와 납세자에 유리하게 해석하여야 한다는 견해가 대립하여 왔는바,[3] 과거와 같이 국가 권력으로부터 사인의 권리의 필요성을 보호할 필요성이 강조되는 상황이라면 납세자에게 유리하게 해석하는 것이 타당할 수 있으나, 오늘날과 같이 공익과 사익이 공존하며 양자간의 조화로운 해결이 요구되는 상황에서는 실질적 조세정의라는 관점에서 상황에 따른 합리적 해석이 요구된다고 할 것이다.

대법원은 조세법규의 해석과 관련하여 조세법률주의의 원칙상 과세요건이나 비과세요건 또는 조세감면요건을 막론하고 조세법규의 해석은 특별한 사정이 없는 한 법문대로 하여야 하고 합리적 이유 없이 확장해석하거나 유추해석하는 것은 허용되지 않는다고 판시한 바 있다.[4] 아울러 대법원은 감면요건 규정 가운데에 명백히 특혜규정이라고 볼 수 있는 것은 엄격하게 해석하는 것이 조세공평의 원칙에도 부합한다는 전제하에 영농에 종

---

3) 임승순, 『조세법』, 박영사, 2009, p.45.

4) 대법원 2002. 7. 26. 선고, 2001두5521 판결 등.

사하는 자녀가 그 아버지로부터 증여받은 토지가 도시계획법상 일반공업지역으로 지정·고시된 이상 비록 실질적으로는 생산녹지지역과 같이 경작되고 있다 하더라도 구 조세감면규제법(1996. 12. 30. 법률 제5195호로 개정되기 전의 것) 제58조 제 1 항 소정의 증여세의 면제대상에 해당하지 않는다고 판시한 바 있다.[5] 다만, 대법원은 상속재산의 가액평가에 대한 구 상속세법 시행령 제 5 조의 2 제 6 호(1996. 12. 31. 대통령령 제15193호로 개정되기 전의 것)와 관련하여 토지와 건물에 대한 임료의 총액은 알 수 있으나 토지와 건물의 임료의 구분이 되어 있지 않은 경우에 그 구분은 그 비율이 현저하게 불합리하다고 볼 특별한 사정이 없는 한 토지와 건물의 기준시가에 의한 가액에 비례하여 안분계산하는 방식으로 하여야 한다고 판시하여 합목적적 해석도 인정하고 있는 듯하다.[6), 7)]

나. 인보험과 책임준비금

(1) 손해보험과 인보험의 구별

보험이란 동일한 위험에 놓인 사람들이 보험료를 내어 마련한 기금으로 불확정한 사고 발생시 일정한 보험금액을 지급하여 우연한 사고로 인한 경제적 불안을 해소시키는 제도로서, 상법은 보험을 손해보험과 인보험으로 구별하고 있다. 손해보험이란 보험사고로 인한 피보험자의 재산상 손해를 보상할 목적의 보험인 반면,[8] 인보험은 사람의 생명 또는 신체에 관하여 보험사고가 생길 경우에 보험계약의 정하는 바에 보험금을 지급할 목적의 보험이며[9] 이는 다시 생명보험과 상해보험으로 나누어진다.

---

5) 대법원 2003. 1. 24. 선고, 2002두9537 판결 ; 대법원 1998. 3. 27. 선고, 97누20090 판결.

6) 대법원 1998. 3. 27. 선고, 97누20090 판결.

7) 임승순, 전게서, p.46 역시 동 판례에 대해 합목적적 해석의 일례로 기술하고 있다.

8) 상법 제665조 참조.

9) 상법 제727조 참조.

인보험의 보험사고 중 상해나 질병은 손해보험의 보험사고와 마찬가지로 그 발생 여부나 시기가 불확실하지만, 사망은 발생시기만이 불확실하다는 면에서 손해보험의 보험사고와는 차이가 있다. 아울러 인보험 중 생명보험과 정액 상해보험은 보험사고가 발생하면 보험자는 보험계약에서 정한 보험금액을 지급하여야 하는 정액보험이라는 면에서 실손보험을 목적으로 하는 손해보험과는 차이가 있다.[10)]

(2) 보험회사의 책임준비금 적립의무

보험회사는 결산기마다 보험계약의 종류에 따라 대통령령이 정하는 책임준비금과 비상위험준비금을 계상하여야 하는바,[11)] 여기서 대통령령이 정하는 책임준비금이란 장래에 지급할 보험금·환급금 및 계약자배당금의 지급에 충당하기 위하여 ① 매 결산기말 현재 보험금등의 지급사유가 발생하지 아니한 계약과 관련하여 보험금을 일정 수준 이상으로 지급하기 위하여 적립한 금액 및 보험종목별 또는 계약기간 경과별로 보험료 및 책임준비금 산출방법서에서 정하는 바에 따라 계산한 보험료 적립금과 미경과보험료, ② 매 결산기말 현재 보험금등의 지급사유가 발생한 계약에 대하여 보험금등에 관한 소송이 계속 중인 금액이나 지급이 확정된 금액과 보험금 지급사유가 이미 발생하였으나 보험금 지급금액의 미확정으로 인하여 아직 지급하지 아니한 금액, ③ 보험회사가 보험계약자에게 배당하기 위하여 적립한 금액을 말한다.[12)] 이러한 책임준비금 중 미보고 발생손해액이란 사업연도 종료일 현재 이미 발생되었으나 보험사업을 영위하는 내국법인에 아직 보고되지 아니한 사고에 대하여 지급하여야 할 보험금의 추정액을 말한다.[13)]

---

10) 양승규, 『보험법』, 삼지원, 2005, p.439.

11) 보험업법 제120조 제1항.

12) 보험업법 시행령 제63조 제1항.

13) 법인세법 시행령 부칙(제19891호, 2007. 2. 28.) 제23조.

(3) 생명보험사들의 미보고 발생손해액 적립 의무

손해보험사들과는 달리 생명보험사들은 2004. 7. 16. 이전에는 미보고 발생손해액의 책임준비금 적립과 관련된 규정이 없었다. 이는 미보고 발생손해액을 포함한 지급준비금은 부채의 일부임에도 책임준비금으로 적립되지 아니하여 부채의 과소평가를 초래하고 지급능력을 과대계상하는 등 재무건전성을 약화시키고,[14] 기간별 손해율을 왜곡시켜 적정한 보험료 산출을 저해하는 등의 문제점을 낳았다.[15), 16)]

이러한 문제점을 해결하기 위해 2004. 7. 16. 보험업감독업무시행세칙 제4-3조의 2를 통해 생명보험사들도 대차대조표일 이전 1년간 보험료의 3% 해당액을 미보고 발생손해액으로 적립하도록 규정하였으며, 2006. 2. 24. 위 시행세칙을 개정하여 보험회사에 보고되지 아니하였으나 이미 발생된 사고의 보험금추정액과 지급청구 재개로 인해 추가 지급될 보험금 추정액의 합계액을 미보고 발생손해액으로 적립하도록 하였다.

---

14) 재무건전성의 보완을 위해 미국은 보험감독관식 준비금제도를 운영하고, 영국은 장기보험회사의 시나리오 분석을 통해 장기보험부채와 자산변동 위험에 대비하기 위한 탄력적 요구자본을 적립하고 있으며, 캐나다는 미래 시나리오하에서의 자본적정성을 분석하는 동적자본적정성 분석제도(DCAT)를 운영하고 있다 : 최판균, "미국 · 영국 · 캐나다 책임준비금제도", 금융감독원, 2006, p.169.

15) 생명보험 및 장기손해보험의 미보고 발생손해액 추산 규모(FY2003 기준) : 금융감독원 2004. 7. 6.자 보도자료.

(단위 : 억 원)

구 분	지급보험금	미보고 발생손해액(추산)
생 명 보 험	42,589	5,435
장 기 손 해 보 험	11,773	2,198
계	54,362	7,633

※ 생보사 : 15개사 기준(한일, 하나, 카디프, SH&C, 뉴욕, 럭키, 푸르덴셜, PCA 제외)
손보사 : 국내 10개 손해보험사 기준

16) 금융감독원 2004. 7. 6.자 보도자료, pp.5~6.

다. 2004사업연도에 생명보험사의 미보고 발생손해액 손금산입 여부

(1) 문제의 소재

사안에서 원고들은 2004. 7. 16. 개정된 보험업감독업무시행세칙 제4-3조의 2 규정에 따라 대차대조표일 이전 1년간의 위험보험료 3% 해당액인 미보고 발생손해액을 2004사업연도 책임준비금으로 적립하고, 동시에 동 금원을 당해 사업연도 손금으로 산입하였다. 그런데 개정된 보험업감독업무시행세칙 제4-3조의 2 규정에 따라 미보고 발생손해액을 지급준비금으로 적립할 수는 있으나, 법인세법 제30조 제 1 항과 동법 시행령 제57조 제 1 항에 따르면 보험사업을 영위하는 내국법인이 각 사업연도에 보험업법 기타 법률의 규정에 의하여 책임준비금을 손금으로 계상한 경우에는 금융감독원장이 인가한 보험약관에 의하여 당해 사업연도 종료일 현재 모든 보험계약이 해약된 경우 계약자 또는 수익자에게 지급하여야 할 환급액과 당해 사업연도 종료일 현재 보험사고가 발생하였으나 아직 지급하여야 할 보험금이 확정되지 아니한 경우 그 손해액을 감안하여 추정한 보험금 상당액을 합한 금액의 범위 안에서 이를 손금에 산입할 수 있도록 규정하고 있는 반면, 위 시행령 제57조 제 1 항 단서에서 '인보험에 있어서는 보험계약상의 보험금으로 한다'고 규정하고 있어 동 규정의 해석이 문제된다. 구체적으로 동 규정이 인보험에 있어서는 보험계액상 보험금을 손금산입하도록 한 규정인지, 아니면 보험계약상 보험금을 기준으로 미보고 발생손해액을 손금산입하도록 한 규정인지 여부에 대해 견해가 대립된다.

(2) 견해의 대립

이에 대하여 원고들은 법인세법 제30조 제 1 항 본문에서 동법 시행령 제57조 제 1 항 제1, 2호에 해당되면 그 해당금액의 범위 안에서 손금산입이 가능하도록 규정하고 있는데, 위 시행령 제 2 호 본문에서는 당해 사업연도 종료일 현재 보험사고가 발생하였으나 아직 지급하여야 할 보험금이 확정되지 아니한 경우 그 손해액을 감안하여 추정한 보험금 상당액을, 동호 단서에서는 인보험의 경우 보험계약상 보험금을 기준으로 미보고 발생손해액을 손금산입하도록 규정한 것이라고 주장한다. 이 사건 1심이나 항소심 판결 역시 법인세법 제30조 제 1 항은 법령에 따라 책임준비금을 손금으로 계상한 경우에는 이를 대통령령이 정하는 금액의 범위 안에서 손금으로 계상할 수 있도록 규정하고 있으나 책임준비금의 손금산입 범위나 요건에 있어 손해보험과 인보험, 또는 기보고 발생손해액과 미보고 발생손해액을 나누고 있지 않으며, 2004년 당시 적용되던 시행령 역시 명시적으로 인보험의 미보고 발생손해액을 손금산입 대상에서 제외시키고 있지는 않은 점, 2007. 2. 28. 대통령령 제19891호로 개정된 법인세법 시행령 제57조 제 1 항 제 2 호는 단서규정만을 삭제하고 본문규정은 변경하지 않았음에도, 부칙 제23조에서 인보험 미보고 발생손해액도 손금산입될 수 있음을 명시한 점 등을 이유로 인보험 역시 미보고 발생손해액은 손금산입의 대상이나, 손금산입액의 한도를 정함에 있어 인보험의 특색을 반영하여 보험계약상 보험금을 기준으로 한 것이라고 주장한다.

반면 이에 대해 피고들은 구 법인세법 시행령 제57조 제 1 항 제 2 호 단서에 '인보험에 있어서는 보험계약상의 보험금으로 한다'고 규정하고 있는바, 위 규정의 의미는 인보험의 경우 미보고 발생손해액이 아닌 보험계약상 보험금을 책임준비금으로 설정하여 손금산입하도록 한 것이라고 주장한다.[17] 2007년 개정된 법인세법 시행령은 제57조 제 1 항 제 2 호의 단서규정을 삭제하면서, 부칙 제23조에서 영 시행 후 최초로 계상하는 사업연도분의 경우에는 해당 사업연도의 미보고발생손해액의 100분의 30을, 그 다음 사업연도분의 경우에는 해당 사업연도의 미보고발생손해액의 100분의 60에

---

17) 위 사안과 관련된 국세심판원 결정 역시 같은 취지의 설시를 한 바 있다(국심 2007. 12. 20. 선고, 2007서3657 결정 등).

상당하는 금액을 각각 제57조 제1항 제2호에 따라 추정한 보험금으로 한다고 규정하고 있는바, 이는 위 시행령 개정 전에는 미보고 발생손해액에 대하여 손금산입되지 않음을 전제로 한 것이라는 주장이다. 아울러 피고들은 제1심 및 항소심의 판결에 따르면 구 법인세법 시행령 제57조 제1항 제2호 단서가 삭제되기 전이나 삭제된 후에 모두 미보고 발생손해액의 손금산입이 가능하여 위 시행령의 개정 취지를 몰각하는 결과를 가져오게 된다고 주장한다.

(3) 검 토

구 법인세법 시행령 제57조 제1항 제2호 단서규정 자체는 인보험에 있어서 보험계약상의 보험금을 손금에 산입하라는 의미인지, 아니면 보험계약상 보험금의 범위 안에서 책임준비금을 손금산입하라는 의미인지가 명확하지 않은 것은 사실이다. 이러한 경우에는 법령의 개정취지나 관련법령과의 통일적 해석 등을 통해 규정의 의미를 파악하는 과정이 필요하다.

구 법인세법 시행령 제57조 제1항 제2호 단서는 2007년 삭제되었는데 그 개정 취지는 보험업감독규정상 지급준비금으로 적립하고 있는 미보고 발생손해액에 대하여 인보험에 대해서도 손금산입할 수 있도록 허용하자는 것이었다.[18] 아울러 동 시행령의 부칙에서는 적용시기에 대하여 2007. 2. 28. 이후 최초로 적용하는 분부터 단계적으로 상향 조정하도록 하였다. 이러한 점들을 종합하면 입법자의 의도는 미보고 발생손해액은 그동안 인보험에서 손금산입의 대상이 아니었음을 전제로 구 법인세법 시행령 제57조 제1항 제2호 단서의 개정 시점부터 단계적으로 미보고 발생손해액을 인보험에 있어서도 손금산입하겠다는 것으로 보인다. 아울러 미보고 발생손해액의 손금산입을 긍정하는 입장에서는 법인세법 제30조 제1항에서 '다음 각 호의 금액을 합한 금액의 범위 안에서'라고 규정하고 있어 인보

---

18) 국세청, 『개정세법 해설』, 2007, p.197.

험에 있어서도 보험계약상 보험금 자체가 아닌 보험계약상 보험금의 '범위 안에서' 미보고 발생손해금을 손금산입할 수 있다고 주장하고 있으나, 법인세법 제30조 제 1 항이 법률의 규정에 의하여 책임준비금과 비상위험준비금을 손금으로 계상한 경우를 상정하지만 손금산입은 구 법인세법 시행령 제57조 제 1 항에서 정한 부분으로 한정되어 있어 그러한 제한의 의미로 '범위 안에서'라는 표현을 사용한 것이지 구 법인세법 시행령 제57조 제 1 항에서 열거한 금액들이 단순히 '범위'의 의미만을 지닌다고 보기는 어려워 보인다.

본 사안에서 1심과 항소심 법원은 동일하게 법인세법 제30조 제 1 항이 책임준비금의 손금산입 범위나 요건에 있어 손해보험과 인보험, 또는 기보고 발생손해액과 미보고 발생손해액을 구분하고 있지 않은 점이나 시행령에서 명시적으로 인보험의 미보고 발생손해액을 손금산입의 대상에서 배제하고 있지 않은 점을 판결이유로 설시하고 있으나, 위에서 언급한 바와 같이 법인세법 제30조 제 1 항의 위임을 받은 구 법인세법 시행령 제57조 제 1 항 제 2 호는 인보험의 경우 보험계약상 보험금을 손금산입의 대상으로 한정하고 있는 이상 위 판시 내용은 타당하지 아니하다. 아울러 본 사안의 1심과 항소심 법원은 피고가 그동안 손해보험사가 판매하는 인보험에 대하여는 미보고 발생손해액의 적립금을 손금으로 인정하여 온 점도 이유로 설시하고 있으나, 이 사건 법령들이 앞에서 언급한 바와 같이 해석되는 이상 행정청의 위법하게 손해보험사가 판매하는 인보험에 대하여 미보고 발생손해액을 손금으로 적립하였다고 하여 이에 구속된다고 보기는 어려울 것이다.

라. 결　　론

사안은 법인세법 제30조 제 1 항 및 구 법인세법 시행령 제57조 제 1 항 제 2 호 단서의 해석이 문제가 되는 경우라고 할 수 있다. 사안과 같이 법령이 명확하게 규정되지 아니한 경우 법령의 해석은 문언에 따라 엄격하게 해석하여야 하며 유추해석이나 확장해석은 허용되지 아니하지만 구체적으로 합리적 내지 합목적적 해석과 유추, 확장해석의 차이를 구분하는 일은 쉽지 않다. 다만, 사안에서는 법문의 구조나 법의 개정취지 등을 종합적으로 고려해 볼 때 인보험에서는 보험계약상 보험금을 손금산입하도록 하고 있으므로 보험계약상 보험금을 '범위'의 문제로 판단하여 미보고 발생손해금의 손금산입을 인정하는 것은 적절치 아니한 것으로 보인다.

제 3 편

부가가치세법

서울고등검찰청 송무부

게임머니가 부가가치세법상 '재산적 가치를 지닌 재화의 공급'에 해당한다는 판례에 대한 평석

(서울행정법원 2009. 8. 28. 선고, 2009구합4418 판결)

1. 판결요지

부가가치세법 제 1 조 제 1 항 제 1 호 · 제 2 항 및 부가가치세법 시행령 제 1 조 제 1 항 · 제 2 항에 의하면, 부가가치세가 부과되는 거래의 대상인 '재화'에는 재산적 가치가 있는 유체물뿐만 아니라, '동력 · 열 기타 관리할 수 있는 자연력 및 권리 등으로서 재산적 가치가 있는 유체물 이외의 모든 무체물'도 포함되는바, 이 사건 게임머니는 원고가 이를 유상으로 매수하였다가 이윤을 남기고 매도한 바와 같이 엄연히 재산적 가치가 있는 거래의 객체로서, 엔에이엔(NAN, 가명) 주식회사가 제공하는 온라인 난게임서비스상의 게임 등을 이용할 수 있는 권리 내지 기타 재산적 가치가 있는 무체물의 일종인 부가가치세법상의 '재화'에 해당한다 할 것이다.

부가가치세법 제13조 제 1 항 제 1 호, 제17조 제 1 항 제 1 호, 제17조 제 2 항 제 1 호 · 제 1 호의 2에 의하면, 부가가치세는 매출시에 금전으로 받은 대가 등을 과세표준으로 하여 그에 대한 '매출세액'에서 매입시에 징수당한 '매입세액'을 공제한 금액을 '납부세액'으로 하도록 규정하고 있어 원고가 주장하는 바와 같이 매출금액에서 매입금액을 공제한 금액을 과세표준으로 하는 것이 아니다.

또한 매입세액공제를 받기 위해서는 예외적인 경우가 아닌 한 그 공급하는 자로부터 필요적 기재사항이 제대로 기재된 매입세금계산서를 교부받고, 과세기간에 기재사항이 제대로 기재한 매입처별세금계산서합계표를 제출하도록 규정하고 있으므로, 원고들이 매입세액을 공제받기 위해서는 거래징수당한 매입세액이 있고 그에 관한 세금계산서를 교부받아 피고에게 매입처별세금계산서합계표 등을 제출하여야 하는데, 원고들이 이 사건 게임머니를 매수함에 있어 거래징수당한 매입세액이 있다고 볼 증거도 없으므로, 이와 다른 전제에서 나온 원고의 이 부분 주장도 이유 없다.

부가가치세법 제25조 제 1 항 및 부가가치세법 시행령 제74조 제 1 항은, 직전 1역년의 재화와 용역의 공급에 대한 대가가 4800만 원에 미달하는 개인사업자를 간이과세자로 규정하고 있는바, 원고의 경우 이 사건 과세기간 동안의 공급대가가 위 기준금액을 넘는 사실을 인정할 수 있어, 원고가 간이과세자로 사업자등록을 하였는지에 관계없이 간이과세자에 해당하지 않는다 할 것이다.

또한 부가가치세법 시행령 제74조의 2 제 2 항 · 제 4 항은 납세의무자가 성실하게 부가가치세 신고를 하였을 경우에만 적용될 뿐, 이 사건의 경우와 같이 간이과세자로 적용받기 위해 매출액을 누락하여 신고하는 등의 불성실한 납세의무자에 대해서까지 적용되는 것이라 할 수 없다.

2. 사건의 개요

원고는 '아이템 고수'라는 상호로 게임머니 매매업을 영위하는 사업자로서, NAN 주식회사(이하 'NAN'이라 한다)가 제공하는 게임 사이트인 '난게임' 내의 온라인 포커게임에서 사용되는 '포커' 게임머니를 주로 매매하는 영업을 하였는데, 먼저 원고는 게임머니를 확보하기 위하여 NAN으로부터 '아바타'[1]를 구입하고 아바타를 구입하면 주는 '엔돌핀'[2]을 NAN으로부터 지급받고, 위 엔돌핀으로 게임머니를 받아서 게임머니를 확보하였고, 이를 구입하고자 하는 사람들이 원고에게 게임머니를 구입한다는 의사표시를 하고 지정된 은행계좌에 입금한 후, 입금했다는 통보를 하면, 원고는 입금사실을 확인한 후, 게임 구매자를 포커게임장으로 초대하여 게임 구매자에게 게임을 일부러 져줘 게임머니를 이전하는 방식으로 거래를 하였다.

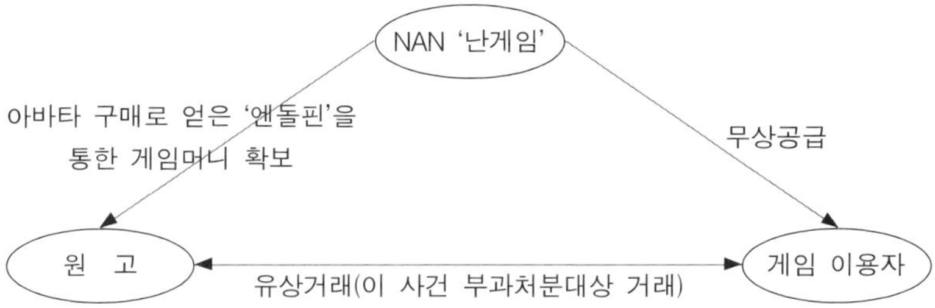

이에 대해 피고는, 원고가 게임머니 관련 매출을 신고하지 않아 이에 대한 부가가치세를 경정 · 고지하였다.

게임머니 사고팔면 '과세대상'
법원 "재산 가치 지닌 재화에 해당" [한겨레] 2009. 9. 4. 21:12:04

온라인 게임에서 사용하는 게임머니도 재산상 가치를 지닌 재화에 해당한다는 판결이 나왔다.

서울행정법원 행정 1 부(재판장 이내주)는 4일 온라인 게임용 아이템 거래 사이트를 운영했던 문아무개(42)씨 등이 서울 강동세무서를 상대로 낸 부가가치세 부과처분 취소청구소송에서 원고 패소 판결했다고 밝혔다.

재판부는 "문씨 등이 게임머니를 사들여 이윤을 남기고 매도한 사실이 인정되는 만큼 게임머니 자체의 재산적 가치를 인정할 수 있다며 "부가가치세가 부과되는

1) 사이버상의 자신을 표상하는 캐릭터를 말한다.

2) 게임머니를 취득할 수 있는 수단을 말한다.

거래대상인 재화에는 동력, 열, 기타 관리할 수 있는 자연력도 모두 포함된다"고 밝혔다. 재판부는 이어 "문씨 등이 당시 세무서에 신고한 4400여만 원이 아닌 게임머니 판매액 46억여 원을 과세표준으로 삼는 것이 옳다"고 밝혔다.

문씨 등은 세무서가 46억여 원의 판매액을 기준으로 부가가치세를 경정 고지하자, "게임머니는 재산적 가치가 없는 단순한 컴퓨터 코드로, 이를 가지고 게임에 참여할 수 있는 기능만 가지고 있어 부가세법상 재화에 해당하지 않는다"며 소송을 냈다. 이들이 판매한 게임머니는 '고스톱' 등 온라인 게임에 쓰이는 판돈과 같은 것으로 누리꾼들 사이에서 현금으로 거래되고 있다.

노현웅 기자 goloke@hani.co.kr

3. 관련법령

❍ **부가가치세법**(이하 '부가세법'이라 한다)

제1조 【과세대상】

①부가가치세는 다음 각 호의 거래에 대하여 부과한다.

1. 재화 또는 용역의 공급

②제1항에서 재화라 함은 재산적 가치가 있는 모든 유체물과 무체물을 말한다.

제13조 【과세표준】

①재화 또는 용역의 공급에 대한 부가가치세의 과세표준은 다음 각 호의 가액의 합계액(이하 "공급가액"이라 한다)으로 한다. 다만, 부가가치세는 포함하지 아니한다.

1. 금전으로 대가를 받는 경우에는 그 대가

제17조 【납부세액】

①사업자가 납부하여야 할 부가가치세액(이하 "납부세액"이라 한다)은 자기가 공급한 재화 또는 용역에 대한 세액(이하 "매출세액"이라 한다)에서 다음 각 호의 세액(이하 "매입세액"이라 한다)을 공제한 금액으로 한다. 다만, 매출세액을 초과하는 매입세액은 환급받을 세액(이하 "환급세액"이라 한다)으로 한다.

1. 자기의 사업을 위하여 사용되었거나 사용될 재화 또는 용역의 공급에 대한 세액

②다음 각 호의 매입세액은 매출세액에서 공제하지 아니한다.

1. 제20조 제 1 항 및 제 2 항의 규정에 의하여 매입처별세금계산서합계표를 제출하지 아니한 경우의 매입세액 또는 제출한 매입처별세금계산서합계표의 기재사항 중 거래처별 등록번호 또는 공급가액의 전부 또는 일부가 기재되지 아니하였거나 사실과 다르게 기재된 경우 그 기재사항이 기재되지 아니한 분 또는 사실과 다르게 기재된 분의 매입세액. 다만, 대통령령이 정하는 경우의 매입세액은 제외한다.

1의 2. 제16조 제 1 항 · 제 2 항 · 제 4 항 및 제 5 항에 따른 세금계산서를 교부받지 아니한 경우 또는 교부받은 세금계산서에 제16조 제 1 항 제 1 호부터 제 4 호까지에 따른 기재사항(이하 "필요적 기재사항"이라 한다)의 전부 또는 일부가 기재되지 아니하였거나 사실과 다르게 기재된 경우의 매입세액. 다만, 대통령령으로 정하는 경우의 매입세액은 제외한다.

제25조 【간이과세】

①직전 1역년의 재화와 용역의 공급에 대한 대가(부가가치세가 포함된 대가를 말한다. 이하 "공급대가"라 한다)가 4천800만 원 이상 동 금액의 100분의 130에 해당하는 금액 이하의 범위 내에서 대통령령이 정하는 금액에 미달하는 개인사업자(이하 "간이과세자"라 한다)에 대하여는 제 4 장부터 제 6 장까지의 규정에 불구하고 이 장의 규정에 의하여 부가가치세를 부과 징수한다. 다만, 다음 각 호의 1에 해당하는 사업자의 경우에는 그러하지 아니하다.

❍ **부가가치세법 시행령**(이하 '부가세법 시행령'이라 한다)

제 1 조 【재화의 범위】

①「부가가치세법」(이하 "법"이라 한다) 제 1 조 제 2 항에 규정하는 유체물에는 상품 · 제품 · 원료 · 기계 · 건물과 기타 모든 유형적 물건을 포함한다.

②법 제 1 조 제 2 항에 규정하는 무체물에는 동력 · 열 기타 관리할 수 있는 자연력 및 권리 등으로서 재산적 가치가 있는 유체물 이외의 모든 것을 포함한다.

제74조 【간이과세의 범위】

①법 제25조 제1항 본문에서 "대통령령이 정하는 금액"이라 함은 4천800만 원을 말한다.

제74조의 2 【간이과세 및 일반과세의 적용시기】

①법 제25조의 규정에 의하여 간이과세자에 관한 규정이 적용되거나 적용되지 아니하게 되는 기간은 1역년의 공급대가가 제74조 제1항의 규정에 의한 금액에 미달되거나 그 이상이 되는 해의 다음 해의 제2과세기간으로부터 그 다음 해의 제1과세기간까지로 한다. 다만, 신규로 사업을 개시한 경우에는 최초의 과세기간에 대한 확정신고 후 개시하는 과세기간부터 기산한다.

②제1항의 경우에 당해 사업자의 관할 세무서장은 법 제25조의 규정에 의하여 간이과세자에 관한 규정이 적용되거나 적용되지 아니하게 되는 과세기간 개시 20일 전까지 그 사실을 통지하여야 하며, 사업자등록증을 정정하여 과세기간 개시 전일까지 교부하여야 한다.

④제1항에 규정한 시기에 법 제25조의 규정이 적용되지 아니하는 사업자에 대하여는 제1항의 규정에 불구하고 제2항의 규정에 의한 통지를 받은 날이 속하는 과세기간까지는 법 제25조의 규정에 의하여 간이과세자에 관한 규정을 적용한다.

4. 평　　석

가. 위 판결의 쟁점

조세법률주의의 원칙상 과세요건이거나 비과세요건 또는 조세감면요건을 막론하고 조세법규의 해석은 특별한 사정이 없는 한 법문대로 하여야 하고 합리적인 이유 없이 확장해석하거나 유추해석하는 것은 허용되지 않는다.[3)]

3) 대법원 2004. 7. 26. 선고, 2001두5521 판결 참조.

원고에게 부가가치세를 부과한 것이 적법하기 위해서는 엄격해석의 원칙에 위반됨이 없이 '게임머니'의 거래가 부가세법상의 재화나 용역의 공급에 해당하고 부가가치를 창출하는 거래라고 인정되어야 할 것인데 과연 '게임머니'를 부가세법상의 재화나 용역으로 볼 수 있고 그것의 공급으로 볼 수 있는지 여부가 문제된다.

또한 기사화되지는 않았지만 간이과세자가 일반과세자로 전환될 경우 부가세법 시행령 제74조의 2 제 4 항에도 불구하고 관할 세무서장이 원고에게 과세유형전환통지서를 보내지 않아 그 통지서가 도달하지 않았음에도 원고를 일반과세자로 전환하여 일반과세자로 취급하는 것이 타당한 것인지가 문제된다. 간이과세자인 경우와 일반과세자인 경우 납부세액의 액수가 크게 달라질 수 있기 때문에 위의 쟁점 못지않게 중요한 쟁점이라 할 것이다.

나. '게임머니'가 과세대상인지 여부

(1) 부가세법상 '디지털콘텐츠'의 취급[4)]

디지털콘텐츠에 대한 법적인 정의규정을 보면, 온라인 디지털콘텐츠산업 발전법과 문화산업진흥 기본법에서 "디지털콘텐츠는 부호·문자·음성·음향·이미지 또는 영상 등으로 표현된 자료 또는 정보로서 그 보존 및 이용에 있어서 효용을 높일 수 있도록 전자적 형태로 제작 또는 처리된 것을 말한다"고 정의하고 있으나 그 성격이 명확하지 않다. 다만, 문화산업진흥기본법 제 2 조 제 5 호에서 "디지털문화콘텐츠는 문화적 요소가 체화되어 경제적 부가가치를 창출하는 디지털콘텐츠"라고 정하고 있는바, 이 규정에 의하면 디지털콘텐츠는 세법상 재화적 성격을 지니고 있다고 할 수

4) 윤창술, "디지털콘텐츠산업의 부가가치세에 대한 연구", 『법과 정책연구』 제 6 집 제 2 호, p.4.

있다.

그러나 디지털콘텐츠가 온라인과 오프라인으로 거래된다는 점을 감안하면 반드시 재화적 성격만이 있는 것이 아니라는 점을 유의하여야 한다. 최근 OECD를 비롯하여 EU에서는 온라인으로 거래되는 디지털콘텐츠의 성격에 대하여 재화의 공급이 아니라 용역의 공급이라고 정의하고도 있기 때문이다.[5), 6)]

이러한 연유로 디지털콘텐츠의 거래형태별로 구분하여 그 성격을 살펴볼 필요성이 있는바, 온라인상에서 디지털콘텐츠가 판매되는 경우, 즉 소비자가 대금을 지급하고 온라인상에서 다운로드를 받아 자신의 컴퓨터 등에 저장하여 1회적인 행위로 끝나는 경우와 동일한 효과를 가지므로 이러한 경우는 재화로 볼 수 있는 것이고, 반대로 온라인 디지털콘텐츠 업체(주로 회원제로 운영되는 업체)가 소비자에게 디지털콘텐츠, 즉 영화·애니메이션·온라인 게임·교육정보 등을 제공하고 있는 경우에는 특정회원에게 일정한 용역을 공급한다고 할 수 있는 것이다. 이는 디지털콘텐츠의 판매방식에 따른 그 성격의 구분으로서 디지털콘텐츠가 재화적 측면과 용역적 측면을 모두 공유하고 있기 때문에 게임머니의 거래형태를 살펴본 후 재화나 용역 중 어디에 해당될 수 있는지를 살펴보는 것이 필요한 것이다.

---

5) OECD는 1998년 10월 오타와 각료회의에서 국가 간 전자상거래에 대해 종전의 공급지 위주의 원칙에서 사용자가 소비하는 장소에서 과세해야 한다는 소비지과세원칙을 채택하였고, 디지털제품을 재화의 공급으로 취급하여서는 안 된다는 원칙을 확인하여 용역으로 취급하도록 방침을 정하였다.

6) 디지털 재화의 성격을 재화로 보는가, 용역으로 보는가에 따라 부가세법상 그 취급이 많이 달라진다. 예컨대, 재화는 수입시 세관을 통하여 과세하고, 수출시 영세율을 적용하여 소비자과세원칙을 구현하기 위한 국경조정을 하게 되며, 용역은 국외로부터 제공받는 경우 면세사업자에 한해 대리납부제도를 통하여 과세되고 국외에 제공되는 경우 영세율이 적용된다.

(2) 이 사건 '게임머니'를 통한 거래형태

게임머니의 거래형태는 이 사건의 경우와 같이 게임머니를 구매하여 이를 되파는 경우, 중개 사이트에서 게임머니를 거래하는 경우, 게임 이용자 사이에서 직거래하는 경우 등 다양하게 이루어지고 있다.

2008년 기준으로 게임머니 등 아이템 거래시장은 연 1조 5000억 원 규모로 추산되고 있고 실생활에서 온라인 게임의 아이템이 현실 재화의 가치를 가지게 되면서 게임 아이템에 대한 대출, 사이버머니를 이용한 일명 카드깡이 등장하기도 하였으며, 게임 웹진의 배너를 통하여 아이템을 담보로 한 대출 광고가 등장하는가 하면, 해당 아이템 담보대출 서비스 사이트는 '리니지'와 '뮤'라는 인터넷 게임상의 아이템을 대상으로 최저 5만 원에서 최고 300만 원까지 대출해 주겠다는 내용의 광고를 게재하기도 하고, '리니지'의 화폐단위인 '아덴'을 연이율 300~400% 수준으로 대출하는 서비스도 등장해 고리사채와 유사한 형태를 보이기도 한다.[7]

이 사건에서 문제되었던 게임머니는 원칙적으로 게임 사이트에서 돈을 주고 사는 것이 아니라 게임 이용자에게 하루 3회를 한도로 일정금액을 무료로 지급되는 것이다. 하지만 게임 이용자들은 정상적인 게임을 통해서는 게임머니를 모으는 데 많은 시간과 노력이 필요하기 때문에 많은 게임머니를 쉽게 모아서 원활한 게임을 즐기고자 많은 게임머니를 가지고 있는 게임 이용자로부터 돈을 주고 자신의 게임계정으로 게임머니를 이전받고자 하여 이러한 사이버상의 거래가 하나의 사업으로까지 발전하게 된 것이다.

(3) 부가세법상 '재화'의 의미

부가세법상의 납세의무자가 되려면 "재화 또는 용역을 공급하는 자"이어야 한다. '재화'라는 말은 얼핏 간단한 개념이라고 생각할 수도 있다. 하

---

7) 안필재, "게임 콘텐츠의 산업의 아이템 거래의 법, 제도 도입에 관한 사례 연구"(동국대 경영대학원 석사학위논문), 2005, p.21.

지만 부가세법은 굳이 법 제1조 제2항에서 "재화라 함은 재산적 가치가 있는 모든 유체물과 무체물을 말한다"고 규정하고 있다.

부가세법상의 '재화'의 의미는 민사법에서 쓰이는 법률용어가 아니기 때문에[8] 엄격해석의 원칙에 따라 과세가 되는 '재화'를 정의한 것이다. 그럼에도 부가세법이 적용되는 재화를 모두 규정할 수 없기 때문에 재화인지 여부에 관하여 논란의 여지가 있는 것이다.

특히 컴퓨터 소프트웨어처럼 디지털화된 것에서는 재화와 용역의 구별부터가 쉽지가 않다. 재화와 용역의 구별은 디지털시대가 오기 전의 유형물에 관한 구별일 뿐이고, 새 시대에는 새로운 제도를 다시 짜야 한다는 주장[9]까지 나온 상황에서 위 판결은 게임머니를 '디지털콘텐츠'로 정의한 후 '디지털콘텐츠'는 세법상의 재화에 해당한다고 판시하므로 인하여 매우 의미가 있는 판결인 것이다.

(4) 게임머니를 부가세법상의 '재화'로 볼 수 있는지 여부

1) 게임머니의 성격

게임머니의 성격은 게임머니의 기능이나 특성 그 자체로 판단해야 하며, 게임머니가 현실적으로 게임 이용자 사이에서 거래된다고 하더라도, 위 현실만을 주시하여 엄격해석의 원칙에 반하는 유추해석을 하는 것은 문제가 될 수 있는 것은 사실이다.

이 사건 게임머니는 '난게임'이라는 인터넷 사이트에서 게임을 할 수 있도록 NAN이 만들고 관리하는 컴퓨터 코드로서 단지 게임에 참가할 수 있도록 하는 기능에 불과할 뿐 이익을 향유할 수 있는 법률상의 힘인 '권

---

8) 이창희, 『세법강의』(제 8 판), 박영사, 2009, p.1009.

9) Chang Hee Lee, "Impact of E-commerce on Allocation of Tax Revenue between Developed and Developing Countries", 18 Tax Notes International 2569(1999).

리'라고 하기에는 엄격해석의 원칙에 반한다는 주장[10]을 개진한 것이 터무니없는 주장은 아닌 것 같다. 하지만 부가세법상의 과세대상으로 삼는 것이 유추해석에 반하는 것인지 좀 더 세분화하여 게임머니의 성격을 파악할 필요가 있다.

2) 게임머니를 '디지털콘텐츠'라 할 수 있는지 여부

게임머니는 '10억 블루'라는 문자 등의 형태로 표현된 정보로서 전자적 형태로 제작 또는 처리된 것임이 분명하므로 이를 일종의 디지털콘텐츠에 해당한다고 보는 것이 유추해석에 해당한다고 볼 수는 없을 것이므로 게임머니를 일종의 디지털콘텐츠에 해당한다는 전제하에 게임머니에 재산적 가치가 있다고 하는 것이 타당한지 살펴보겠다.

3) 게임머니에 '재산적 가치'가 있다고 할 수 있는지 여부

게임머니에 재산적 가치가 있다고 한다면 제일 먼저 문제되는 것은 이 게임머니가 사용되는 곳이 주로 '포커 게임' 등 가상의 사행성 게임이므로 이곳에서 재산적 가치가 있는 게임머니를 그 수단으로 한다면 게임 이용자는 도박죄가, NAN에게는 도박개장죄가 성립하여야 함에도 이를 처벌하지 않고 있다는 것은 곧 게임머니에는 재산적 가치가 없다는 논리를 상정할 수 있는 것처럼 보인다.[11]

하지만 도박죄의 '재물'은 형법상의 '재물'의 개념인 재산죄의 그것과 동일하지도 않고, 이에는 재물뿐만 아니라 재산상 이익도 포함되며, 가액의 다과나 교환가치의 유무도 묻지 않는 것[12]인데 이러한 형법상 도박죄의 '재물'의 개념을 과세대상으로 규정하고 있는 부가세법상의 '재산적 가치'의 개념에 일치시켜 해석하는 것은 무리가 있어 보인다.

---

10) 원고 측의 주장.

11) 원고 측의 주장.

12) 이재상, 『형법각론』, 박영사, 1996, p.570.

즉, 원래의 게임머니는 현금으로의 교환이나 온라인 거래의 수단으로는 사용할 수 없고 해당 게임에서만 사용되는 게임 점수이므로 게임 사이트 운영자가 가입자에게 무상제공 또는 유상판매하거나 가입자가 게임을 통하여 획득할 수 있는 특성을 갖고 있어 형법상의 '재물'은 아니라 할 것이지만, 원고는 별도의 매매사이트를 개설하고 타인으로부터 유상으로 취득하여 또 다른 타인에게 유상으로 판매하는 등 가치를 부여하였기 때문에 부가세법상의 '재산적 가치'가 있다고 보는 것이 타당하다.

4) 게임머니가 부가세법상의 '재화'인지 여부

부가세법상의 재산적 가치가 있는 게임머니의 거래 형태에 비추어 보면 게임머니는 소비자가 대금을 지급하고 온라인상에서 다운로드를 받아 자신의 컴퓨터 등에 저장하여 이를 사용할 수 있도록 하는 1회적인 행위로 끝나는 경우와 동일한 효과를 가지므로 이 사안의 게임머니는 재화로 보는 것이 타당하다.

즉, 부가세법 시행령은 무체물에 대하여 "무체물에는 동력·열 기타 관리할 수 있는 자연력 및 권리 '등'으로서 재산적 가치가 있는 유체물 이외의 모든 것을 포함한다"라고 규정하여 부가세법상 재화에 대하여 폭넓은 규정을 두고 있기 때문에 이 사건 개임머니를 재산적 가치가 있는 무체물로서의 재화라고 보는 것이 엄격해석의 원칙에 반한다고 할 수는 없는 것이다.

하지만 게임머니를 온라인상에서 다운로드를 받아 게임 이용자의 컴퓨터 등에 저장하여 소유권이 이전된 것이므로 부가세법상의 '재화의 공급'으로 볼 수 있는 것인지에 대하여는 '난게임 서비스 이용약관'에 비추어 소유권이전으로 볼 수 없는 문제가 남아 있다.

(5) 게임머니의 거래가 부가세법상의 과세원인인 '공급'에 해당하는지 여부

1) 부가세법의 과세대상으로서의 '공급'

부가세법 제 1 조 제 1 항 제 1 호는 부가가치세 과세대상으로서 '재화의 공급'을 규정하고 있고, 제 6 조 제 1 항은 "재화의 공급은 계약상 또는 법률상의 모든 원인에 의하여 재화를 인도 또는 양도하는 것으로 한다"고 규정하고 있는바, 부가가치세가 다단계 거래세로서의 특성이 있는 점 등에 비추어 볼 때, 부가세법 제 6 조 제 1 항 소정의 인도 또는 양도는 실질적으로 얻은 이익의 유무에 불구하고 재화를 사용·소비할 수 있는 권한을 이전하는 일체의 원인행위를 모두 포함하는 것이다.[13)]

부가세법 제 6 조 제 1 항, 같은 법 시행령 제14조가 정하는 바를 모아 보면, 계약상 또는 법률상의 모든 원인에 의하여 재화를 인도 또는 양도하는 것을 부가가치세의 과세원인이 되는 재화의 공급이라고 하고, 부가가치세의 성질에 비추어 그 인도 또는 양도는 재화를 사용·소비할 수 있도록 소유권을 이전하는 행위를 전제로 하는 것이[14)]라고 해석하고 있다. 그렇다면 원고가 게임머니의 소유권을 취득하여 게임 이용자들에게 계약을 통하여 소유권을 이전하여 준 것으로 볼 수 있는지 문제가 되는 것이다.

2) 게임 이용자에게 '게임머니'의 소유권이 이전되었는지 여부

원고가 제출한 '난게임 서비스 이용약관 제22조 1.'에서는 NAN이 게임 이용자들이 온라인상에서 포커를 짜고 치거나 상대방의 패를 볼 수 있는 프로그램을 사용하는 행위 등을 하는 경우에는 게임머니를 언제든지 회수하더라도 해당자는 게임머니에 대한 소유권이나 기타 권리를 주장할 수 없도록 하기 위하여 게임머니에 대한 일체의 권리가 NAN에 있음을 규정하고 있다. NAN이 위와 같은 규정을 할 수 있는 이유는 NAN은 게임 이용자에게 게임머니를 판매하지 않고 아바타를 판매한 것뿐이고, 아바타에 부수하는 엔돌핀을 게임머니로 교환하는 서비스를 무료로 제공한 것뿐이기 때문에 아바타를 구입하는 대가에 게임머니에 대한 권리까지 인정하지는 않고 있다.

---

13) 대법원 1985. 9. 24. 선고, 85누286 판결 ; 대법원 2001. 3. 13. 선고, 99두9247 판결 등.
14) 대법원 1999. 2. 9. 선고, 98두16675 판결 등.

따라서 부가세법상의 과세원인인 재화의 공급이라고 하기 위해서는 '인도' 또는 '양도'에 해당하여야 하므로 사업자가 소비자에게 재화를 공급한다는 것은 소비자의 소비 및 이를 위한 소유권의 이전이 전제되어야지 사실상 지배의 이전만으로는 재화의 공급이 아니라고 주장할 수 있는 것이다.[15)]

하지만 NAN에서도 게임머니를 사이버 자산으로서 그리고 권리의 대상으로 인식하고 있으며, 개인 간에 게임머니가 자산으로서 거래된다는 점을 인식하고 있고, 원고와 게임머니 구매자 사이에 있어서 게임머니에 대한 사실상의 지배권이나 소유권이 반드시 NAN에게 있다고 단정할 수는 없는 것이다. 가령 국가가 국민이 저지른 범죄로 인하여 몰수할 수 있다고 하여 국민에게 몰수당하는 물건의 소유권을 처음부터 가질 수 없다고 주장하는 것과 다를 바가 없기 때문이다.

3) 소 결

재판부는 이 부분에 대하여 명확한 판단을 하지 않았다. 이 사건과 관련한 조세심판원에서는 게임머니의 소유권이 NAN에게 있다 하더라도 원고가 판매자와 게임을 하는 방법으로 게임머니를 매입하고 자신의 아이디에 적립하여 관리하다 별도의 구매자에게 인도한 것이므로 이는 게임머니에 대한 사실상의 지배(점유)를 이전한 것이어서 소유권을 이전하는 행위가 아니므로 게임머니 거래가 재화의 공급이 아니라는 원고의 주장을 배척하였다.

원고는 이 부분에 대한 판단을 받기 위하여 항소를 하여 적극적으로 다툴 공산이 크다. 하지만 부가세법상의 과세원인인 재화의 공급에 대하여 "부가가치세의 성질에 비추어 그 인도 또는 양도는 궁극적으로 재화를 사용·소비할 수 있도록 소유권을 이전하는 행위를 전제한다"는 판례에 따르더라도 게임머니의 거래로 게임 이용자들은 언제든지 게임머니를 사용하고

---

15) 원고 측의 주장.

소비할 수 있는 것이므로 게임머니를 단순히 사실상 지배하는 것 이상의 권리를 행사하고 있는 것이므로 게임 이용자에게 게임머니의 실질적인 소유권의 이전이 이루어진 것으로 보는 것이 타당하다고 본다. NAN이 게임 이용자들에게 그들이 갖고 있는 게임머니를 언제든지 아무런 이유 없이 회수할 수 있다는 규정도 없는 상황에서 이 부분에 대한 판단을 하지 않은 것은 아쉬움이 남는다.

다. 간이과세자에게 과세유형 전환통지 없는 과세전환이 적법한지 여부

(1) 부가세법상의 과세유형 전환절차에 대한 판례의 입장

간이과세자의 대부분이 영세사업자로서 세법을 숙지하여 스스로 일반과세자로 과세유형이 변경된 것을 알고 세금을 신고납부할 것을 기대하기는 어려울 뿐만 아니라, 일반과세자로 과세유형이 전환됨에 따라 높은 세율[16]이 적용되고, 세금계산서합계표의 제출의무 등 여러 가지 협력의무가 새로 생기게 되며, 이를 이행하지 아니할 경우 발생할 수 있는 가산세 부과 등 뜻밖의 부담이 발생하는 것을 방지하고 아울러 원활한 세정운영을 기하고자 하는 취지에서, 부가세법 시행령 제74조의 2 제 2 항에서는 과세유형전환에 대한 관할 세무서장의 과세기간 개시 20일 전 통지의무를 규정하는 한편 같은 조 제 3 항 및 제 4 항에서는 일반과세자에서 간이과세자로의 유형전환과 간이과세자에서 일반과세자로의 유형전환을 구분하여, 후자의 경

16) • 일반과세자
매출세액(매출액 × 10%) − 매입세액(매입액 × 10%, 사안의 경우 매입세금계산서가 없으므로 매입세액을 공제받을 수 없음) = 공급대가 × 10%
• 간이과세자
공급대가(부가세 포함) × 당해 업종의 부가가치율(이 사건의 경우 20%) × 10% = 공급대가 × 2%

우에는 전자의 경우와 달리 제 1 항의 규정에 불구하고 제 2 항의 규정에 의한 통지를 받은 날이 속하는 과세기간까지는 부가세법 제25조의 규정에 의하여 간이과세자에 대한 규정을 적용한다고 규정하고 있다.

따라서 일반과세자로서 부과하기 위해서는 과세유형전환통지서가 원고에게 도달하여야 할 것이므로 일반과세자에 관한 규정을 적용하여 부가가치세를 부과한 이 사건 각 과세처분은 과세기간 개시 전 정정된 사업자등록증이 원고에게 교부되었는지 여부에 관하여 더 나아가 살펴볼 필요 없이 위법하다 할 것이다.[17)]

(2) 부가세법상의 과세유형 전환통지 없는 일반과세자로의 취급

원고는 2003년 11월부터 2006년 1월까지의 기간 동안 4,629,059,303원(공급대가)을 매출하였음에도 간이과세자로 위 과세기간 동안 43,992,000원(공급대가)만을 부가가치세 과세표준으로 신고하였다. 실질적으로 원고는 간이과세 적용대상자가 아님에도 간이과세자로 기재되어 있다는 사실만으로 간이과세자로 취급하는 것이 이 판례의 입장에 부합하는 것인지에 대해서는 의문의 여지가 남는 것이다.

부가세법에서 세무조사를 통하여 간이과세 적용대상자가 아님이 밝혀진 경우 과세유형 변경통지를 하여야 한다거나 그와 같은 통지를 하지 아니한 경우의 법적 효과에 관하여는 아무런 규정을 두고 있지 않고 있는데, 세무조사 과정에서 원고는 간이과세 적용대상자가 아닌 점에 대하여는 적출된 수입누락 금액의 규모, 부가가치세 경정처분 등을 통하여 충분히 알고 있었으므로 이러한 경우까지 과세유형 변경 통지를 하여야 할 필요성이 큰 것으로 보기에는 아무리 엄격해석의 원칙이라는 잣대를 들이대도 무리라고 본다.

부가가치세의 납세방법은 신고납세방식을 취하고 있기 때문에 납세의

---

17) 서울고등법원 2007. 5. 16. 선고, 2006누23915 판결 참조.

무자가 매출액·매입액 및 부가가치세액 등을 사실대로 신고하지 않는 경우, 과세관청으로서는 세무조사를 통하여 간이과세 적용대상자인지 여부를 조사하지 않는 이상 납세의무자가 일반과세자인지 여부에 관하여 알 길이 없고 간이과세자로 신고한 후 간이과세자로 적용받기 위하여 계속하여 수입금액을 누락하여 신고하는 등 불성실한 납세의무자에 대하여 일반과세자로의 과세유형 변경통지가 없었다는 이유만으로 간이과세자에 대한 세율을 적용하는 것은 조세정의와 법 감정에도 반하는 것이다.

(3) 소 결

조세포탈을 목적으로 고의로 간이과세자로 신고한 자를 보호하게 되는 불합리한 결과를 피하는 것이 실질과세의 원칙에 부합할 뿐만 아니라 조세정의에도 부합하기 때문에 부가세법 시행령 제74조의 2 제 4 항은 납세의무자가 공급대가를 성실하게 신고를 하여 관할 세무서장이 납세의무자가 일반과세자로 전환되어야 한다는 사실을 알고 있음에도 통지를 하지 않은 경우로 한정하여 적용될 수 있다고 본 판례의 입장은 타당하다고 본다.

"非사행성 '온라인 게임머니' 현금거래는 적법"
대법원 첫 무죄판결 [조선일보] 2010. 1. 11.

온라인 고스톱이나 포커 등 사행성 게임이 아닌 일반 온라인 게임에서 사용되는 게임머니를 적법하게 취득해 현금으로 거래하는 것은 불법이 아니라는 대법원의 첫 판결이 나왔다.

대법원 1부(주심 안일영)는 온라인 게임 리니지의 게임머니인 '아덴'의 현금거래를 중개하면서 수수료를 받은 혐의로 기소된 김모(34)씨 등에 대한 상고심에서 김씨 등에게 무죄를 선고한 원심을 확정했다고 10일 밝혔다.

이들은 2007년 게임머니 중개 사이트를 통해 '아덴' 2억 3400여만 원어치를 사들여 2000여명에게 팔면서 수수료를 챙긴 혐의로 약식 기소된 뒤, 정식재판을 청구했다.

대법원과 항소심의 판결은 게임산업진흥에 관한 법률과 그 시행령이 담고 있는

'게임머니 현금거래 금지' 규정에 김씨 등의 행위가 저촉되지 않는다고 본 것이다.

게임산업진흥에 관한 법률과 시행령은 '배팅 또는 배팅의 수단이 되거나, 우연적인 방법으로 획득한 게임머니'와 '프로그램 복제 또는 해킹 등을 통해 얻은 게임머니' 등을 거래하는 것을 금지하고 있다.

이에 따라 게임머니를 걸고(배팅) 벌이는 온라인 고스톱이나 포커 등 사행성 게임머니를 현금거래하는 것은 법적으로 처벌을 면할 수 없다. 하지만 리니지 게임 같은 일반 온라인 게임머니는 '프로그램 복제 또는 해킹' 같은 부정한 방법으로 얻은 것이 아니라면 현금으로 바꿀 수 있다는 것이다.

재판부는 판결문에서, "속칭 '노가다 게임'이라고 불릴 정도인 리니지 게임 안에서 아덴을 획득하는 것은 우연적 요소보다는 게임 이용자들의 노력이나 실력, 경험 등의 요소에 의해 좌우된다"며 "리니지 게임머니를 법이 거래를 금지한 '우연적 방법으로 획득한 게임머니'로 보기 어렵다"고 밝혔다.

게임업계에 따르면, 온라인 게임머니의 현금거래시장 규모는 1조원이 넘는 것으로 알려졌다. 리니지 아덴은 100만 아덴당 8000원 선에 거래되고 있는 것으로 알려졌다.

이명진 기자

라. 형사무죄판결이 행정소송에 미치는 영향

(1) 형사판결 요지

게임산업진흥에 관한 법률과 동법 시행령은 배팅 또는 배팅의 수단이 되거나, 우연적인 방법으로 획득한 게임머니와 프로그램 복제 또는 해킹 등을 통해 얻은 게임머니 등을 거래하는 것을 금지하고 있는데, 대법원은 속칭 '노가다 게임'이라고 불릴 정도인 리니지 게임 안에서 아덴을 획득하는 것은 우연적 요소보다는 게임 이용자들의 노력이나 실력, 경험 등의 요소에 의해 좌우되므로 리니지 게임머니를 법이 거래를 금지한 '우연적 방법으로 획득한 게임머니'로 보기 어렵다고 판시하면서 피고인들에게 무죄판결을 선고하였다.

얼마 전에 기사화된 사건의 제목이 '비사행성 온라인 게임머니의 현금

거래는 적법'이기 때문에 이러한 형사무죄판결의 선고가 과연 게임머니를 과세대상으로 본 행정소송에 미치는 영향은 없는지 간단히 검토하도록 하겠다.

(2) 행정소송에 미치는 영향

위의 형사재판은 게임산업진흥에 관한 법률과 동법 시행령에서 거래를 금지하고 있는 우연적인 요소에 의해 취득되는 것인지가 문제된 사안이지 게임머니를 재산적 가치가 있는 재화라고 보아 과세할 수 있는지가 문제된 사안이 아니어서 두 사안은 사실관계뿐만 아니라 쟁점마저도 전혀 별개 성질의 것이다.

따라서 이와 같은 형사판결은 부가가치세 부과처분이 적법한지를 따지는 행정소송에 미치는 영향은 없어 보인다고 판단된다.

5. 결 론

디지털콘텐츠에 대한 과세문제가 사회적 이슈로 대두된 지 오래지 않아 이와 같이 조세정의에 부합하는 판결이 나온 것은 단순히 게임머니에 한정할 것이 아니라 실질적으로 재산적 가치가 있는 재화를 온라인상에서 거래하는 영역에 대하여 과세관청이 좀 더 용이하게 과세부과처분을 할 수 있는 길을 열어준 의미 있는 판결이라 할 것이다.

물론 이와 같은 판결에 대해 디지털콘텐츠업계에서는 온라인시장이 완전히 성숙하지 못했기 때문에 수익모델을 창출하지 못하고 있는 상황에서 부가가치세를 부과하는 것은 바람직하지 못하고 디지털콘텐츠 분야를 육성한다는 정부의 취지와는 달리 온라인상에서 세제상의 역차별이 이루어질 수 있다는 우려의 목소리도 나올 수 있는 것이지만 온라인상의 거래라 하더라도 무조건 온라인시장에서 이루어진다고 하여 보호하는 것이 오히려 역차별이고 거래형태에 따라 개별적으로 취급하는 것이 타당하다고 사료된다.

또한 다른 법 분야보다 엄격해석원칙의 준수가 요구되는 세법에서도 실질과세의 원칙에 따라 형식적인 해석에 그치는 것이 아니라 납세의무자가 간이과세자로 사업자등록을 하였는지에 관계없이 성실한 납세의무자를 전제로 과세유형 전환통지를 받지 않았음에도 간이과세자를 일반과세자로 취급한 것은 당연한 결론처럼 보일 수도 있지만 자칫 법문에 치우쳐 국민의 법 감정에 반하더라도 법을 개정하지 않는 이상 어쩔 수 없다는 판결문과 대비되는 것으로 추후 항소심에서의 결론에 귀추가 주목된다 할 것이다.

6. 관련 판례(부가세법 제1조 관련)

1) 대법원 2005. 7. 28. 선고, 2004두5485 판결

채무자가 채권자에게 채무변제와 관련하여 다른 재산권을 양도하는 경우에 그와 같은 양도의 성격이 무엇인지 여부는 단순히 주고받은 서류의 종류에 의하여 형식적으로 결정할 것이 아니라, 거래의 실질과 당사자의 의사 해석에 따라 결정하여야 할 문제이고,[18] 채무자가 채권자에게 채무변제와 관련하여 다른 재산권을 양도하는 것은 특별한 사정이 없는 한 채무변제를 위한 담보 또는 변제의 방법으로 양도되는 것으로 추정할 것이지, 채무변제에 갈음한 것으로 볼 것은 아니며,[19] 이는 제3자가 채무자의 기존채무의 변제와 관련하여 재산권을 양도하는 경우에도 달리 볼 것은 아니라고 한 사례.

---

18) 대법원 1992. 2. 11. 선고, 91다36932 판결 참조.

19) 대법원 1995. 9. 15. 선고, 95다13371 판결 ; 대법원 1995. 12. 22. 선고, 95다16660 판결 등 참조.

2) 서울행정법원 2004. 8. 12. 선고, 2004구합9906 판결

도시계획(도로)사업은 구 공공용지의취득및손실보상에관한특례법[20]에 정하여진 공공사업에 해당하고, 구 도시계획법[21] 제30조 제 1 항, 제29조 제 1 항[22]에 따라 구 토지수용법[23]이 적용되는데, 그 도시계획사업 인가를 받은 사업 시행자는 구 토지수용법 제25조에 따라 도시계획사업에 필요한 토지 등에 관한 권리를 취득하기 위하여 토지 소유자 등과 협의하여야 하고, 협의가 성립하지 않거나 성립할 수 없는 경우에는 관할 토지수용위원회에 재결을 신청할 수 있도록 되어 있다.

그런데 이 사건과 같이 도시계획사업에 필요한 토지 위에 건물이 있는 경우 도시계획사업에 필요한 물건은 토지이지 건물이 아니므로 그 건물은 지장물로서 누가 철거를 하든지 철거될 운명에 있을 뿐만 아니라, 도시계획사업에 편입되는 토지를 협의취득하는 경우 사업 시행자와 토지 소유자는 지상 건물을 협의취득의 대상에서 제외하고 그 철거에 관한 약정을 할 수 있고, 이 경우 사업 시행자가 건물 소유자에게 건물에 관하여 지급하는 돈의 성격은 건물 철거에 따른 손실보상금일 뿐이므로 건물 소유자가 그 보상금을 수령한다고 하여 이를 가지고 사업 시행자에게 부가가치세 법령에서 규정하는 재화의 공급이라고는 볼 수 없고,[24] 이러한 법리는 사업 시행자와 건물 소유자가 손실보상금의 수액에 관한 의견의 합치를 보지 못하여 토지수용위원회의 재결에 의하여 수용되는 경우 비록 법적으로는 수용에 의하여 소유권의 이전이 일어난다고 평가된다 하더라도[25] 건물 소유자가 사업 시행자로부터 받는 보상금의 성격은 여전히 지장물 철거에 대한

---

20) 2002. 2. 4. 법률 제6656호로 폐지.

21) 2000. 1. 28. 법률 제6243호로 전문 개정되기 전의 것.

22) 전문 개정 후의 제68조 제 1 항, 제67조 제 1 항과 같다.

23) 2002. 2. 4. 법률 제6656호로 폐지.

24) 대법원 1986. 2. 25. 선고, 85누747 판결 참조.

25) 구 토지수용법 제67조 제 1 항, 민법 제187조.

손실보상금이라고 봄이 상당하다.

나아가 이 사건에서와 같이 도시계획사업 시행자가 토지수용위원회의 수용재결에 따른 손실보상금을 지급하거나 공탁하는 경우 자진하여 손실보상금에 대한 부가가치세를 가산하여 지급·공탁하지 않고, "사업자가 재화 또는 용역을 공급하는 때에는 부가가치세 상당액을 공급받는 자로부터 징수하여야 한다"고 규정하는 부가세법 제15조 규정이 사업자로부터 징수하고 있는 부가가치세 상당액을 공급을 받는 자에게 차례로 전가시킴으로써 궁극적으로 최종 소비자에게 이를 부담시키겠다는 취지에 불과하여 위 규정만으로는 공급을 받는 자가 거래의 상대방이나 국가에 대하여 부가가치세를 지급하거나 납부할 의무가 있다고 볼 수는 없다[26]고 해석되는 이상 토지 소유자가 협의절차가 아닌 수용 재결절차를 거치는 경우에는 도시계획사업 시행자로부터 지장물인 건물의 손실보상금에 대한 부가가치세 상당액을 지급받을 수 있는 법률적 수단은 존재하지 않는다고 보인다.

이러한 상황에서 사업자인 건물의 소유자가 사업 시행자가 제시하는 건물에 대한 손실보상금의 수액에 불복한 결과, 사업 시행자와의 협의를 통하여 부가가치세의 부담을 피할 수 있는 법률적 형식을 선택하지 않고 수용으로 인한 건물 양도의 결과를 가져왔다고 하여 부가가치세의 납세의무가 있다고 하는 것은 사업자인 건물의 소유자로 하여금 사업 시행자의 협의에 응할 것을 강제하는 결과가 되어 심히 부당하다.

따라서 사업자가 도시계획사업 시행자와 사이에 도시계획사업에 필요한 토지 위의 건물 철거에 대한 손실보상금에 관한 협의가 성립하지 않아 수용되는 경우에는 건물 자체에 대한 매수협의가 이루어지지 않아 수용절차에 이르는 경우와는 달리 부가세법 소정의 재화의 공급에 해당하지 않는다고 제한적으로 해석함이 상당하므로, 결국 재화 공급의 대가가 아닌 이

26) 대법원 1997. 4. 25. 선고, 96다40677, 40684 판결 ; 대법원 2004. 2. 13. 선고, 2003다49153 판결 등 참조.

사건 건물 보상금에 대하여 부가가치세를 부과한 이 사건 처분은 위법하므로 취소되어야 할 것이라고 본 사례.

3) 대법원 2005. 1. 27. 선고, 2003두13632 판결

□□은행은 1999. 2. 8. 법률 제5908호로 주택건설촉진법이 개정되기 전까지는 □□복권을 발행할 권한을 가지고 자신의 업무로서 □□복권을 발행하였으나, 그 개정 후에는 건설교통부장관이 □□복권의 발행권한을 가지게 되었고, □□은행장은 단지 건설교통부장관의 위탁을 받아 □□복권의 발행업무를 대행하고 그에 따른 수수료를 받는 관계로 변경되었다고 할 것이므로, □□은행장은 건설교통부장관에게 '□□복권 발행 대행'이라는 용역을 제공한 것이고, 이는 부가가치세 과세거래인 용역의 공급에 해당한다.

부가세법 제12조 제 1 항 제10호, 구 부가세법 시행령[27] 제33조 제 1 항 제 1 호는 은행업을 영위하는 자가 제공하는 금융·보험용역을 면세대상으로 규정하고 있는바, 국민주택기금을 조성하여 이를 관리하는 업무는 금융용역에 포함된다고 할 것이고, 따라서 은행업을 영위하는 □□은행이 스스로 주체가 되어 국민주택기금 조성행위의 일환으로 '□□복권을 발행하는 업무'를 행하였다면 이는 금융용역에 포함되어 면세대상이 된다고 할 것이지만, 1999. 2. 8. 주택건설촉진법 개정 이후에 □□은행장이 행하는 업무는 스스로 주체가 되어 '□□복권을 발행하는 업무'가 아니라 건설교통부장관을 위하여 '□□복권의 발행을 대행하는 업무'에 불과하므로 이는 면세대상인 금융용역에 포함되지 아니하고, 또한 '□□복권의 발행을 대행하는 업무'는 위탁받은 복권발행업무의 수행이라는 용역의 공급이지, 복권이라는 재화의 공급이 아니기 때문에, 부가세법 제12조 제 1 항 제 8 호 소정의 면세대상인 '복권의 공급'에도 해당하지 아니한다고 본 사례.

---

27) 2000. 12. 29. 대통령령 제17041호로 개정되기 전의 것.

4) 대법원 2003. 11. 28. 선고, 2002두8534 판결

임대인의 해지통고로 건물 임대차계약이 해지되어 임차인의 점유가 불법점유가 된다고 하더라도, 임차인이 건물을 명도하지 아니하고 계속 사용하고 있고 임대인 또한 임차보증금을 반환하지 아니하고 보유하면서 향후 월 임료 상당액을 보증금에서 공제하는 관계에 있다면, 이는 부가가치세의 과세대상인 용역의 공급에 해당하고, 대가를 받기로 하고 타인에게 용역을 공급한 이상 실제로 그 대가를 받았는지의 여부는 부가가치세 납부의무의 성립 여부를 결정하는 데 아무런 영향을 미칠 수 없다고 한 사례.

5) 대법원 2003. 9. 5. 선고, 2002두40 판결

사업자가 다른 공동사업자와 함께 국가로부터 공유수면매립법에 의한 면허를 받아 매립지조성공사를 시행하여 그 준공인가를 얻은 후 관련법령 및 당사자 사이의 약정에 따라 매립으로 인하여 조성된 토지 중 일부에 대한 소유권을 취득하였다면, 그 사업자는 국가에게 위와 같은 토지매립공사의 용역을 제공하고 그 대가로 매립지 중 일부 토지의 소유권을 취득한 것으로서 사업자의 용역 제공과 매립토지 일부에 대한 소유권 취득 사이에는 경제적·실질적 대가관계가 있다고 봄이 상당하므로 매립지조성공사는 부가가치세 과세대상이 되는 용역의 공급에 해당한다.

사업자가 공유수면매립공사의 용역을 제공하고 그 대가로 매립지 일부의 소유권을 취득한 것이라면 이는 금전 이외의 대가를 받은 경우에 해당하여 부가세법 제13조 제1항 제2호의 규정에 따라 그 과세표준은 용역의 시가, 즉 공사비 총액이 되고, 그 공사비 총액 중에 포함된 부가가치세도 국가에 공급한 용역의 시가에 포함된다고 본 사례.

6) 대법원 2001. 1. 5. 선고, 99두9117 판결

금속캔사업자들로 구성되고 자원의 효율적인 이용을 목적으로 설립되어 환경부장관으로부터 자원의절약과재활용촉진에관한법률 제18조 제1항 소정의 폐기물예치금 납부자의 사업자단체로 인정받은 사단법인 한국금속

캔재활용협회가 폐캔(廢 can)의 회수·처리를 사업으로 수행하면서 그 실적에 따라 회원인 금속캔사업자들이 같은 법에 따라 예치한 폐기물예치금을 반환받은 경우, 사단법인 한국금속캔재활용협회로부터 폐캔의 회수·처리 용역을 제공받는 상대방이 사실상으로는 위 협회의 구성회원들인 금속캔사업자들이기는 하지만 위 협회는 법률상 그들과 별개의 법인체이며 그 폐기물예치금은 금속캔사업자들이 아닌 위 협회에게 귀속되는 것이므로, 위 협회를 사업상 독립하여 용역을 공급하는 자가 아니라고 할 수 없고, 그 예치금이 협회회원의 부담인 회비지급과는 달리 폐캔의 회수·처리에 비례하여 지급되는 점에 비추어 위의 용역과 반환지급되는 예치금 사이에는 경제적 대가관계가 있다고 할 것이므로 그 용역의 공급은 부가가치세 과세대상에 해당된다고 본 사례.

7) 대법원 2000. 11. 28. 선고, 99두6460 판결

학습참고서 등의 출판업의 사입자등록을 한 사업자가 컴퓨터 통신망을 통하여 문제풀이, 질의응답의 방식으로 회원인 학생들에게 학습지도를 하는 회원제 과외교육사업을 운영하면서 회원들로부터 교재대 명목으로 월회비를 받은 경우, 그 월회비는 주로 컴퓨터 통신을 이용한 교육에 대한 대가로서 그 사업자의 주된 거래는 컴퓨터 통신을 이용한 교육용역이고 문제지의 제공은 이에 부수하여 제공되는 재화의 공급이므로, 전체적으로 부가세법 시행령 제 2 조 제 1 항 제 7 호 소정의 교육서비스업 용역의 공급에 해당한다는 이유로 부가가치세 과세대상이 된다고 한 사례.

8) 대법원 1998. 1. 23. 선고, 96누16834 판결

부가세법 제 6 조 제 1 항, 부가세법 시행령 제14조가 정하는 바를 모아보면, 계약상 또는 법률상의 모든 원인에 의하여 재화를 인도 또는 양도하는 것을 부가가치세의 과세원인이 되는 재화의 공급이라고 하고, 부가가치세의 성질에 비추어 그 인도 또는 양도는 재화를 사용·소비할 수 있도록 소유권을 이전하는 행위를 전제로 하는 것이며, 수급인이 자기의 노력과

출재로 건축 중이거나 완성한 건물의 소유권은 도급인과 수급인 사이의 특약에 의하여 달리 정하거나 기타 특별한 사정이 없는 한 도급인이 약정에 따른 건축공사비 등을 청산하여 소유권을 취득하기 이전에는 수급인의 소유에 속한다고 봄이 상당한바, 건축공사 도급가계약상의 도급인이 제3자와의 사이에 신축 중인 건물을 공동취득하기로 약정하여 건축주를 제3자와 공동명의로 변경하고 수급인의 동의 아래 도급인을 제3자와 자신으로 하여 본 계약을 체결한 경우, 원래의 도급인이 제3자와의 사이에 건물을 공동취득하기로 약정할 당시 신축 중이던 건물의 소유권은 수급인에게 있었던 것일 뿐, 원래의 도급인에게 그 소유권이 있었다고 볼 수는 없고 따라서 원래의 도급인이 소유자의 지위에서 신축 중이던 건물의 지분을 제3자에게 이전시킨 것으로 볼 수는 없다고 본 사례.

9) 대법원 1996. 6. 14. 선고, 95누14428 판결

비영리사단법인인 한국음악저작권협회가 회원인 음악저작권자들로부터 신탁받은 음악저작권을 자신의 이름으로 음악저작물 이용자들에게 사용시키고 그들로부터 사용료를 받아 원천소득세와 관리수수료를 공제한 나머지를 신탁자인 음악저작권자 등에게 분배하는 내용의 이른바 음악저작권 신탁관리 용역을 제공한 점에 대하여 비록 위 용역을 공급받는 상대방이 회원들이라고 하더라도 위 협회는 소속 회원들과는 독립된 별개의 법인체로서 위 관리수수료가 회원들이 아닌 협회에게 직접 귀속되는 것이므로 위 협회를 사업상 독립하여 용역을 공급하는 자가 아니라거나 위 용역을 자가 공급에 해당한다고 할 수는 없고, 또한 관리수수료가 일반적인 회비와는 달리 위탁 건수에 비례하여 징수되는 점에 비추어 그것이 실비변상에 불과한 액수라고 하더라도 위 용역과 관리수수료 사이에는 경제적 대가관계가 있다고 할 것이므로 위 용역의 공급은 부가가치세의 과세대상에 해당한다고 본 사례.

10) 대법원 1993. 9. 2. 선고, 93구94 판결

광업권은 권리로서 유체물이나 관리할 수 있는 자연력으로서 유체물

이외의 물질에 해당한다고 볼 수 없으므로 광업권의 양도는 부가가치세의 과세대상이 될 수 없다고 본 사례.

11) 광주고등법원 1992. 5. 22. 선고, 91구2426 판결

온천개발권은 부가세법 제 1 조에서 규정하는 용역이나 유체물에 해당하지 아니하고, 부가가치세 과세대상이 되는 무체물의 범위를 규정한 동법 시행령 제 1 조 제 2 항 소정의 관리할 수 있는 자연력에 포함된다고 유추, 확장 해석할 수 없으므로, 온천개발권의 양도는 부가가치세의 과세대상이 된다고 할 수 없다고 본 사례.

12) 부산고등법원 1991. 10. 16. 선고, 90구196 판결

해상운송물의 하역작업은 대물을 선박으로부터 실어내는 본선하역부분과 본선하역이 끝난 대물을 보관장소까지 운송하는 육상하역부분으로 구분되고, 하역업자와 선주 사이에는 본선하역계약이, 대주와의 사이에는 육상하역계약이 각 체결되어 있는 것을 선세로 하여 대주가 지기 비용으로 하역업자에게 본선하역의 조출료로 지급하면 이는 대가관계가 성립하지 아니하여 부가가치세의 과세대상이 되지 아니하지만, 하역업자가 곡물과 같은 대물을 기계로써 선박에서 빨아내어 바로 육상의 보관장소인 싸이로에 입고시키는 일관작업방식을 취하고 있을 때는 본선하역부분과 육상하역부분이 명확히 구분되지 아니하므로 하역업자와 대주 사이에서 체결된 계약을 두고 육상하역부분만에 관한 계약이라고 보기 어려울 뿐만 아니라 하역업자가 대주로부터 선주의 부담 아래 조출료를 지급받았으면 이는 본선하역과 육상하역을 포함하는 일체로서의 하역용역을 제공한 대가로서 지급받은 셈이 되어 부가가치세의 과세대상이 된다고 본 사례.

13) 대법원 1991. 3. 22. 선고, 90누7357 판결

도로 위에 육교상가를 건설하여 서울특별시에 기부채납하고 10년간 도로점용허가를 받아 위 육교상가의 임대 관리업을 영위하여 오던 원고가 서

울특별시와 그 공사비를 원고가 부담하여 위 육교상가시설보수공사를 하되 그 준공과 동시에 그 보수공사부분은 서울특별시에 귀속되며 서울특별시는 원고의 도로점용료 등을 위 공사비 상당액으로 상계되는 기간까지 면제하기로 약정하고 이에 따라 그 보수공사를 준공하고 도로점용기간을 연장받은 경우 원고가 서울특별시와의 협약에 의하여 위 육교상가에 대한 보수공사를 시행하여 서울특별시에 공급한 행위는 부가가치세의 과세대상인 용역의 공급에 해당한다고 본 사례.

14) 대법원 1991. 3. 12. 선고, 90누6972 판결

서울특별시로부터 서울대공원 위락시설지구 놀이동산의 사업자로 선정된 원고가 놀이동산을 준공하여 서울시에 기부채납하고 서울특별시는 원고에게 15년간 이를 무상으로 사용할 수 있는 권리를 부여한 경우 위 놀이동산시설은 행정청이 아닌 원고가 도시공원법 제 6 조 제 1 항, 도시계획법 제24조 제 1 항에 의하여 도시계획사업 시행자로서 설치한 공공시설이므로 위 놀이동산시설의 소유권은 도시계획법 제83조 제 2 항의 규정에 의하여 준공과 동시에 관리청인 서울특별시에 원시적으로 귀속되었고, 따라서 원고가 위 놀이동산을 조성하여 서울특별시에 기부채납한 것은 재화의 공급이 아니라 용역의 공급에 해당하고, 부가세법 제12조 제 1 항 제18호에 의하여 부가가치세가 면제되는 경우에 해당하지 아니하므로 부가세법 소정의 과세거래인 용역의 공급에 해당한다고 본 사례.

15) 대법원 1989. 1. 17. 선고, 88누4713 판결

갑이 도시재개발사업지역으로 지정고시된 지역 내에 있는 토지와 건물을 사업 시행자인 을에게 그 매도가격을 토지 평당가격으로 정하여 매도하고서 갑이 을과의 약정에 따라 위 건물을 철거하여 자기 명의로 건물 멸실신고를 마치고 건물에 관하여서는 매수인에게 명도나 등기이전을 하여 주지 아니한 경우라면 그 토지 가격 속에 건물 값을 보상하는 의미의 금액이 포함되어 있다고 하더라도 그것은 부가가치세의 과세요건으로서의 재화(건

물)의 공급은 없었다고 본 사례.

16) 대법원 1986. 12. 9. 선고, 84누168 판결

어떤 역무 및 행위가 부가세법 제 1 조 제 1 항이 정하는 용역에는 해당한다 하더라도 그것이 동법 제 7 조 제 1 항이 정하는 용역의 공급범위 내에 해당하지 아니할 때는 이를 부가가치세의 과세대상으로 삼을 수 없다. 이른바 노우-하우(know-how)라 함은 공업목적에 도움이 되는 어느 종류의 기술을 단독 또는 결합하여 작성하고 그것을 실제로 응용하는 데 필요로 하는 비밀의 기술적 지식, 경험 또는 그것들의 집적을 일컫는다 할 것이므로 그것이 부가세법 제 1 조 제 1 항 제 1 호 · 제 3 항에서 말하는 용역에는 해당한다 할 것이나 한편 노우-하우는 이른바 공지기술이나 특허기술과는 달리 원래의 소유자가 기술 비결을 비밀인 상태로 유지하고 있는 동안만 사용자의 전유물로서 사용 실시함에 그칠 뿐 그것이 공개되거나 특허를 받게 되면 이미 비밀인 상태의 전유적 가치는 없어지는 것이므로 이와 같은 노우-하우 방식에 의한 기술 공여는 부가세법 제 7 조 제 1 항이 정하는 용역의 공급범위에는 포함되지 아니한다 할 것이고 따라서 그 방법에 의하여 도입한 기술, 비결 등을 사용한 대가인 이른바 노우-하우 휘(know-how fee)는 부가가치세의 과세대상이 되지 않는다고 본 사례.

17) 대법원 1986. 12. 9. 선고, 85누64 판결

예식장이나 장의사를 이용하고자 하는 고객과 예식장업이나 장의사업을 하는 사업자의 중간에서 혼례 또는 장의에 관한 시설 이용과 물품공급이 때와 장소 그리고 형편에 따라 적절하게 이루어지도록 주선하는 주선업자에게 부가가치세를 부과함에 있어서는 그 업자가 고객들로부터 수령한 회비 중 예식장업자나 장의사업자에게 그 시설 이용과 물품공급 등에 대한 대가를 지출하고 남은 소위 주선이란 역무제공의 대가로 취득한 수입만을 과세대상으로 하여야 한다고 본 사례.

서울고등검찰청 송무부

부동산담보신탁에 있어서 신탁부동산의 처분에 대한 부가가치세 납세의무자가 수익자인지 여부

(서울행정법원 2009. 10. 22. 선고, 2009구합15906 판결)

1. 판결요지

일반적으로 부가가치세는 사업상 독립적으로 재화 또는 용역을 공급하는 자, 즉 사업자가 이를 납부할 의무를 지는 것이고(부가가치세법 제2조 제1항), 한편 신탁법상의 신탁은 위탁자가 수탁자에게 특정의 재산권을 이전하거나 기타의 처분을 하여 수탁자로 하여금 신탁목적을 위하여 그 재산권을 관리·처분하게 하는 것인바(신탁법 제1조 제2항), 수탁자가 신탁재산을 관리·처분함에 있어 재화 또는 용역을 공급하거나 공급받게 되는 경우 수탁자 자신이 계약 당사자가 되어 신탁업무를 처리하게 되는 것이나 그 신탁재산의 관리·처분 등으로 발생한 이익과 비용은 최종적으로 위탁자에게 귀속하게 되어 실질적으로는 위탁자의 계산에 의한 것이라고 할 것이므로, 신탁법에 의한 신탁 역시 부가가치세법 제6조 제5항 소정의 위탁매매와 같이 '자기(수탁자) 명의로 타인(위탁자)의 계산에 의하여' 재화 또는 용역을 공급하거나 또는 공급받는 등의 신탁업무를 처리하고 그 보수를 받는 것이어서, 신탁재산의 관리·처분 등 신탁업무를 처리함에 있어서의 사업자 및 이에 따른 부가가치세 납세의무자는 원칙적으로 위탁자라고 보아야 한다. 다만, 신탁계약에 있어서 위탁자 이외의 수익자가 지정되어 신탁의 수익이 우선적으로 수익자에게 귀속하게 되어 있는 타익신탁의 경우에는, 그 우선수익권이 미치는 범위 내에서는 신탁재산의 관리·처분 등으로 발생한 이익과 비용도 최종적으로 수익자에게 귀속되어 실질적으로는 수익자의 계산에 의한 것으로 되므로, 이 경우 사업자 및 이에 따른 부가가치세 납세의무자는 위탁자가 아닌 수익자로 보아야 한다.[1)]

다만, 부가가치세는 재화 또는 용역의 공급과 재화의 수입 등의 거래에 대하여 부과하는 조세인데, 부동산담보신탁에 속하는 이 사건 신탁계약의 경우에는,

① 형식적으로나 실질적으로나 재화인 부동산이 우선수익자에게로 이전된 바가 없는 점,

② 신탁재산의 처분으로 인하여 발생한 환가금액 중 우선수익권 해당 금액이 형식적으로는 우선수익자에게 귀속되나, 이는 우선수익자가 위탁자로부터 자신의 채권을 변제받는 것일 뿐 나아가 재화의 공급에 따른 대가를 받는 것으로 보기는 어려운 반면, 위탁자의 경우에는 우선수익권 해당 금액이 수익자에게 지급되는 순간 자신이 수익자에게 부담하고 있던 채무 또는 책임을 면하게 되므로 신탁부동산의 매매로 인하여 발생하는 매매의 대가, 즉 재화의 공급에 따른 경제적인 효과를 실질적으로 수취하게 되는 점 등에 비추어 볼 때,

위 판례의 결론이 부가가치세의 본질이나 실질과세의 원칙에 위배되는 것은 아닌지에 관하여 다소 의문이 있다. 그러나 원고의 주장대로 우선수익자가 아니라 위탁자를 이 사건 부동산의 공급자로 본다고 하더라도, 이 사건 신탁계약상 위탁자가 이 사건 회사 및 안종갑(가명)인 이상, 그 중 1

---

1) 대법원 2006. 1. 13. 선고, 2005두2254 판결 ; 대법원 2003. 4. 25. 선고, 99다59290 판결 등 참조.

인에 해당하는 이 사건 회사의 명의로 작성된 이 사건 세금계산서는 여전히 사실과 다른 세금계산서에 해당하고, 안종갑이 토지신탁 사업약정 당시 일체의 권한을 이 사건 회사에 위임하는 것으로 약정하였다고 하여 달리 볼 것은 아니다.

2. 사건의 개요

(1) 영상디벨러프먼트 주식회사(가칭, 이하 '이 사건 회사'라고 함) 및 안종갑은 서울 강북구 우이동 3××5 지상의 집합건물인 지엠빌리지 35세대(가명, 이하 '이 사건 부동산'이라고 함)의 공유자(공유지분 : 각 1/2)로서, 2005. 5. 19. 조국자산신탁 주식회사(가명, 이하 '조국자산신탁'이라고 함)와 이 사건 부동산에 관한 수탁관리형 토지신탁계약(이하 '이 사건 신탁계약'이라고 함)을 체결하였다.

(2) 원고는 2007. 7. 12. 수탁자인 조국자산신탁으로부터 매매대금 150억 2000만 원(부가가치세 별도)으로 하여 이 사건 부동산을 매수한 후 2007. 7. 27. 소유권이전등기를 마쳤고, 같은 날 조국자산신탁으로부터 공급자란에 이 사건 회사, 공급받는 자란에 원고, 공급가액란에 이 사건 부동산에 대한 매매대금 중 건물 부분에 해당하는 107억 2460만 원이 각 기재된 세금계산서(이하 '이 사건 세금계산서'라고 함)를 교부받았다.

(3) 원고는 2007년 2기분 부가가치세를 신고하면서 이 사건 부동산 중 건물 부분에 해당하는 부가가치세 10억 7246만 원을 매입세액으로 신고한 후, 매출세액이 없다는 이유로 피고에 대하여 위 부가가치세의 환급을 신청하였다.

(4) 그러나 피고는 이 사건 신탁계약은 위탁자 및 수탁자 외에 우선수익자가 존재하는 타익신탁이므로 우선수익자인 조국자산관리공사 및 경조상호저축은행(가명)이 그 공급자에 해당한다는 전제하에, 그와 달리 공

급자란에 이 사건 회사가 기재된 이 사건 세금계산서는 공급자가 사실과 다른 세금계산서에 해당한다는 이유로 매입세액을 불공제하여, 2008. 8. 1. 원고에 대하여 부가가치세 환급신청을 거부하는 한편 1억 724만 6000원의 초과환급신고가산세를 부과하였다.

"부동산 우선순위 권리자, 부가가치세도 함께 받는다."

[부산CBS] 기사입력 2009. 6. 1. 14:18

신탁부동산을 매각할 때 우선순위 권리자는 원리금뿐만 아니라 부가가치세까지 정산받을 권리가 있다는 판결이 나왔다.

부산지법 제10민사부(조규현 부장판사)는 A주택조합이 B은행을 상대로 제기한 부당이득금 반환 청구소송에서 A조합의 청구를 기각했다.

부산 해운대구 중동에 90가구 규모의 주상복합건물 2순위 채권자인 A조합은 우선순위 채권자인 B은행이 건물매각 대금 100억여 원 가운데 채권에 대한 원리금을 가져가고도 부가가치세 6억 원을 별도로 가져가자 B은행의 조치가 부당하다며 소송을 제기했다

이에 대해 재판부는 "신탁부동산을 공매 처분할 때 선순위권리자가 채권의 원리금만 지급받는다면 그 재산을 다시 처분할 때 부가세까지 부담하는 부당한 결과가 초래된다"고 판시했다.

재판부는 또, "선순위권리자는 부동산 매각 때 발생하는 각종 비용을 제외한 금액에서 채권 한도금액을 우선 지급받고 나머지 돈에서 부가가치세 상당액을 정산해 지분에 따라 후순위 권리자와 배분해야 한다"라고 밝혔다.

정민기 기자 mkjung@cbs.co.kr

3. 관련법령

❍ **구 부가가치세법**(2008. 12. 26. 법률 제9268호로 개정되기 전의 것, 이하 '부가세법'이라 한다)

제1조 【과세대상】

①부가가치세는 다음 각 호의 거래에 대하여 부과한다.

1. 재화 또는 용역의 공급
2. 재화의 수입

제 2 조 【납세의무자】

①영리목적의 유무에 불구하고 사업상 독립적으로 재화(제 1 조에 규정하는 재화를 말한다. 이하 같다) 또는 용역(제 1 조에 규정하는 용역을 말한다. 이하 같다)을 공급하는 자(이하 “사업자”라 한다)는 이 법에 의하여 부가가치세를 납부할 의무가 있다.

제 6 조 【재화의 공급】

⑤위탁매매 또는 대리인에 의한 매매에 있어서는 위탁자 또는 본인이 직접 재화를 공급하거나 공급받은 것으로 본다. 다만, 위탁자 또는 본인을 알 수 없는 경우에는 그러하지 아니하다.

제16조 【세금계산서】

①납세의무자로 등록한 사업자가 재화 또는 용역을 공급하는 때에는 제 9 조에 규정하는 시기에 다음 각 호의 사항을 기재한 계산서(이하 “세금계산서”라 한다)를 대통령령이 정하는 바에 의하여 공급을 받은 자에게 교부하여야 한다. 다만, 대통령령이 정하는 경우에는 그 교부시기를 달리할 수 있다.

1. 공급하는 사업자의 등록번호와 성명 또는 명칭
2. 공급받는 자의 등록번호
3. 공급가액과 부가가치세액
4. 작성년월일
5. 제 1 호 내지 제 4 호 이외에 대통령령이 정하는 사항

제17조 【납부세액】

②다음 각 호의 매입세액은 매출세액에서 공제하지 아니한다.

1의 2. 제16조 제 1 항 및 제 3 항의 규정에 의한 세금계산서를 교부받지 아니한 경우 또는 교부받은 세금계산서에 제16조 제 1 항 제 1 호 내지 제 4 호의 규정에 의한 기재사항(이하 “필요적 기재사항”이라 한다)의 전부 또는 일부가 기재되지 아니하였거나 사실과 다르게 기재된 경우의 매입세액. 다만, 대통령령이

정하는 경우의 매입세액은 제외한다.

○ **구 국세기본법**(2008. 2. 29. 법률 제8860호로 개정되기 전의 것, 이하 '국세기본법'이라 한다)

제14조 【실질과세】

①과세의 대상이 되는 소득·수익·재산·행위 또는 거래의 귀속이 명의일 뿐이고 사실상 귀속되는 자가 따로 있는 때에는 사실상 귀속되는 자를 납세의무자로 하여 세법을 적용한다.

②세법 중 과세표준의 계산에 관한 규정은 소득·수익·재산·행위 또는 거래의 명칭이나 형식에 불구하고 그 실질내용에 따라 적용한다.

③제 3 자를 통한 간접적인 방법이나 2 이상의 행위 또는 거래를 거치는 방법으로 이 법 또는 세법의 혜택을 부당하게 받기 위한 것으로 인정되는 경우에는 그 경제적 실질내용에 따라 당사자가 직접 거래를 한 것으로 보거나 연속된 하나의 행위 또는 거래를 한 것으로 보아 이 법 또는 세법을 적용한다.

제15조 【신의·성실】

납세자가 그 의무를 이행함에 있어서는 신의에 좇아 성실히 하여야 한다. 세무공무원이 그 직무를 수행함에 있어서도 또한 같다.

제18조 【세법해석의 기준, 소급과세의 금지】

③세법의 해석 또는 국세행정의 관행이 일반적으로 납세자에게 받아들여진 후에는 그 해석 또는 관행에 의한 행위 또는 계산은 정당한 것으로 보며, 새로운 해석 또는 관행에 의하여 소급하여 과세되지 아니한다.

제47조의 4 【초과환급신고가산세】

①납세자가 법정신고기한 내에 세법에 따른 과세표준신고서를 제출한 경우로서 세법에 따라 신고납부하여야 할 세액을 납세자가 환급받을 세액으로 신고하거나 납세자가 신고한 환급세액이 세법에 따라 신고하여야 할 환급세액을 초과하는 경우에는 그 환급신고한 세액 또는 그 초과환급신고한 세액의 100분의 10에 상당하는 금액을 납부할 세액에 가산하거나 환급받을 세액에서 공제한다. 이 경우 납세자가 환급신고를 하였으나 납부하여야 할 세액이 있는 경우에는 납부하여야 할 세액을 과소 신고한 것으로 보아 제47조의 3의 규정을 적용한다. 다만, 「부가

가치세법」 제17조의 2 제 3 항 단서에 따라 관할 세무서장이 경정하는 경우에는 그러하지 아니하다.

②제 1 항의 규정에 불구하고 부당한 방법으로 초과환급신고한 세액이 있는 경우에는 다음 각 호의 금액을 합한 금액을 납부할 세액에 가산하거나 환급받을 세액에서 공제한다.

1. 부당한 방법으로 초과환급신고한 세액에 대한 가산세액 : 초과환급신고한 세액 중 부당한 방법으로 초과환급신고한 세액의 100분의 40에 상당하는 금액
2. 제 1 호 외의 부분에 대한 가산세액 : 초과환급신고한 세액 중 부당한 방법으로 초과환급신고한 세액 외의 세액의 100분의 10에 상당하는 금액

❍ 신탁법

제 1 조 【목적과 정의】

①본법은 신탁에 관한 일반적인 사법적 법률관계를 규율함을 목적으로 한다.

②본법에서 신탁이라 함은 신탁 설정자(이하 "위탁자"라 한다)와 신탁을 인수하는 자(이하 "수탁자"라 한다)와 특별한 신임관계에 기하여 위탁자가 특정의 재산권을 수탁자에게 이전하거나 기타의 처분을 하고 수탁자로 하여금 일정한 자(이하 "수익자"라 한다)의 이익을 위하여 또는 특정의 목적을 위하여 그 재산권을 관리, 처분하게 하는 법률관계를 말한다.

제56조 【신탁의 해지】

위탁자가 신탁이익의 전부를 향수하는 신탁은 위탁자 또는 그 상속인이 언제든지 해지할 수 있다. 이 경우에는 민법 제689조 제 2 항의 규정을 준용한다.

제57조 【동전】

수익자가 신탁이익의 전부를 향수하는 경우에 신탁재산으로써가 아니면 그 채무를 완제할 수 없을 때 기타 정당한 사유가 있는 때에는 법원은 수익자 또는 이해관계인의 청구에 의하여 신탁의 해지를 명할 수 있다.

4. 평 석

가. 위 판결의 쟁점

부가세법이 신탁법상의 신탁 및 그 신탁업무의 처리와 관련하여 그 납세의무자가 위탁자인지 수탁자인지에 관하여 아무런 규정을 두고 있지 않은 상황에서 타익신탁의 경우 납세의무자는 수익자라는 대법원 판결이 선고되었다.

이 사건 판결은 우선 신탁법에 기한 신탁업무에 관한 법률관계에서도 부가세법이 규정하고 있는 위탁매매에 관한 법리가 적용될 수 있다는 대법원의 입장을 전제로 하면서도 타익신탁의 경우에 수익자를 납세의무자로 본 대법원의 판결에 의문을 제기한 판결이라 할 수 있는바, 이러한 판결의 의문이 타당한 것인지 살펴보고자 한다.

우선 부가세법상의 위탁매매 특칙규정을 살펴본 후, 신탁법상의 신탁에 기하여 신탁업무를 수행하는 경우에도 위 규정을 적용하는 것이 타당한지 검토해 보고, 기존 대법원 입장에 의문을 제기하는 위 판결이 타당한 것인지 살펴보도록 하겠다.

나. 신탁법상의 신탁에 대한 부가세법 제6조 제5항 적용 여부 (납세의무자를 위탁자로 보는 것이 타당한지 여부)

(1) 부가세법상 위탁매매와 대리인에 의한 매매

위탁매매 또는 대리인에 의한 매매에 있어서는 위탁자 또는 본인이 직접 재화를 공급하거나 공급받는 것으로 본다. 다만, 위탁자 또는 본인을 알 수 없는 경우는 그러하지 아니한다(부가세법 제6조 제5항).

위탁매매란 '자기의 명의'로 '타인의 계산'에 의하여 물품을 구입 또는 판매하고 보수를 받는 것을 말하고, 대리인에 의한 매매란 사용인이 아닌 자가 일정한 상인을 위하여 상시 그 사업부류에 속하는 매매의 대리 또는 중개를 하고 보수를 받는 것을 말하며, 이것들은 모두 재화의 공급이 아니고 위탁자 또는 본인에 대한 '용역의 공급'에 해당할 뿐이므로, 이러한 경우 위탁자 또는 본인이 직접 재화를 공급하거나 공급받는 것으로 보게 되는 것이다.[2] 물론 이러한 행위가 위탁자나 본인을 알 수 있는 경우는 위탁자 또는 본인이 거래한 것으로 과세되나, 이들을 알 수 없는 경우는 수탁자 또는 대리인이 공급한 것으로 보아 과세하는 것이다.

그렇다면 신탁법상의 신탁 역시 부가세법 제6조 제5항의 적용을 받는지 검토하기 위해서는 먼저 신탁법상의 신탁의 의의 · 성질 및 종류를 살펴볼 필요가 있다.

(2) 신탁의 의의, 성질 및 종류[3]

1) 의의 및 성질

신탁법상의 신탁은 위탁자가 수탁자에게 특정의 재산권을 이전하거나 기타의 처분을 하여 수탁자로 하여금 신탁목적을 위하여 그 재산권을 관리 · 처분하게 하는 것이므로(신탁법 제1조 제2항), 부동산의 신탁에 있어서 수탁자 앞으로 소유권이전등기를 마치게 되면 대내외적으로 소유권이 수탁자에게 완전히 이전되고, 위탁자와의 내부관계에 있어서 소유권이 위탁자에게 유보되어 있는 것은 아니라 할 것이며, 이와 같이 신탁의 효력으로서 신탁재산의 소유권이 수탁자에게 이전되는 결과 수탁자는 대내외적으로 신탁재산에 대한 관리권을 갖는 것이고, 다만 수탁자는 신탁의 목적 범

2) 대법원 1999. 4. 27. 선고, 97누20359 판결.

3) 조철호, "부동산신탁에 있어서 신탁부동산의 처분에 대한 부가가치세 납세의무자", 『재판자료』 108집.

위 내에서 신탁계약에 정하여진 바에 따라 신탁재산을 관리하여야 하는 제한을 부담함에 불과하다.[4]

따라서 위탁자가 수탁자에게 부동산의 소유권을 이전하여 당사자 사이에 신탁법에 의한 신탁관계가 설정되면 단순한 명의신탁과는 달리 신탁재산은 수탁자에게 귀속되고, 신탁 후에도 여전히 위탁자의 재산이라고 볼 수는 없으므로, 위탁자에 대한 조세채권에 기하여 수탁자 명의의 신탁재산에 대하여 압류할 수 없고,[5] 신탁의 해지 등 신탁 종료의 사유가 발생하더라도 수탁자가 신탁재산의 귀속 권리자인 수익자나 위탁자 등에게 새로이 목적부동산의 소유권 등 신탁재산을 이전할 의무를 부담하게 될 뿐, 신탁재산이 수익자나 위탁자 등에게 당연히 복귀되거나 승계된다고 할 수 없다.[6]

2) 신탁의 종류

신탁은 그 발생원인, 설정행위의 태양, 목적, 수익자와 위임자 관계, 수탁자 의무의 성질 등 그 구분의 기준에 따라 임의신탁과 법정신탁, 계약신탁과 유언신탁, 사익신탁과 공익신탁, 자익신탁(自益信託)과 타익신탁(他益信託), 수동신탁과 능동신탁, 영업신탁과 비영업신탁, 관리신탁과 처분신탁, 토지(개발)신탁과 담보신탁, 일반신탁과 특별신탁, 개별신탁과 집단신탁 등으로 분류된다. 이하에서는 토지개발신탁과 담보신탁, 자익신탁과 타익신탁에 대하여 알아보기로 한다.

4) 대법원 2002. 4. 12. 선고, 2000다70460 판결.

5) 대법원 1996. 10. 15. 선고, 96다17424 판결.

6) 대법원 1994. 10. 14. 선고, 93다62119 판결.

3) 토지(개발)신탁[7]과 부동산담보신탁[8]

토지개발신탁이란 부동산 관리신탁에서 일보 진전한 것으로서 자금능력이나 개발에 관한 전문능력이 없는 토지 소유자가 부동산신탁회사에게 토지를 신탁하고, 부동산신탁회사가 수탁자로서 신탁된 토지상에 건물을 신축하거나 택지를 조성하는 등 적절한 개발행위를 한 후, 토지 및 지상건물을 일체로 분양 또는 임대하여 그 수입으로 신탁회사의 투입비를 회수하고 수익을 교부하는 것을 말하는데, 개발행위를 수반하므로 흔히 개발신탁이라고 부르고 있고, 이렇게 수탁자가 보다 능동적으로 신탁부동산에 대한 개발행위를 수행하는 점에 그 특색이 있다.

부동산담보신탁이란 부동산의 소유자가 위탁자가 되어 채권자에 대한 자신 또는 제3자의 채무 불이행을 담보하기 위하여 채권자를 우선수익자로 하여 자기 소유의 부동산을 수탁자(부동산신탁회사)에게 이전하고, 수탁자는 담보목적을 위하여 신탁재산을 일정기간 소유·관리하다가 채무가 정상적으로 이행되면 신탁재산의 소유권을 위탁자에게 환원하고, 채무가 불이행되면 신탁재산을 처분하여 그 대금으로 우선수익자(채권자)의 채무를 변제하고 잔액이 있을 때에는 위탁자에게 반환하는 신탁을 말한다.

이 둘을 구별하여 판단할 필요가 있는지에 대한 의문이 제기될 수 있으나, 부동산담보신탁은 위탁자가 신탁한 건물을 담보 등 신탁목적을 위하여 수탁자가 원상태대로 관리하다가 이를 처분하게 되므로 처분의 대상의 되는 건물도 위탁자가 건립한 상태 그대로 수탁자가 넘겨받아 매각하게 되므로 건물의 공급주체가 위탁자가 되는 반면, 토지(개발)신탁은 위탁자가 위탁한 토지상에 수탁자가 비용을 투입하여 건물을 완공한 후 이를 분양(임대)하게 되므로 건물의 공급 주체는 수탁자가 된다.

---

7) 이재욱·이상호, 『신탁법 해설』, 한국사법행정학회, 2000, pp.269~278, p.286, p.290.

8) 이재욱·이상호, 상게서, pp.254~255 ; 장현옥, "부동산신탁에 관한 연구", 연세대학교 박사학위논문, 1997, p.94.

따라서 토지(개발)신탁은 수탁자가 신탁업무처리 과정에서 건립비용을 투입하고, 자기 명의로 건립한 건물을 매각하게 되는 것인 반면, 부동산담보신탁은 위탁자가 건립한 건물을 그 상태대로 처분하는 것이어서 그 재화·용역의 공급방식의 차이를 무시하기는 힘들기 때문에 이 둘을 구별하여 판단할 필요가 있다고 보는 것이 타당하다고 본다.

4) 자익신탁과 타익신탁

위탁자 자신이 수익자가 되는 신탁을 자익신탁, 위탁자 이외의 자가 수익자가 되는 신탁을 타익신탁이라고 한다. 신탁법상의 취급은 거의 동일하나, 다만 타익신탁의 경우에는 수익자의 권리보호를 위하여 해지에 관한 일정한 제한(신탁법 제57조)이 있을 뿐이다.

(3) 부가세법 제 6 조 제 5 항의 적용 여부[9]

1) 적용긍정설(위탁자 부담설)

① 신탁재산의 관리·처분 등 신탁업무의 처리와 관련한 법률행위의 당사자는 어디까지나 법률적으로는 수탁자이지만 그 신탁재산의 개발·관리·처분 등으로 발생한 이익과 비용은 최종적으로 위탁자에게 귀속하게 되는 것이라는 점, ② 과세관청의 예규 및 과세실무에서 세금계산서상 공급자를 위탁자 명의로 하고 비고란에 부동산신탁회사의 명의를 부기하고 있다는 점, ③ 신탁의 경우도 수탁자 명의로 사업을 행하나 결국 그 계산은 위탁자에게 귀속되어 수탁자의 신탁업무의 처리 역시 '자기의 명의로 타인의 계산'에 의한다는 점에서 그 구조가 위탁매매의 경우와 동일하므로 위탁자가 납세의무자가 되는 것이 타당하다는 견해이다.

2) 적용부정설(수탁자 부담설)

① 납세의무자의 확정은 외관이나 경제적 실질이 아닌 법적 실질에 의

---

9) 조철호, 전게논문, 『재판자료』 108집.

하여야 하는데, 형식적으로나 실질적으로 재화와 용역을 공급하는 자는 수탁자라는 점, ② 신탁계약에 있어서, 위탁자는 수탁자를 지시할 수는 있어도 직접 신탁재산을 관리・처분을 할 수 없을 뿐만 아니라, 수탁자가 행한 법률행위의 효력을 부인하거나 수탁자에게 부담시킬 수 없으나, 위탁매매의 경우에는 위탁자는 위탁매매인에게 일정한 가격에 매수 또는 매도할 것을 정할 수 있고, 위탁매매인이 이를 준수하지 않았을 경우 위탁자가 이를 인수하지 않아도 무방한 점(상법 제106조)을 고려하면, 신탁제도는 위탁매매제도와는 달리 위탁자와의 관계에서도 독립성이 강화되어 있으며, 제 3 자와의 관계에서는 완전히 독립된 거래관계라는 점 등을 근거로 당해 재화의 소유자 혹은 재화를 처분할 수 있는 대외적 처분권자라고 할 수 있는 수탁자가 재화의 공급자 내지 공급받는 사업자로서 납세의무자라고 보는 것이 타당하다는 견해이다.

3) 절충설(수익자 부담설)[10]

부가세법에서도 국세기본법 제14조 제 1 항 소정의 실질과세의 원칙이 그대로 적용된다고 보아서, 과세의 대상이 되는 행위 또는 거래의 귀속이 명의일 뿐이고, 사실상 귀속되는 자가 따로 있을 경우에는 사실상 귀속되는 자에 대하여 부가세법을 적용한다고 해석하여 타익신탁의 경우 신탁재산의 관리・처분에 따른 수익은 모두 수익자에게 귀속되므로, 신탁재산의 관리・처분을 과세대상으로 하는 부가가치세는 그 수익을 향유하는 수익자에게 부과되어야 한다는 견해이다. 이는 일본의 소비세법 제14조에 규정된 내용과 같다.

10) 대법원 2003. 4. 25. 선고, 99다59520 판결의 원심인 서울고등법원 1999. 9. 15. 선고, 99나23668 판결.

[일본의 소비세법 제14조 참조]

(信託財産に係る資産の譲渡等の帰属)
(신탁재산에 관계되는 자산의 양도 등의 귀속)

第十四条　信託の受益者（受益者としての権利を現に有するものに限る。）は当該信託の信託財産に属する資産を有するものとみなし、かつ、当該信託財産に係る資産等取引（資産の譲渡等、課税仕入れ及び課税貨物の保税地域からの引取りをいう。以下この項及び次条第一項において同じ。）は当該受益者の資産等取引とみなして、この法律の規定を適用する。ただし、法人税法第二条第二十九号（定義）に規定する集団投資信託、同条第二十九号の二に規定する法人課税信託又は同法第十二条第四項第一号（信託財産に属する資産及び負債並びに信託財産に帰せられる収益及び費用の帰属）に規定する退職年金等信託若しくは同項第二号に規定する特定公益信託等の信託財産に属する資産及び当該信託財産に係る資産等取引については、この限りでない。

第14조　신탁수익자(수익자로서의 권리를 현재 가지고 있는 자에 한한다)는 해당신탁 신탁재산에 속하는 자산을 가지고 있는 것으로 간주하고, 또한 해당 신탁재산에 관계되는 자산 등 거래(자산의 양도 등, 과세 매입 및 과세 화물의 보세지역에서의 인수를 말한다. 이하 제 2 항 및 제15조 제 1 항에 있어서 같다)는 해당 수익자의 자산 등 거래로 간주하고, 이 법률의 규정을 적용한다. 단, 법인세법 제 2 조 제29호(정의)에 규정하는 집단 투자신탁, 같은 조 제29호의 2에 규정하는 법인과세 신탁 또는 같은 법 제12조 제 4 항 제 1 호(신탁재산에 속하는 자산 및 부채와 신탁재산으로 돌리게 되는 수익 및 비용의 귀속)에 규정하는 퇴직연금 등 신탁 또는 같은 항 제 2 호에 규정하는 특정 공익신탁 등의 신탁재산에 속하는 자산 및 해당 신탁재산에 관계되는 자산 등 거래에 대하여는 그렇지 아니하다.

2. 信託の変更をする権限（軽微な変更をする権限として政令で定めるものを除く。）を現に有し、かつ、当該信託の信託財産の給付を受けることとされている者（受益者を除く。）は、前項に規定する受益者とみなして、同項の規定を適用する。

2. 신탁의 변경을 하는 권한(경미한 변경을 하는 권한으로서 영에 정하는 것을 제외한다)을 현재 가지고, 해당신탁 신탁재산의 급부를 받는 것으로 되고 있는 사람(수익자를 제외한다)은, 전항에 규정하는 수익자로 간주하고, 같은 항의 규정을 적용한다.

3. 受益者が二以上ある場合における第一項の規定の適用、前項に規定する信託財産の給付を受けることとされている者に該当するかどうかの判定その他前二項の規定の適用に関し必要な事項は、政令で定める。
3. 수익자가 2 이상 있는 경우에서의 제 1 항의 규정 적용, 전항에 규정하는 신탁재산의 급부를 받는 것으로 되고 있는 사람에 해당하는지에 대한 판정, 그 외 전 2 항의 규정 적용에 관하여 필요한 사항은 영에서 정한다.

4) 검 토

① 위탁자 부담설은 단지 법률상 명의는 수탁자에게 귀속하고, 그 경제적 이익과 비용은 위탁자 내지 수익자에게 귀속된다는 구조상의 유사성만 가지고 일률적으로 위탁매매와 유사하다하여 신탁계약에 있어서도 부가가치세 납세의무자를 위탁자라고 보는 것은 신탁제도와 위탁매매제도를 혼동한 것인바, 이는 위탁매매가 지니고 있는 외연의 범위를 넘어 세법적 사실을 포섭한 조세법상 엄격해석의 원칙에 위배되는 문제가 있다.

② 수탁자 부담설은 위탁자 부담설이 내세우는 논거, 즉 과세관청의 예규 및 과세실무가 위탁자로 보고 있어 국세기본법 제15조와 제18조 제 3 항에 따라 '장기간에 걸쳐 어떤 사항에 대하여 과세하지 아니하였다는 객관적 사실이 존재할 뿐만 아니라 과세관청 자신이 그 사항에 대하여 과세할 수 있음을 알면서도 어떤 특별한 사정에 의하여 과세하지 않는다는 의사가 있고 이와 같은 의사가 대외적으로 명시적 또는 묵시적으로 표시된 경우'에 해당(세금계산서에 위탁자를 공급자로 기재한 경우 매입세액을 공제해 준 사실의 존재)되어 신의성실의 원칙으로부터 자유로울 수 없다는 점과 국세기본법상의 실질과세의 원칙을 무시했다는 비판을 면하기 어렵다고 본다.

③ 수익자 부담설은 부가가치세의 본질 및 신탁의 법리에 반하는 문제가 있고, 부가가치세는 재화 또는 용역의 공급과 재화의 수입 등의 거래에 대하여 부과하는 조세인데, 신탁재산의 관리・처분・개발행위 등 신탁업무의 처리와 관련한 법률행위의 당사자는 어디까지나 법률적으로는 수탁자, 경제적으로는 위탁자이지 수익자가 아니므로, 거래 당사자(재화를 공급한

자)가 아닌 수익자를 부가가치세 납세의무자로 보는 것은 수익권자의 '신탁이익의 향수'와 부가세법상 '재화의 공급'을 혼동한 것이라는 강한 비판을 면하기도 힘들다고 본다.

즉, 타익신탁의 경우 신탁재산의 관리·처분 결과 수익이 남게 되면 수익자는 그 수익 권리금의 한도 내에서 이를 우선적으로 지급받게 되는 것에 불과하고, 다만 그 수익의 귀속에 대하여 증여세가 부과는 경우가 있을 뿐이라는 것이다.

따라서 신탁법상의 신탁의 경우 납세의무자가 누구인지를 판단함에 있어서 부가세법 제6조 제5항을 적용할 수 있는지 없는지의 문제로 보기보다 실질과세의 원칙에 위탁매매와 신탁법상의 신탁의 구조적 유사성을 반영하여 납세의무자를 판단하는 것이 타당하다고 생각된다.

즉, 타익신탁의 경우 수익자 부담설을 취하고 있는 법원의 견해에 반대하면서 수익자 부담설의 근거로 삼고 있고 수탁자 부담설이 간과하였다고 비판을 받는 실질과세의 원칙을 위탁자 부담설에 도입하고자 하는 것이 필자의 의도인 것이다.

(4) 실질과세의 원칙에 대한 검토

1) 실질과세의 원칙

실질과세의 원칙은 그 개념이나 내용이 논자에 따라서 구구각색이나 크게 보아 조세공평주의의 한 부분을 이루는 것으로 이해된다. 그것은 과세요건과 납세의무자를 외관이 아닌 실질에 따라 인정하고 담세력에 따라 과세한다는 원칙으로서 입법의 지도 원리인 조세공평주의가 조세법규의 해석·적용의 측면에서 실천원리로서 그 모습을 나타낸 것으로 이해할 수 있다.[11]

여기에서 말하는 실질이 법적 실질주의를 규정한 것인가, 아니면 경제

---

11) 임승순, 『조세법』, 박영사, 2009, p.27.

적 실질주의를 말하는 것인지 간단히 검토해 보도록 하겠다.

2) 법적 실질설

세법도 법률인 이상 헌법을 정점으로 하는 법질서에 편입되어야 하고, 과세관계 역시 사법상의 거래관계를 전제로 하는 것이므로 당사자가 선택한 사법상의 법 형식을 존중하고 그 기초 위에서 형성되어야 하며, 사법상의 거래에서 실제로 행하여진 법 형식에 의하지 않고, 경제적 개념 및 경제적 관점에서 상정한 법 형식에 의하여 과세하는 것은 그것을 위한 특별한 규정이 없는 이상 납세자의 법적 안정성 내지 예측 가능성을 해치고 재산권을 부당히 침해하는 것이 된다는 견해이다.[12]

따라서 과세물건의 '법적 귀속자'에 관하여 '형식'과 '실질'이 서로 상이한 경우 실질을 기준으로 하여 진정한 법률상의 귀속자를 납세의무자로 판단하여야 한다는 견해이다.[13]

3) 경제적 실질설

조세부담의 공평을 실현하기 위해서는 거래 등을 경제적 관점에서 파악하여 그 경제적 효과에 기초한 과세가 이루어져야 한다고 주장하면서, 그 이유로 계약자유의 원칙에 의하여 납세자가 행하는 사법상의 거래형식을 세법상의 요건에 그대로 적용한다면 조세부담의 공평이라는 목적은 도저히 실현될 수 없다는 점을 들고 있다.[14]

이 견해는 '수익의 향유자'가 누구인가를 가려 그를 납세의무자로 하여야 하므로 법률상의 귀속자와 경제적 귀속자가 서로 상이한 경우에 경제적 귀속자를 납세의무자로 판단하여야 한다는 견해이다.[15]

---

12) 백승재, "신탁재산의 관리처분상 부가가치세 납세의무자", 『JURIST PLUS』 Vol. 401, ㈜청림인터렉티브.

13) 옥무석, "실질귀속의 원칙", 『조세판례백선』(한국세법학회 편저), 박영사, 2005, p.37.

14) 백승재, 상게논문.

15) 옥무석, 상게논문, p.37.

4) 검 토

위와 같은 두 가지 견해 중 조세법률주의의 기본이념은 원칙적으로 구성요건의 외연을 벗어나는 것을 허용하지 않는다고 해석해야 할 것이므로 과세대상을 창출하고, 그 요건을 확정하는 것은 어느 세법적 사실이 세법상의 어떤 구성요건에 해당하는 것인가의 문제로서 결국 그 구성요건의 법적 의미의 외연과 그 내포를 확정하는 것이므로 법률적 실질설이 타당하다.[16)]

하지만 법적 실질설이니 경제적 실질설이니 하는 견해의 대립은 결국 거래의 상대방을 누구로 보아 과세할 것인가의 문제이고,[17)] 이는 법률행위 해석의 문제로서 계약의 내용과 당사자의 의사를 기초로 하여 판단하여야 할 것이지만, 실질과세의 원칙상 단순히 계약서의 명의에만 의존할 것이 아니라, 당사자의 의사와 매매대금의 실질적인 출연자 등 계약의 실질적인 내용을 종합적으로 고려하여 판단하여야 할 것이고, 거래의 법적 형식이나 명의, 외관 등이 경제적 실질과 다를 경우에는 후자를 기준으로 판단하여야 하므로 실질적으로는 개인과 법인 사이의 거래이면서 형식적으로 중간에 자연인을 개재시킨 경우에 그 중간의 거래가 가장행위라고 인정되는 때에는 과세상 의미를 가지지 아니하는 그 가장행위를 사상하고, 그 뒤에 숨어 있는 실질에 따라 개인과 법인 간의 거래로 보아야 한다고 판시한 판례[18)]의 내용을 보더라도 양자택일의 문제로 보기보다는 조세공평의 원칙을 구현할 수 있도록 해석하는 유연함이 필요하다고 본다.

---

16) 임승순, 전게서, p.52 ; 대법원 1974. 11. 26. 선고, 74다1182 판결 ; 백승재, 전게논문.

17) 옥무석, 전게논문, p.38.

18) 대법원 1992. 5. 22. 선고, 91누12103 판결.

5) 관련 판례

(가) 대법원 2003. 4. 25. 선고, 2000다33034 판결

부가가치세는 사업상 독립적으로 재화 또는 용역을 공급하는 자, 즉 사업자가 이를 납부할 의무를 지는 것으로서(부가세법 제2조 제1항), 사업자만이 부가가치세의 납세의무자 및 환급청구권자라고 할 것이고, 신탁법상의 신탁은 위탁자가 수탁자에게 특정의 재산권을 이전하거나 기타의 처분을 하여 수탁자로 하여금 신탁목적을 위하여 그 재산권을 관리·처분하게 하는 것인바(신탁법 제1조 제2항), 수탁자가 신탁재산에 대한 개발행위를 하거나 신탁재산을 관리·처분함에 있어 재화 또는 용역을 공급하거나 공급받게 되는 경우 수탁자 자신이 계약 당사자가 되어 신탁업무를 처리하게 되는 것이나, 그 신탁재산의 개발·관리·처분 등으로 발생한 이익과 비용은 최종적으로 위탁자에게 귀속하게 되어 실질적으로는 위탁자의 계산에 의한 것이라고 할 것인 점에 비추어 신탁법에 의한 신탁 역시 부가세법 제6조 제5항 소정의 위탁매매와 같이 '자기(수탁자) 명의로 타인(위탁자)의 계산에 의하여' 재화 또는 용역을 공급하거나 또는 공급받는 등의 신탁업무를 처리하고 그 보수를 받는 것이므로, 신탁재산의 개발·관리·처분 등 신탁업무를 처리함에 있어서의 사업자 및 이에 따른 부가가치세 납세의무자는 위탁자라고 봄이 상당하고, 따라서 부가가치세의 신고내용상 매입세액이 매출세액을 초과하는 경우 그 차액 상당의 부가가치세 환급청구권은 당연히 부가가치세 납세의무자인 위탁자에게 귀속된다고 본 사례.

(나) 서울행정법원 2009. 2. 16. 선고, 2007구합37650 판결

'대한민국과 벨지움 간의 소득에 대한 조세의 이중과세회피와 탈세방지를 위한 협약'상의 벨기에국 거주자로 인정되는 법인이 대한민국 내에서 사업상 거래를 하고 위 협약에 따라 소득원천에 대하여 한국 법에 따른 과세의 면제 혜택을 받기 위하여는 그가 위 협약 제13조가 정한 양도자이어야 하는데, 여기에서 '양도자'의 의미를 정함에 있어서는 이중과세 방지 또

는 조세회피 방지의 취지에 부합하고 조약의 문언에 배치되지 않는 범위 내에서 실질과세의 원칙에 따른 해석상의 제한이 따라야 한다. 그러므로 벨기에 이외의 국적을 가진 비거주자가 대한민국 내에 투자목적으로 벨기에에 법인을 설립하고 그 법인의 이름으로 대한민국 내에서 자본이득을 목적으로 한 사업을 영위하는 경우 그 법인의 거주지인 벨기에에서는 정상적인 사업활동이 없고 그 법인의 대한민국 내의 거래행위에도 독자적인 경제적 이익과 사업목적 없이 원투자자를 위한 형식상 거래 당사자의 역할만 수행하였을 뿐 그 실질적인 거래주체는 원투자자이고 그러한 것이 오로지 원투자자의 조세회피만을 목적으로 한 경우에는 그 법인은 위 협약상의 양도자라고 할 수 없다고 본 사례.

(다) 대법원 2002. 4. 9. 선고, 99도2165 판결

국세기본법 제14조의 실질과세의 규정은 소득의 형식적인 귀속자가 아닌 그 실질적인 귀속자에 조세부담의 의무를 부과하려는 것이므로 소득의 귀속은 형식적인 영업 명의, 법률관계에 의하여 결정할 것이 아니라, 실질적인 영업활동에 의하여 생기는 이익의 귀속관계에 의하여 결정되어야 한다고 본 사례.

(라) 대법원 1997. 10. 10. 선고, 96누6387 판결

부동산을 제 3 자에게 명의신탁한 경우 명의신탁자가 부동산을 양도하여 그 양도로 인한 소득이 명의신탁자에게 귀속되었다면, 국세기본법 제14조 제 1 항 및 구 소득세법(1994. 12. 22. 법률 제4804호로 전문 개정되기 전의 것) 제 7 조 제 1 항 등에서 규정하고 있는 실질과세의 원칙상 당해 양도소득세의 납세의무자는 양도의 주체인 명의신탁자이지 명의수탁자가 그 납세의무자가 되는 것은 아니라고 본 사례.

(마) 대법원 1996. 12. 10. 선고, 96누617 판결

부가세법 제17조 제2항 제1호는 세금계산서의 기재내용이 사실과 다른 경우의 매입세액은 매출세액에서 공제하지 아니한다고 규정하고 있는바, 이 경우에 사실과 다르다는 의미는 과세의 대상이 되는 소득·수익·계산·행위 또는 거래의 귀속이 명의일 뿐 사실상 귀속되는 자가 따로 있는 때에는 사실상 귀속되는 자를 납세의무자로 하여 세법을 적용한다고 규정한 국세기본법 제14조 제1항의 취지에 비추어, 세금계산서의 필요적 기재사항의 내용이 재화 또는 용역에 관한 당사자 사이에 작성된 거래계약서 등의 형식적인 기재 내용에도 불구하고 그 재화 또는 용역을 실제로 공급하거나 공급받는 주체와 가액 및 시기 등과 서로 일치하지 아니하는 경우를 가리킨다고 본 사례.

(바) 서울행정법원 2008. 5. 20. 선고, 2008구합2453 판결

화물자동차운송사업 면허를 가진 운송사업자와 실질적으로 자동차를 소유하고 있는 차주 간의 계약으로 외부적으로는 자동차를 운송사업자 명의로 등록하여 운송사업자에게 귀속시키고 내부적으로는 각 차주들이 독립된 관리 및 계산으로 영업을 하며 운송사업자에 대하여는 지입료를 지불하는 운송사업 형태(이른바 지입제)에 있어서, 그 지입차주가 회사와 사이에 지입회사 명의로 화물운송계약을 체결하는 경우 그 계약상의 법률효과는 대외적으로는 그 차량의 소유자인 지입회사에 귀속된다고 할 것이지만, 지입차주가 지입회사와 관련 없이 독자적으로 지입된 차량을 직접 운행·관리하고 자신의 계산으로 영업을 하면서, 다만 운송계약을 체결함에 있어서만 형식적으로 운송사업자인 지입회사의 명의만을 빌렸을 뿐이라면, 사업자등록 여부와 관계없이 당해 운송용역의 실질적인 제공자는 지입차주라고 본 사례.

(사) 서울행정법원 1999. 4. 30. 선고, 98구합9294 판결

리스계약, 즉 시설대여회사(리스회사)가 대여시설 이용자(리스이용자)로부터 리스료를 지급받고 계약기간 중 리스이용자에게 리스자산을 사용할

수 있는 권리를 양도하는 계약을 둘러싼 조세관계를 직접적으로 규정하고 있는 개별 세법상의 규정은 찾아 볼 수 없으나, 국세기본법 제20조, 구 법인세법(1996. 12. 30. 법률 제5193호로 개정되기 전의 것) 제17조 제 3 항, 같은 법 시행령(1998. 12. 31. 법률 제15970호로 전문 개정되기 전의 것) 제37조의 2 제 2 항, 같은 법 시행규칙(1999. 5. 24. 재정경제부령 제86호로 전문 개정되기 전의 것) 제15조의 3 제 1 항을 종합하면, 리스계약을 둘러싼 조세법률관계는 증권관리위원회가 제정한 리스회계처리기준이 정하는 바에 따라 규율된다고 할 것인바, 위 기준에 따른 회계처리에 있어서,

① 운용리스의 경우에는 임대인(리스회사)은 리스료를 익금에 산입하고, 임차인(리스이용자)은 리스료를 손금에 산입함에 비하여,

② 금융리스의 경우에는 임대인은 리스물건의 가액상당을 대여한 것으로 보아 리스료 수입 중 이자상당액을 익금에 산입하며, 임차인은 리스회사로부터 리스물건 가액상당을 차입하여 당해 리스물건을 구입한 것으로 보아 자신의 소유자산과 동일한 방법으로 감가상각한 감가상각비와 리스료 중 차입금에 대한 이자상당액을 손금에 산입하도록 하고 있으므로,

이러한 회계처리방법에 비추어 보면, 사업자가 금융리스의 방법으로 인쇄기계의 부품을 수입한 다음 이를 조립하는 과정을 거쳐 완성품으로 만든 인쇄기계를 실수요자에게 인도한 것은, 비록 그 거래의 외형이 리스이용자 변경계약에 의하여 이루어졌다고 하더라도, 이는 부가가치세의 과세대상이 되는 재화의 공급에 해당한다고 보아야 한다고 한 사례.

(5) 소 결

부동산담보신탁의 경우 판례는 일본 소비세법 제14조의 규정과 일본 판례의 해석을 고려하여 수익자를 납세의무자로 본 것이 아닐까 생각된다. 하지만 부동산담보신탁의 경우 법률의 규정 없이 수익자를 납세의무자로 보는 것은 위탁매매가 지니고 있는 외연의 범위를 넘어 세법적 사실을 포섭한 조세법상 엄격해석의 원칙을 위배한 문제가 있다.

또한 '신탁수익의 귀속'과 '과세물건인 부가가치의 귀속'을 혼동한 문제가 있다. 특히 후자[19]의 경우,

① 수익자를 재화의 공급자로 보아 납세의무자가 된다는 주장은 신탁법상 수탁자가 부동산의 관리처분권자라는 사실을 간과한 것일 뿐만 아니라 재화에 대한 관리처분권자가 재화의 공급자라는 부가세법의 해석에 반하는 오류가 있는 점,

② 수익자가 신탁의 수익을 귀속받는다 할지라도 이는 매매대금에서 자신의 채권을 변제받는다는 이익일 뿐이지 재화의 공급에 따른 대가를 받는다는 의미가 아니므로 타익신탁이라 할 경우에도 신탁부동산의 처분에 있어 재화의 공급자는 수익자라 할 수는 없는 점,

③ 부가가치세가 각 거래단계별로 부과되는 거래세인 만큼 재화의 공급자가 되기 위한 전제로서 재화의 취득이 있어야 할 것인데, 법률적으로나 사실적으로나 수익자를 재화의 공급자로 보는 것은 무리가 있다는 비판을 면할 수 없는 문제점 등이 있다.

따라서 이 사건 판결이 인정한 사실관계를 검토하여 당사자의 의사, 거래의 법적 형식이나 명의, 외관 등 계약의 실질적인 내용을 좀 더 종합적으로 고려하여 납세의무자를 누구로 보는 것이 타당한지 검토해 보도록 하겠다.

다. 이 사안에서의 사실인정 부분

(1) 이 사건 부동산의 공유자인 이 사건 회사 및 안종갑은 2005. 5. 19. 조국자산신탁, 이 사건 부동산의 시공자인 영현산업개발(가명) 주식회사 및 주식회사 배율(가명), 이 사건 부동산의 신축을 위한 자금을 대출하여 준 금융기관인 조국상호저축은행 주식회사, 진원상호저축은행(가명)

---

19) 백승재, 전게논문, ㈜청림인터렉티브.

주식회사, 경조상호저축은행 주식회사(위 각 금융기관의 대출금채권액은 각 80억 원, 72억 원, 13억 원이다)와 토지신탁약정을 체결하였다.

(2) 이 사건 회사 및 안종갑은 2007. 5. 19. 위 토지신탁 사업약정에 근거하여, 조국자산신탁과 아래와 같은 내용의 이 사건 신탁계약을 체결하였다.

○ 제 1 순위 우선수익자 : 조국상호저축은행 주식회사, 진원상호저축은행 주식회사, 경조상호저축은행 주식회사(위 각 금융기관의 우선수익 한도금액은 각 104억 원, 93억 6000만 원, 16억 9000만 원이다)

○ 제 2 순위 우선수익자 : 영현산업개발 주식회사 및 주식회사 배율

(3) 조국자산신탁 및 제1, 2순위 우선수익자와 아래와 같은 내용을 특약사항으로 첨부하였다.

○ 이 신탁계약의 목적은 계약서 본문에서 '토지 위에 건물을 건설하고 토지와 건물을 신탁재산으로 하여 이를 분양(처분)하는 것'과 더불어 특약사항으로 '위탁자가 완성한 공동주택 신축사업의 분양을 진행함에 있어 수탁자가 법적인 분양공급자의 지위를 확보함으로써 신탁부동산의 원활한 분양(처분) 및 소유권 보전에 있으며 신탁부동산의 분양(처분)으로 인하여 유입되는 자금의 투명한 관리를 통하여 우선수익자가 수탁관리형 토지신탁사업약정서에 의거하여 위탁자에게 가지는 채권을 보전'하는 데 있다.

(4) 이 사건 신탁계약상 1순위 우선수익권자 중 조국상호저축은행 주식회사와 진원상호저축은행 주식회사는 이 사건 회사 및 안종갑이 대출 원리금을 상환하지 못하자 이를 부실채권으로 처리하여, 2007. 3. 27. 위 대출금채권 및 신탁계약상의 1순위 우선수익권을 조국자산관리공사에 양도하였다.

(5) 원고는 2007. 7. 27. 원고 명의로 이 사건 부동산의 소유권이전등기를 마치고, 같은 날 조국자산신탁과 이 사건 부동산에 관한 신탁계약을 체결하였으며, 위 신탁계약 당시 이 사건 부동산의 매매대금을 마련하

기 위하여 자금을 차입한 두현스웨덴상호저축은행(가명) 주식회사를 우선수익자로 지정하였다.

(6) 조국자산신탁은 이 사건 부동산을 원고에게 매도하고 이 사건 세금계산서상 공급자 명의, 위 매매로 인한 부가가치세의 납부의무자 등에 관하여 문제의식을 가지고 위 매매로 인한 부가가치세 10억 7246만 원을 보유하고 있던 중, 이 사건 회사를 채무자로, 조국자산신탁을 제3채무자로 하는 채권압류 및 전보명령을 받게 되자, 2007. 10. 22. 제1순위 우선수익자인 조국자산관리공사 및 경조상호저축은행 주식회사에 대하여 위 부가가치세를 교부하면서 추후 부가가치세가 부과될 수 있음을 고지하였다. 한편 조국자산신탁은 그 무렵 원고 측 직원에게 유선으로 그와 같은 사정을 설명하면서 2007. 10. 25.까지 부가가치세 신고를 유보하여 줄 것을 요청한 바 있다. 조국자산관리공사 및 경조상호저축은행 주식회사는 그 후 이 사건 회사의 명의로 이 사건 부동산의 매매로 인한 부가가치세를 납부하였다.

라. 실질과세의 원칙에 따른 납세의무자의 판단

(1) 수익자가 납세의무자인지 여부

위에서 살펴본 바와 같이 납세의무자의 확정은 부가세법의 특성과 실질과세의 원칙을 모두 고려하여 당사자의 의사, 거래의 법적 형식이나 명의, 외관 등 계약의 실질적인 내용을 종합적으로 검토해 본다면, 이 사건 부동산에 대한 신탁계약의 종류는 우선 토지(개발)신탁과 부동산담보신탁의 성격을 모두 가지고 있고 그 법적 성질은 위탁매매와 달리 수탁자에게 대내외적으로 소유권이 완전히 이전된 상태에서 사업의 비용과 수익이 결국은 위탁자에게 귀속된다고 보는 것이 타당하다.

또한 이 사건 회사와 조국자산신탁과의 토지신탁사업계약에서 수익에 대한 우선순위자를 경조상호저축은행, 조국자산관리공사로 한 것의 의미가 과연 과세물건인 부가가치를 귀속시키기 위함이었다기보다는 신탁사업의 자금원이었을 뿐 실질적인 신탁사업의 출연자라고 볼 수 없는 이들에게 신탁사업의 수익 중 이들의 채권을 보전시키기 위하여 우선수익자로 정한 것임을 알 수 있고, 우선수익자로 선정된 회사들의 사업성격을 비추어 보아도 이들을 토지신탁사업의 주체로 볼 수 없음이 분명하다 할 것이어서 이들을 재화의 공급자로 보는 것에는 무리가 있어 보인다.

따라서 원고의 주장대로 타익신탁의 경우 무조건적으로 수익자를 납세의무자로 단정 짓기보다는 신탁계약의 내용 및 우선수익자로 지정된 경위, 당사자의 의사 등을 종합적으로 고려해 보면 수익자가 아닌 위탁자를 세금계산서상 공급자로 기재한 것은 타당해 보인다.

(2) 이 사건 세금계산서가 사실과 다른 세금계산서인지 여부

원고는 이 사건 회사만이 공급자일 뿐 소외 안종갑은 공급자가 아니어서 세금계산서에 공급자로 표시되지 않은 것은 당연하다고 주장하고 있으나, 2인 이상의 사업자가 공동사업을 하는 경우 사업자 등록신청은 공동사업자 중 1인을 대표자로 하여 대표자명의로 신청하여야 하며, 공동사업자 중 일부의 변경 및 탈퇴, 새로운 공동사업자 추가의 경우에는 사업자등록을 정정하여야 한다.[20]

이 사건 회사와 안종갑은 각자 소유 재화인 이 사건 부동산(각 지분 2분의 1)의 지분을 신탁회사에 위탁 분양하였고 단지 사업의 원활한 운영을 위한 일체의 권한만을 이 사건 토지신탁약정 당시 이 사건 회사에 위임한 것으로 보이는데, 그러한 경우에도 안종갑은 위탁자로서의 법적 지위를 상실하는 것으로 볼 수는 없기 때문에 공동사업체의 인격에 따라 법인 또는 개인으로 사업자등록을 하여 세금계산서 수수 및 부가가치세 등을 신고·납부하여야 하는 것이다.

---

20) 부가가치세법 기본통칙 5-11-1(공동사업자의 사업자등록 및 정정).

따라서 세금계산서상 공급자 명의를 이 사건 회사로만 기재하는 것은 타당하지 않고 이 사건 회사와 안종갑 명의로 기재하였어야 함에도 이 사건 회사의 명의로 기재한 것은 세금계산서의 필요적 기재사항을 잘못 기재한 것으로 판단된다.

5. 결　　론

이 사건 판결은 기존 대법원 판결의 문제점을 하급심에서 지적한 매우 의미 있는 판결이라 생각된다. 대법원 판결이 마치 법 규정인 것처럼 무조건적으로 따르는 대다수의 하급심의 태도와는 분명 다르기 때문이다.

신탁법상 신탁의 경우 위탁매매와 그 구조가 같다는 전제하에 부가세법 제6조 제5항을 유추적용하기보다는 실질과세의 원칙에 따라 신탁사업의 비용과 수익이 결국은 위탁자를 위한 것임을 강조하여 위탁자를 거래의 귀속자로 보는 것이 타당하다 할 것이고, 타익신탁의 경우에도 일본 소비세법 제14조와 같은 명문의 규정이 없는 상황에서 무리하게 수익자를 재화의 실질적인 공급자라고 판단하는 것은 조세법률주의 위반이라는 문제의식을 가지고 이를 입법적으로 해결하는 것이 타당하다고 본다.

이 사건 세금계산서가 사실과 다른 세금계산서라는 입장에 찬동하고 신탁법상의 신탁의 경우에도 실질과세의 원칙에 따라 위탁자를 납세의무자로 보는 것이 현행법 규정하에서는 타당한 해석이라 할 것이다.

서울고등검찰청 송무부

프로젝트 파이낸싱 사업의 '사업권' 양도가 부가가치세법상 재화의 공급으로 보지 아니하는 '사업의 양도'에 해당하는지 여부

(대법원 2008. 12. 24. 선고, 2006두17895 판결)

1. 판결요지

사업의 양도에 있어서의 사업장이라 함은 단순히 장소상의 구분을 말하는 것이 아니라 사업단위별이라는 뜻으로 새겨야 한다. 따라서 같은 장소 내의 사업이라고 하더라도 두 종목 이상의 사업을 서로 구분하여 운영하다가 그 중 한 종목의 사업을 포괄하여 양도한 경우에는 이를 사회적으로 독립성을 인정받을 수 있는 사업의 양도에 해당한다고 할 수가 있고,[1] 한편 양도자가 하나의 사업으로 운영한 사업이라고 하더라도 그 사업대상이 객관적으로 구분될 수가 있고 또 부문별로 독립하여 사업단위가 될 수 있어 실질적으로 수개의 사업과 동일시 될 수 있는 경우에는 각 부문별로 구분하여 양도되더라도 그것이 포괄적으로 이루어지는 한 위 법령에서 가리키는 동일성이 유지되는 사업의 양도에 해당한다고 할 수 있다.

원고는 이 사건 사업의 공동사업자인 주식회사 영진건영(가명, 이하 '영

1) 대법원 1983. 10. 25. 선고, 83누104 판결.

진건영'이라고 한다) 및 주식회사 에스제이(가명, 이하 '에스제이'라 한다)로부터 이 사건 사업에 대한 사업시행권, 주식회사 효선캐피탈(가명, 이하 '효선캐피탈'이라고 한다)에 대한 대출금채무, 이 사건 양도계약 당시 체결되어 있던 분양계약과 용역계약에 따른 권리의무, 건축허가권 등의 각종 인허가권, 지상 및 지하를 포함하여 진행 중인 공사 부분 등 이 사건 사업과 관련된 일체의 권리의무를 포괄적으로 양수하여 이 사건 사업을 계속하여 실시하였고, 다만 그 과정에서 종업원 등의 인적 설비는 이를 승계하지 아니한 사실을 알 수 있다.

그리고 원심이 인정한 사실관계에 의하더라도, 영진건영과 에스제이는 상당한 인적 설비 등이 요구된다고 볼 수 있는 신축공사에 관하여는 공사도급계약에 의하여 시공사인 원고로 하여금 이를 실시하도록 하였고, 분양대금 등 자금의 관리에 관하여는 수탁회사인 케이부동산신탁(가명, 이하 '신탁회사'라 한다)에게 위임하였다는 것이므로, 영진건영 및 에스제이가 이 사건 사업을 추진함에 있어서 인적 설비는 핵심적인 구성요소가 아니라 할 것이어서, 그러한 인적 설비에 대한 승계가 이루어지지 않았다는 사유는 이 사건 양도를 사업의 양도로 인정하는 데에 장애가 되지 아니한다.

이 사건 복합상가에 대하여 별도의 등기가 마쳐지지 아니하여 과세대상으로서의 사업장이 존재하지 않는다는 점은 건설업의 경우에 법인이 아닌 공동사업자의 사업장은 개인과 마찬가지로 그 업무를 총괄하는 장소이므로,[2] 이 사건 사업의 사업장은 이 사건 복합상가에 대한 등기 여부와 관계없이 이 사건 사업과 관련된 업무를 총괄한 장소가 사업장이 된다고 할 것이다.

복합상가 신축 및 분양사업의 시공회사가 시행회사로부터 사업을 양도받은 사안에서 인적 설비에 대한 승계가 이루어지지 않았고 일부 수분양자들이 계약을 해지하여 중도금을 반환한 사정 등이 있다 하더라도, 구 부가

---

2) 대법원 2000. 9. 29. 선고, 99두1373 판결.

가치세법(2006. 12. 30. 법률 제8142호로 개정되기 전의 것) 제 6 조 제 6 항 제 2 호 본문에 정한 '사업의 양도'에 해당한다.

2. 사건의 개요

(1) 원고는 2004. 3. 29.경 영진건영 및 에스제이로부터 '효선맥스 아일랜드 복합상가 신축공사'에 대한 사업시행권 등 일체의 제반 권리를 대금 10,136,301,161원에 양도받는 계약을 체결하였다.

(2) 원고는 영진건영으로부터 공급가액 10,136,301,161원의 세금계산서 1장을 교부받아 2004년 제 1 기분 부가가치세 예정신고시 공급가액의 10%인 금 1,013,630,116원을 매입세액으로 신고하면서 위 매입세액의 환급 신청을 하였다.

(3) 그러나 피고는 2004. 5. 11. 이 사건 양도계약에 의한 위 제반 권리의 양도가 비과세대상을 규정한 부가가치세법 제 6 조 제 6 항 제 2 호 소정의 '사업의 양도'에 해당하고, 영진건영이 이에 대한 부가가치세를 납부하지 않았다는 이유로 원고에 대하여 위 매입세액의 환급을 거부하는 처분(이하 '이 사건 처분'이라고 한다)을 하는 한편 추가로 10%의 신고불성실가산세를 부과하여 합계 금 1,114,993,127원을 환급세액에서 차감하는 결정을 하였다.

(4) 이에 불복하여 원고가 2004. 8. 3. 심판청구를 제기하였는데, 국세심판소에서는 2004. 12. 1. 위 신고불성실가산세 부분만을 취소하고 이 사건 처분에 대한 원고의 심판청구를 기각하였다.

3. 관련법령

❍ **구 부가가치세법**(2006. 3. 24. 법률 제7876호로 개정되기 전의 것, 이하 '부가세법'이라 한다)

제4조 【신고 · 납세자】

①부가가치세는 사업장마다 신고 · 납부하여야 한다.

제6조 【재화의 공급】

⑥다음 각 호의 1에 해당하는 것은 재화의 공급으로 보지 아니한다.

2. 사업을 양도하는 것으로서 대통령령이 정하는 것. 다만, 사업자가 제16조의 규정에 의한 세금계산서를 교부한 경우로서 대통령령이 정하는 경우를 제외한다.

제13조 【과세표준】

①재화 또는 용역의 공급에 대한 부가가치세의 과세표준은 다음 각 호의 가액의 합계액(이하 "공급가액"이라 한다)으로 한다. 다만, 부가가치세는 포함하지 아니한다.

1. 금전으로 대가를 받는 경우에는 그 대가
2. 금전 이외의 대가를 받는 경우에는 자기가 공급한 재화 또는 용역의 시가
3. 재화의 공급에 대하여 부당하게 낮은 대가를 받거나 대가를 받지 아니하는 경우에는 자기가 공급한 재화의 시가

3의 2. 용역의 공급에 대하여 부당하게 낮은 대가를 받는 경우에는 자기가 공급한 용역의 시가

4. 폐업하는 경우의 재고재화에 대하여는 시가

②다음 각 호의 금액은 과세표준에 포함하지 아니한다.

1. 에누리액
2. 환입된 재화의 가액
3. 공급받는 자에게 도달하기 전에 파손 · 훼손 또는 멸실된 재화의 가액

4. 국고보조금과 공공보조금
5. 공급대가의 지급지연으로 인하여 지급받는 이자로서 대통령령이 정하는 연체 이자

③재화 또는 용역을 공급한 후의 그 공급가액에 대한 할인액・대손금・장려금과 이와 유사한 금액은 과세표준에서 공제하지 아니한다.

제14조 【세율】

부가가치세의 세율은 100분의 10으로 한다.

제15조 【거래징수】

사업자가 재화 또는 용역을 공급하는 때에는 제13조의 규정에 의한 과세표준에 제14조의 규정에 의한 세율을 적용하여 계산한 부가가치세를 그 공급을 받는 자로부터 징수하여야 한다.

제18조 【예정신고와 납부】

①사업자는 각 과세기간 중 다음에 규정하는 기간(이하 "예정신고기간"이라 한다)의 종료 후 25일(외국법인의 경우에는 50일) 이내에 대통령령이 정하는 바에 따라 각 예정신고기간에 대한 과세표준과 납부세액 또는 환급세액을 사업장 관할 세무서장에게 신고하여야 한다. 다만, 신규로 사업을 개시하거나 개시하고자 하는 자에 대한 최초의 예정신고기간은 사업개시일 또는 제 5 조 제 1 항 단서의 규정에 의하여 등록한 날로부터 그날이 속하는 예정신고기간의 종료일까지로 한다.

제 1 기분 예정신고기간 : 1월 1일부터 3월 31일까지

제 2 기분 예정신고기간 : 7월 1일부터 9월 30일까지

②사업장 관할 세무서장은 제 1 항의 규정에 불구하고 개인사업자에 대하여는 각 예정신고기간마다 직전 과세기간에 대한 납부세액(제32조의 2 제 1 항 또는 조세특례제한법 제124조 및 동법 제125조의 규정에 의하여 납부세액에서 공제 또는 경감한 세액이 있는 경우에는 그 세액을 차감한 금액으로 하며, 제21조의 규정에 의한 결정 또는 경정과 국세기본법 제45조 및 동법 제45조의 2의 규정에 의한 수정신고 및 경정청구에 의한 결정이 있는 경우에는 그 내용이 반영된 금액으로 한다)의 2분의 1에 상당하는 금액을 결정하여 대통령령이 정하는 바에 따

라 당해 예정신고 기한 내에 징수한다. 다만, 징수하여야 할 금액이 10만 원 이하인 경우에는 이를 징수하지 아니하며, 대통령령이 정하는 개인사업자는 제1항의 규정에 따라 신고할 수 있다.

③개인사업자가 제2항 본문의 규정에 의한 결정이 있는 경우에 동항 단서의 규정에 의하여 신고를 한 때에는 당해 결정이 없었던 것으로 본다.

④사업자는 제1항 및 제2항 단서의 규정에 의한 신고(이하 "예정신고"라 한다)와 함께 그 예정신고기간의 납부세액을 대통령령이 정하는 바에 따라 사업장 관할 세무서장에게 납부하여야 한다.

제19조 【확정신고와 납부】

①사업자는 각 과세기간에 대한 과세표준과 납부세액 또는 환급세액을 그 과세기간 종료 후 25일(외국법인의 경우에는 50일) 이내에 대통령령이 정하는 바에 의하여 사업장 관할 세무서장에게 신고하여야 한다.

②사업자는 제1항의 규정에 의한 신고(이하 "확정신고"라 한다)와 함께 그 과세기간에 대한 납부세액을 대통령령이 정하는 바에 의하여 사업장 관할 세무서장에게 납부하여야 한다.

○ **구 부가가치세법 시행령**(2006. 2. 9. 대통령령 제19330호로 개정되기 전의 것, 이하 '부가세법 시행령'이라 한다)

제4조 【사업장의 범위】

①법 제4조 제1항에 규정하는 사업장은 사업자 또는 그 사용인이 상시 주재하여 거래의 전부 또는 일부를 행하는 장소로 한다. 다만, 다음 각 호의 사업에 있어서는 당해 각 호에 규정하는 장소를 사업장으로 한다.

3. 건설업·운수업과 부동산매매업에 있어서는 사업자가 법인인 경우에는 그 법인의 등기부상의 소재지(등기부상의 지점소재지를 포함한다. 이하 같다), 개인인 경우에는 그 업무를 총괄하는 장소. 다만, 법인의 명의로 등록된 차량을 개인이 운용하는 경우에는 그 법인의 등기부상 소재지로 하고, 개인의 명의로 등록된 차량을 다른 개인이 운용하는 경우에는 그 등록된 개인이 업무를 총괄하는 장소로 한다.

②사업자가 자기의 사업과 관련하여 생산 또는 취득한 재화를 직접 판매하기 위하여 특별히 판매시설을 갖춘 장소(이하 "직매장"이라 한다)는 사업장으로 보며,

사업자가 재화의 보관·관리시설만을 갖추고 다음 각 호의 사항을 기재한 하치장설치신고서를 하치장 관할 세무서장에게 제출한 장소(이하 "하치장"이라 한다)는 사업장으로 보지 아니한다.

1. 사업자의 상호·성명(법인의 경우에는 대표자성명)·주소·사업자등록번호·주민등록번호 및 사업장소재지와 사업의 종류(이하 "인적사항"이라 한다)
2. 하치장의 설치일자·소재지 및 소속구분
3. 기타 참고사항

③제 1 항 및 제 2 항에 규정하는 사업장 이외의 장소도 사업자의 신청에 의하여 추가로 사업장으로 등록할 수 있다. 다만, 제 1 항 제 9 호의 규정에 의한 사업의 경우에는 그러하지 아니하다.

④사업장을 설치하지 아니한 경우에는 사업자의 주소 또는 거소를 사업장으로 한다.

⑤비거주자 또는 외국법인의 경우에는 소득세법 제120조 또는 법인세법 제94조에 규정하는 장소를 사업장으로 한다.

제17조 【담보제공·사업양도 및 조세의 물납】

②법 제 6 조 제 6 항 제 2 호 본문에서 "대통령령이 정하는 것"이라 함은 사업장별(상법에 의하여 분할 또는 분할 합병하는 경우에는 동일한 사업장 안에서 사업부문별로 양도하는 경우를 포함한다)로 그 사업에 관한 모든 권리와 의무를 포괄적으로 승계시키는 것(법인세법 제46조 제 1 항의 요건을 갖춘 분할의 경우를 포함하되, 일반과세자가 간이과세자에게 사업을 양도하는 경우를 제외한다)을 말한다. 이 경우 그 사업에 관한 권리와 의무 중 다음 각 호의 것을 포함하지 아니하고 승계시킨 경우에도 당해 사업을 포괄적으로 승계시킨 것으로 본다.

1. 미수금에 관한 것
2. 미지급금에 관한 것
3. 당해 사업과 직접 관련이 없는 토지·건물 등에 관한 것으로서 재정경제부령이 정하는 것

③법 제 6 조 제 6 항 제 2 호 단서에서 "대통령령이 정하는 경우"라 함은 사업양도자가 법 제15조의 규정에 의하여 거래징수한 세액을 법 제18조 또는 법 제19조의 규정에 의하여 신고납부한 경우를 말한다.

4. 평　석

가. 위 판결의 쟁점

부가세법 제 6 조 제 6 항 제 2 호 소정의 재화의 공급으로 보지 않는 '사업의 양도'라 함은 사업자등록증상의 사업장을 단위로 사업용 재산을 비롯한 물적 · 인적시설 및 권리의무 등을 포괄적으로 양도하여 사업의 동일성을 유지하면서 경영주체만을 교체시키는 것을 말하는 것인데, 이 사안에서 문제되는 것은 영진건영과 에스제이가 공동시행자로 추진하던 복합상가 신축공사의 신축현장과 함께 그와 관련된 제반 권리, 의무를 원고가 양수한 것이 부가세법 제 6 조 제 6 항 제 2 호 소정의 '사업의 양도'에 해당하는지 여부이다.

이는 원고가 영진건영과 체결된 사업약정서에 따라 프로젝트 파이낸싱 사업을 양수한 것에 불과한 것이고, 원고는 영진건영으로부터 일부의 권리 · 의무만 승계하였을 뿐 인적시설을 포함한 모든 권리의무를 양수한 것이 아니라는 주장이 가능하기 때문이다.

나. '사업의 양도'[3)]

(1) 부가세법상 과세가 되지 않는 '사업의 양도'의 의의

당해 사업의 동일성이 그대로 유지되고 부가가치가 창출되지 아니한 상태에서 사업장별로 그 사업에 관한 모든 권리와 의무를 포괄적으로 승계시키는 사업의 양도는 재화의 공급으로 보지 아니하는데(부가세법 제 6 조 제

3) 김정길, 『부가가치세법의 이론과 실제』, ㈜영화조세통람, p.254 이하.

6항 제2호), 사업의 양도라 함은 사업의 동일성을 유지하면서 경영주체만을 승계시키는 것을 뜻한다. 사업은 인적·물적 시설의 유기적 결합체로서 경영주체와 분리되어 사회적으로 독립성을 인정받을 수 있어야 하고[4] 그 입증책임은 납세의무자에게 있다.[5]

① 사업의 양도는 성질상 개개의 재화를 공급하는 것이 아니라 사업을 전체로서 평가하여 사업자의 지위를 그대로 승계시키는 것이기 때문에 특정재화의 공급을 과세대상으로 하는 부가세법상의 과세거래로 보기 어렵고,

② 생산조직이나 재고재화가 그대로 유지되고 경영주체만 바뀌었으므로 부가가치를 창출하는 거래가 있다고 보기도 어려우며, 또한 사업시설을 이루는 개개 재화에 대하여 과세하더라도 사업양수인은 이를 매입세액으로 공제받게 되므로 과세관청으로서는 실질적인 세수가 되지 않는 반면 사업자로서는 일단 세액을 징수당하고 다시 환급받아야 하기 때문에 불필요하고 복잡한 조세행정 절차가 발생한다는 점,

③ 사업자에게 불필요한 자금압박을 주는 것을 방지하기 위한 점 등을 고려한 것이다.[6]

(2) '사업의 양도'의 요건

1) 사업장별 사업양도

사업양도는 사업장별로 판단한다. 즉, 사업장이 2개 이상 있는 사업자의 경우 각 사업장별로 판단하여 한 종류의 사업을 영위하는 특정기업이 장소를 달리하여 여러 개의 독립된 사업을 영위하는 경우에는 그 중 한 장소에서 영위하는 독립된 사업의 양도도 사업양도에 해당한다. 판례는 사업장을 구분하여 2 종목 이상의 사업 중 하나만을 양도하는 것도 포괄양도로

4) 대법원 2006. 4. 28. 선고, 2004두8422 판결.

5) 대법원 1998. 7. 10. 선고, 97두12778 판결.

6) 대법원 1983. 6. 28. 선고, 82누86 판결.

보고 있고,[7] 과세사업과 면세사업을 겸영하는 사업자가 사업장별로 과세사업에 관한 모든 권리와 의무를 포괄적으로 양도하는 경우도 역시 사업의 양도에 해당한다고 본다.[8] 과세사업에 공할 목적으로 건설 중인 독립된 제조장으로서 등록되지 아니한 사업장을 다른 사업자에게 당해 제조장에 관한 모든 권리와 의무를 포괄적으로 양도하는 경우 또한 같다.[9] 한 사업장 내에서 여러 사업을 영위하는 사업자가 일부의 사업만을 승계하는 경우에는 사업의 양도에 해당하지 아니하나,[10] 상법에 의하여 분할 또는 분할 합병하는 경우에는 동일한 사업장 안에서 사업부분별로 양도하는 경우도 여기의 사업장별 양도에 포함된다.[11]

독립된 사업장으로 볼 수 있는지 여부와 관련하여 전국 각지의 건설현장에서 신축사업을 영위하고 있는 건설회사들은 모두 개별 건설현장을 독립된 사업장으로 신고하지 않고 있는데, 이러한 경우 각 건설현장이 건설회사의 독립된 사업단위가 아니라 단순히 당해 건설회사의 건설사업을 위하여 지배하는 특정시설물의 존재 장소에 불과한 것인지 문제될 수 있다.

부가세법 제 4 조 제 1 항은 부가가치세는 사업장마다 납부하도록 규정하고 있고, 구 부가세법 시행령(1995. 12. 30. 대통령령 제14863호로 개정되기 전의 것) 제 4 조 제 1 항은, 부가세법 제 4 조 제 1 항에 규정하는 사업장은 사업자 또는 그 사용인이 상시 주재하여 거래의 전부 또는 일부를 행하는 장소로 하나, 다음 각 호의 사업에 있어서는 당해 각 호에 게기하는 장소를 사업장으로 한다고 규정하면서, 제 3 호에서 건설업에 있어서는 사업자가 법인인 경우에는 그 법인이 등기부상의 소재지(등기부상의 지점소재지를 포함한다), 개인인 경우에는 그 업무를 총괄하는 장소를 들고 있는바, 건설업

---

7) 대법원 1983. 10. 25. 선고, 83누104 판결.

8) 부가세법 기본통칙 6－17－3 2호 ; 간세 1265－2380, 1979. 7. 20.

9) 부가세법 기본통칙 6－17－4 ; 간세 1235－3855, 1978. 12. 28.

10) 부가 22601－1629, 1991. 12. 10.

11) 부가세법 시행령 제17조 제 2 항 괄호 내(2006. 2. 9. 개정).

에 있어서는 법인이 아닌 공동사업자의 경우에도 개인과 마찬가지로 그 업무를 총괄하는 장소를 사업장으로 보아야 한다[12]고 판시한 바에 따르면 사업양도에 해당하는 사업장은 독립된 사업장으로서의 신고나 사업자등록 및 등기 여부와 관계없이 당해 사업과 관련된 업무를 총괄한 장소가 사업장이 된다고 할 것이다

2) 포괄적 양도

사업은 포괄적으로 양도되어야 한다. 사업의 양도란 사업용 자산을 비롯한 물적·인적 시설 및 권리, 의무 등을 포괄적으로 양도하여 사업의 동일성을 유지하면서 경영주체만을 교체시키는 것이다.[13] 그러나 양도가 대상 목적물에 따라 개별적으로 이루어지는 경우에는 포괄적 양도가 아니다.[14]

여기의 포괄적 양도에는 법인세법 제46조 제 1 항의 요건을 갖춘 분할의 경우와 양수자가 승계받은 사업 외에 새로운 사업의 종류를 추가하거나 사업의 종류를 변경한 것을 포함한다.

또한 사업과 직접 관련이 없거나 사업의 동일성을 상실하지 아니하는 범위 내에서의 일부 권리·의무를 제외하여도 사업의 양도로 본다. 포괄적 양도에서 제외되는 토지와 건물 등은 사업과 관련이 없는 것들에 한하기 때문에 만약 사업장용 토지나 건물을 제외하고 양도하는 경우에는 사업의 포괄적 양도로 보지 아니하여 부가가치세가 과세된다.[15]

인적 설비도 권리와 의무에 포함되는가가 문제되는데, 판례는 사업의 동일성을 유지하면서 경영주체가 교체된 것이라면 종전의 종업원이 그대로 인수·인계되지 아니하였다고 하더라도 사업의 양도라고 인정하는 데 장애가 될 수 없다[16]고 판시한 바 있다.

---

12) 대법원 2000. 9. 29. 선고, 99두1373 판결.

13) 대법원 1998. 7. 10. 선고, 97누12778 판결.

14) 대법원 1983. 6. 28. 선고, 82누86 판결.

15) 재경원 소비 46015－51, 1997. 2. 12.

따라서 사업의 동일성을 유지하면서 경영주체만을 교체하기 위하여 사업 전체에 대한 지분을 양도한 경우라든가,[17] 사업에 관한 모든 권리와 의무를 포괄적으로 승계시키면서 양도인이 종전 사업의 폐업신고를 하고 양수인이 신규로 사업허가를 받거나 신규 사업의 상호를 변경한 경우,[18] 동일 사업장 내에서의 구분된 사업의 양도[19] 등은 여기에서의 사업의 양도에 해당하나, 양도 전후의 업종이 다르다거나 물적 시설의 양도만이 있고 사업자의 지위양도가 없는 경우,[20] 부동산임대업자가 임대건물을 임차인에게 양도하면서 다른 임차인에 대한 임대인으로서의 지위까지 양도한 경우,[21] 신축 중인 건물을 분양받아 부동산임대업을 영위하기 위하여 사업개시 전 일반과세자로 사업자등록을 한 자가 건물 완공 전에 부동산임대업 과세자로 사업자등록한 자에게 포괄적으로 승계시킨 경우,[22] 양도인과 양수인 중 한 쪽은 일반 과세업자인데 다른 쪽은 과세특례자인 경우 등은 포괄승계가 있었다고 보기 어려워 사업의 양도라고 할 수 없다.

다만, 전체적으로 사업의 동일성을 유지하는 범위 내에서는 사업과 직접 관련이 없는 권리의무 또는 일부 권리의무를 제외시켜도 사업의 양도로 볼 수가 있다.

(3) 예 외

사업자가 세금계산서를 교부한 경우로서 거래징수한 세액을 예정신고 또는 확정신고시 신고납부한 경우에는 사업의 양도로 보지 아니한다.[23] 이

---

16) 대법원 1992. 5. 26. 선고, 91누13014 판결.

17) 대법원 1987. 7. 21. 선고, 87누139 판결.

18) 대법원 1985. 10. 8. 선고, 84누640 판결.

19) 대법원 1983. 10. 25. 선고, 83누104 판결.

20) 대법원 1993. 1. 19. 선고, 92누15420 판결.

21) 대법원 1990. 7. 24. 선고, 89누4574 판결.

22) 심사부가 2004－10, 2004. 2. 16 : 국심 2005. 4. 21. 선고, 2004중3473 결정

는 사업의 양도에 해당하나 납세자가 과세대상으로 보아 거래징수하여 거래징수한 세액을 신고납부 또는 공제받은 경우는 예외를 인정하여 사업자가 부당하게 피해를 입는 사례를 막기 위한 것이다.

여기에서는 부가세법 제 6 조 제 6 항 제 2 호에서 동법 제16조의 규정에 의한 세금계산서를 교부한 경우로서 대통령령이 정하는 경우에는 재화의 공급으로 본다고 규정하고 있는데, 동법 시행령 제17조 제 3 항에서 법 제 6 조 제 6 항 제 2 호 단서에서 "대통령령이 정하는 경우"라 함은 사업양도자가 법 제15조의 규정에 의하여 거래징수한 세액을 법 제18조 또는 법 제19조의 규정에 의하여 신고납부한 경우에 한한다고 한 것이 과연 모법 위임범위를 벗어난 것인지 문제될 수 있다.

하지만 부가세법 제 6 조 제 6 항 제 2 호 단서가 같은 호 본문이 정한 재화의 공급으로 보지 아니하는 '사업의 양도' 중 사업양도자가 제16조의 규정에 의한 세금계산서를 교부한 경우로서 '대통령령이 정하는 경우'에는 예외적으로 재화의 공급으로 볼 수 있도록 한 취지는, 사업양도자가 사업양도를 과세거래로 판단하고 세금계산서를 교부한 경우에도 사업양수자가 매입세액공제를 부인당하게 되는 문제점을 개선하기 위하여 그러한 경우 중 대통령령이 정하는 일정한 경우에 한하여 예외적으로 재화의 공급으로 봄으로써 사업양수자의 매입세액공제가 가능하도록 한 것이므로, 같은 법 시행령(2006. 2. 9. 대통령령 제19330호로 개정되기 전의 것) 제17조 제 3 항이 위 단서규정의 취지에 따르되 사업양수자가 사업양도자와 담합하여 세금계산서를 수수한 후 부당하게 매입세액을 공제받는 것을 억제하려는 조세정책적인 목적 등을 고려하여, 사업양도자가 사업양수자로부터 거래징수한 세액을 신고·납부한 경우에 한하여 사업양수자의 매입세액공제가 가능하도록 제한하였다고 하더라도, 그로 인하여 위 단서규정의 취지가 몰각된다거나 위 시행령 규정이 모법의 위임 범위를 벗어나 무효라고 할 수는

23) 부가세법 제 6 조 제 6 항, 같은 법 시행령 제17조 제 3 항.

없다[24]고 판시한 바 있다.

(4) 소 결

부가세법상 사업의 양도가 되기 위해서는 ① 사업장별 사업의 양도이어야 하고, ② 그 사업에 관한 모든 권리와 의무의 승계이어야 하며, ③ 승계가 포괄적이어야 한다는 등의 요건이 갖추어져야 한다. 판례는 앞에서 간단히 언급한 것처럼 사업의 양도에 해당하는지 여부에 대한 판단을 각 사안에서의 구체적 사실관계를 살펴 판단하기 때문에 요건에 포섭하는 과정에서 납세자의 법적 안정성을 해하게 되는 문제를 가져올 수 있다.

다. 이 사안에서의 사실인정 부분

(1) 영진건영은 서울 서초구 반포동 (이하 생략) 빌딩 5층을 본점으로 토목공사업 등을 영위하는 회사인데, 프로젝트 파이낸싱 방식으로 자금을 조달하여 부산 부산진구 부전동 (이하 생략) 지상에 '효선맥스아일랜드 복합상가를 신축하는 사업'(이하 '쟁점사업'이라 한다)을 진행하기로 하고 2002. 12. 30. 에스제이와 이를 공동시행하기 위한 공동사업 시행계약을 체결한 후 2003. 3. 18. 쟁점사업의 시행자로서 시공회사인 원고, 신탁회사와 사이에 사업의 효율적이고 안정된 수행을 위하여 각자의 역할 및 책임을 명확히 하고 쟁점사업의 추진을 위한 세부사항을 정하기 위하여 아래와 같은 내용의 사업약정을 체결하였다(이하 '사업약정'이라 한다).

① 업무분담 및 협력의무 : 영진건영은 사업 시행자로서 사업부지를 제공하고 건축허가 등 인허가 업무, 분양업무, 자금입출금 관리업무를 신탁회사에 위임, 영진건영 명의의 대출원리금 상환의무 등 기타 사업

24) 대법원 2008. 2. 29. 선고, 2006두446 판결.

시행을 위하여 필요한 업무를 책임진다. 원고는 시공회사로서 공사를 수행하고, 그 밖에 사업시공을 위하여 필요한 업무를 책임진다. 신탁회사는 영진건영과 사이에 담보신탁으로 사업부지 소유권을 확보하고 분양대금 수납 등을 내용으로 하는 대리사무계약을 체결한다.

② 공사도급계약 및 신탁등기 : 영진건영은 원고와 사이에 평당 금 4,000,000원으로 정한 공사도급계약을 체결하고, 사업부지인 부산 진구 부전동 (이하 생략) 대 1,652.70㎡에 관하여 신탁회사 앞으로 담보(관리) 신탁등기를 경료한다.

③ 사업시행권 양도 등 : 영진건영이 대출금 상환에 대한 기한의 이익을 상실하는 등의 사유 발생시 원고와 신탁회사는 '사업시행권' 양도를 요청할 수 있는데, '사업시행권 양도'로 영진건영이 보유하고 있던 사업부지 및 관련 건축물의 소유권과 수분양자 등과 체결한 계약상 일체의 권리의무 등이 원고에게 이전되고, 이 경우 건축허가상의 사업주체 변경, 사업부지의 소유권이전, 분양대금채권의 양수도 등에 관하여 영진건영이 협조하여야 한다.

(2) 또한 자금대출기관인 효선캐피탈은 같은 날 이 사건 사업약정의 당사자들(원고, 영진건영, 신탁회사)과 쟁점사업을 위하여 대출되는 자금이 정상적으로 상환될 수 있도록 당사자 간 필요한 업무분담 및 책임을 정한 대출약정을 체결하였다.

(3) 사업약정에서 정한 바에 따라 영진건영은 쟁점사업에 관하여 사업 시행자로서 원고와 공사도급계약을 체결하고 신탁회사와 대리사무계약을 체결하면서 쟁점사업을 영위하였으나, 사업 부진 등으로 대출금 상환을 연체하게 되자 사업약정에 의하여 2004. 3. 28. 에스제이와 함께 사업시행권을 포기하고 시공회사인 원고에게 조건 없이 사업시행권 일체를 양도하기로 하는 사업권포기 및 양도동의서를 작성하였다.

(4) 그리고 영진건영은 2004. 3. 29.자로 아래에서 보는 바와 같이 에스제이, 원고, 효선캐피탈과 원고가 쟁점사업에 대한 사업시행권 등 일체의 권

리를 양도받는 내용의 양도계약(이하 '이 사건 양도계약'이라 한다)을 체결하였다.

① 양도의 범위 : 사업부지상의 건축허가권 등을 포함한 제반 권리(시행권 및 시공권 등), 사업부지상의 지상 및 지하를 포함하여 진행 중인 공사 부분, 건축주 및 설계변경 허가 등 각종 인허가권, 수분양자 등으로부터 받게 될 분양대금, 제3자와 체결한 용역계약권리 등

② 양도대금 : 금 10,136,301,161원(사업부지의 소유권은 포함되지 않음), 사업부지의 소유권 확보를 위하여 원고는 신탁회사와 별도의 부동산매매계약을 체결하고 영진건영은 이의 없이 이를 수용하고 협조한다.

③ 양도대금의 내역 : 쟁점사업과 관련한 영진건영의 투입비용을 포함한 사업권 비용을 금 4,210,000,000원(영진건영 3,045,000,000원 + 에스제이 1,165,000,000원)으로 정산하여 원고가 지급하기로 한 다음, 양도대금 중 나머지 금원에 관하여 영진건영의 공사비 1,178,000,000원을 상계처리하고, 용역대금 등 미지급금채무 금 1,747,931,026원(에스비제이에 대한 분양수수료 450,838,256원과 사업손실보상금 880,000,000원 + 종합토지세 57,092,770원 + 부동산중개수수료 90,000,000원 + ○○투자증권 주식회사에 대한 손해배상금 100,000,000원 + 신탁회사에 대한 보수 70,000,000원 + 건축사무소 등에 대한 설계비 100,000,000원)과 영진건영의 효선캐피탈에 대한 대출금 상환채무 중 원고가 사업부지 토지대금에 갈음하여 채무인수하고 추가로 효선캐피탈에게 상환하여야 할 대출원리금 3,000,370,135원을 원고가 영진건영 대신 지급하는 방법으로 양도대금을 결제하기로 한다.

④ 양도대금의 집행 : 용역대금 등 미지급금 및 대출원리금 상환은 원고가 확인절차 등을 거쳐 당해 용역 제공자 및 효성캐피탈에게 직접 계좌이체 등의 방법으로 지급하고, 영진건영에 지급할 사업권비용 3,045,000,000원은 채권양수자 등을 지급대상자로 하고, 위 양수도금액은 원칙적으로 토지소유권이전등기 경료와 동시에 지급하기로 한다.

⑤ 분양수입금 등의 처리 등 : 영진건영이 신탁회사 계좌를 통하여

수납한 분양수입금 8,688,677,936원과 위 계좌에서 토지매입비 등으로 지출된 금액을 원고가 각 인정하고, 양도계약 현재 위 계좌 잔액을 원고가 대출원리금 상환 등에 사용한다.

(5) 이와 함께 원고는 당초 사업약정에 기하여 2004. 3. 29.자로 신탁회사와 사이에, 원고가 신탁회사로부터 사업부지를 대금 22,225,000,000원에 매수하되 사업약정상 원고의 제반의무를 원고가 이행하는 조건으로 그 지급에 갈음하기로 하는 내용의 부동산매매계약을 체결한 다음, 이 사건 양도계약에 따라 수분양자들에 대하여 영진건영과 체결한 분양계약을 승계하였으나 그 중 일부 수분양자들에 대하여는 그들로부터 사업시행자 변경을 이유로 계약 해지통보를 받고 중도금 등을 반환하였고, 또한 에스제이로부터 분양대행업무를 승계하지 않고 2004. 6. 21. 주식회사 강공엔지니어링(가명)과 새로이 분양대행용역계약을 체결하였다.

(6) 그 후 원고는 이 사건 양도계약에서 정한 양수도대금 내역과 관련한 미지급채무 등을 에스비제이 등 채권자들에세 지급하였다.

라. 프로젝트 파이낸싱에 의한 '사업시행권'의 양도가 부가세법상의 '사업의 양도'에 해당하는지 여부

(1) 프로젝트 파이낸싱의 개념 및 특징 및 계약구조[25]

1) 개 념

프로젝트 파이낸싱(Project Financing)이란 민간 기업이 대규모 프로젝트에 소요되는 자금을 조달하는 방안의 하나인데, 금융기관의 금융 제공에

---

25) 왕세종, "부동산 개발사업의 프로젝트 금융", 『토지연구』 제17권 제 1 호, 한국토지공사, 2006 ; 박대기, "프로젝트 파이낸싱과 사업성 분석", 충북대학교, 2003 ; 김갑성, "부동산 개발 금융기법", 연세대학교, 2003 ; 최진숙 · 김상준, "「핵심특강」 프로젝트 파이낸스", 로앤비, 2005 ; 박동규, "프로젝트 파이낸싱의 개념과 실체", 명경사, 2006.

대한 의사결정이 해당 기업의 신용도 또는 담보력에 기초하는 것이 아니라 프로젝트 자체의 수익성과 향후 부채 상환 능력에 기초한 것을 말한다. 즉, 사업주의 담보나 신용에 근거하여 대출이 이루어지는 전통적인 기업금융과는 대칭되는 자금조달기법으로서, 사업주와 법적으로 독립된 프로젝트로부터 발생하는 미래의 현금흐름(project's future cash flow)을 차입자금의 상환 재원으로 삼고 프로젝트의 자산과 다양한 이해당사자와의 계약을 담보로 하여 사업주는 제한적인 책임만 부담하면서 당해 프로젝트의 시공 및 운영에 소요되는 자금을 조달하는 금융기법의 총칭이다.

2) 특 징

프로젝트 파이낸싱의 특징은 크게 다섯 가지로 설명할 수 있다.

① 프로젝트 파이낸싱은 비소구금융(非遡求金融, non-recourse finance)으로서, 사업주는 자신이 소유한 모기업과는 법적·경제적으로 독립된 특수법인(special purpose company : SPC)을 설립하여 별개의 사업으로 추진함으로써 해당 프로젝트의 현금흐름을 모기업의 현금흐름과 완전히 분리하여 프로젝트에 소용되는 자금을 조달하는 금융기법이다. 소요자금을 제공한 채권자는 채권의 상환을 프로젝트 자체의 자산 및 현금흐름 이내에서만 청구할 수 있으며, 이외에 사업 시행자의 자산에 대하여 변제청구를 할 수 없다.

그러나 비소구금융이 실제에서 제공되는 경우는 거의 없다. 즉, 금융기관 및 투자자들이 원리금 상환에 대한 사업주의 아무런 보장 없이 프로젝트의 미래 현금흐름에만 근거하여 융자요청에 응하고 증권을 매입하는 사례는 금융기관 및 투자자에게 채권상환에 어려움이 존재하므로 이는 극히 예외적인 경우에 해당한다고 할 수 있다. 따라서 현실적으로 사업주가 프로젝트 파이낸싱과 관련된 제반 위험에 대해 일정한 보증 및 담보를 자신의 자산을 근거로 제공하고 채권자들도 프로젝트 도산시 사업주가 제공한 보증 담보에 의해 채권의 일부 변제가 가능하도록 제한적 소구금융(Limited

Recourse Financing)이 행해지는 것이 일반적이다.

② 부외금융(部外金融, off-balance sheet finance)으로서, 제 3 자를 통한 자금 조달에 근거하여 프로젝트가 진행되기 때문에 해당 프로젝트의 현금흐름이 사업주가 소유한 다른 모기업의 대차대조표에 나타나지 않는다. 따라서 해당 프로젝트의 성공 및 실패 여부는 사업주 또는 사업주의 모기업이 갖는 신용도 혹은 재무 구조에 아무런 영향을 미치지 않는다.

③ 프로젝트 파이낸싱은 사업주와 채권자 간의 적절한 위험 배분에 대하여 양자 간의 합의에 기초하여 성립하게 된다. 사업주는 프로젝트 회사에 지분을 출자함으로써 부담하는 지분위험을 희석하고 프로젝트로부터 발생하는 위험을 채권자에게 가능한 많이 전가하기를 원하는 반면에, 채권자는 사업 시행자의 채무 불이행에 따른 위험을 최소화하기 위하여 사업주에 대한 신용 보증이나 담보가 선정될 경우에 한하여 자금을 제공하기 때문이다.

④ 프로젝트 파이낸싱은 일반적인 대출에 비하여 계약 및 금융절차가 복잡하기 때문에 방대한 양의 대출 및 담보 계약서를 수반한다. 프로젝트의 개발 단계에서부터 시공 및 운영의 단계에 이르기까지 다양한 종류의 위험이 발생할 가능성이 있으므로, 전문적인 금융 및 보증절차가 요구된다. 국제적인 해외투자 프로젝트의 경우 그 시행과 관련된 여러 국가의 법적·제도적 측면을 고려하여 당사자들 간의 위험을 분산시켜야 하기 때문에 관련 국가 간의 상이한 법과 제도를 충족하는 계약절차를 요구하게 된다.

⑤ 프로젝트 파이낸싱은 절차가 복잡하고 발생 가능한 위험의 부담이 크므로 일반적으로 다른 금융기법에 비하여 높은 금융비용을 수반하게 된다.

3) 계약구조

부동산 개발사업 또는 민간투자사업과 같이 토지를 바탕으로 하는 프로젝트의 경우, 재원 조달 목적의 프로젝트 파이낸싱을 구성하는 기본 계약은 크게 6가지로 볼 수 있다.

① 용지 취득과 관련된 계약으로 사전적인 각종 인·허가의 취득과 양허(concession) 등이 포함된다.

② 프로젝트의 건설 및 완공과 관련된 계약으로 기술적인 타당성의 검증과 더불어 사전적격(pre-qualification : PQ) 등 시공사의 선정이 이에 해당된다.

③ 연료 및 원자재의 공급과 관련된 계약으로 일정기간 동안에 일정수량의 원자재를 일정가격에 공급한다는 내용의 장기공급계약과 원자재의 공급에 대한 다양한 보증(guarantee) 등이다.

④ 프로젝트로부터의 산출물 판매와 관련된 계약으로 일정기간 일정수량의 산출물을 일정가격에 구매한다는 내용의 장기구매계약 등이 포함된다.

⑤ 실질적으로 현금흐름이 창출되는 기간 동안에 프로젝트의 운영 및 유지와 관련된 계약으로 운영전문사와의 운영 및 관리계약을 말한다.

⑥ 자금 조달 및 지분 부담과 관련된 계약으로 사업 시행자(project company)에 대한 출자계약과 사업 시행자와 대출금융기관 간에 이루어지는 대출계약 등을 포함한다.

(2) 부가세법상의 '사업의 양도'로 볼 수 없다는 견해[26)]

1) 사업약정에 따른 "사업시행권" 양도의 법적 성격

프로젝트 파이낸싱에 있어서 금융기관은 자금의 대출에 관한 대출약정을 체결하는 것 외에 당해 사업에 관하여는 당사자 전원으로 하여금 "사업약정서"를 체결하도록 하여 당해 사업을 둘러싼 각 당사자의 역할을 분명히 하고, 위 대출자금이 당해 사업을 위해서만 사용 및 관리되도록 하고 있다.

특히 만약 시행사가 사업기간 중 그 사업을 계속할 수 없는 사정이 생기는 경우 신속히 그 시행사로서의 지위를 다른 계약 당사자(보통은 시공회사)가 이전받아 당해 프로젝트가 계속되도록 하여 수분양자 및 대출금융기

26) 원고 측 주장.

관의 피해를 최소화하도록 하는 것이 보통이다. 이러한 사업약정서는 프로젝트 파이낸싱 방식에 의한 사업을 하는 경우 거의 예외 없이 체결되고 있는 실정이다.

그러나 위와 같은 사업약정서에 기재된 "사업시행권"은 법률상 명시되어 있는 용어가 아니고 프로젝트 파이낸싱 방식의 사업을 수행하는 당사자들 사이에 일반적으로 통용되는 말에 불과하며, 굳이 해석한다면 "어떤 특정 파이낸싱 사업을 위하여 체결한 사업약정에 따라 일정한 업무를 수행함으로써 이익을 실현할 수 있는 시행사의 지위" 정도라고 볼 수 있는 것이고, 이와 같이 관념적이고 추상적인 "사업시행권"의 실질적 내용을 파악하기 위해서는 당해 사업약정에서 정하고 있는 계약조건의 구체적 내용을 분석, 종합하여야 한다.

즉, 이 사건 사업약정을 통하여 관련 당사자들은 이 사건 프로젝트를 위한 사업공동체를 구성하게 되며, 이러한 사업공동체는 이른바 '컨소시엄'(consortium : 건설 공사 따위의 수주에서 여러 기업체가 공동으로 참여하는 방식)의 형태를 띠는 것으로 민법상 조합계약의 법적 성격을 가진다고 할 수 있는데, 사업 시행자로서의 지위를 가지고 각종 업무를 수행할 권리를 가지게 된다. 따라서 이 사건 사업약정의 당사자로서 가지는 이른바 "사업시행권"이라는 것의 실체는 "사업 시행에 따른 이익을 취할 계약상의 지위와 그 이익을 실현하는 데 필요한 제반 재산권"이다.

2) "사업시행권" 양도의 조세법적 취급

이러한 사업시행권의 양도 속에는 고용관계가 이전대상에 포함되어 있지 않다. 물적 시설뿐만 아니라 인적 조직의 승계가 사업양도의 필수적인 구성요소임에 비추어볼 때, 이 점만으로도 이 사건 거래는 사업양도가 될 수 없다.

부가가치세는 사업장마다 독립적으로 매출세액과 매입세액을 산정하여 납부하여야 하는 '사업장별 과세원칙'의 지배를 받고, 여기서 말하는 사업장은 사업자 또는 사용인이 상시 주재하여 거래의 전부 또는 일부를 행하는 장소를 의미하는데, 보통의 프로젝트 파이낸싱 신축공사현장 자체는 독립된 사업단위가 아니라 사업상 지배하는 특정 시설물의 존재 장소에 불과하므로 "사업시행권"은 어떤 한 회사의 여러 프로젝트의 하나에 불과할 뿐 경영주체와 분리되어 사회적으로 독립성을 인정받을 수 있는 것이 아니다.

따라서 "사업시행권"이라는 것의 실체는 "사업 시행에 따른 이익을 취할 계약상의 지위와 그 이익을 실현하는 데 필요한 제반 재산권"에 불과할 뿐이므로, 그 계약상의 지위와 계약상의 지위에서 이익을 실현하는 데 필요한 제반 재산권만으로는 경영주체와 분리되어 사회적으로 독립성을 인정받을 수 있는 "인적·물적 시설의 유기적 결합체로서의 사업"이라고 할 수 없는 것이며, 따라서 그 양도는 사업양도가 아니라 단순히 개별 재화의 공급에 해당될 뿐이다.

3) 위 사안의 적용[27)]

① 원고가 영진건영, 에스제이로부터 양수한 것은 사업 시행자로서의 지위와 건축공사의 기반이 되는 사업부지 및 관련 건축물의 소유권과 그로부터 파생되는 각종 권리, 의무 등의 물적 요소에 한정되고, 나아가 이와 결합하여 하나의 유기체로서 인정받기 위한 인적 요소의 양수에 대하여는 이 사건 양도계약상 별다른 언급이 없는 점,

② 수분양자들이 영진건영과 체결한 분양계약을 원고가 승계하였으나 그 중 일부 수분양자들의 경우 사업 시행자 변경을 이유로 계약 해지를 통보하여 원고가 중도금 등을 반환하였을 분 아니라, 원고는 에스비제이로부터 분양대행업무를 승계하지 않고 주식회사 강경엔지니어링과 새로이 분양대행용역계약을 체결한 점,

③ 부가가치세는 사업장마다 신고·납부하여야 하고, 여기서 사업장이란 "사업자 또는 그 사용인이 상시 주재하여 거래의 전부 또는 일부를 행

27) 서울고등법원 2006. 10. 18. 선고, 2005누27491 판결.

하는 장소"를 의미하는바, 영진건영과 같은 건설업을 운영하는 법인의 경우 법인의 등기부상 소재지(지점소재지를 포함한다)를 그 사업장으로 하는데 (부가세법 시행령 제 4 조 제 1 항 제 3 호), 쟁점사업의 복합상가에 대하여는 별도의 등기가 마쳐지지 아니하여 과세대상으로서의 사업장이 존재하지 아니하므로 이를 하나의 독립된 사업단위로 보기 어려운 점 등의 제반사정을 종합하여 보면, 이 사건 양도는 부가세법상의 독립적이고도 유기적인 사업의 양도에 해당한다고 보기 어렵다.

(3) 부가세법상의 '사업의 양도'로 볼 수 있다는 견해

1) 프로젝트 파이낸싱 사업약정에 따른 "사업시행권"의 조세법상 취급

원칙적으로 '프로젝트 파이낸싱 사업'을 영위하기 위해서 공동사업자가 자신들의 소유한 기업과는 법적·경제적으로 독립한 특수법인을 설립하여 별개의 사업으로 추진하고 해당 프로젝트의 현금흐름이 사업주가 소유한 다른 모기업의 대차대조표에 나타나지 않는 등으로 독립된 사업이라고 보는 것은 당연한 것이다. 이는 독립한 특수법인을 설립하지 않았다고 하여 달리 볼 수는 없다고 본다.

따라서 '프로젝트 파이낸싱 사업'의 양도는 그 성격상 특정 재화나 용역의 개별적 공급이라고 보기보다는 전체로서 평가하여 사업자의 지위를 그대로 승계시킨다고 봄이 타당하고 개개의 공급을 과세요건으로 하는 부가가치세의 과세대상으로 하기에는 부적당한 것이므로 부가세법상 과세를 하지 않는 '사업의 양도'에 당연히 포함되는 것이다.

2) 위 사안의 적용[28]

① 사업약정 내용상 일정한 사유가 발생한 경우 시공회사가 쟁점사업

28) 서울행정법원 2005. 10. 28. 선고, 2005구합5994 판결 ; 서울고등법원 2009. 7. 10. 선고, 2009누630 판결.

에 관련된 시행사의 권리의무 전체를 포괄적으로 승계하여 쟁점사업의 시행자로서 사업을 영위할 수 있도록 예정하고 있는 점,

② 실제로 원고는 사업약정에 따라 영진건영, 그 동업자인 에스제이, 대출금융기관인 효선캐피탈과 사이에 쟁점사업에 대한 사업시행권 등 일체의 권리의무를 양수하는 취지의 이 사건 양도계약을 체결한 점,

③ 위 양도계약상 양도대상으로는, ⅰ) 사업부지상의 건축허가권을 포함한 시행권, ⅱ) 건축주의 지위 및 설계변경 인허가권, ⅲ) 수분양자들에 대한 분양자로서의 지위, ⅳ) 양도대금 내역 중 효선캐피탈에 대한 대출 원리금을 인수하여 이를 상환, ⅴ) 지상 및 지하를 포함하여 진행 중인 공사부분 등, ⅵ) 신탁회사에 담보 신탁한 사업부지 확보 등 쟁점사업에 관련한 모든 권리의무가 포함되어 이를 포괄적으로 양수하여 이 사건 사업을 계속하여 실시한 점에 비추어 보면,

비록 영진건영과 에스제이가 공동으로 시행하던 위 사업은 위 두 회사가 공동출자로 설립한 조합(SPC)이 위 사업을 영위한 것이므로 원칙적으로 사업체의 인격에 따라 법인 또는 개인으로 사업자등록을 하여야 함에도 이를 이행하지 아니하였다고 하여 독립된 사업이 아니라고 할 수 없는 것이다.

(4) 소 결[29)]

① 원고가 수분양자들의 계약 해지에 따라 중도금 등을 반환하였다는 점은 원고가 영진건영이 체결한 분양계약상의 권리·의무를 승계하였기 때문이므로 이는 오히려 이 사건 양도가 사업의 양도임을 나타내는 사정에 해당하고,

② 원고가 에스제이로부터 분양 대행업무를 승계하지 않았다는 점은 이 사건 사업의 공동사업자로서의 에스제이의 업무와 그로부터 분양 대행

29) 대법원 2008. 12. 24. 선고, 2006두17895 판결.

권을 위임받은 별도 사업자로서의 에스비제이의 업무가 분리된 것임을 간과한 것이다. 즉, 분양 대행권은 공동사업 시행자로서의 업무에 포함되는 것이 아니다.

한편 영진건영은 토목공사업 등을 영위하는 법인으로서 서울에 본사를 둔 채 부산에서 쟁점사업을 시행하였는데, 시공회사, 신탁회사, 금융기관 등과 사업약정을 체결하여 업무를 분담하는 방식으로 진행하였으므로 고용의 승계가 사업양도에 있어서 특별한 의미를 가진다고 볼 수 없을 뿐만 아니라, 사업양도 여부를 사업장별로 판단하여야 하는 이상 쟁점사업 자체를 기준으로 사업장 여부를 판단할 때 쟁점사업과 관련된 권리의무가 일체로서 원고에게 양도된 것으로 볼 수 있는 점 등을 종합하여 보면, 이 사건 양도계약 당시 고용승계가 이루어지지 않았다거나 분양대행사가 변경되고 일부 수분양자들과 사이에 계약 해지가 있었다고 하더라도, 이 사건 양도계약을 통하여 원고는 쟁점사업과 관련한 영진건영의 사업 자체를 동일성을 유지하면서 포괄적으로 양수하였다고 봄이 타당하다 할 것이다.

(5) 관련 판례

1) 대법원 2004. 12. 10. 선고, 2004두10593 판결

거래 상대방이 과세유형을 달리하는 간이과세자인 경우에는 사업의 동일성을 유지하면서 경영주체만을 교체시키는 사업의 포괄적 양도에 해당하지 아니하므로 위 시행령 제17조 제 2 항은 이를 비과세대상인 사업의 양도에서 제외한다고 규정한 것으로 보아야 하고, 과세기간 종료일을 기준으로 양수인이 간이과세자에 해당하는 한 위 규정은 적용되는 것으로 해석된다고 한 사례.

2) 대법원 1999. 5. 14. 선고, 97누12082 판결

건물 신축 · 분양업의 공동사업자가 미분양 부분을 각자의 지분에 따라 단독 소유로 이전한 경우, 그 실질에 있어 동업관계 해체를 위한 출자지분

의 현물반환에 불과하다는 이유로 부가세법상 재화의 공급으로 보지 아니하는 사업의 양도에 해당하지 않는다고 한 사례.

3) 서울행정법원 1999. 4. 30. 선고, 98구9294 판결

리스계약, 즉 시설대여회사(리스회사)가 대여시설 이용자(리스이용자)로부터 리스료를 지급받고 계약기간 중 리스이용자에게 리스자산을 사용할 수 있는 권리를 양도하는 계약을 둘러싼 조세관계를 직접적으로 규정하고 있는 개별 세법상의 규정은 찾아 볼 수 없으나, 국세기본법 제20조, 구 법인세법(1996. 12. 30. 법률 제5193호로 개정되기 전의 것) 제17조 제3항, 같은 법 시행령(1998. 12. 31. 법률 제15970호로 전문 개정되기 전의 것) 제37조의 2 제2항, 같은 법 시행규칙(1999. 5. 24. 재정경제부령 제86호로 전문 개정되기 전의 것) 제15조의 3 제1항을 종합하면, 리스계약을 둘러싼 조세법률관계는 증권관리위원회가 제정한 리스회계처리기준이 정하는 바에 따라 규율된다고 할 것인바, 위 기준에 따른 회계처리에 있어서, 운용리스의 경우에는 임대인(리스회사)은 리스료를 익금에 산입하고, 임차인(리스이용자)은 리스료를 손금에 산입함에 비하여, 금융리스의 경우에는 임대인은 리스물건의 가액상당을 대여한 것으로 보아 리스료수입 중 이자상당액을 익금에 산입하며, 임차인은 리스회사로부터 리스물건 가액 상당을 차입하여 당해 리스물건을 구입한 것으로 보아 자신의 소유자산과 동일한 방법으로 감가상각한 감가상각비와 리스료 중 차입금에 대한 이자상당액을 손금에 산입하도록 하고 있으므로, 이러한 회계처리방법에 비추어 보면, 사업자가 금융리스의 방법으로 인쇄기계의 부품을 수입한 다음 이를 조립하는 과정을 거쳐 완성품으로 만든 인쇄기계를 실수요자에게 인도한 것은, 비록 그 거래의 외형이 리스이용자 변경계약에 의하여 이루어졌다고 하더라도, 이는 부가가치세의 과세대상이 되는 재화의 공급에 해당한다고 보아야 한다고 본 사례.

4) 대법원 1998. 3. 27. 선고, 97누3224 판결

개인사업체를 법인으로 전환하면서 개인사업체의 사업용 재산을 비롯

한 물적·인적 시설 및 권리의무를 포괄적으로 양도하여 사업의 동일성이 유지되면서 경영주체만이 승계된 경우 이는 부가가치세의 비과세대상인 사업의 양도로 보아야 하는바, 위 개인사업체가 현물출자대상에서 재고자산 중 일부를 제외하고 그 처분을 위하여 1년가량 종전의 사업을 계속하였다고 하더라도 이는 실질적으로 종전 사업을 폐업하기로 하면서 은행에 대한 대출금채무 상환이라는 잔존사무를 정리하기 위하여 불가피하게 취하여진 조치에 불과하다면, 위와 같은 사유는 개인사업체가 위 법인에게 위와 같이 재화를 현물출자 형식으로 양도한 것이 사업의 양도에 해당한다고 보는 데 장애가 되지 아니한다고 본 사례.

5) 대구고등법원 1997. 1. 23. 선고, 96구1802 판결

재고재화를 제외한 회사의 일체의 인적·물적 시설을 설립 중인 회사에 양도한 사안에서, 제품 재고재화가 양도대상에서 제외되었다 하더라도 그 설립 중인 회사 사업의 동일성을 유지하면서 사업을 계속하는 데 아무런 지장이 없는 점, 그 재고재화 상당액이 양도 당시 당해 연도 분기분 매출액의 약 6%이고, 현물출자액의 약 8%에 불과한 점, 물적·인적 시설을 그 설립 중인 회사에 한꺼번에 포괄적으로 양도하였고, 종전 회사의 사업주 자신도 설립 중인 회사의 대표이사로 취임한 점, 종전 회사나 설립 중인 회사의 업태·종목 등 사업의 종류 및 사업장 소재지 등이 모두 동일한 점, 위 사업주가 양도 후 양도대상에 제외한 재고재화의 매출에 상당하는 부가가치세예정 및 확정신고를 함으로써 그 재고재화에 대한 부가가치세 과세가 누락될 염려가 없게 된 점, 양도시 재고재화를 제외한 동기·경위 등에 비추어, 그 양도 행위는 사업용 재산을 비롯한 물적·인적 시설 및 권리의무 등을 포괄적으로 양도하여 사업의 동일성을 유지하면서 경영주체만을 승계시킨 부가가치세 비과세 경우에 해당한다고 본 사례.

6) 대법원 1990. 5. 22. 선고, 90누2376 판결

원고가 자기 소유의 일반호텔을 증축하여 관광호텔을 경영하려고 제주

지사로부터 △△관광호텔이라는 상호로 관광숙박업을 경영하겠다는 사업계획의 승인을 받고 증축공사를 진행하다가 소외 회사에게 관광숙박업사업자 명의와 함께 증축 중인 건물을 일괄하여 양도하고 소외 회사가 그 사업자 명의를 변경하여 같은 상호로 관광숙박업을 경영하고 있다면 이는 원고가 준비 중이던 자신의 관광숙박사업을 양도한 것이라 할 것이어서 부가가치세의 과세대상이 되지 않고 건물부지와 주차시설이 양도의 대상에서 제외되었더라도 이는 원고가 하던 영업의 잔존 재화는 아니라고 할 것이어서 부가가치세의 과세대상이 되지 않는다고 본 사례.

5. 결　론

영진건영과 에스제이가 시행한 쟁점사업은 각 회사가 별개로 진행하는 사업과 분리하여 독립된 사업으로 진행하기 위하여 공동출자에 의한 별개의 인격(조합)을 만들어서 시행한 것이라는 원고의 주장에는 이견이 없다.

하지만 사업자등록 및 별도의 등기를 했어야 하는 이 상황을 근거로 '프로젝트 파이낸싱 사업'이 독립된 사업이 아니라는 주장의 근거로 삼은 것은 타당하지 않다고 본다.

따라서 부가가치세 과세단위로서의 사업장은 대한 등기 여부와 관계없이 사업과 관련된 업무를 총괄한 장소가 사업장이 된다고 판시한 이 사건 판결은 인적승계와 마찬가지로 등기나 사업자 등록이 포괄적이고 독립적인 사업의 양도인지 여부를 판단하는 절대적인 기준이 아님을 확인하였다는 데에 그 의의가 있다고 판단된다.

서울고등검찰청 송무부

검찰
PROSECUTION SERVICE

사행성 게임장 사업자의 과세표준에 대한 대법원 판례 평석

(대법원 2008. 9. 25. 선고, 2008두11211 판결)

1. 판결요지

구 부가가치세법(2006. 12. 30. 법률 제8142호로 개정되기 전의 것, 이하 '부가세법'이라 한다) 제 1 조는 제 1 항 제 1 호에서 '재화 또는 용역의 공급'을 부가가치세의 과세대상으로 규정하면서 그 제 3 항에서 용역이라 함은 '재화 이외의 재산적 가치가 있는 모든 역무 및 기타 행위'를 말한다고 규정하고 있고, 법 제13조 제 1 항은 '재화 또는 용역의 공급에 대한 부가가치세의 과세표준은 다음 각 호의 가액의 합계액(공급가액)으로 한다'고 규정하면서 그 제 1 호에서 '금전으로 대가를 받는 경우에는 그 대가'를 규정하는 반면, 제 3 항은 '재화 또는 용역을 공급한 후의 그 공급가액에 대한 할인액 · 대손금 · 장려금과 이와 유사한 금액은 과세표준에서 공제하지 아니한다'고 규정하고 있다.

위 각 규정의 내용 및 취지, 전단계세액공제방식을 채택하고 있는 우리나라의 부가가치세는 소득세 · 법인세와 달리 실질적인 소득이 아닌 형식적인 거래의 외형에 대하여 부과하는 거래세의 형태를 띠고 있어 비용공제의 개념이 없고, 사업자의 손익 여부와 무관하게 부과되는 점, 상품권을 경품으로 제공하는 게임장에서 게임업자가 게임기 이용자에게 제공하는 것은 게임기 이용이라는 용역뿐이고, 상품권은 게임기 이용 후 게임기 이용자별로 게임의 우연한 결과에 따라 부수적으로 제공되는 경품으로서 법 제13조 제3항 소정의 장려금[1]적 성격이 있다고 볼 여지가 있는 점, 구 게임제공업소의 경품취급기준(2006. 11. 1. 문화관광부고시 제2006－24호로 변경되기 전의 것)은 게임업자가 경품을 쉽게 현금화하는 것을 엄격히 제한하고 있어 사실상 환가가 보장되더라도 상품권을 현금과 동일시할 수 없는 점 및 게임업자로서는 스스로 부가가치세가 부과되지 않는 상품권을 구입하여 경품으로 제공한 결과로 그 매입세액을 공제받지 못하는 것인 점 등을 종합하여 고려하면, 상품권을 경품으로 제공하는 게임장에서의 부가가치세 과세표준을 산정함에 있어 게임기 이용자들이 게임기에 투입한 총금액에서 게임업자가 게임기 이용자들에게 경품으로 제공한 상품권의 액면가액 또는 그 취득가액을 공제할 수는 없다고 봄이 타당하다.[2]

같은 취지에서 원심이 그 판시와 같은 사실을 인정한 다음, 원고가 이 사건 게임장에서 게임기 이용자들에게 공급하는 것은 게임기 이용이라는 용역일 뿐 상품권이라는 재화가 포함되었다고 볼 수 없고, 이 사건 게임장

1) 판매 장려금의 요건으로는, ① 판매의 장려를 위하여 지출한 것일 것, ② 거래수량이나 거래금액에 따라 또는 거래처의 영업지역의 특수 사정, 협력 정도 등을 감안하여 지출한 것일 것, ③ 상대방 사업자 그 자체에 대한 교부일 것, ④ 금전 또는 사업용 자산의 교부일 것 등을 들 수 있다. 위 ①의 요건은 금품의 교부가 구매 장려의 의미 또는 거래처의 판매 강화를 위한 경비보조나 수입보전의 의미를 가져야 한다는 뜻이다. 그리고 위 ②의 요건 중 '거래처의 영업지역의 특수사정을 감안하여 지출한다'는 것은, 특정지역의 시장점유율을 높인다든지, 판로를 개척한다든지, 신상품을 특별판매하기 위하여 관련 거래처에 대하여 특별하거나 할증된 장려금을 지급한다는 의미이며, '거래처의 협력 정도를 감안하여 지출한다'는 것은, 판매정책이나 매출대금 회수 등에 협조적인 거래처에 대하여 다른 거래처의 경우보다 많은 장려금을 지급한다는 의미이다 : 서울행정법원 2002. 6. 14. 선고, 2000구42263 판결 참조.

2) 대법원 2008. 4. 10. 선고, 2007도9689 판결.

의 부가가치세 과세표준을 산정함에 있어 원고가 게임기 이용자들에게 제공한 상품권의 액면가액을 공제하지 않는 것이 타당하다고 판단한 것은 앞서 본 법리에 비추어 정당하다.

2. 사건의 개요

(1) 사실관계[3]

원고는 성인용 릴게임기를 설치하여 구 음반및비디오물에관한법률에 의한 일반게임장을 영위하는 사업자로 자신이 운영하는 사업장의 부가가치세를 신고함에 있어서 게임기 이용자의 현금투입액에서 경품으로 지급한 상품권 금액을 차감한 가액을 과세표준으로 하여 부가가치세 신고를 하였다. 과세처분청은 원고에 대한 세무조사를 실시하여 상품권 매입가액을 배당률로 나눈 금액을 매출액으로 산정하고 사업장 이용자들이 게임기에 투입한 금액 전액을 부가가치세 과세대상이 되는 수입금액으로 하여 원고에게 부가가치세를 경정・고지하였다. 원고는 이에 불복하여 소정의 절차를 거쳐 부가가치세 부과처분 취소청구의 소를 제기하였으나 기각당하자 상고하였다.

(2) 사안정리[4]

(1) 바다이야기 등 게임장 업주들에 대하여 부가가치세 과세표준(공급가액)을 게임기 총투입금액으로 보아 부가가치세 부과처분을 하였다.

○ 과세표준을 게임장업자들의 폐업, 장부 은닉 등으로 조사 당시 확인한 배당률(95%~105%)을 기준으로 게임기 총투입금액(과표) 추계

---

3) 김두형, “사행성 게임장 사업자의 부가가치세 과세표준”, 법률신문, 2008. 12. 4.

4) 김태영(조사관, 서울지방국세청 법무2과), “게임장 관련 부가가치세 취소소송(서울고등법원 2008. 5. 29. 선고, 2008누541 판결)”, 준비서면.

※ 게임기 총투입금액(과표) = (상품권지급액/상품권배당률) ÷ 1.1

※ 상품권배당률이란 전체 게임기상에서 상품권을 지급받을 수 있는 점수가 나올 수 있는 확률을 말한다. 가령 전체 게임기에 투입된 현금의 액수가 1,000,000원이라고 가정하고 상품권배당률이 95%라고 한다면, 950,000원에 해당하는 점수를 취득할 수 있음을 말한다. 이때 상품권이 1장당 5,000원이라면 190장 정도를 배출할 수 있을 것이다. 하지만 취득점수가 5,000원에 해당하는 정도의 포인트가 쌓여야지만 상품권을 게임기로부터 배출받을 수 있기 때문에 실제 총게임기에서 배출되는 상품권의 수는 이보다 작을 것이다.

(2) 게임장 업주들은 고객이 게임기에 투입한 금액에서 게임 결과에 따라 고객에게 경품으로 지급한 상품권 가액을 공제한 금액을 공급가액으로 보아야 한다는 취지로 행정소송을 제기하였다.

(3) 국가 측의 계산방식

이용자	투입금액	상품권	부가가치세
A	100,000	60,000	10,000
B	500,000	0	50,000
C	200,000	400,000	20,000
D	200,000	120,000	20,000
E	600,000	0	60,000
F	50,000	900,000	5,000
G	350,000	420,000	35,000
합계	2,000,000	1,900,000	2,000,000(총매출액)

○ 이용자들로부터 게임용역 이용대가에 대한 부가가치세를 각각 거래징수하여야 함.

○ 따라서 개별 이용자들로부터 징수한 부가가치세 합계액은 200,000원임(매출세액).

(4) 원고의 계산방식

○ 이용자들로부터 개별적으로 부가가치세를 징수하여 매출세액을 파악하지 않고 전체 합계액을 과세표준으로 삼아 매출세액을 계산함.

○ 과세표준 : 2,000,000 − 1,900,000 = 100,000

○ 부가가치세 매출세액 : 100,000 × 10% = 10,000원

(3) 행정소송 계류 현황

(1) 행정소송 확정 현황 : 113건, 1045억 원(2008년~2009년 10월말 현재 서울지방국세청 관할) : 국가승소

(단위 : 건, 억 원)

구 분	합계		1심		2심		3심	
	건수	금액	건수	금액	건수	금액	건수	금액
전 체	113	1,045	25	192	48	384	40	469

(2) 행정소송 계류현황 : 6건, 29억 원(2009년 11월 현재 서울지방국세청 관할)

(단위 : 건, 억 원)

구 분	합계		1심		2심		3심	
	건수	금액	건수	금액	건수	금액	건수	금액
전 체	6	29	1	6	5	23	0	0

3. 관련법령

❍ **구 부가가치세법**(2006. 12. 30. 법률 제8142호로 개정되기 전의 것, 이하 '부가세법'이라 한다)

제 1 조 【과세대상】

①부가가치세는 다음 각 호의 거래에 대하여 부과한다.

1. 재화 또는 용역의 공급

2. 재화의 수입

②제 1 항에서 재화라 함은 재산적 가치가 있는 모든 유체물과 무체물을 말한다.

③제 1 항에서 용역이라 함은 재화 이외의 재산적 가치가 있는 모든 역무 및 기타 행위를 말한다.

④주된 거래인 재화의 공급에 필수적으로 부수되는 재화 또는 용역의 공급은 주된 거래인 재화의 공급에 포함되고 주된 거래인 용역의 공급에 필수적으로 부수되는 재화 또는 용역의 공급은 주된 거래인 용역의 공급에 포함되는 것으로 본다.

⑤제 1 항의 재화와 용역의 범위에 관하여 필요한 사항은 대통령령으로 정한다.

제 6 조 【재화의 공급】

①재화의 공급은 계약상 또는 법률상의 모든 원인에 의하여 재화를 인도 또는 양도하는 것으로 한다.

제 7 조 【용역의 공급】

①용역의 공급은 계약상 또는 법률상의 모든 원인에 의하여 역무를 제공하거나 재화·시설물 또는 권리를 사용하게 하는 것으로 한다.

제 9 조 【거래시기】

①재화가 공급되는 시기는 다음 각 호에 규정하는 때로 한다.

1. 재화의 이동이 필요한 경우에는 재화가 인도되는 때
2. 재화의 이동이 필요하지 아니한 경우에는 재화가 이용 가능하게 되는 때
3. 제 1 호와 제 2 호의 규정을 적용할 수 없는 경우에는 재화의 공급이 확정되는 때

②용역이 공급되는 시기는 역무가 제공되거나 재화·시설물 또는 권리가 사용되는 때로 한다.

제13조 【과세표준】

①재화 또는 용역의 공급에 대한 부가가치세의 과세표준은 다음 각 호의 가액의 합계액(이하 "공급가액"이라 한다)으로 한다. 다만, 부가가치세는 포함하지 아니한다.

1. 금전으로 대가를 받는 경우에는 그 대가
2. 금전 이외의 대가를 받는 경우에는 자기가 공급한 재화 또는 용역의 시가
3. 재화의 공급에 대하여 부당하게 낮은 대가를 받거나 대가를 받지 아니하는 경

우에는 자기가 공급한 재화의 시가

3의 2. 용역의 공급에 대하여 부당하게 낮은 대가를 받는 경우에는 자기가 공급한 용역의 시가

4. 폐업하는 경우의 재고재화에 대하여는 시가

②다음 각 호의 금액은 과세표준에 포함하지 아니한다.

1. 에누리액
2. 환입된 재화의 가액
3. 공급받는 자에게 도달하기 전에 파손·훼손 또는 멸실된 재화의 가액
4. 국고보조금과 공공보조금
5. 공급대가의 지급지연으로 인하여 지급받는 이자로서 대통령령이 정하는 연체이자
6. 재화 또는 용역을 공급한 후의 그 공급가액에 대한 할인액으로서 대통령령이 정하는 할인액

③재화 또는 용역을 공급한 후의 그 공급가액에 대한 대손금(貸損金)·장려금과 이와 유사한 금액은 과세표준에서 공제하지 아니한다.

④재화의 수입에 대한 부가가치세의 과세표준은 관세의 과세가격과 관세·개별소비세·주세·교육세·농어촌특별세 및 교통·에너지·환경세의 합계액으로 한다.

⑤제 1 항부터 제 4 항까지 외에 과세표준의 계산에 관하여 필요한 사항은 대통령령으로 정한다.

❍ **구 부가가치세법 시행령**(2006. 7. 21. 시행령 제19619호로 개정되기 전의 것, 이하 '부가세법 시행령'이라 한다)

제 1 조 【재화의 범위】

①「부가가치세법」(이하 "법"이라 한다) 제 1 조 제 2 항에 규정하는 유체물에는 상품·제품·원료·기계·건물과 기타 모든 유형적 물건을 포함한다.

제 2 조 【용역의 범위】

①법 제 1 조 제 3 항에 규정하는 용역은 다음 각 호의 사업에 해당하는 모든 역무 및 그 밖의 행위로 한다.

11. 오락, 문화 및 운동관련 서비스업

제48조 【과세표준의 계산】

①법 제13조 제 1 항에 규정하는 과세표준에는 거래상대자로부터 받은 대금·요금·수수료 기타 명목 여하에 불구하고 대가관계에 있는 모든 금전적 가치 있는 것을 포함한다.

○ **구 음반및비디오물에관한법률**(2006. 4. 28. 법률 제7943호로 2006. 10. 29.부터 폐지되기 전의 것. 이하 '구 음비법'이라 한다)

제 2 조 【정의】

이 법에서 사용하는 용어의 정의는 다음과 같다.

3. "게임물"이라 함은 컴퓨터프로그램 등 정보처리 기술이나 기계장치를 이용하여 오락을 할 수 있게 하거나 이에 부수하여 여가선용, 학습 및 운동효과 등을 높일 수 있도록 제작된 영상물 및 기기를 말한다. 다만, 다음 각목의 1에 해당하는 것을 제외한다.
   가. 다른 법령의 규정에 의한 규율대상이 되는 것
   나. 게임물과 게임물이 아닌 것이 혼재되어 있는 것으로서 문화관광부장관이 게임물로 규율할 필요가 없는 것으로 인정하여 고시하는 것
9. "게임제공업"이라 함은 공중이 게임물을 이용할 수 있도록 이를 제공하는 다음 각목의 1에 해당하는 영업을 말한다. 다만, 사행행위등규제및처벌특례법에 의한 사행기구를 갖추어 사행행위를 하는 경우와 관광진흥법에 의한 카지노업을 하는 경우를 제외하며, 게임물과 관계없는 다른 영업을 경영하면서 고객의 유치 또는 광고 등을 목적으로 당해 영업소의 고객이 게임물을 이용할 수 있도록 하는 경우에 있어서 대통령령이 정하는 게임물의 종류 및 방법 등에 해당하는 경우를 제외한다.
   가. 청소년 게임장업 : 전체이용가 게임물만을 설치하여 공중의 이용에 제공하는 영업
   나. 일반 게임장업 : 전체이용가 게임물과 18세 이용가 게임물을 구분·설치하여 공중의 이용에 제공하는 영업

제32조 【유통관련업자의 준수사항】

제 2 조 제 8 호 내지 제12호의 규정에 의한 영업(복합유통·제공업의 경우에는 제 8 호 내지 제11호에 해당하는 영업이 포함된 영업에 한한다)을 영위하는 자(이

하 "유통관련업자"라 한다)는 다음 각 호의 사항을 지켜야 한다.<개정 2004.1.29, 시행일 2004.5.29>

1. 영업소 안에 화재 또는 안전사고 예방을 위한 조치를 할 것
2. 게임제공업자는 게임물을 이용하여 도박 그 밖의 사행행위를 하게 하거나 이를 하도록 내버려 두지 아니할 것
3. 게임제공업자는 사행성을 조장하거나 청소년에게 해로운 영향을 미칠 수 있는 다음 각목에 해당하는 경품제공행위를 하지 아니할 것
   가. 문화관광부장관이 정하여 고시하는 종류 외의 경품을 제공하는 행위
   나. 문화관광부장관이 정하여 고시하는 방법에 의하지 아니하고 경품을 제공하는 행위

4. 평 석

가. 위 판결의 쟁점[5), 6)]

게임장 사업은 고객들로 하여금 게임기 등이 설치된 일정한 물리적 장소에 입장하여 그곳에 설치된 다수의 게임기를 이용하여 게임을 할 수 있게 하는 사업이다. 게임기에 투입된 현금액을 게임장 이용에 대한 대가로 파악할 수 있으므로 부가가치세 과세표준 산정에 있어서 특별한 문제가 없다. 그런데 상당수 게임장이 과당경쟁을 하면서 운영자의 승률조작 또는 고배당 연타기능 등 실질적으로는 사행성 있는 게임물을 제공하고 있는바, 이러한 사업자의 경우 게임장에 설치된 게임기의 이용대가에 대한 부가가치세 과세표준 산정시 총투입금액에서 상품권 지급액 상당액을 차감하여야 하는지 여부가 문제된다.

---

5) 김두형, 전게논문.

6) 김태영, 전게서면.

또한 이 판결에 대하여 공제 여부에 관한 학자들의 견해가 첨예하게 대립하고 있고 일본의 소비세 관련 분야에 비슷한 판결이 있으므로 위 의견들을 소개한 후, 일본의 판례를 검토해 보도록 하겠다.

상품권 지급액이 게임장 영업의 부가가치세 과세표준에서 공제되는지 여부

원고 측 주장	피고 측 주장
• 게임장 영업은 게임용역 공급과 상품권 공급의 이원 거래로 구성 • 게임용역은 과세대상이나 상품권 공급은 면세대상으로 게임용역만 부가가치 창출	• 게임장 영업은 게임용역 공급거래로 일원 거래 • 게임용역은 부가세법 시행령 제2조 오락서비스업으로서 과세대상 • 상품권은 게임기 이용의 우연적인 결과에 따라 지급되는 경품(장려금)에 불과

※ 관련규정 : 부가가치세법 제1조(과세대상), 제13조(과세표준)

나. 대법원 판례를 비판하는 견해[7), 8)]

게임장은 오락용역을 제공하는 사업이 아니라 이용자들 사이에 부의 재분배가 일어나도록 장소와 수단을 제공하는 사업이므로 부가가치세 과세표준인 게임기 이용의 대가는 이용자들이 게임기에 투입하는 금액에서, 사전에 확정된 평균배당률에 따라 이용자들이 수취하게 될 상품권의 가액을 차감한 금액이 되어야 한다.

상품권은 게임기 이용과정에서 배출되고, 이용자가 받는 상품권의 가액은 게임기 이용액(투입액)에 비례하는 것이 아니라 우연히 결정되며 경우에 따라서는 게임기 투입금액보다 더 많은 상품권이 배출될 수 있고, 게임기 이용자는 상품권을 얻을 목적으로 게임을 하므로, 이용자가 받는 상품권을 장려금으로 볼 수는 없는 것이어서 게임장 사업자를 오락용역의 제공

---

7) 김두형, 전게논문.

8) 조성훈, "사행성 게임장 사업자의 부가가치세 과세표준", 법률신문(2008. 12. 15.).

자로 보고 이용자가 받는 상품권을 오락용역 제공시 우연히 부수적으로 제공되는 경품으로 보아 원고의 상고를 기각한 대법원의 판결은 잘못된 것이라는 견해이다.

다. 대법원 판례를 찬성하는 견해[9]

일반게임장업자가 불법적으로 사행업을 영위한 경우에도 그가 공급하는 용역은 게임기의 제공이다. 부가가치세는 게임기 이용 제공이라는 거래에 대해 과세되는 것이다. 게임기 이용 제공의 결과 이용자가 돈을 땄는지 잃었는지 여부는 부가가치세 과세요건이 되지 않는다. 경제적 결과를 따져서 그것을 도박 기회의 제공이라 보더라도 용역 제공의 실질은 게임기 이용기회의 제공이다. 거래행위와 거래행위의 결과는 구분되어야 한다. 부가가치세는 거래행위에 과세되는 것이지 그 경제적 결과에 과세되는 것은 아니다. 게임을 한 판 하는 데 500원을 내야 한다면 500원이 기계 이용의 대가인 것이다. 게임기 이용의 결과가 게임기 이용의 대가에 영향을 미칠 수는 없다.

게임업자가 제공하는 용역의 실질이 도박 기회의 제공이라고 가정하더라도 마찬가지다. 형식은 게임기의 제공이나 실질은 도박 기회의 제공이므로 실질과세원칙에 따라 도박 기회의 제공에 대해 과세해야 한다고 말할 수 없기 때문이다. 실질과세원칙은 조세의 형평성을 위해 형식보다는 실질에 의해 과세하는 것이다. 즉, 조세의 형평성을 위해 조세법의 과세요건 사실을 가장 적절하게 해석한다는 것이다. 법률을 위반하여 징역형에 처해질 수 있는 행위를 한 사업자에게 실질대로 과세하여 세액을 줄여준다면, 이는 일반 게임장업을 합법적으로 영위한 사업자들을 우롱하는 것이 된다. 실질에 의한 과세가 조세의 형평성을 개선하는 것이 아니라 침해하는 경우

9) 조성훈, 전게논문.

에 실질과세원칙을 적용할 수는 없는 것이어서 이 사건 대법원 판결은 정당하다는 견해이다.

라. 일본 판례 소개

(1) 우리나라 부가세법과 일본 소비세법 비교[10)]

구 분	부가세법(한국)	소비세법(일본)
과세대상	• 재화 또는 용역의 공급 • 재화의 수입	과세자산의 양도 등* * 자산의 양도 등이란 사업대가로 얻어 행해지는 자산의 양도, 대출 및 역무의 제공
세 율	10%	5% [소비세 4% + 지방소비세(소비세의 25%)]
과세표준	대가관계에 있는 모든 금전적 가치(부가세 불포함)	과세자산의 양도 등의 대가로 받은 또는 수수해야 할 모든 금전(소비세 불포함)

(2) 서울행정법원 판례와 일본 판례[11)]의 비교

1) 일본 사건의 개요

X사(원고)는 빠칭코 사업 등을 운영하는 법인으로서, 빠칭코업에 관한 과세자산의 양도 등의 상당액을 X사가 고객으로부터 수수한 구슬대여료의 총액으로 하여 납부해야 할 소비세액 등을 계산해 법정신고기한 내에 확정신고를 하였다. 그 후, X사는 Y세무서장(피고)에 대해 확정신고에 있어서 과대하게 과세표준액을 계산하여 소비세액 등을 과다 납부한 오류가 있다는 이유로 이에 대한 시정을 구하는 경정청구를 하였으나 Y세무서장은 X

10) 김태영, 전게서면.

11) 니가타지법판례 平成14年(行ウ) 제 2 호 중심으로 분석하였다.

사의 과세기간에 관한 소비세 등의 확정신고에 오류는 없어 경정할 이유가 없다는 취지의 통지처분을 하였고, X사는 이에 불복하여 적법한 불복절차를 걸쳐 쟁점통지처분의 취소를 구하는 쟁점소송을 제기한 사건이다.

2) 원고 X 측의 주장의 개요

① 빠칭코업에 있어서는 고객은 경품교환시 빠칭코점으로부터 특수경품으로 교환을 받고, 이것을 경품교환소에 가지고 가는 것으로 현금 교환하는 것이 가능하고, 또 빠칭코점은 고객으로부터 수수한 구슬대여료를 경품교환에 의해 고율로 고객에게 환원하고 있기 때문에 빠칭코점은 고객으로부터 수수한 구슬대여료는 고객으로부터의 예탁금이다. 빠칭코점은 게임의 과정을 거친 고객으로부터 빠칭코 구슬 또는 메달(이하 전부 '유기구슬'이라 함)의 인수를 요구받은 경우에는 경품교환의 형태보다, 실질적으로 고객으로부터의 당해 예탁금을 변제하는 것이므로 예탁금에서 변제액을 차감한 차액이 과세자산의 양도 등의 상당액이 된다.

만약 고객으로부터의 교부액을 예탁금이라고 평가하지 않고, 유기구슬의 대가 혹은 유기구슬을 이용함에 따른 역무의 제공의 상당액이라고 해석한다고 해도 경품교환에 의한 실질적 현금반환이 예정되어 있는 빠칭코업의 기본적인 형태로부터 보면 최종적으로 유기구슬의 반환에 대응해서 양도되는 경품 등의 가액을 공제한 금액이 과세자산의 양도 등의 상당액이 되어야 한다.

② 빠칭코업에 있어 역무 제공의 대가는 고객 개개인이 아니고, 총체로서의 고객의 관계로 생각해야 하고, 총체의 고객 간의 경품교환율은 유기구슬의 수로 환산해서 90퍼센트를 초과(본건에 있어서는 91.57894%)하고 있으므로 역무의 제공과 경품교환에 의한 변제액 간의 대가관계가 성립하고 있는 것이 되고, 따라서 고객으로부터 수수한 구슬대여료에서 경품교환에 의한 변제가액을 공제한 금액이 과세자산의 양도 등의 상당액이 되어야 한다.

3) 피고 Y 측의 주장의 개요

빠칭코점은 고객으로부터 수수한 구슬대여료를 현금으로 반환하거나 할 예정도 없었던 것이므로(특수경품을 현금으로 금전 반환하는 경품교환소는 빠칭코점과 독립된 사업자이다), 구슬대여료를 '예탁금'으로 해석하는 것은 불가능하다. 또한 빠칭코점에 있어 상품의 제공은 구슬대여료를 지불한 고객에 대한 서비스의 일환으로서 구슬대여료의 금전반환으로서 행해지는 것은 아니다.

빠칭코점에 있어서 총체로서의 고객이라는 것은 존재하지 않고, 본건에서 검토되어야 하는 것은 고객 개개인과의 사이에 있어 법률관계인 것은 명백하다. 또한 경품교환은 구슬대여료를 지불한 고객에 대한 서비스의 일환이고, 구슬대여료의 반환으로 행해지는 것은 아니며, 고객은 유기를 하는 사이에 빠칭코점으로부터 대여를 받은 유기구슬을 이용해서 구슬을 획득하고 그 양에 대응해서 경품 또는 특수경품의 교환을 받는 것으로, 거기에 고객의 게임행위가 개재하는 이상 빠칭코점이 고객으로부터 수수한 구슬대여료와 고객이 게임행위를 거쳐 구슬을 획득해 교부를 받은 경품 간에는 직접적인 대응관계는 없으므로, 빠칭코점이 대여한 유기구슬의 구슬대여료를 경품 또는 특수경품이라는 형태로 고객에게 반품 또는 변제하고 있다고는 할 수 없다.

4) 동경고등재판소 2002년[행고] 제69호 통지처분취소청구사건에 대한 판례

(３) 控訴人の当審における補足主張に対する判断
ア　争点(１)(消費税の課税標準)について
パチンコ業に係る役務は、パチンコ店に来店した個々の顧客に対して、それぞれ貸玉料の収受金額に応じて各別に提供されるものであるから、パチンコ業に係る役務の提供の対価関係も、個々の顧客ごとに考えるべきであり、総体としての顧客との関係でこれを考えるべきであるとの控訴人の主張は採用することができない。
また、仮に、総体としての顧客との間の景品交換率が控訴人主張のとおりであったとしても、景品交換は、個々の顧客がパチンコ店から貸与を受けた遊技玉を利用して遊戯し、その結果、出玉を獲得した顧客に限って、その量に応じて景品交換を受けることができるのであるから、実質的見地に立って考えてみても、パチンコ店が個々の顧客から収受した貸玉料と、個々の顧客が出玉を獲得してパチンコ店から交付を受けた景品との間に直接的な対応関係はなく、したがって、景品交換は、パチンコ店が顧客から収受した貸玉料の返金として行われるものではないし、遊技玉の「返品又は値引き若しくは割り戻し」又は返金に当たるということもできない。これと異なる控訴人の主張は採用することができない。

빠칭코업과 관련되는 역무는 빠칭코점에 방문한 개개의 고객에 대하여 각각 구슬대여료의 수수 금액에 따라 개별적으로 제공되는 것이기 때문에 빠칭코업과 관련되는 역무의 제공의 대가 관계도 개개의 고객마다 생각해야 하는 것이어서 총체로서의 고객과의 관계로 이것을 생각해야 하는 것이라는 항소인의 주장은 채용할 수 없다.

또 만일 총체로서 고객과의 사이의 경품 교환율이 항소인의 주장대로라고 해도, 경품교환은 개개의 고객이 빠칭코점으로부터 대여를 받은 유기구슬을 이용해 게임을 즐기고 그 결과 구슬을 획득한 고객에 한해서 그 양에 따라 경품 교환을 받을 수 있는 것이기 때문에 실질적 견지에서 생각해 보아도 빠칭코점이 개개의 고객으로부터 수수한 구슬대여료와 개개의 고객이 구슬을 획득해 빠칭코점으로부터 교부를 받은 경품과의 사이에 직접적인 대응 관계는 없고, 따라서 경품교환은 빠칭코점이 고객으로부터 수수한 구슬대여료의 환불로 해서 행해지는 것은 아니다.

이것과 다른 항소인의 주장은 채용할 수 없다.

東京高等裁判所第７民事部
裁判長裁判官　横山匡輝　裁判官　佐藤公美　裁判官　萩本修
別紙　課税標準等及び税額等の計算《略》

동경고등재판소 제 7 민사부

재판장 재판관

별지 과세표준 등 및 세액 등의 계산(략)

5) 비 교

쟁 점	대법원 판례	일본 판례
과세표준의 범위	게임기 총투입금액	구슬대여료(貸玉料) 총액
역무의 성질	게임기 이용용역(부가세법 시행령 제2조 제2항 제11호 오락서비스업)	빠칭코 점포 그 자체나 유기기계를 이용하게 하는 서비스이며, 경품교환은 그 서비스의 일환임
게임기 총투입금액 (구슬대여료 총액)	• 게임용역의 대가(행정1부, 대구지법 견해) • 게임용역과 재화공급의 대가(행정법원 일부 재판부 견해)	점포 그 자체나 유기기(게임기)를 이용하게 하는 오락이라는 역무 제공의 대가
투입금(대여료)	예치금의 성질 아님	예탁금의 성질 아님
경품과 관련한 업종의 성질	일부 원고가 상품권매매업이라고 주장하나 게임장은 서비스업종에 해당됨	제2종 사업(소매업)이라 주장하나, 제5종 사업(서비스업)에 해당됨
경품 환전업소	경품 환전소는 게임장과 별개의 독립된 사업자	경품 환금소는 빠칭코점과 별개의 독립된 사업자
경품의 성질	일종의 재화 또는 현금대용증권	경품 자체 판단은 없음
거래단위	개별 이용자의 거래행위(부가가치세는 개별 거래에 부과하는 세목임)	총체로서 고객이 되는 것은 존재하지 않고 고객 개개인과의 사이에 있어 법률관계 검토, 즉 고객 개개인으로 봐야 함
실질적 재산권 보장	재산권 침해가 아님	피고 니가타세무서장은 본건 과세표준이 적법하게 산출되었으므로 위 과세처분은 위법하지 않음

(3) 소 결

일본 판례에서는 "고객은 경품교환에 있어서 빠칭코점으로부터 특수경품을 교부받아 그것을 경품 환금소에서 환금할 수도 있지만, 경품 환금소는 빠칭코점과는 별개의 독립된 사업자이기 때문에 고객이 빠칭코점으로부터 현금을 반환을 받았다고 말할 수 없다"라고 판단하였다.

따라서 이 사건 게임장의 부가가치세 과세표준 범위에 관하여, 경품 환전소에서 상품권을 현금으로 환전한 사실은 별론으로 하더라도, 게임 이용자가 게임장 업주로부터 직접적으로 현금을 반환받았다고 할 수도 없고, 우리 부가가치세법 제13조(과세표준)의 규정상 상품권(경품)지급액을 공제할 법적 근거가 없으므로 게임기 총투입금액을 이 사건 게임장의 부가가치세 과세표준으로 본 것은 적법한 것이다.

마. 처분의 정당성[12)]

(1) 이 사건 "용역의 공급"의 내용

이 사건에서 원고 측은 이용자가 일반게임장의 게임기를 이용하도록 하는 것은 영업자가 이용자들에게 용역의 공급을 한 것으로 볼 수 없으므로 일반 게임장에서의 게임기 이용은 재산적 가치 있는 시설물 등의 이용행위라 할 수 없다고 하여 위 법령에서 규정한 영입의 개념마저도 부인하고 있으나, 이 사건 영업이 음반및비디오물에관한법률(이하 '음비법'이라고 한다) 제 2 조 제 9 호 소정의 '게임제공업' 중 '일반게임장업'에 해당한다는 사실은 다툼이 없으므로 위 영업의 내용이 어떤 것인지는 관계법령의 규정에 의하여 판단하여야 하므로 관계법령의 규정을 검토하여야 한다.

우선 음비법 제 2 조 제 9 호 규정상 게임제공업이라 함은 공중이 게임물을 이용할 수 있도록 이를 제공하는 다음 각목의 1에 해당하는 영업을 말한다고 할 것인데, 같은 호 가목에서 '청소년게임장업은 전체이용가 게임물만을 설치하여 공중의 이용에 제공하는 영업', 나목에서 '일반게임장업은 전체이용가 게임물과 18세이용가 게임물을 구분·설치하여 공중의 이용에 제공하는 영업'이라고 규정하고 있다.

---

12) 김태영(조사관, 서울지방국세청 법무2과), "부가가치세 부과처분 취소소송(2007구합29420)", 준비서면.

위 규정에 의하면 일반게임장업은 ① 공중이 게임물을 이용할 수 있도록 이를 제공하는 영업이고, ② 18세이용가 게임물까지 제공한다는 점에서 청소년게임장업과 구별된다.

같은 조 제3호 본문은 '게임물이란 컴퓨터프로그램 등 정보처리기술이나 기계장치를 이용하여 오락을 할 수 있게 하거나 이에 부수하여 여가선용, 학습 및 운동효과 등을 높일 수 있도록 제작된 영상물 및 기기를 말한다'라고 정의하고 있다.

이와 같이 위 법률 규정은 이 사건 영업을 "공중이 게임물을 이용할 수 있도록 이를 제공하는 영업"이라고 규정하고 있고 이 사건 부가가치세 부과대상인 "용역의 공급"은 원고가 위 영업, 즉 "공중이 게임물을 이용할 수 있도록 이를 제공"하는 것이라고 할 것이기 때문에 이 사건 용역은 게임물을 일반인의 이용에 제공하는 것이다.

(2) 상품권 배출과 환전까지 게임물 제공의 일부로 포함시키려는 주장에 대하여

원고는 상품권 배출이 게임 중에 일어나는 것처럼 주장하고 있으나 경품취급기준고시에 의하면 상품권 제공은 게임물 이용이 완전히 종료된 후 가능하다는 점에서 이 상품권은 게임과 무관하게 환전되는 것이지 게임물 이용의 일부를 구성하는 것이 아니다. 또한 원고는 상품권 환전까지도 영업의 일부를 구성하는 것처럼 주장하고 있으나 법규상 영업소에서의 상품권 환전은 그 자체가 불법일 뿐만 아니라 환전소는 따로 사업자 등록을 한 독립된 사업자이므로 원고의 이러한 주장은 이유가 없는 것이다.

(3) 이 사건 "용역의 공급" 대가

이 사건 부가가치세 부과대상인 용역의 공급은 원고가 게임물을 이용할 수 있도록 이를 제공하는 것이므로 이 사건 용역의 공급에 대한 대가는 원고가 게임물 제공의 대가로 받는 금전이라고 할 것이다. 이것을 고객의 입장으로 바꾸어 말한다면 이 사건 부가가치세 부과대상이 되는 것은 '고객이 게임물 이용의 대가로 지급하는 금전'이라고 보는 것이 타당하다.

(4) 이 사건 "용역의 공급" 대가에 상품권 지급이 포함되는지 여부

경품이 게임이 완전히 종료된 다음 제공된다는 것은 이 사건 고시에서 "경품이 제공됨과 동시에 이용자가 투입한 이용요금창을 제외한 모든 창의 기록 사항은 반드시 삭제되어야 한다"라고 규정하고 있음에서도 알 수 있다. 즉, 경품이 제공되면 더 이상 게임을 할 수 없다. 경품을 받지 않는 경우에는 당첨된 점수를 credit로 하여 게임을 계속할 수 있으나 일단 경품을 받게 되면 게임은 최종적으로 종료되는 것이다. 또한 위 고시는 그와는 별도로 "게임의 결과 획득한 점수는 보관할 수 없으며 이를 누구든지 매매하거나 또는 매매하도록 하여서는 아니 된다"라고 규정하여 게임 종료 후에는 경품으로 가져가지 않는 점수에 대하여는 다시 사용할 수 없도록 규제하여 게임이 완전히 종료되도록 확실하게 규정하고 있는 것이다.

따라서 이 사건 게임물 이용관계는 이용자가 일정한 현금을 투입하는 것이 용역 공급의 대가이고, 게임물 이용이 종료된 후의 상품권 배출은 게임물 이용의 일부를 구성한다고 볼 수 없다고 보는 것이 타당하다.

(5) 부가세법 제13조 제 3 항의 적용

부가세법 제13조 제 1 항은 제 1 호에서 "금전으로 대가를 받는 경우에는 그 대가"를 재화 또는 용역의 공급에 대한 부가가치세의 과세표준으로 규정하면서 같은 조 제 3 항은 "재화 또는 용역을 공급한 후의 그 공급가액에 대한 할인액 · 대손금 · 장려금과 이와 유사한 금액은 과세표준에서 공제하지 아니한다"라고 규정하고 있고, 이 사건 고시는 상품권으로 지급되는 경품이 "게임의 결과에 따라" 지급되는 것으로 규정하고 있으므로, 상품권은 게임물 이용이 종료된 후에 지급되는 것이므로 용역 공급의 일부를 구성하는 것이 아니라 부가세법 제13조 제 3 항 소정의 "용역을 공급한 후의

…… 장려금과 이에 유사한 금액"(장려금 또는 이에 유사한 금액)에 해당하므로 위 규정에 의하여 부가가치세 과세표준에서 공제되지 않는다고 보는 것이 타당하다고 본다.

(6) "가치창출" 또는 수익이 발생한 경우만 부가가치세를 부과할 수 있다는 원고 주장에 대하여

원고는 부가가치세란 생산 및 유통의 각 단계에서 생성되는 부가가치에 대해 부과되는 조세인데 여기서 부가가치(value added)란 각 거래단계의 사업자에 의해 독자적으로 새로이 창출된 가치의 증분이라고 정의할 수 있다는 것을 전제로 이 사건의 경우 일반게임장을 운영하는 사업주는 게임기 이용자들이 게임기에 투입한 금원에 대해 일정한 게임조건을 적중시키지 못한 투입금액에서 게임 이용자들이 게임조건을 충족하였을 때 지급하는 문화상품권의 가액을 공제한 금액이 사업자가 독자적으로 새로이 창출한 가치의 증분이 되기 때문에 게임기에서 투입한 총대금에서 위 상품권 매입금액을 제외한 부분만이 원고가 독자적으로 새로이 창출한 가치의 증분에 해당하는 것이라고 주장하고 있으나,

① 부가가치세는 각 거래에서 "부가된" 가치에 대하여 부과되는 것이지 "창출된" 가치에 대하여 부가되는 것이 아니므로 실질적인 가치 창출이 없는 중개 성격의 단순 거래에 대하여도 부가가치세는 부과되는 것이다.

② 부가세법은 순수하게 부가가치를 거래 대가 개념으로 규정하고 있다. 즉, 각 사업자는 자기가 공급하는 재화나 용역의 공급에 대하여 자기가 받은 대가를 과세표준으로 하여 부가가치세를 납부할 의무가 있고(부가세법 제13조 제1항 참조) 그 대신에 부가가치세를 공급을 받는 자로부터 징수하여야 하는 것이다(같은 법 제15조).

이에 따라 사업자가 납부하는 부가가치세액은 매출세액에서 매입세액을 공제한 금액이 된다(같은 법 제17조 제1항). 따라서 부가세법은 매출세액에서 매입세액을 공제한 개념을 납부세액으로 규정하는 것이지 원고 주장

과 같은 가치창출이라는 개념은 법적 근거가 전혀 없는 개념이다.

③ 원고는 창출가치라는 개념을 사용함으로써 손실을 입은 거래일 경우에는 부가가치세 납부의무가 발생하지 않는 것처럼 전제하고 있으나 부가가치세의 과세표준은 재화 또는 용역의 공급대가이고(같은 법 제13조 제 1 항), 사업자가 손실을 입고 거래하는 것인지 아니면 이익을 얻고 거래하는 것인지는 아무런 관계가 없다. 원고가 매출세액보다도 공제할 수 있는 매입세액이 크다는 사실을 입증할 경우에는 납부의무가 없을 수도 있으나 만약 매입시점에서 적법한 세금계산서 등을 발급받지 않은 경우처럼 원고가 주장하는 매입세액이 부가세법상 공제할 수 없는 것인 경우(같은 법 제13조 제 2 항 각 호 참조)에는 손실을 입고 처분하더라도 부가가치세를 납부하여야 한다. 또한 부가세법 제13조 제 1 항 제 3 호는 "재화의 공급에 대하여 부당하게 낮은 대가를 받거나 대가를 받지 아니하는 경우에는 자기가 공급하는 재화의 시가"를 공급가액으로 간주하므로 부당하게 손실을 입은 경우에도 부가가치세 납부의무가 있는 것이다.

(7) 상품권 매입금액의 공제 여부

이 사건에서 게임물을 이용에 제공하고 원고가 받은 대가는 이용자가 투입한 현금이고 이것은 부가세법 제13조 제 1 항 제 1 호가 규정한 "금전으로 대가를 받는 경우에는 그 대가"로서 과세표준에 해당한다. 따라서 그 금액에 상당하는 매출세액을 부가가치세로 납부하여야 한다. 원고는 매입비용을 무조건 공제하여야 하는 것처럼 주장하고 있으나 부가세법은 거래의 대가를 과세표준으로 규정하고 있고, 납부할 세액은 매출세액에서 적법한 공제 요건을 구비한 매입세액을 공제하고 납부하도록 규정하고 있기 때문에 매입비용을 과세표준에서 바로 공제할 수 없다.

① 매입세액을 공제받으려면 부가세법에 의한 매입세액공제 요건을 구비하여야 하나, 상품권은 부가가치세가 면세인 현금성 증권이므로 이 사건 상품권 매입금액에 대하여는 원고가 같은 법 제17조 제 2 항 제 1 호 소정의

"매입처별세금계산서를 제출하지 아니한 경우의 매입세액" 또는 제 1 호의 2 소정의 "세금계산서를 교부받지 아니한 경우" 등에 해당하여 매입세액을 공제받을 수 없는 경우이기 때문에 원고는 매입세액공제 없이 매출세액 전액에 대하여 납부할 의무가 있는 것이다.

② 위에서 지적한 바와 같이 부가세법 제13조 제 3 항에서 "재화 또는 용역을 공급한 후의 그 공급가액에 대한 대손금 · 장려금과 이와 유사한 금액은 과세표준에서 공제하지 아니한다"고 명시적으로 규정하고 있고, 상품권은 이에 해당하기 때문에 공제할 수 없는 것이다. 원고 측은 당첨률이 높아서 손실을 입은 것처럼 주장하는 것이나, 단순히 이용료 투입금액과 상품권 지급액의 괴리에서 오는 단순 차액을 과장하여 강조하면서 마치 부가가치세에 관한 이 사건에서 판단 자료가 되어야 하는 것처럼 주장하는 것일 뿐이다.

예를 들어, 원고 주장에 의하면 고객들이 게임기에 투입한 현금은 게임용역 및 그로 인해 받게 되는 상품권의 공급대가라고 하면, 이에 따라 고객이 10,000원을 투입하고, ① 꽝이 나온 경우, ② 5,000원의 상품권이 나온 경우, ③ 20,000원의 상품권이 나온 경우를 각각 상정하여 각 공급된 재화와 용역의 공급대가를 정리하면 다음과 같다.[13)]

구 분	투입금액	게임 결과	상품권 액수	게임용역의 가치
거래 ①	10,000	꽝	0	10,000
거래 ②	10,000	5,000원 당첨	5,000원	5,000
거래 ③	10,000	20,000원 당첨	20,000원	−10,000

원고는 게임비의 대가는 게임용역 및 상품권에 대한 것인데, 게임 결과 받은 상품권의 액수가 크면 클수록 게임용역 자체의 가치는 점점 커져

13) 김태영(조사관, 서울지방국세청 법무 2 과), "부가가치세 부과처분 취소소송(2008누541)", 준비서면.

야 맞다. 꽝이 나오는 것보다는 20,000원짜리 상품권이 당첨되었을 때 느끼는 게임용역의 유희의 정도가 커지기 때문이다.

그런데 위 표에서 의하면 오히려 당첨되는 상품권 액수가 크면 클수록 오히려 게임용역의 가치는 더 작아진다는 모순이 발생한다.

상품권이라는 것은 게임용역과는 별도로 게임의 결과라는 우연한 사정에 의해 고객들에게 지급되는 것이다. 즉, 꽝이 나오든 20,000원이 나오든 그것은 게임이 끝나봐야 아는 것이고, 게임 자체에서 느끼는 재미와 긴장은 모든 1회의 게임마다 같을 수밖에 없다. 이는 게임 결과에 따라 받는 상품권 액수에 무관하게 모든 게임이 제공하는 게임용역의 가치는 동일하여야 한다는 것을 의미한다.

(8) 소 결

이러한 이유로 게임장 영업주들에게 과세할 과세표준은 게임 이용자들이 그 업주들에게 투입한 총현금액수가 된다고 보는 것이 타당하다. 상품권을 매입하여 고객들에게 돌려준 것은 비용으로 처리해야 할 것이 아니라 고객을 유인하기 위한 넓은 의미의 장려금의 성격을 띠는 것이라고 보는 것이 타당하다.

게임 이용자들을 총체적으로 보아한다는 논리 역시 부가세법상 전혀 근거 없는 주장일 뿐이고 부가가치세라는 것이 개개의 거래에 대하여 부과되는 것임을 망각하여서는 아니 된다고 본다.

즉, 복잡하게 생각할 것이 아니라 고객으로부터 받은 돈 중 10%를 부가가치세로 낸다고 생각하면 아주 간단하다고 본다.

5. 결 론

신기하게도 이 사건과 아주 유사한 사건이 일본에서 이미 있었고 그 주장공방도 너무나 흡사하다. 게임장 업주들이 상품권 액수의 공제를 주장하는 논거들은 간단히 보면 이용객들로부터 현금을 받고 일정한 비율로 다른 사업자로부터 매입한 상품권은 그 거래를 위하여 지출한 것이므로 이를 매입세액으로 보아 공제하여 그 부분에 한하여 과세를 하는 것이 공평한 것이라고 느껴지기도 한다.

그러나 게임장 업주들이 제공한 용역은 고객들의 부의 재분배가 이루어지는 장소를 제공하는 것이 아니라 게임을 이용할 수 있는 기회의 제공이라고 보는 것이 타당하다는 전제에서 본다면 과세관청은 게임을 이용할 수 있는 기회의 제공으로부터 받은 현금에 대하여 과세한다는 것일 뿐이고 용역의 제공과 대가관계가 없이 고객을 유인하기 위하여 사행성을 띠는 상품권 공제할 필요는 전혀 없다고 본다.

상품권은 현금화될 수 없는 것이지만 실제로는 현금화되고 있다고 주장한다면 상품권 대신 인형이나 상품을 지급하면서 적법하게 게임장을 운영한 사람은 매입세액을 공제받지 못하는 반면 사행성을 조장하여 돈을 많이 번 업자들은 매입세액을 공제해주어 세금을 줄여준다면 어떤 국민이 그 과세체계를 이해할 수 있는지 반문하고 싶다.

현금화될 수 없는 상품권의 용도는 다시 상품권을 교환하여 게임기를 이용할 수 있는 점수의 획득에 제한된다고 보면 이는 게임기의 용역을 제공받을 수 있는 기회의 연장에 불과한 것이다. 즉, 게임기의 이용자가 10,000원에 10,000점을 게임기에 입력하여 게임을 할 수 있다고 한다면, 나중에 15,000점이 되어 5,000원짜리 상품권을 3장으로 교환받았다가 다시 상품권을 가지고 15,000점으로 환원받아 게임기를 이용할 수 있게 된다고 보는 것이 타당하므로 상품권을 매입한 원고는 다시 그 상품권을 되팔아 매입액을 보전받을 수 있기 때문에 이에 대한 공제를 주장하는 것은 여러모로 타당하지 않다고 본다.

따라서 게임기 이용자들이 게임장 업주들에게 준 현금에 대해서 과세하는 것이 타당하다는 판결은 실질과세의 원칙을 충실히 해석한 타당한 판결이라고 보인다.

6. 관련 판례(부가세법 제13조 관련)

1) 대법원 2003. 4. 25. 선고, 2001두6586 판결

부가세법 제13조 제 2 항은 "다음 각 호의 금액은 과세표준에 포함하지 아니한다"고 규정하면서 제 1 호로 '에누리액'을 들고 있고, 같은 법 시행령 제52조 제 2 항은 "법 제13조 제 2 항 제 1 호에 규정하는 에누리액은 재화 또는 용역의 공급에 있어서 그 품질 · 수량 및 인도 · 공급대가의 결제 기타 공급조건에 따라 그 재화 또는 용역의 공급 당시의 통상의 공급가액에서 일정액을 직접 공제한 금액으로 한다"고 규정하고 있는바, 위 규정 소정의 에누리액은 그 품질 · 수량 및 인도 · 공급대가의 결제 기타 공급조건에 따라 정하여지면 충분하고 그 발생시기가 재화 또는 용역의 공급시기 전에 한정되는 것은 아니다.

부가세법 제 6 조 제 2 항 소정의 자기를 위하여 직접 사용 · 소비하는 경우라 함은 재화형태를 유지하면서 쓰는 것(사용) 또는 그 형태를 없애면서 쓰는 것(소비)을 말하는 것이므로, 이동통신사가 면세사업인 이동전화사업을 위하여 단말기를 할인 판매하였다고 하여 그 할인액에 상당하는 재화가치의 일부를 면세사업인 이동전화사업을 위하여 직접 사용 · 소비하였다고 할 수 없다고 한 사례.

2) 대법원 2008. 12. 24. 선고, 2006두2565 판결

부가세법 제13조 제 1 항 제 1 호에 의하면 재화 또는 용역의 공급에 관하여 금전으로 대가를 받는 경우에는 그 대가가 부가가치세의 과세표준이 되는 것이므로, 복권판매대행 용역의 공급에 대한 부가가치세 과세표준은 복권판매대행이라는 용역을 공급하고 그 대가로 받은 판매대행 수수료 상

당액이다.

복권발행자로부터 복권을 인수하여 중간도매상 등에게 공급하는 복권판매대행 용역을 제공하는 회사가 중간도매상 등과 맺은 계약이 복권판매대행 용역의 위탁이 아니라 단순한 복권판매계약으로 볼 수 있는 경우, 회사의 복권판매대행 용역의 공급에 대한 부가가치세 과세표준은 회사가 복권판매대행 용역을 제공하고 그 대가로 받은 수수료 상당액, 즉 중간도매상 등에 대한 복권판매가액과 복권발행자로부터 인수한 가액의 차액 상당이라고 한 사례.

3) 대법원 2007. 9. 6. 선고, 2007두9778 판결

부가세법 제13조 제1항 본문은 "재화 또는 용역의 공급에 대한 부가가치세의 과세표준은 다음 각 호의 가액의 합계액으로 한다"라고 규정하면서 그 제1호에서 "금전으로 대가를 받는 경우에는 그 대가"를 들고 있고, 법 시행령 제48조 제1항은 "법 제13조 제1항에 규정하는 과세표준에는 거래상대자로부터 받은 대금·요금·수수료 기타 명목 여하에 불구하고 대가관계에 있는 모든 금전적 가치 있는 것을 포함한다"라고 규정하고 있으므로, 상가관리업자가 입주자들로부터 받은 관리비에 포함된 전기·가스요금 등 공공요금의 경우에도 그것이 재화 또는 용역의 공급과 대가관계에 있는지 여부에 따라 부가가치세의 과세표준에 포함되는지가 결정될 것이고, 단순히 재화 또는 용역의 공급자가 거래상대방을 위하여 그가 부담하는 공공요금을 재화 또는 용역공급에 따른 대가와 구분하여 편의상 함께 수령하여 납부를 대행한 것에 불과하다면 그 공공요금은 재화 또는 용역의 공급과 대가관계에 있다고 볼 수 없다.

상가관리업자가 입주자들로부터 받은 관리비 중 전기 및 가스요금 부분이 일반 관리용역비 부분과 별도로 구분·징수하여 그 납부를 대행한 것으로 관리용역의 공급과 대가관계에 있다고 볼 수 없어 부가가치세의 과세표준에 포함되지 않는다고 한 사례.

4) 대법원 2001. 10. 9. 선고, 2000두369 판결

부가세법 제13조 제 2 항 제 4 호는 부가가치세의 과세표준에 포함하지 아니하는 것의 하나로 국고보조금을 들고 있는바, 위 규정은 재화 또는 용역을 공급함으로써 부가가치세 납세의무를 지는 사업자가 국고보조금의 교부대상이 되는 보조사업의 수행자로서 재화 또는 용역을 공급하고 국고보조금을 지급받은 경우에는 당해 사업자가 재화 또는 용역의 공급에 따른 부가가치세 과세표준에 위 국고보조금 상당액을 포함시키지 않는다는 것으로 해석된다.

주민 대표들로 구성된 농경지복구추진위원회가 지방자치단체로부터 받은 국고보조금으로 수해로 인해 유실된 농경지 복구공사를 한 공사업자에게 공사대금을 지급한 경우, 그 공사대금이 국고보조금으로서 부가가치세 과세표준에서 제외될 수 없다고 한 사례.

5) 대법원 1992. 4. 28. 선고, 91누8104 판결

골프연습장을 경영하는 사업자가 동업자 간의 협의에 의하여 봉사료 금액을 결정하고 월 단위나 쿠폰별 또 박스별로 정액의 봉사료를 회비에 가산하여 시설이용료와 함께 그 총액을 골프연습장 사용자로부터 일괄하여 납부받았고, 시설이용료와 봉사료를 구분하여 납부받지 않았다면 이 골프연습장에서의 캐디서비스용역은 사업자가 골프연습장 사용자에게 제공하는 주된 용역인 연습시설 이용의 용역에 통상적으로 부수하여 그 시설 이용을 원활케 할 목적으로 제공되는 인적 용역으로서, 사업자가 고객으로부터 받은 금액 중 봉사료 상당금액의 전액을 캐디들에게 주었다고 하여도 이는 캐디들의 노무제공에 대한 급여의 지급이라고 볼 수 있을지언정 캐디들의 독립된 용역공급의 대가를 전달한 것이라고 보기 어려우며, 사업자는 그가 경영하는 골프연습장 내에서의 각종 용역의 공급에 대한 대가로 연습장 사용자가 회비로서 지급하는 시설이용료와 봉사료를 납부받아 왔다고 보아야 하므로 봉사료 명목의 수입은 사업자의 부가가치세 과세표준에 포함시켜야

할 것이라고 한 사례.

6) 대법원 1984. 5. 29. 선고, 82누465 판결

원고 회사가 소외 ××자동차주식회사에 도색한 자동차 부속품을 납품함에 있어 그 칠값을 대금에 포함한 견적을 내어 소외 회사와 단가를 타협한 결과 도색비용 상당액이 자동차부속품대금에서 삭감되었으므로 그 나머지 대금에 대해서만 세금계산서를 발행하고 도색비용은 가매출대금으로 기장처리하였다가 사업결산시 결손처분하였음이 인정된다면, 위 도색비용 상당액은 자동차 부속품의 공급가액에 포함된 것이 아니라 할 것이므로 그 금액이 자동차부속품 외상판매 대금이라 보고 부과한 피고(△△세무서장)의 부가가치세과세처분은 위법하다고 한 사례.

7) 대법원 1984. 3. 13. 선고, 81누412 판결

부가세법 제13조 제1항에서 말하는 공급가액이란 금전으로 받는 경우 재화나 용역의 공급에 관계있는 가액 곧 그 대가를 말한다 할 것이므로 재화나 용역의 공급대가가 아닌 위약금이나 손해배상금 등은 공급가액이 될 수 없다 할 것이니, 원고가 연강선재를 국내업자들에게 팔면서 기일 내에 국내신용장을 개설하면 그들이 찾아가고 기일 내에 내국신용장을 개설하지 못하면 원고가 임의 처리한다는 약정 아래 원고에게 예치하였던 계약 보증금은 그 명목 여하에도 불구하고 연강선재의 공급과 대가관계에 있는 대금의 일부라 할 수 없으므로 공급가액이 될 수 없다고 한 사례.

8) 대법원 1996. 1. 23. 선고, 95누12408 판결

부가세법 제13조 제1항 제3호, 같은 법 시행령 제50조 제1항, 제52조 제1항, 법인세법 제20조 등의 각 규정을 종합하면, 재화나 용역의 공급사업을 영위하는 법인이 특수관계 있는 자에게 재화나 용역을 부당하게 낮은 대가를 받거나 대가를 받지 아니하고 제공한 경우에는 그 대가를 시가, 즉 특수관계 없는 자와의 정상적인 거래에서 형성되는 가격으로 하여야 하

고 이를 산정함에 있어서는 당해 토지 · 건물의 위치 등의 입지조건, 지목 기타 사용용도, 면적, 이용 상황, 인접 및 유사 지역 내의 유사 토지의 적정 거래가격 등을 종합적으로 참작하여 산정한 가격을 기준으로 하여야 할 것이며, 한편 부동산의 경우 그 객관적인 교환가치는 시간의 경과와 주위환경의 변화 등 여러 가지 사정에 따라 수시로 변동할 수 있는 것이므로 평가기준일 이후에 있은 매매가액을 공급 당시의 시가로 볼 수 있으려면 당해 부동산에 관하여 그 사이 아무런 가격 변동이 없었다는 점을 과세관청이 아울러 주장 입증하여야 한다.

토지 등을 무상으로 양도한 경우에는 특별부가세의 과세대상이 아니라고 할 것이고 특수관계 있는 자 사이에서의 거래라 하여 이를 달리 해석할 것도 아니하고 한 사례.

8) 대법원 2003. 9. 5. 선고, 2002두1892 판결

구 부가세법 시행령(1998. 12. 31. 대통령령 제15973호로 개정되기 전의 것) 제52조 제 1 항, 제50조 제 1 항 각 규정에 의하면 구 부가가치세법(1999. 12. 28. 법률 제6049호로 개정되기 전의 것) 제13조 제 1 항 제 3 호가 정하는 부당하게 낮은 대가를 받는다는 것은 사업자가 그와 특수관계에 있는 자와의 거래에 있어서 조세의 부담을 부당하게 감소시킬 것으로 인정되는 시가보다 현저하게 낮은 대가를 받는 것을 말하며, 부당한지 또는 현저하게 낮은지의 여부는 결국 구체적인 사례에 따라 조세부담의 형평을 잃지 않는 정상거래를 기준으로 객관적으로 정하여야 한다.

특수관계가 있는 자에게 급유용역을 제공하면서 다른 거래업체에 비하여 10% 가량 할인된 요율을 적용한 행위가 부당하게 낮은 대가를 받은 경우에 해당하지 않는다고 한 사례.

서울고등검찰청 송무부

검찰
PROSECUTION SERVICE

무자료 유류 관련 가공세금계산서 인정 여부에 관한 판례 평석

(서울행정법원 2009. 7. 29. 선고, 2009구합47272 판결)

1. 판결요지

실제 공급하는 사업자와 세금계산서상의 공급자가 다른 경우 세금계산서는 부가가치세법 제17조 제2항 제1호의 2 본문에서 규정하는 '그 내용이 사실과 다른 경우'에 해당하여 공급받은 자가 세금계산서의 명의위장 사실을 몰랐다는 특별한 사정이 없는 한 매입세액은 공제 내지 환급받을 수 없다고 보아야 하고, 이 경우 공급하는 사업자는 공급받는 사업자와 명목상의 법률관계를 형성하고 있는 자가 아니라 공급받는 자에게 실제로 재화 또는 용역을 공급하는 거래행위를 한 자라고 보아야 하며, 특히 공급받는 자가 위와 같은 명의위장 사실을 알지 못한 데에 과실이 없다는 점은 매입세액의 공제 내지 환급을 주장하는 자가 이를 입증하여야 한다.[1)]

① 과세관청인 피고도 당초에는 실물거래 없이 이 사건 세금계산서가 발행되었다는 이유로 이 사건 처분을 하였으나 원고와 소외 지점 사이의 실물거래 자체는 인정되는 점,

---

1) 대법원 1996. 12. 10. 선고, 96누617 판결 ; 대법원 2002. 6. 28. 선고, 2002두2277 판결.

② 원고의 매입처인 주식회사 에스엔에너지 의정부 지점(가명, 이하 '소외 지점'이라 한다)은 사업자등록을 갖추고 있었고 법인 계좌까지 보유하고 있었을 뿐만 아니라, 박찬영(가칭) 지시에 따라 북서울 저유소 사무실에 근무하면서 거래처를 상대로 유류판매의 권유·알선 업무를 담당하던 이승호(가칭)는 사실상 소외 지점의 영업사원으로 행세하였으며 소외 지점 명의로 세금계산서가 발행될 때에는 주식회사 에스엔에너지(이하 '소외 회사'라 한다) 대표자인 이승철(가칭)의 확인을 받은 것으로 보이는 점,

③ 원고는 소외 지점과의 거래에 있어 이러한 사항을 확인하였을 뿐만 아니라(법인 계좌 개설을 위해서는 사업자등록증을 제출하여야 한다), 유류대금의 입금 역시 줄곧 소외 지점의 법인 계좌를 이용하였던 점,

④ 반면 납세의무자인 거래자로 하여금 외관상 드러나는 위와 같은 사항을 확인하는 것을 넘어 상대 업체의 폐업 여부까지를 확인하도록 의무를 지우는 것은 가혹할 뿐더러, 거래의 실정에도 맞지 아니하는 점,

⑤ 특히 원고가 소외 지점과 처음 거래를 시작한 2005. 8. 22.경은 소외 지점의 폐업 전이었을 뿐만 아니라, 이 사건 세금계산서가 작성된 시점은 소외지점의 폐업 직후의 거래로서 원고회사로서는 그 사실을 미리 인지하기가 쉽지 않았을 것으로 보이는 점,

⑥ 출하전표에는 원고와 소외 지점 사이의 거래가 나타나 있지 않으나, 이는 소외 지점이 정유사로부터 그 외의 사업자에게 출하된 유류를 공급받아 물품대금을 입금한 후 위 출하전표를 인수하여 원고회사와 같은 중간 판매업자에게 다시 판매하고, 원고는 구입한 유류의 현물을 인도받기 위한 증표로서 위 출하전표를 교부받고 이를 근거로 유류를 출고시켜 주유소에 배송하도록 조치하였기 때문인 것으로 보여지는바, 출하전표의 이러한 발행목적 및 교부방법, 전반적인 유류 거래관행 등에 비추어 보면 출하전표가 유류의 거래과정을 반드시 정확하게 반영한다고 보기 어려우므로 출하전표에 원고와 소외 지점 사이의 거래가 기재되어 있지 않다는 사정만으로 유류의 실제 공급자가 소외 지점이 아니라는 사실을 원고가 알고 있었다고

쉽게 단정하기 어려운 점 등에 비추어 보면,

원고로서는 유류의 실제 공급자가 누구인지에 관하여 선량한 관리자로서의 주의의무를 다하였다고 봄이 상당하고, 그 과정에서 박찬영이 실제 공급자로서 소외 지점의 명의로 허위의 세금계산서를 발행한 것이라는 사실을 몰랐다고 하여 원고 회사에게 과실이 있다고 보기는 어렵다.

2. 사건의 개요

원고는 2005. 8. 1.부터 2005. 9. 30.까지 서울 은평구에서 석유류 도매업을 영위한 법인으로서 2005년 제2기 과세기간 중 주식회사 에스엔에너지 의정부지점으로부터 공급가액 합계 185,089,091원의 세금계산서 2장(2005. 8. 31. 및 2005. 9. 30. 각 발행되었다. 이하 '이 사건 세금계산서')을 받아 이를 매입세액으로 공제하여 부가가치세를 신고·납부하였다.

한편 피고는 중부지방국세청으로부터 소외 지점에 대한 자료상 조사결과를 통보받고 이 사건 세금계산서를 허위의 세금계산서로 보아 관련 매입세액을 불공제하여 2007. 9. 4. 원고에게 2005년 제2기분 부가가치세 25,470,090원을 경정·고지하였는데 원고는 이에 불복하여 2007. 12. 7. 피고에게 이의신청을 하였으나 2008. 1. 11. 기각되었고, 다시 2008. 3. 24. 국세청장에게 심사청구를 하였으나 2008. 8. 27. 기각되어 이 사건 소를 제기한 것이다.

3. 관련법령

○ **부가가치세법**(이하 '부가세법'이라 한다)

제6조 【재화의 공급】

①재화의 공급은 계약상 또는 법률상의 모든 원인에 의하여 재화를 인도 또는 양도하는 것으로 한다.

제 7 조 【용역의 공급】

①용역의 공급은 계약상 또는 법률상의 모든 원인에 의하여 역무를 제공하거나 재화·시설물 또는 권리를 사용하게 하는 것으로 한다.

제 9 조 【거래시기】

①재화가 공급되는 시기는 다음 각 호에 규정하는 때로 한다.

1. 재화의 이동이 필요한 경우에는 재화가 인도되는 때
2. 재화의 이동이 필요하지 아니한 경우에는 재화가 이용 가능하게 되는 때
3. 제 1 호와 제 2 호의 규정을 적용할 수 없는 경우에는 재화의 공급이 확정되는 때

②용역이 공급되는 시기는 역무가 제공되거나 재화·시설물 또는 권리가 사용되는 때로 한다.

③사업자가 제 1 항 또는 제 2 항에 규정하는 시기가 도래하기 전에 재화 또는 용역에 대한 대가의 전부 또는 일부를 받고, 이와 동시에 그 받은 대가에 대하여 제16조의 규정에 의한 세금계산서 또는 제32조의 규정에 의한 영수증을 교부하는 경우에는 그 교부하는 때를 각각 당해 재화 또는 용역의 공급시기로 본다.

제16조 【세금계산서】

①납세의무자로 등록한 사업자가 재화 또는 용역을 공급하는 때에는 제 9 조의 시기(대통령령에서 시기를 다르게 정하는 경우에는 그 시기를 말한다)에 다음 각 호의 사항을 기재한 계산서(이하 "세금계산서"라 한다)를 대통령령이 정하는 바에 의하여 공급을 받은 자에게 교부하여야 한다. 이 경우 세금계산서를 교부한 후 그 기재사항에 관하여 착오나 정정 등 대통령령이 정하는 사유가 발생한 경우에는 대통령령이 정하는 바에 따라 세금계산서를 수정하여 교부할 수 있다.

1. 공급하는 사업자의 등록번호와 성명 또는 명칭
2. 공급받는 자의 등록번호
3. 공급가액과 부가가치세액
4. 작성연월일

5. 제 1 호부터 제 4 호까지 외에 대통령령이 정하는 사항

제17조 【납부세액】

①사업자가 납부하여야 할 부가가치세액(이하 "납부세액"이라 한다)은 자기가 공급한 재화 또는 용역에 대한 세액(이하 "매출세액"이라 한다)에서 다음 각 호의 세액(이하 "매입세액"이라 한다)을 공제한 금액으로 한다. 다만, 매출세액을 초과하는 매입세액은 환급받을 세액(이하 "환급세액"이라 한다)으로 한다.

1. 자기의 사업을 위하여 사용되었거나 사용될 재화 또는 용역의 공급에 대한 세액
2. 자기의 사업을 위하여 사용되었거나 사용될 재화의 수입에 대한 세액

②다음 각 호의 매입세액은 매출세액에서 공제하지 아니한다.

1. 제20조 제 1 항 및 제 2 항의 규정에 의하여 매입처별세금계산서합계표를 제출하지 아니한 경우의 매입세액 또는 제출한 매입처별세금계산서합계표의 기재사항 중 거래처별 등록번호 또는 공급가액의 전부 또는 일부가 기재되지 아니하였거나 사실과 다르게 기재된 경우 그 기재사항이 기재되지 아니한 분 또는 사실과 다르게 기재된 분의 매입세액. 다만, 대통령령이 정하는 경우의 매입세액은 제외한다.

1의 2. 제16조 제 1 항 · 제 2 항 · 제 4 항 및 제 5 항에 따른 세금계산서를 교부받지 아니한 경우 또는 교부받은 세금계산서에 제16조 제 1 항 제 1 호부터 제 4 호까지에 따른 기재사항(이하 "필요적 기재사항"이라 한다)의 전부 또는 일부가 기재되지 아니하였거나 사실과 다르게 기재된 경우의 매입세액. 다만, 대통령령으로 정하는 경우의 매입세액은 제외한다.

제21조 【결정 및 경정】

①사업장 관할 세무서장 · 사업장 관할 지방국세청장 또는 국세청장은 사업자가 다음 각 호의 1에 해당하는 경우에 한하여 그 과세기간에 대한 부가가치세의 과세표준과 납부세액 또는 환급세액을 조사에 의하여 결정 또는 경정한다.

1. 확정신고를 하지 아니한 때
2. 확정신고의 내용에 오류 또는 탈루가 있는 때
3. 확정신고에 있어서 매출처별세금계산서합계표 또는 매입처별세금계산서합계표를 제출하지 아니하거나 제출한 매출처별세금계산서합계표 또는 매입처별세

금계산서합계표의 기재사항의 전부 또는 일부가 기재되지 아니하거나 사실과 다르게 기재된 때

❍ **부가가치세법 시행령**(이하 '부가세법 시행령'이라 한다)

제53조 【세금계산서】

①법 제16조 제 1 항 제 5 호에 따라 세금계산서에 기재할 사항은 다음 각 호와 같다.

1. 공급하는 자의 주소
2. 공급받는 자의 상호 · 성명 · 주소

2의 2. 공급하는 자와 공급받는 자의 업태와 종목

3. 공급품목
4. 단가와 수량
5. 공급연월일
6. 거래의 종류

4. 평　　석

가. 위 판결의 쟁점

이 사건의 쟁점은 ① 원고가 소외 지점으로부터 받은 세금계산서가 사실과 다른 세금계산서인지 여부와, ② 원고가 이러한 명의위장 사실을 알지 못한 데에 과실이 없었는지 여부이다.

위 판례는 기존 이와 유사한 사건에서 다른 법원이 인정한 입증의 정도와 달리 과세관청에게 원고의 과실 여부에 대한 엄격한 입증책임을 요구하여 유류 거래계의 현실을 제대로 고려하지 않은 문제점은 없는지 살펴볼 필요성이 있다고 본다.

먼저, 유류 거래계의 현실을 간접적으로 추단할 수 있도록 국세청에서 자료상을 어떠한 경로를 통하여 고발하는지를 간단히 살펴보는 것을 시작

으로 위 판결의 타당성을 검토하도록 하겠다.

나. 유류업계의 현실 및 자료상 고발 과정

(1) 관련기사

얼마 전부터 대규모 자료상에 대한 형사 유죄판결이 나오기 시작했다. 이는 현재 세금계산서를 정상적으로 발행하지 않아 발생하는 탈루 현상의 극히 일부분에 불과하다. 당시 자료상 조직에 대한 기사 내용을 보면 아래와 같다.

1조 6000억 원대 석유류 자료상 적발
대전지방국세청, 전국 무대로 한 일명 'H사단' 관련자 28명 고발

[아시아경제] 2008. 12. 30. 09:51

1조 6000억 원대의 대규모 석유류자료상이 국세청 단속망에 걸려들었다.

대전지방국세청은 최근 전국을 무대로 자료상 행위를 일삼아온 1조 6000억 원대의 석유류 자료상 조직(일명 'H사단')을 추적조사 끝에 적발, 실행위자 등 관련자 28명을 고발했다고 30일 밝혔다.

대전지방국세청은 수사기관의 협조 아래 정보자료 분석, 현장 확인, 잠복근무 등으로 자료상 명의 사업장과 충남 천안시, 인천시, 경기 구리시 등 실제 영업행위 장소 5곳을 확보했다.

대전지검 천안지청과 공조, 체포영장 등을 발부받아 압수한 전산자료, 예금통장 등 증거서류 20여 상자를 분석하고 추적 조사한 결과 ㈜○○에너지 등 17개의 자료상업체를 통해 1조 6000억 원의 가짜세금계산서를 발행한 사실을 적발해낸 것이다.

이 가운데 13개 자료상업체는 조사하고 있거나 끝난 곳으로 1조 4000억 원의 가짜세금계산서를 발행한 실행위자를 적발, 명의자만 처벌되고 실행위자는 살아남아 영업을 계속하는 악순환의 고리를 끊었다.

대전지방국세청이 이런 결실을 얻기까지엔 준비조사 단계에서부터 검찰협조 요청 등 사전 협조체제가 제대로 이뤄졌기 때문이다.

대전지방국세청 관계자는 "검찰에 사업자등록 명의자, 휴대전화 가입자, 기타관련자에 대한 전과조회는 물론 자료상혐의자와 관련자에 대한 체포영장, 압수수색영장, 통신영장, 계좌추적영장 등을 발부 요청해 성과를 올렸다"고 설명했다.

이달 11일 국세청 12명, 검찰 8명, 경찰 10명 등 총 30명이 5곳에 동원돼 실행위자 등 관련자 17명을 현행범으로 긴급체포했다. 사무실, 보일러실, 창고 등에 숨겨놨던 자료상행위 증거자료(전산자료, 예금통장, 자금일보 등) 20여 상자를 압수함으로써 결정적인 단서를 잡은 것이다.

붙잡힌 자료상들은 정상사업자로 위장, 일명 '바지사장'을 쓰는 수법으로 국세청조사에 대비해 온 것으로 밝혀졌다. 자료상으로 고발된 사람들 중 5명이 '바지사장'이었다.

세금계산서를 교부할 수 없는 부정유류 무자료 유통업자(일명 '딜러')와 거래한 부분을 정상거래로 위장키 위해 이전형태와 다른 기업형 전문자료상으로 활동했던 점도 특이하다.

관련업종 10년 이상의 경력자 또는 자료상 경리경력자 등 전문가를 뽑아 자료상조직을 결성하고 4~5개의 자료상행위업체를 세우고 6개월 단위로 개업과 폐업을 되풀이하면서 연언해온 것으로 드러났다.

이들은 자료상 명의자 계좌의 입・출금 상황, 비용처리 내용 등에 대해 '자금일보'란 명칭으로 명의사장이 실행위자에게 매일 서면보고해왔다.

전문회계프로그램을 사용해 매출 및 매입자료, 입・출금자료, 재고관리자료, 데이터 저장 등 증거서류를 완벽하게 갖춰 조사에 대비해 온 것으로 국세청은 분석했다.

자료상 명의자(사업자등록 명의대여자)에게 매달 200만 원을 주고 형사처벌을 받아 구속될 땐 그 대가로 1억~2억 원을 주기로 약정한 점도 밝혀졌다.

대전지방국세청은 자료상 정보 수집을 강화, 적발 위주의 조사를 펴 고발 등 범칙처리하는 한편 가짜세금계산서를 이용해 탈세하거나 비자금을 마련한 사람에 대해서도 조사・처벌키로 했다.

왕성상 기자 wss4044@asiae.co.kr

(2) 무자료 유류의 발생 원인 및 업계 현황

현재 유류업계는 정상적인 세금계산서를 교부받아 매출을 하여 이윤을 남길 수 있는 상태가 아니다. 그 이유는 금지금(金地金, Goldbar) 시장과 마찬가지로 굉장히 많은 무자료 유류가 유통되고 있어 다른 사업자들과 가격 경쟁이 불가피한 유류 도매업자 및 소매업자들은 가짜 유류 여부만을 걸러내는 데 주력할 뿐 무자료 유류임을 걸러낼 의지나 필요성을 못 느끼고 있어 시장이 굉장히 왜곡된 상태이기 때문이다.

그렇다면 '기름 한 방울 나지 않는 나라'에서 어떻게 무자료 유류가 나올 수 있는지 강한 의문을 품지 않을 수 없다.

대전고등법원 2008노477 특정범죄가중처벌 등에 관한 법률 위반(허위세금계산서) 사건으로 유죄판결을 받은 피고인의 검찰 피의자신문조서 중 일부를 요약하여 정리하자면 아래와 같다.

무자료 기름은 자기네들 말로 '여신'이라고 하는데, 정유회사들이 당장 기름을 살 운영자금이 없는 대리점에 여신으로 기름대금을 받지 않은 상태에서 그 대금은 1주일 후에 받기로 하고 신용으로 기름을 먼저 주는데, 대리점 입장에서는 정유회사로부터 받는 기름의 정가 자체가 비싸기 때문에 정상적으로는 주유소에 팔수가 없어 1주일 만에 그 기름을 다 팔기 위하여 싸게라도 무자료로 기름을 판다는 것이다.

그렇다면 공급가액을 낮추어서 정상적으로 공급하면 되지 않을까라는 의문이 든다. 이에 대해서 대리점은 무자료로 기름을 팔고, 가공세금계산서(일명 : 자료, 실물거래 없이 세금계산서만을 발행하는 것을 말함)도 다시 팔아 이윤을 내기 위한 것이라고 하였다.

예를 들면, 유류 20,000리터가 2000만 원(리터당 1,000원)이라고 가정했을 때, 대리점은 정유회사로부터 세금까지 포함하여 2200만 원에 사오게 된다. 이 경우 정상적으로 기름을 팔아 이윤을 내기 위해서는 2200만 원보다는 비싸게 팔아야 한다. 하지만 그 가격은 거래현실에서는 절대로 팔릴 수 없는 비싼 기름인 것이다. 그 가격에 기름을 팔수가 없기 때문에 그보다는 낮은 가격으로 기름을 팔아야 한다. 보통 리터당 50~80원(리터당 920원~950원)을 싸게 팔게 되는데 이 경우 대리점은 2200만 원을 주고 사왔지만, 팔 때는 1840만 원~1900만 원 정도로 팔게 될 수밖에 없는 거래구조를 띠게 된다고 한다.

당연히 사업을 하는 입장에서는 이윤을 남겨야 하는데 손해를 보게 되기 때문에 손해를 넘어 이윤을 남기기 위하여 다른 주유소에 자료를 발행하고 '자료대(공급가액의 8% 정도)'를 받는다고 한다.

위 예에서 유류 20,000리터의 기름을 2000만 원에 사서 1900만 원에 팔았다고 가정하면, 대리점의 입장에서는 매출처로부터 받은 공급가액 2090만 원(1900만 원 + 부가가치세 190만 원)에 무자료를 발행하여 1900만 원의 8%인 152만 원 정도를 추가로 벌게 되면 2242만 원이 되어 42만 원 정도의 이윤을 내게 되는 것이다.

게다가 대리점은 2000만 원에 사온 기름을 1900만 원에 팔았기 때문에 매출세액 190만 원(매출처로부터 받은 공급가액 1900만 원 × 10%)에서 매입세액 200만 원(매입처에게 지불한 매입비용 2000만 원 × 10%)을 공제한 다음 국가로부터 10만 원을 환급받게 되어 2252만 원을 벌고 순이익은 52만 원이 된다. 만약에 대리점이 자료를 팔지 않는다면 국가로부터 10민 원을 환급받아도 100만 원을 손해 보게 되기 때문에 실물을 거래하는 대리점 역시 가공세금계산서를 발행하게 될 여지가 큰 것이다.

(단위 : 만 원)

구 분	공급가액	부가가치세	자료대	환급세액	합 계
매 입 시	2,000	200 (2,000 × 0.1)			2,200
매 출 시 (정상거래인 경우)	1,900	190 (1,900 × 0.1)		10	2,100
손 익	−100	−10		+10	−100(손해)
매 출 시 (비정상적인 경우)	1,900	190 (1,900 × 0.1)	152 (1,900 × 0.08)	10	
손 익	−100	−10	+152	+10	+52(이익)

이외에도 정유회사가 대리점이 소화하여 매출할 수 있는 양보다 더 많은 양을 강매하기 때문에 정상적으로 소화할 수 없는 부분은 이렇게 무자료로 기름을 파는 것이 거래의 현실이라고 한다. 따라서 원래 실매입을 80% 정도만 맞추어도 발각되지 않는데, 급한 경우 50% 정도밖에 맞추지 못한 경우에는 가공세금계산서를 발행한 것이 국세청에 포착되어 적발되는 것이라고 한다.

닭이 먼저인지 달걀이 먼저인지 알 수 없듯이, 거래 현실의 기름가격이 왜곡되었기 때문에 이러한 비정상적인 거래가 계속 나오는 것인지, 아니면 비정상적인 거래가 시작되었기 때문에 거래시장이 왜곡된 것인지는 알 수 없다. 이러한 거래시장의 왜곡에는 면세유의 무자료 유통도 큰 몫을 하고 있기 때문이다.

즉, 무자료거래의 발생원인은 전근대적인 유통구조, 현금 위주의 상거래관행, 기업의 물량 위주의 판매전략, 낮은 납세의무에 대한 의식수준 등 복합적인 요인 등이 있는데, 이러한 것들로 인하여 발생하는 지하경제적 현상을 모르는 유류업자는 없다고 감히 단정할 수 있다.

(3) 자료상 파악 과정

일반적으로 국세청이 자료상의 단서를 포착하는 경우에는 첩보에 의한 것과 국세통합시스템(Tax Intergration System)상 매입은 없는데 매출만 있는 기업이 포착되어 자료상 혐의자로 추정되는 경우 등이 있다. 이후 국세청은 금융정보분석원(FIU)의 금융자료를 확보해 분석하는 한편 인터넷 접속 IP주소를 추적하고 현장실사를 통해 자료상인지 여부에 대한 구체적인 조사를 하게 된다.

검찰과 공조하에 압수수색영장, 통신영장, 계좌추적영장, 체포영장 등을 발부받은 경우 자료상 행위의 증빙자료(전산자료 · 예금통장 · 자금일보 등)를 쉽게 확보할 수 있어 이 사업자를 자료상 혐의자로 고발할 수 있게 된다.

실효성 있는 조사를 위해서 국세청은 검찰에 압수수색 영장을 신청하는 동시에 공조를 요청하여야 하는데, 일반적으로 수사기관과의 공조는 절차가 번거로울 뿐만 아니라 그 과정에서 검찰의 지휘를 받아야 하기 때문에 일선에서 업무를 담당하는 공무원들은 공조를 회피하는 경우도 많고 실제로 그러한 검찰 인력을 확보하는 데에는 한계가 많다. 하지만 조사 착수부터 기소에 이르기까지 단기간에 사건을 신속하게 처리하기 위해서는 수사기관과의 공조가 필수적이다.

이렇게 어려운 과정을 거쳐 맨 처음 매입, 매출이 불일치된 사업자를 자료상으로 확정한 다음에 사건은 더 복잡하게 진행된다. 자료상으로 확정, 고발 조치된 사업자와 거래한 매출처들을 사다리처럼 아래로 내려가면서 가공세금계산서 발행 여부를 파악한 후, 이들의 매입세금계산서를 공제하지 않는 과정이 남아 있기 때문이다.

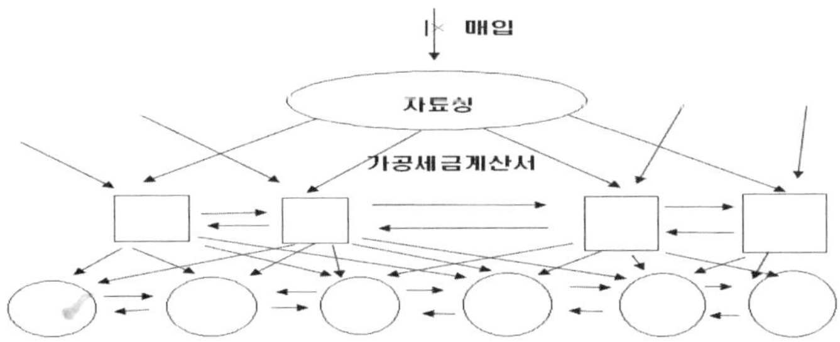

위와 같은 그림으로 가공세금계산서에 의한 무자료 유류는 묻혀버리게 되는 것이다. 실물거래 없이 가공세금계산서만의 이동 경로는 그나마 밝혀내기 쉽다. 하지만 유류의 경우는 무자료 유류와 가공세금계산서가 같이 다니기 때문에 실물거래가 있어 어떠한 것이 사실과 다른 계산서에 의한 기름인지 밝혀내는 것은 거의 신기에 가깝다고 할 수 있다.

국세청의 세무공무원들은 위 그림의 아래 단계에 있는 사업자의 매출과 매입을 일일이 세금계산서와의 비교를 통하여 정상적인 거래와 비정상적인 거래로 구분하는데 이 작업만으로도 보통일은 아닌 것이다. 아주 운이 좋으면 무자료 유류의 공급자를 밝혀내는 일도 있지만 보통의 경우는 가공세금계산서를 받은 것은 포착하였으나 실제 공급자를 밝히지 못하는 일이 비일비재하기 때문에 정황증거만으로 강한 의심이 드는 세금계산서를 가공세금계산서로 추단하는 식의 과정을 거칠 수밖에 없는 것이다.

다. 가공세금계산서로 인정되기 위한 요건 사실

(1) 최근 판례의 입장

1) 광주지방법원 2007. 9. 20. 선고, 2006구합4561 판결

① 원고의 매입처(소외 회사)의 대표이사로 등기되어 있는 김영진(가칭)은 명의를 대여한 자에 불과하고,

② 소외 회사에 매출한 것으로 신고한 회사들이 실제 석유 매출사실이 없으며, 소외 회사로부터 석유를 매입하였다고 신고한 다른 회사들의 실제 매입처도 소외 회사가 아닌 다른 곳으로 조사된 사실,

③ 소외 회사는 2005. 2. 16. 개업하여 2005. 12. 8. 폐업한 법인으로, 원고가 소외 회사와 거래하였다는 기간 동안 소외 회사는 유류매입 사실이 전혀 없는 사실 등이 인정되는바,

위와 같은 사실을 종합하여 소외 회사를 전부 자료상으로 확정하는 한편 다행히도 원고에게 기름을 샀다고 주장하는 자들의 실제 공급자를 밝혀냈기 때문에 원고와 소외 회사와의 거래를 전부 가공거래로 확정할 수 있었던 사안이다.

2) 부산지방법원 2008. 1. 31. 선고, 2007구합499 판결

① 이 사건 세금계산서의 각 공급가액과 소외 회사 명의로 된 거래명세표상의 공급가액이 다르고, 이 사건 세금계산서와 위 거래명세표상의 공급일자, 공급량 등이 소외 회사 명의의 출하전표, 원고의 상품수불부상의 각 그것과 각 상이한 점,

② 원고가 박철경(가칭, 소외 회사의 영업사원)에게 송금한 금액은 총

147,610,000원이나, 이 사건 세금계산서상의 지급액(부가가치세 포함, 이하 같다)은 합계 84,300,000원이고 이에 원고가 소지하고 있는 소외 회사 명의의 작성일이 2005. 1. 31.자 세금계산서상의 지급액 27,240,000원을 더하여 보아도 합계 111,540,000원에 불과하여 원고의 송금액과는 현저한 차이가 있는 점,

③ 원고가 박철경에게 송금한 금액이 박철경으로부터 소외 회사에 송금되고 그 중 상당액이 다시 소외 회사로부터 박철경에게 송금되는 등 원고와 소외 회사 및 박철경 사이에 정상적인 유류대금의 결제라고는 보기 어려운 자금의 흐름이 있었던 점,

④ 소외 회사는 사업장과 유류저장소조차 갖추지 못한 회사인 점,

⑤ 원고가 유류구입처에 관한 주장을 번복한 점 등을 종합해 보면,

이 사건 세금계산서가 실물거래 없이 허위로 작성되었다는 점과 원고가 주장하는 비용의 용도와 그 지급의 상대방이 허위임이 피고에 의하여 상당한 정도로 증명되었다 할 것이므로, 원고로서는 이 사건 세금계산서상의 지급액이 실제로 유류대금으로 지출되었다는 점을 증명할 필요가 있다 할 것인데, 이에 부합하는 증인 채명성(가칭)의 서면에 의한 증언은 믿기 어렵고 달리 이를 인정한 증거가 없으므로, 이 사건 세금계산서에 기재된 거래를 가공거래로 인정하였다.

이는 원고의 매입처인 소외 회사가 유류저장소조차 갖추지 못했다는 점, 세금계산서상의 매입가액과 송금액을 터무니없이 맞추지 못한 점 등이 드러나서 쉽게 가공거래로 확정할 수 있었던 사안이다.

3) 부산고등법원 2008. 9. 12. 선고, 2008누686 판결

① 영진에너지(가칭, 원고의 매입처, 소외 회사)는 2005. 2. 16. 개업하여 2005. 12. 8. 폐업한 석유류 도매업체인데, 대표이사인 이만수(가칭)는 명의만 대여하고 사업에 관여한 바가 없으며 실사업자가 누구인지 모른다고 진술하고 있는 사실,

② 소외 회사는 개업 후 2005. 6. 30.까지는 매출실적이 전혀 없이 매입가격만 9,468,181원으로 신고하였으며, 2005년 2기에는 공급가액 253,872,000원의 유류를 매입한 것으로 신고하였으나, 매입처로 기재된 주식회사 진영에너지(가칭)는 자료상 조사를 받고 고발된 업체로서 그 회사로부터 매입사실이 없는 등 유류를 매입한 자료가 전혀 없는 사실,

③ 또 소외 회사는 약 19개 거래업체들에게 3,199,569,000원 상당의 매출세금계산서를 발행해 주었는데, 일부 주유소 사업자들은 소외 회사가 아닌 다른 업체들로부터 실제 유류를 받은 다음 소외 회사 명의의 세금계산서를 받았고, 어떤 업체들은 전액 실물수수 없이 가공 매입세금계산서를 교부받은 사실,

④ 소외 회사와 같이 석유판매업을 운영하기 위해서는 유류 700kℓ 이상을 저장할 수 있는 지상 또는 지하 저장시설을 소유하거나, 독점적으로 사용하기 위해 임차한 시설임을 증명하는 서류를 첨부하여 등록하여야 하며, 이러한 기준을 위반할 경우 등록이 취소되며, 등록을 하지 않고 석유판매업(일반 대리점업)을 할 경우 형사처벌(2년 이상의 징역 또는 5천만 원 이하의 벌금)을 받도록 규정되어 있는데, 소외 회사는 부산탱크터미널과 석유저장탱크보관 임대차계약을 체결하였지만 임대차계약 체결 이후 부산탱크터미널에 유류를 전혀 보관하지 않았던 사실을 인정할 수 있는바,

위 인정사실에 의하면 소외 회사는 실제 유류 거래 없이 가공세금계산서만을 발행해 준 소위 '자료상'이었고, 원고가 소외 회사로부터 유류를 구입하고 수취하였다는 이 사건 세금계산서 역시 위장거래 또는 가공거래에 의한 세금계산서라고 판단하였는바,

법원은 원고의 매입처의 대표이사가 명의만을 빌려준 자라는 사실과 유류저장 탱크에 유류를 보관하지 않은 경우, 원고와 같은 단계에 있는 사업자 중 일부가 영진에너지가 아닌 다른 사업자가 이들에게 유류를 공급한 사실이 밝혀진 경우에는 원고와 소외 회사의 거래 역시 가공거래로 인정할 수 있다는 사안이었다.

4) 광주고등법원 2008. 10. 9. 선고, 2006누1738 판결

① 원고의 대표이사인 강동희(가칭) 통장에서 진화에너지(가칭, 자료상으로 고발된 가공매입처, 소외 회사) 명의의 농협통장으로 2002년 8월부터 2002년 10월까지 4차례에 걸쳐 78,068,000원이 폰뱅킹으로 입금되었고, 순천농협 순천지점에서 원고에 의하여 17,690,000원이 소외 회사 명의의 통장으로 무통장 입금되었다. 그런데 위 각 금액은 세금계산서상의 일자·금액 등에서 일치하지 아니하고 있을 뿐만 아니라,

② 소외 회사 명의의 통장에 입금된 금액은 입금 즉시 주식회사 공동산업(가명) 및 주식회사 금전에너지(가칭, 자료상으로 고발된 소외 회사의 가공매입처)의 예금계좌로 이체되었다.

③ 일전주유소(가칭), 이전석유(가칭)는 거래사실을 입증하기 위하여 거래명세표, 출하전표, 금융자료 등을 제출하였으나 원고는 세금계산서와 금융자료 외에는 제출한 것이 없다.

법원은 원고가 금융자료와 세금계산서 외에 자신이 거래사실을 증명하는 거래명세표·출하전표 등 관련 서류를 제출하지 못하고 있는 점, 세금계산서상 공급대가와 송금내역이 일치하지 않고 있음에도 원고가 그와 같은 사정에 대하여 충분히 해명하지 못하고 있는 점 등을 종합하여 원고와 소외 회사 사이의 거래를 허위라고 판단하였다.

5) 창원지방법원 2008. 11. 20. 선고, 2007구합3242 판결

① 정직에너지(가칭, 원고의 매입처, 소외 회사)는 2005. 1. 21. 개업하여 2005. 7. 25. 폐업한 석유류 도매업체로, 원고가 소외 회사와 거래하였다는 기간 동안 소외 회사는 공급가액 20,000,000원의 유류를 매입한 것으로 신고한 반면에, 원고는 공급가액 26,285,000,000원의 유류를 매출한 것으로 신고하였음에도 부가가치세는 전혀 납부하지 아니한 사실,

② 소외 회사는 약 175개 거래업체들에게 26,285,000,000원 상당의 매출세금계산서를 발행해 주었는데, 일부 업체들은 실물거래 없이 소외 회사

명의의 계좌로 유류대금 명목의 돈을 송금한 후 차명계좌 등을 통하여 다시 반환받은 사실,

③ 김성실(가칭)은 원고 운영의 이 사건 주유소를 비롯한 주유업체 등에 유류를 공급하면서 소외 회사 명의로 매출 세금계산서를 발행하고, 그 유류대금은 소외 회사를 통하거나 직접 자신의 계좌로 지급받은 사실이 인정되는바,

위 인정사실에 의하면, 소외 회사는 유류 거래 없이 가공세금계산서를 발행한 속칭 '자료상'이고, 원고는 실제로 김성실로부터 경유를 구입하고 소외 회사 명의의 세금계산서를 교부받았음을 알 수 있으므로, 이 사건 세금계산서는 허위의 세금계산서, 즉 사실과 다른 위장거래에 의한 세금계산서임이 분명하다고 판단하였는데, 이 사안 역시 실제 공급자가 드러나서 가공세금계산서라고 확정할 수 있었던 운이 좋은 사안이다.

6) 대구고등법원 2009. 7. 10. 선고, 2009누42 판결

① 세무조사에서 ㈜비련에너지(가칭, 원고의 매입처, 소외 회사)의 사업기간 중 원고가 실제 유류를 매입하였다는 자료가 발견되지 않았고,

② ㈜비련의 저유소로 신고된 서울 송파구 잠실 3 동 427－5(가칭)와 출하전표에 출하지로 기재된 서울 송파구 잠실2동 18－12(가칭) 소재 저장탱크에 실제 저유된 사실이 확인되지 않은 점 등에 비추어 보면,

원고에게 경유를 공급한 업체는 이 사건 각 세금계산서에 기재된 ㈜비련 또는 소외 회사가 아니라고 할 것이므로, 출하전표가 제출된 경우에도 출하지의 저유사실 여부를 판단하여 사건 각 세금계산서는 공급자가 사실과 다르게 기재된 경우에 해당한다고 판단하였다.

(2) 법원의 입장 정리

법원이 매입세금계산서가 사실과 다른 세금계산서에 해당한다고 인정하는 경우로는,

① 원고가 유류를 매입하였다는 소외 회사가, ⅰ) 부가가치세를 전혀 납부하지 않은 경우, ⅱ) 소외 회사의 저유소나 유류저장 탱크에 유류가 저장된 사실이 없는 경우, ⅲ) 소외 회사의 대표이사의 명의가 대여된 경우, ⅳ) 소외 회사로부터 매입한 사업자 중에서 소외 회사가 아닌 다른 자로부터 유류를 공급받은 사실이 확인된 경우와

② 원고가, ⅰ) 제출한 세금계산서와 송금한 액수에 차이가 있는 경우, ⅱ) 매입세금계산서와 송금 내역이 같다 하더라도 소외 회사가 자료상으로 강하게 추정받고 있는 상황에서 거래명세표, 출하전표, 금융자료 등을 제출하지 못한 경우, ⅲ) 출하전표를 제출하여 원고가 실제로 유류를 공급받은 사실이 확인이 되었다 하더라도 정유회사와 소외 회사 전 단계에서의 거래명세표가 일치하지 않는 경우에는 소외 회사와 원고 사이에서 작성된 세금계산서는 사실과 다른 세금계산서라고 판시하고 있다.

(3) 위 판례에 대한 검토

위 사안은 원고가 소외 회사로부터 유류를 매입하면서 매입대금은 은행송금의 방식을 통하여 전액 소외 회사의 계좌에 입금하였음이 확인되고, 원고가 제시한 정유사 발행의 출하전표에는 유류의 거래일자, 거래수량, 최종 공급처가 기재되어 있는 사안인바, 출하전표는 화물상환증과 같은 것으로서 정유사에서 물품을 수령하였다는 사실을 입증할 수 있는 충분한 증빙으로 보아 실물거래사실은 인정되지만, 출하전표를 살펴보면 정유사에서는 원고 외 ㈜동문석유(가칭), ㈜서문석유(가칭), ㈜대전석유(가칭) ㈜SD네트웍스(가칭) 등 유류 도매업체에 출하를 하였고, 당해 도매업체에서 직접 거진주유소(가칭), 새알진주유소(가칭), 현재용인주유소(가칭), 북해안주유소(가칭), 유령에너지(가칭), 연해주유소(가칭) 등에 유류를 인도한 것으로 기재되어 있으므로 원고가 소외 회사와 직접거래를 하였다는 증거자료로는 불충분한 것이어서 실물거래사실은 인정되지만 소외 회사가 실제 공급자가 아니라는 이유로 사실과 다른 세금계산서에 해당한다고 인정한 부분은 원

고가 실제로 유류를 매입한 사실이 인정되더라도 매입처의 비정상성으로 원고의 실공급자를 밝히지 못한 경우에도 원고와 소외 회사의 매입세금계산서를 사실과 다른 세금계산서라고 인정하여 기존 판례와 동일한 입증책임의 정도에 따라 판단한 타당한 판결이라 하겠다.

라. 선의, 무과실인지 여부

(1) 최근 판례의 입장

1) 광주지방법원 2007. 9. 20. 선고, 2006구합4561 판결

① 원고의 영업소장이자 원고의 대표이사로부터 이 사건 석유 매입을 전적으로 지시받아 업무를 처리한 김용환(가칭)은 개인사업자가 동일사업장에서 경영하던 거창주유소(가칭)를 원고 법인이 인수하기 전 위 주유소에서 소장으로 재직하였고, 그 당시 일창(소외 회사)으로부터 실물거래 없는 가공매입세금계산서를 수취한 전력이 있는 사실,

② 원고 대표이사 등은 주유소 영업이 처음이라면 그 거래에 있어 더욱 신중하게 처리하는 것이 통상적일 것임에도, 김용환에게 이 사건 유류 매입업무의 전권을 위임하다시피 하였고, 리터(ℓ) 당 20원 저렴하므로 자신에게 구입하라는 제안에 따라 기존 거래도 없는 김영철(가칭)에게 기름을 받기도 전에 1억 원, 5000만 원, 3000만 원 등의 거액을 선입금하였으며, 기름 매입과 관련하여 김용환을 전적으로 믿고 현장을 방문한 바도 없이 그를 통해 기름을 매입한 사실,

③ 원고가 김용환을 통해 소외 회사로부터 유류를 공급받으며 건네받았다고 주장하는 출하전표는 그 내용이 매우 부실하여 정상적인 거래관계에서 발행된 것으로 보기는 어려운 사실,

④ 유류 거래의 경우 통상적으로 거래처마다 월말에 그 달의 총공급량을 정산하여 세금계산서를 발행받는데 이 사건의 경우 원고는 매 출하시마

다 세금계산서를 받았다고 주장하며 그 각별의 세금계산서를 제시하는바, 이는 이례적인 거래 형태인 사실 등이 인정되는바, 위와 같은 사실에 비추어 보면, 원고의 대표이사 또는 영업소장인 김진영(가칭)은 소외 회사가 소위 '자료상'에 불과하고, 이 사건 세금계산서는 위장거래 또는 가공거래에 의한 세금계산서라는 사실을 알았거나 최소한 알지 못한 데에 과실이 있다고 봄이 상당하다고 판시하였는데, 이 사안에서는 유류 거래의 관행을 직접적으로 언급하였다는 점이 주목할 만하다.

유류 거래의 경우 통상적으로 거래처마다 월말에 그 달의 총공급량을 정산하여 세금계산서를 발행받는 것이 정상이지 매 출하시마다 세금계산서를 받았다면 이는 이례적인 거래 형태라고 단정하고, 원고가 유류 매입처에 현장방문하지 않은 사실 역시 원고의 과실이 있음을 추단할 수 있는 정황증거라고 인정한 것에 의의가 있는 판결이다.

2) 부산고등법원 2008. 9. 12. 선고, 2008누686 판결

① 부산에너지(가칭, 원고의 매입처, 소외 회사)의 석유판매업등록증상 저장시설은 부산시 남구 용호동 427－×로 되어 있음에도 불구하고, 원고는 소외 회사에 유류를 공급받은 것으로 기재된 출하전표를 교부받고 실제로는 창원석유 주식회사 부산저유소(가칭)나 마산오일뱅크 주식회사 부산저유소(가칭)에서 유류를 공급받은 사실,

② 원고가 소외 회사에 유류를 주문하면 기린에너지(가칭)가 지정하는 창원석유 주식회사(가칭) 부산저유소에서는 거래처가 소외 회사로 된 출하전표와 유류를, 마산오일뱅크 주식회사(가칭) 부산저유소에서는 거래처가 소외 회사로 된 출하전표와 유류를 공급받고(소외 회사가 거래처로 된 출하전표를 받은 적은 없다), 위 출하전표를 소외 회사에 가져가면 소외 회사는 거래처가 원고로 된 출하전표와 이 사건 세금계산서를 교부해 주는 방식으로 거래를 해온 사실,

③ 주식회사 무자료에너지〔가명, 대표이사 남오현(가명)〕는 2005. 8. 16.부

터 2005. 10. 12.까지 7차례에 걸쳐 이 사건 주유소에 127,748,191원 상당의 유류를 공급하고도 세금계산서는 소외 회사 명의로 교부하였다는 확인서를 작성하여 김해세무서장에게 제출한 사실,

④ 소외 회사의 석유판매업등록증상 저장시설과 실제 출하장소 및 소외 회사 명의의 출하전표에 기재된 출하장소가 모두 달랐고, 또 출하전표상의 거래처가 소외 회사가 아닌 주식회사 마포에너지(가칭) 등 다른 주유소로 되어 있었으므로 원고로서는 의심을 품고 이를 조사할 필요성이 있었으므로 원고가 조금만 주의를 기울여 김천저유소(가칭)를 등을 통해 조사를 하였더라면 소외 회사가 실제 공급업체가 아니라는 사실을 알 수 있었을 것으로 보이는 점,

⑤ 원고와 같은 주유소 업자들은 통상적으로 세금계산서를 월말에 정산하여 한 장으로 받는데 원고는 그러한 거래관행과 달리 매 거래시마다 이 사건 세금계산서를 소외 회사로부터 수수한 점,

⑥ 원고는 소외 회사가 강원주유소(가칭)에 6차례에 걸쳐 3억 원 상당의, 강릉주유소(가칭)에 10차례에 걸쳐 1억 7000만 원 상당의 각 위장거래 또는 가공거래에 의한 세금계산서를 발급하는 데에 중개 역할도 한 것으로 보이는 점 등에 비추어 보면,

원고는 소외 회사가 실제로 이 사건 유류를 공급하는 자가 아니라는 사실을 알았거나, 알지 못하였다 하더라도 알지 못한 데에 과실이 있다고 봄이 상당하다고 판시하였는데, 여기서도 통상적인 유류 관행은 월말에 정산하여 한 장으로 세금계산서를 받는다는 것과 소외 회사의 석유판매업등록증상 저장시설장소와 출하전표에 기재된 실제 출하장소가 달랐으므로 의심을 품고 이를 조사할 필요성이 있었고 원고가 조금만 주의를 기울여 감천저유소를 등을 통해 조사를 하였더라면 소외 회사가 실제 공급업체가 아니라는 사실을 알 수 있었다고 인정한 것에 그 의의가 있다.

3) 대구고등법원 2009. 7. 10. 선고, 2009누42 판결

① 원고가 경유를 공급받음에 있어 공급자로부터 사업자등록증을 제출받거나 계약서를 작성하는 등의 거래상대방을 확인하는 절차를 소홀히 한 것으로 보이는 점,

② 원고의 주장에 의하더라도 ㈜미련에너지(가명, 원고의 매입처, 소외 회사)로부터 경유를 매입하였고, 그때 확인한 사업자등록증에는 대표자가 김장군(가명)으로 기재되어 있었다는 것인데, ㈜미련에너지의 대표자는 김장군이 아닌 서영호(가명)인 점,

③ 이 사건 각 세금계산서를 수취하기 전 출하전표 상에 공급자는 ㈜미련, 출하지는 소외 회사로 기재되어 있어 원고가 ㈜미련이 소외 회사와 다른 회사임을 알지 못하였다고 보기 어려운 점,

④ 원고는 2005. 3. 3. 소외 회사 명의의 세금계산서와 관련하여 ㈜미련 명의의 계좌에 유류대금을 2차례에 걸쳐 송금한 점,

⑤ 복수제품 판매를 위한 변경등록 후 처음으로 다른 업체로부터 대량의 경유를 구입하는 원고로서는 무자료 유류나 유사석유 등의 매입으로 인한 손해를 방지하기 위해서라도 경유의 실제 공급자가 누구인지를 조사 또는 확인하여 알게 되는 것이 보통인데다 그와 같은 확인에 그다지 큰 어려움이 있다고 볼 수도 없는 점 등에 비추어 볼 때, 원고가 위와 같은 사실을 알지 못한 데에 과실이 없었다고 인정하기 어렵다고 하였다.

이 사안에서는 실제 유류 사업자들의 현 상황을 정확히 반영하여 경유의 유류업계에 종사하는 사람이라면 실제 공급자가 누구인지를 조사 또는 확인하여 알게 되는 것은 그다지 어려운 일이 아님을 확인하였다는 데에 의의가 있다.

(2) 법원의 입장 정리

법원이 원고에게 악의 또는 과실 있다고 판단하기 위한 정황증거로 인정한 경우로는,

① 유류 거래의 경우 통상적으로 거래처마다 월말에 그 달의 총공급량을 정산하여 세금계산서를 발행받는 것이 정상이므로 매 출하시마다 세금계산서를 받았다면 이는 이례적인 거래 형태라고 인정하여 매 출하시마다 세금계산서를 받는 것은 정상적인 유류 관행에 역행한다고 보아 이러한 거래가 있는 경우,

② 소외 회사의 석유판매업등록증상 저장시설장소와 출하전표에 기재된 실제 출하장소가 달랐다면 원고의 입장에서는 강한 의심을 품고 이를 조사할 필요성이 있었고 원고가 조금만 주의를 기울여 저유소 등을 통해 조사를 하였더라면 소외 회사가 실제 공급업체가 아니라는 사실을 알 수 있었다고 하여 출하전표에 기재된 출하장소가 불일치하는 경우,

③ 처음으로 다른 업체로부터 대량의 경유를 구입하는 원고로서는 무자료 유류나 유사석유 등의 매입으로 인한 손해를 방지하기 위해서라도 경유의 실제 공급자가 누구인지를 조사 또는 확인하여 알게 되는 것이 보통인데다 그와 같은 확인에 그다지 큰 어려움이 있다고 볼 수도 없기 때문에 실지 현장조사를 하지 않은 경우 등이 있다.

(3) 위 판례에 대한 검토

위 사안에서 법원은 원고와 소외 회사 사이에 실물거래가 있었던 것은 사실이나 이 사건 세금계산서는 사실과 다른 세금계산서임을 전제로 원고에게 그 세금계산서에 대한 악의나 과실이 있는지를 검토함에 있어,

① 소외 지점이 소외 회사 본점의 법인 계좌를 보유하고 있고, 줄곧 이곳으로 입금을 한 점,

② 소외 지점의 영업사원이 소외 지점으로 세금계산서를 발행할 때 소외 회사의 대표자의 확인을 받은 점,

③ 납세의무자인 거래자로 하여금 외관상 드러나는 위와 같은 사항을 확인하는 것을 넘어 상대 업체의 폐업 여부까지를 확인하도록 의무를 지우는 것은 가혹할 뿐더러, 거래의 실정에도 맞지 아니하는 점,

④ 출하전표에는 원고와 소외 지점 사이의 거래가 나타나 있지 않으나, 이는 소외 지점이 정유사로부터 그 외의 사업자에게 출하된 유류를 공급받아 물품대금을 입금한 후 위 출하전표를 인수하여 원고 회사와 같은 중간판매업자에게 다시 판매하고, 원고 회사는 구입한 유류의 현물을 인도받기 위한 증표로서 위 출하전표를 교부받고 이를 근거로 유류를 출고시켜 주유소에 배송하도록 조치하였기 때문인 것으로 보여지는바,

출하전표의 이러한 발행목적 및 교부방법, 전반적인 유류 거래관행 등에 비추어 보면, 출하전표가 유류의 거래과정을 반드시 정확하게 반영한다고 볼 수 없고, 출하전표에 원고 회사와 소외 지점 사이의 거래가 기재되어 있지 않다는 사정만으로 유류의 실제 공급자가 소외 지점이 아니라는 사실을 원고 회사가 알고 있었다고 쉽게 단정하기 어렵다고 판시한 점은 '사업자등록증, 대리점허가증, 국세완납증명원, 법인통장계좌 등을 확인하여 소외 회사가 석유판매업 등록을 한 정상적인 사업자임을 확인한 후, 각 거래시마다 소외 회사가 지정하는 서유소에 원고의 차량을 보내 그 저유소로부터 경유를 공급받으면서 출하전표를 발행받아 그 출하전표를 소외 회사에 보여주고, 소외 회사로부터 이 사건 세금계산서와 출하전표를 교부받은 다음 대금을 송금하는 방식으로 실물거래를 한' 경우에도 유류 거래의 관행을 정확하게 인지하고 원고의 과실을 인정한 기존 판결과는 명백하게 배치됨과 동시에 유류 거래 관행에 대한 기존 판결의 판시사항을 무시한 채 원고의 주장만을 근거로 유류업계의 종사하는 사람이면 누구나 쉽게 자신의 유류가 정상적인 거래 과정에 있는 유류인지 무자료 유류인지를 쉽게 알 수 있다는 점을 경시한 것이라고 판단된다.

5. 결　　론

위 판례는 ① 사실과 다른 세금계산서로 볼 수 있는지 여부와 관련하여서는 유류계의 현실을 반영하여 원고의 매입처인 소외 회사가 자료상으로 인정될 만한 정황증거가 있다면 소외 회사가 100% 자료상인지의 여부와 관하여 일일이 따지지 않고도 원고와 소외 회사의 거래로 인한 매입세금계산서는 사실과 다른 세금계산서라고 보아 기존 판례와 같은 입장을 취하였으나, ② 원고가 사실과 다른 세금계산서임을 알았거나 알지 못한 데 과실이 있는지 여부에 관하여는 원고가 주장하는 유류계의 거래관행을 운운하며 기존 판례에서 인정한 유류계의 거래관행을 도외시한 사실인정을 통하여 국세청에게 불가능에 가까운 입증책임을 지도록 함에 문제가 있다고 할 것이다.

자료상의 발생은 부가세법제도 운영에 있어 피할 수 없는 맹점이라고도 할 수 있지만 이 모든 것이 국민의 의식 속에 주권재민의 민주사상이 제대로 자리를 잡지 못함에 따라 의무를 다하고 권리를 주장하는 민주시민으로서의 건전한 납세의식이 결여되어 있기 때문에 발생한다고 해도 과언이 아니다.

하지만 법원이 국민의 납세의식을 계도할 당위성이 있다고 주장하는 것은 극단의 사법적극주의를 표방하는 자로 인식될 수 있으므로 생략하더라도 적어도 다른 법원이 인정한 거래의 관행에 대한 깊은 주의가 요망되고 자료상이 더욱 활발하게 활동할 수 있는 빌미는 제공하지 않았으면 한다는 입장에서 이 판결은 항소심에서 다른 결론이 나길 바라는 바이다.

서울고등검찰청 송무부

금지금(Gold Bar, 金地金) 폭탄영업 구조거래(Defaulting Chain)에 대한 대법원 판결에 대한 연구

(대법원 2008. 12. 11. 선고, 2008두16476 판결)

1. 판결요지

원고는 2003. 10. 20.부터 2004. 12. 31.까지 삼송금은(가명) 주식회사를 비롯한 3개 사업자(이하 '이 사건 공급자'라 한다)로부터 이 사건 금지금을 각 매입하고 매입 당일 이 사건 금지금을 인도받은 다음 그 대금을 모두 지급(이하 '이 사건 거래'라 한다)하고 이 사건 공급자로부터 이 사건 거래에 따른 세금계산서 28장을 각 교부받은 사실, 원고는 이 사건 금지금을 홍콩 소재 수입상에게 수출한 사실을 알 수 있는바, 이러한 사실 및 기록에 나타나는 여러 사정을 앞서 본 법리에 비추어 살펴보면, 이 사건 금지금이 수입되어 수출되기까지의 일련의 전체 거래가 모두 짧은 기간 내에 이루어지고, 그 중간 단계에 부가가치세가 면제되는 금지금을 매입한 다음 면세추천받지 아니한 자에게 부가가치세 과세대상이 되는 금지금으로 공급하면서 세금계산서를 작성·교부하고 그 부가가치세 상당액을 납부하지 않는 이른바 폭탄업체가 존재하고 있는 점 등의 사정만으로는 이 사건 거래가 폭탄업체 또는 그와 가까운 거래단계에 있는 업체로부터 직접 수출업체로 금지금이 공급되는 것인데도 마치 여러 단계를 거쳐 금지금이 공급되는 것처럼 위장한 것으로서 이 사건 각 세금계산서는 공급하는 자가 실제와 다르게 작성된 것으로서 사실과 다른 세금계산서에 해당한다고 단정 짓기는 어렵다.

2. 사건의 개요

가. 금지금 변칙거래에 대한 소개[1)]

(1) 서 설

금지금 변칙거래의 경우 그 태양은 다양하다고 할 것인바, 기본적으로는 수입선인 외국업체로부터의 수입을 시작으로 변칙적인 부가가치세 포탈의 과정을 거쳐 수출업자에게 양도, 수출업자가 외국업체에게 수출하는 경우이다.

특히 수입선인 외국업체로 다시 수출되는 거래[2)]와 국내업체 간 변칙적인 부가가치세 포탈 과정을 통해 내수 판매되어 최초 매도자가 다시 매수하는 국내업체 간 거래가 있다. 하지만 위 변칙적인 부가가치세 포탈의 과정에는 항상 무자력의 중간거래상인 소위 '폭탄업체'[3)]가 개입된다는 공통점이 있다.

---

1) 김주현 변호사(법무법인 세종), "금지금 관련 부가가치세 소송에 대한 소고", 2006년 서울고검 송무자료집 게재.

2) 외국업체로부터 수입한 금이 국내 변칙 거래를 거쳐 다시 그 외국업체에 수출되는 경우가 있는바, 이를 속칭 '뺑뺑이 거래'라고 한다.

3) 경제적 능력이 없고 단순히 탈세를 위한 형식상의 업체로, 이후 조세부담을 안고 폐업을 한다고 하여 이를 '자폭조 내지 폭탄업체'라고 부르고 있다. 폭탄업체의 핵심은 영세율 또는 면세로 매입하여 과세로 매출(즉, 부가가치세를 포함한 가격으로 매도)한다는 점이다.

개개 사건의 거래구조가 복잡, 다양하여 전 과정을 밝혀내거나 일반화하는 것은 쉽지 않은 실정이나, 대체로 위 구조를 취한다고 할 것이다. 이하에서는 이해의 편의를 돕기 위해 단순화한 범행구조도를 살펴보기로 한다.

(2) 금지금 변칙거래의 기본구조

1) 영세율 구조하에서의 기본구조

> 수입업체가 1,000원에 수입하여 1,010원에 폭탄업체에 매출하고, 폭탄업체는 927원에 수출업체에게 매출하고, 수출업체가 937원에 수출하는 경우

수입에서 수출까지의 가격 구성도

	수입						수출
물 품 가	1,000	수입업체	1,010	폭탄	927	수출업체	937
부 가 세	100		0		93		0
계	1,100		1,010		1,020		937
이익계산	1,000 (100 환급)	10	1,010	10	1,020	10	1,030 (93 환급)

○ 수입업체의 부가가치세 탈세 수법 : 폭탄업체가 작성한 허위 수출서류를 근거로 발급받은 구매승인서에 의해 영세율 매출하고 수입시 부담한 부가가치세 100원은 부정환급을 받음.

납부세액 = (1,010 × 0%) − (1,000 × 10%) = △100(거래차익 10원 취함)

○ 속칭 폭탄업체의 부가가치세 탈세 수법 : 허위 수출서류로 영세율 매입하여 가격을 다운시켜 과세매출하고 매출시 받은 부가가치세는 횡령하고 세금은 무납부 도주함으로써 부가가치세는 무재산으로 징수하지 못함.

납부세액 = (927 × 10%) − (1,010 × 0%) = 93(거래차익 10원 취함)

○ 수출업체의 부가가치세 탈세 수법 : 전 단계에서 과세전환된 지금을

매입하여 수출하고 매입시 부담한 부가가치세를 환급받음.

납부세액 = (937 × 0%) − (927 × 10%) = △93(거래차익 10원 취함)

영세율제도를 악용하여 폭탄업체가 허위의 수출계약서를 위조, 행사하여 허위 구매확인서를 발급받아 영세율로 지금을 양수한 후 전량을 국내에 저가로 과세매출하여 대외무역법을 위반하여 구조적으로 부가가치세를 납부할 수 없는 거래를 하고, 나아가 부가가치세 납부세액 징수 추적을 피하려고 전액을 현금으로 인출하여 횡령하고서도 영세율인 양 허위 신고하여 매입세액공제를 받고 매출세액 상당액의 징수를 불가능하게 하고 저가수출을 통해 폭탄업체들과 공모하여 포탈한 부가세를 부정환급을 받는 것이다.

2) 면세제도 구조하에서의 기본구조

수입업체가 1,000원에 수입하여 1,010원에 폭탄업체에 매출하고, 폭탄업체는 927원에 수출업체에게 매출하고, 수출업체가 937원에 수출하는 경우

수입에서 수출까지의 가격 구성도

	수입						수출
물 품 가	1,000	수입업체	1,010	폭탄	927	수출업체	937
부 가 세	0		0		93		0
계	1,000		1,010		1,020		937
이익계산	1,000 (환급 없음)	10	1,010	10	1,020	10	1,030 (93 환급)

○ 수입업체의 부가가치세 탈세공모 : 면세금추천서에 의해 수입 전 각 단계별 거래처가 미리 공모한 후 수입하여 당일 바로 수출하며 수입업체는 일정액의 이윤을 취함.

납부세액 = (1,010 × 0%) − (1,000 × 0%) = 0(거래차익 10원 취함)

○ 속칭 폭탄업체의 탈세수법 : 면세금추천서에 의해 면세 매입하여 가격을 다운시켜 과세매출하고 매출시 받은 부가가치세는 횡령하고 세금은

무납부 도주함으로써 부가가치세는 무재산으로 징수 못함.

납부세액 = (927 × 10%) − (1,010 × 0%) = 93(거래차익 10원 취함)

○ 수출업체의 부가가치세 탈세수법 : 전 단계에서 과세 전환된 지금을 매입하여 수출하고 매입시 부담한 부가가치세는 환급받음.

납부세액 = (937 × 0%) − (927 × 10%) = △93(거래차익 10원 취함)

면세금제도를 악용하여 폭탄업체가 면세금 거래승인을 위장, 면세금을 양수한 후, 전량을 국내에 저가 과세 매출함으로써 구조적으로 부가가치세를 납부할 수 없는 거래를 하고, 나아가 부가가치세 납부세액 징수 추적을 피하려고 전액을 현금으로 인출하여 횡령하고서도 면세금인 양 신고하여 매입세액공제를 받고 매출세액 상당액의 징수를 불가능하게 하고 저가수출을 통해 폭탄업체들과 공모하여 포탈한 부가가치세를 부정환급받는 것이다.

이렇듯 영세율제도와 면세금제도의 취지가 상이하나 금지금 변칙거래에서는 양 제도를 악용하여 조세를 포탈하거나 부가가치세를 부정환급받는 유형은 같다 할 것이다.

물론 세세하게 행정소송상에서 다투어지는 부분은 다른 부분이 있고 실제로 영세율제도는 주로 폭탄업체에 이르기까지의 매도업체와 수입업체에 대한 부가가치세 경정처분 문제가 발생하고, 면세금제도는 주로 폭탄업체 이후 쿠션업체와 바닥업체 및 수출업체에 대한 부가가치세 경정처분 문제가 발생하기는 하나 최근 대법원 판결의 문제점을 지적함에 있어서는 두 유형의 제도를 구분하지 않고 검토하려고 하니 오해 없기를 바란다.

범행구조도 정리[4)]

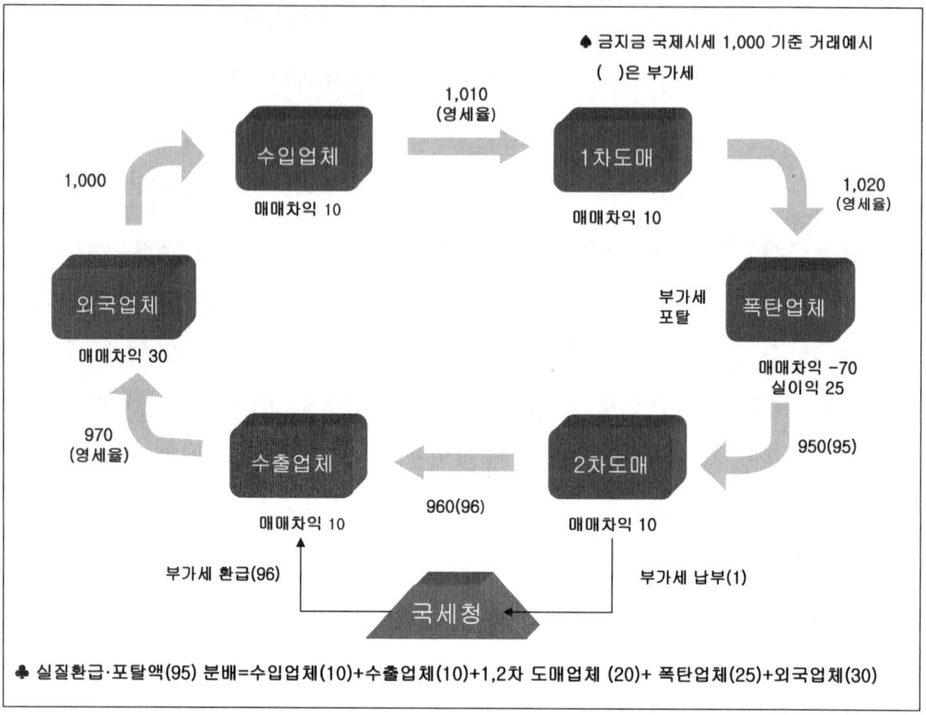

(1) 수입업체는 1,000에 매입한 금지금을 1,010에 영세율(면세) 매출하여 10의 이익을 남김
(2) 이어 1차 도매업체는 영세율(면세) 매출하며 10의 이익을 남김
(3) 폭탄업체는 영세율(면세) 매입한 금지금을 공급가액 950, 부가세 95에 과세 매출, 폭탄업체가 부가세 95를 납부한다면 70(1,020−950) 손해이나, 부가세 95를 납부하지 않고 도주하여 25의 이익을 남김
(4) 2차 도매업체는 수출업체에 960에 과세 매출하여 10의 이익을 남기고, 부가세 1(96−95)만 납부
(5) 수출업체는 외국에 970에 영세율 매출하여 10의 이익을 남기고 매입시 징수당한 부가세 96을 환급받음.
(6) 외국업체는 국제시세 1,000보다 30 낮은 970에 수입함으로써 30의 이익을

---

4) 금지금 탈세사건 의견서, 서울고등검찰청(2006. 12. 11.).

남기게 됨.

폭탄업체의 포탈세액 95 내지 수출업체의 환급액 96에서 2차 도매업체가 납부한 부가세 1을 제한 95, 즉 국가로부터 실질적으로 환급받은 95를 범행에 가담한 전 업체들이 나누어 가지는 구조임.

- 실질환급 · 포탈액(95)
  = 수입(10) + 1차도매(10) + 폭탄(25) + 2차 도매(10) + 수출(10) + 외국(30)

나. 금지금 변칙거래에 대한 소송 현황

(1) 소송 현황(2010. 1. 현재, 서울지방국세청 관할)

○ 행정소송 계류 현황 : 26건, 4406억 원

(단위 : 건, 억 원)

구 분	합계		1심		2심		3심	
	건수	금액	건수	금액	건수	금액	건수	금액
전 체	26	4,406	2	1,115	6	1,008	18	2,283
유죄인정분* (형사판결)	6	3,144	1	892	2	1,436	3	1,590

* 여기서의 유죄 인정분은 원고가 폭탄업체와 공모하여 조세를 포탈하였다는 사실로 형사소송에서 유죄로 인정된 것을 말함.

※ 2008. 12. 11. 원고 ㈜메이플랜드(2008두16476) 사건의 대법원 판결 이후 계속 국가 패소함.

(2) 형사상 유죄판결을 받은 사건

행정심급	원 고	사건번호	소 가	형사유죄
3심	㈜모로코(가명)	09두22317	5,786,000,000	신××(2심)
3심	㈜햄퍼시픽(가명)	09두16183	23,649,000,000	김××(2심)
3심	㈜삼송금은(가명)	09두19304	129,619,000,000	권××(확정)
2심	이××	09누25080	11,793,000,000	이××(2심)
2심	㈜니스쥬얼리(가명)	09누24506	54,413,000,000	신××(2심)
1심	㈜골든힐삼십일(가명)	07구합6717	89,282,000,000	신××(2심)
합계	6건		314,475,000,000	

3. 관련법령

❍ **부가가치세법**(이하 '부가세법'이라 한다)

제11조 【영세율 적용】

①다음 각 호의 재화 또는 용역의 공급에 대하여는 영의 세율을 적용한다.

1. 수출하는 재화

제16조 【세금계산서】

①납세의무자로 등록한 사업자가 재화 또는 용역을 공급하는 때에는 제9조의 시기(대통령령에서 시기를 다르게 정하는 경우에는 그 시기를 말한다)에 다음 각 호의 사항을 기재한 계산서(이하 "세금계산서"라 한다)를 대통령령이 정하는 바에 의하여 공급을 받은 자에게 교부하여야 한다. 이 경우 세금계산서를 교부한 후 그 기재사항에 관하여 착오나 정정 등 대통령령이 정하는 사유가 발생한 경우에는 대통령령이 정하는 바에 따라 세금계산서를 수정하여 교부할 수 있다.

1. 공급하는 사업자의 등록번호와 성명 또는 명칭
2. 공급받는 자의 등록번호
3. 공급가액과 부가가치세액

4. 작성연월일

제17조 【납부세액】

①사업자가 납부하여야 할 부가가치세액(이하 "납부세액"이라 한다)은 자기가 공급한 재화 또는 용역에 대한 세액(이하 "매출세액"이라 한다)에서 다음 각 호의 세액(이하 "매입세액"이라 한다)을 공제한 금액으로 한다. 다만, 매출세액을 초과하는 매입세액은 환급받을 세액(이하 "환급세액"이라 한다)으로 한다.

1. 자기의 사업을 위하여 사용되었거나 사용될 재화 또는 용역의 공급에 대한 세액
2. 자기의 사업을 위하여 사용되었거나 사용될 재화의 수입에 대한 세액

②다음 각 호의 매입세액은 매출세액에서 공제하지 아니한다.

1의 2. 제16조 제 1 항 · 제 2 항 · 제 4 항 및 제 5 항에 따른 세금계산서를 교부받지 아니한 경우 또는 교부받은 세금계산서에 제16조 제 1 항 제 1 호부터 제 4 호까지에 따른 기재사항(이하 "필요적 기재사항"이라 한다)의 전부 또는 일부가 기재되지 아니하였거나 사실과 다르게 기재된 경우의 매입세액. 다만, 대통령령으로 정하는 경우의 매입세액는 제외한다.

제21조 【결정 및 경정】

①사업장 관할 세무서장 · 사업장 관할 지방국세청장 또는 국세청장은 사업자가 다음 각 호의 1에 해당하는 경우에 한하여 그 과세기간에 대한 부가가치세의 과세표준과 납부세액 또는 환급세액을 조사에 의하여 결정 또는 경정한다.

1. 확정신고를 하지 아니한 때
2. 확정신고의 내용에 오류 또는 탈루가 있는 때
3. 확정신고에 있어서 매출처별세금계산서합계표 또는 매입처별세금계산서합계표를 제출하지 아니하거나 제출한 매출처별세금계산서합계표 또는 매입처별세금계산서합계표의 기재사항의 전부 또는 일부가 기재되지 아니하거나 사실과 다르게 기재된 때
4. 제 1 호부터 제 3 호까지 외에 대통령령이 정하는 사유로 인하여 부가가치세를 포탈할 우려가 있는 때

○ **부가가치세법 시행령**(이하 '부가세법 시행령'이라 한다)

제69조 【추계결정 · 경정방법】

①법 제21조 제2항 단서에 규정하는 추계는 다음 각 호에 규정하는 방법에 의한다.

4. 국세청장이 사업의 종류별 · 지역별로 정한 다음의 기준 중의 하나에 의하여 계산하는 방법
   가. 생산에 투입되는 원 · 부재료 중에서 일부 또는 전체의 수량과 생산량과의 관계를 정한 원단위 투입량
   나. 인건비 · 임차료 · 재료비 · 수도광열비 기타 영업비용 중에서 일부 또는 전체의 비용과 매출액의 관계를 정한 비용관계비율
   다. 일정기간 동안의 평균재고금액과 매출액 또는 매출원가와의 관계를 정한 상품회전율
   라. 일정기간 동안의 매출액과 매출총이익의 비율을 정한 매매총이익률
   마. 일정기간 동안의 매출액과 부가가치액의 비율을 정한 부가가치율

○ **조세범처벌법**

제9조

①사기 기타 부정한 행위로써 조세를 포탈하거나 조세의 환급 · 공제를 받은 자는 다음 각 호에 의하여 처벌한다. 단, 주세포탈의 미수범은 처벌한다.

1. 개별소비세 · 주세 또는 교통 · 에너지 · 환경세의 경우에는 3년 이하의 징역 또는 포탈세액, 환급 · 공제받은 세액의 5배 이하에 상당하는 벌금에 처한다.
2. 인지세의 경우에는 증서 · 장부 1개마다 포탈세액의 5배 이하에 상당하는 벌금 또는 과료에 처한다.
3. 제1호 및 제2호에 규정한 이외의 국세의 경우에는 3년 이하의 징역 또는 포탈세액이나 환급 · 공제받은 세액의 3배 이하에 상당하는 벌금에 처한다.

○ **조세특례제한법**

제106조의 3 【금지금에 대한 부가가치세 과세특례】

①대통령령으로 정하는 형태 · 순도등을 갖춘 지금(이하 이 조에서 "금지금"이라 한다)으로서 다음 각 호의 어느 하나에 해당하는 금지금(이하 이 조에서 "면세금지금"이라 한다)의 공급에 대하여는 2010년 12월 31일까지 제3항의 구분에 따

라 부가가치세를 면제한다.

1. 대통령령이 정하는 금지금도매업자 및 금지금제련업자(이하 이 조에서 "금지금도매업자등"이라 한다)가 대통령령이 정하는 자(이하 이 조에서 "면세금지금 거래추천자"라 한다)의 면세추천을 받은 대통령령이 정하는 금세공업자 등(이하 이 조에서 "금세공업자등"이라 한다)에게 공급하는 금지금
2. 금지금도매업자등 및 대통령령이 정하는 금융기관(이하 이 조에서 "금융기관"이라 한다)이 면세금지금 거래추천자의 면세추천을 받은 금융기관에게 공급하는 금지금 또는 금융기관이 금지금 소비대차에 의하여 공급하거나 이를 상환받는 금지금
4. 금융기관이 면세금지금 거래추천자의 면세추천을 받은 금세공업자 등에게 공급하는 금지금

②금세공업자등 및 금융기관이 대통령령이 정하는 자(이하 이 조에서 "면세금지금수입추천자"라 한다)로부터 면세수입추천을 받아 수입하는 금지금에 대하여는 2010년 12월 31일까지 부가가치세를 면제한다.

⑥관할 세관장은 제 1 항의 규정에 의하여 금세공업자등에게 금지금을 공급할 목적등으로 제 2 항의 규정에 의하여 면세로 금지금을 수입한 자가 당해 수입한 금지금을 해당 목적으로 공급하지 아니하는 경우에는 수입과 관련된 부가가치세를 수입자로부터 징수하고 세금계산서를 교부하여야 한다. 다만, 대통령령이 정하는 경우에는 그러하지 아니하다.

제106조의 4 【금 관련 제품에 대한 부가가치세 매입자납부 특례】

①제106조의 3 제 2 항의 규정에 의한 금지금 도매업자 등이 면세금지금의 거래를 하고자 하는 경우에는 그 면세금지금을 최초로 거래하고자 하는 달의 전달 10일까지 다음 각 호의 사항을 기재한 기획재정부령이 정하는 면세금지금 거래승인신청서를 당해 사업장의 관할 세무서장에게 제출하여 승인을 얻어야 한다.

1. 사업자의 인적사항
2. 면세금지금 거래승인 신청사유
3. 월평균 면세금지금 소요량. 다만, 제106조의 3 제 2 항 제 2 호에 의한 금지금 제련업자의 경우에는 기재하지 아니한다.
4. 그 밖의 참고사항

②제106조의 3 제3항의 규정에 의하여 면세금지금 거래추천 또는 수입추천을 하고자 하는 자는 당해 면세금지금을 거래추천 또는 수입 추천하고자 하는 달의 전달 10일까지 다음 각 호의 사항을 기재한 기획재정부령이 정하는 면세금 지금 거래(수입)추천승인 신청서를 국세청장에게 제출하여 그 승인을 얻어야 한다.

1. 면세금지금 거래(수입)추천자의 인적사항
2. 면세금지금 거래(수입)추천 신청사유
3. 그 밖의 참고사항

③제106조의 3 제3항 각 호 외의 부분의 규정에 의한 면세금지금 중개업자가 중개하는 금지금의 거래가 법 제106조의 3 제1항 및 동조 제2항에 해당하는 경우에는 부가가치세가 면제되는 금지금의 거래 및 수입으로 본다.

④제106조의 3 제4항의 규정에 의한 금세공업자등이 면세금지금을 공급받고자 하는 경우에는 그 면세금지금을 최초로 공급받고자 하는 달의 전달 10일까지 다음 각 호의 사항을 기재한 기획재정부령이 정하는 면세금지금 거래승인신청서를 당해 사업장의 관할 세무서장에게 제출하여 승인을 얻어야 한다.

1. 사업자의 인적사항
2. 면세금지금 거래승인 신청사유
3. 면세금지금 거래(수입) 추천기관
4. 월평균 면세금지금 소요량. 다만, 제106조의 3 제4항 제1호에 의한 면세금지금 도매업자가 제1항의 규정에 의하여 제출한 경우를 제외한다.
5. 그 밖의 참고사항

⑥제106조의 3 제2항 제1호 및 동조 제4항의 규정을 적용함에 있어서 사업자의 대표자가 변경되는 경우에는 금지금 도매업자 및 금세공업자등은 당해 사업장의 관할 세무서장에게 기획재정부령이 정하는 면세금지금 거래승인변경신고서를 제출하여야 한다.

⑦사업장의 관할 세무서장은 금지금도매업자 등 및 금세공업자등이 다음 각 호의 어느 하나에 해당하는 경우에는 면세금지금을 공급하거나 공급받을 수 있는 승인을 철회할 수 있다.

1. 금지금 도매업자 등 및 금세공업자 등(당해 사업자의 대표자 및 임원을 포함한다)이 체납 또는 결손처분 등을 받은 경우
2. 금지금 도매업자 등 및 금세공업자등이 당초 승인을 얻은 제1항 제3호 및

제 4 항 제 4 호에 의한 월평균 면세금지금 소요량의 100분의 110을 초과하여 매입한 경우

3. 금지금 도매업자등 및 금세공업자등이 면세금지금을 법 제106조의 3 제 1 항 제 1 호부터 제 4 호까지에 규정되지 아니한 방법으로 분기별 100킬로그램을 초과하여 공급한 경우
4. 「조세범처벌법」 제 9 조 · 제11조의 2 · 제12조의 3 및 제13조의 규정에 의한 범칙행위로 인하여 고발된 경우
5. 그 밖에 금지금의 수입이 전달 또는 전분기에 비하여 현저히 증가하였거나 증가할 우려가 있어 면세금지금의 부정유통을 사전에 차단하기 위하여 거래유형을 미리 통제할 필요가 있다고 판단하여 국세청장이 정하여 고시하는 것에 해당하는 경우

⑧국세청장은 면세금지금 거래추천자 또는 수입추천자가 다음 각 호의 어느 하나에 해당하여 면세금지금의 거래추천 또는 수입추천을 하는 것이 적당하지 아니하다고 인정되는 경우에는 면세금지금을 거래추천 또는 수입추천할 수 있는 승인을 철회할 수 있다.

1. 면세금지금 추천업무 및 이에 관한 보고업무를 안정적으로 수행할 수 있는 충분한 전산설비 등을 갖추지 못한 경우
2. 제106조의 8 제 2 항의 규정에 의한 납세담보제공확인서를 제출하지 아니한 자에 대하여 거래추천 또는 수입추천을 한 경우
3. 면세금지금의 거래정상화를 위하여 유통단계 및 추천량을 조정할 필요가 있다고 판단하여 기획재정부령이 정하는 사항을 위반한 경우

4. 평　　석

가. 위 판결의 쟁점

금지금 변칙거래에 대한 대법원 판결이 2008. 12. 11. 전격적으로 변경된 후에도 국가 측에서는 여러 가지 문제점을 지적하며 대법원의 판결에 대해 불복하여 왔다. 특히 기존 1, 2심 판결과 배치된 '판단' 부분에 대하여 대법원 판결을 수긍하지 못하고 있다.

또한 원고가 폭탄업체와 공모하였다는 이유로 조세포탈범으로 유죄판결을 받은 사안의 경우마저도 일괄적으로 심리불속행 기각판결을 하고 있는 대법원 판결은 일반인의 입장에서 선뜻 이해가 가지 않기 때문에 대법원 판결을 분석할 필요가 있어 보인다.

위 판결에 아무런 문제가 없는지 검토하기 위하여 우선 1, 2심 판결을 살펴본 후 원고 측 주장과 더불어 이를 인정한 대법원의 논리를 살펴본 후 마지막으로 대법원 판결을 검토하기로 하겠다.

나. 기존 판례의 입장

(1) 사실인정

(1) 이 사건 금지금 거래는 5~7단계를 거쳐 거래되었는데 매우 짧은 기간 내에 거래가 완료되고, 수출가격이 수입가격보다 낮아 전체적으로 손해를 보며 수출하는 비정상적이 거래구조인 점,

(2) 운송장 기재에 의하면 이 사건 금지금은 매우 짧은 시간 안에 인천공항 보세창고로부터 여러 도매업체들을 거쳐 원고에게 운송되었는데 실제로 이러한 운송 경로가 물리적으로 불가능한 점,

(3) 금지금처럼 고도의 환금성을 가진 물품을 수출하며 아무런 담보도 없이 대금을 이틀 후에 받는다는 것은 경험칙에 반하는 점,
(4) 이 사건 거래에서 원고를 비롯한 모든 거래 당사자들이 '분할증명서'를 수수하지 아니하고 위 거래를 하였다는 사실은 처음부터 10%의 부가가치세를 체납할 것을 전제로 한 것으로서 이 사건 거래는 실물거래가 아니라는 점을 반증하는 것이므로 이 사건 세금계산서는 가공으로 작성되거나 공급자가 실제와 다르게 작성된 사실과 다른 세금계산서라 할 것이고 피고의 이 부분 과세처분은 적법하다.

(2) 기존 판례 입장 정리

1) 이 사건 거래의 비정상성
○ 수입에서 수출까지 매우 짧은 기간 내에 여러 단계의 도매업체들을 거쳐 유통됨,
○ 위 과정에서 부가가치의 창출은 전혀 없음.
○ 수출가격이 수입가격보자 더 낮아 전체적으로 손해를 볼 수밖에 없음.
○ 거래 당사자들이 얻은 수익의 원천은 수출업체가 환급받은 부가가치세 중 폭탄업체가 납부하지 않은 부분임.

2) 이 사건 거래의 위장성
○ 금지금의 수출가격은 국제시세 및 국내시세보다 상당히 저렴
○ 여러 단계의 유통과정을 거치면서 수출을 반복함.
○ 부가가치세 환급을 목적으로 하지 않으면 위 거래를 설명할 수 없음.

3) 경험칙에 반하는 거래 형태
○ 수출대금도 받지 아니하고 담보도 없이 수출
○ 분할증명서를 수수받지 않음.
○ 원고의 수출처는 항상 일정한데 원고는 그 거래처의 거래실적이나 신용

도 등에 관하여 별다른 자료를 제시하지 못함.

○ 운송증빙자료를 보면 각 거래단계마다 이 사건 금지금이 도착하기 전에 출발한 것이 많음.

(3) 기존 판례의 문제점

위 각 규정의 내용 및 취지, 전단계세액공제방식을 채택하고 있는 우리나라의 부가가치세는 소득세·법인세와 달리 실질적인 소득이 아닌 형식적인 거래의 외형에 대하여 부과하는 거래세의 형태를 띠고 있어 비용공제의 개념이 없고, 사업자의 손익 여부와 무관하게 부과되는 점[5]에 비추어, 실제로 금지금이 이전되었고 그에 대한 대금이 수수된 이상 폭탄업체가 부가가치세를 내지 않았다고 해서 나머지 모든 거래를 가공거래로 보는 것은 부가가치세의 취지와 맞지 않는다는 주장은 충분히 제기될 수 있는 것이다.

또한 금지금 변칙거래의 범행구조도가 완성된 과정을 살펴보면, 수사기관 측에서 폭탄업체가 실제 거래를 하였음에도 부가가치세를 내지 않은 것을 문제 삼은 것이다 보니 폭탄업체로부터 진행된 거래는 모두 실제 거래임을 전제로 수사를 하고 기소를 하게 된 것이다. 즉, 수사기관은 금지금의 유통과정을 따라 폭탄업체에서 수출업체에 이르기까지의 거래를 파악할 수 있었고 이 모든 거래는 실제 거래임을 전제로 조세포탈 여부를 문제 삼은 것이었다.

수사기관의 이러한 기소과정이 있었기에 금지금 변칙거래의 범행구조도가 완성된 것은 사실이나 원고 측은 이미 공모 협의를 인정할 수 있는 증빙자료들을 폐기한 후라 서로 공모한 것이라는 강한 추정만 있을 뿐이어서 엄격한 증명을 요하는 형사소송에서는 무죄판결을 받은 것이 허다했다.

따라서 국가는 국고 유출을 막기 위하여 수입업체에서부터 수출업체에 이르기까지의 모든 거래는 국가의 부정환급을 전제로 이루어진 가공거래이

5) 대법원 2008. 9. 25. 선고, 2008두11211 판결.

므로 그들끼리 발행한 세금계산서는 '사실과 다른 세금계산서'이므로 매입 세액을 공제하지 말아야 한다는 취지의 부과처분을 하게 된 것이다.

따라서 이러한 조급한 처분은 당연히 원고에게 반박의 여지를 많이 준 것이다. 그렇다면 원고 측의 주장 요지는 무엇인지 살펴보도록 하겠다.

다. 원고 측의 주장

(1) 무차별적인 과세처분의 위법성

위에서 살펴보았듯이 모든 거래를 가공거래로 보아 매입세액을 부정한다면 당연히 매출세액 역시 거기에 부합하게 축소 조정했어야 함이 타당하다. 하지만 과세관청은 매출세액은 그대로 두고 단지 매입세액 부분만을 가공거래임을 이유로 공제하지 않는 것은 부가가치세의 기본원리에 모순된다는 주장을 한 것이다.

(2) 형사재판에서 인정된 전제와의 모순

폭탄업체가 내어야 할 부가가치세를 신고하지 않는 경우 사기 기타 부정한 행위라는 요건을 갖추게 되면 조세범처벌법 제 9 조 제 1 항의 적용을 받게 된다.[6] 조세범처벌법 제 9 조 제 1 항에서 말하는 '사기 기타 부정한 행위'라 함은 조세의 부과와 징수를 불가능하게 하거나 현저히 곤란하게 하는 위계 기타 부정한 적극적인 행위를 말한다. 즉, 폭탄업체는 면세로 유통되는 금지금을 실제로 매입하여 과세로 실제 매출을 하고, 폭탄업체는 금지금을 과세로 실제 매출할 때 거래징수한 부가가치세를 이익의 원천으로 삼는 자들이기 때문에 필연적으로 실제의 매출을 전제로 할 수밖에 없는

---

6) 기수시기에 대해서는 조세범처벌법 제 9 조의 3에 따로 규정되어 있다. 이러한 규정방식의 문제에 대해서는, 이철송, 『조세범처벌법의 개선방향』, 한국조세연구원, 1996. 12., pp.132～133 참조 ; 김갑순・박훈, "금지금 거래 관련 부가가치세 과세문제에 관한 소고", 『조세법연구 XIII-3』(한국세법학회 편), 세경사, 2007.

것이어서 폭탄업체는 실제로 매출을 하고서도 거래징수한 부가가치세를 납부하지 않고 폐업·도주하기 때문에 대법원은 이와 같이 징수 불능을 초래한 행위에 대해서도 조세범처벌법 제9조 제1항 소정의 조세포탈죄를 인정한 것이다.[7]

하지만 검찰이 폭탄업체를 처벌하기 위한 법 논리는 행정소송에서 오히려 국가에게 불리한 전제가 되어 버렸다. 사실과 다른 세금계산서임을 주장하기 위해서는 세금계산서에 기재된 공급자와 거래의 실질적인 공급자가 다르다는 논리를 펴야 하는데 그 논리의 전제는 나머지 거래는 위장거래라고 주장해야 하기 때문에 형사재판에서와는 다른 시각에서의 접근이 필요했던 것이다.

검찰의 수사과정에서 드러난 폭탄업체를 둘러싼 순환형 구조의 실체를 파악하기는 하였으나 이 실체를 위장거래라고 주장하기 위해서는 수사의 전제를 뒤집어야 한다는 난관에 부딪히게 된 것이다.

(3) 과세관청의 면세금제도의 관리감독 소홀[8]

2003. 7. 1.부터 새로 도입된 면세금제도에 따르면, 면세금지금 거래를 하기 위해서는 ① 일정한 자격을 갖춘 자가 그 면세금지금을 최초로 거래하고자 하는 달의 전달 10일까지 거래승인신청서를 당해 사업장의 관할 세무서장에게 제출하여 승인을 얻어야 하고, ② 관할 세무서의 사전 승인심사를 거쳐 먼저 거래승인서를 교부받은 후, ③ 세무당국으로부터 면세금지금 거래 추천기관으로 승인된 추천기관의 추천을 통해 면세거래 승인을 받은 사업자 간에 면세금지금을 공급하거나 공급받을 수 있도록 규정하고 있다.

또한 금지금을 공급하는 금지금 도매업자나 공급받는 금세공업자 등의

7) 대법원 2007. 2. 15. 선고, 2005도9546 전원합의체 판결.

8) 원고 측 주장, 조세특례제한법 시행령 제106조의 4 참조.

대표자가 변경되는 경우에는 당해 사업장의 관할 세무서장에게 거래승인변경신고서를 제출하여야 하고, 이에 따라 추천기관도 추천자변경신고를 하여야 하며, 사업장의 관할 세무서장은 금지금 도매업자나 금세공업자 등이 법령이 정하는 조건을 충족하지 아니하는 경우에는 면세금지금을 공급하거나 공급받을 수 있는 승인을 철회할 수 있도록 규정되어 있다.

특히 폭탄업체의 경우 면세거래를 과세거래로 전환하기 때문에, 관련 면세금 승인 거래내역을 살펴보면 모두 면세매입(공급받는 수량)만 있고 면세매출(공급하는 수량)은 없어 그 이상성이 바로 드러나는데다가, 대부분 신용불량자나 노숙자 등이 폭탄업체의 '바지사장'으로 일하면서 빈번하게 폐업되고 다시 설립되는 일이 반복되었음에도 불구하고, 관할 세무서장은 그러한 업체들에게 거래승인을 내어주면서 이러한 현상을 묵과하여 오다가 자신들의 과오를 덮기 위하여 거래체인에 있는 모든 업체들을 대상으로 대대적인 세무조사를 벌여 그 관리부실의 책임을 업체로 떠넘기고 있다는 원고 측 주장은 얼핏 보면 타당해 보이기까지 한다.

(4) 국가가 주장하는 순환형(벨트형) 거래구조의 실체

원고는 국가 주장의 순환형 범행구조도에 대하여 이는 억측에 불과하며 실제로는 그렇게 순환형으로 일직선적인 거래가 이루어지는 것이 아니며 금 도매업자들은 폭탄업체뿐만이 아니라 그물망 구조로 이루어진 거래선을 따라 폭탄업체를 거친 금지금뿐만이 아니라 밀수금 · 고금 등의 국제시세와 가격의 차이가 나는 금지금들을 취급해왔고, 국가가 도식적으로 폭탄영업의 구조 안에 일직선상에 끼워 맞춘 것과 달리, 실제로는 금지금 시장에서 수십 년간 영업을 해온 '도관업체'는 다양한 업체를 통하여 금지금을 매입하기 때문에, 다시 그 업체로부터 매입하는 원고(수출업체) 입장에서는 도대체 어떤 금이 어느 업체를 거쳐 자신에게 오는지 알 방법이 없다고 주장한다.

특히 국내 금시장에 유통되는 금지금은 다양한 원천을 가지고 있으므로(밀수금 66%, 정상수입금 17%, 국내 제련금 13%, 기타 재활용금 4%) 단순히 국제시세보다 싼 가격의 금지금을 매입하였다고 하여 폭탄업체를 거친 금지금이라고 알았다고 할 수는 없는 것이라고 주장하였다.

(5) 선의의 제 3 자의 존재 가능성

금지금의 거래체인 안에 들어있는 모든 사업자는 그 금지금이 폭탄업체를 거친 면세금지금이라는 사실을 모두 알고 있다고 추정할 수 있고 이러한 비정상적인 거래는 위장거래로서 실제 거래라고 볼 수 없다는 국가의 주장은 입증책임을 부당하게 납세의무자에게 부담시킨 것으로 도관업체가 공모하였다는 볼 수 있는 직접적인 증거와 더불어 그것이 과연 위장거래라면 실제 공급자가 누구인지를 입증하여야 이 사건과 관련된 세금계산서가 사실과 다른 세금계산서라고 인정될 수 있는 것이라고 주장한다.

라. 대법원 판결 및 원고 주장에 대한 반론

(1) 대법원 판결에 대한 반론

대법원 판결은 너무나도 간명하다 얼마나 심사숙고를 했는지는 모르지만 1, 2심에서 인정하였던 사실인정 문제에 대하여 심리불속행 기각판결을 해오다 갑자기 심리를 속행하여 '이 사건 거래가 폭탄업체 또는 그와 가까운 거래단계에 있는 업체로부터 직접 수출업체로 금지금이 공급되는 것인데도 마치 여러 단계를 거쳐 금지금이 공급되는 것처럼 위장한 것으로서 이 사건 각 세금계산서는 공급하는 자가 실제와 다르게 작성된 것으로서 사실과 다른 세금계산서에 해당한다고 단정 짓기는 어렵다'고 판시한 것이 전부다.

적어도 왜 그렇게 입장을 바꾸었는지에 대한 이유도 없이 몇 천억 원이나 되는 소송을 뒤집은 부분에 대하여는 이루 말할 수 없는 아쉬움이 남는다. 무엇이 문제였고 어느 정도로 국가가 입증하여야 하는지를 전원합의체로 정리를 해주어야 함이 타당한 것 아닌가? 국민의 세금이 몇 백억 원이나 환급이 되는 문제를 어찌 한 장의 판결문으로 뒤집을 수 있는지 이해가 가지 않는다.

따라서 대법원의 판결에 대하여는 무엇을 반박해야 하는지도 난감할 따름이다.

(2) 형사재판에서 인정된 전제와의 모순 주장에 대하여[9]

앞에서 살펴본 바와 같이 폭탄업체가 조세포탈죄로 처벌된 이유는 면세 또는 영세율로 공급받은 금지금을 과세로 공급한 다음, 과세로 공급하면서 거래징수한 부가가치세를 납부하지 아니하고 포탈하였기 때문이다.

하지만 관련 형사판결에서는 폭탄업체가 과세로 공급하면서 거래징수한 부가가치세가 과연 누구로부터 징수한 것인지는 문제로 삼고 있지 않다.

폭탄업체가 자료상인지 아니면 조세포탈범인지의 여부는 폭탄업체가 진실한 소유권을 취득한 재화의 공급행위를 하였는지 여부만 판단하면 족하고, 폭탄업체가 재화(금지금)를 실제 누구에게 공급하였는지 여부는 조세포탈죄를 구성하는데 필수적인 요소는 되지 아니하는 것이다. 폭탄업체가 실제 재화의 공급행위를 한 상대는 원고(수출업체)에 불과하고, 폭탄업체가 원고로부터 거래징수한 부가가치세를 포탈함으로써 조세포탈죄를 구성하게 된 것이고 원고의 대표이사는 이러한 폭탄업체와 조세포탈행위를 공모함으로써 조세포탈죄의 공동정범으로써의 죄책을 지는 것이다.

폭탄업체와 원고 사이에서 명목적인 법률관계를 형성하는 쿠션업체(또는 도관업체)는 폭탄업체와 원고 사이에서 직접적인 거래관계를 단절시킴으로써 과세관청이나 수사기관의 조사를 불가능하게 하기 위한 목적으로 존재하는 새로운 의미의 자료상에 불과한 것이다.

---

9) 조성리 · 설경양(조사관, 국세청 법무2과), "부가가치세등부과처분취소(2008누21999)", 준비서면.

따라서 폭탄업체가 조세포탈죄의 정범으로 처벌되고, 도관업체의 실제 운영자 또는 원고의 대표이사가 조세포탈죄의 공범으로 처벌된 것이 이 사건 부과처분과 논리적으로 상충되지 아니한다. 특히 도관업체의 실제 운영자는 조세범처벌법 제9조와 제11조의 2의 규정이 상상적 경합범의 관계에 있으며, 이에 따라 검찰도 그 중 중한 죄인 조세범처벌법 제9조의 규정에 의한 조세포탈죄의 죄책으로만 기소한 것이기 때문에 원고가 주장하는 바와 같이 조세범처벌법 제9조 제1항에 따라 유죄판결을 받은 거래는 정상거래임을 전제로 할 수밖에 없다는 논거는 충분히 반박할 수 있다고 본다.

(3) 과세관청의 면세금제도의 관리감독 소홀 주장에 대하여

원고의 주장대로 2003. 7. 1. 영세율제도를 악용하여 구매승인서를 허위로 작성하여 국가의 감시를 피하여 국가의 감시를 피하자 금지금의 거래를 국가의 관리하에 두기 위하여 면세금제도를 만든 것이기 때문에 이 사건의 최종 책임자는 제대로 관리하지 못한 국가라고 주장하는 것은 일응 수긍할 면이 있는 것은 사실이나 이에 대하여 반론을 제기하고자 한다.

법문상으로 보면 국가가 모든 면세금지금 업자들을 관리하고 면세매입만 있고 면세매출은 없는 폭탄업체를 바로 색출하여 그 면세사업승인을 철회하는 것이 이상적인 것은 사실이다. 하지만 모든 세무서 직원이 폭탄업체가 누구인지도 모르고, 폭탄업체를 거친 금지금 변칙거래가 발생하고 있다는 사실을 전혀 모르는 상황에서 면세사업승인을 받은 사업자들의 매입, 매출을 계속하여 관리할 수는 없는 것이다. 실제로 폭탄업체가 활동하는 평균 사업기간은 3개월이 채 되지 않는다. 따라서 기간과세를 특징으로 하는 부가가치세제의 관리는 예정신고기간인 3개월 정도는 지나야 하는데 국가 측에서 그 문제를 인식하기도 전에 빠르게 활동하고 폐업해 버리기 때문에 국가의 관리감독 소홀로 보는 것은 무리가 있는 것이다.

이에 대하여 면세사업승인 단계에서 그 요건을 철저히 하여 면세사업승인 단계에서 폭탄업체를 색출해야 하는 것 아니냐는 주장도 나올 수 있는데 조세특례제한법 제106조의 4 제 1 항에 따라 면세금지금 거래승인신청서를 당해 사업장의 관할 세무서장에게 제출하여 승인을 얻는 과정에서 제출하여야 하는 서류는 ① 사업자의 인적사항, ② 면세금지금 거래승인 신청사유, ③ 월평균 면세금지금 소요량만을 제출하면 얼마든지 면세사업승인을 해주기 때문에 이 단계에서도 폭탄업체를 가리기 힘든 것이다.

(4) 과연 그물망 구조로 볼 수 있어 선의의 제 3 자가 존재할 수 있는 것인지 여부

금지금은 공급자 위주의 거래다. 공급자 위주의 거래라는 것은 금지금은 아무나 살 수가 있는 것이 아니라는 말이다. 금괴를 파는 사람이 살 사람을 얼마든지 정할 수 있다. 실제로 면세금제도가 창설된 무렵 폭탄업체를 거친 금지금의 변칙거래로 돈을 벌 수 있다는 사실은 종로 금시장 일대의 공지의 사실이었다. 따라서 이러한 거래에 참여하기 위하여 경쟁이 치열했고 이 거래에 참여한 사람들은 종로 금시장 일대에서 근처에 사업장을 두고 있고 서로 어느 정도 안면이 있는 사람들이었던 것이다.

금지금의 변칙거래를 보면 모든 거래체인을 완성한 다음 수입업체가 금지금을 수입한 순간부터 다시 홍콩으로 수출할 때까지의 시간이 길어야 1일 평균 3~4시간 만에 모든 거래를 종료시킨다. 도관업체가 하는 일은 그냥 금지금을 잠깐 두었다 다음 도관업체에게 넘기는 일밖에 없다. 유통업을 하는 것도 아니다. 사무실도 옹기종기 모여 있는 사업자들끼리 무슨 유통이 필요하단 말인가. 단지 운송업체가 수입업체에서부터 수출업체에 이르기까지 금을 싣고 일 순환을 하는 것뿐이다. 이것이 무슨 부가가치를 창출하는 거래인 것인지 이해가 가지 않는다. 부가가치세는 소득세 · 법인세와 달리 실질적인 소득이 아닌 형식적인 거래의 외형에 대하여 부과하는 거래세의 형태를 띠고 있기 때문에 이러한 거래 역시 실제로 금이 이동하였고, 대금이 지급된 사실이 있기 때문에 재화의 소유권이 실질적으로 이전된 것으로 보는 것이 타당한 것인지 의문을 제기하지 않을 수 없는 것이다.

선의의 제3자라고 주장하는 사람들은 과연 억울하다고 할 수 있을까? 금지금을 취급하는 사람치고 그러한 거래방식을 모르는 사람은 없다. 원고 주장처럼 세금계산서가 붙은 금지금은 밀수금이 아니기 때문에 금지금을 취급하는 사람들 중에 세금계산서가 붙은 금지금은 더욱 신뢰할 수밖에 없다는 주장 역시 말이 되지 않는다. 금지금처럼 환금성(換金性)이 강한 물건이 정상적인 거래 과정을 거친 것이 국제시세보다 현저히 싸게 취급하는 것을 모를 리 없기 때문이다. 도대체 그렇게 쉽게 매매차익으로 돈을 벌 수 있는 직업이 어디 있는지 찾아보고 싶다. 가만히 앉아서 엄청난 매매차익을 벌어들이는 거래에 무슨 선의의 제3자가 끼어 있다고 할 수 있는지 의문이다. 이러한 금지금의 특성이 도관업체 및 수출업체가 이 사건 거래를 알고 가담하였다고 볼 수밖에 없다는 확실한 증거가 아닐까 싶다.

(5) 소 결

금지금의 변칙거래에 대한 대법원의 입장은 법리적으로는 타당할 수는 있으나 이는 현실을 도외시하고 부가가치세의 특성에 집중하다보니 정작 사실판단의 문제에 있어서는 1, 2심의 판단을 무시하고 폭탄업체를 거친 금지금이고 위 전체 거래가 비정상적인 측면이 있다고 하더라도 형식적으로는 거래가 있었다고 할 것이기 때문에 매입세액을 공제해 줄 수밖에 없다고 한다. 국민의 세금을 수출업체에게 환급해 주라고 한 것이다.

국가 측에서는 적어도 수출업체가 폭탄업체와 공모하였다고 처벌받은 사건에 있어서만큼은 분리해서 심리해주기를 바랬다. 폭탄업체와 수출업체 사이의 도관업체들은 실질적인 소유권의 이전을 목적으로 하는 거래가 아닌 폭탄업체와 수출업체의 직접적인 거래를 감추기 위하여 끼워진 거래라는 사실을 인정해 주기를 바랬으나 대법원은 복지부동으로 심리불속행 기각판결을 내린 것이다.

마. 대응 법 논리

(1) 관련 법 논리

"부가세법 제6조 제1항 및 동법 제7조 제1항 규정의 '계약상 원인에 의하여 재화를 인도 또는 양도하거나 역무를 제공하는 자 등 재화 또는 용역을 공급하거나 또는 공급받는 자'에 해당하여 그 공급하는 사업자로부터 세금계산서를 교부받고, 공급받는 사업자에게 세금계산서를 교부하며, 나아가 부가가치세를 납부하여야 하는 자는, 공급하는 사업자 또는 공급받는 사업자와 명목상의 법률관계를 형성하고 있는 자가 아니라, 공급하는 사업자로부터 실제로 재화 또는 용역을 공급받거나, 공급받는 자에게 실제로 재화 또는 용역을 공급하는 거래행위를 한 자라고 보아야 한다."[10]

사실과 다른 세금계산서는 부가가치세 납부세액을 산정함에 있어서 매입세액불공제의 요건이 문제 되는데, 이를 해석할 때에는 '과세표준의 계산'에 실질과세원칙의 적용을 선언한 국세기본법 제14조에 따라 세금계산서의 필요적 기재사항의 내용이 재화 또는 용역에 관한 당사자 사이에 작성된 거래계약서 등의 형식적인 기재 내용에 불구하고 그 재화 또는 용역을 실제로 공급하거나 공급받는 주체와 가액 및 시기 등과 서로 일치하지 아니하는 경우를 가리키는 것[11]이라는 기존 대법원에 따르더라도 피고가 주장하듯 위 거래가 위장 거래라는 주장이 법리적으로 문제가 있다고 보이지 않는다.

"도관업체"는 폭탄업체와 원고와의 사이에서 명목적인 법률관계를 형성하는 자에 불과하며, 사전 공모의 내용에 따라 폭탄업체로부터 취득한 이 사건 금지금을 자유의사로 처분할 수 없었으며 오로지 원고에게 공급할

---

10) 대법원 2003. 1. 10. 선고, 2002도4520 판결 참조.

11) 대법원 1996. 12. 10. 선고, 96누617 판결 참조.

수밖에 없다(도관업체가 일부 다른 금지금을 원고 이외의 사업자에게 공급하였다고는 하나, 그 금지금은 폭탄업체와 원고 사이의 공모관계에서 비롯되지 아니한 거래이므로, 이들 거래는 도관업체가 이 사건 금지금의 소유권을 취득하여 자유로이 처분할 수 있다는 근거가 될 수는 없다).

실질적인 소유권을 취득한 자는 자유로운 의사로 그 소유권을 행사할 수 있어야 함은 재론의 여지가 없는 것이다. 그러나 위에서 살펴본 바와 같이 소유권을 실질적으로 취득하지 못한 채 사전 공모의 내용대로 명목상의 법률관계만을 형성하며, 정해진 공모의 내용에 의하여 거래의 외관만을 형성한 것이다.

(2) 원고의 대표이사가 조세포탈죄의 공범으로 처벌된 경우[12)]

원고의 이 사건 거래가 정상적인 거래로 인한 매매차익을 취할 목적이 아니라 오로지 조세포탈을 통하여 불법적인 수익을 취할 목적에서 폭탄업체의 실제 운영자 등과 공모하여 거래의 외관만을 취한 것임을 분명하게 보여주는 것이며, 관련 형사판결에서도 이 사건 거래의 목적이 오로지 조세포탈을 통한 불법이득의 취득에 있다고 명시하고 있다.

1) 민법 제108조의 규정에 의하여 '통정한 허위의 의사표시'로 무효

원고의 대표이사가 조세포탈죄의 공범으로 처벌된 이상, 이 사건 거래가 폭탄업체의 조세포탈행위를 위하여 이루어진 것임은 달리 변명의 여지가 전혀 없다. 사실관계가 이러하다면, 이 사건 거래는 조세포탈이라는 불법적인 목적을 위하여 '통정한 허위의 의사표시'에 의하여 가장된 거래행위에 불과하므로 민법 제108조의 법리에 의하여 무효이고, 이 사건 거래가 무효의 거래에 해당되는 이상 '재화의 공급'은 없었다고 할 것이다.

따라서 민법 제108조의 법리에 의하여 무효가 되는 거래행위를 근거로 하여 수수된 이 사건 거래의 세금계산서는 '사실과 다른 세금계산서'라 하

12) 피고 측 주장 법 논리.

지 않을 수 없는 것이다.

2) 민법 제103조의 규정에 의하여 '반사회질서의 법률행위'로 무효

이 사건 거래의 목적이 폭탄업체의 조세포탈행위를 공모하고 그 포탈된 세액에서 발행하는 이익을 나누어 갖기 위한 것으로서 사회질서에 반하는 범죄행위라는 것은 서울중앙지방법원의 판결에 의하여 명백하게 밝혀졌고 범죄행위라는 것은 명문의 법규를 위반함으로써 성립되는 것이므로, 원고의 대표이사가 이 사건 거래행위로 유죄의 처분을 받았다는 사실은 결국 원고가 법규를 위반하였다는 것을 의미하고, 특히나 원고는 조세포탈행위를 사전에 공모함으로써 이 사건 거래행위가 사회질서에 반한다는 사정을 이미 인식하고 있었다할 것이다.

따라서 이 사건 거래는 사회질서에 위반한 사항을 내용으로 하는 법률행위에 해당하므로 무효임이 명백하고, 이러한 무효의 법률행위에서는 '재화의 공급'이 있었다고 볼 수 없는 것이므로, 무효인 이 사건 거래행위를 근거로 수수된 이 사건 세금계산서는 '사실과 다른 세금계산서'라 하지 않을 수 없는 것이다.

3) 민법상 불법행위에 기한 손해배상청구권과의 상계 주장

설령, 이 사건 세금계산서가 사실에 부합하는 세금계산서에 해당된다고 할지라도, 원고가 불법행위로 피고에게 손해를 입힌 이상 그 손해를 배상할 책임이 있으므로, 손해배상청구의 성격을 지니고 있는 이 사건 부과처분은 적법한 처분이 된다.

민법 제750조는 "고의 또는 과실로 인한 불법행위로 타인에게 손해를 가한 자는 그 손해를 배상할 책임이 있다"고 규정하고 있고, 민법은 제760조 제1항에서 "수인이 공동의 불법행위로 타인에게 손해를 가한 때에는 연대하여 그 손해를 배상할 책임이 있다"고 규정하고 있으므로 원고의 대표이사가 조세포탈죄의 공범으로 처벌된 이상, 원고도 그 위법행위에 대한 책임을 면할 수 없다고 할 것이다.

따라서 원고의 이 사건 거래행위는 조세포탈을 공모하고 그 포탈된 세액에서 발생하는 이익을 나누어 갖기 위하여 이루어진 것이므로, 피고는 원고와 조세포탈을 공모한 자들로부터 그 포탈된 세액만큼의 손해를 보게 된 만큼 피고는 민법 제750조 및 제760조의 법리에 의하여, 원고 등의 불법행위로 입은 위 손해에 대하여 손해배상을 청구할 권리를 지니고 있는 것이며, 원고의 행위로 인하여 입을 수 있는 손해를 방지하기 위하여 원고의 권리행사를 제한할 수도 있다고 볼 수 있는 것이다.

즉, 원고의 주장처럼 원고가 신청한 부가가치세의 환급세액과 관련하여 피고에 대한 청구권을 지니고 있다고 하더라도, 피고 또한 원고에 대하여 손해배상의 청구권을 지니고 있으므로 동시이행의 항변권을 행사하여 환급을 거절할 수 있다고 본다.

바. 외국 유사 사례[13)]

벨기에 법정은 우리나라의 변칙적 금지금 거래와 같이 부가가치세의 포탈을 목적으로 하는 사기적 자전거래(carousel fraud)와 관련된 Kittel 사건에서 재화의 공급을 받는 자가 당해 거래가 공급자 측이 저지른 사기와 관련이 있다는 것을 몰랐거나 알 수 없었던 납세자라면 공급자 측에 귀속되는 매매계약 무효사유를 규정한 회원국가 국내법을 이유로 유럽공동체 내 국가 간 부가가치세의 공제 내지 환급을 통일적으로 규정하고 있는 Sixth Council Directive[14)] 제17조의 적용을 배제할 수 없지만, 반면에 그 납세자가 구매를 통해 그에 대한 재화의 공급이 부가가치세의 사기적 포탈과 관련된 거래에 참여하고 있다는 것을 알거나 알 수 있었다면 국내법정은

---

13) 2009. 12. 피고 종로세무서장 대리인 정부법무공단 상고이유보충서 중 일부 내용이다.

14) 현재는 Council Directive 2006/112/EC of 28 November 2006 on the common system of value added tax.

그 납세자에게 매입세액공제 권리를 거부할 수 있다는 판결을 내린 바 있고, 유럽재판소(ECJ) 또한 벨기에 법정의 이러한 법리를 지지하고 있다(Axel Kittel v Belgial State C-439/04, Belgian State v Recolta Recycleing SPRL C-440/04).

나아가, 영국행정법원(고등법원)도 Just Fabulous(UK) Ltd v Revenue and Customs 사건에서 EJC의 Kittel 판결로부터 과세당국은 사기적 자전거래에 가담한 국내의 수출업자가 그러한 조세포탈적 거래구조를 알거나 알 수 있었을 경우 해외 수입업자에게 부가가치세 없이 수출한 재화와 관련하여 매입세액의 환급을 거부할 수 있는 권리가 있다는 전제를 도출하고, 나아가 단일한 품목을 자전적으로 거래한 Kittel 케이스보다 좀 더 복잡한 거래구조를 창출하여 부가가치세를 부정하게 취득하려는 사기적 contra trading 구조에서도 과세당국이 사기행위가 있었고 해당 납세자가 공급의 진정한 목적을 알거나 알 수 있었다면 매입세액의 환급을 거부할 수 있는 권한을 인정한 바 있다.

5. 결　　론

㈜ABC(가칭)라는 운송회사의 세무조사 과정에서 금지금의 변칙거래에 가담한 업체들의 운송조직도를 발견함으로 인하여 변칙거래의 구조도를 완성할 수 있었다. 엄청난 양의 금지금 실물이 여러 단계를 단 하루에 거쳐 수입에서부터 수출이 이루어지고 이러한 과정이 오직 한 운송회사만을 이용하고 그 운송회사의 대다수의 지분은 금지금 업자들이라는 정황 외에 더 이상의 어떠한 증거로 이들의 공모사실을 입증할 수 있는지 의문이며 짧은 생각으로는 이 대법원 판결이 힘없고 억울한 납세의무자를 보호하는 판결이라기보다는 국민의 세금을 통해 이득을 취하려는 자들을 강하게 보호해 주는 것 같은 법조인답지 못한 생각이 앞서는 것 같다.

세금계산서의 부실기재 등의 경우에 매입세액의 공제를 허용하지 않는 취지가 부가가치세제도 운영의 기초가 되는 세금계산서의 정확성과 진실성을 확보하기 위한 것이라는 점에서 보면 세금계산서에 사실과 다르게 기재되어 있다는 혐의가 있을 때, 과세관청이 거래 당사자의 거래관계를 속속들이 확인할 수 없다는 사정을 고려하면, 과세관청은 세금계산서에 기재된 거래관계가 사실이 아니라는 제반 정황증거를 제시함으로써 입증책임을 다한 것으로 보고, 납세의무자가 그 거래의 진실성을 증명하거나 과세관청이 제시한 정황증거를 깨뜨리도록 하는 것이 조세소송에 있어서 입증책임을 합리적으로 배분한 것임에도 파기환송심 법원의 판단은 이러한 점을 무시했다는 느낌을 지울 수 없다.

상고이유보충서

사 건 2009두×××74 부가가치세등부과처분취소
원고(피상고인 겸 상고인) 주식회사 범아시아귀금속
피고(상고인 겸 피상고인) 종로세무서장

위 사건에 관하여 피고(상고인 겸 피상고인, 이하 '피고'라고 합니다) 소송수행자는 다음과 같이 상고이유를 보충합니다.

다 음

1. 사실심에서의 사실인정 부분 정리

가. 서울고등법원 2008누×××79(원심 판결)에서의 사실인정 부분

(1) 이 사건 금지금은 수입되어 수출되기까지 여러 단계의 업체들을 거치는, ① 일련의 전체 거래가 단 하루 만에 이루어졌고, 그 중간 단계에 부가가치세가 면제되는 금지금을 매입한 다음 면세추천을 받지 아니한 자에게 부가가치세 과세대상이 되는 금지금을 공급하면서 세금계산서

를 작성·교부하고 그 부가가치세 상당액을 납부하지 않는 이른바 ② 폭탄업체가 존재하고 있으며, 이 사건 금지금의 ③ 수출가격이 수입가격보다 낮고, 거래 당사자들이 금지금을 거래하면서 물품매도확약서를 일부 작성하지 아니한 사정만으로는 이 사건 금지금 거래가 명목상의 거래로서 부가가치세 과세대상이 되는 재화의 공급이 아니라고 단정하기 어렵고[원고가 2004. 3. 29. 진정금은(가명)으로부터 지금 20kg, 청원골드(가명)로부터 지금 100kg을 각 매입하였음에도 운송장에는 물품 수령장소가 '투스타(범아, 가명)'로 기재되어 있기도 하지만……], …….

(2) 원심에서는 이 사건 금지금이 여러 단계가 단 하루 만에 이루어졌고, 그 와중에 폭탄업체가 개입되어 있는 사실과 수입가격보다 낮게 수출된 사실을 인정하고 제 1 심 판결의 이유 중 '2. 라. 판단'이후의 부분을 바꾸는 것 외에는 제 1 심 판결 이유의 각 해당부분 기재와 같으므로, 행정소송법 제 8 조 제 2 항, 민사소송법 제420조에 의하여 이를 인용한다고 설시하고 있으므로 제 1 심에서의 사실인정 부분을 살펴보도록 하겠습니다.

나. 서울행정법원 2006구합×××64(제 1 심 판결)에서의 사실인정 부분

(1) 조세포탈을 목적으로 하는 변칙적인 금지금 거래의 일반적 형태 등

(1) 외관상으로는 금지금이 '외국업체 → 수입업체 → 면세 도매업체 → …… → 면세 도매업체 → 폭탄업체 → 과세 도매업체 → …… → 수출업체 → 외국업체'의 단계를 거쳐 유통되고, 그 거래대금은 수출업체에서부터 수입업체에 이르기까지 역방향으로 순차 지급되나, 특히 과세 도매업체들은 특정인 또는 특정업체의 지시에 따라 세금계산서를 발행하기만 할 뿐, 실제로 금지금의 거래나 운송을 하지 않는 경우가 많다.

☞ 정상적인 금지금 거래가 아님을 인정하고 있습니다.

(2) '폭탄업체'는 금지금을 면세금으로 매입하여 과세금으로 판매한 다음, 단기간 내에 이익금을 전액 인출·은닉하고 폐업하는 방법으로 부가가치세를 포탈한다. '폭탄업체'는 매입가액보다 낮은 공급가액으로 금지금을 판매하지만, 공급가액에 부가가치세액을 더한 공급대가는 매입가액보다 높고, 거래징수한 부가가치세를 납부하지 않기 때문에, 공급대가와 매입가액과의 차액에 상당한 이익을 얻게 된다. 한편 '폭탄업체'가 거래징수한 부가가치세는 그 이후 각 단계의 업체가 직전 단계 업체로부터 교부받은 세금계산서를 이용하여 매입세액을 공제받는 방법으로 순차적으로 전가되다가, 결국 수출업체가 금지금을 수출한 후 영세율의 적용에 따라 국가로부터 환급받는바, 그 환급액 중 '폭탄업체'가 납부하지 않은 부가가치세액에 상당한 부분이 '폭탄영업'에 의한 이익의 궁극적인 원천이 된다. 그 이익은 '폭탄영업'에 관여한 국내업체들에게는 각 거래단계에서의 마진(margin)의 형태로 분배되거나, '폭탄업체'의 이익금 중 일정비율로 계산한 금액을 관여업체에게 별도로 지급하는 이른바 백 마진(back margin)의 형태로 분배되고, '폭탄영업'에 관여한 외국업체에게도 수입가격과 수출가격의 차액(국내업체를 기준으로 하면 수출가격이 수입가격보다 낮게 된다) 형태로 분배된다.

☞ 금지금 변칙거래 구조에 의한 금지금 거래임을 인정하고 있습니다.

(3) '폭탄영업'에 있어서는 이익을 극대화하기 위하여 통상 단기간 내에 최대한 많은 물량의 금지금을 유통시키는바, 그에 따라 발생할 수 있는 관여업체들 사이의 분쟁이나 대금유실 등의 사고를 예방하기 위하여,

① 대부분 동일한 전주(錢主 : 폭탄영업망의 외부에서 최초에 금지금의 수입자금을 준비하는 자를 일컫는다)가 수출업체와 수입업체를 동시에 운영하고,

② 전주가 자신이 실질적으로 지배하거나 신뢰하는 업체를 '폭탄업체'

와 직접 거래하도록 배치하며,

③ 전주가 각 거래단계마다 거래물량, 단가 및 마진 등을 실질적으로 결정하고,

④ 수입업체부터 수출업체까지의 일련의 거래가 대부분 하루 또는 수일 이내의 매우 짧은 시간에 이루어지며,

⑤ 금지금 실물이 거래단계를 건너뛰어 수출업체로 곧바로 운송되는 경우가 대부분이다(설령 각 거래단계마다 운송되더라도 이는 정상적인 거래로 위장하기 위한 형식적인 운송에 불과하다).

☞ 금지금 변칙거래 구조에 있어서 전체 거래에 참가한 자들은 모두 전주의 계획하에 전주와 아는 자들로 구성된 것임을 인정하고 있습니다.

(4) 위와 같은 방법에 의한 조세포탈을 방지하기 위하여 2004. 12. 31. 법률 제7322호로 조세특례제한법이 개정되면서 관할 세무서장이 부가가치세 보전상 필요하다고 인정하는 경우에는 금지금 도매업자 등 및 금세공업자 등에 대하여 담보의 제공을 요구할 수 있도록 한 납세담보제도가 신설되어(제106조의 3 제11항) 2005. 4. 1.부터 시행되었는데, 2004년도에는 금지금 수입량 268톤, 수출량 233톤이었던 것이, 위 납세담보제도가 시행된 2005년도에는 수입량 56톤, 수출량 19톤으로 급감하였다.

☞ 선의임을 주장하는 업자들의 금지금 유통량이 급격하게 감소한 이유는 위 거래를 통한 부정환급이 더 이상 가능하지 않게 되었기 때문임을 인정하고 있습니다.

(2) 원고 회사 및 대표이사 등의 연혁 등

(1) 원고는 2004. 2. 12. 금괴·은괴·연괴 등 기타 비철금속의 제조, 도소매업을 목적으로 귀금속업체 밀집지역인 서울 종로구 봉익동 1××-1 금성(가명)빌딩 별관 401호를 본점소재지로 하여 자본금 1억 원으로 설립되었는데, 주주명부에는 대표이사인 조자룡(가명)이 4500만 원, 감사인 조진호(가명)가 3000만 원, 이사인 김관순(가명)이 2500만 원을 각

출자하여 조자룡이 45%, 조진호가 30%, 김관순이 25%의 원고 회사 주식을 소유하고 있는 것으로 등재되어 있다.

(2) 원고는 서울 종로구 봉익동 금성빌딩 별관 401호 약 12평을 임차보증금 1000만 원, 월세는 100만 원에 임차하여 주된 사무실로 사용하고 있는데, 위 임대차계약의 당사자는 조자룡과 외사촌 관계에 있는 국세금은(가명)의 대표이사인 김재성(가명)으로 되어 있다. 김재성은 7년가량 종로 귀금속소매상의 귀금속을 지방(대전·광주)의 귀금속소매상에게 판매하는 중상인(속칭 '나까마')으로 일하였고, 2002. 1. 30. 김홍재(가명)로부터 서울 종로3가 1××-4 삼성상가(가명) 1205호 소재 ◇◇◇선물투자 주식회사의 지분 60%를 인수한 후 상호를 국세금은으로 변경하여 현재까지 이를 운영해 오고 있다.

(3) 한편 원고의 대표이사인 조자룡은 1987년경 △△대학교 경제학과를 졸업하였고, 2002. 9. 25.부터 2004. 12. 31.까지 서울 강남구 대치동 8××-70 소재 인테리어 업체인 ○○건설의 대표로 등재되어 있으면서 직원 1명을 두고 이를 직접 운영하였으며, 원고 대표이사로 취임하기 전까지 지금업이나 무역업에 종사한 경험이 전혀 없고, 원고 회사의 설립 당시 은행 채무가 1억 3000만 원 정도 있었다.

☞ 원고와 국제금은의 대표이사 이○성은 친족지간으로 원고와 국제금은 사이의 거래의 비정상성을 인정하고 있습니다.

(3) 이 사건 금지금 거래의 특이사항 등

(1) 세금계산서의 흐름과 송금내역에 의하면, 원고는 35회에 걸쳐 지금을 매입하고 주로 같은 날 이를 그대로 또는 금목걸이 형태[(2004. 9. 3. 홍콩 소재 천입홍(가명)에게 수출한 1회의 거래밖에 없다]로 가공하여 10회에 걸쳐 국내 지금업체인 주식회사 투스타골드(가명), 엔제이골드(가명)에 매출하거나 11회에 걸쳐 홍콩 소재 조생생(가명, Cho Sang Sang Jewellery Ltd)이나 천입홍(가명, Chun Yip Hong Gold Dealers Ltd)에 수

출하였다.

(2) 그 구체적인 거래내역을 보면,

① 원고는 2004. 3. 3.[1] 진정금은으로부터 지금 20kg을 289,060,000원(도매시세보다 25,605,880원을 싸게 매수)에 매수하여 이를 같은 날 투스타골드에게 291,240,000원(도매시세보다 23,425,880원을 싸게 매도)에 매도한 것으로 되어 있는데, 같은 날 지금 도매시세는 20kg에 314,665,880원에 이르고,

② 원고가 2004. 3. 8. 협력금은(가명)으로부터 합계 26kg을 합계 384,106,580원(295,466,600원 + 88,466,600원, 도매시세보다 31,892,380원 싸게 매수)에 매수하여 이를 같은 날 투스타골드에게 385,502,200원(도매시세보다 30,496,760원 싸게 매도)에 매도한 것으로 되어 있는데, 같은 날 지금 도매시세는 26kg에 415,998,960원에 이르는 등 원고의 35번에 걸친 매입 및 21번에 걸친 매출이 모두 같은 날 이루어졌는데 그 매도가액은 당시의 지금 도매시세보다 낮았으며, 결국 원고의 거래를 모두 합산하면 원고는 35회에 걸쳐 지금 1,202kg을 합계 17,774,734,580원(도매시세보다 1,551,403,771원 싸게 매수)에 매수하여 이를 그대로 또는 목걸이 형태로 가공하여 21회에 걸쳐 17,888,525,000원(도매시세보다 1,437,613,351원 싸게 매도)에 국내매출 또는 수출한 것으로 되어 있으나 각 매출 당시 도매시세는 합계 19,326,138,351원이다.

(3) 원고는 2004. 9. 2. 케이제이쥬얼리(가명)로부터 지금 100kg을 1,530,667,000원(도매시세보다 95,995,600원 싸게 매수)에 매수하여 이를 금목걸이 형태로 가공하여 그 다음 날인 같은 달 3. 홍콩 소재 천입홍에게 수출한 것으로 되어 있는데, 그 수출가격은 위 매입가격에도 못 미치는 1,495,544,000(도매시세보다 131,118,600원 싸게 매도, 심지어 매수가격보다 35,123,000원을 싸게 매도)원이었고 같은 날 지금 도매시세는 1,626,662,

---

1) 2008누25779 판결에 의하여 수정한다.

600원이었다.

(4) 원고는 2004. 6. 22.과 같은 달 23.에 걸쳐 국세금은으로부터 지금 합계 15kg 상당 219,789,000원(도매시세보다 18,610,404원 싸게 매수) 상당을 매수하여 이를 그대로 같은 달 28. 다시 국세금은에게 220,800,000원(도매시세보다 17,599,404원 싸게 매도)에 되팔기도 하였고, 위 매출 당시 지금 도매시세는 238,399,404원이었다.

☞ 원고의 매입 및 매출 거래가 모두 도매시세와 맞지 않는 거래이고 금을 다루는 사업자로서는 시세보다 싸게 거래한다는 점을 인식할 수밖에 없음을 인정하고 있습니다.

(5) 원고는 위 각 거래 당시 직접 거래 상대방을 만나지 아니한 채 전화로만 거래하였고, 물품매도확약서도 팩스를 이용하여 주고받았는데, 위 35건의 매입 및 10건의 국내 매출(총 45건의 매출) 중 물품매도확약서가 작성된 것은,

① 2004. 3. 8.자(2회), 같은 달 18.자, 같은 달 23.자 협력금은과의 매입거래, 2004. 4. 30.자 청진골드(가명)와의 매입거래,

② 2004. 5. 6.자, 같은 달 10.자 성전골드(가명)와의 매입거래,

③ 2004. 5. 27.자 진정금은과의 매입거래,

④ 2004. 8. 16.자 및 같은 달 19.자, 같은 해 9. 1.자 및 같은 달 20.자 국세금은과의 매입거래,

⑤ 2004. 9. 2.자 케이제이쥬얼리와의 매입거래,

⑥ 2004. 9. 20.자 에스에스비골드(가명)와의 매입거래와,

⑦ 2004. 9. 3.자 및 같은 달 22.자 대신금은(가명)과의 매출거래 등 총 17건 뿐이다(다만, 위 대신금은과의 매출거래에 관한 물품매도확약서는 이 법정에서 제출되었다).

그런데 위 물품매도확약서 중 2004. 5. 6.자 성전골드와의 매입거래와 관련하여 성전골드가 원고의 구매요청을 승인한다는 내용으로 원고에게 보낸 팩스(을 제 4 호증의 7)에는 매도자란은 공란인 채 매수자란에

원고 회사의 명판과 인감이 날인되어 있고, 지금의 인도일도 2004. 5. 4.로 기재되어 있다.

☞ 물품도매확약서가 통상의 거래와 달리 비정상적으로 작성되었고 실제 거래를 반영하지 못하는 것으로 허위로 작성된 것임을 인정하고 있습니다.

(6) 원고는 위 각 거래 당시 인터넷뱅킹으로 거래대금을 결제하였는데, 은행거래내역과 위 매입 및 매출거래를 비교해 보면,

① 2004. 3. 8.자 거래의 경우 위 세금계산서에는 원고가 2004. 3. 8. 협력금은으로부터 26㎏의 지금을 매입하여 같은 날 투스타골드에게 매도한 것으로 되어 있는데,

② 은행거래내역은 원고가 2004. 3. 8. 협력금은에 320,000,000원을 송금하고, 투스타골드가 그 다음 날인 같은 달 9. 원고에게 324,052,200원을 입금하였으며, 다시 원고가 같은 날 협력금은에 97,504,578원을 송금하였다.

☞ 전형적인 자료상 업자들의 행동으로서 정상적인 거래에 부합하지 않는 현금흐름임을 인정하고 있습니다.

③ 그리고 위 세금계산서에는 원고가 2004. 3. 18. 협력금은으로부터 지금 20㎏을 매수하여 같은 달 18.[2] 세창금은(가명)에게 매도한 것으로 되어 있는데, 세창금은은 2004. 3. 19. 원고 은행계좌에 328,812,000원을 입금하였다.

④ 또한 위 세금계산서에는 원고가 2004. 3. 29. 진정금은, 성전골드로부터 지금 120㎏을 매수하여 이를 같은 날 홍콩 소재 조생생에게 수출한 것으로 되어 있는데, 은행거래내역은 2004.[3] 3. 30. 해외송금으로 원고 계좌에 1,868,[4]423,193원이 입금되면 위 금원이 같은 날 진정금은, 성전골드에 송금되는 등 해외수출거래에 있어서 해외에서 먼저 거래대금

---

2) 2008누×××79 판결에 의하여 수정.

3) 2008누×××79 판결에 의하여 수정.

4) 2008누×××79 판결에 의하여 수정.

이 입금되면 그 돈으로 원고가 매입한 매입처에 거래대금이 송금되었다.

(7) 원고는 유한회사 프링스글로벌(가명)에 수출물품의 해외운송을 맡기고 국내운송은 주식회사 프링스코리아에 의뢰하였는데, 주식회사 프링스코리아가 보관하고 있는 운송장 사본은 총 11부로 모두 운송시간이 기재되어 있으나, 원고가 보관하고 있는 운송장 총 11부 중 6부에는 운송시간이 기재되어 있지 않고, 물품 수령 장소가 투스타골드로 되어 있는 것도 있다.

☞ 운송장의 조작 가능성 및 원고와 투스타골드가 긴밀한 관계임을 인정하고 있습니다.

(4) 원고의 전 매입처의 거래내역 등

(1) 원고에게 이 사건 세금계산서를 발행한 진성금은 등 8개 업체는 주식회사 미러골드(가명), 조인스골드 주식회사(가명), 주식회사 골드리버(가명), 주식회사 천일인터내셔날(가명), 주식회사 칠구사골드(가명), 주식회사 제이엔골드(가명), 주식회사 한라주얼리(가명), 화우금은 주식회사(가명), 주식회사 씨엔지골드(가명) 등으로부터 지금을 매수한 것으로 되어 있고, 위 회사들은 진정금은 등 8개 업체에게 지금을 매도한 것과 같은 날 주식회사 퓨처골드(가명), 주식회사 실버바(가명), 주식회사 **은장코리아**(가명), 주식회사 동호교역(가명), 주식회사 실버줌인(가명), 주식회사 **잡스무역**(가명), 주식회사 우문골드(가명), 주식회사 **청솔골드**(가명), 주식회사 백호금속(가명), 주식회사 가야쥬얼리(가명), 주식회사 케이비제이주얼리(가명), 주식회사 **씨비주얼리**(가명) 등으로부터 지금을 매수한 것으로 되어 있으며, 다시 위 회사들은 다시 또 그들이 매도한 것과 같은 날 주식회사 디비딥골드(가명), 주식회사 **가공골드**(가명), 주식회사 미백통상(가명), 주식회사 **렉서츠**(가명), 주식회사 **조홍골드**(가명), 주식회사 **실버위크**, 주식회사 **포티원월드**(가명), 주식회

사 **지엠비티**(가명) 등으로부터 지금을 매수한 것으로 되어 있다(이하 '주식회사' 호칭을 모두 생략한다).

(2) 그런데 원고 매입처의 거래업체인 위 회사들 중 **렉서츠**는 275억 4600만 원의 상당의 부가가치세를 납부하지 아니한 채 2004. 3. 31. 폐업하였고, **은장코리아**는 155억 4400만 원 상당의 부가가치세를 납부하지 아니한 채 2004. 4. 13. 폐업하였으며, **잡스무역**은 118억 7000만 원 상당의 부가가치세를 납부하지 아니한 채 2004. 5. 22. 폐업하였고, **가공골드**는 78억 7200만 원 상당의 부가가치세를 납부하지 아니한 채 2004. 2. 28. 폐업하였으며, **청솔골드**도 56억 9800만 원 상당의 부가가치세를 납부하지 아니한 채 2004. 5. 18. 폐업하였으며, **씨비주얼리**도 31억 7500만 원 상당의 부가가치세를 납부하지 아니한 채 2004. 9. 8. 폐업하였고, **포티원월드**도 51억 6900만 원 상당의 부가가치세를 납부하지 아니한 채 2004. 6. 30. 폐업하였으며, **조홍골드**는 188억 8700만 원 상당의 부가가치세를 납부하지 아니한 채 2004. 4. 16. 폐업하였고, **실버위크**도 32억 6200만 원 상당의 부가가치세를 납부하지 아니한 채 2004. 5. 14. 폐업하였으며, **지엠비티**는 27억 4000만 원 상당의 부가가치세를 납부하지 아니한 채 2004. 9. 30. 폐업하였다.

☞ 굵은 글씨로 되어 있는 사업자는 폭탄업체임을 인정하고 있습니다.

(3) 위 회사들 중 **지엠비티**의 대표이사인 한경연(가명)은 해외도피 중이고, **씨비주얼리**의 대표이사인 황선팔(가명)은 의사판단이 불가능한 정신질환자로 인천 소재 '참사랑회 소망의 집'에서 2004. 1. 7.부터 거주하고 있었다.

(4) 원고의 매입처인 협력금은의 대표이사 조영수(가명)는 2004년경 서울서부지방법원 2004고합×68, 2005고합×2, 2005고합×42, 2005고합×49로 "킹롯데골드(가명) 주식회사, 주식회사 상용금은(가명), 주식회사 북산인터내셔날(가명, 이하 '주식회사' 호칭을 모두 생략한다) 등을 운영하면서, 킹롯데골드, 상용금은, 북산인터내셔날 명의로 2001. 1. 16.부터

2004. 6. 1.까지 사이에 금을 매입하지 않았음에도 불구하고 세금계산서에 기재된 금의 중량에 따라 돈당 800원 내지 850원의 수수료를 주고 금을 매입한 것으로 하는 내용의 허위 매입세금계산서를 교부받고 같은 방법으로 허위의 매출세금계산서를 교부하였고, 그 결과 사기 기타 부정한 방법으로 부가가치세를 포탈하였다"는 등의 공소사실로 기소되었는데, 2005. 12. 15. 위 법원으로부터 징역 3년과 특정범죄가중처벌 등에 관한 법률 위반(조세)의 점에 관하여는 무죄를 선고받았으나 검사 및 조영수의 항소로 2006. 10. 18. 서울고등법원으로부터 징역 3년 및 벌금 55억 원을 선고받았으며(위 고등법원판결에서는 일부 거래에 대하여 실제 거래임이 인정되었다), 위 사건은 2007. 2. 15. 상고 기각되었다.

☞ 원고 매입처인 협력금은의 대표이사 조영수가 특가법위반(조세)죄로 유죄확정판결을 받았음을 인정하고 있습니다.

그런데 위와 같이 킹롯데골드, 상용금은, 북산인터내셔날에게 허위세금계산서를 교부한 업체에는 원고의 매입처이거나 원고 매입처의 거래처인 실버바, 칠구사골드, 협력금은 등이고, 킹롯데골드 등이 허위세금계산서를 교부한 업체에는 원고의 매입처이거나 원고 매입처의 거래처인 조흥골드, 케이지쥬얼리(가명), 청솔골드, 조인스골드, 유니크골드(가명), 국세금은, 협력금은 등이 포함되어 있다.

(5) 원고에 대한 조사 결과

(1) 서울지방국세청장은 원고에 대한 부가가치세 환급에 관한 조사를 하던 중 조세범처벌법위반 혐의를 포착하고 2004. 10. 8.부터 2005. 8. 23.까지 사이에 원고의 2004. 2. 12.부터 2004. 12. 31.까지의 과세기간에 대한 세무조사를 실시하였다.

(2) 위 조사 당시 조자룡은 혼자 다른 직원 없이 은행업무, 장부정리, 세금계산서 작성 및 교부, 기타 업무 모두를 수행하였다고 진술하였고, 원고 회사의 설립 자금 4500만 원의 출처에 대하여 본인의 여유자금으로

납입하였다고 진술하였다가 나중에 4000만 원은 누나인 조자순에게서, 500만 원은 위 김태호로부터 차용한 것이라고 하였다. 그리고 김관순은 위 출자금 2500만 원에 대하여 김기범(가명)의 부탁으로 국민은행 청량리지점에서 조자룡의 제일은행 장사동 지점 계좌로 위 출자금을 무통장 입금하였는데 위 세무조사 착수 후 조자룡으로부터 본인의 자금을 입금하였다고 답변해 줄 것을 부탁받았다고 진술하였다. 김태호(가명)는 서울지방국세청의 출석요구에 불응하고 위 출자금에 대하여 친구로부터 빌린 자금이라고 하면서 구체적인 출처를 밝히지 않고 있다.

(3) 조자룡은 위 조사 당시 전화로만 매입 및 매출 의사를 밝혀 거래를 하게 되는데, 매입거래의 경우 먼저 인터넷뱅킹으로 계좌이체를 하는 방법으로 대금결제를 한 다음 지금을 수령하였고, 내수 매출의 경우에도 계좌이체의 방법으로 대금결제를 받은 다음 본인이 직접 혼자서 도보로 거래업체에 운송하였다고 진술하였다. 그리고 원고 사무실에 있는 금고는 현금 및 5kg 이내의 지금을 보관하는 데 이용하였는데 5kg 이상의 지금을 보관한 적이 없다고 진술하였다.

(4) 조자룡은 홍콩 소재 조생생과의 거래는 투스타골드의 소개로 투스타골드 대표이사인 정민철(가명)을 통하여 이루어졌는데, 정민철이 전화로 거래단가를 통보하면 그 거래단가대로 수출하였고, 지금은 모두 원고 사무실에서 보관하고 있다가 수출하였다고 진술하였다. 그리고 2004. 9. 2. 케이제이쥬얼리로부터 지금 100kg을 매수하여 금목걸이 형태로 가공하여 그 다음 날 홍콩 소재 천립홍에게 수출한 것과 관련하여 천립홍으로부터 목걸이 주문을 전화로 받아 지금 매입처인 케이제이쥬얼리에 전화로 물량을 확보한 다음 가공업체인 인퍼팩트골드에 의뢰해 목걸이 형태로 가공하였는데, 목걸이의 치수, 디자인에 대한 아무런 주문이 없었고, 매입처인 진정금은·성전골드·실버매니저 등은 국세금은의 대표이사인 김재성이 사무실 전화번호 등을 알려주어 거래하게 되었으며, 2004. 6.과 같은 달 7.에는 원고의 매출이 전혀 없었다고 진술하고

있다.

(5) 그리고 조자룡은 원고의 국민은행 종로5가 지점 계좌에서 2004. 6. 21. 1억 3000만 원이 출금된 것과 관련하여 그 사용처에 대해서 전혀 기억이 나지 않는다고 진술하고 있고, 같은 해 12. 2. 5000만 원, 같은 달 3. 5000만 원, 같은 달 7. 4800만 원이 각 출금된 것과 관련하여 세무서 압류 등에 대비하고자 지인에게 부탁하여 보관하고 있다고 진술하고 있다.

(6) 한편 조자룡은 서울지방국세청이 원고에 대한 조사 당시 원고가 국세금은의 서류, 즉 남대문세무서장이 국세금은에게 발송한 국세 체납 사업자에 대한 채권잔액 조회서 등을 보관하고 있었다.

☞ 원고와 국제금은 사이의 긴밀한 관계가 있음을 알 수 있습니다.

(7) 서울지방국세청장은 2005. 8.경 서울중앙지방검찰청장에게 원고 및 조자룡이 35회에 걸쳐 이 사건 세금계산서인 허위의 세금계산서를 교부받고, 증빙자료들 조작하여 부가가치세 합계 15억 600만 원(4억 9300만 원은 미환급)을 부정환급받았으며, 10회에 걸쳐 투스타골드 등 4개 업체에 허위의 매출세금계산서를 교부하였다는 내용의 조세범처벌법 및 특정범죄가중처벌 등에 관한 법률 위반으로 고발하였다.

다. 서울행정법원 2006구합×××64(제 1 심 판결)에서의 사실판단 부분

이 사건에 관하여 보건대, 위 인정사실에 나타난 다음과 같은 사정들, 즉

(1) 원고의 대표이사인 조자룡은 종전에 지금업에 종사한 적이 없고, 원고 회사 설립 당시 은행 채무가 1억 3000만 원이나 됨에도 4500만 원을 투자하여 원고 회사를 설립하였다고 하고 있는데, 그 출처에 대하여 자기 자본이라고 하였다가 다시 빌린 것이라고 하는 등 그 출처가 명확하지 아니하며, 조자룡은 당시 인테리어 업체인 예인건설의 대표(가

명)로 등재되어 있었고, 원고 회사 거래에 관하여 2004. 6.에 매출세금계산서가 작성되어 있음에도 2004. 6.과 같은 달 7.에는 매출거래가 전혀 없었다고 진술하였으며, 원고 회사 사무실의 임대차계약도 원고 명의나 조자룡 명의가 아닌 국세금은의 대표이사 김재성 명의로 되어 있고, 위 세무조사 당시 원고 사무실에서 국세금은의 서류가 발견된 점에 비추어 조자룡이 원고 회사를 실제로 운영한 것으로 보이지 아니하는 점,

(2) 원고는 35회에 걸쳐 지금을 매입하고, 같은 날 또는 상당한 기일 이내에 21회에 걸쳐 이를 그대로 또는 금목걸이 형태로 가공하여 매출 또는 수출한 것으로 되어 있는데, 상당 부분 물품매도확약서도 작성되지 아니하였고, 작성된 물품매도확약서 중에도 원고 명판의 인감과 인장이 먼저 날인되어 있는 것도 있는 점,

(3) 조자룡은 전화로 거래의사를 타진한 다음 먼저 물품대금을 입금하고 지금을 수령하였다고 진술하였고, 수출거래에 있어서 원고가 먼저 매입처로부터 거래대금을 지급하지 아니한 채 지금을 수령하고 이를 다시 거래대금의 수령 없이 수출한 다음 후에 수출대금이 입금되면 다시 원고의 매입처에 송금한 것으로 되어 있는데, 위와 같이 물품매도확약서도 작성하지 아니하거나 팩스로 작성된 물품매도확약서만으로 수 억원 또는 수 십억 원에 이르는 외상거래를 한다는 것은 동일한 당사자에 의한 그 거래에 대한 전반적인 지휘 내지 간섭 없이는 불가능할 것으로 보이는 점,

(4) 이 사건 거래는 지금 자체의 거래인데 여러 유통단계를 거칠 경우 중간상에게 거래에 관여하는 이익을 제공하여야 할 뿐만 아니라 그에 상응하는 부가가치세를 부담할 수밖에 없어 중간도매상이 개입함에는 그럴만한 특별한 사정이 있어야 할 것인데, 이러한 사정이 엿보이지 아니하고 오히려 여러 중간 도매상이 거의 동시에 개입하여 또는 매입한 지금을 그대로 동일한 매입처에게 되팔기도 하는 등 경제적 합리성과

는 동떨어진 거래가 이루어진 점,

(5) 원고의 매입 및 매출이 모두 같은 날 지금 도매시세에 훨씬 못 미치는 금액에 거래되었고, 심지어 원고가 2004. 9. 2. 케이제이쥬얼리로부터 지금 100kg 매입하여 이를 금목걸이 형태로 가공하여 같은 달 3. 홍콩 소재 천입홍에게 수출한 것으로 되어 있는데, 그 수출금액은 위 매입금액에도 훨씬 못 미치는 점,

(6) 진성금은 등 원고 매입처의 직전 매입처의 직전 매입처에 해당하는 렉서츠, 은장코리아, 잡스무역 등의 회사가 부가가치세를 납부하지 아니한 채 폐업한 점,

(7) 원고 대표이사 조자룡은 위 지금거래를 모두 혼자서 영위하였고, 5kg 이상의 지금을 보관한 적이 없다고 진술하고 있는데, 위 세금계산서에는 원고가 2004. 3. 18. 협력금은으로부터 20kg의 지금을 매입하여 같은 달 23. 세창금은에게 매도되고, 원고가 2004. 4. 14. 실버매니저로부터 10kg의 지금을 매입하여 같은 달 27. 홍콩 소재 조생생에게 수출되는 등 위 세금계산서 기재대로라면 원고는 5kg 이상의 지금을 보관하고 있었어야 한다는 점,

(8) 조자룡은 홍콩 소재 조생생과의 거래에서 투스타골드의 정민철을 통하여 수출하였고, 거래단가도 정민철이 결정하는 대로 정하였다고 진술하고 있고, 운송장의 물품 수령 장소가 투스타골드로 되어 있는 것도 있는 점,

(9) 원고의 매입처 중 합동금은의 대표이사 조영수는 종전부터 지금거래와 관련하여 허위매입세금계산서를 교부하거나 교부받는 방법으로 부가가치세를 포탈하여 징역 3년 및 벌금 55억 원을 선고받았는데, 위 조영수의 거래처에는 원고의 매입처나 원고 매입처의 거래처가 상당수 포함되어 있는 점 등 이 사건 변론에 나타난 모든 사정을 종합하여 보면,

실제로는 '폭탄업체' 또는 그와 보다 가까운 거래단계에 있는 업체로부

터 직접 수출업체로 금지금이 공급되는 것임에도, 양자 간의 직접적인 거래관계를 단절시킴으로써 '폭탄업체'의 부가가치세 포탈이 밝혀지더라도 수출업체에 대하여는 과세관청이나 수사기관의 조사가 어렵게 하기 위하여, 마치 여러 단계를 거쳐 금지금이 공급되는 것처럼 위장한 사실을 인정할 수 있으므로, 이 사건 세금계산서 중 원고가 수출업체로서 수수한 세금계산서는 실물거래는 있으나 실제 공급자와 세금계산서상의 공급자가 다른 '위장세금계산서'에 해당하고, 원고가 위와 같은 명의위장 사실을 알았거나 알 수 있었다고 보이며, 원고가 중간 도매업체로서 수수한 세금계산서는 아예 실물거래 없이 수수된 '가공세금계산서'에 해당한다.

라. 소 결

이러한 1심 판결의 인정 부분에 대하여 원심은 위와 같은 모든 사정을 인정하면서도 이러한 사정만으로는 이 사건 금지금 거래가 명목상의 거래로서 부가가치세 과세대상이 되는 재화의 공급이 아니라고 단정하기 어렵다고 판단하였습니다.

물론 이는 대법원 2008. 12. 11. 선고, 2008두16476 판결 이후로 이와 동일한 쟁점의 사건에 대하여 사실심들은 기존의 입장을 바꾸어 모두 똑같이 '이러한 사정만으로는 명목상의 거래라고 단정할 수는 없다'고 판시하고 있는 것과 같은 입장입니다.

이에 대해 피고는 사실심에서 인정한 사실인정 부분을 전제로 하여 영국에서 2007. 3. 15. 퀸스 벤치 주 영국행정법원(고등법원)(IN THE HIGH COURT OF JUSTICE QUEEN'S BENCH DIVISION ADMINISTRATIVE COURT)에서 내린 판결문을 자세히 검토하여 위 판결의 문제점을 제시하고자 합니다.

2. 퀸스 벤치 주 영국행정법원(고등법원) (IN THE HIGH COURT OF JUSTICE QUEEN'S BENCH DIVISION ADMINISTRATIVE COURT) 판결

가. 위 판결에 적용된 법령

The provisions in respect of Value Added Tax, VAT, …… are now contained in Council Directive 2006/112/EC of 28 November 2006 ("the 2006 Directive") to which, for convenience, the parties referred, and I shall in this judgment refer.
부가가치세에 관한 규정은 2006. 11. 28.의 유럽연합법 2006/112/EC(이하 '2006 유럽연합법')에 규정되어 있고, 본인은 이 사안에서 이 규정을 적용한다.

"Article 1 : 제 1 조

1. This Directive establishes the common system of …… VAT.
1. 본 유럽연합법은 부가가치세의 일반적인 제도(common system) ……에 대하여 규정한다.

2. The principle of the common system of VAT entails the application to goods and services of a general tax on consumption exactly proportional to the price of the goods and services, however many transactions take place in the production and distribution process before the stage at which the tax is charged.
   On each transaction, VAT, calculated on the price of the goods or services at the rate applicable to such goods or services, shall be chargeable after deduction of the amount of VAT borne directly by the various cost components …….
2. 부가가치세는 재화와 용역의 가격에 정확히 비례하여 재화와 용역의 소비에 대하여 부과된다. 그러나 세금이 부과되는 단계에 이르기 전에 생산과 유통의 과정에서 많은 거래가 일어난다.

각 거래에서의 부가가치세는 해당 재화와 용역의 가격에 대하여 각 재화와 용역에 적용하는 비율로 산정하고, 비용을 구성하는 다양한 요소들에 대하여 직접 발생하는 부가가치세를 공제한 후 부과된다.

Article 2 : 제 2 조

1. The following transactions shall be subject to VAT :
   (a) the supply of goods for consideration within the territory of a Member State by a taxable person acting as such …….
1. 부가가치세는 다음과 같은 거래에 적용된다.
   (a) 납세의무자의 가맹국 내 대가가 있는 재화의 거래

Article 167 : 제167조

A right of deduction shall arise at the time the deductible tax becomes chargeable.
공제세액이 부과될 때 공제할 수 있는 권리(Right of Deduction)가 발생한다.

Article 168 : 제168조

Insofar as the goods and services are used for the purposes of the tax transactions of a taxable person, the taxable person shall be entitled, in the Member State in which he carries out these transactions, to deduct the following from the VAT which he is liable to pay :

(a) the VAT due or paid in that Member State in respect of supplies to him of goods or services, carried out or to be carried out by another taxable person …….

재화와 용역이 납세의무자의 과세 거래의 대상으로 사용되는 한 납세의무자는 거래가 있었던 가맹국 내에서 그가 납부해야 하는 부가가치세에서 아래 사항을 공제받을 수 있다.

(a) 가맹국 내에서 다른 납세의무자에 의하여 공급된 재화 또는 이행되거나 이행될 용역에 관하여 발생하거나 납부된 부가가치세

나. 위 판결에서 전제로 하고 있는 사실

4. Unfortunately the common system of VAT has been very open to abuse and manipulation by fraud. The simplest such example, described as "missing trader fraud" is where a trader receives VAT, but fails to account for it to the Revenue, whether because it goes into liquidation with the monies untraceable or because it was never a real entity at all. In the first instance, of course, that is a loss to the person who has paid over the VAT, for which the missing trader is supposed to account, but as that customer is itself then ordinarily able to recover VAT paid over to its supplier, the loss is incurred by the Revenue as and when it is forced to reimburse what it has not in fact received. Such simple missing trader fraud becomes more sophisticated and complex, once goods are sourced from abroad. When the goods enter into the United Kingdom, they arrive free of VAT and the first purchaser in the United Kingdom is liable to pay what is loosely called an 'acquisition tax' : if the system operates lawfully then that importer charges VAT to the next purchaser and receives it from that purchaser, and then accounts to the Revenue for what he has received (his 'output tax') less what he has paid out (his 'input tax').

4. 안타깝게도 부가가치세제도는 사기적 거래로 남용되거나 조작될 가능성이 매우 높다.
일명 "폭탄영업 사기"("missing trader fraud")가 가장 대표적인 사례인데, 이는 거래자가 부가가치세를 지급받고서도 청산하거나 처음부터 형해화된 법인임을 이용하여 국세청에게 부가가치세를 납부하지 않는 것을 의미한다. 물론 처음에는 폭탄업체가 납부하기로 한 부가가치세액만큼의 손실은 그 부가가치세를 지급한 매입자에게 있으나, 그 매입자는 통상 공급자에게 지급한 부가가치세를 스스로 회복할 수 있고, 국세청은 사실상 징수하지 못한 부가가치세를 환급해 줄 의무를 부담하게 되어 그 손실이 국세청에게 돌아간다. 이와 같이 단순한 폭탄영업은 재화가 해외에서 수입될 경우 점점 복잡하고 교묘해진다. 영국으로 수입되는 재화는 부가가치세가 면제되어 돌아오지만, 수입업자는 소위 '취득세'를 납부할 의무가 있다. 만약 부가가치세제도가 적법하게 운용된다면 그 수입업자는 다음 매수인에게 부가가치세를 부과하여 그 매수인으로부터 부가가치세를 징수하고 그 지급받은 세액("매출세액", "output tax")에서 이미 지급한 세액("매입세액", "input tax")을 공제하여 과세관청에 납부한다.

5. In what is called a Missing Trader Intra-Community ("MTIC") fraud, the goods — if indeed they exist — are then the subject matter of a series of successive transactions within the United Kingdom, being onsold, usually at a markup, with VAT returns completed by each purchaser, resulting in a small payment to the Revenue, after setting off the input tax against the output tax, until eventually the goods are acquired by an exporter. As goods when exported are no longer the subject of the VAT regime of the Member State, the exporter can claim as a credit, and thus prima facie is entitled to receive from the Revenue, the total sum of VAT due and purportedly paid in respect of the goods exported. Of course, if VAT were indeed 'common' throughout the European Union, such that it did not fall to be repaid and paid on the frontier, this opportunity would not arise.

5. 소위 "유럽연합 내 폭탄영업 사기"("Missing Trader Intra-Community fraud")에서 통상 존재하는 재화는 유럽연합 내에서 연속적으로 발생하는 거래의 대상으로 보통 이윤을 남기면서 전매되고, 수출업체가 그 재화를 종국적으로 취득할 때까지 각 단계에서 매수인은 매출세액과 매입세액을 상계한 후 국세청에게 약간의 부가가치세를 납부하게 된다. 재화가 수출되어 그 가맹국의 부가가치세제도가 적용되지 않는다면, 수출업자는 국세청으로부터 수출된 재화와 관련하여 발생하고 납부하였다고 주장하는 액수의 부가가치세를 환급받을 권리가 명백하다고 주장할 수 있다. 물론, 부가가치세가 유럽연합 전역에 적용된다면 위와 같은 경우는 발생하지 않을 것이다.

7. As can be seen from this description, this kind of MTIC fraud is called a "carousel fraud" because it can be repeated as often as required, because the goods are "returned" to a destination outside the United Kingdom which may well

be the same country or even the same, or an associated, source as the original supplier, ready to be sent round again. The individual transactions need not take at all long — they can be a matter of moments — and the goods may not in fact move from a warehouse or freight forwarder either on the occasion of any one transaction or possibly at all, except that there will need to be evidence of export to support the claim for repayment of input VAT credits. The fraud is plainly committed, if the participants in such chain are dishonest, at the stage of the missing trader, although the loss may not crystallise until the Revenue has to pay out in full in respect of the return filed by the exporter. Figures produced for the purposes of these proceedings by the Revenue indicate that, in the year 2005~2006 alone, MTIC and carousel fraud cost the Revenue between ₤2 billion and ₤3 billion. The Revenue has also estimated that MTIC and carousel frauds would have cost them between ₤3.75 and ₤4.75 billion in that year, had a significant proportion of those frauds not been baulked inter alia by the steps taken by the Revenue to which I shall refer.

7. 위에서 살펴본 바와 같이, 이와 같은 형태의 유럽연합 내 폭탄영업 사기는 “자전적 사기거래”라 불린다. 왜냐하면, 재화는 다시 사기거래의 대상이 되기 위하여, 원래 공급자와 동일하거나, 연관되거나 또는 동일한 국가인 영국의 외부의 목적지로 반환되어, 필요한 만큼 반복될 수 있기 때문이다. 개개의 거래는 그리 오랜 시간을 요하지 않고, 순간적으로 거래가 일어날 수 있으며, 실제로 재화가 어떠한 거래에서 또는 거래 전체에서 하나의 창고 또는 운송회사에서 실제로 이동하지 않을 수 있다. 다만, 매입세액의 환급을 구하는 권리의 근거로 수출의 증거는 필요로 한다. 국세청이 수출업자가 청구한 반환세액을 지급해야 할 시점까지 손실은 현실화되지 않음에도 불구하고, 폭탄업체의 단계에서 이러한 거래구조에 개입한 업체가 정직하지 못하다면 이와 같은 사기는 쉽게 일어날 수 있다. 국세청이 추산하는 바에 따르면, 국내 폭탄영업 사기 또는 자전적 사기거래는 2005년부터 2006년 사이에만 국세청으로 하여금 20억 내지 30억 파운드의 비용을 초래하였다. 국세청은 이러한 사기거래의 상당수가 본인이 언급한 국세청이 취한 조치에 의하여 제재받지 않았다면, 국내 폭탄영업 사기 또는 자전적 사기거래가 매년 37억 5천 내지 47억 5천 파운드 사이의 비용을 초래했을 것이라

고 추정하고 있다.

8. The steps taken by the Revenue in response to the growth of MTIC and carousel frauds included the refusal to make payment to the 'exporter' at the end of a suspect chain — often referred to as a 'defaulter chain', because of the missing trader — so that the Revenue, provided such refusal to allow the input tax was not successfully challenged on appeal to the Value Added Tax Tribunal, avoided having to pay monies out at the end of the chain. The Revenue suggests that what they now allege to be occurring — possibly in the case of these Claimants and in many other similar situations — is a new variation of the scam, in order to overcome the fact that it is now realised that the Revenue has woken up to the main scam, and has started to refuse to pay on returns submitted by the suspect exporters.

8. 국세청은 의심스러운 거래구조〔종종 폭탄업체의 행방불명으로 인하여 "폭탄거래구조(defaulting chain)"라고 언급됨〕의 종착점인 수출업체에 대한 환급의 거절로써 증가하는 유럽연합 내 폭탄영업 사기와 자전적 사기거래에 대응한다. 그러한 매입세액 환급 거절에 대한 이의가 부가가치세 심판원에서 받아들여지지 않았을 경우, 국세청은 그 거래구조의 최종 업체에 대한 지급을 거절한다. 본 사안과 유사한 여러 사안에서 국세청은 현재 발생하고 있는 것은 새로운 변형된 형태의 사기라고 하면서, 이러한 주요 사기거래를 파악하고 이를 극복하기 위하여 수출업체들이 주장하는 의심스러운 환급요구에 대하여 거절하기 시작하였다.

다. 위 판결의 쟁점

17. The question then is, whether, in respect of such an (assumed) deliberate dishonest transaction by these Claimants, the Revenue could lawfully decide to withhold payment pursuant to receipt of their VAT returns claiming repayment.

17. 쟁점은 이와 같이 정교하고 사기적인 원고들의 거래와 관련하여, 국세청이 부가가치세의 환급요구를 받을 경우 적법하게 지급을 유보할 수 있는지 여부이다.

라. 위 판결에서 원용한 Axel Kittel(C-439/04) v. Etat belge 사건 판결

54. As the Court has already observed, preventing tax evasion, avoidance and abuse is an objective recognised and encouraged by the Sixth Directive …… Community law cannot be relied on for abusive or fraudulent ends.

54. 법원이 이미 알고 있는 바와 같이, 탈세의 방지 및 남용의 회피는 제 6 차 유럽연합법이 승인하고 지향하는 목표이다. 구주공동체법(Community Law)은 남용(abusive) 또는 사기적인 목적에 이용될 수는 없다.

55. Where the tax authorities find that the right to deduct has been exercised fraudulently, they are permitted to claim repayment of the deducted sums retroactively ……. It is a matter for the national court to refuse to allow the right to deduct where it is established, on the basis of objective evidence, that that right is being relied on for fraudulent ends.

55. 과세관청이 부정하게 세액이 공제되었다는 사실을 알게 된다면, 그들은 소급하여 공제된 액수의 상환을 요구할 수 있다. …… 객관적인 증거에 기초하여 세액의 공제〔환급〕가 사기적인 목적에 따른 것이라는 사실이 인정되면, 법원이 공제〔환급〕를 인정하지 않는 것이 중요하다.

56. the same way, a taxable person who knew or should have known that, by his purchase, he was taking part in a transaction connected with fraudulent evasion of VAT must, for the purposes of the Sixth Directive, be regarded as a participant in that fraud, irrespective of whether or not he profited by the resale of the goods.

56. 마찬가지로, 제 6 차 유럽연합법의 취지를 감안하여, 납세의무자가 그의 거래로 인하여 그가 사기적 탈세와 관련된 거래에 참여하고 있다는 사실을 알았거나 알아야 했다면(should have known), 재화를 다시 판매하여 이익을 얻었는지 여

부와 무관하게 사기적 거래에 참여한 것으로 간주하여야 한다.

57. is because in such a situation the taxable person aids the perpetrators of the fraud and becomes their accomplice.
57. 이와 같은 상황에서 납세의무자는 범죄자의 사기행위를 돕고, 그들의 공범이 되는 것이기 때문이다.

58. In addition, such an interpretation, by making it more difficult to carry out fraudulent transactions, is apt to prevent them.
58. 게다가 이와 같은 해석이 사기적 거래의 자행을 어렵게 하여 그러한 사기적 거래를 방지할 수 있기 때문이다.

59. Therefore, it is for the referring court to refuse entitlement to the right to deduct where it is ascertained, having regard to objective factors, that the taxable person knew or should have known that, by his purchase, he was participating in a transaction connected with fraudulent evasion of VAT, and to do so even where the transaction in question meets the objective criteria which form the basis of the concepts of 'supply of goods effected by a taxable person acting as such' and 'economic activity'.
59. 따라서 그의 거래로 인하여 그가 사기적인 탈세와 관련된 거래에 참여하고 있다는 사실을 알았거나 알아야 했다는 것이 객관적인 자료들에 의하여 규명이 된다면, 법원은 공제를 인정하여서는 안 된다. 나아가, '납세의무자의 재화의 공급' 또는 '경제적 활동'이라는 기본적인 개념에 근거하여 객관적인 기준(법적 기준)에 부합하는 이 사건 거래의 경우에도 마찬가지로 법원은 공제를 인정하여서는 아니 된다.

61. By contrast, 〔my underlining〕 where it is ascertained, having regard to objective factors, that the supply is to a taxable person who knew or should have known that, by his purchase, he was participating in a transaction connected with fraudulent evasion of VAT, it is for the national court to refuse that taxable

person entitlement to the right to deduct.

61. 그러나 〔본인이 강조하는 부분임〕 객관적인 증거들로 그의 거래로 인하여 사기적인 탈세 거래와 관련이 있는 거래에 참여한다는 사실을 알았거나 알아야만 하였던 납세의무자에 대한 공급이라는 사실이 규명되는 경우, 법원은 납세의무자의 공제〔환급〕를 거절한다.

마. 위 판결의 결론

52. The answer to the second question, fully rationalised in paragraphs 53 to 61, cited above, and enshrined in the Ruling, is that — on the assumed facts — Evolution is "a taxable person who knew …… that by his purchase, he was taking part in a transaction connected with fraudulent evasion of VAT". In those circumstances, I am satisfied that the Revenue would have the right to refuse to pay the input claimed, and my concluded view is the same as was the untutored response of Charles J in Megantic : and the same as the provisional view of Mr Bishopp in Calltell (at paragraph 18) that "if the Respondents can show that the transactions were what they claim them to be, …… they have at least an arguable case that a traderwho, knowingly or with means of knowledge, engages in conduct designed to conceal, or avoid the consequences of discovery of, a fraud should be in no better position than the perpetrator of the fraud".

52. 제53문단부터 제61문단 사이에서 완전하게 합리화되었고, 판결에 기입된 두 번째 쟁점에 대한 답변은 다음과 같다. 가정된 사실에 의하면, 이볼루션은 "그의 매수로 인하여 사기적 탈세거래에 관련된 거래에 참여한다는 사실을 알았다." 그러한 상황에서 나는 국세청이 매입세액의 환급을 거절할 권리가 있다는 것에 동의(am satisfied)하고, 나의 결론은 메갠틱 사건에서 판사 찰스의 소박한 답변과 동일하다. 그리고 콜텔사건(제18문단)에 있는 비숍의 "만약 피고들이 본 사안의 거래들이 자신들이 주장하는 것과 동일하다는 것을 밝힐(show) 수 있다면, 적어도 사기를 은폐하기 위하여 고안된 거래에 참여한다는 것을 알았거나 알

수 있었던 거래자는 사기의 가해자와 다름없다고 주장할 수 있다"는 견해와 동일하다.

53. I entirely accept the importance of the sanctity of the common system of VAT, which Mr Patchett-Joyce so emphasised. However it is plain that the European Court had the Sixth Directive (now the 2006 Directive) well in mind in expressly permitting the right to refuse deductions/payment (paragraphs 55, 60, 61). It seems to me that the common system of VAT is much more at risk if firm steps are not taken by the Revenue to prevent the fraudulent abuse of it which, on the assumed facts, would have taken place. I echo the persuasive words of Mr Anderson at paragraph 36(d) of his skeleton in JF :

"If JF were correct, then HMRC would be powerless to prevent massive fraudulent claims involving multiple chains in different goods. It cannot be right that Community law sanctions sophisticated VAT fraud. It is an absurd proposition that the Sixth Directive permits for instance a defaulter, contra-trader and broker to conspire to create a tax loss, offset that loss into another supplier and then deliberately and fraudulently claim an input tax refund."

53. 본인은 파세트 조이스가 강조한 일반적인 부가가치세제도의 불가침성의 중요성을 전적으로 인정한다. 그러나 유럽법원이 제6차 유럽연합법을 염두에 두고 공제 또는 지급을 거절하는 권리를 명시적으로 허용하였음은 명백하다(제55, 60, 61문단). 가정된 사실에 의하면 발생할 것으로 보이는 사기적 거래를 방지하기 위한 확고한 대책을 국세청이 세우지 않을 경우 부가가치세제도는 훨씬 더 큰 위기에 직면할 것으로 보인다. 나는 제이에프 사건에서 앤더슨 요약문 36(d)문단에서 나타난 설득력 있는 주장을 공감한다.

"만약 제이에프가 맞다면, 국세청이 다른 재화를 이용한 복합적인 거래구조를 포함한 대규모의 사기적 거래를 방지하는 데 무기력할 것이다. 구주공동체법의 구속력이 부가가치세 사기를 불순하게 하였다는 것은 옳지 않다. 제6차 유럽연합법이 폭탄업체, 역거래업체 및 브로커들이 세금의 손실, 다른 공급자와의 그 손실의 상계 그리고 계획적으로 부정한 매입세액의 환급을 발생시키기 위하여 공모를 허용하는 것은 불합리한 주장이다."

바. 소 결

이렇듯 영국에서는 이 사건 사안과 아주 유사한 아니 거의 같다고 할 수 있는 거래에 대하여 명목상의 거래인지 여부를 따지지 않고 국가에게 원고의 매입세액공제 요구나 환급요구에 대하여 이를 거부할 수 있는 권리를 인정할 수 있다고 판시하였습니다. 문제는 이 사건에서도 이러한 법 논리를 받아들일 수 있을 것인지라 할 것입니다. 이에 대하여는 우리나라의 부가가치세법의 특성과 위 판결에서 적용된 제 6 차 유럽연합법의 특성을 비교하여 이러한 논리가 적용될 수 있을 것인지 검토해 보도록 하겠습니다.

3. 우리나라 부가가치세법과 제 6 차 유럽연합법의 비교

가. 우리나라 부가가치세제도의 성격

부가가치세 도입 이전 우리나라의 소비과세 체계는 일반소비세로서 영업세가 있었고, 개별소비세로서 유흥음식세 · 통행세 · 물품세 · 직물류세 · 석유류세 · 전기가스세 등 매우 복잡한 양상을 띠고 있었습니다. 이러한 간접세체계는 신고납부와 세무조사의 중복을 가져와 세무행정을 복잡하고 어렵게 만들어 납세자에게도 불필요한 부담을 초래했기 때문에 정부는 1968년 유럽경제공동체 회원국들의 부가가치세 도입 움직임에 영향받아 우리나라의 간접세제도를 매상세 또는 부가가치세제로 발전시켜야 할 필요성을 인식하고 1976년에 부가가치세제도를 도입하게 된 것입니다. 한국의 부가가치세법은 소비형 부가가치세로서, 과세방법으로 간접법의 하나인 전단계세액공제법(Vorsteyermethode)을 채택하고 있으며, 소매단계와 서비스를 포함한 광범한 과세베이스의 일반소비세로서의 특징을 보이고 있고 이른바

'유럽형 부가가치세'를 법제화한 것입니다.[5)]

부가가치세는 원래 유럽에서 일정한 역사적 과정을 밟아 생겨난 세제인데, 일본이 아직 이를 들여오기에 앞서서 우리나라가 미리 들여오다 보니 현행법의 조문 체계가 엉망인 것은 사실입니다. 따라서 부가가치세법을 해석함에 있어서는 유럽에서 시행하고 있는 부가가치세를 들여왔음을 결정적 전제로 삼아야 합니다. 즉, 우리법에서 연결이 되지 않는 부분은 유럽에서 쓰고 있는 모델이 우리법의 일부라고 생각하고 읽어야 앞뒤를 맞출 수 있다는 것입니다. 그렇지 않으면 사방에서 구멍이 뚫려 전혀 읽을 수가 없게 됩니다. 부가가치세법에 관한 한 조세법률주의는 완전히 접어놓고 시작해야 한다.[6)]고 주장하는 학자도 있습니다. 물론 이 말이 헌법상 보장되어 있는 조세법률주의를 완전히 무시하여야 한다는 것은 아니고 그만큼 부가가치세법의 해석에 있어서는 다른 조세법과는 달리 유연한 해석이 필요하다는 것입니다.

또한 일반소비세인 부가가치세는 최근 30여 년간 가장 빠른 속도로 각국에 전파되고 발전하고 있는 비교적 젊은 세목입니다. 각국 어느 나라를 보더라도 세수입의 가장 큰 비중을 차지하는 주요 기간세목으로서의 위치를 점하고 있는 것이 현실입니다. 따라서 부가가치세제의 성패는 그 나라의 조세체계 전반을 좌지우지할 수 있는 중요한 문제라 할 수 있는 것입니다.

따라서 피고는 금지금 변칙거래에 관한 대법원의 입장에 대하여 부가가치세제도의 성패 및 나아가 조세체계 전반을 좌지우지할 수 있는 중요한 문제의 심각성을 대법원에 알려 심리를 속행하여 보다 성의 있는 대법원의 판결을 기대하고 있는 것입니다.

---

5) 박종수, "유럽연합(EU)의 부가가치세법제에 관한 연구", 한국법제연구원, 2002, p.30.

6) 이창희, 『세법강의』, 박영사, 2009.

나. 제 6 차 유럽연합법(Unionsrecht)의 부가가치세지침 검토[7)]

(1) 전단계세액공제의 원칙

1977. 5. 17. 부가가치세에 관한 회원국법규정의 조화를 위한 이사회의 제 6 차 지침(Sixth council Directive,[8)] 77/388/EWG)은 오늘날까지 적용되고 있는 공동체의 부가가치세법을 포함하고 있습니다. 위 지침에서 전단계세액공제권은 공동의 부가가치세 시스템의 중요한 근본원리를 형성[9)]하고 원칙적으로 납세의무자는 매출세액에 기초되어져 있는 거래와 관련하는 것 이상으로는 전단계(Vorsteuer)를 공제할 수 없으며 공제할 수 있는 세액은 이미 납부했거나 성립・확정되어 납부하여야 할 세액이라고 기술하고 있습니다. 즉, 적법하게 행위하는 납세의무자를 즉시 그가 전단계에서 공급받은 급부에 관하여 산정된 부가가치세 부담으로부터 해방시키는 것은 부가가치세 시스템의 의미에 부합[10)]하는 것이며 이와 같은 권리는 회원국에 의해서 원칙적으로 제한될 수 없고 단지 이에 대한 예외는 제 6 차 지침에서 개별적으로 인정한 경우에만 허용될 수 있다[11)]고 하였습니다.

(2) 전단계세액공제의 배제[12)]

전단계세액공제권은 사기나 남용이 개입된 경우에는 표시된 의사가 아니라 현실적 의사가 고려되어야 하며 전단계세액공제의 범위는 그에 따라

---

7) 박종수, 전게논문, p.85.

8) 현재는 Council Directive 2006/112/EC of 28 November 2006 on the common system of value added tax).

9) EuGH, Urt. v. 18. 12. 1997. Rs. C-286/94, EuGHE 1997, I-7281.

10) EuGH, Urt. v. 11. 7. 1991. Rs. C-97/90, EuGHE 1991, I-3795.

11) EuGH, Urt. v. 6. 7. 1995. Rs. C-62/93, EuGHE 1995, I-1883 (1907).

12) 박종수, 상게논문, p.129.

소급적으로 조세확정을 경정함으로써 수정되어야 하는데, 이를 위하여 다시금 개개의 거래가 일어날 당시의 사실관계를 검토하여 그에 따라 전단계세액공제권의 범위는 급부금액이 얼마나 과세 가능한 또는 공제에 유해하지 아니한 거래를 위하여 사용되는지에 따라 정해진다 할 것이지만 납세의무자가 무상으로 또는 공제에 유해한 면세되는 행위를 위하여 사용할 재화를 획득하는 때에는 그 전단계세액공제권은 아무런 범위도 인정되지 않는다고 하여 우리나라 부가가치세법 제17조 제2항의 매입세액을 공제하지 않는 사유와 매우 흡사하다 할 것입니다.

즉, 제6차 유럽연합법의 부가가치세지침에서 규정하고 있는 매입세액 불공제 사유와 마찬가지로 우리나라 부가가치세법상의 매입세액 불공제 사유 역시 실정법 규정의 반대해석을 통하여도 도출할 수 있다고 할 것입니다.

다. 소 결

제6차 유럽연합법의 부가가치세지침은 우리나라 부가가치세법의 모태가 된 법으로 우리나라 부가가치세법 제정 당시 위 지침을 World Bank 직원들이 영문으로 초안을 써 준 것을 번역[13]하여 만든 것입니다. 심지어 매입세액의 공제에 관한 규정은 둘 다 법 제17조에 규정되어 있을 정도로 흡사하다 할 것입니다.

따라서 우리나라 부가가치세법을 해석하여 적용함에 있어서 유럽법원의 판단은 이 사건을 판단함에 있어서 중요한 자료가 될 것임은 분명하다 할 것입니다.

---

13) 이창희, 전게서.

4. 영국법원의 판결을 이 사건에 적용할 수 있는지 여부

가. 이 사건 거래를 "carousel fraud"라고 볼 수 있는지 여부

원심에서 인정한 사실들은 일련의 전체 거래가 단 하루 만에 이루어졌고, 그 와중에 폭탄업체가 개입되어 있는 사실과 수입가격보다 낮게 수출된 사실을 인정하였고, 제 1 심에서는 조세포탈을 목적으로 하는 변칙적인 금지금 거래의 일반적 형태를 인정하였고, 그 특성으로 전주가 각 거래단계마다 거래물량, 단가 및 마진 등을 실질적으로 결정하고 전체 거래에 참가한 자들은 모두 전주의 계획하에 전주와 아는 자들로 구성된 것이라고 인정하고, 이 사건 금지금 거래는 도매가격보다 평균 몇 천 만 원 낮게 거래되는 경제적 합리성과는 동떨어진 거래가 발생한 점과 물품매도확약서와 운송장 역시 비정상적으로 작성된 점을 인정하였습니다.

즉, 팩스로 작성된 물품매도확약서만으로 수억 원 또는 수십억 원에 이르는 외상거래를 한다는 것은 동일한 당사자에 의한 그 거래에 대한 전반적인 지휘 내지 간섭 없이는 불가능할 것으로 보인다는 것입니다.

이와 같은 사실심의 판단에는 이 사건 거래가 명목상의 거래인지를 떠나서 하나의 전체 거래로 이루어진 '사기적 자전거래'라는 사실은 인정한 것으로 보아야 할 것입니다.

나. 이 사건 거래를 명목상의 거래로 보아야만 매입세액공제를 불허하고 부정환급을 거절할 수 있는지 여부의 쟁점

대법원이 이러한 사실심의 판단에도 불구하고 그러한 사정만으로 이 사건 거래를 명목상의 거래로 단정할 수 없다고 판시한 취지는, 전단계세액공제방식을 채택하고 있는 우리나라의 부가가치세는 소득세 · 법인세와 달리 실질적인 소득이 아닌 형식적인 거래의 외형에 대하여 부과하는 거래세의 형태를 띠고 있어 비용공제의 개념이 없고, 사업자의 손익 여부와 무관하게 부과되는 점(대법원 2008. 4. 10. 선고, 2007도9689 판결 참조)과 조세범 처벌법 위반으로 인하여 폭탄업체의 유죄판결은 실제 거래를 전제로 하는 것이어서 형사판결과 달리 행정소송에서 이를 명목상의 거래로 인정하는 것은 모순이 된다는 점이 강하게 반영된 것이 아닐까 사료됩니다.

이러한 이유로 명목상의 거래라고 단정할 수 없다는 대법원의 입장에 대하여 피고는 국가에게 매입세액 및 환급요구를 거절할 수 있는 권리가 있음을 주장하는 것입니다. 물론 이러한 주장이 성립하기 위해서는 명목상의 거래인지 여부가 아닌 원고가 사기적 탈세거래에 관련되었는지가 중요한 쟁점이라 할 것입니다.

다. 원고가 이 사건 거래에 관련된 것으로 볼 수 있는지 여부

피고는 계속하여 이 사건 거래의 비정상성을 이용하여 돈을 쉽게 벌 수 있음은 종로 금시장 일대에서 모르는 사람이 없을 정도로 공지의 사실이라는 사실을 주장하여 왔습니다. 하지만 이러한 주장만으로는 원고나 이와 유사한 사건의 당사자들이 직접적으로 이 거래에 관여한 입증을 요구하고 있습니다. 하지만 납세의무자로서의 원고에게는 그의 거래로 인하여 그가 사기적 탈세와 관련된 거래에 참여하고 있다는 사실을 알았거나 알아야 했다(should have known)면, 이를 몰랐다고 주장하더라도 재화를 다시 판매하여 이익을 얻었는지 여부와 무관하게 사기적 거래에 참여한 것으로 간주하는 것이 타당하다 할 것입니다.

원고에게 '알아야 했다(should have known)'는 주의의무를 부과하는 것은 조세법률주의의 위반이라는 반론이 있을 수 있습니다. 하지만 이는 원고에게 이러한 '사기적 자전거래'에 개입되어 있다는 사실을 몰랐던 것에 과실이 있다는 것이지 새로운 의무를 부여하는 것은 아닙니다.

대구고등법원 2009. 7. 10. 선고, 2009누42 판결에서, ① 원고가 경유를 공급받음에 있어 사업자등록증을 제출받거나 계약서를 작성하는 등의 거래상대방을 확인하는 절차를 소홀히 한 것으로 보이는 점, ② 원고의 주장에 의하더라도 ㈜홍련에너지(가명, 원고의 매입처, 소외 회사)로부터 경유를 매입하였고, 그때 확인한 사업자등록증에는 대표자가 김장군으로 기재되어 있었다는 것인데, ㈜홍련에너지의 대표자는 김장군이 아닌 서기호인 점, ③ 이 사건 각 세금계산서를 수취하기 전 출하전표상에 공급자는 ㈜홍련, 출하지는 소외 회사로 기재되어 있어 원고가 ㈜홍련이 소외 회사와 다른 회사임을 알지 못하였다고 보기 어려운 점, ④ 원고는 2005. 3. 3. 소외 회사 명의의 세금계산서와 관련하여 ㈜홍련 명의의 계좌에 유류대금을 2차례에 걸쳐 송금한 점, ⑤ 복수제품 판매를 위한 변경등록 후 처음으로 다른 업체로부터 대량의 경유를 구입하는 원고로서는 무자료 유류나 유사석유 등의 매입으로 인한 손해를 방지하기 위해서라도 경유의 실제 공급자가 누구인지를 조사 또는 확인하여 알게 되는 것이 보통인데다 그와 같은 확인에 그다지 큰 어려움이 있다고 볼 수도 없는 점 등에 비추어 볼 때, 원고가 위와 같은 사실을 알지 못한 데에 과실이 없었다고 인정하기 어렵다고 판시하였습니다.

위 사안은 실제 유류 사업자들의 현 상황을 정확히 반영하여 경유의 유류업계에 종사하는 사람이라면 실제 공급자가 누구인지를 조사 또는 확인하여 알게 되는 것은 그다지 어려운 일이 아님을 확인하였다는 데에 의의가 있는 것이고 이를 이 사건에 적용해 보면, 원고의 대표이사 조자룡은 원고 대표이사로 취임하기 전까지 지금업이나 무역업에 종사한 경험이 전혀 없고, 국세금은의 대표이사인 김재성과 외사촌관계였으므로 금지금을 처음 취급하는 원고로서는 폭탄업체가 개입되어 있는 비정상적인 금지금이라는 사실을 확인하는 주의의무가 있는 것이고 그러한 확인과정은 그다지 어려운 일이 아니었기 때문에 피고는 원고가 그러한 사실을 알았어야 했다고 주장할 수 있는 것입니다.

사실, 원고와 같이 폭탄업체를 거친 금지금이라는 사실을 몰랐다고 하는 사업자들의 진술은 100% 거짓말입니다. 종로 금시장 일대에서 지금업을 하지 않는 사람들도 이를 모르는 사람이 없을 정도였고 원고의 대표이사와 같이 처음 지금업을 하는 사람들이 생겨난 것도 이러한 비정상적인 거래를 통하여 속칭 한탕을 하고자 하는 사람들로 넘쳐난 것이기 때문에 이러한 사실을 도외시하는 법원의 입장은 부가가치세제도의 성패를 넘어 우리나라 조세체계 전반을 뒤흔들 수 있을 정도로 위험한 것임을 다시 한 번 주장하고 싶습니다.

또한 폭탄업체는 면세사업을 승인받은 자가 대부분인데 피고가 면세사업승인을 남발하여 위와 같은 거래가 양산된 것이라는 원고에 주장에 대하여 피고로서는 면세사업을 승인하여 줌에 있어 일정한 요건을 갖춘 사업자를 거절하기도 쉽지 않을 뿐더러 대부분의 폭탄업체는 3개월만 활동을 하고 폐업하기 때문에 면세금 매입만 있고 매출이 없는 사업자를 바로 적발할 수 없었던 것입니다.

물론 면세금지금제도의 허술함으로 이러한 현상이 양산된 것이고 이러한 책임은 국가가 져야한다는 주장에 따라 법률이 개정되어 지금은 면세금지금을 통한 '사기적 자전거래'가 줄어든 것은 사실이지만 이미 발생한 거래로 인하여 원고와 같은 사업자에게 환급을 해주도록 하는 것은 결국 국민의 혈세로 이루어진 국가의 예산(448,901,000,000원)을 사기꾼들에게 헌납하라는 것밖에 되지 않음을 강조하고 싶습니다.

서울지방 국세청 관할 사건 계류 현황(2010. 1. 31. 현재)

(단위 : 건, 억 원)

계		1심		2심		3심	
건수	금액	건수	금액	건수	금액	건수	금액
27	4,489	2	1,115	6	1,008	19	2,365

라. 소 결

따라서 원고의 거래로 인하여 원고가 사기적인 탈세와 관련된 거래에 참여하고 있다는 사실을 알았거나 알아야 했다는 것이 사실심에서 객관적인 자료에 의하여 규명이 되었으므로 법원은 원고가 주장하는 매입세액공제 및 환급요구를 인정하여서는 아니 될 것입니다. 이는 '납세의무자의 재화의 거래' 또는 '경제적 활동'의 개념으로 형성되는 객관적인 시준(법적 기준)에 부합하는 거래의 경우에도 마찬가지라 할 것이므로 원고의 매입세액공제 주장 및 환급을 요구하는 권리는 부정되어야 할 것입니다.

5. 결 론

위에서 살펴본 바와 같이, 원고가 금지금 변칙거래의 부당한 이익을 실현하기 위하여 매입세액공제를 주장하는 것은 원고 자신의 공제할 수 있는 권리(Right of Deduction)의 남용이기 때문에 국가에게는 이러한 매입세액공제 요구를 거부할 수 있는 권리(Right to Refuse to pay the input claimed)가 있다 할 것입니다.

따라서 원고의 주장은 절대로 허용될 수 없는 것이므로, 원심 판결을 파기하여 주시기 바랍니다.

2010. 1. .

피고 소송수행자 검 사 김 진 오

공익법무관 김 영 진

대법원 특별 2 부 귀중

제 4 편

상속세 및 증여세법 · 지방세법

서울고등검찰청 송무부

검찰
PROSECUTION SERVICE

비상장주식의 평가방법

(대법원 2000. 7. 28. 선고, 2000두1287 판결 등)

1. 판결요지

(1) 증권거래소에 상장되지 않거나 증권협회에 등록되지 않은 법인이 발행한 주식의 경우에도 그에 관한 객관적 교환가치가 적정하게 반영된 정상적인 거래의 실례가 있는 경우에는 그 거래가격을 시가로 보아 주식의 가액을 평가하여야 할 것이다(대법원 2000. 7. 28. 선고, 2000두1287 판결).

(2) 시장성이 적은 비상장주식의 경우에도 그에 관한 객관적 교환가치가 적정하게 반영된 정상적인 거래의 실례가 있는 경우에는 그 거래가격을 시가로 보아 주식의 가액을 평가하여야 하고 시행령 제 5 조 제 6 항 제 1 호 (나)목의 보충적 평가방법에 의하여 평가하여서는 아니 된다고 할 것이다(대법원 2004. 11. 26. 선고, 2003두4447 판결).

(3) 상속재산의 평가에 있어서 시장성이 적은 비상장주식의 경우에도 그에 관한 객관적 교환가치가 적정하게 반영된 정상적인 거래의 실례가 있는 경우에는 그 거래가격을 시가로 보아 주식의 가액을 평가하여야지 상속세 및 증여세법 시행령 소정의 보충적 평가방법에 의하여 평가해

서는 안 될 것이나(대법원 1990. 2. 13. 선고, 89누855 판결 참조), 회사의 발행주식을 회사의 경영권과 함께 양도하는 경우 그 거래가격은 주식만을 양도하는 경우의 객관적 교환가치를 반영하는 일반적인 시가로 볼 수 없다(대법원 1990. 1. 12. 선고, 89누558 판결 참조).

(4) 법인의 비상장주식을 보충적 평가방법에 의하여 평가함에 있어 시행령 제55조 제1항은 "제54조 제1항의 규정에 의한 순자산가액은 평가기준일 현재 당해 법인의 자산을 이 법의 규정에 의하여 평가한 가액에서 부채를 차감한 가액으로 한다. 이 경우 그 평가는 총리령이 정하는 공신력 있는 감정기관의 시가감정서에 의할 수 있다"고 규정하고 있는바, 위 규정의 취지는 순자산가액을 평가하는 경우에 있어서도 될 수 있는 대로 그 시가를 적정하게 반영하기 위하여 시가감정의 방법에 의할 수 있다는 것이므로, 순자산가액의 평가를 위한 부동산의 가액 산정의 경우 이 규정에서 말하는 공신력 있는 감정기관에 의하여 객관적이고 합리적인 방법으로 평가된 시가감정이 있다면 그에 따라 순자산가액을 산정하는 것이 위법하다고 할 수는 없다(대법원 2001. 8. 21. 선고, 99두8459 판결 참조).

(5) 상속세 및 증여세법의 법 규정 소정의 시가란 일반적이고 정상적인 거래에 의하여 형성된 객관적인 교환가격을 말한다고 할 것이므로, 비록 거래 실례가 있다 하여도 그 거래가액을 증여재산의 객관적 교환가치를 적정하게 반영하는 정상적인 거래로 형성된 가격이라고 할 수 없고 증여의 대상이 비상장주식이라면 그 시가를 산정하기 어려운 것으로 보고 상속세 및 증여세법 제63조 제1항 제1호 (다)목에 규정된 보충적 평가방법에 따라 그 가액을 산정할 수 있다(대법원 2004. 10. 15. 선고, 2003두5723 판결).

(6) 공매절차의 공정성이 훼손되었다는 등의 특별한 사정이 없는 한 구 상속세 및 증여세법 시행령(2000. 12. 29. 대통령령 제17039호로 개정되기 전의 것) 제49조 제1항 제3호에 의한 당해 재산의 공매가액은 시가로

인정되고, 비상장주식에 대한 공매가액에 대하여도 같은 법리가 적용된다(대법원 2007. 9. 21. 선고, 2005두12022 판결).

(7) 구 상속세 및 증여세법(1999. 12. 28. 법률 제6048호로 개정되기 전의 것) 제41조 제 1 항의 규정에 의하여 특정법인의 주주 등이 증여받은 것으로 보는 이익의 계산과 관련하여, 같은 법 시행령(1998. 12. 31. 대통령령 제15971호로 개정되기 전의 것) 제31조 제 5 항은 증여재산가액이나 채무면제 등으로 얻는 이익에 상당하는 금액(제 1 호)으로 인하여 '증가된 주식 또는 출자지분 1주당 가액'에 해당 지배주주 등의 주식수를 곱하여 계산하도록 규정하고 있는바, 여기서 '증가된 주식 등의 1주당 가액'은 증여 등의 거래를 전후한 주식 등의 가액을 비교하여 산정하는 것이 타당하다. 이 경우 주식 등의 가액을 산정하기 위하여 재산의 가액을 평가함에 있어 그 시가를 산정하기 어려운 경우 같은 법 제63조 제 1 항 제 1 호 (다)목, 같은 법 시행령 제54조 소정의 보충적 평가방법에 따라 1주당 가액을 산정한 결과 그 가액이 증여 등 거래를 전후하여 모두 부수(負數, 마이너스)인 경우에는 주식 등의 1주당 증가한 가액은 없는 것으로 보는 것이 합리적이라 할 것이며, 거래를 전후하여 1주당 가액이 부수로 산정되는 데도 증여재산 또는 채무면제 자체의 가액을 주식수로 나누어 산정하거나 단순히 부수의 절대치가 감소하였다는 이유로 주식 등의 1주당 가액이 증가한 것으로 보는 것은 증여세가 부과되는 재산의 가액평가에 관한 관계규정을 전혀 감안하지 아니하는 결과가 되어 관계규정의 해석상 허용될 수 없다(대법원 2006. 9. 22. 선고, 2004두4727 판결).

2. 관련법령

❍ **상속세 및 증여세법**

第60조 【평가의 원칙 등】

①이 법에 의하여 상속세 또는 증여세가 부과되는 재산의 가액은 상속개시일 또는 증여일(이하 "평가기준일"이라 한다) 현재의 시가에 의한다. 이 경우 제63조 제1항 제1호 가목 및 나목에 규정된 평가방법에 의하여 평가한 가액(제63조 제2항의 규정에 해당하는 경우를 제외한다)은 이를 시가로 본다.

②제1항의 규정에 의한 시가는 불특정 다수인 사이에 자유로이 거래가 이루어지는 경우에 통상 성립된다고 인정되는 가액으로 하고 수용·공매가격 및 감정가격등 대통령령이 정하는 바에 의하여 시가로 인정되는 것을 포함한다.

③제1항의 규정을 적용함에 있어서 시가를 산정하기 어려운 경우에는 당해 재산의 종류·규모·거래상황 등을 감안하여 제61조 내지 제65조에 규정된 방법에 의하여 평가한 가액에 의한다.

④제1항의 규정을 적용함에 있어서 제13조의 규정에 의하여 상속재산의 가액에 가산하는 증여재산의 가액은 증여일 현재의 시가에 의한다.

第63조 【유가증권등의 평가】

①유가증권등의 평가는 다음 각 호의 1에서 정하는 방법에 의한다.

1. 주식 및 출자지분의 평가

다. 나목 외의 한국증권선물거래소에 상장되지 아니한 주식 및 출자지분은 당해 법인의 자산 및 수익등을 감안하여 대통령령이 정하는 방법에 의하여 평가한다.<본목개정 2007.12.31>

❍ **상속세 및 증여세법 시행령**

第54조 【비상장주식의 평가】

①법 제63조 제1항 제1호 다목의 규정에 의한 한국증권선물거래소에 상장되지 아니한 주식 및 출자지분(이하 이 조 및 제56조의 2에서 "비상장주식"이라 한다)

은 다음의 산식에 의하여 평가한 가액(이하 "순손익가치"라 한다)과 1주당 순자산가치를 각각 3과 2의 비율로 가중평균한 가액에 의한다. 다만, 부동산과다보유법인(「소득세법 시행령」 제158조 제 1 항 제 1 호 가목에 해당하는 법인을 말한다)의 경우에는 1주당 순손익가치와 순자산가치의 비율을 각각 2와 3으로 한다.

1주당 가액 = 1주당 최근 3년간의 순손익액의 가중평균액 ÷ 금융기관이 보증한 3년만기회사채의 유통수익률을 감안하여 국세청장이 정하여 고시하는 이자율(이하 "순손익가치환원율"이라 한다)

②제 1 항의 규정에 의한 1주당 순자산가치는 다음의 산식에 의하여 평가한 가액으로 한다.

1주당 가액 = 당해 법인의 순자산가액 ÷ 발행주식총수(이하 "순자산가치"라 한다)

③제 1 항 및 제 2 항의 규정을 적용함에 있어서 법 제63조 제 1 항 제 1 호 다목의 주식 또는 출자지분을 발행한 법인이 다른 비상장주식을 발행한 법인의 발행주식총수등의 100분의 10 이하의 주식 또는 출자지분을 소유하고 있는 경우에는 그 다른 비상장주식의 평가는 제 1 항 및 제 2 항의 규정에 불구하고 「법인세법 시행령」 제74조 제 1 항 제 1 호 마목의 규정에 의한 취득가액에 의할 수 있다. 다만, 법 제60조 제 1 항에 따른 시가가 있으면 시가를 우선하여 적용한다.<개정 1999.12.31, 2005.8.5, 2009.2.4>

④다음 각 호의 1에 해당하는 경우에는 제 1 항의 규정에 불구하고 제 2 항의 규정에 의한 순자산가치에 의한다.<개정 2004.12.31, 2005.8.5>

1. 법 제67조 및 법 제68조의 규정에 의한 상속세 및 증여세 과세표준신고기한 이내에 평가대상 법인의 청산절차가 진행 중이거나 사업자의 사망 등으로 인하여 사업의 계속이 곤란하다고 인정되는 법인의 주식 또는 출자지분
2. 사업개시 전의 법인, 사업개시 후 3년 미만의 법인과 휴 · 폐업 중에 있는 법인의 주식 또는 출자지분
3. 평가기준일이 속하는 사업연도 전 3년 내의 사업연도부터 계속하여 「법인세법」상 각 사업연도에 속하거나 속하게 될 손금의 총액이 그 사업연도에 속하거나 속하게 될 익금의 총액을 초과하는 결손금이 있는 법인의 주식 또는 출자지분

⑤제 2 항의 규정을 적용함에 있어서 "발행주식총수"는 평가기준일 현재의 발행

주식총수에 의한다.<개정 2000.12.29>

제55조 【순자산가액의 계산방법】

①제54조 제 2 항의 규정에 의한 순자산가액은 평가기준일 현재 당해 법인의 자산을 법 제60조 내지 제66조의 규정에 의하여 평가한 가액에서 부채를 차감한 가액으로 하며, 순자산가액이 0원 이하인 경우에는 0원으로 한다. 이 경우 당해 법인의 자산을 법 제60조 제 3 항 및 법 제66조의 규정에 의하여 평가한 가액이 장부가액(취득가액에서 감가상각비를 차감한 가액을 말한다. 이하 이 항에서 같다)보다 적은 경우에는 장부가액으로 하되, 장부가액보다 적은 정당한 사유가 있는 경우에는 그러하지 아니하다.<개정 1998.12.31, 2000.12.29, 2003.12.30, 2009.2.4>

②제 1 항의 규정을 적용함에 있어서 기획재정부령이 정하는 무형고정자산・준비금・충당금등 기타 자산 및 부채의 평가와 관련된 금액은 이를 자산과 부채의 가액에서 각각 차감하거나 가산한다.<개정 1998.12.31, 2002.12.30, 2008.2.29>

③제 1 항의 규정을 적용함에 있어서 제59조 제 2 항의 규정에 의한 영업권평가액은 당해 법인의 자산가액에 이를 합산한다. 다만, 제54조 제 4 항의 규정에 의하여 평가하는 경우에는 그러하지 아니하다.<신설 2003.12.30>

제56조 【1주당 최근 3년간의 순손익액의 계산방법】

①제54조 제 1 항의 규정에 의한 1주당 최근 3년간의 순손익액의 가중평균액은 제 1 호의 가액으로 하되, 당해 법인이 일시우발적 사건에 의하여 최근 3년간의 순손익액이 비정상적으로 증가하는 등의 사유로 제 1 호의 가액에 의하는 것이 불합리한 것으로 기획재정부령이 정하는 경우에는 제 2 호의 가액으로 할 수 있다. 이 경우 그 가액이 0원 이하인 경우에는 0원으로 한다.<개정 1998.12.31, 1999.12.31, 2000.12.29, 2001.12.31, 2004.12.31, 2005.8.5, 2008.2.29>

1. 다음의 산식에 의하여 계산한 가액

   1주당 최근 3년간의 순손익액의 가중평균액 = [(평가기준일 이전 1년이 되는 사업연도의 1주당 순속인액 × 3) + (평가기준일 이전 2년이 되는 사업연도의 1주당 순손익액 × 2) + (평가기준일 이전 3년이 되는 사업연도의 1주당 순손익액 × 1)] × 1/6

2. 기획재정부령이 정하는 신용평가전문기관 또는 「공인회계사법」에 의한 회계법인중 2 이상의 신용평가전문기관 또는 회계법인이 기획재정부령이 정하는

기준에 따라 산출한 1주당 추정이익의 평균가액(법 제67조 및 법 제68조의 규정에 의한 상속세과세표준신고 및 증여세과세표준신고의 기한 내에 신고한 경우로서 1주당 추정이익의 산정기준일과 평가서 작성일이 과세표준신고기한 내에 속하고, 산정기준일과 상속개시일 또는 증여일이 동일 연도에 속하는 경우에 한한다)

②제 1 항 제 1 호의 규정을 적용함에 있어서 각 사업연도의 주식수는 각 사업연도 종료일 현재의 발행주식총수에 의한다. 다만, 평가기준일이 속하는 사업연도 전 3년 이내에 무상증자 또는 무상감자를 한 사실이 있는 경우에는 무상증자 또는 무상감자 전의 각 사업연도 종료일 현재의 발행주식총수는 기획재정부령이 정하는 바에 의한다.<개정 1998.12.31, 1999.12.31, 2008.2.29>

③제 1 항 제 1 호의 규정에 의한 순손익액은 「법인세법」 제14조의 규정에 의한 각 사업연도 소득에 제 1 호의 규정에 의한 금액을 가산한 금액에서 제 2 호의 규정에 의한 금액을 차감한 금액에 의한다. 이 경우 각 사업연도 소득 계산시 손금에 산입된 충당금 또는 준비금이 세법의 규정에 따라 일시 환입되는 경우에는 당해 금액이 환입될 연도를 기준으로 안분한 금액을 환입될 각 사업연도 소득에 가산한다.<개정 1998.12.31, 1999.12.31, 2002.12.30, 2004.12.31, 2005.8.5, 2008.2.22, 2008.2.29, 2009.2.4>

1. 「법인세법」 제18조 제 4 호에 따른 금액, 같은 법 제18조의 2 · 제18조의 3에 따른 수입배당금액 중 익금불산입액, 같은 법 제24조 제 3 항, 「조세특례제한법」 제73조 제 4 항에 따라 해당 사업연도의 손금에 산입한 금액 및 그 밖에 기획재정부령이 정하는 금액
2. 다음 각목의 규정에 의한 금액
   가. 당해 사업연도의 법인세액, 법인세액의 감면액 또는 과세표준에 부과되는 농어촌특별세액 및 소득할주민세액
   나. 「법인세법」 제21조 제 4 호 및 제 5 호 및 동법 제27조에 규정하는 금액과 각 세법에서 규정하는 징수불이행으로 인하여 납부하였거나 납부할 세액
   다. 「법인세법」 제24조부터 제26조까지, 같은 법 제28조의 금액 및 「조세특례제한법」 제73조 제 1 항에 따라 기부금 손금산입 한도를 넘어 손금에 산입하지 아니한 금액, 같은 법 제136조의 금액, 그 밖에 기획재정부령으로 정하는 금액

3. 비상장주식의 평가방법

가. 비상장주식의 시가평가

(1) 시가평가의 원칙

상속세 및 증여세법(이하 '상증법') 제60조는 상속재산 또는 증여재산의 가액을 상속개시일 또는 증여일 현재의 시가에 의하여 평가함을 원칙으로 하고, 예외적으로 그 시가를 산정하기 어려운 경우에 부동산, 선박등 기타 유형재산, 유가증권, 무체재산권, 조건부권리 등에 관한 개별 재산의 보충적 평가방법을 적용하도록 하고 있다. 따라서 '한국증권선물거래소에 상장되지 아니한 주식 및 출자지분'인 비상장주식은 유가증권의 일종이므로 비상장주식도 상속세나 증여세를 산정함에 있어서는 상속일 또는 증여일 당시의 시가를 기준으로 하여야 한다는 점은 명백하다.

(2) 비상장주식의 시가의 개념 및 한계

그러나 시가란 상증법에서 규정하고 있는 바와 같이 '불특정 다수인 사이에 자유로운 거래가 이루어지는 경우에 통상 성립된다고 인정되는 가격'이므로 그 개념상 '시장'의 존재를 전제로 하고 있다. 그러나 비상장주식의 경우에는 상장주식과 같이 공개시장이 형성되어 시가가 분명하게 드러나지 않고, 그 거래가 있다고 하더라도 비상장회사의 특정한 이해당사자들 사이에 이뤄지는 것이 보통이므로 비상장주식에서는 '시가'라는 개념을 상정하기란 쉽지 않다.

이에 대하여 대법원[1), 2)]은, "증권거래소에 상정되지 아니한 주식이라고

1) 대법원 1997. 9. 26. 선고, 97누8502 판결.

하더라도 반드시 시가를 산정하기 어렵다고는 볼 수 없는 것이므로, 객관적인 교환가치가 적정하게 반영된 정상적인 거래의 실례가 있는 것으로 인정되는 경우에는 그 거래가격을 시가로 보아 주식의 가액을 평가하여야지 보충적 평가방법에 의하여 평가하면 안 되는 것이다"라고 판시하여 비상장주식에 있어서 시가의 존재를 인정하고 있다. 이 판례들에서 비상장주식의 시가를 인정하는 요건으로 비상장주식의 적정한 거래가 있을 것과 그 거래가액이 비상장주식의 객관적인 교환가치를 반영하고 있을 것을 요구하고 있다.

하지만 객관적인 교환가치라는 요건은 사실상 시가의 동어 반복의 지나지 않는 개념이어서 그 의미를 명확히 할 수 없는 한계를 지니고 있다. 그럼에도 과거 판례가 매매사례가액을 시가로 인정한 것은 당시의 상증법 및 상증법 시행령에서는 비상장주식에 대한 보충적 평가방법이 명확하게 정립되지 않았기 때문이라고 보인다. 실제로 보충적 평가방법에 관한 규정이 정비되기 시작한 2000년도 이후부터는 위와 같이 매매사례에 의한 '시가'를 인정한 판례는 거의 찾아보기 어렵다.[3]

"소외 이○○이 1994. 4. 1. 사망하여 원고들이 그 공동상속인이 되었는데, 원고들이 상속받은 비상장주식인 소외 서울사료 주식회사의 주식에 대하여 상속개시일 무렵인 1993. 12.경 원고 이○○이 소외 승×× 소유의 주식 100주를 1주당 금 50,000원에, 1994. 6.경 소외 이○○이 소외 신×× 소유의 주식 148주를 1주당 금 50,000원에 각 매수한 사실 등을 인정한 다음, 그 판시와 같은 사정들에 비추어 이들 매매사례가 객관적 교환가치를 적정하게 반영한 것으로 보인다 하여 그 거래가격을 이 사건 주식의 상속개시 당시의 현황에 의한 시가로 인정함이 상당하다."

2) 대법원 1989. 6. 13. 선고, 88누3765 판결.

"소외 회사는 소규모의 건설업체로서 관계당국의 소규모 건설업체 통합방침에 따라 3개의 합자회사를 흡수합병하여 주주의 구성이 복잡하고 경영상태가 불실하여 1980. 2. 25.에는 발행한 수표가 부도까지 되었던 사실, 이러한 사정 때문에 1982. 2. 경과 1985. 5.경에 여러 차례에 걸쳐 위 소외 회사의 주식이 그 액면가액(금 10,000원) 이하로 매매된 실례가 있는 사실 등을 충분히 인정할 수 있으므로, 그 매매가격이 객관적인 교환가치가 반영된 가격으로 당시의 시가라고 볼 수도 있을 것이다."

3) 대법원 2000. 7. 28. 선고, 2000두1287 판결.

(3) 비상장주식의 간주시가(공매의 경우)

상증세법 제60조 제 3 항은 불특정 다수인 사이에 자유로이 거래가 이루어지는 경우 이외에 '수용·공매가격 및 감정가격 등 대통령령이 정하는 바에 의하여 시가로 인정되는 것'을 포함하고 있는데 이를 '간주시가'라고 한다. 비상장주식의 수용은 사실상 존재하기 어려우나, 공매 또는 감정가격이 있을 경우에는 그 가격 자체가 공개된 장소에서 공정한 절차에 따라 이루어졌다고 보고 이를 시가에 범위에 포함시키는 것이다.

그런데 공매는 입찰 또는 경매의 방법에 의하여 행하는데 비상장주식에 대하여 공매가 실시되더라도 비상장주식의 특성상 주식의 취득을 원하는 입찰참여자가 극히 소수로 제한적이어서 그 낙찰가격이 현저히 저렴하게 결정될 수가 있다. 이에 따라 낙찰가인 공매가격이 통상 시세로 판단되는 가격보다 현저히 저가인 경우 이를 시가로 인정할 수 있는지에 대한 의문이 제기될 수 있다.[4)]

이에 대하여 대법원 2007. 9. 21. 선고, 2005두12022 판결은, "공매절차의 공정성이 훼손되었다는 등의 특별한 사정이 없는 한 구 상속세 및 증여세법 시행령(2000. 12. 29. 대통령령 제17039호로 개정되기 전의 것) 제49조 제 1 항 제 3 호에 의한 당해 재산의 공매가액은 시가로 인정되고, 비상장주식에

"이 사건 상속개시 이후 1990. 6. 21. 소외 허○○과 정○○ 사이에 이루어진 고×서적 주식회사(이하 '고×서적'이라 한다)의 비상장주식 6,200주의 매매에서 정해진 거래가격인 1주당 25,000원은, 위 매매당사자들의 관계, 거래의 시기 및 경위, 상속개시일에 근접한 1989. 11. 18.경 고×서적에 대한 채권자인 금융기관들이 평가한 고×서적의 순자산가액 및 순손익가액 등을 기초로 산정한 주식가액(27,704원)과의 근접성 등에 비추어, 객관적 교환가치가 적정하게 반영된 정상적인 거래의 실례가 있는 경우의 거래가격으로 인정되므로, 이를 이 사건 상속재산 중 고×서적 주식 98,395주의 시가로 볼 수 있다고 판단한 조치는 수긍이 가고, 거기에 상고이유의 주장과 같은 상속재산의 가액평가 등에 관한 법리오해의 위법이 있다고 할 수 없다.

4) 김두형, "상속세 및 증여세법상 비상장주식의 공매가격과 시가", 『조세연구』 제 3 집(설린 최명근 교수 고희 기념)(한국조세연구포럼 편), 세경사, 2003, pp.40~62.

대한 공매가액에 대하여도 같은 법리가 적용된다"고 함으로써 현행법상 적법하게 실시된 공매에서 형성된 공매가액은 시가로 보아야 한다고 판단하였다.

이는 당시 상증법 및 동법 시행령에서 공매가액에 대한 제한을 따로 규정하고 있지 않았기 때문에 조세법규의 해석은 특별한 사정이 없는 한 엄격히 해석하여야 한다는 원칙에 따라 나온 판결이라고 보인다. 그러나 경매 또는 공매제도를 통하여 낮은 가액으로 비상장주식을 상속 또는 증여하는 방법으로 상속세 또는 증여세를 회피하는 것을 예방하기 위해 곧바로 상증세법 시행령을 개정하게 되었다. 그 결과 현재는 비상장주식에 대하여 적법한 절차에 의하여 경매 또는 공매가 실시되었다 하더라도 ① 물납재산을 상속인, 증여자, 수증자가 공매로 취득한 경우나 취득한 ② 비상장주식의 가액이 발행주식총액 또는 출자총액의 100분의 1에 해당하는 금액이나 3억 원보다 작은 경우에는 그 경매 또는 공매가액을 시가로 인정하지 않게 되었다.[5)]

나. 비상장주식의 보충적 평가방법

(1) 보충적 평가방법의 적용

비상장주식의 시가를 산정하기 어려운 경우에도 상속 · 증여세액을 계산하기 위해서는 그 가액을 어떻게든지 평가하지 않을 수 없고 이를 위하여 상증법에서는 보충적 평가방법을 마련해놓고 있다. 이때 시가를 산정하기 어려운 경우라 함은 상속개시(증여개시)를 전후하여 목적물이 처분된 일이 없고 별도로 간주시가도 존재하지 않는 경우를 말한다.

---

5) 상증세법 시행령 제49조 제 1 항 제 3 호.

(2) 보충적 평가방법의 입법 변천

비상장주식의 평가는 상증법의 위임에 의하여 같은 법 시행령 제54조부터 제56조에서 정하고 있다. 종래 상속세법과 증여세법이 분리되어 있다가 1996. 12. 31. 상증법으로 통합하여 전부 개정된 이래 몇 차례의 수정을 거쳐 현재의 평가방식에 이르게 되었다. 비상장주식의 평가방법의 변천은 객관적인 주식의 가치를 현실적으로 판정하려는 노력의 결과이므로 그 과정을 이해하는 것이 필요하다. 따라서 아래에서 1996. 12. 31. 전문 개정된 상증법 시행령의 최초 법조문을 기준으로 이후의 변경과정을 검토해 보도록 한다.

1) 과거 상증법 시행령(1996. 12. 31. 대통령령 제15193호 전문 개정)

제54조 【상장주식의 평가】

①법 제63조 제 1 항 제 1 호 다목의 규정에 의한 한국증권거래소에 상장되지 아니한 주식 및 출자지분(이하 이 조에서 "비상장주식"이라 한다)은 제 2 항의 경우를 제외하고는 다음의 산식에 의하여 평가한 가액에 의한다.

$$1주당가액 = \left\{ \frac{당해\ 법인의\ 순자산가액}{발행주식총수}(이하\ 이\ 조에서\ \text{"}순자산가치\text{"}라\ 한다) + \left(\frac{1주당\ 최근\ 3년간의\ 순손익액의\ 가중평균액}{금융시장에서\ 형성되는\ 평균이자율을\ 참작하여\ 총리령이\ 정하는\ 율} \right) \right\} \div 2$$

②비상장주식이 다음 각 호의 1에 해당하는 경우에는 순자산가치에 의하여 평가한 가액에 의한다.

1. 사업개시 전의 법인, 사업개시 후 3년 미만의 법인과 휴·폐업 또는 청산 중에 있는 법인의 주식 또는 출자지분
2. 평가기준일이 속하는 사업연도 전 3년 내의 사업연도부터 계속하여 법인세법 제 8 조 제 1 항 제 1 호의 규정에 의한 결손금이 있는 법인의 주식 또는 출자지분
3. 당해 법인의 자산총액 중 법 제61조 제 1 항 및 동조 제 5 항에 규정된 재산의 가액의 합계액이 차지하는 비율이 100분의 50 이상인 법인의 주식 또는 출자지분

③제 1 항 및 제 2 항의 규정을 적용함에 있어서 법 제63조 제 1 항 제 1 호 다목의

주식 또는 출자지분을 발행한 법인이 다른 비상장주식을 발행한 법인의 발행주식총수등의 100분의 10 이하의 주식 또는 출자지분을 소유하고 있는 경우에는 그 다른 비상장주식의 평가는 제 1 항 및 제 2 항의 규정에 불구하고 당해 주식 또는 출자지분의 장부가액에 의한다.

④제 1 항의 규정을 적용함에 있어서 “발행주식총수등”은 평가기준일 현재의 발행주식총수등에 의한다.

第55條 【순자산가액의 계산방법】

①제54조 제 1 항의 규정에 의한 순자산가액은 평가기준일 현재 당해 법인의 자산을 이 법의 규정에 의하여 평가한 가액에서 부채를 차감한 가액으로 한다. 이 경우 그 평가는 총리령이 정하는 공신력있는 감정기관의 시가감정서에 의할 수 있다.

②제 1 항의 규정을 적용함에 있어서 총리령이 정하는 이연자산 · 준비금 · 충당금등 기타 자산 및 부채의 평가와 관련된 금액은 이를 자산과 부채의 가액에서 각각 차감하거나 가산한다.

第56條 【1주당 최근 3년간의 순손익액의 계산방법】

①제54조 제 1 항의 규정에 의한 1주당 최근 3년간의 순손익액의 가중평균액은 다음 각 호의 1에 해당하는 가액으로 한다. 이 경우 그 가액이 “0” 이하인 경우에는 “0”으로 한다.

1. 다음의 산식에 의하여 계산한 가액

 1주당 최근 3년간의 순손익액의 가중평균액 ＝ [(상속개시 전 1년이 되는 사업연도의 1주당 순손익액 × 3) ＋ (상속개시 전 2년이 되는 사업연도의 1주당 순손익액 × 2) ＋ (상속개시 전 3년이 되는 사업연도의 1주당 순손익액 × 1)] × 1/6

2. 총리령이 정하는 신용평가전문기관이 증권거래법에 의하여 증권관리위원회가 정하는 기준에 따라 산출한 1주당 추정이익

②제 1 항 제 1 호의 규정을 적용함에 있어서 각 사업연도의 주식수는 각 사업연도 종료일 현재의 발행주식총수에 의한다. 다만, 평가기준일이 속하는 사업연도 전 3년 이내에 무상주를 발행한 사실이 있는 경우에는 무상주 발행 전의 각 사업연도 종료일 현재의 발행주식총수는 총리령이 정하는 바에 의한다.

③제 1 항 제 1 호의 규정에 의한 순손익액은 법인세법 제 9 조의 규정에 의한 각 사업연도 소득에 제 1 호의 규정에 의한 금액을 가산한 금액에서 제 2 호의 규정에 의한 금액을 차감한 금액에 의한다.

1. 법인세법 제15조 제 1 항 제 8 호・제10호 및 제11호의 규정에 의한 금액 및 기타 총리령이 정하는 금액
2. 다음 각목의 규정에 의한 금액
   가. 당해 사업연도의 법인세액, 법인세액의 감면액 또는 과세표준에 부과되는 농어촌특별세액 및 소득할주민세액
   나. 법인세법 제16조 제 4 호・제 5 호・제 7 호 및 제16호에 규정하는 금액과 각 세법에서 규정하는 징수불이행으로 인하여 납부하였거나 납부할 세액
   다. 법인세법 제18조 내지 제18조의 4에 규정하는 금액 및 기타 총리령이 정하는 금액

2) 개정에 따른 변천내용

(가) 1999. 12. 31. 대통령령 제16660호 시행령 일부개정

제54조 【비상장주식의 평가】

①법 제63조 제 1 항 제 1 호 다목의 규정에 의한 한국증권거래소에 상장되지 아니한 주식 및 출자지분(이하 이 조에서 "비상장주식"이라 한다)은 다음의 산식에 의하여 평가한 가액에 의한다.

1주당 가액 = 1주당 최근 3년간의 순손익액의 가중평균액 ÷ 금융시장에서 형성되는 평균이자율을 참작하여 재정경제부령이 정하는 율(이하 "순손익가치"라 한다)

②제 1 항의 규정에 의하여 평가한 비상장주식의 가액이 다음의 산식에 의하여 평가한 가액에 미달하는 경우에는 다음의 산식에 의하여 평가한 가액으로 한다.

1주당 가액 = 당해 법인의 순자산가액 ÷ 발행주식총수(이하 "순자산가치"라 한다)

제54조를 위와 같이 변경함으로써 기존에 비상장주식의 1주당 가액을 순자산가치와 3년간의 순손익액을 가중평균한 순손익가치를 더하여 다시 평균을 산출하였던 계산방식에서, 원칙적으로 순손익가치를 우선으로 하고, 순손

익가치와 순자산가치로 평가한 가액 중 다액을 비상장주식의 1주당 가액으로 하는 방식으로 전환하였다. 그리고 기존의 같은 법 시행령 제 3 항이 "당해 주식 또는 출자지분의 장부가액에 의한다"고 규정한 것을 "법인세법 시행령 제74조 제 1 항 제 1 호 마목의 규정에 의한 취득가액에 의할 수 있다"로 변경하였다. 이는 장부가액보다 더 회사의 실질을 반영할 수 있도록 법인세법상의 '이동평균법'으로 계산하도록 한 것이다.

그리고 제56조 제 1 항 제 2 호를 다음과 변경하고, 동조 제 2 항 단서 중 "무상주를 발행한 사실이 있는 경우에는 무상주 발행 전의"를 "무상증자 또는 무상감자를 한 사실이 있는 경우에는 무상증자 또는 무상감자 전의"로 변경하였다. 이와 같이 변경한 이유는 종래 '총리령이 정하는 신용평가전문기관이 증권거래법에 의하여 증권관리위원회가 정하는 기준에 따라 산출한 1주당 추정이익'이라고 규정한 것에서 더욱 요건을 강화하기 위해서이다.

第56조 【1주당 최근 3년간의 순손익액의 계산방법】

①(생략)

2. 재정경제부령이 정하는 신용평가전문기관 또는 공인회계사법에 의한 회계법인중 2 이상의 신용평가전문기관 또는 회계법인이 재정경제부령이 정하는 기준에 따라 산출한 1주당 추정이익의 평균가액(법 제67조 및 법 제68조의 규정에 의한 상속세과세표준신고 및 증여세과세표준신고의 기한 내에 신고한 경우로서 1주당 추정이익의 산정기준일과 평가서 작성일이 과세표준신고기한 내에 속하고, 산정기준일과 상속개시일 또는 증여일이 동일 연도에 속하는 경우에 한한다)

②제 1 항 제 1 호의 규정을 적용함에 있어서 각 사업연도의 주식수는 각 사업연도 종료일 현재의 발행주식총수에 의한다. 다만, 평가기준일이 속하는 사업연도 전 3년 이내에 무상증자 또는 무상감자를 한 사실이 있는 경우에는 무상증자 또는 무상감자 전의 각 사업연도 종료일 현재의 발행주식총수는 재정경제부령이 정하는 바에 의한다.

그리고 제56조 제 3 항은 다음과 같이 변경하였다.

제56조 【1주당 최근 3년간의 순손익액의 계산방법】

③제 1 항 제 1 호의 규정에 의한 순손익액은 법인세법 제14조의 규정에 의한 각 사업연도 소득에 제 1 호의 규정에 의한 금액을 가산한 금액에서 제 2 호의 규정에 의한 금액을 차감한 금액에 의한다. 이 경우 각 사업연도 소득 계산시 손금에 산입된 충당금 또는 준비금이 세법의 규정에 따라 일시 환입되는 경우에는 당해 금액이 환입될 연도를 기준으로 안분한 금액을 환입될 각 사업연도 소득에 가산한다.

(나) 2003. 12. 30. 대통령령 제18177호 시행령 일부개정

제54조 【비상장주식의 평가】

①법 제63조 제 1 항 제 1 호 다목의 규정에 의한 한국증권거래소에 상장되지 아니한 주식 및 출자지분(이하 이 조 및 제56조의 2에서 "비상장주식"이라 한다)은 다음의 산식에 의하여 평가한 가액(이하 "순손익가치"라 한다)과 1주당 순자산가치를 각각 3과 2의 비율로 가중평균한 가액에 의한다. 다만, 부동산과다보유법인(소득세법 시행령 제158조 제 1 항 제 1 호 가목에 해당하는 법인을 말한다)의 경우에는 1주당 순손익가치와 순자산가치의 비율을 각각 2와 3으로 한다.<개정 1999.12.31, 2002.12.30, 2003.12.30>

1주당 가액 = 1주당 최근 3년간의 순손익액의 가중평균액 ÷ 금융기관이 보증한 3년만기회사채의 유통수익률을 감안하여 국세청장이 정하여 고시하는 이자율(이하 "순손익가치환원율"이라 한다)

④제 1 항의 규정을 적용함에 있어서 법 제67조 및 법 제68조의 규정에 의한 상속세 및 증여세 과세표준신고기한 이내에 평가대상 법인의 청산절차가 진행 중이거나 사업자의 사망 등으로 인하여 사업의 계속이 곤란하다고 인정되는 경우에는 제 1 항의 규정에 불구하고 제 2 항의 규정에 의한 순자산가치에 의할 수 있다.<신설 2003.12.30>

제55조 【순자산가액의 계산방법】

①제54조 제 2 항의 규정에 의한 순자산가액은 평가기준일 현재 당해 법인의 자산을 법 제60조 내지 제66조의 규정에 의하여 평가한 가액에서 부채를 차감한

가액으로 한다. 이 경우 당해 법인의 자산을 법 제60조 제 3 항 및 법 제66조의 규정에 의하여 평가한 가액이 장부가액(취득가액에서 감가상각비를 차감한 가액을 말한다. 이하 이 항에서 같다)보다 적은 경우에는 장부가액으로 하되, 장부가액보다 적은 정당한 사유가 있는 경우에는 그러하지 아니하다.<개정 1998.12.31, 2000.12.29, 2003.12.30>

②제 1 항의 규정을 적용함에 있어서 재정경제부령이 정하는 무형고정자산 · 준비금 · 충당금등 기타 자산 및 부채의 평가와 관련된 금액은 이를 자산과 부채의 가액에서 각각 차감하거나 가산한다.<개정 1998.12.31, 2002.12.30>

③제 1 항의 규정을 적용함에 있어서 제59조 제 2 항의 규정에 의한 영업권평가액은 당해 법인의 자산가액에 이를 합산한다. 다만, 제54조 제 4 항의 규정에 의하여 평가하는 경우에는 그러하지 아니하다.<신설 2003.12.30>

제56조의 2 【평가심의위원회에 의한 비상장주식의 평가 등】

①비상장주식의 평가에 있어서 다음 각 호에 모두 해당하는 법인이 발행한 비상장주식과 관련하여 상속세 또는 증여세 납부의무가 있는 자(이하 이 조에서 "납세자"라 한다)가 법 제67조의 규정에 의한 상속세괴세표준신고기한 만료 4월 전(증여의 경우에는 법 제68조의 규정에 의한 증여세과세표준신고기한 만료 2월 전)까지 제54조 내지 제56조의 규정에 의하여 평가한 가액 및 그 평가부속서류와 함께 신청하는 경우에는 제54조 내지 제56조의 규정에 불구하고 제 2 항의 규정에 의한 평가심의위원회가 심의하여 제시하는 평가가액에 의하거나 동 위원회가 제시하는 평가방법 등을 감안하여 계산한 평가가액에 의할 수 있다.

1. 제53조 제 6 항의 규정에 의한 중소기업
2. 당해 법인의 자산 · 매출규모 및 사업의 영위기간 등을 감안하여 동종의 업종을 영위하고 있는 다른 법인(소득세법 시행령 제22조 각 호의 1에 해당하는 법인을 말한다)의 주식가액과 비교할 때 제54조 내지 제56조의 규정에 의하여 평가하는 것이 불합리하다고 인정되는 법인

②제 1 항의 규정에 의한 비상장주식의 가액평가 및 평가방법에 대한 심의를 위하여 국세청에 비상장주식평가심의위원회(이하 "평가심의위원회"라 한다)를 두며, 평가심의위원회는 제 1 항의 규정에 의한 신청이 있는 경우에는 당해 비상장주식의 당초 평가가액의 적정성 여부를 심의하고, 평가가액 또는 평가방법을 제

시하는 때에는 다음 각 호의 사항을 감안하여 심의하여야 한다. 다만, 납세자가 평가부속서류를 제출하지 아니하거나 상속세 또는 증여세를 부당하게 감소시킬 목적으로 평가를 신청하는 등 평가심의위원회에서 평가가액 또는 평가방법을 제시하는 것이 불합리하다고 인정되는 경우에는 제 1 항의 규정에 의한 신청을 반려할 수 있다.

1. 제54조 내지 제56조의 규정에 의하여 당해 비상장주식을 평가할 경우의 적합성 여부
2. 법 제63조의 규정에 의한 유가증권등의 평가방법을 준용하여 평가할 경우 예상되는 적정 평가가액
3. 그 밖에 당해 법인의 업종·사업규모·자산상태 및 사회적인 인식 등을 고려할 때 적정하다고 인정되는 평가가액

③평가심의위원회는 국세청장이 소속 3급 또는 4급 공무원 중에서 임명하는 자 1인과 국세청장이 위촉하는 10인 이내의 평가전문가(변호사·회계사·세무사·감정평가사 및 그 밖에 기업의 인수·합병과 관련하여 학식과 경험이 풍부한 자를 말한다)로 구성하고, 민간인위원의 임기는 1년으로 하되, 1회에 한하여 연임할 수 있다.

④평가심의위원회가 제 1 항의 규정에 의한 신청을 받은 때에는 당해 상속세 또는 증여세과세표준신고기한 만료 1월 전까지 그 결과를 납세자에게 서면으로 통지하여야 한다.

⑤평가심의위원회는 평가대상 법인의 단순 회계상의 오류 또는 사실과 다른 회계처리의 정정, 제54조 제 1 항의 산식 중 순손익가치 환원율의 산정(동항의 산식에 불구하고 당해 법인의 자기자본 또는 타인자본 조달이자율 등을 감안하여 산정한다), 평가대상 법인과 자산·매출액 규모 및 사업의 영위기간 등을 감안하여 동종의 업종을 영위하고 있는 다른 법인(소득세법 시행령 제22조 각 호의 1에 해당하는 법인을 말한다)의 주식가액과의 비교평가 등에 관하여 심의하되, 공정하고 객관적인 심의를 위하여 필요하다고 인정되는 경우에는 제56조 제 1 항 제 2 호의 규정에 의한 신용평가전문기관에 평가를 의뢰하거나 심의에 앞서 관계인의 증언을 청취할 수 있다.

⑥제 1 항의 규정에 의하여 비상장주식의 평가를 신청한 자는 제 5 항의 규정에 의한 신용평가전문기관의 평가에 따른 평가수수료를 부담하여야 한다.

⑦평가심의위원회는 제 1 항의 규정에 의한 평가와 관련한 심의 외에 상속세 및 증여세와 관련한 재산의 공정하고 타당한 평가를 위하여 필요하다고 인정되는 경우에는 국세청장 · 지방국세청장 또는 관할 세무서장의 재산평가에 대한 자문에 응할 수 있다.
⑧제 1 항의 규정에 의한 평가심의위원회의 설치 · 운영, 평가신청절차, 비상장주식의 가액산정 및 평가방법 등에 관하여 필요한 사항은 국세청장이 정한다.

본 개정에서는 손손익가치와 순자산가치의 두 가액을 가중평균하는 것으로 변경함으로써, 두 가액을 단순평균하던 처음 규정이나 양 가액 중 다액을 채택하던 이전 규정보다 회사의 자산과 손익을 모두 평가의 대상으로 삼고 이 중 회사의 계속적인 영업의 결과를 나타내는 손익에 더욱 비중을 둠으로써 주식의 가치를 객관적으로 평가하려는 시도를 구체화하였다. 다만, 부동산과다보유법인(소득세법 시행령 제158조 제 1 항 제 1 호 가목에 해당하는 법인을 말한다)의 경우에는 1주당 순손익가치와 순자산가치의 비율을 각각 2와 3으로 한다는 규정을 신설하여 영업이익은 높지 않으나 부동산을 많이 보유하여 회사의 실제가치가 높은 경우, 주식가액 평가에 이를 반영할 수 있도록 하였다.

그리고 제 4 항을 신설하여 평가대상 법인의 청산절차가 진행 중이거나 사업자의 사망 등으로 인하여 사업의 계속이 곤란하다고 인정되는 경우에는 위 계산규정에 불구하고 순자산가치만으로 평가할 수 있도록 하였다. 이는 실질상 폐업법인으로서 영업활동이 이루어지지 않아 순손익을 산정하기 어려운 경우 가중평균에 의할 경우의 불이익을 방지하기 위한 규정이다.

또한 제55조 제 1 항에서 순자산가치 산정의 객관성을 높이기 위하여 당해 법인의 자산을 상증법으로 평가한 가액과 해당 법인의 장부가액을 비교하여 다액을 채택하는 것으로 변경하였다. 다만, 정당한 사유가 있을 경우에는 장부가액이 다액이더라도 이로써 순자산가치를 산정하지 않는 규정을 두어 납세의무자를 보호하기 위한 장치를 마련하였다. 그리고 영업평가액을 자산가액에 합산하는 제 3 항을 신설하였다.

그리고 가장 큰 변화로서, 기존 보충적 평가방법이 일률적으로 규정됨에 따라 기업의 실질가치에 비해 과대평가되거나 과소평가되는 것을 시정할 방법이 없으므로 독자적인 평가기구를 만들어야 한다는 학계의 요구를 수용하여 비상장주식 평가심의위원회를 설치하는 내용의 제56조의 2를 신설하였다. 과대평가된 중소기업주식에 대하여는 납세자의 신청을 받아 국세청에 설치된 평가심의위원회에서 개별기업의 특성에 맞는 다양한 방법에 의한 평가가액 또는 평가방법을 제시할 수 있는 근거를 신설하여 당해 기업의 실질가치를 반영하여 평가할 수 있도록 함으로써 과세형평 및 납세자와의 마찰소지를 축소하도록 하는 것이 이 제도의 신설취지이다. 평가의 일관성을 유지하고 전문성을 감안하여 국세청에 이를 설치하고, 국세청의 3급 또는 4급 공무원 1인을 포함하여 변호사, 회계사, 세무사, 평가사, 기타 기업 인수·합병에 학식과 경험이 풍부한 외부 민간위원 10인 이내로 구성하도록 규정하였다.[6]

(다) 대통령령 제18627호 2004. 12. 31. 시행령 일부개정

第54조 【비상장주식의 평가】

④다음 각 호의 1에 해당하는 경우에는 제1항의 규정에 불구하고 제2항의 규정에 의한 순자산가치에 의한다.<개정 2004.12.31>

1. 법 제67조 및 법 제68조의 규정에 의한 상속세 및 증여세 과세표준신고기한 이내에 평가대상 법인의 청산절차가 진행 중이거나 사업자의 사망 등으로 인하여 사업의 계속이 곤란하다고 인정되는 법인의 주식 또는 출자지분
2. 사업개시 전의 법인, 사업개시 후 3년 미만의 법인과 휴·폐업 중에 있는 법인의 주식 또는 출자지분
3. 평가기준일이 속하는 사업연도 전 3년 내의 사업연도부터 계속하여 법인세법상 각 사업연도에 속하거나 속하게 될 손금의 총액이 그 사업연도에 속하거나 속하게 될 익금의 총액을 초과하는 결손금이 있는 법인의 주식 또는 출자지분

6) 국세청, 『개정세법해설』, 2005.

第56조 【1주당 최근 3년간의 순손익액의 계산방법】

①제54조 제 1 항의 규정에 의한 1주당 최근 3년간의 순손익액의 가중평균액은 제 1 호의 가액으로 하되, 당해 법인이 일시우발적 사건에 의하여 최근 3년간의 순손익액이 비정상적으로 증가하는 등의 사유로 제 1 호의 가액에 의하는 것이 불합리한 것으로 재정경제부령이 정하는 경우에는 제 2 호의 가액으로 할 수 있다. 이 경우 그 가액이 0원 이하인 경우에는 0원으로 한다.<개정 1998.12.31, 1999.12.31, 2000.12.29, 2001.12.31, 2004.12.31>

본 개정은 직전 개정에서 도입한 실질적인 폐업 법인에 대한 순자산가치에 의한 평가방법에 있어서 대상이 되는 법인을 세분하여 규정함으로써 요건을 강화하였다.

(라) 2006. 2. 9. 대통령령 제19333호 시행령 일부개정

第56조의 2 【평가심의위원회에 의한 비상장주식의 평가 등】

①비상장주식의 평가에 있어서 다음 각 호에 모두 해당하는 법인이 발행한 비상장주식과 관련하여 상속세 또는 증여세 납부의무가 있는 자(이하 이 조에서 "납세자"라 한다)가 법 제67조의 규정에 의한 상속세과세표준신고기한 만료 4월 전(증여의 경우에는 법 제68조의 규정에 의한 증여세과세표준신고기한 만료 2월 전)까지 제54조 내지 제56조의 규정에 의하여 평가한 가액 및 그 평가부속서류와 함께 제 2 항의 규정에 따른 국세청평가심의위원회 또는 제 8 항의 규정에 따른 지방청평가심의위원회(이하 이 조에서 "평가심의위원회"라 한다)에 신청하는 경우에는 제54조 내지 제56조의 규정에 불구하고 평가심의위원회가 심의하여 제시하는 평가가액에 의하거나 동 위원회가 제시하는 평가방법 등을 감안하여 계산한 평가가액에 의할 수 있다. 이 경우 납세자는 동일한 사안에 대하여 국세청평가심의위원회와 지방청평가심의위원회에 중복하여 신청할 수 없다.<개정 2004.12.31, 2006.2.9>

1. 제53조 제 6 항의 규정에 의한 중소기업
2. 당해 법인의 자산 · 매출규모 및 사업의 영위기간 등을 감안하여 동종의 업종을 영위하고 있는 다른 법인(주권상장법인등을 말한다)의 주식가액과 비교할 때 제54조 내지 제56조의 규정에 의하여 평가하는 것이 불합리하다고 인정되

는 법인

②제 1 항의 규정에 의한 비상장주식의 가액평가 및 평가방법에 대한 심의를 위하여 국세청에 비상장주식국세청평가심의위원회(이하 "국세청국세청평가심의위원회"라 한다)를 두며, 국세청평가심의위원회는 제 1 항의 규정에 의한 신청이 있는 경우에는 당해 비상장주식의 당초 평가가액의 적정성 여부를 심의하고, 평가가액 또는 평가방법을 제시하는 때에는 다음 각 호의 사항을 감안하여 심의하여야 한다. 다만, 납세자가 평가부속서류를 제출하지 아니하거나 상속세 또는 증여세를 부당하게 감소시킬 목적으로 평가를 신청하는 등 국세청평가심의위원회에서 평가가액 또는 평가방법을 제시하는 것이 불합리하다고 인정되는 경우에는 제 1 항의 규정에 의한 신청을 반려할 수 있다.<개정 2006.2.9>

1. 제54조 내지 제56조의 규정에 의하여 당해 비상장주식을 평가할 경우의 적합성 여부
2. 법 제63조의 규정에 의한 유가증권등의 평가방법을 준용하여 평가할 경우 예상되는 적정 평가가액
3. 그 밖에 당해 법인의 업종·사업규모·자산상태 및 사회적인 인식 등을 고려할 때 적정하다고 인정되는 평가가액

③국세청평가심의위원회는 국세청장이 소속 3급 또는 4급 공무원중에서 임명하는 자 3인과 국세청장이 위촉하는 9인 이내의 평가전문가(변호사·회계사·세무사·감정평가사 및 그 밖에 기업의 인수·합병과 관련하여 학식과 경험이 풍부한 자를 말한다. 이하 이 조에서 같다)로 구성하고, 민간인위원의 임기는 1년으로 하되, 1회에 한하여 연임할 수 있다.<개정 2006.2.9>

④국세청평가심의위원회가 제 1 항의 규정에 의한 신청을 받은 때에는 당해 상속세 또는 증여세과세표준신고기한 만료 1월 전까지 그 결과를 납세자에게 서면으로 통지하여야 한다.<개정 2006.2.9>

⑤국세청평가심의위원회는 평가대상 법인의 단순 회계상의 오류 또는 사실과 다른 회계처리의 정정, 제54조 제 1 항의 산식 중 순손익가치 환원율의 산정(동항의 산식에 불구하고 당해 법인의 자기자본 또는 타인자본 조달이자율 등을 감안하여 산정한다), 평가대상 법인과 자산·매출액 규모 및 사업의 영위기간 등을 감안하여 동종의 업종을 영위하고 있는 다른 법인(주권상장법인등을 말한다)의 주식가액과의 비교평가 등에 관하여 심의하되, 공정하고 객관적인 심의를 위하여

필요하다고 인정되는 경우에는 제56조 제 1 항 제 2 호의 규정에 의한 신용평가전문기관에 평가를 의뢰하거나 심의에 앞서 관계인의 증언을 청취할 수 있다.<개정 2004.12.31, 2006.2.9>

⑥제 1 항의 규정에 의하여 비상장주식의 평가를 신청한 자는 제 5 항의 규정에 의한 신용평가전문기관의 평가에 따른 평가수수료를 부담하여야 한다.

⑦국세청평가심의위원회는 제 1 항의 규정에 의한 평가와 관련한 심의 외에 상속세 및 증여세와 관련한 재산의 공정하고 타당한 평가를 위하여 필요하다고 인정되는 경우에는 국세청장 · 지방국세청장 또는 관할 세무서장의 재산평가에 대한 자문에 응할 수 있다.<개정 2006.2.9>

⑧비상장주식의 가액평가에 대한 심의를 위하여 필요한 경우 지방국세청별로 비상장주식평가심의위원회(이하 이 항에서 "지방청평가심의위원회"라 한다)를 둘 수 있다. 이 경우 지방청평가심의위원회의 위원은 다음 각 호의 자가 된다.<신설 2006.2.9>

1. 국세청평가심의위원회의 위원
2. 지방국세청장이 소속 3급 또는 4급 공무원 중에서 임명하는 자 1인
3. 지방국세청장이 위촉하는 평가전문가 2인

⑨지방청평가심의위원회의 회의는 제 8 항 제 2 호 및 제 3 호의 규정에 따른 위원과 동항 제 1 호의 규정에 따른 위원 중 국세청장이 지정하는 공무원인 위원 1인 및 공무원이 아닌 위원 3인으로 구성한다.<신설 2006.2.9>

⑩제 2 항 내지 제 7 항의 규정은 지방청평가심의위원회의 심의, 지방국세청장이 위촉하는 공무원이 아닌 위원의 임기, 평가수수료 부담 및 자문에 관하여 이를 준용한다. 이 경우 제 7 항에서 "국세청장 · 지방국세청장 또는 관할 세무서장"을 "지방국세청장 또는 관할 세무서장"으로 본다.<신설 2006.2.9>

⑪평가심의위원회의 설치 · 운영, 평가신청절차, 비상장주식의 가액산정 및 평가방법 등에 관하여 필요한 사항은 국세청장이 정한다.<개정 2006.2.9>

[본조신설 2003.12.30]

본 개정은 지방국세청에 비상장주식평가심의위원회 설치하는 것을 주요한 내용으로 하고 있다. 기존 비상장주식 평가심의위원회는 국세청에만 설치되어 있어 일정한 요건을 갖춘 비상장 중소기업의 주식을 상속 또는 증여받은

자가 그 가액평가를 의뢰할 경우 납세자의 평가의뢰가 증가할 경우 그 처리가 지연될 우려가 있었다. 이에 지방국세청에도 비상장주식평가심의위원회를 설치할 수 있도록 하되, 평가의 일관성과 형평성을 유지할 수 있도록 하기 위하여 위원회의 구성위원 7인에 국세청에 설치된 비상장주식평가심의위원회의 위원 4인이 포함되도록 하였다. 비상장주식평가심의위원회의 평가업무가 신속하고 효율적으로 처리되는 동시에 국세청 또는 지방국세청 간 일관성과 형평성이 유지됨으로써 납세자의 편의를 제고하는 것을 목적으로 위와 같이 개정되었다.

(마) 2009. 2. 4. 대통령령 제21292호 시행령 일부개정

제54조 【비상장주식의 평가】

③제 1 항 및 제 2 항의 규정을 적용함에 있어서 법 제63조 제 1 항 제 1 호 다목의 주식 또는 출자지분을 발행한 법인이 다른 비상장주식을 발행한 법인의 발행주식총수등의 100분의 10 이하의 주식 또는 출자지분을 소유하고 있는 경우에는 그 다른 비상장주식의 평가는 제 1 항 및 제 2 항의 규정에 불구하고 「법인세법 시행령」 제74조 제 1 항 제 1 호 마목의 규정에 의한 취득가액에 의할 수 있다. 다만, 법 제60조 제 1 항에 따른 시가가 있으면 시가를 우선하여 적용한다. <개정 1999.12.31, 2005.8.5, 2009.2.4>

제55조 【순자산가액의 계산방법】

①제54조 제 2 항의 규정에 의한 순자산가액은 평가기준일 현재 당해 법인의 자산을 법 제60조 내지 제66조의 규정에 의하여 평가한 가액에서 부채를 차감한 가액으로 하며, 순자산가액이 0원 이하인 경우에는 0원으로 한다. 이 경우 당해 법인의 자산을 법 제60조 제 3 항 및 법 제66조의 규정에 의하여 평가한 가액이 장부가액(취득가액에서 감가상각비를 차감한 가액을 말한다. 이하 이 항에서 같다)보다 적은 경우에는 장부가액으로 하되, 장부가액보다 적은 정당한 사유가 있는 경우에는 그러하지 아니하다. <개정 1998.12.31, 2000.12.29, 2003.12.30, 2009.2.4>

본 개정은 비상장주식의 보충적 평가방법에 있어서 "시장성이 적은 비상장주식의 경우에도 그에 관한 객관적 교환가치가 적정하게 반영된 정상적인

거래의 실례가 있는 경우에는 그 거래가격을 시가로 보아 주식의 가액을 평가하여야 하고 시행령 제 5 조 제 6 항 제 1 호 (나)목의 보충적 평가방법에 의하여 평가하여서는 아니 된다고 할 것이다"[7]라는 일관된 대법원 판례의 취지를 시행령에 명문화한 것이다.

그리고 제55조 제 1 항에서 "순자산가액이 0원 이하인 경우에는 0원으로 한다"는 규정을 추가함으로써, "주식의 순손익가치는 평가기준일 현재 당해 법인의 자산을 평가한 가액에서 부채를 차감한 가액에 의하는 순자산가치와는 달리 법인의 수익력 측면에서 최근 3년간의 순손익액의 가중평균액에 의하여 산정되는 것으로서 양자는 그 평가요소 및 방법을 달리하고 있으므로, 평가기준일 현재 주식의 1주당 순자산가치가 부수(－)라고 하여 곧바로 1주당 순손익가치도 부수(－)라고 단정할 수는 없다"[8]라는 확립된 대법원 판례를 조문으로서 명문화하였다.

(3) 순자산가치와 순손익가치

순자산가치는 평가기준일 현재 비상장법인의 자산총액에서 부채총액을 차감한 순자산가액을 발행주식총수로 나눈 금액을 말한다. 자산은 평가기준일 현재 시가로 평가함을 원칙으로 하되, 시가가 불분명한 경우에는 보충적 방법으로 평가하되 그 가액이 장부가액보다 적은 경우에는 장부가액으로 평가한다.

$$\text{순자산가치} = \frac{\text{평가기준일 현재의 당해 법인의 순자산가액}}{\text{평가기준일 현재의 발행주식총수}}$$

순손익가치는 법인세법상 각 사업연도의 소득에서 계산한다. 법인세법상 각 사업연도 소득이란 각 사업연도의 익금총액에서 손금총액을 차감한 개념이며, 계산구조상으로는 기업회계기준상의 당기순이익에 익금가산 및 손금

7) 대법원 2004. 11. 26. 선고, 2003두4447 판결.

8) 대법원 2007. 5. 10. 선고, 2005두4564 판결.

불산입항목을 가산하고 손금가산 및 익금불산입항목을 공제하여 산출한다. 평가기준일 이전 3년간 각 사업연도의 순손익액을 가까운 연도별로 가중평균하고, 이를 금융기관이 보증한 3년 만기 회사채의 유통수익률을 감안하여 국세청장이 고시하는 이자율(순손익가치환원율)로 나눈 금액을 순손익가치라고 한다.

$$\text{순손익가치} = \frac{\text{1주당 최근 3년간의 순손익액의 가중평균액**}}{\text{순손익가치환원율*}}$$

* 순손익가치환원율은 현재 10%로 고시되어 있으며, 이는 과거 시행규칙에서 15%로 규정하고 있던 이자율을 시장금리를 탄력적으로 반영할 수 있는 고시체계로 변경하였다.

** 1주당 최근 3년간의 순손익액의 가중평균액 = {(평가기준일 이전 1년이 되는 사업연도의 1주당 순손익액 × 3) + (평가기준일 이전 2년이 되는 사업연도의 1주당 순손익액 × 2) + (평가기준일 이전 3년이 되는 사업연도의 1주당 순손익액 × 1)} × $\frac{1}{6}$

※ 단, 법인이 일시우발적인 사건에 의하여 최근 3년간의 순손익액이 비정상적으로 증가하는 등의 사유로 위 가중평균가액에 의하는 것이 불합리한 것으로 기획재정부령이 인정하는 경우에는 같은 영에 따라 신용평가전문기관 또는 공인회계법인 2 이상이 산출한 1주당 추정이익의 평균가액을 순손익가치로 한다.

순자산가치와 순손익가치로 기업을 평가할 경우 기업의 부채가 자산을 초과하는 경우 또는 채권의 회수가 불가능한 경우에는 순자산가치 또는 순손익가치의 수치가 부수(−)로 나타나는 경우가 있다. 이 경우 과거 과세관청은 이를 0원으로 하여 부과하였으나 납세의무자는 이를 부수 그대로 계산하여야 한다고 주장하여 많은 분쟁이 야기되었다. 이에 대하여 대법원 2003. 11. 28. 선고, 2003두4249 판결에서 "보충적 평가방법에 따라 거래를 전후한 가액을 산정하여야 하고, 보충적 평가방법에 따라 1주당 가액을 산정한 결과 그 가액이 증여 등 거래를 전후하여 모두 부수(負數)인 경우에는 증가된 주식 등의 1주당 가액은 없는 것으로 보는 것이 합리적이라 할 것이며, 거래를 전후하여 1주당 가액이 부수로 산정되는 데도 증여재산가액이나 채무면제액 등 거래로 인한 가액만을 주식수로 나누거나 단순히 부수의 절대치가 감소하였다는 이유로 주식 등의 1주당 가액이 증가된 것으로 보는 것은 증여세가 부과되는 재산의 가액평가에 관한 관계규정을 전혀 감안하지 아니하는 결과가 되어 관계규정의 해석상 허용될 수 없다"고 판결하여 부수가 발생한 경우는 이를 0원으로 계산하여야 한다고 해석하였다. 판례의 이러한 해석기준에 맞추어 2009. 2. 4. 상증세법 시행령 개정에서 이 원칙을 명문화하였다.[9]

(4) 비상장주식의 보충적 평가방법[10](순손익가치와 순자산가치의 가중평가액)

1) 일반 비상장회사

종전까지 비상장주식의 보충적 평가방식은 순손익가치를 원칙으로 하되 기업을 청산가치로 평가하는 점을 감안하여 최소한 순자산가치 이상으로 평가하도록 규정되어 있었다. 그러나 회계이론상 기업의 가치는 순이익과 순자산가치에 의해 서로 보완적으로 결정되는 것인데 순자산가치를 최소 기준으로 삼게 될 경우 기업 경영성과나 이익 등 실질가치에 비해 과대평가되는 경우가 많이 발생하였다. 이에 2004. 1. 1. 이후부터는 순자산가지와 순손익가치의 가중평가제가 도입되었다.

비상장주식의 보충적 평가액 = (순손익가치 × 3 + 순자산가치 × 2) ÷ 5

2) 부동산 과다보유법인의 주식에 대한 가중평균 적용방법

부동산 과다보유법인은 당해 법인의 자산총액 중 부동산이 차지하는 비율이 50% 이상인 법인을 말한다. 이 경우 가중평균함에 있어 순자산가치의 비중을 일반회사에 비하여 더 높게 평가한다. 비상장회사가 안정적인 자산인 부동산을 많이 보유하고 있을 경우 그 주식에 이를 반영하기 위한 규정

---

9) 상증세법 시행령 제55조 제 1 항, 제56조 제 1 항.
"부수인 경우 0원으로 계산한다."

10) 비상장회사라 하여도 기업공개를 위하여 신고를 한 법인이나, 한국증권선물거래소에 상장신청을 한 법인, 상장법인 중 증자로 인하여 상장되지 아니한 주식은 별도의 평가방법에 의하여 계산한다.

이다.

부동산 과다보유회사 비상장주식 평가액 = (순손익가치 × 2 + 순자산가치 × 3) ÷ 5

3) 순자산가치만으로 평가하는 경우

예외적으로, i) 청산이 진행 중인 법인, ii) 사업자의 사망 등으로 인하여 사업의 계속이 곤란하다고 인정되는 법인, iii) 사업개시 전 법인, iv) 사업개시 후 3년 미만의 법인, v) 휴·폐업 중인 법인, vi) 최근 3년간 계속 결손인 법인의 경우에는 기업의 영업으로 인한 가치를 산정하기가 곤란하므로 순자산가치만으로 평가한다. 특히 사업개시 후 3년 미만의 법인은 회사설립 직후 자산에 영업이익이 단기적으로 높게 나타날 경우 일반적인 평가방식을 적용할 때 불리한 경우가 많으므로 이에 포함되었다.

1주당 비상장주식의 평가액 = 1주당 순자산가치 평가액

4) 최대주주 또는 최대출자자에 대한 할증평가

비상장주식을 상속(증여)받은 결과 피상속인(수증자)이 해당 비상장법인의 최대주주가 되었을 경우에는 통상의 주식가치 이외에 회사를 지배할 수 있는 경영권 프리미엄(Control premiums)을 지니게 되므로 이를 반영할 필요가 있다. 이에 따라 최대주주가 된 경우에는 보충적 평가방식에 의하여 산출된 가액의 20%(중소기업기본법에서 정하는 중소기업의 경우는 10%), 발행주식총수의 100분의 50을 초과하여 보유하게 된 경우에는 30%(중소기업기본법에서 정하는 중소기업의 경우는 15%)를 할증하여 계산한다.

5) 평가심의위원회에 의한 비상장주식의 평가

비상장주식의 합리적인 평가를 도모하기 위하여 평가전문가로 구성된 평가심의위원회에서 비상장주식을 평가할 수 있도록 도입하였다.

중소기업기본법에서 정하는 중소기업이 동종 업종의 다른 법인의 주식가액과 비교하여 보충적 평가방법에 의하는 것이 불합리하다고 인정될 때 납세자의 신청에 의하여 국세청에 설치되니 비상장주식평가심의위원

회[11]에 주식의 평가를 신청할 수 있다.

그러나 평가수수료를 부담하여야 하고, 심의위원회가 과세관청 내에 소속되어 설치되어 있다는 요인에 의하여 활발하게 이용되고 있지는 않다.

4. 결 어

이 보고서에서는 비상장주식의 보충적 평가방법의 변천, 비상장주식의 매매사례가액의 시가 인정의 문제와 비상장주식의 공매를 이용한 조세회피 시도 및 기본적인 보충적 평가방법만을 정리하였다. 비상장주식의 평가는 그 주식에 관하여 적정한 거래가 이뤄진 실례가 있는 예외적인 경우에 한하여 그 가격을 시가로 판정할 수 있을 뿐, 대부분의 경우에는 보충적 평가방식에 의하여 가액을 산정하게 된다. 이러한 보충적 평가방법의 경우 순자산가치와 순손익가치를 계산함에 있어서 필연적으로 복잡한 회계원칙 및 법인세법상의 중요쟁점과 부딪치게 된다. 따라서 비상장주식의 평가는 그 자체로 세법 전반의 문제를 아우르는 어려운 문제이므로 향후 더 깊은 연구와 논의가 필요하다.

11) 국세청장이 소속 3급 또는 4급 공무원 중에서 임명한 자 3인과 국세청장이 위촉하는 9인 이내의 평가전문가(변호사, 회계사, 세무사, 감정평가사 및 그 밖에 기업의 인수합병과 관련하여 학식과 경험이 풍부한 자를 말함)로 구성한다.

서울고등검찰청 송무부

검찰 PROSECUTION SERVICE

명의신탁 주식에 대한 무상증자의 증여세 과세

(대법원 2009. 3. 12. 선고, 2006두20600 판결)

1. 판결요지

(1) 주식발행초과금 등 상법상의 자본준비금과 자산재평가법상의 재평가적립금 등의 자본전입에 따라 무상주가 발행되는 경우에는, 기존 주식의 재산적 가치에 반영되고 있던 주식발행초과금 또는 자산재평가적립금 등이 전입되면서 자본금이 증가됨에 따라 그 증자액에 해당하는 만큼의 신주가 발행되어 기존의 주주에게 그가 가진 주식의 수에 따라 무상으로 배정되는 것이어서, 회사의 자본금은 증가되지만 순자산에는 아무런 변동이 없고 주주의 입장에서도 원칙적으로 그가 가진 주식의 수만 늘어날 뿐 그가 보유하는 총주식의 자본금에 대한 비율이나 실질적인 재산적 가치에는 아무런 차이가 없다고 할 것이다.[1)]

(2) 원고 명의로 된 주식회사 ○○커뮤니케이션(이하 '소외 회사'라 한다) 발행의 이 사건 제2, 3주식은 이××이 원고에게 소외 발행의 이 사건 제1주식을 명의신탁한 이후 소외 회사가 주식발행초과금을 자본에 전입

1) 대법원 1989. 12. 22. 선고, 88누8548 판결.

함에 따라 이 사건 제1주식의 소유명의자(명의수탁자)인 원고에게 그 지분비율대로 무상으로 배정된 것임을 알 수 있는바, 앞서 본 법리 및 관계 법령에 비추어 볼 때, 원고 명의의 이 사건 제2, 3주식은 기존의 명의수탁주식인 이 사건 제1주식이 실질적으로 분할된 것에 불과하여 원고가 이××으로부터 기존의 명의수탁주식과 별도로 명의신탁받은 것으로 볼 수는 없고, 따라서 이 사건 제1주식 이외에 이 사건 제2, 3주식에 대해서까지 구 상속세 및 증여세법(2002. 12. 18. 법률 제6780호로 개정되기 전의 것, 이하 같다) 제41조의 2 제1항을 적용하여 증여세를 부과한 것은 위법하다고 할 것이다.

(3) 그럼에도 불구하고, 원심이 위 무상증자로 인하여 취득한 이 사건 제2, 3주식이 실질적으로는 주식분할에 불과한 측면이 있으나 법률적 · 형식적으로는 기존의 주식과는 별개의 독립된 재산에 해당한다는 등의 이유로 원고 명의의 이 사건 제2, 3주식에 대하여 당초 명의신탁된 주식과 별개의 명의신탁재산에 해당한다고 판단한 것은 구 상속세 및 증여세법 제41조의 2 제1항 소정의 명의신탁 증여의제규정의 과세대상에 관한 법리를 오해하여 판결에 영향을 미친 위법이 있다.[2]

2. 사건의 개요

원고는 이××으로부터 원고 명의로 주식위탁계좌를 개설해 달라는 부탁을 받고 원고 명의로 된 주식위탁계좌를 개설하여 그 통장과 도장을 이××에게 주었으며, 이에 이××은 ◇◇커뮤니케이션이 발행한 액면가 500원의 기명식 보통주 30,000주(제1주식)를 1999. 5. 31. 무렵 원고 명의의 주식위탁계좌에 예치하여 명의개서하였다.

2) 대법원 2009. 3. 12. 선고, 2006두20600, 2007두1361 판결.

이후 원고는 제 1 주식이 원고 명의로 개서되어 있다는 이유로 1999. 7. 16. ◇◇커뮤니케이션의 무상증자시 보통주 4,286주(제 2 주식), 2000. 2. 7. 무상증자시 보통주 27,286주(제 3 주식)를 각 배정받았다.

피고는 이××이 ◇◇커뮤니케이션의 주식 합계 61,572주(제 1 주식 30,000주 + 제 2 주식 4,286주 + 제 3 주식 27,286주)를 모두 원고에게 명의신탁한 것으로 보고, 제1, 2, 3주식에 대하여 증여세 합계 2,570,420,710원을 부과처분하였고, 원고가 이에 불복하여 부과처분의 취소소송을 제기하였다.

3. 관련법령

❍ **구 상속세 및 증여세법**(2002. 12. 18. 법률 제6780호로 개정되기 전의 것)

제41조의 2 【명의신탁재산의 증여의제】

①권리의 이전이나 그 행사에 등기 등을 요하는 재산(토지와 건물을 제외한다. 이하 이 조에서 같다)에 있어서 실제소유자와 명의자가 다른 경우에는 국세기본법 제14조의 규정에 불구하고 그 명의자로 등기 등을 한 날에 그 재산의 가액을 명의자가 실제소유자로부터 증여받은 것으로 본다. 다만, 다음 각 호의 1에 해당하는 경우에는 그러하지 아니하다.

1. 조세회피목적 없이 타인의 명의로 재산의 등기 등을 한 경우

②타인의 명의로 재산의 등기 등을 한 경우와 제 1 항 제 2 호의 규정에 의한 유예기간 중에 주식 등의 명의를 실제소유자 명의로 전환하지 아니하는 경우에는 조세회피목적이 있는 것으로 추정한다.

④제 1 항의 규정은 신탁업법 또는 증권투자신탁업법에 의한 신탁재산인 사실의 등기 등을 하는 경우와 비거주자가 법정대리인 또는 재산관리인의 명의로 등기 등을 하는 경우에는 이를 적용하지 아니한다.

⑤제 1 항 제 1 호 및 제 2 항에서 "조세"라 함은 국세기본법 제 2 조 제 1 호 및 제 7 호에 규정된 국세 및 지방세와 관세법에 규정된 관세를 말한다.

⑥제 1 항 제 2 호의 규정에 의한 특수관계에 있는 자의 범위는 대통령령으로 정한다.

第60条 【평가의 원칙 등】

①이 법에 의하여 상속세 또는 증여세가 부과되는 재산의 가액은 상속개시일 또는 증여일(이하 "평가기준일"이라 한다) 현재의 시가에 의한다. 이 경우 제63조 제 1 항 제 1 호 가목 및 나목에 규정된 평가방법에 의하여 평가한 가액(제63조 제 2 항의 규정에 해당하는 경우를 제외한다)은 이를 시가로 본다.

②제 1 항의 규정에 의한 시가는 불특정 다수인 사이에 자유로이 거래가 이루어지는 경우에 통상 성립된다고 인정되는 가액으로 하고 수용 · 공매가격 및 감정가격등 대통령령이 정하는 바에 의하여 시가로 인정되는 것을 포함한다.

③제 1 항의 규정을 적용함에 있어서 시가를 산정하기 어려운 경우에는 당해 재산의 종류 · 규모 · 거래상황 등을 감안하여 제61조 내지 제65조에 규정된 방법에 의하여 평가한 가액에 의한다.

④제 1 항의 규정을 적용함에 있어서 제13조의 규정에 의하여 상속재산의 가액에 가산하는 증여재산의 가액은 증여일 현재의 시가에 의한다.

❍ **구 상속세 및 증여세법 시행령**(1999. 12. 31. 대통령령 제16660호로 개정되기 전의 것)

第49条 【평가의 원칙 등】

①법 제60조 제 2 항에서 "수용 · 공매가격 및 감정가액등 대통령령이 정하는 바에 의하여 시가로 인정되는 것"이라 함은 평가기준일 전 6월(증여재산의 경우에는 3월로 한다)부터 상속세과세표준신고 또는 증여세과세표준신고의 기간 중 매매 · 감정 · 수용 · 경매(민사소송법에 의한 경매를 말한다. 이하 이 항에서 같다) 또는 공매가 있는 경우에 한하여 다음 각 호의 1의 규정에 의하여 확인되는 가액을 말한다.<개정 1998.12.31>

1. 당해 재산에 대한 매매사실이 있는 경우에는 그 거래가액. 다만, 그 거래가액이 제26조 제 4 항에 규정된 특수관계에 있는 자와의 거래등 그 가액이 객관적으로 부당하다고 인정되는 경우를 제외한다.
2. 당해 재산(법 제63조 제 1 항 제 1 호에 규정된 재산을 제외한다)에 대하여 2 이상의 재정경제부령이 정하는 공신력 있는 감정기관(이하 "감정기관"이라 한다)이 상속세 및 증여세 납부 외의 목적으로 재산을 평가한 감정가액이 있는 경우에는 그 감정가액의 평균액

3. 당해 재산에 대하여 수용·경매 또는 공매사실이 있는 경우에는 그 보상가액·경매가액 또는 공매가액

②제 1 항의 규정에 의한 시가로 보는 가액이 2 이상인 경우에는 평가기준일부터 가장 가까운 날에 해당하는 가액에 의한다.

③국세청장은 상속·증여재산을 평가함에 있어서 평가의 공정성을 확보하기 위하여 재산별 평가기준·방법·절차 등에 관한 세부사항을 정할 수 있다.<신설 1998.12.31>

❍ **구 상법**(2007. 8. 3. 법률 제8581호로 개정되기 전의 것)

제461조 【준비금의 자본전입】

①회사는 이사회의 결의에 의하여 준비금의 전부 또는 일부를 자본에 전입할 수 있다. 그러나 정관으로 주주총회에서 결정하기로 정한 경우에는 그러하지 아니하다.

②제 1 항의 경우에는 주주에 대하여 그가 가진 주식의 수에 따라 주식을 발행하여야 한다. 이 경우 1주에 미달하는 단수에 대하여는 제443조 제 1 항의 규정을 준용한다.

③제 1 항의 이사회의 결의가 있은 때에는 회사는 일정한 날을 정하여 그 날에 주주명부에 기재된 주주가 제 2 항의 신주의 주주가 된다는 뜻을 그 날의 2주간 전에 공고하여야 한다. 그러나 그 날이 제354조 제 1 항의 기간 중인 때에는 그 기간의 초일의 2주간 전에 이를 공고하여야 한다.

④제 1 항 단서의 경우에 주주는 주주총회의 결의가 있은 때로부터 제 2 항의 신주의 주주가 된다.

⑤제 3 항 또는 제 4 항의 규정에 의하여 신주의 주주가 된 때에는 이사는 지체없이 신주를 받은 주주와 주주명부에 기재된 질권자에 대하여 그 주주가 받은 주식의 종류와 수를 통지하고, 무기명식의 주권을 발행한 경우에는 제 1 항의 결의의 내용을 공고하여야 한다.

⑥제350조 제 3 항 후단의 규정은 제 1 항의 경우에 이를 준용한다.<신설 1995.12.29>

⑦제339조의 규정은 제 2 항의 규정에 의하여 주식의 발행이 있는 경우에 이를 준용한다.

❍ 자산재평가법

제28조 【재평가적립금】

①법인이 재평가를 한 경우에는 그 재평가차액에서 재평가일 1일 전의 대차대조표상의 이월결손금을 공제한 잔액을 재평가적립금으로서 적립하여야 한다.

②재평가적립금은 다음 각 호의 1에 해당하는 경우를 제외하고는 이를 처분하지 못한다. 다만, 제 2 호의 경우에 단수가 생긴 때에는 그 금액은 이를 재평가일 이후 종료하는 사업연도의 익금에 산입할 수 있다.<개정 1974.12.21>

1. 재평가세의 납부
2. 자본에의 전입
3. 재평가일 이후 발생한 대차대조표상의 이월결손금의 보전
4. 환율조정계정상의 금액과의 상계

③제 2 항 단서의 경우에 익금으로 산입된 금액은 법인세법의 규정에 의한 소득금액계산상 이를 익금으로 보지 아니한다.<개정 1998.4.10>

제29조 【재평가적립금의 증감】

제17조 제 1 항 또는 국세기본법 제65조(제81조에서 준용하는 경우를 포함한다)의 규정에 의하여 결정된 재평가차액이 신고한 금액과 다른 때에는 그 차액은 이를 재평가적립금에서 증감처리하여야 한다.<개정 1974.12.21, 1976.12.22>

제30조 【자본전입】

①제28조 제 2 항 제 2 호의 규정에 의하여 자본에 전입할 금액은 재평가적립금으로 계상한 금액에서 다음 각 호의 금액을 공제한 잔액으로 한다.<개정 1974.12.21, 1998.4.10>

1. 납부할 재평가세액
2. 재평가일 이후 발생한 대차대조표상의 이월결손금
3. 법인세법의 규정에 의한 환률조정계정의 금액
4. 삭제<1998.4.10>

②삭제<1976.12.22>

③제 1 항의 규정에 의하여 자본에 전입하고자 하는 자는 대통령령이 정하는 바에 의하여 자본전입상당액증명서를 교부받아 제17조 제 1 항 또는 국세기본법 제65조(제81조에서 준용하는 경우를 포함한다)의 규정에 의한 결정일로부터 3년 내

에 자본전입을 완료하고 등기를 할 수 있다.<개정 1976.12.22>
④제 3 항의 규정에 의한 자본전입을 하지 못한 때에는 따로 대통령령이 정하는 바에 의하여 자본에 전입하여야 한다. 이 경우에 있어서는 제37조 제 1 항의 규정을 적용하지 아니한다.<신설 1969.7.28, 1998.4.10>
⑤제 1 항의 규정에 의하여 재평가적립금을 자본에 전입함에 있어서 공제한 동항 제 2 호 및 제 3 호의 금액은 자본에 전입하지 못한 재평가적립금이 있는 경우에 이와 상계하여야 하며, 상계된 금액은 법인세법이 정하는 바에 의하여 소득금액 계산상 이를 손금에 산입한다.<신설 1974.12.21, 1998.4.10>

4. 평　　석

가. 위 판결의 쟁점

이 사건 제 1 주식에 관하여는 상속세 및 증여세법(이하 '상증법'이라 한다) 제41조의 2 명의신탁 재산의 증여간주규정에 의하여, 원고가 명의신탁에 조세회피목적이 없음을 입증하지 못하였기 때문에 증여세 납세의무가 확정되었다. 그러나 이 사건 제2, 3주식은 발행자인 ◇◇커뮤니케이션 주식회사가 2회에 걸쳐 준비금의 자본전입에 의한 무상증자에 의하여 취득한 것이므로 이러한 무상증자된 주식에까지 명의신탁 증여의제규정이 적용될 수 있을 것인지 여부가 문제된다.

나. 명의신탁 증여의제제도

권리의 이전이나 그 행사에 등기 등을 요하는 재산에 있어서 실제소유자와 그 명의자가 다른 명의신탁에 있어서는 명의자가 그 재산의 실제소유자로부터 증여받은 것으로 보는 제도이다. 명의자가 누구인지에 관계없이 실제 재산의 귀속자를 납세의무자로 정하는 실질과세원칙(국세기본법 제14조)의 중대한 예외를 인정하는 제도라고 할 수 있다. 과세재산이 증여인지 명의신탁인지 구별이 어려우므로 그 입증의 편의를 위한 제도라는 주장과 명의신탁에 대한 규제의 필요성에서 그 징벌의 성격을 가진 제도라는 주장이 있으나 양 성격이 혼재된 것이라는 견해가 통설이다.

개정 전 구법은 등기 · 등록의 대상이 되는 모든 재산을 대상으로 하였으나 부동산 실권리자명의등기에 관한 법률이 부동산 명의신탁약정을 무효로 규정하고 이에 따른 물권변동(등기)이 일어나지 않도록 함으로써, 1998년 개정에서는 부동산을 그 적용대상에서 제외하였다. 따라서 현행법에 있어서 명의신탁에 따른 증여의제규정의 주된 적용대상은 차명주식이 되었다.

다. 준비금의 자본전입[3)]

(1) 준비금의 의의

영업연도 말에 회사가 보유하는 순자산액 중 자본액을 초과하는 금액으로서 회사가 주주에게 배당하지 않고 사내에 적립하는 금액을 준비금이라 한다. 준비금은 '자본'과 같이 대차대조표의 '부채 및 자본의 부'(대변)에 표시되어 배당가능이익의 산출에 있어 공제항목이 되므로 재산의 사외유출을 억제하는 작용을 한다. 즉, 준비금을 정한 때에는 회사의 순자산이 자본과 준비금의 합계액을 초과하지 않는 한 배당가능이익은 생겨나지 않으므로, 준비금이 증가하면 그만큼 회사에 유보되는 순자산이 증가한다. 이로써 장래 경기의 침체, 영업성적의 부진 또는 불시의 재난 등에 대비하고 또는 사업의 장기적인 계획을 꾀할 수 있는데, 이는 기업의 계속을 위한 물적 기초를 마련하고 유한책임제하에서 채권자의 보호를 위해 요청되는 자본유지의 원칙을 실천하기 위한 것이라고 할 수 있다.

---

3) 이철송, 『회사법강의』(제14판), 박영사, 2007, pp.764~772.

(2) 준비금의 종류

준비금에는 법률의 규정에 의하여 그 적립이 강요되는 법정준비금과 회사가 자치적으로 정관 또는 주주총회의 결의에 의하여 적립하는 임의준비금이 있다. 법정준비금에는 또 매결산기의 이익의 일부를 적립하는 경우의 이익준비금과, 회사경영상의 이익 이외의 이익 특히 자본의 증감거래에서 생긴 이익을 상법의 규정에 의하여 적립하는 자본준비금이 있다. 상법상 자본준비금으로 적립할 것이 요구되는 재원은, ① 액면 이상의 주식을 발행하는 경우의 그 액면초과금액(상법 제469조 제1항 제1호), ② 주식의 포괄적 교환 또는 이전을 하는 경우 모회사의 자본증가의 한도액이 모회사의 실제 자본증가액을 초과하는 경우 그 초과액(상법 제459조 제1항 제1호의 2), ③ 자본감소의 경우에 그 감소액이 주식의 소각주주의 반환에 요한 금액과 결손의 전보에 충당한 금액을 초과한 때의 그 초과금액, 즉 이른바 감자잉여금(상법 제459조 제1항 제2호), ④ 회사병합의 경우에 소멸회사로부터 승계한 재산의 가액이 그 회사로부터 승계한 채무액, 그 회사의 주주에게 지급한 금액과 합병 후의 존속회사의 자본증가 또는 신설회사의 자본액을 초과한 때의 그 초과금액, 즉 합병잉여금(상법 제459조 제1항 제3호), ⑤ 분할 또는 분할합병으로 인하여 신설된 회사 또는 존속하는 회사가 분할회사로부터 출자받은 재산의 가액 중 분할차익(상법 제459조 제1항 제3호의 2), ⑥ 기타 자본거래에서 발생한 잉여금으로서 자기주식처분이익 중 손실을 차감한 금액(기업회계기준 제31조 제3호) 등이 있다.

(3) 준비금의 자본전입

1) 자본전입의 의의

자본전입이란 준비금계정의 금액 중 일정액을 차감하고 같은 금액을 자본금계정에 가산하는 것이다. 이익준비금은 자본의 2분의 1까지 적립해야 하고, 자본준비금은 무제한 적립해야 하므로 때로는 준비금이 자본에 비하여 지나치게 거액이 될 수 있다. 당분간 결손이 예상되지 않는 상태에서 거액의 준비금을 고정시켜 놓는 것은 재무관리상 불편하므로 양자의 불균형을 시정할 겸 재무구조를 개선하는 수단으로서 회사는 준비금의 전부 또는 일부를 자본에 전입할 필요가 생길 수 있다(상법 제461조 제 1 항).

※ **주식분할과의 구별**

준비금을 자본전입하더라도 발행주식수는 늘어나지만 회사의 순자산에는 변동이 없다는 점에서 주식의 분할과 유사하다. 그러나 법상의 주식분할은 액면가를 감액하는 방법으로 발행주식수를 늘이고 자본에는 변동을 가져오지 않는 반면(상법 제329조의 2), 준비금을 자본전입하면 자본이 증가하고 액면가에 변화 없이 발행주식수가 증가하므로 주식분할과는 그 방법과 효과를 전혀 달리한다.

2) 자본전입의 절차 및 방법

전입의 의사결정은 이사회의 결의로 할 수 있다. 통상의 신주발행이 이사회 결의사항인 것과 균형을 맞추어 자본전입도 이사회의 결의사항으로 한 것이다(상법 제461조 제 1 항). 자본전입은 법정준비금에 한하고 임의준비금은 전입할 수 없다. 법정준비금의 자본준비금이든 이익준비금이든 모두 전입의 대상이 된다.

3) 전입의 효과

준비금을 자본전입하면 자본이 늘어나므로 이를 액면가로 나눈 수의 신주가 발행된다. 전입으로 인해 자본은 증가하나 순자산에는 변동이 없다. 이 신주는 각 주주에 대하여 그가 가진 주식수에 따라 발행하고, 주주는 별도의 신주인수 절차 없이 신주의 주주가 되므로 제 3 자가 신주인수권을 가질 여지가 없다. 이를 증권시장 용어로 무상증자, 이로 인하여 발행되는 신주를 무상주라고 한다. 계수상의 조작에 불과하지만, 자본의 증가로 사내유보의 규범적 기준이 상향되므로 순자산의 사회유출을 억제하는 효과가 있어 장차 회사의 규모 성장과 자본 충실에 도움이 된다.

라. 명의신탁된 주식의 무상주에 대한 과세 가능성

(1) 과세부정설[4)]

1) 실질적인 주식분할

부정설은 첫 번째 논거로 무상증자가 실질적으로 주식분할에 불과하다는 점을 들고 있다. 주식명의신탁을 증여로 의제하여 과세하는 것은 명의신탁제도를 이용한 조세회피행위를 효과적으로 방지하여 조세정의를 실현한다는 점에서 실질과세원칙에 대한 예외로 인정되고 헌법적으로 정당성을 부여받는다. 그런데 명의수탁자가 무상주를 추가로 취득한다 하더라도 종래의 경우와 비교하여 그가 소유한 주식의 실질가치에 변동이 있다고 볼 수 없을 뿐만 아니라 주식의 소유 비율에 변동을 가져오는 것은 아니므로 무상주의 취득으로 인하여 배당소득이나 제2차 납세의무자의 지정 등에 어떤 새로운 영향이 생겨나는 것은 아니다.

그러므로 무상주의 취득으로 인하여 당초의 명의신탁에 의하여 생겨난 현실적, 잠재적인 조세회피의 가능성 이외에 추가적인 조세회피의 가능성이 생겨나지 아니한다. 따라서 부정설은 명의수탁자에 의한 무상주의 취득으로 인하여 추가적인 조세회피의 가능성이 생겨나지 아니함에도 무상주의 취득에 대하여 따로 추가적인 증여의제를 하고 증여세를 과세하는 것은 위와 같은 증여의제의 취지로도 정당화될 수 없어 결국 위헌성을 갖는다고 해석한다.

2) 증여와의 형평성

그리고 두 번째 논거로 실제 증여와의 형평성을 들고 있다. 당초의 주식명의수탁 행위가 증여의제로 되지 아니하고 실제로 증여를 받은 것으로 볼 경

---

4) 이 사건 판례의 서울행정법원 1심 판결 : 서울행정법원 2006. 1. 17. 선고, 2005구합15861 판결.

우에는 이후의 무상주의 취득에 대하여 추가적인 증여에 의한 과세를 할 수 없음에 반하여, 증여의제로 보는 경우에는 무상주의 취득에 대하여 추가적인 증여의제에 의한 과세가 가능하다고 한다면 과세를 통한 그 제재의 정도가 그 법 위반의 정도에 비하여 지나치게 무거워 비례의 원칙을 벗어나는 것으로서 위법하다고 한다.

(2) 과세긍정설[5)]

1) 별개의 독립된 재산으로서 새로운 명의신탁약정 발생

긍정설의 첫 번째 논거는 무상주라도 별개의 독립된 재산으로서 새로이 명의신탁약정이 이루어졌다고 본다. 무상증자는 회계학적 · 경제적 실질면에서 보면 주식의 분할에 불과한 측면이 있으나, 법률적 · 형식적 측면에서 보면 신주발행에 의한 유상증자와 마찬가지로 자본의 증가로 인하여 새로이 주식이 발행되는 것으로서 이는 자본을 구성하는 단위로서 구주와는 별개의 독립된 재산이라 할 것이므로, 무상증자로 배정된 제2, 3주식까지 당연히 원고의 소유로 의제되는 것은 아니고 당초 주식과 별개의 명의신탁 대상 재산에 해당된다고 한다. 무상주가 명의수탁자에게 배정되었다고 하더라도 그 실제소유자는 명의신탁자라고 할 것이므로 그 신주 배정 무렵에 무상주에 관한 새로운 명의신탁약정이 이루어진 것으로 보는 것이다.

2) 명의신탁의 징벌적 성격의 강화

두 번째 논거는 명의신탁 증여의제제도의 입법취지 자체가 가장행위에 의한 조세회피를 방지하기 위하여 실질과세원칙의 예외를 인정한 것이고 조세회피에 협력한 자에 대한 징벌적인 성격을 가지고 있다는 점에 비추어. 실제로 증여를 한 경우와 비교하여 더 불리하게 된다 하더라도 비례의 원칙에

---

5) 이 사건 판례의 서울고등법원 1심 판결 : 서울고등법원 2006. 12. 15. 선고, 2006누15861 판결.

위반된 것이라 할 수 없다고 한다.

(3) 판례의 태도

1) 기존 판례의 태도

(가) 대법원 1989. 12. 22. 선고, 88누8548 판결

무상증자된 주식에 관하여 법적인 판단을 내린 첫 대법원 판례인 대법원 1989. 12. 22. 선고, 88누8548 판결은 아래와 같이 양도소득세와 관련하여 주식의 양도차익을 계산함에 있어서 무상증자된 주식 액면가액을 필요경비에 산입하지 않았다.

"원심은, 자산재평가적립금의 자본에의 전입에 따라 무상주가 발행되는 경우에는, 종전 주식의 재산적 가치에 반영되고 있던 자산재평가적립금이 전입되면서 자본이 증가됨에 따라 그 증자액에 해당하는 만큼의 신주가 발행되어 종전의 주주에게 그가 가진 주식의 수에 따라 무상으로 배정되는 것이어서, 회사의 자본은 증가되지만 실질적인 재산에는 아무런 변동이 없고 주주의 입장에서도 그가 가진 주식의 수만 늘어날 뿐 그가 가진 총주식의 자본금에 대한 비율이나 실질적인 재산적 가치에는 아무런 차이가 없는 것이므로, 원고가 위 회사의 자산재평가적립금의 자본전입에 따라 배정받은 무상주는 주금을 불입하지 않고 무상으로 교부받은 것으로서, 종전에 가지고 있던 주식의 취득에 소요된 취득가액 중에 무상주의 취득가액도 사실상 포함되어 있다고 보아야할 것이니, 피고가 이사건 주식의 양도차익을 계산함에 있어서 무상주의 액면가액을 필요경비에 산입하지 아니한 것은 적법하다는 취지로 판단하였다. 관계법령의 규정 내용에 비추어 볼 때 원심의 이와 같은 판단은 정당하고, 원심 판결에 소론과 같이 소득세법에 관한 법리를 오해한 위법이 있다고 볼 수 없으므로 논지는 이유가 없다."[6)]

---

6) 대법원 1989. 12. 22. 선고, 88누8548 판결.

위 판례는 주식을 양도하였을 경우 양도된 주식이 자산재평가적립금의 자본전입에 의하여 증가하였을 때 양도차익을 산정할 때 증자된 주식의 액면가액을 필요경비에 산입하여 공제하여야 하는지 여부의 쟁점에서, 무상증자는 '회사의 자본은 증가되지만 실질적인 재산에는 아무런 변동이 없고 주주의 입장에서도 그가 가진 주식의 수만 늘어날 뿐 그가 가진 총주식의 자본금에 대한 비율이나 실질적인 재산적 가치에는 아무런 차이가 없다'는 논지로 이를 필요경비에 산입하지 아니함이 타당하다고 판단하였다.

자산재평가적립금은 자산재평가법에 의하여 재평가 차액에서 이월결손금을 공제한 잔액을 적립한 금액을 말한다. 재평가적립금은 재평가세의 납부, 재평가일 이후 발생한 대차대조표상의 이월결손금의 보전, 환율조정 계정상의 금액과 상계, 그리고 이 사건과 같이 자본에의 전입 이외에는 어떤 경우에도 이를 처분하지 못한다. 자본으로 전입시킬 경우 단수가 생길 때에는 그 금액은 이를 재평가일 이후 종료하는 사업연도의 익금에 산입할 수 있다.

따라서 위 판례의 자산재평가적립금의 성격은 이 사건에서의 준비금과 유사하다. 새로운 자본이 현실로 입금되지 않고 장부상 계리시켜놓은 금액을 자본으로 전입하면서 회사의 주식이 전체적으로 증가하기 때문이다. 다만, 이러한 무상증자[7]된 주식과 과세처분의 관계에 있어서는 위 판례와 이 사건 대법원 판례는 성격이 다르다. 위 자산재평가적립금 관련 사건의 원고는 주식을 취득한 후 자산재평가적립금의 자본전입에 의한 무상증자가 실시된 이후 이들 주식을 모두 처분하였는데, 그 양도차익을 산정함에 있어서 무상증자 주식의 액면가액을 주식의 취득대금에 더하여 매도대금에서 공제하여야 하는지 여부이다.

예를 들어, 원고가 100주를 1,000원을 들여 매입하였는데 이 주식에 대

---

7) 무상증자는 상법상의 개념은 아니지만 자본이 현실적으로 입금되는 바 없이 준비금 혹은 자산재평가적립금 등의 방식으로 증자가 이루어지는 경우를 통칭하는 용어이다.

하여 100% 무상증자가 이루어져서 주식이 200주[8]가 되었고, 이후 200주를 2,000원에 매도하였을 때, 액면가액 50원의 무상주 100주 총 500원을 매입자금 1,000원에 산입하게 된다면 양도차익은 500원이 될 것이고, 산입하지 않으면 1,000원이 되는 것이다.[9] 따라서 무상증자 주식이 직접적인 과세대상이 되는지 여부가 쟁점이 된 이 사건과는 성격을 달리하고 있는 것이다.

현실적으로 이 사건의 원고는 1,000원을 지출하여 주식을 매입한 후 중간에 무상증자가 이루어졌다고 하여도 실제 원고가 그 무상증자에 자신의 자금을 지출한 바가 없으므로, 2,000원에 매도하였을 때에는 무상증자가 없었을 경우와 마찬가지로 원고가 1,000원의 이득을 얻게 됨에는 변함이 없다. 따라서 이 사건에 있어서 대법원 판례의 결론은 타당한 것으로 판단된다.

(나) 대법원 2003. 10. 10. 선고, 2002두9667 판결

대법원 2003. 10. 10. 선고, 2002두9667 판결은 아래와 같이 일단 명의신탁된 주식에 대하여 유·무상 증자가 이루어져 추가되는 주식에 대하여 명의신탁 증여의제규정이 적용된다고 전제하여 판결을 선고한 바 있다.

(1) 원심 판결 이유에 의하면 원심은, 주○○이 1994. 4. 25.경 그가 소유하던 비상장주식인 '주식회사 ○○사람들'의 주식 일부를 원고들에게 명의신탁하고 그 이후 1995. 5. 17., 같은 달 27., 1997. 7. 8. 및 같은 해 8. 9. 등 네 차례에 걸친 증자시 배정되는 주식을 원고들 명의로 배정받은 사실, 피고들은 2001. 4. 10. 원고들이 주○○으로부터 위 주식을 증여받은 것으로 보아 증여세를 부과하면서 1997. 7. 8. 증여분에 대하여는 시가를 산정하기 어렵다고 하여 보충적 방법으로 구 상속세 및 증여세법 시행령(1998. 12. 31. 대통령령 제15971호로 개정되기 전의 것, 아래에서 '시행령'은 이를 가리킨다) 제54조 제1항 소정의 산식(이하 '이 사건 산식'

---

8) 이론상 무상증자는 주식분할과 유사하므로 총액은 1,000원으로 동일할 것이므로 무상증자 후 1주당 가액은 50원이 될 것이다. 다만, 현실적으로는 차이가 발생한다.

9) 따라서 원고는 무상증자 주식의 액면가액을 산입하여야 한다고 주장하였던 것이다.

이라 한다)에 따라 1주당 가액을 산정한 사실을 인정한 다음, 이 사건 산식 중 순손익가치를 산정하는 방법에 관하여 규정하고 있는 시행령 제56조 제 2 항(이하 '이 사건 규정'이라 한다)에서 '직전 3년간의 순손익액'을 '해당 사업연도 종료일 현재의 발행주식총수'로 나누어 계산하도록 규정하고 있는 것은, 유상증자로 인하여 늘어난 주식수가 반영되지 아니하여 실제 증여되는 이익보다 더 많은 이익이 증여된 것으로 간주되므로 실질과세원칙이나 시가주의원칙에 위배되어 무효라고 보고, 나아가 1주당 순손익가치를 계산함에 있어서는 '해당 사업연도 종료일 현재의 발행주식총수'가 아닌 '평가기준일 현재의 발행주식총수'에 의하여야 한다고 판단하였다.

(2) 그러나 주식의 순손익가치는 사업연도라는 일정한 기간 동안 올린 순손익액을 해당 사업연도의 발행주식총수로 나누어 산정되는 것으로서, 그 기간 동안의 순손익액 실현에 전혀 기여한 바 없는 신주의 수를 합산하지 아니하고 '사업연도 종료일 현재의 발행주식총수'를 기준으로 이를 산정한다 하더라도 실질과세원칙이나 시가주의원칙에 위배된다고 볼 수 없고, 더구나 관계규정에 따른 '사업연도 종료일 현재의 발행주식총수' 대신 '평가기준일 현재의 발행주식총수'를 적용하여 순손익가치를 산정할 아무런 근거가 없다. 따라서 이와 다른 전제에서 이 사건 규정을 무효로 본 원심에는 비상장주식의 평가에 관한 법리를 오해한 위법이 있고, 이를 지적하는 상고이유의 주장은 이유 있다.[10]

위 판결이유를 살펴보면, 위 사건의 회사는 비상장회사로서 실질적인 소유주가 자신의 주식을 위 사건의 원고들인 제 3 자들에게 명의신탁한 이후에 4차례의 유상증자를 거쳐 전체 주식수가 늘어났다. 국세청은 기존 명의신탁된 주식과 증자로 늘어난 주식을 모두 증여의제 재산으로 보고 비상장주식의 평가방법을 적용하여 증여세를 부과하였다. 이 사건의 최종적인

10) 대법원 2003. 10. 10. 선고, 2002두9667 판결.

쟁점은 비상장주식의 평가방법에 있었다. 즉, 비상장주식의 보충적 평가방법은 3년간의 순손익액을 발행주식총수로 나누어 1주당 가액을 산정하는데, 관련법규에서는 해당 사업연도 종료일 현재의 발행주식총수로 계산하도록 되어 있고 이 경우 증자로 인하여 늘어난 주식수를 반영하여 계산하는 것보다 1주당 가액이 늘어나는 결과가 되었다. 원고가 이를 다퉈 해당 사업연도 종료일이 아닌 평가기준일 현재의 발행주식총수로 나누어야 한다고 주장하며 소를 제기하였고 원심인 서울고등법원 재판부는 원고의 주장을 받아들였던 것이다.

이러한 원심의 판결도 증여 당시의 객관적인 가치(시가)를 과세표준으로 삼는 증여세법상의 일반원칙에는 부합하는 면이 있다. 그러나 비상장주식은 일반적인 거래가 드물고 따로 시장이 형성되어 있지 않아 현실적으로 시가를 확정하기 어려운 점, 따라서 이를 대비한 보충적인 평가방법에 의할 수밖에 없는 점, 보충적 평가방법을 규정한 법문에서 명백히 '해당 사업연도 종료일 현재의 발행주식총수'라고 명시하고 있는 점에서 위 원심의 판결은 과세요건 법정주의를 위반한 것이므로 이를 지적하는 대법원의 판결은 정당한 것으로 보인다.

다만, 원·피고 모두 증자로 인하여 증가된 주식에 대하여 아무런 주장을 하지 않고 기존 주식과 함께 전체를 명의신탁된 재산(주식)으로 보고 있었기 때문에 위 사건에서 쟁점이 되지 않았고 이에 따라 2, 3심 재판부 모두 이에 대하여 판단을 하지 않았던 것으로 보인다. 따라서 비록 위 판결이 증자된 주식을 명의신탁된 재산으로 전제하였다고 하더라도 대법원이 명백하게 '증자가 이루어져서 기존 명의신탁된 주식의 주식수가 증가한 경우에 증가된 주식도 명의신탁된 재산으로서 증여의제규정을 적용한다'고 판단하기는 어려울 것이다.

2) 이 사건 대법원 판례의 태도 —— 기존 입장의 변경

주식발행초과금 등 상법상의 자본준비금과 자산재평가법상의 재평가적

립금 등의 자본전입에 따라 무상주가 발행되는 경우에는, 기존 주식의 재산적 가치에 반영되고 있던 주식발행초과금 또는 자산재평가적립금 등이 전입되면서 자본금이 증가됨에 따라 그 증자액에 해당하는 만큼의 신주가 발행되어 기존의 주주에게 그가 가진 주식의 수에 따라 무상으로 배정되는 것이어서, 회사의 자본금은 증가되지만 순자산에는 아무런 변동이 없고 주주의 입장에서도 원칙적으로 그가 가진 주식의 수만 늘어날 뿐 그가 보유하는 총주식의 자본금에 대한 비율이나 실질적인 재산적 가치에는 아무런 차이가 없다고 할 것이다(대법원 1989. 12. 22. 선고, 88누8548 판결 참조).

원심이 적법하게 인정한 사실관계에 의하면, 원고 명의로 된 소외 1 주식회사 발행의 이 사건 제2, 3 주식은 소외 2가 원고에게 소외 1 주식회사 발행의 이 사건 제 1 주식을 명의신탁한 이후 소외 1 주식회사가 주식발행초과금을 자본에 전입함에 따라 이 사건 제 1 주식의 소유명의자(명의수탁자)인 원고에게 그 지분비율대로 무상으로 배정된 것임을 알 수 있는바, 앞서 본 법리 및 관계 법령에 비추어 볼 때, 원고 명의의 이 사건 제2, 3 주식은 기존의 명의수탁주식인 이 사건 제1 주식이 실질적으로 분할된 것에 불과하여 원고가 소외 2로부터 기존의 명의수탁주식과 별도로 명의신탁받은 것으로 볼 수는 없고, 따라서 이 사건 제1 주식 이외에 이 사건 제2, 3 주식에 대해서까지 구 상속세 및 증여세법(2002. 12. 18. 법률 제6780호로 개정되기 전의 것, 이하 같다) 제41조의 2 제 1 항을 적용하여 증여세를 부과한 것은 위법하다고 할 것이다(대법원 2006. 9. 22. 선고, 2004두11220 판결 참조).

그럼에도 불구하고, 원심이 위 무상증자로 인하여 취득한 이 사건 제2, 3 주식은 실질적으로는 주식분할에 불과한 측면이 있으나 법률적 · 형식적으로는 기존의 주식과는 별개의 독립된 재산에 해당한다는 등의 이유로 원고 명의의 이 사건 제2, 3 주식에 대하여 당초 명의신탁된 주식과 별개의 명의신탁재산에 해당한다고 판단한 것은 구 상속세 및 증여세법 제41조의 2 제 1 항 소정의 명의신탁 증여의제규정의 과세대상에 관한 법리를 오해하여 판결에 영향을 미친 위법이 있다. 이 점을 지적하는 상고이유의 주장은 이유 있다.

이 사건의 대법원 판례는, 준비금의 자본전입에 의한 무상증자의 경우 회사의 자본금은 증가되지만 순자산에는 아무런 변동이 없고 주주의 입장에서도 원칙적으로 그가 가진 주식의 수만 늘어날 뿐 그가 보유하는 총주식의 자본금에 대한 비율이나 실질적인 재산적 가치에는 아무런 차이가 없다고 판단하였다. 따라서 명의신탁된 주식이 무상증자된 경우 기존의 명의신탁 주식이 실질적으로 분할된 것에 불과하여 이를 별도로 명의신탁받은 것으로 볼 수는 없다고 한다.

(4) 과세 가능성의 검토

1) 긍정설의 문제점

준비금의 자본전입에 의한 무상증자가 실질적으로 주식분할에 해당한다는 것은 확립된 판례이며 위 양 학설에서도 이 점에서는 이론이 없는 것으로 보인다. 다만, 적용긍정설은 명의수탁자가 새로 발행받은 무상주에 대하여 기존 명의신탁과는 별개의 새로운 명의신탁약정이 존재하는 것으로 '해석상' 인정하고 있다.

무상주의 실질을 주식분할로 인정한다면 명의신탁된 주식이 동일한 가치를 지니고 주식수가 늘어난 것에 불과하므로 결과적으로 기존의 명의신탁 계약의 내용에 포함된다고 해석하는 것이 자연스럽다. 그러나 긍정설의 논리대로라면 기존의 명의신탁약정에 더하여 법원이 당사자의 의사를 가정하여 무상주에 대한 새로운 명의신탁약정을 '의제'하여야 한다는 논리적인 결함이 발생한다. 상증법 제41조의 2 명의신탁 증여의제 조항은 명의신탁된 주식을 '증여한 것'으로 의제할 뿐인데 긍정설과 증여의제된 주식에 관하여 새롭게 증여계약이 존재하는 것으로 확대적용하는 것은 조세법률주의상 과세요건 법정주의를 잠탈하는 해석이라고 보인다.

2) 부정설의 문제점

무상증자의 법적 성질을 주식분할과 동일시하여 늘어난 주식이 동일한 가치를 지니고 주식수가 늘어난 것에 불과하다고 보는 것은 기존 주식과 증자된 무상주를 하나의 묶음으로 보기 때문에 가능한 것이다. 그런데 부정설과 판례는 무상주의 법적 성질을 논할 때에는 기존 주식과 무상주를 하나의 묶음으로서 파악하면서도, 그 과세대상성을 논할 때에는 별개의 주식으로 취급하고 있다.

예를 들어, 액면가가 1,000원인 주식 100주가 무상증자를 거쳐서 500원권 200주가 되었다고 한다면 동일하게 10,000원의 가치(1,000원 × 100주 = 500원 × 200주)를 지닌다고 판단하면서, 과세는 기존 명의신탁된 주식 100주(200주 − 100주)에 대하여만 과세하게 되는 것이다. 이는 동일한 것을 다르게 취급하는 것이어서 부정설의 논리도 그 자체의 모순을 피할 수 없는 것으로 보인다.

물론 100주는 명의신탁될 당시의 시가를 기준으로 과세표준을 산정하므로 그 가치는 무상증자 후인 500원이 아닌 1,000원으로 계산하게 될 것이다. 그러나 이 사건 주식의 발행인인 ◇◇커뮤니케이션과 같은 인지도 있는 회사로서 영업실적이 우수한 회사는 준비금의 자본전입으로 인한 무상증자 후에는 주가가 큰 폭으로 상승하는 것이 거래계의 실정임을 감안하면, 기존 명의신탁 주식만을 과세대상으로 하는 것은 실제 가치를 정확하게 반영하는 것은 아니라고 할 것이다.

3) 소 결

위와 같이 부정설이 무상증자의 법적 성질과 과세대상성에 관하여 논리의 모순성을 지니고 있다고 하더라도 이는 조세법률주의상 과세요건법정주의의 한계에서 비롯된 것이라고 보인다. 무상증자된 주식이 거래시장에서 시가가 상승한다는 사정은 법리상 필연적인 인과관계에 의한 것은 아니며, 긍정설과 같이 무상주에 대하여 새로운 명의신탁약정이 존재한다고 해석하는 것은 계약자유의 사적자치의 대원칙을 훼손하는 결과를 초래할 수 있기 때문이다.

따라서 부정설이 무상증자의 법적 성질, 명의신탁 증여의제제도의 해석원칙에 비추어 긍정설보다 타당성을 지닌다고 여겨진다.

5. 결 론

준비금의 자본전입에 의한 무상증자에서 향후 주식의 가치가 상승한다는 거래계의 실정을 고려하여 볼 때, 이 무상주에 대하여도 과세의 필요성은 존재하고 있다. 그러나 이러한 과세의 필요성과 과세의 정당성의 대립은, 실질과세원칙과 조세법률주의원칙의 대립이라는, 모든 조세사건에서 부딪치는 대원칙으로 수렴되는 것을 확인하였다. 론스타펀드·금지금 등의 여러 쟁점에 대하여 대법원 판례는 실질과세의 원칙으로 대표되는 과세의 필요성과 정당성에 비하여 조세법률주의라는 헌법상의 원칙을 더욱 강조하여 번번이 납세의무자의 손을 들어주고 있는 것이 현재의 추세이며, 이 사건도 이러한 추세에 한 단면일 것이다. 과세의 필요성을 충족할 수 있는 방법으로 가장 근본적인 것은 입법에 의한 해결일 것이다. 상증세법 제41조의 2 명의신탁 증여의제규정에서 명의신탁된 주식이 무상증자된 경우 새로 배정받은 무상주도 기존 명의신탁 주식과 동일하게 취득한다는 내용의 항목을 추가하는 것이 무상증자의 법적 성질에 부합하면서도 과세의 필요성과 정당성을 만족시키는 해결방안이 될 것이다.

서울고등검찰청 송무부

명의신탁 증여의제와 조세회피목적의 판단기준

(대법원 2006. 5. 12. 선고, 2004두7733 판결)

1. 판결요지

(1) 원심이 인정한 사실관계에 의하더라도, 소외 1이 소외 2회사 설립(1968. 2. 20.) 당시 원고의 이름으로 주식을 인수한 것은 상법상 요구되는 발기인 수를 채우기 위함과 아울러 원고를 소외 2회사에 입사시켜 중용하기 위한 것이었고, 이후 1990년경 소외 2회사가 영위하는 토목공사업의 면허기준을 맞추기 위하여 증자를 실시하면서 종전 소유주식 수에 따라 신주인수권이 부여됨에 따라 원고 이름으로 이 사건 제 2 주식(신주)을 인수하게 된 것일 뿐, 당시 소외 1에게 증여세를 회피할 목적은 없었다고 인정되고, 또한 소외 2회사가 설립 이후 30년이 지난 현재에 이르기까지 조세를 체납하거나 배당을 실시한 적이 없어 소외 1이 과점주주로서의 제 2 차 납세의무나 주식 배당소득에 대한 누진적 종합소득세 부담을 회피한 사실이 없고, 나아가 위 명의신탁 이후 10년이 넘도록 원고의 연간 소득액이 소득세법상 최고세율이 적용되는 금액을 초과하고 있으므로 설령 소외 2회사가 배당을 실시하였다고 하여도 이 사건 제 2 주식에 대한 배당과 관련하여 과세관청이 납부받게 되는 소

득세액은 명의신탁 전·후로 별다른 차이가 없어 사실상 회피되는 종합소득세액이 거의 없는 점 등에 비추어 볼 때, 위 명의신탁 당시 소외 1이 이 사건 제2주식과 관련된 배당소득의 종합소득합산과세에 따른 누진세율 적용을 회피할 목적이 있었다고 보기는 어렵다.

(2) 또한 기록에 비추어 살펴보면, 소외 1이 이 사건 제2주식의 명의신탁으로 인하여 과점주주로서의 지위를 면하게 되었다고는 하나, 증자에 의한 신주를 인수취득하여 과점주주가 되는 경우는 1997. 8. 30. 개정 전 지방세법상의 간주취득세 납세의무를 부담하는 과점주주에 해당하지 않으므로(대법원 1995. 5. 12. 선고, 94누4356 판결 참조), 소외 1이 자신 명의로 이 사건 제2주식을 취득하였다고 하더라도 증자에 의한 신주취득에 해당하여 이 사건 제2주식의 명의신탁으로 인하여 회피하게 되는 간주취득세는 발생할 여지가 없어, 위 명의신탁 당시 소외 1에게 간주취득세 회피의 목적이 있었다고 볼 수도 없다. 앞서 본 법리와 이러한 사정에 비추어 보면, 소외 1이 원고에게 이 사건 제2주식을 명의신탁한 것은 상법상 요구되는 발기인 수의 충족 등을 위한 것으로서 위 명의신탁 당시 소외 1에게 조세회피의 목적이 없었다고 봄이 상당하며, 단지 장래 조세경감의 결과가 발생할 수 있는 가능성이 존재할 수 있다는 막연한 사정만으로 달리 볼 것은 아니다.

2. 사건의 개요

망 김○○(2006. 9. 22. 사망)은 △△건설 주식회사, ××건재공업 주식회사, ◇◇건설 주식회사를 각 설립하고 그 발행주식 100%를 소유하고 있었으나 주식등변동상황명세서에는 망인 외에도 원고 등이 주식의 소유자로 기재되어 있었다. 망인은 2005. 5.경 ○○토건 주식회사를 9억 3천만 원에 인수하였는데 주주명부는 별도로 작성·비치하지 않고, 주식등변동상황명세서에는 원고들이 주주인 것으로 기재되었다.

피고는 주식등변동상황명세서에 주주로 기재된 자들과 망인의 상속인들인 원고들을 위 각 회사 주식의 명의수탁자로 보아 상속세 및 증여세법 제45조의 2 증여의제규정을 적용하여 증여세를 부과·고지하였다.

3. 관련법령

❍ **상속세 및 증여세법**

제 2 조 【증여세 과세대상】

①타인의 증여(증여자의 사망으로 인하여 효력이 발생하는 증여를 제외한다. 이하 같다)로 인하여 증여일 현재 다음 각 호의 어느 하나에 해당하는 증여재산이 있는 경우에는 그 증여재산에 대하여 이 법이 정하는 바에 의하여 증여세를 부과한다.<개정 1998.12.28, 2003.12.30, 2007.12.31>

1. 재산을 증여받은 자(이하 "수증자"라 한다)가 거주자(본점 또는 주된 사무소의 소재지가 국내에 있는 비영리법인을 포함한다. 이하 이 항과 제54조 및 제59조에서 같다)인 경우에는 거주자가 증여받은 모든 증여재산
2. 수증자가 비거주자(본점 또는 주된 사무소의 소재지가 국내에 없는 비영리법인을 포함한다. 이하 이 항과 제 4 조 제 2 항, 제 6 조 제 2 항 및 같은 조 제 3 항에서 같다)인 경우에는 비거주자가 증여받은 재산중 국내에 있는 모든 재산

②제 1 항에 규정된 증여재산에 대하여 「소득세법」에 의한 소득세, 「법인세법」에 의한 법인세 및 「지방세법」의 규정에 의한 농업소득세가 수증자(수증자)에게 부과되는 때에는 증여세를 부과하지 아니한다. 이 경우 소득세·법인세 및 농업소득세가 「소득세법」·「법인세법」·「지방세법」 또는 다른 법률의 규정에 의하여 비과세 또는 감면되는 경우에도 또한 같다.<개정 2002.12.18, 2003.12.30, 2007.12.31>

③이 법에서 "증여"라 함은 그 행위 또는 거래의 명칭·형식·목적 등에 불구하고 경제적 가치를 계산할 수 있는 유형·무형의 재산을 타인에게 직접 또는 간접적인 방법에 의하여 무상으로 이전(현저히 저렴한 대가로 이전하는 경우를 포함한다)하는 것 또는 기여에 의하여 타인의 재산가치를 증가시키는 것을 말한다.

<신설 2003.12.30>

④제 3 자를 통한 간접적인 방법이나 2 이상의 행위 또는 거래를 거치는 방법에 의하여 상속세 또는 증여세를 부당하게 감소시킨 것으로 인정되는 경우에는 그 경제적인 실질에 따라 당사자가 직접 거래한 것으로 보거나 연속된 하나의 행위 또는 거래로 보아 제 3 항의 규정을 적용한다.<신설 2003.12.30>

제 4 조 【증여세 납세의무】

①수증자는 이 법에 의하여 증여세를 납부할 의무가 있다. 다만, 수증자가 영리법인인 경우에는 당해 영리법인이 납부할 증여세를 면제하되, 제45조의 2의 규정에 의한 증여세를 명의자인 영리법인이 면제받은 경우에는 실제소유자(영리법인을 제외한다)가 당해 증여세를 납부할 의무가 있다.<개정 2002.12.18, 2003.12.30>

②수증자가 증여일 현재 비거주자인 경우에는 국내에 있는 수증재산에 대하여만 증여세를 납부할 의무를 진다.

③제 1 항 및 제 2 항의 규정을 적용함에 있어서 제35조 내지 제37조 및 제41조의 4의 규정에 해당하는 경우로서 수증자가 증여세를 납부할 능력이 없다고 인정되는 때에는 그에 상당하는 증여세의 전부 또는 일부를 면제한다.<신설 2003.12.30>

④증여자는 수증자가 다음 각 호의 1에 해당하는 경우에는 수증자가 납부할 증여세에 대하여 연대하여 납부할 의무를 진다. 다만, 제35조, 제37조 내지 제41조, 제41조의 3 내지 제41조의5, 제42조 및 제48조(출연자가 당해 공익법인의 운영에 책임이 없는 경우로서 대통령령이 정하는 경우에 한한다)의 규정에 해당하는 경우에는 그러하지 아니하다.<개정 1998.12.28, 2000.12.29, 2002.12.18>

1. 주소 또는 거소가 분명하지 아니한 경우로서 조세채권의 확보가 곤란한 경우
2. 증여세를 납부할 능력이 없다고 인정되는 경우로서 체납으로 인하여 체납처분을 하여도 조세채권의 확보가 곤란한 경우

⑤제 2 항 및 제45조의 2의 규정에 해당하는 경우에는 수증자가 제 4 항 각 호의 1에 해당하지 아니하는 경우에도 증여자가 수증자와 연대하여 납부할 의무를 진다.<신설 2002.12.18, 2003.12.30>

⑥제 4 항의 규정에 의하여 증여자에게 증여세를 납부하게 할 경우에는 세무서장은 그 사유를 증여자에게 통지하여야 한다.<개정 2003.12.30>

⑦「국세기본법」 제13조 제 4 항의 규정에 의하여 법인으로 보는 법인격이 없는

사단 · 재단 기타 단체에 대하여는 이를 비영리법인으로 보아 이 법을 적용한다. <개정 2003.12.30, 2007.12.31>

第45조의 2 【명의신탁재산의 증여의제】

①권리의 이전이나 그 행사에 등기등을 요하는 재산(토지와 건물을 제외한다. 이하 이 조에서 같다)에 있어서 실제소유자와 명의자가 다른 경우에는 「국세기본법」 제14조의 규정에 불구하고 그 명의자로 등기등을 한 날(그 재산이 명의개서를 요하는 재산인 경우에는 소유권취득일이 속하는 연도의 다음 연도 말일의 다음 날을 말한다)에 그 재산의 가액을 명의자가 실제소유자로부터 증여받은 것으로 본다. 다만, 다음 각 호의 1에 해당하는 경우에는 그러하지 아니하다.<개정 2007.12.31>

1. 조세회피의 목적 없이 타인의 명의로 재산의 등기등을 하거나 소유권을 취득한 실제소유자 명의로 명의개서를 하지 아니한 경우
2. 주식 또는 출자지분(이하 이 조에서 "주식등"이라 한다) 중 1997년 1월 1일 전에 신탁 또는 약정에 의하여 타인명의로 주주명부 또는 사원명부에 기재되어 있거나 명의개서되어 있는 주식등에 대하여 1998년 12월 31일까지의 기간(이하 이 조에서 "유예기간"이라 한다) 중 실제소유자 명의로 전환한 경우. 다만, 당해 주식등을 발행한 법인의 주주 또는 출자자(이하 이 조에서 "주주등"이라 한다)와 특수관계에 있는 자 및 1997년 1월 1일 현재 미성년자인 자의 명의로 전환한 경우에는 그러하지 아니하다.

②타인의 명의로 재산의 등기등을 한 경우, 실제소유자 명의로 명의개서를 하지 아니한 경우와 유예기간 중에 주식등의 명의를 실제소유자 명의로 전환하지 아니하는 경우에는 조세회피목적이 있는 것으로 추정한다. 다만, 양도자가 「소득세법」 제105조 및 제110조의 규정에 의한 양도소득과세표준신고 또는 「증권거래세법」 제10조의 규정에 의한 신고와 함께 소유권변경명세를 신고하는 경우에는 그러하지 아니하다.<개정 2007.12.31>

③제 1 항의 규정을 적용함에 있어서 주주명부 또는 사원명부가 작성되지 아니한 경우에는 「법인세법」 제109조 제 1 항 및 제119조의 규정에 의하여 납세지 관할 세무서장에게 제출한 주주등에 관한 서류 및 주식등변동상황명세서에 의하여 명의개서 여부를 판정한다.<개정 2007.12.31>

④제 1 항 제 2 호의 규정은 주식등을 유예기간 중에 실제소유자 명의로 전환하는 자가 당해 주식을 발행한 법인 또는 그 출자된 법인의 본점 또는 주된 사무소의 관할 세무서장에게 그 전환내용을 대통령령이 정하는 바에 따라 제출하는 경우에 한하여 이를 적용한다.

⑤제 1 항의 규정은 「신탁업법」 또는 「간접투자자산 운용업법」에 의한 신탁재산인 사실의 등기등을 하는 경우와 비거주자가 법정대리인 또는 재산관리인의 명의로 등기등을 하는 경우에는 이를 적용하지 아니한다.<개정 2007.12.31>

⑥제 1 항 제 1 호 및 제 2 항에서 "조세"라 함은 「국세기본법」 제 2 조 제 1 호 및 제 7 호에 규정된 국세 및 지방세와 「관세법」에 규정된 관세를 말한다.<개정 2007.12.31>

⑦제 1 항 제 2 호 단서의 규정에 의한 특수관계에 있는 자의 범위는 대통령령으로 정한다.

○ **부동산 실권리자명의등기에 관한 법률**

제 3 조 【실권리자명의등기의무 등】

①누구든지 부동산에 관한 물권을 명의신탁약정에 의하여 명의수탁자의 명의로 등기하여서는 아니 된다.

②채무의 변제를 담보하기 위하여 채권자가 부동산에 관한 물권을 이전받는 경우에는 채무자·채권금액 및 채무변제를 위한 담보라는 뜻이 기재된 서면을 등기신청서와 함께 등기관에게 제출하여야 한다.

제 4 조 【명의신탁약정의 효력】

①명의신탁약정은 무효로 한다.

②명의신탁약정에 따라 행하여진 등기에 의한 부동산에 관한 물권변동은 무효로 한다. 다만, 부동산에 관한 물권을 취득하기 위한 계약에서 명의수탁자가 그 일방당사자가 되고 그 타당사자는 명의신탁약정이 있다는 사실을 알지 못한 경우에는 그러하지 아니하다.

③제 1 항 및 제 2 항의 무효는 제 3 자에게 대항하지 못한다.

제 5 조【과징금】

①다음 각 호의 1에 해당하는 자에 대하여는 당해 부동산 가액의 100분의 30에

해당하는 금액의 범위 안에서 과징금을 부과한다.

1. 제 3 조 제 1 항의 규정을 위반한 명의신탁자
2. 제 3 조 제 2 항의 규정을 위반한 채권자 및 동조 동항의 규정에 의한 서면에 채무자를 허위로 기재하여 제출하게 한 실채무자

③제 1 항의 규정에 의한 과징금의 부과기준은 제 2 항의 규정에 의한 부동산가액(이하 "부동산평가액"이라 한다), 제 3 조의 규정을 위반한 시간, 조세를 포탈하거나 법령에 의한 제한을 회피할 목적으로 하였는지 여부 등을 고려하여 대통령령으로 정한다.

4. 평 석

가. 명의신탁재산의 증여의제제도[1)]

(1) 의 의

권리의 이전이나 그 행사에 등기 등을 요하는 재산에 있어서 실제소유자와 그 명의자가 다른 명의신탁에 있어서는 명의자가 그 재산의 실제소유자로부터 증여받은 것으로 보는 제도이다. 명의자가 누구인지에 관계없이 실제 재산의 귀속자를 납세의무자로 정하는 실질과세원칙(국세기본법 제14조)의 중대한 예외를 인정하는 제도라고 할 수 있다.

(2) 규정 및 판례의 변천과정

① 1990. 12. 31. 법령 개정 이전 : 권리의 이전이나 행사에 등기 · 등록 · 명의개서 등을 요하는 재산의 실질소유자와 명의자가 다른 명의신탁의 경우 이에 관하여 상속세법은 일찍이 명의자 앞으로 등기 · 등록 · 명의개서 등을 한 날에 실질소유자가 명의자에게 증여한 것으로 본다는 증여의제규

1) 이에 대하여, 임승순, 『조세법』, 박영사, 2008, pp.822~826 인용.

정을 두고 있었다. 그런데 헌법재판소는 위 증여의제규정에 관하여 '위 법률조항은 원칙적으로 권리의 이전이나 행사에 등기 등을 요하는 재산에 있어서 실질소유자와 명의자를 다르게 한 경우에는 그 등기 등을 한 날에 실질소유자가 명의자에게 그 재산을 증여한 것으로 해석하되, 예외적으로 조세회피의 목적이 없이 실정법상의 제약이나 제 3 자의 협력 거부 기타 사정으로 인하여 실질소유자와 명의자를 다르게 한 것이 명백한 경우에는 이를 증여로 보지 않는다고 해석해야 할 것'이라는 내용의 이른바 한정합헌결정을 내린바 있다.[2] 대법원의 주류적 견해는 위 헌재 결정에서의 회피되는 조세의 범위를 증여세로 한정하였다.[3] 위 구법 조항에 관한 위와 같은 주류적 판례의 입장은 위 규정을 추정규정으로 해석하는 것과 동일한 결과가 된다. 즉, 수탁자는 자신 앞으로의 이전등기가 증여가 아닌 순수한 명의신탁이라는 사실을 입증함으로써 증여세의 부담을 벗어날 수 있었다.

② 1990. 12. 31. 법령 개정 이후 : 그런데 헌재 결정 이후 1990. 12. 31. 제32조의 2 제 1 항에 단서조항을 신설하여, 타인의 명의를 빌려 소유권 이전등기를 한 것 중 부동산등기특별조치법 제 7 조 제 2 항의 규정에 의한 명의신탁에 해당하는 경우 및 조세회피목적 없이 타인의 명의를 빌려 등기 등을 한 것으로 인정되는 경우로서 대통령령이 정하는 때에만 증여로 의제되지 아니하도록 규정을 일부 바꾸었고, 대법원은 위 단서규정이 신설된 후의 해석으로는 위 회피되는 조세를 증여세에 한정하지 않는 것으로 해석하였으며 헌법재판소도 이를 지지하였다.[4]

③ 1996. 12. 30. 전면개정 이후 : 1996. 12. 30. 전면개정시 법은 기존의 간주규정을 추정규정으로 바꾸는 한편 그 적용범위를 명백하게 함으로써 이 문제를 해결하고자 하였다.

---

2) 헌법재판소 1989. 7. 21. 선고, 89헌마38 결정.

3) 대법원 1996. 5. 31. 선고, 95누11443 판결.

4) 대법원 1996. 8. 20. 선고, 95누9174 판결 ; 헌법재판소 1998. 4. 30. 선고, 96헌바87 결정.

④ 1998. 12. 28. 개정 이후 : 위와 같은 증여추정규정이 실제 운용에 있어서 비효율적인 것으로 판명되자 법은 다시 의제규정으로 복귀하였으며 2002년 개정시 주식취득 후 일정기간 내에 명의개서를 하지 않는 경우도 증여의제대상에 포함시켰다.

(3) 현행법의 내용과 해석

1998. 12. 28. 개정 이래 현행법에 이르러서도 토지와 건물이 그 대상에서 제외되어 있는바, 이는 1995. 5. 30.자로 부동산등기 특별조치법 제 7 조가 삭제되고, 1995. 7. 1.부터 부동산 실권리자명의등기에 관한 법률('부동산실명법')이 시행된 데 따른 것이다. 즉, 위 규정에 의하면 부동산에 관한 명의신탁약정은 무효이고 그에 따라 물권변동 자체가 일어나지 않으므로, 이를 이용한 조세회피라는 것은 원칙적으로 있을 수가 없게 되어 이에 대한 증여의제규정이 무의미하게 되었기 때문이다. 부동산실명법 제 8 조는 배우자에 대하여 명의신탁을 허용하는 예외규정을 두고 있으나 조세포탈 등의 경우에는 해당이 없고 그 입증책임은 납세자에게 있다고 보아야 하므로 결과에 있어서는 차이가 없다. 따라서 현행법에 있어서 명의신탁에 따른 증여의제규정의 주된 적용대상은 차명주식이 되어 있다.

한편 타인의 명의로 재산의 등기 등을 한 경우, 실제소유자 명의로 명의개서를 하지 아니한 경우와 법 제45조의 2 제 1 항 제 2 호 소정의 유예기간 중에 주식 등의 명의를 실제소유자 명의로 전환하지 아니한 경우에는 조세회피목적이 있는 것으로 추정한다. 다만, 양도자가 소득세법 제105조 및 제110조의 규정에 의한 양도소득과세표준신고 또는 증권거래세법 제10조의 규정에 의한 신고와 함께 소유권 변경명세를 신고하는 경우에는 그러하지 아니하다.

따라서 타인의 명의로 재산의 등기 등을 한 경우에는 조세회피목적의 추정을 거쳐 증여로 의제되므로 납세자로서는 조세회피목적이 없다는 점을 적극적으로 주장 · 입증하지 않으면 안 된다. 위 규정은 신탁업법 또는 증권투자신탁업법에 의한 신탁재산인 사실을 등기 등을 하는 경우에는 적용이 없다. 이는 증여가 아니므로 당연한 것이다.

여기에서의 조세란 국세기본법 제2조 제1호 및 제7호에 규정된 국세 및 지방세와 관세법에 규정된 관세를 모두 포함한다. 제1항의 규정을 적용함에 있어서 주주명부 또는 사원명부가 작성되지 아니한 경우에는 법인세법 제109조 제1항 및 제119조의 규정에 의하여 납세지 관할 세무서장에게 제출한 주주 등의 명세 및 주식등변동상황명세서에 의하여 명의개서 여부를 판정한다. 주권이 발행되었는지의 여부는 관계가 없다.[5]

위 증여의제규정은 실질소유자와 명의자 간의 합의가 있을 경우에만 그 적용이 있고 그와 같은 합의가 없이 어느 한쪽의 일방적 의사에 의하여 이루어진 경우에는 그 적용이 없다고 보아야 한다. 그 입증책임은 납세의무자에게 있다. 그러나 일단 명의신탁합의에 기하여 이전등기가 이루어진 이상 과세처분 이전에 명의신탁계약을 해지하고 그 등기명의를 환원하였다 하더라도 여전히 증여세의 과세대상이 된다.[6]

나. 조세회피목적의 판단

(1) 의 의

명의신탁 증여의제제도에 대하여 1989년 헌법재판소는 증여의제되는 명의신탁을 조세회피목적이 있는 경우로 한정한다면 합헌이라고 결정함에 따라 1990년 개정에서 단서조항을 신설하였다. 이에 따라 조세회피의 목적 없이 명의신탁이 이뤄진 경우에는 이를 증여로 의제하지 않아 증여세를 부과하지 않는다.

---

5) 대법원 2004. 10. 15. 선고, 2003두5723 판결.

6) 대법원 1998. 6. 26. 선고, 97누1518 판결.

(2) 회피하려는 '조세'의 의미

애초 대법원은 1989년 헌재의 결정이 나온 후 헌재 결정에서의 회피되는 조세의 범위를 증여세로 한정하였다. 그러나 이 헌재 결정 이후 1990년 조세 회피목적에 대한 단서규정이 신설된 후에는 위 회피되는 조세를 증여세에 한정하지 않는 것으로 해석하였고 이후 계속 같은 태도를 유지하고 있다.

따라서 적용대상이 주로 주식이므로 회피 여부를 판단하는 조세는 신주취득에 따른 취득세, 주식 배당에 대한 종합소득세, 주식 양도에 따른 양도소득세 등 명의신탁으로 회피할 가능성이 있는 모든 조세를 그 판단대상으로 삼게 된다.

(3) 판례의 판단 기준

명의신탁의 경우 통상적으로 당사자 특히 신탁자의 편의를 위하여 이루어지고 그 편의의 내용은 주로 조세의 회피에 있음을 부인하기 어렵다. 따라서 판례는 그동안 대부분의 명의신탁 증여의제 사건에서 명의신탁약정에 조세회피목적이 있다고 판단하여 왔고 그 판단을 위한 일관된 기준을 마련하려는 시도는 찾아보기 힘들었다. 게다가 법률상 조세회피목적은 추정되므로 입증책임 있는 납세자가 그 목적이 없다는 점을 적극적으로 주장 · 입증하지 않으면 납세자가 유리한 판결을 받을 여지는 없었다.

그러나 최근 조세회피목적이 없다고 인정한 판결들(대법원 2006. 5. 12. 선고, 2004두7733판결 ; 대법원 2006. 5. 25. 선고, 2004두13936 판결 ; 대법원 2006. 6. 9. 선고, 2005두14714판결)이 연이어 등장하였고, 각각의 판시이유에서 조세회피목적을 판단할 수 있는 기준들을 발견할 수 있었으므로 이를 자세히 검토해보기로 한다.

(4) 각 판례의 판시이유에서 공통적으로 검토한 부분

위 각 판례 사안은 상세한 사실관계에 차이가 있지만 모두 회사의 대주주 또는 대주주 겸 경영자가 타인에게 회사주식을 명의신탁한 사안이다. 재판부는 명의신탁에 조세회피목적이 없음을 인정하고 피고의 과세처분을 취소하였는데 그 판시이유에서 공통적으로, ① 명의신탁을 하게 된 불가피한 사유가 있는지, ② 명의신탁으로 인하여 신탁자가 과점주주[7]가 되는 것을 회피하려 하였는지, ③ 명의신탁된 주식에 대하여 이익배당이 이루어졌는지, ④ 이익배당이 이루어졌다고 가정할 경우 부담하게 될 세액이 얼마인지를 순차적으로 검토하였다.

다. 판례들의 검토

(1) 대법원 2006. 5. 12. 선고, 2004두7733 판결

1) 판시 내용

원심이 인정한 사실관계에 의하더라도, 소외 1이 소외 2회사 설립(1968. 2. 20.) 당시 원고의 이름으로 주식을 인수한 것은 상법상 요구되는 발기인 수를 채우기 위함과 아울러 원고를 소외 2회사에 입사시켜 중용하기 위한 것이었고, 이후 1990년경 소외 2회사가 영위하는 토목공사업의 면허기준을 맞추기 위하여 증자를 실시하면서 종전 소유주식 수에 따라 신주인수권이 부여됨에 따라 원고 이름으로 이 사건 제2주식(신주)을 인수하게 된 것일 뿐, 당시 소외 1에게 증여세를 회피할 목적은 없었다고 인정되고, 또한 소외 2회사가 설립 이후 30년이 지난 현재에 이르기까지 조세를 체납하거나 배당을 실시한 적이 없어 소외 1이 과점주주로서의 제2차 납세의무나 주식 배당소득에 대한 누진적 종합소득세 부담을 회피한 사실이 없고, 나아가 위 명의신탁 이후 10년이 넘도록 원고의 연간 소득액이 소득세법상 최고세율이 적용되는 금액을 초과하고 있으므로 설령 소외 2회사가 배당을 실시하였다고 하여도 이 사건 제2주식에 대한 배당과 관련하여 과세관청

---

7) 국세기본법 제39조에서 과점주주의 제2차 납세의무를 규정하고 있다. 따라서 주식을 타인 명의로 신탁하여 과점주주의 적용을 회피하려는 시도가 빈번히 행해진다.

이 납부받게 되는 소득세액은 명의신탁 전 · 후로 별다른 차이가 없어 사실상 회피되는 종합소득세액이 거의 없는 점 등에 비추어 볼 때, 위 명의신탁 당시 소외 1이 이 사건 제 2 주식과 관련된 배당소득의 종합소득합산과세에 따른 누진세율 적용을 회피할 목적이 있었다고 보기는 어렵다.

또한 기록에 비추어 살펴보면, 소외 1이 이 사건 제 2 주식의 명의신탁으로 인하여 과점주주로서의 지위를 면하게 되었다고는 하나, 증자에 의한 신주를 인수취득하여 과점주주가 되는 경우는 1997. 8. 30. 개정 전 지방세법상의 간주취득세 납세의무를 부담하는 과점주주에 해당하지 않으므로(대법원 1995. 5. 12. 선고, 94누4356 판결 참조), 소외 1이 자신 명의로 이 사건 제 2 주식을 취득하였다고 하더라도 증자에 의한 신주취득에 해당하여 이 사건 제 2 주식의 명의신탁으로 인하여 회피하게 되는 간주취득세는 발생할 여지가 없어, 위 명의신탁 당시 소외 1에게 간주취득세 회피의 목적이 있었다고 볼 수도 없다.

앞서 본 법리와 이러한 사정에 비추어 보면, 소외 1이 원고에게 이 사건 제 2 주식을 명의신탁한 것은 상법상 요구되는 발기인 수의 충족 등을 위한 것으로서 위 명의신탁 당시 소외 1에게 조세회피의 목적이 없었다고 봄이 상당하며, 단지 장래 조세경감의 결과가 발생할 수 있는 가능성이 존재할 수 있다는 막연한 사정만으로 달리 볼 것은 아니다.

2) 검 토 —— 조세회피목적의 유무의 판단

① 명의신탁을 하게 된 주된 목적이 있을 것 : 이 사건에서 명의신탁을 한 이유는 상법상 요구되는 발기인 수를 채우기 위한 것이었다.

② 명의신탁으로 인하여 신탁자가 과점주주가 되는 것을 회피하려 하였는지 여부 : 소외 1이 이 사건 제 2 주식의 명의신탁으로 인하여 과점주주로서의 지위를 면하게 되었다고는 하나, 증자에 의한 신주를 인수취득하여 과점주주가 되는 경우는 1997. 8. 30. 개정 전 지방세법상의 간주취득세 납세의무를 부담하는 과점주주에 해당하지 않았다.

③ 실제 이익배당이 이루어졌는지 : 회사가 설립 이후 30년이 지난 현재에 이르기까지 조세를 체납하거나 배당을 실시한 적이 없어 소외 1이 과점주주로서의 제2차 납세의무나 주식 배당소득에 대한 누진적 종합소득세 부담을 회피한 사실이 없었다.

④ 이익배당이 이루어졌다고 가정할 경우 부담하게 될 세액 : 소외 2 회사가 배당을 실시하였다고 하여도 이 사건 제2주식에 대한 배당과 관련하여 과세관청이 납부받게 되는 소득세액은 명의신탁 전·후로 별다른 차이가 없어 사실상 회피되는 종합소득세액이 거의 없었다.

(2) 대법원 2006. 5. 25. 선고, 2004두13936 판결의 검토

1) 판시내용

원고 김○○가 이 사건 주식을 명의신탁하게 된 것은 당시 브라질 영주권자인 자신이 주식회사 ☆☆무역(이하 '☆☆무역'이라 한다) 발행의 이 사건 주식을 취득하여 ☆☆무역의 공동대표이사로 취임할 경우 발생하는 회사업무처리 절차상의 번거로움을 피하기 위한 것이었음이 인정되고, 나아가 이 사건 주식은 ☆☆무역 발행주식의 100분의 51에 미달하여 원고 김○○가 자신 명의로 이 사건 주식을 취득한다고 하더라도 국세기본법 및 지방세법상의 제2차 납세의무 또는 간주취득세의 부담을 지게 되는 과점주주에 해당하지 아니하여 위 명의신탁 당시 과점주주로서의 제2차 납세의무나 간주취득세를 회피할 목적이 있었다고 볼 수는 없고, 또한 ☆☆무역이 한 번도 이익배당을 실시한 적이 없어 이 사건 주식의 명의신탁으로 인하여 회피된 종합소득세가 없을 뿐 아니라 설령 ☆☆무역이 이익배당을 실시하였다고 하더라도 사실상 경감될 수 있는 종합소득세가 적은 액수에 불과한 점 등에 비추어 볼 때, 위 명의신탁 당시 원고 김○○에게 이 사건 주식과 관련된 배당소득의 종합소득합산과세에 따른 누진세율 적용을 회피할 목적이 있었다고 보기는 어렵다.

2) 검 토 —— 조세회피목적의 유무의 판단

① 명의신탁을 하게 된 주된 목적이 있을 것 : 브라질 영주권자인 자신이 ☆☆무역 발행의 이 사건 주식을 취득하여 ☆☆무역의 공동대표이사로 취임할 경우 발생하는 회사업무처리 절차상의 번거로움을 피하기 위한 것이었다.

② 명의신탁으로 인하여 신탁자가 과점주주가 되는 것을 회피하려 하였는지 여부 : 제 2 차 납세의무 또는 간주취득세의 부담을 지게 되는 과점주주에 해당하지 아니하여 위 명의신탁 당시 과점주주로서의 제 2 차 납세의무나 간주취득세를 회피할 목적이 있었다고 볼 수는 없다.

③ 실제 이익배당이 이루어졌는지 : 한 번도 이익배당을 실시한 적이 없어 이 사건 주식의 명의신탁으로 인하여 회피된 종합소득세가 없었다.

④ 이익배당이 이루어졌다고 가정할 경우 부담하게 될 세액 : 설령 ☆☆무역이 이익배당을 실시하였다고 하더라도 사실상 경감될 수 있는 종합소득세가 적은 액수에 불과했다.

(3) 대법원 2006. 6. 9. 선고, 2005두14714 판결의 검토

1) 판시내용

사실관계에 비추어 보면, 소외 3이 원고 명의로 이 사건 주식을 인수하게 된 것은 KBS 제작단 주식인수를 위한 자격요건인 15년 이상 방송국 경력자가 필요했기 때문으로 보이고, 나아가 이 사건 주식은 KBS 제작단 총발행주식의 100분의 51에 미달하여 소외 3이 자신 명의로 이 사건 주식을 취득한다고 하더라도 국세기본법 및 지방세법상의 제 2 차 납세의무 또는 간주취득세의 부담을 지게 되는 과점주주에는 해당하지 않을 뿐만 아니라, 설령 소외 1, 2 명의의 위 각 주식 또한 소외 3이 동인들 명의로 취득한 것으로 본다 하더라도 소외 3이 취득한 소유주식이 총발행주식의 29.8%에 불과하여 과점주주에 해당하지 않으므로, 위 명의신탁 당시 소외 3에게 과점주주로서의 제2차 납세의무나 간주취득세를 회피할 목적이 있었다고 볼 수도 없고, 또한 KBS 제작단이 한 번도 이익배당을 실시한 적이 없어 이 사건 주식의 명의신탁으로 인하여 회피된 종합소득세도 없으며, 설령 KBS 제작단이 이익배당을 실시하였다고 하더라도 이 사건 주식 중 절반 이상을 명의신탁 후 2개월여 만에 양도한 점 등에 비추어 볼 때, 위 명의신탁 당시 소외 3에게 이 사건 주식과 관련된 배당소득의 종합소득합산과세에 따른 누진세율 적용을 회피할 목적이 있었다고 보기도 어렵다.

2) 검 토 ―― 조세회피목적의 유무의 판단

① 명의신탁을 하게 된 주된 목적이 있을 것 : 이 사건 명의신탁은 KBS 제작단 주식인수를 위한 자격요건으로 15년 이상 방송국 경력자가 필요했기 때문에 이루어졌다.

② 명의신탁으로 인하여 신탁자가 과점주주가 되는 것을 회피하려 하였는지 여부 : 이 사건 주식을 취득한다고 하더라도 국세기본법 및 지방세법상의 제2차 납세의무 또는 간주취득세의 부담을 지게 되는 과점주주에는 해당하지 않는다.

③ 실제 이익배당이 이루어졌는지 : KBS 제작단이 한 번도 이익배당을 실시한 적이 없어 이 사건 주식의 명의신탁으로 인하여 회피된 종합소득세도 없다.

④ 기타 : 이 사건 주식 중 절반 이상을 명의신탁 후 2개월여 만에 양도하였다.

(4) 비슷한 사례에서 조세회피목적이 있다고 판단한 경우

1) 대법원 2004. 12. 23. 선고, 2003두13649 판결

기록에 의하면 최○○은 1999.부터 2000.까지 2년간 이 사건 주식을 포함하여 ××텔레콤, △△프리텔, □□넷, 한국◇◇◇연구소 등이 발행한 총 2,280,953주의 주식을 약 28회에 걸쳐 취득하였는데 그 중 거의 절반에 가

까운 1,080,700주의 주식을 원고와 조×민, 김×일 등 6명의 명의로 취득하였다가 약 78회에 걸쳐 나누어 양도하였고(다만, 이 사건 주식 이외의 타인 명의 주식은 주식발행법인의 주주명부상 명의개서 없이 거래한 것으로 보아 증여의제규정이 적용되지 않았다), 위 주식의 총양도차익 14,547,546,000원 중 1999. 양도분 양도차익 약 3,081,626,500원에 대하여는 양도소득세 예정신고 및 확정신고를 전혀 하지 않았으며, 2000. 양도분 양도차익 11,465,919,500원에 대하여는 서울지방국세청장의 이 사건 특별 세무조사기간 중에 비로소 양도소득세 확정신고를 이행(신고시에도 위 명의수탁자들 명의로 신고함)하였을 뿐만 아니라, 최○○은 이들 주식의 양도에 대한 증권거래세도 전혀 신고 · 납부하지 아니하여 피고로부터 증권거래세를 부과 · 고지받기에 이른 사실을 알 수 있는데다가, 주식의 보유는 주식발행 법인의 실제 배당의 유무 또는 배당가능액의 다과에 불구하고 필연적으로 배당소득의 발생을 고려하지 않을 수 없는데 현행 소득세 과세체계하에서 비상장주식의 배당소득은 종합과세되어 누신세율이 적용되는 점, 최○○이 이 사건 주식 외에도 그 명의로 소외 회사의 주식 25,000주를 취득함으로써 그 주식보유비율이 12.684%가 되어 대표이사에 이어 제2 대주주가 된 점, 소외 회사는 현재까지도 코스닥 등록이 되어 있지 않았을 뿐만 아니라 주식 분산요건은 코스닥 등록심사 청구시에 구비하면 되는 것인데 최○○의 경우에만 위 요건이 문제된다고 볼 만한 합리적인 이유가 없고, 더욱이 최○○이 이 사건 주식을 취득 후 단기간 내에 처분하였으므로 주식분산 요건 때문에 이 사건 명의신탁에 이른 것이라고 보기는 어려운 점, 이 사건 주식 명의신탁으로 이 사건 주식 양도에 대한 양도소득세를 산정함에 있어서 원고 명의의 양도소득기본공제가 이루어져 실제로 양도소득세 250,000원 상당이 감액된 점 등을 감안하면, 최○○이 원고에게 이 사건 주식을 명의신탁함에 있어 누진세인 종합소득세 등 조세의 부담을 경감시키려는 등의 조세회피목적이 없었다고 단정할 수는 없다.

2) 대법원 2009. 4. 9. 선고, 2007두19331 판결

구 상속세 및 증여세법(2003. 12. 30. 법률 제7010호로 개정되기 전의 것) 제41조의 2 제 1 항의 입법 취지는 명의신탁제도를 이용한 조세회피행위를 효과적으로 방지하여 조세정의를 실현한다는 취지에서 실질과세원칙에 대한 예외를 인정한 데에 있으므로, 명의신탁이 조세회피목적이 아닌 다른 이유에서 이루어졌음이 인정되고 그 명의신탁에 부수하여 사소한 조세경감이 생기는 것에 불과하다면 그와 같은 명의신탁에 '조세회피목적'이 있었다고 단정할 수는 없다고 할 것이나(대법원 2006. 5. 12. 선고, 2004두7733 판결 등 참조), 위와 같은 입법 취지에 비추어 볼 때 명의신탁의 목적에 조세회피목적이 포함되어 있지 않은 경우에만 위 조항 단서를 적용하여 증여의제로 의율할 수 없는 것이므로 다른 주된 목적과 아울러 조세회피의 의도도 있었다고 인정되면 조세회피의 목적이 없다고 할 수 없다(대법원 1998. 6. 26. 선고, 97누1532 판결 ; 대법원 2004. 12. 23. 선고, 2003두13649 판결 등 참조). 그리고 이때 조세회피의 목적이 없었다는 점에 관한 증명책임은 이를 주장하는 명의자에게 있다.

원심 판결 이유에 의하면, 원심은 그 채용 증거를 종합하여 판시 사실을 인정한 후, ① 소외인이 금융소득에 대한 종합과세가 시행된 해인 2001년부터 2003년까지 원고들을 포함한 15명에게 주식을 명의신탁한 점, ② 투자자가 주식에 투자할 때 배당소득도 기대하고 투자를 하는 것이 일반적인데, 소외인이 그 명의로 보유한 주식 및 명의신탁한 주식에서 발생한 배당소득이 상당한 규모에 이르는 점, ③ 또한 소외인이 위 기간 동안 원고들에 대한 주식명의신탁으로 회피한 종합소득세액이 합계 14,145,731원이고, 원고들을 포함한 명의수탁자 15명에 대한 주식명의신탁으로 회피한 종합소득세액이 101,336,098원으로서 상당한 액수에 달하는 것에 비추어 이를 두고 명의신탁에 부수하여 사소한 조세경감이 생긴 것에 불과하다고 볼 수 없는 점, ④ 소외인이 사업자등록 없이 육우사육업을 영위하면서 2000년부터 2004년까지 육우판매수입에 대한 소득금액을 종합소득세 신고시 합산하지

아니하여 종합소득세를 포탈하기도 한 점 등을 종합하여 볼 때, 소외인이 원고들에게 이 사건 주식을 명의신탁함에 있어 1인당 대출한도를 피하여 추가로 대출을 받기 위한 주된 목적 이외에도 이 사건 주식의 배당소득에 대한 종합소득세의 부담을 경감시키려는 의도도 있었다고 보아야 한다는 이유로, 소외인에게 조세회피의 목적이 없었다는 원고들의 주장을 받아들이지 아니하였다.

3) 검 토

(가) 상기 1) 판결에 대하여

① 명의신탁을 하게 된 주된 목적이 있을 것 : 원심은 코스닥 등록을 위해 소액주주 500인 이상 요건을 충족할 필요가 있었고 이것이 명의신탁을 하게 된 주된 이유라고 판단하였다. 그러나 대법원은 당시 코스닥 등록요건의 구비가 필요한 시점이 아니었다고 판단하여 당시 명의신탁을 해야 할 주된 목적이 있었음을 부정하였다.

② 명의신탁으로 인하여 회피되는 조세가 있는지 : 원심은 회사가 이익을 전혀 내지 못하여 배당을 실시하지 못하였으며, 명의신탁으로 인하여 감소된 세액이 금 250,000원에 불과한 점을 들어 조세회피목적이 없다고 판단하였다. 그러나 대법원은 이 사건 주식을 취득 후 단기간에 매도하였으며, 위 매도한 주식의 양도차익에 대한 양도소득세, 증권거래세를 납부하지 않고, 소액(금 250,000원)이라고는 하나 회피된 세액이 있는 점을 들어 조세회피목적이 있다고 판단하였다.

위 판례는 일견 위 다른 조세회피목적을 부인한 다른 사례와 비슷함에도 다른 결론을 내리고 있는 것으로 보이지만, 이 사안은 명의신탁을 행한 목적인 코스닥 등록요건인 소액주주 500인 이상 요건을 충족할 필요가 있던 시점이 아니었다고 인정하였으므로 결국 위에서 살핀 기준에 벗어나는 판례는 아니라고 보인다.

(나) 상기 2) 판결에 대하여

① 이 판결은 조세회피목적의 유무에 관하여 비교적 최근에 선고된 대법원 판례이다. 이 판결에서 대법원은 '명의신탁이 조세회피목적이 아닌 다른 이유에서 이루어졌음이 인정되고 그 명의신탁에 부수하여 사소한 조세경감이 생기는 것에 불과하다면 조세회피목적이 있다고 단정할 수는 없다'고 하면서도, '다른 주된 목적과 아울러 조세회피의 의도도 있었다고 인정되면 조세회피의 목적이 없다고 할 수 없다'고 판단하였다. 이 문구만 보면 앞에서 정리한 조세회피목적 유무의 판단기준을 무시하고 조세경감의 결과가 있기만 하다면 조세회피목적이 있음을 인정하는 듯한 인상을 주고 있다. 그리하여 실제 이 판례에 대해 '시대에 역행하는 판결'이라는 평석도 존재하고 있다.[8)]

② 명의신탁을 하게 된 주된 목적이 있을 것 : 이 사건에서 원고들은 1인당 대출한도를 피하여 추가로 대출을 받기 위한 것을 주된 목적으로 명의신탁을 하였다.

③ 실제 이익배당이 이루어졌는지 : 이 사건 주식에 대하여 실제로 이익배당이 이루어지고 이에 따라 발생한 배당소득에 대한 종합소득세액이 원고들에게만 14,145,731원에 이르고, 원고들을 포함한 전체 명의신탁 주식에 대하여 발생한 종합소득세액이 101,336,098원으로서 상당한 액수에 달하고 있다.

④ 기타 : 명의신탁자인 소외인은 사업자등록 없이 육우사육업을 영위하면서 육우판매수입에 대한 소득금액을 신고하지 아니하여 종합소득세를 포탈하였던 전력이 있었다.

위와 같이 자세한 사실관계를 살펴보면 이 사건 명의신탁에서 조세회피목적이 있었다고 인정하는 것은 기존의 판단기준에 비추어 타당한 것이며, 따라서 이 판례도 앞서 정리한 판단기준을 충실히 적용한 것일 뿐, 시대를 역

---

8) 법무법인 율촌 조세판례연구회 편, 『조세판례연구 II』, 세경사, 2009.

행하는 판례라고까지 평가하기는 어렵다고 보인다.

라. 결 론

위의 판결들은 그동안 조세회피목적이 없음을 쉽게 인정하지 않는 경직된 자세에서 일정한 요건을 들어 납세자의 주장을 인정하는 태도변화를 시사하는 것이므로 주목할 만한 판례들이다. 각각의 판시에서 공통된 기준을 찾아볼 수 있었으므로 향후 관련 사건의 진행 및 상소제기 여부를 판단함에 있어서 유효한 기준으로 활용할 수 있다고 판단된다.

서울고등검찰청 송무부

조세법상 법인격부인론의 적용[1]

(서울고등법원 2008. 6. 17. 선고, 2007누32176 판결)

1. 판결요지

(1) ① 이 사건에 있어, 위 인정사실 및 변론에 나타난 다음과 같은 사정들, 즉 i) 자회사들은 연락처, 홈페이지, 직원, 매출액, 재무제표, 외부적인 영업실적 등이 전혀 없어 인적·물적 요소가 없고 소재지가 원고와 동일한 점(인적·물적 요소의 결여, 원고는 자회사들이 필요한 경우 외부 서비스 제공자를 아웃소싱하여 업무를 처리하였다고 주장하나, 이 사건 주식 취득 외에 다른 영업을 영위하였음을 인정할 증거가 없다), ii) 자회사들의 임원들이 서로 동일하고 그 중 3인은 원고의 임원들인 점(공통된 임직원), iii) 이 사건 주식취득에 관하여 이사회나 주주총회 등이 개최되었음을 인정할 자료가 없는 점(절차의 미준수, 원고가 제출한 이사회결의 등의 자료는 이 사건 주식취득 이후의 것들이다), iv) 자회사들의 자본금은 각 1,200원에 불과하여 독립된 법인으로서의 근거가 의심되는 면이 있

1) 본 평석은 서울고검 2009. 4월 송무실무연구회에서 발표한 보고서를 수정·보완한 것이다.

는 점(자본 불충분), v) 이 사건 주식의 취득자금 3387억 원은 모두 원고로부터 직접 차용한 것이거나 원고의 지급보증하에 은행으로부터 차용한 것이어서 자본금이 각 1,200원에 불과한 자회사들의 규모 및 운영형태에 비추어 실질적으로는 원고가 재정상의 책임을 부담하고 있다고 보이는 점(모회사의 재정상 책임), vi) 손익분배 및 회계가 구분되어 있음을 인정할 자료가 없는 점(재산의 상호 혼융 및 회계 구분의 결여), vii) 이 사건 주식취득 당시 양도·양수계약서에도 자회사들의 임원이 서명한 것이 아니라, ×× 레코 소속 직원이 서명을 하는 등 기업거래활동이 명확히 구분되어 있지 않은 점(기업거래활동의 혼융) 등의 사정을 종합하여 고려하면, 이 사건 주식취득 당시 자회사들은 독자적인 의사 또는 존재를 상실하고 모회사가 자신의 사업의 일부로서 자회사를 운영한다고 할 수 있을 정도로 완전한 지배력을 행사하고 있다고 봄이 상당하고(객관적 징표), 또한 앞서 본 사정들을 종합하면, 자회사들의 법인격이 모회사에 대한 조세법의 적용을 회피하기 위한 수단으로 사용될 목적으로 회사제도를 남용하는 등의 주관적 의도 역시 넉넉히 추단된다고 할 것이다(주관적 징표).

② 설사 그렇지 않다고 하더라도, 앞서 본 바와 같은 자회사들의 설립경위, 인적·물적 요소의 유무, 이 사건 주식취득의 경제적인 효과, 수익의 귀속 여부, 주식 양도·양수계약 체결의 형식 등에 비추어 보면, 자회사들은 외형상 회사의 형식을 갖추고 있으나 이는 회사의 형식을 빌린 것에 불과하고 이 사건 주식취득 역시 명목에 불과하며, 실질에 있어서는 그 모회사인 원고가 자신에 대한 취득세의 부과를 회피할 수단으로 자회사들의 법인격을 이용하여 이 사건 주식을 취득한 것으로 볼 수 있으므로, 실질과세원칙에 비추어 이 사건 주식취득의 법률적인 효과는 원고에게 미친다고 봄이 상당하다.[2)]

---

2) 서울행정법원 2007. 11. 6. 선고, 2007구합5349 1심 판결요지.

(2) ① 법인격부인론은 신의성실의 원칙을 근거로 하여 사법(私法) 영역에서도 극히 예외적으로 적용되는 이론인데다, 세법은 조세법률주의에 따라 과세요건을 법률로 명확히 규정하여 납세자에게 예측 가능성을 부여하고, 국가의 자의적인 징세권 행사나 남용으로부터 개인의 재산권을 보장하는 것을 대원칙으로 삼고 있으므로, 일종의 조리의 표현이라고는 하나 그 내용이 너무 막연하고 불명확한 법인격부인론을 세법관계에 그대로 적용할 수는 없다고 보아야 한다.

② 설령 세법영역에도 법인격부인론이 적용될 수 있다고 보더라도, 법인격부인론이 적용되는 것은 행위자인 회사가 그 관련 자산을 자신의 자산으로 소유하지 못하여 그 행위에 따른 책임을 부담할 수 없는 경우를 전제로 하는 것인데, 이 사건의 경우 자회사들이 취득가액만으로도 3387억 원에 달하는 ◇◇타워 주식을 자기 재산으로 취득, 관리하고 있는 만큼 법인격부인론이 적용될 요건을 충족하였다고 보기도 어렵다.[3)]

2. 사건의 개요

싱가포르 정부는 1994. 3. 21. 자기 자산을 투자·관리할 목적으로 Minister of Finance(Inc.)를 설립하였고, Minister of Finance(Inc.)의 100% 자회사인 지아이씨 ○○는 아시아의 주요 대도시에서 부동산 투자를 통해 수익을 얻을 목적으로 레코△△를 설립하였다.

원고는 한국에서 부동산을 대상으로 자본을 투자하여 수익을 얻을 목적으로 2004. 12. 10. 싱가포르 회사법에 따라 자신이 전액 출자하여 레코△△과 레코K△△를 설립하였다. 레코△△은 2004. 12. 28. 벨지움 법인인 스

3) 서울고등법원 2008. 6. 17. 선고, 2007누32176 2심 판결요지.

타홀딩스로부터 비상장법인인 주식회사 ◇◇타워(이후 주식회사 '○○금융센터'로 명칭 변경)의 발행주식총수의 약 50.01%를 취득하였고, 레코K△△는 ◇◇타워의 발행주식총수의 약 49.99%를 취득하였다.

피고는 2006. 3. 29. 원고의 자회사인 레코△△과 레코K△△가 이른바 명목회사(paper company)에 불과하고, 레코△△과 레코K△△가 위와 같이 ◇◇타워의 주식을 취득함으로써 실질적으로는 원고가 ◇◇타워의 과점주주가 되어 ◇◇타워 소유의 부동산 및 차량 등을 취득한 것으로 보고, 부동산 등의 2004. 12. 28.자 장부가액인 593,501,193,859원을 과세표준으로 하여, 원고에게 지방세법 제105조 제 6 항에 따라 과점주주의 간주취득에 따른 취득세 15,693,358,550원을 부과하였다.

3. 관련법령

❍ 국세기본법

제14조 【실질과세】

①과세의 대상이 되는 소득 · 수익 · 재산 · 행위 또는 거래의 귀속이 명의일 뿐이고 사실상 귀속되는 자가 따로 있는 때에는 사실상 귀속되는 자를 납세의무자로 하여 세법을 적용한다.

제15조 【신의 · 성실】

납세자가 그 의무를 이행함에 있어서는 신의에 좇아 성실히 하여야 한다. 세무공무원이 그 직무를 수행함에 있어서도 또한 같다.

❍ 지방세법

제22조 【출자자의 제 2 차 납세의무】(2006. 12. 30. 법률 제8147호로 개정되기 전의 것)

법인(주식을 한국증권거래소에 상장한 법인을 제외한다)의 재산으로 그 법인에게 부과되거나 그 법인이 납부 또는 납입할 지방자치단체의 징수금에 충당하여도 부족한 경우에는 그 지방자치단체의 징수금의 과세기준일 또는 납세의무 성립일(이에 관한 규정이 없는 세목에 있어서는 납기개시일) 현재 다음 각 호의 1에 해당하는 자는 그 부족액에 대하여 제2차 납세의무를 진다. 다만, 제2호의 규정에 의한 과점주주의 경우에는 그 부족액을 그 법인의 발행주식총수(의결권이 없는 주식을 제외한다. 이하 이 조에서 같다) 또는 출자총액으로 나눈 금액에 과점주주의 소유주식수(의결권이 없는 주식을 제외한다) 또는 출자액(제2호 가목 및 나목의 과점주주의 경우에는 당해 과점주주가 실질적으로 권리를 행사하는 주식수 또는 출자액)을 곱하여 산출한 금액을 한도로 한다.

1. 무한책임사원
2. 과점주주(주주 또는 유한책임사원 1인과 그와 대통령령이 정하는 친족 기타 특수관계에 있는 자들의 소유주식의 합계 또는 출자액의 합계가 당해 법인의 발행주식총수 또는 출자총액의 100분의 51 이상인 자들을 말한다. 이하 같다) 중 다음 각목의 1에 해당하는 자
   가. 당해 법인의 발행주식총수 또는 출자총액의 100분의 51 이상의 주식 또는 출자지분에 관한 권리를 실질적으로 행사하는 자
   나. 명예회장·회장·사장·부사장·전무·상무·이사 기타 그 명칭에 불구하고 법인의 경영을 사실상 지배하는 자
   다. 가목 및 나목에서 규정하는 자의 배우자(사실상 혼인관계에 있는 자를 포함한다) 및 그와 생계를 같이하는 직계존비속

제105조 【납세의무자 등】(2005. 12. 31. 법률 제7843호로 개정되기 전의 것)

⑥법인의 주식 또는 지분을 취득함으로써 과점주주가 된 때에는 그 과점주주는 당해 법인의 부동산, 차량, 기계장비·입목·항공기·선박·광업권·어업권·골프회원권·콘도미니엄회원권 또는 종합체육시설이용회원권을 취득한 것으로 본다. 다만, 법인설립시에 발행하는 주식 또는 지분을 취득함으로써 과점주주가 된 경우 또는 과점주주에 대한 취득세 납세의무 성립일 현재 이 법 및 기타 법령에 의하여 취득세가 비과세·감면되는 부분에 대하여는 그러하지 아니하다.

제82조 【「국세기본법」 등의 준용】

지방세의 부과와 징수에 관하여 이 법 및 다른 법령에서 규정한 것을 제외하고는 「국세기본법」과 「국세징수법」을 준용한다.

❍ 지방세법 시행령

제 6 조 【친족 기타 특수관계인의 범위】

①법 제22조 제 2 호에서 "대통령령이 정하는 친족 기타 특수관계에 있는 자"라 함은 다음 각 호의 1에 해당하는 자를 말한다. 다만, 주주 또는 유한책임사원이 출가녀인 경우에는 제 9 호 내지 제13호의 경우를 제외하고 그 남편과의 관계에 의한다.

1. 6촌 이내의 부계혈족과 4촌 이내의 부계혈족의 처
2. 3촌 이내의 부계혈족녀의 부(남편) 및 자
3. 3촌 이내의 모계혈족과 그 배우자 및 자
4. 처의 2촌 이내의 부계혈족 및 그 배우자
5. 배우자(사실상 혼인관계에 있는 자를 포함한다)
6. 입양자의 생가의 직계존속
7. 타가에 입양한 자 및 그 배우자와 양가의 직계비속
8. 혼인 외의 출생자의 생모
9. 사용인 기타 고용관계에 있는 자
10. 주주 또는 유한책임사원의 금전 기타의 재산에 의하여 생계를 유지하는 자와 생계를 함께하는 자
11. 주주 또는 유한책임사원이 개인인 경우에는 그 주주 또는 유한책임사원과 그와 제 1 호 내지 제10호의 관계에 있는 자들의 소유주식수 또는 출자액(이하 "소유주식수등"이라 한다)의 합계가 발행주식총수 또는 출자총액(이하 "발행주식총수등"이라 한다)의 100분의 50 이상인 법인
12. 주주 또는 유한책임사원이 법인인 경우에는 그 법인의 소유주식수등이 발행주식총수등의 100분의 50 이상인 법인(정부가 주주인 경우에는 정부를 제외한다)과 소유주식수등이 해당 법인의 발행주식총수등의 100분의 50 이상인 법인(정부가 주주인 경우에는 정부를 제외한다) 또는 개인
13. 주주 또는 유한책임사원 및 그와 제 1 호 내지 제 8 호의 관계에 있는 자가 이사의 과반수 이상이거나 그 1인이 설립자인 비영리법인. 다만, 당해 법인의 발행주식총수등의 100분의 20 이상을 소유한 경우에 한한다.

4. 평 석

가. 위 판결의 쟁점

본 사안은 실질적으로 모회사가 지분의 전부를 소유하고 있음에도 불구하고, 실질적으로 경제활동이 없는 자회사들에게 지분을 분산시킴으로써 자회사들의 법인격을 이용하여 모회사가 과점주주의 취득세 납세의무를 회피한 사안이다.

사법영역에서의 법인격부인론의 적용은 우리 학설과 판례가 모두 긍정하고 있으나, 만일 이 사건에서 조세법 영역에서도 법인격부인론이 적용될 수 있다면 자회사의 법인격이 부인되어 모회사인 원고가 지분의 전부를 소유하고 있는 것으로 평가하여 과점주주의 취득세 부과의무를 지게 된다. 따라서 이 사건은 조세법 영역에서 법인격부인론의 적용 여부와 그 적용요건이 될 것이다.

나. 원·피고의 주장

원고는 레코△△과 레코K△△는 모두 주식회사 ◇◇타워 발행주식총수의 51% 미만의 주식을 보유하고 있으므로 과점주주에 해당하지 않고,[4] 게다가 원고는 주식회사 ◇◇타워의 주식을 단 1주도 소유하고 있지 않아, 과점주주는 물론 주주의 지위에조차 있지 않으므로, 이러한 원고에 대하여

---

4) 당시 지방세법 시행령 제22조는 과점주주의 요건을 발행주식총수의 100분의 51로 규정하고 있었다. 그러나 2006년 법 개정으로 현재는 발행주식총수의 100분의 50으로 과점주주 성립요건을 완화하였다.

과점주주 간주취득세를 부과하는 것은 법조문의 명시적 문언에 반하여 허용될 수 없다고 주장하였다.

이에 대하여 피고는 원고가 형식적으로는 과점주주에 해당되지 않지만, 원고의 자회사들인 레코△△과 레코K△△는 그 이사 및 임원들이 동일한 자로 구성되어 있고 소재지 또한 동일한 장소로 되어 있는 등 인적 · 물적 관계가 유기적으로 결합되어 있으며 별다른 경제활동상황이 보여지지 않는 점 등에 비추어 원고는 명목회사에 불과하므로, 따라서 원고가 자회사들을 이용하여 조세를 회피하는 것은 법인격의 남용이라 할 것이므로 피고의 과세처분은 정당하다고 주장하였다.

다. 취득세의 과세대상 —— 과점주주의 간주취득세

(1) 과점주주의 의의[5)]

한국증권거래소에 상장하지 아니한 주식회사 또는 유한회사(이하 편의상 '비상장법인'이라 함)의 주주 또는 유한책임사원(이하 편의상 '주주 등'이라 함) 1인과 그와 일정한 범위 내의 친족 기타 특수관계에 있는 자들로서 그들의 소유 주식의 합계 또는 출자액의 합계(이하 편의상 '주식 등의 합계'라 함)가 당해 법인의 발행주식총수 또는 출자총액(이하 편의상 '발행주식총수 등'이라 함)의 100분의 51 이상인 자들을 과점주주라고 한다.

따라서 상장법인의 주주 등은 과점주주가 될 여지가 없고, 비상장법인의 주주 등이라고 하여도 그와 일정한 범위 내의 친족 기타 특수관계에 있는 자들의 주식 등의 합계가 당해 법인의 발행주식총수 등의 100분의 51 미만인 경우에는 과점주주가 아니다.

---

5) 과점주주의 의의 및 입법적 근거에 관하여 이에 대하여, 김영우, "과점주주의 제 2 차 납세의무", 『판례연구』 제14집, 2001.

(2) 입법적 근거

대륙법계의 국가에 있어서 법인에 대한 평가는 법인실재설에 의하여 법인의 인격을 별개로 인정하여 그 구성원과는 독립된 인격으로써 권리의무의 주체가 되는 것으로 인정되고 있다. 세법에 있어서도 법인세법 제 2 조 제 1 항은 법인이 법인의 소득에 대한 납세의무를 진다는 규정을 두어 법인실재설을 명확히 하고 있다. 따라서 법인의 소득에 대한 법인세는 물론 그 외 법인에 부과되는 조세, 예컨대 부가가치세 · 취득세 · 등록세 등도 모두 법인이 직접 납세의무를 지는 것이다. 그런데 과점주주는 법인의 주주 등으로써 자연인이고 법인과는 별개의 인격체임에도 일정한 경우에는 법인이 납부하여야 할 조세 등을 2차적으로 부담하게 되는 입법적 근거가 무엇인지 분명해져야 할 것 같다. A라는 인격체의 납세의무를 B라는 인격체에게 전가시켜 징수하는 것은 일반적으로 조세법률주의에 위반하기 때문이다.

헌법재판소는 제 2 차 납세의무를 부과함이 상당하다고 인정되는 과점주주의 범위에 대하여 비상장법인을 실질적으로 운영하면서 이를 조세회피의 수단으로 이용할 수 있는 지위에 있는 자, 즉 법인의 경영을 사실상 지배하는 자나 당해 법인의 발행주식총액 등의 100분의 51 이상의 주식 등에 관한 권리를 실질적으로 행사하는 자로 제한하는 것이 상당하다고 판단하고 있다.

헌법재판소의 다른 결정례는 과점주주의 제 2 차 납세의무를 납세의무의 확장의 하나로 보면서 그 성격에 대하여는 형식적으로 제 3 자에게 재산이 귀속되어 있으나 실질적으로는 주된 납세의무자와 동일한 책임을 인정하더라도 공평을 잃지 않을 특별한 관계에 있는 제 3 자를 제 2 차 납세의무자로 하여 보충적인 납세의무를 지게 함으로써 조세형평을 기하는 한편 조세징수의 확보라는 공익을 달성하기 위한 제도라고 하고 있다.

(3) 과점주주의 간주취득세[6)]

1) 최초로 과점주주가 된 경우

법인의 과점주주가 아닌 주주 또는 사원이 주식 또는 지분을 취득함으로써 최초로 과정주주가 되거나, 증자 등으로 인하여 최초로 과점주주가 된 경우에는 최초로 과점주주가 된 날 현재 당해 과점주주가 소유하고 있는 법인의 주식 또는 지분을 모두 취득한 것으로 본다. 즉, 법인설립시에 과점주주인 자가 추가로 주식 등을 취득하는 경우에는 증가분만 납세의무가 있으나, 법인설립시에는 과점주주가 아니었으나 추가로 주식 등을 취득함으로써 과점주주가 된 경우에는 전체 지분에 대하여 납세의무가 있다.

2) 과점주주이면서 지분 증감된 경우

이미 과점주주가 되었던 주주 또는 사원이 당해 법인의 주식 또는 지분을 새로이 취득함으로써 당해 법인의 주식 또는 지분에 대한 소유비율이 증가한 경우에는 그 증가된 부분에 한하여 취득세를 부과한다. 다시 말하면, 법인설립시에 과점주주가 되었던 자가 다른 주주로부터 주식을 추가 취득하거나, 과점주주로서의 취득세 납세의무를 이행한 후 다른 주주 등으로부터 주식을 취득하여 비율이 증가한 경우에는 증가부분에 한하여 납세의무를 지는 것이나, 법인설립 후에 주식이나 지분을 취득하여 최초로 과점주주가 되면 지분 전체에 대하여 납세의무를 지게 되는 것이다.

3) 일반주주로 되었다가 다시 과점주주가 된 경우

또한 과정주주였던 자가 주식 또는 지분의 양도, 당해 법인의 증자 기타 사유로 인하여 과점주주에 해당되지 아니하게 되었다가 이로부터 5년 이내에 당해 법인의 주식 또는 지분을 취득하여 다시 과점주주가 된 경우에는 그 이전의 과점주주였던 당시의 비율보다 증가된 부분에 한하여 취득

---

6) 이에 대하여, 김태호, "과점주주의 간주취득세 해설", 『월간조세』(1999.8월호), ㈜조세통람사.

세 납세의무가 있다. 그러나 5년이 경과한 후에 당해 법인의 주식 또는 지분을 취득하여 과점주주가 된 경우에는 증가된 부분이 아니라 비율 전체에 대하여 취득세 납세의무가 있음에 유의하여야 한다.

4) 제2차 납세의무와 다른 점

과점주주의 제2차 납세의무는 과점주주 중에서, i) 주식을 가장 많이 소유한 자, ii) 출자를 가장 많이 한 자, iii) 법인의 경영을 사실상 지배하는 자, iv) 앞에 열거된 자와 생계를 함께하는 자, v) 임원만이 제2차 납세의무자가 된다. 예를 들면, 아버지와, 결혼하여 별도로 거주하는 자식 4명이 과점주주일 경우에도 아버지가 가장 주식을 많이 소유하고 있다면, 아버지만 제2차 납세의무가 있다. 그러나 취득세의 간주취득세의 경우에는 아버지와 자식 4명 모두가 공동소유자로서 납세의무가 있고, 연대납세의무를 지게 된다. 그리고 제2차 납세의무는 납세의무 성립일을 기준으로 과점주주 성립 여부를 판단하지만, 간주취득세의 경우에는 주주명부에 명의가 개서된 날을 기준으로 판단한다.

라. 조세법상 법인격부인론

(1) 법인격부인의 법리에 대하여

법인격부인의 법리는, 원래 미국법에서 오래전부터 형성되어 온 법인의제의 부인(disregarding the corporate fiction) 또는 법인격의 박탈(piercing the corporate veil)의 법리로서, 학설·판례상 발전되어 확립된 것이다. 독일법에서도 이 이론을 도입하여, 파악의 이론(Durchgriffstheorie)으로 구성되는 등 그 외 다른 나라에서도 널리 받아들여진 이론이다.[7] 우리나라에서는 회사가 사원으로부터 독립된 실체를 갖지 못한 경우에 회사와 특정의 제3자 간의 문제된 법률관계에 있어서만은 회사의 법인격을 인정하지 아니하고

---

7) 加美和照, 『会社法の現代的課題』, 剄草書房, 1991, p.45.

회사와 사원을 동일시하여 회사의 책임을 사원에게 묻는 것을 말한다.[8)]

법인격부인의 법리는 회사의 해산명령이나 공법인 설립허가 취소와는 달리 회사의 법인격을 전면적으로 박탈하여 법인으로서의 존재 그 자체를 부정하려고 하는 것이 아니라, 법인으로서의 존재를 인정하면서, 특정 사안에 관하여 법인격이라는 방패를 제거하여 그 방패의 배후에 있는 실체를 포착하여 그 실체에 대하여 법률적 취급을 하려는 것이다. 바꿔 말하면 법인격부인의 법리는 법인격의 '존재' 자체를 부인하는 것(절대적 부인)이 아니고, 그 '행위'를 부인하는 것(상대적 부인)이다. 이것은 특정한 법률관계에서 일정한 요건이 충족된다면 법인격은 존재하지만 일시적으로 그 기능을 정지시키는 효과(금전채권의 지불 유예의 경우처럼)가 발생함으로써 회사와 사원을 동일시 하는 것이다.[9)]

(2) 사법영역에서의 법인격부인론의 적용

우리나라에서는 1960년대부터 다수의 상법학자들이 법인격부인론을 소개하며 동 이론의 적용을 주장하여 왔고, 1988년에 이르러 법인격부인론을 적용한 대법원 판례[10)]가 처음 등장하였다.

최근 판례[11)]에서는, '회사가 외형상으로는 법인의 형식을 갖추고 있으나 이는 법인의 형태를 빌리고 있는 것에 지나지 아니하고 그 실질에 있어서는 완전히 그 법인격의 배후에 있는 타인의 개인기업에 불과하거나 그것

---

8) 이철송, 『회사법강의』(제14판), 박영사, 2007, p.45.

9) 西川勝利, 『滞納処分における法人格否認の法理の適用について』.

10) 대법원 1988. 11. 22. 선고, 87다카1671 판결.

제 3 자 이의의 소에서 단지 편의치적만을 위해 설립한 회사에 불과한 법인이 스스로 법인격을 주장하여 채무 면탈이라는 불법 목적을 달성하려는 것은 신의칙상 허용될 수 없다고 판시하였다.

11) 대법원 2001. 1. 19. 선고, 97다21604 판결.

A의 개인기업인 B 건축회사가 공사를 계속하지 못하고 자산이 없는 사안에서 건축회사의 채무자들이 A에게 분양대금의 반환을 청구한 사안이다.

이 배후자에 대한 법률 적용을 회피하기 위한 수단으로 함부로 쓰여지는 경우에는, 비록 외견상으로는 회사의 행위라 할지라도 회사와 그 배후자가 별개의 인격체임을 내세워 회사에게만 그로 인한 법적 효과가 귀속됨을 주장하면서 배후자의 책임을 부정하는 것은 신의성실의 원칙에 위반되는 법인격의 남용으로서 심히 정의와 형평에 반하여 허용될 수 없고, 따라서 회사는 물론 그 배후자인 타인에 대하여도 회사의 행위에 관한 책임을 물을 수 있다고 보아야 한다'고 판시하여 일정한 요건하에서 사법영역에서의 법인격부인론의 적용을 긍정하고 있다.

(3) 외국의 학설 및 판례

1) 미국의 학설 및 판례

미국의 학설은 극단적인 조세회피는 허용되지 않는다는 사고에 기초를 두어, 조세회피의 목적 자체는 비난의 대상이 아니라고 한다. 그러나 법인의 거래가 조세회피목적 이외의 어떠한 실체도 가지지 못한다고 볼 수 있는 주위 사정이 인정된다면, 객관적인 이익 형량에 의하여 법인격의 남용이 법인격제도의 목적에 반한다고 한다.[12)]

이러한 조세법상의 법인격부인론(the doctrine of the disregard of the corporate entity)은 판례법으로 형성되어 왔으며 대표적인 사례로서 Gregory V. Helvering 사건[13)]에서는 '법인이 사업목적 또는 법인목적(Business or corporate purpose)을 가지지 않고 단지 조세회피를 숨기기 위한 가장(disguise)에 불과하며 이외의 어떠한 목적도 가지고 있지 않은 경우 위 법인은 조세회피의 목적을 달성하기 위한 수단에 불과하다'고 판결하였다.

미국 판례의 경향은 대체로 법인의 사업목적을 기준(business purpose

---

12) Marvin A. Chirelstein, "Learned Hand's Contriburion to the Law of Tax Avoidance", Yale L.J. Vol. 77, 440, 1968, pp.444~446.

13) Gregory V. Helvering, (1935) 2 U. S. L. Week 29, Col. 2.

test)으로 하여 회사의 주된 목적이 조세회피에 있는지 여부를 중점으로 하여 판단하고 있다.

2) 일본의 학설 및 판례[14]

일본의 학설은 동 이론의 도입에 대하여 실정법 해석론의 틀 안에서 이것을 하나의 법리로서 인정하기 위한 근거를 찾기가 어렵다는 것과, 그 적용범위와 요건이 불명확하다는 이유에서 적용소극설이 다수설이었다. 그러던 중 정면으로 이 법리를 인정한 최초의 판결로서, 쇼와 44년 2월 27일 선고된 일본최고재판소 제 1 소법정 판결[15]은, "사단법인에서 법인과 그 구성원인 사원이 법률상 개별적인 인격임은 말할 나위도 없고, 이는 사원이 한명인 경우라도 마찬가지다. 그러나 법인격의 부여는 사회적으로 존재하는 단체에 관하여 그 가치를 평가하는 입법정책에 의한 것이어서 이를 권리주체로서 인정하는 것은 법적기술에 근거하여 이루어지는 것이다. 따라서 법인격이 완전히 형해화된 것에 지나지 않는 경우, 또는 그것이 법률의 적용을 회피하기 위해 남용되는 것과 같은 경우에는 법인격을 인정하는 것이 법인격에 관한 본래의 목적에 비추어 허용되지 않아 법인격을 부인할 것이 요청된다"고 판시하였다. 이 판례로 인하여 일본의 사법영역에서 법인격부인론은 하나의 법리로 인식되기에 이르렀다.

일본에서도 법인격부인의 법리가 원래 사인간의 거래에 있어서 상대방

14) "税法における法人格の法理", 『税法学』 제351호.

15) 最高裁, 昭和44. 2. 27.

"およそ社団法人のおいて法人とその構成員たる社員とが法律上別個の人格であることはいうまでもなく、このことは社員が一人である場合でも同様である。しかし、およそ法人格の付与は社会的に存在する団体についてその価値を評価してなされる立法政策によるものであって、これを権利主体として表現せしめるに値すると認める時に、法的技術に基づいて行われるものなのである。従って法人格が全く形骸にすぎない場合、またはそれが法律の適用を回避するために濫用されるが如き場合においては、法人格を認めることは、法人格なるものの本来の目的に照らして許すべからざるものというべきであり、法人格を否認すべきことが要請される場合を生じるものである。"

보호라는 요청에서 인정된 법리이기 때문에 이 법리가, 조세법의 영역에서도 인정될 수 있을지에 대하여는 종래부터 논의가 있어 왔다. 이 점에 대하여, "주주상호금융의 주주우대금의 법인세법상의 성질"에 관한 최고재판소 쇼와 43. 11. 13. 판결 중에서 松田二郎 재판관이 별개의견으로서 설시한 바 있다. 여기에서 松田 재판관은, "주주우대금의 문제를 판단함에 있어서 주식회사라는 법적 형태를 중시할 것인지, 아니면 그 배후에 있는 경제적 관계를 법률해석상 반영해야 하는 것인지의 난제에 직면하지 않을 수 없으나, 경제적 고찰의 필요를 망각해서는 안 된다고 생각한다. 현재 법적 형태를 넘어 실체에 다가갈 수 있는 것은 세법상의 '실질과세의 원칙'과, 주로 상법상 논해지는 이른바 '법인격부인의 법리'가 존재하기 때문이다. 그러나 이는 법적 형태를 경시하는 것을 의미하는 것은 아니다. 법적 형태를 넘어 그 실체에 다가갈 수 있는 것은 어떤 목적, 어떤 면에 한하여 그 법적 형태의 배후에 있는 자를 파악하기 위해 필요한 경우에 한하는 것이다. 게다가 이러한 원리나 법리는 모두 상대측의 이익 보호를 위해 인정되는 것으로서 상대방의 손실에 있어서 이 법적 형태를 자신의 이익으로 원용하는 것이 허용될 수 없다는 취지인 것이다. 따라서 회사라는 법적 형태를 이용한 자는 설령 이 형태를 어떠한 경제목적 달성의 편의를 위한 수단에 지나지 않다고 하여도, 이 형태의 배후에 있는 경제적 실체를 강조하여 회사라는 법적 형태에 기초한 법률상의 책임을 면하는 것은 허용되지 않는 것이다"라고 설시하였는데, 이를 조세법 영역에 있어서도 법인격부인의 법리가 적용되는 경우가 있다 판단한 것으로 받아들여지고 있다.

이후 일본 코우베지방재판소 헤이세이 8년 2월 21일 판결은, "법인격부인의 법리는, 권리남용법리와 신의칙·금반언의 원칙 등 일반조항에 근거한 것으로서 조세법률주의에서 말하는 '법률'에 내재한 것인 이상, 본건과 같이 과세할 수 없다고 하면 오히려 조세의 공평부담원칙에 반하는 것으로서 타당하지 않다"고 판시함으로써 조세법 영역에서 동 이론의 적용을 긍정하였고, 미타지방재판소 헤이세이 17년 12월 10일 판결은, "법인격부인의 법리 혹은 이와 유사한 법리가 사법상 적용되는 법리에 그치지 않고, 공법 및 조세법 영역에서도 적용될 여지가 있다"고 판시하면서도, "원칙적으로 해당 법리(법인격부인론)의 적용은 인정되지 않고, 이를 주장하는 것이 세법상 공평하고 합리적이라고 할 수 있는 예외적인 경우에 한하여 동 법리의 적용이 인정된다"[16]고 판시함으로써 기본적으로 조세법 영역에서의 법인격부인론의 적용 자체는 긍정하고 있다고 보인다.

라. 우리 조세법에 있어서 법인격부인론의 적용

(1) 조세법 영역에서의 법인격부인론[17]

적용긍정설의 입장에서는, 법인격이 배후자에 대한 법률 적용을 회피하기 위한 수단으로 함부로 이용되어 심히 정의와 형평에 반하는 예외적인 경우에 이를 부인하는데, 이때 배후자가 회피하려는 법률이 조세법을 제외한 나머지 법률만을 의미한다고 볼 수 없으므로 조세법 영역에서도 법인격부인론을 적용할 수 있다고 주장한다.

적용부정설[18]의 입장에서는, 법인격부인론은 신의성실의 원칙을 근거로 하여 사법 영역에서도 극히 예외적으로 적용되는 이론인데다, 세법은 조세법률주의에 따라 과세요건을 법률로 명확히 규정하여 납세자에게 예측 가능성을 부여하고, 국가의 자의적인 징세권 행사나 남용으로부터 개인의 재산권을 보장하는 것을 대원칙으로 삼고 있으므로, 일종의 조리의 표현이라고는 하나 그 내용이 너무 막연하고 불명확한 법인격부인론을 세법관계에

16) 三田地方裁判所, 平成17. 12. 10. 판결 참조.

17) 조세법상 법인격부인론의 적용 가능성에 대하여는 학계의 논의가 활발하지 않은 실정이다.

18) 적용부정설이 현재 학계의 다수설이라고 보인다 : 이수완, "조세법상 법인격부인", 『세무사』 2권 2호 ; 안경봉, "조세법상 법인격부인론", 『사회과학연구』 18집 2권, 영남대학교 사회과학연구소, 1999.

그대로 적용할 수는 없다고 주장한다.

(2) 적용긍정설의 수용

적용부정설의 가장 큰 논거는 법인격부인론을 적용할 경우 조세법률주의[19]의 원칙에 위배된다는 점이다. 조세법률주의는 과세요건법정주의, 과세요건명확주의, 조세법령 불소급의 원칙, 합법성의 원칙을 내용으로 한다. 그런데 법인격부인론을 조세법 영역에서 적용하여 부과처분을 할 경우에 법률이 아닌 이론이 과세요건으로 기능하게 되므로 결과적으로 과세요건법정주의와 과세요건명확주의에 반하는 위법한 처분이 된다는 논리이다.

그러나 조세법의 해석과 적용에 기본이 되는 국세기본법은 제14조에서 '과세의 대상이 되는 소득·수익·재산·행위 또는 거래의 귀속이 명의일 뿐이고 사실상 귀속되는 자가 따로 있는 때에는 사실상 귀속되는 자를 납세의무자로 하여 세법을 적용한다'고 규정하여 실질과세의 원칙을 천명하고 있다. 또한 동법 제15조는 '납세자가 그 의무를 이행함에 있어서는 신의에 좇아 성실히 하여야 한다'고 규정하여 납세의무자에게 신의성실의 의무를 지우고 있다.

따라서 법인격부인론을 단지 불명료한 과세요건으로서만 볼 것이 아니라, 실질과세의 원칙과 납세의무자의 신의성실의 원칙을 달성하기 위한 조세법규의 해석·적용수단의 하나로 볼 수 있다고 생각한다. 그렇다면 동 이론을 적용한다고 하여 반드시 조세법률주의에 위배되는 것이 아니라고 할 것이고, 법인격부인론과 조세법률주의를 조화하기 위한 엄격한 적용요건을 설정하는 것이 중요한 쟁점이 될 것이다.

---

19) 헌법 제59조: "조세의 종목과 세율은 법률로서 정한다."

마. 본 사건에의 법인격부인론의 적용

(1) 적용요건의 설정

법인격부인론이 적용되기 위한 객관적 징표로서, i) 회사의 인적 · 물적 요소의 결여, ii) 모회사와 자회사의 주요 임원들의 공통, iii) 과세의 원인이 된 법률행위를 위한 절차의 미준수, iv) 자본의 불충분, v) 재정상 책임의 소재, vi) 재산의 상호 혼융 및 회계구분의 결여, vii) 기업거래활동의 혼융을 제시할 수 있고, 주관적 징표로서 법인격이 조세법의 적용을 회피하기 위한 수단으로 회사제도를 남용한 것인지 여부를 판단할 수 있다.[20]

(2) 본 사안에의 적용

레코△△과 레코K△△는 주식회사 ◇◇타워를 인수한 2004. 12. 28. 직전인 동월 20.에 설립된 회사로서 오로지 ◇◇타워를 인수하기 위한 목적 이외에는 다른 경제적인 목적이 없는 법인이며(경제적 활동의 결여), 회사의 인적 · 물적 요소가 없고 소재지가 원고와 동일하고(인적 · 물적 요소의 결여), 자회사들의 임원들이 서로 동일하고 그 중 3인은 원고의 임원들이며(공통된 임직원), 이 사건 주식취득에 관하여 이사회나 주주총회 등이 개최되었음을 인정할 자료가 없고(절차의 미준수), 자회사들의 자본금은 각 1,200원에 불과하여 독립된 법인으로서의 근거가 의심되는 면이 있으며(자본 불충분), 이 사건 주식의 취득자금 3387억 원은 모두 원고로부터 직접 차용한 것이거나 원고의 지급보증하에 은행으로부터 차용한 것이어서 자본금이 각 1,200원에 불과한 자회사들의 규모 및 운영형태에 비추어 실질적으로는 원고가 재정상의 책임을 부담하고 있다고 보이고(모회사의 재정상 책임), 손익분배 및 회계가 구분되어 있음을 인정할 자료가 없으며(재산의 상호 혼융 및 회계구분

---

20) 이 요건 구분은 이 사건 1심 판결에서 제시한 요건들이며, 기존 판례 이론에서 제시한 요건을 더욱 세밀하게 구분하였다.

의 결여), 이 사건 주식취득 당시 양도·양수계약서에도 자회사들의 임원이 서명한 것이 아니라, ×× 레코 소속 직원이 서명을 하는 등 기업거래활동이 명확히 구분되어 있지 않다(기업거래활동의 혼용).

이러한 사정을 고려하면 원고의 자회사들인 레코△△과 레코K△△는 명목회사에 불과하며, 원고가 자회사들을 설립한 이유는 오로지 자신에게 부과될 조세를 회피하기 위해서임을 추단할 수 있다. 이는 법인격의 남용이라 할 것이므로 자회사들의 법인격을 부인함이 상당하다.

바. 결　　론

자회사들의 법인격을 남용하여 과점주주의 제한을 피해 간주취득세를 회피한 사안은 이 사건 이전에는 없었기 때문에 이에 대한 대법원 확정판결이 나온다면 이는 법인격부인론의 적용범위뿐 아니라 적용요건의 확정, 그리고 자회사를 조세피난처로 이용하는 조세회피사안에 있어서 선구적인 판례가 될 것이다.

10년 전 IMF구제금융 시절 우리나라로 유입된 해외투기자본은 경제회복기를 거치며 천문학적인 액수의 투자차익을 얻었음에도 각종 조세회피처를 이용하여 납세의무를 회피하여 왔다. 이 사건도 해외자본의 조세회피 시도의 한 경우로서 소송당사자인 조세부과 관청과 우리 서울고검 송무부는 막대한 국부의 유출 시도를 방어해야 하는 중대한 책무를 지고 있다.

따라서 피고 및 본청은 대법원에 계류된 이 사건에서 승소하기 위하여 법인격부인론의 적용 가능성에 관한 위 논의를 상고이유서 작성에 적극 반영함으로써 조세피난처를 이용한 조세회피를 차단할 수 있는 명확한 대법원 판례를 받기 위해 최선을 다하고 있다.

대법원도 실질과세의 원칙, 납세자의 신의성실의 원칙의 법논리를 바탕으로 하고 해외투기자본에 의한 국부의 유출을 차단하여야 하는 정당성에 기초하여 피고 승소의 판결을 내려야 할 것이다.

서울고등검찰청 송무부

휴면법인을 이용한 등록세 중과세 회피[1)]

(대법원 2009. 4. 7. 선고, 2007누12691 판결)

1. 판결요지

(1) 지방세법 제150조의 2 제 2 항에 의하면, 위와 같이 부동산 취득등기 이후에 법인설립 등이 있어 법 제138조에 따른 등록세 중과대상이 되는 경우에는 '대통령령이 정하는 날'부터 30일 이내에 중과율을 적용한 세액에서 이미 납부한 세액을 공제한 금액을 신고납부하도록 하면서, 지방세법 시행령 제104조의 2 제 2 항 제 1 호에서는, 법인을 신설하는 경우에는 당해 사무소 또는 사업장이 '사실상 설치된 날'을 그 기산점으로 정하고 있는바, 위 규정들은 부동산 취득등기 이후에 법인이 설립되는 경우에는 사무소 또는 사업장의 사실상 설치와 같은 실질적인 설립행위를 기준으로 '설립' 여부를 판단하여 등록세 중과 여부를 결정하도록 정한 것이라고 할 수밖에 없다(원고는, 위 규정이 가산세 부과를 위하여, 중과되는 등록세 납부의무의 기산일을 정하는 것에 불과하다는 취지로 주장하나, 납부의무의 기산일을 정하는 것은 그때 중과되는 등록세 납부의무가

1) 본 평석은 서울고검 2009년 1월 "해외자본에 대한 과세" 중 일부를 수정 · 보완한 것이다.

발생하는 것을 전제로 하는 것이므로 원고의 주장은 위 판단에 방해가 되지 아니한다). 이 사건에 있어서, 원고는 1996. 1. 9. 설립된 직후 폐업하여 약 5년간 아무런 영업실적도 없었다가 위와 같은 법인 인수가 이루어지게 되면서 신규 사업자등록이 이루어지고, 이 사건 부동산 취득을 염두에 두고 부동산 개발, 임대 및 관리업이 목적사업으로 추가된 후 2001. 6. 15. 기존 주주의 주식 전부가 양도되고, 상호와 임원진 전부가 교체되었으며, 정관도 새로 작성되었고, 그 직후에 자본이 크게 증가하고 법인인수의 목적인 이 사건 부동산 취득으로 나아갔는바, 위와 같은 일련의 법인 인수와 조직 변경은 오로지 법인설립 후 이 사건 부동산 취득에 따르는 중과세를 면할 목적에 기한 것으로 보이고 다른 의도를 찾아볼 수 없는 점, 비록 법인설립등기는 없었지만 원고 법인은 법인격이 계속 유지된 것을 제외하면 동일성을 찾을 수 없을 정도로 변경되었고, 그에 따라 새로운 법인이 설립된 것과 실질적으로는 아무런 차이를 찾을 수 없는 점, 법 제138조의 입법취지에 비추어 원고 법인의 위와 같은 인수행위 및 조직 변경에 관하여도 등록세 등을 중과하는 것이 합당한 점 등을 고려하면, 2001. 6. 15. 원고 법인의 실질적인 설립행위가 있었다고 평가함이 상당하다. 피고들이 위와 같은 원고 법인의 인수와 그 이후의 완전한 인적·물적 조직 변경을 실질적인 설립행위로 파악하는 것은 법 제138조 제1항의 문리 해석상 가능한 것으로 보이고, 그와 같은 해석이 조세법률주의에 위반되지 않음은 물론 이 사건 각 부과처분에 관하여 원고가 주장하는 다른 위법사유들을 인정할 수도 없다.[2)]

(2) 법인의 설립에 관한 민법과 상법의 각 규정에 의하면, 법인의 설립에는 기본적으로 설립행위와 설립등기가 필요하고, 법인은 설립행위를 거쳐 설립등기를 함으로써 성립함과 동시에 법인격을 취득하게 되어 그로써

---

2) 서울고등법원 2007. 12. 4. 선고, 2007누12691 판결.

법인의 설립은 완성되는 것이므로, 설립등기 없는 법인의 설립은 있을 수 없고, 일단 법인이 설립등기로써 성립된 이후에는 그 법인격이 소멸되지 않는 한 같은 설립등기에 의한 새로운 법인의 설립도 있을 수 없다. 위의 법리는 법인설립 절차를 규율하는 기본법인 민법과 상법이 규정하는 바로서 법인설립에 관한 기본원칙이 되고 있고, 법인의 설립등기는 다른 법인등기 또는 상업등기와는 달리 창설적 효력을 가지며 그에 관한 규정은 강행규정인 점, 기타 관계규정의 형식과 내용 등을 종합적으로 고려할 때, 구 지방세법(2001. 12. 29. 법률 제6549호로 개정되기 전의 것)에서 '법인의 설립'에 관하여 위와 같은 일반적인 법리와는 다른 별도의 정의규정을 두고 있지 아니한 이상, 같은 법 제138조 제 1 항 제 1 호와 제 3 호에서 규정하는 '법인의 설립' 역시 '설립등기에 의한 설립'을 뜻하는 것으로 해석하여야 한다. 설립등기를 마친 후 폐업을 하여 사업실적이 없는 상태인 법인의 주식 전부를 제 3 자가 매수한 다음 법인의 임원, 자본, 상호, 목적사업 등을 변경하였다 하여 이를 위 조항이 규정하는 '법인의 설립'에 해당한다고 볼 수는 없고, 설령 그러한 행위가 등록세 등의 중과를 회피하기 위한 것으로서 이를 규제할 필요가 있다 하더라도 그와 같은 행위의 효력을 부인하는 개별적이고 구체적인 법률 규정을 두고 있지 않은 조세법하에서 그 행위가 위 조항의 '법인의 설립'에 해당한다고 보아 등록세를 중과하는 것은 조세 법규를 합리적 이유 없이 확장 또는 유추해석하는 것으로서 허용될 수 없다.[3]

---

3) 대법원 2009. 4. 7. 선고, 2007두26629 판결.

2. 사건의 개요

주식회사 ○○트레이딩은 1996. 1. 9. 자본금 5000만 원, 본점 서울 서초구 방배동, 목적사업 원단·텐트부품·플라스틱류의 제조 및 판매업으로 하여 설립등기를 마친 후, 1996. 1. 11. 관할 세무서장에게 사업자등록을 마쳤고, 1996. 7. 15. 폐업하였는바, 그 무렵부터는 일반적인 사업실적이 없는 상태로 남아 있었다. 그런데 ○○트레이딩은 2001. 4. 10. 본점을 서울 중구 예관동으로 이전하는 내용의, 2001. 6. 1. 본점을 서울 영등포구 여의도동으로 이전하는 내용의 각 변경등기를 마친 후, 2001. 6. 4. 관할 세무서장에게 사업자등록을 하고, 2001. 6. 6. 목적사업에 부동산개발업을 추가하면서 자본금을 2억 원으로 증자하는 내용의 증자등기를 마쳤다.

이후 ○○트레이딩의 기존 주주 전부는 2001. 6. 15. 보유 지분 전부를 벨지움법인 △△홀딩스에 매각하였고, 같은 날 상호를 주식회사 ◇◇타워로 변경하는 내용의 변경등기를 마쳤으며, 기존 이사와 감사가 전부 사임하고, 새로운 이사와 감사가 취임하였다.

원고는 2001. 6. 20. 본점을 서울 종로구 서린동 33으로 이전하는 내용의 변경등기를 마친 다음, 2001. 6. 21. 목적사업 중 부동산개발업을 삭제하고, 부동산 개발·임대 및 관리업을 추가하는 내용의 등기를 하고, 같은 날 자본금을 5,368,750,000원으로 증자하고 이에 대한 증자등기를 마쳤다. 원고는 2001. 6. 18. ☆☆산업개발로부터 서울 강남구 △△동 737 소재 토지 및 그 지상에 신축 중인 건물을 매수한 다음, 위 토지에 관하여 2001. 6. 21. 소유권이전등기를 하였고, 건물이 완공된 이후 그에 관하여 2001. 8. 16. 소유권보존등기를 마친 후, 이 사건 증자 등기 당시 일반세율을 적용한 등록세와 지방교육세 등을 신고·납부하였고, 이 사건 토지와 건물에 대한 등기 당시 일반세율을 적용한 등록세와 지방교육세 등을 신고·납부하였다.

피고는 주식회사 ○○트레이딩과 원고 사이에는 동일성이 없어 이 사건 주식매매가 이루어진 2001. 6. 15. 원고가 새로운 법인으로 설립된 것으로 보아 2006. 5. 29. 원고에게 이 사건 증자등기와 토지 · 건물 등기는 구 지방세법 제138조 제 1 항이 정한 법인의 설립 이후 5년 이내에 한 등기이므로 각각 등록세 중과대상에 해당한다는 이유로 이 사건 · 토지 건물에 대한 중과분 등록세 합계 21,335,780,120원, 지방교육세 합계 3,911,559,680원을 부과하는 이 사건 각 부과처분을 하였다.

3. 관련법령

❍ **국세기본법**

제14조 【실질과세】

①과세의 대상이 되는 소득 · 수익 · 재산 · 행위 또는 거래의 귀속이 명의일 뿐이고 사실상 귀속되는 자가 따로 있는 때에는 사실상 귀속되는 자를 납세의무자로 하여 세법을 적용한다.

제15조 【신의 · 성실】

납세자가 그 의무를 이행함에 있어서는 신의에 좇아 성실히 하여야 한다. 세무공무원이 그 직무를 수행함에 있어서도 또한 같다.

❍ **지방세법**

제22조 【출자자의 제 2 차 납세의무】(2006. 12. 30. 법률 제8147호로 개정되기 전의 것)

법인(주식을 한국증권거래소에 상장한 법인을 제외한다)의 재산으로 그 법인에게 부과되거나 그 법인이 납부 또는 납입할 지방자치단체의 징수금에 충당하여도 부족한 경우에는 그 지방자치단체의 징수금의 과세기준일 또는 납세의무 성립일(이에 관한 규정이 없는 세목에 있어서는 납기개시일) 현재 다음 각 호의 1에 해당하는 자는 그 부족액에 대하여 제 2 차 납세의무를 진다. 다만, 제 2 호의 규정에 의한 과점주주의 경우에는 그 부족액을 그 법인의 발행주식총수(의결권이 없는 주식을 제외한다. 이하 이 조에서 같다) 또는 출자총액으로 나눈 금액에 과점주주의 소유주식수(의결권이 없는 주식을 제외한다) 또는 출자액(제2호 가목 및 나목의 과점주주의 경우에는 당해 과점주주가 실질적으로 권리를 행사하는 주식수 또는 출자액)을 곱하여 산출한 금액을 한도로 한다.

1. 무한책임사원
2. 과점주주(주주 또는 유한책임사원 1인과 그와 대통령령이 정하는 친족 기타 특수관계에 있는 자들의 소유주식의 합계 또는 출자액의 합계가 당해 법인의 발행주식총수 또는 출자총액의 100분의 51 이상인 자들을 말한다. 이하 같다) 중 다음 각목의 1에 해당하는 자
   가. 당해 법인의 발행주식총수 또는 출자총액의 100분의 51 이상의 주식 또는 출자지분에 관한 권리를 실질적으로 행사하는 자
   나. 명예회장・회장・사장・부사장・전무・상무・이사 기타 그 명칭에 불구하고 법인의 경영을 사실상 지배하는 자
   다. 가목 및 나목에서 규정하는 자의 배우자(사실상 혼인관계에 있는 자를 포함한다) 및 그와 생계를 같이하는 직계존비속

제105조 【납세의무자 등】(2005. 12. 31. 법률 제7843호로 개정되기 전의 것)

⑥법인의 주식 또는 지분을 취득함으로써 과점주주가 된 때에는 그 과점주주는 당해 법인의 부동산, 차량, 기계장비・입목・항공기・선박・광업권・어업권・골프회원권・콘도미니엄회원권 또는 종합체육시설이용회원권을 취득한 것으로 본다. 다만, 법인설립시에 발행하는 주식 또는 지분을 취득함으로써 과점주주가 된 경우 또는 과점주주에 대한 취득세 납세의무 성립일 현재 이 법 및 기타 법령에 의하여 취득세가 비과세・감면되는 부분에 대하여는 그러하지 아니하다.

제137조 【법인등기의 세율】

①법인이 등기를 받을 때에는 다음 각 호의 구분에 의하여 등록세를 납부하여야 한다.

1. 상사회사 기타 영리법인의 설립 또는 합병으로 인한 존속법인
   (1) 설립과 불입 : 불입한 주식금액이나 출자금액 또는 현금 이외의 출자가액의 1,000분의 4

(2) 자본증가 또는 출자증가 : 불입한 금액 또는 현금 이외의 출자가액의 1,000분의 4

第138조 【대도시 지역 내 법인등기등의 중과】

①다음 각 호의 1에 해당하는 등기를 하는 때에는 그 세율을 제131조 및 제137조에 규정한 당해 세율의 100분의 300으로 한다. 다만, 수도권정비계획법 제 6 조 제 1 항 제 1 호의 규정에 의한 과밀억제권역(공업배치및공장설립에관한법률의 적용을 받는 산업단지를 제외한다. 이하 이 조에서 "대도시"라 한다) 안에 설치가 불가피하다고 인정되는 업종으로서 대통령령이 정하는 업종과 법인이 사원에게 분양 또는 임대할 목적으로 취득하는 대통령령이 정하는 주거용 부동산에 관한 등기 및 외국인투자촉진법에 의한 외국인투자기업이 2001년 12월 31일까지 행하는 공장의 신설 또는 증설에 따른 부동산등기(외국인투자비율에 해당하는 부동산의 등기에 한한다)에 대하여는 그러하지 아니하다.

1. 대도시 안에서의 법인의 설립(설립 후 5년 이내에 자본 또는 출자액을 증가하는 경우를 포함한다)과 지점 또는 분사무소의 설치에 따른 등기
2. 대도시 외의 법인이 대도시 내에로의 본점 또는 주사무소의 전입(전입 후 5년 이내에 자본 또는 출자액을 증가하는 경우를 포함한다)에 따른 등기. 이 경우 전입은 법인의 설립으로 보아 세율을 적용한다.
3. 대도시 내에서의 법인의 설립과 지점 또는 분사무소의 설치 및 대도시 내로의 법인의 본점 · 주사무소 · 지점 또는 분사무소의 전입에 따른 부동산등기와 그 설립 · 설치 · 전입 이후의 부동산등기

第150조의 2 【신고납부】

②등록세 과세물건을 등기 또는 등록한 후에 당해 과세물건이 제138조의 규정에 의한 세율의 적용대상이 된 때에는 대통령령이 정하는 날부터 30일 이내에 제138조의 규정에 의한 세율을 적용하여 산출한 세액에서 이미 납부한 세액(가산세를 제외한다)을 공제한 금액을 세액으로 하여 신고납부하여야 한다.

第82조 【「국세기본법」 등의 준용】

지방세의 부과와 징수에 관하여 이 법 및 다른 법령에서 규정한 것을 제외하고는 「국세기본법」과 「국세징수법」을 준용한다.

○ **지방세법 시행령**

제6조 【친족 기타 특수관계인의 범위】

①법 제22조 제2호에서 "대통령령이 정하는 친족 기타 특수관계에 있는 자"라 함은 다음 각 호의 1에 해당하는 자를 말한다. 다만, 주주 또는 유한책임사원이 출가녀인 경우에는 제9호 내지 제13호의 경우를 제외하고 그 남편과의 관계에 의한다.

1. 6촌 이내의 부계혈족과 4촌 이내의 부계혈족의 처
2. 3촌 이내의 부계혈족녀의 부(남편) 및 자
3. 3촌 이내의 모계혈족과 그 배우자 및 자
4. 처의 2촌 이내의 부계혈족 및 그 배우자
5. 배우자(사실상 혼인관계에 있는 자를 포함한다)
6. 입양자의 생가의 직계존속
7. 타가에 입양한 자 및 그 배우자와 양가의 직계비속
8. 혼인 외의 출생자의 생모
9. 사용인 기타 고용관계에 있는 자
10. 주주 또는 유한책임사원의 금전 기타의 재산에 의하여 생계를 유지하는 자와 생계를 함께하는 자
11. 주주 또는 유한책임사원이 개인인 경우에는 그 주주 또는 유한책임사원과 그와 제1호 내지 제10호의 관계에 있는 자들의 소유주식수 또는 출자액(이하 "소유주식수등"이라 한다)의 합계가 발행주식총수 또는 출자총액(이하 "발행주식총수등"이라 한다)의 100분의 50 이상인 법인
12. 주주 또는 유한책임사원이 법인인 경우에는 그 법인의 소유주식수등이 발행주식총수등의 100분의 50 이상인 법인(정부가 주주인 경우에는 정부를 제외한다)과 소유주식수등이 해당 법인의 발행주식총수등의 100분의 50 이상인 법인(정부가 주주인 경우에는 정부를 제외한다) 또는 개인
13. 주주 또는 유한책임사원 및 그와 제1호 내지 제8호의 관계에 있는 자가 이사의 과반수 이상이거나 그 1인이 설립자인 비영리법인. 다만, 당해 법인의 발행주식총수등의 100분의 20 이상을 소유한 경우에 한한다.

제102조 【대도시 내 법인등 중과세의 범위와 적용기준】

②법 제138조 제 1 항 제 3 호에서 "법인의 설립과 지점 또는 분사무소의 설치 및 대도시 내로의 법인의 본점 · 주사무소 · 지점 또는 분사무소의 전입에 따른 부동산등기"라 함은 당해 법인 또는 지점등이 그 설립 · 설치 · 전입(수도권의 경우 서울특별시외의 지역에서 서울특별시내로의 전입은 대도시 내로의 전입으로 본다. 이하 이 조에서 같다) 이전에 취득하는 일체의 부동산등기(채권을 보전하거나 행사할 목적으로 하는 부동산등기를 제외한다. 이하 이 조에서 같다)를 말하며, "그 설립 · 설치 · 전입 이후의 부동산등기"라 함은 법인 또는 지점등이 설립 · 설치 · 전입 이후 5년 이내에 취득하는 업무용 · 비업무용 또는 사업용 · 비사업용을 불문한 일체의 부동산등기를 말한다. 이 경우 일체의 부동산등기에는 공장의 신설 · 증설, 공장의 승계취득, 당해 대도시 내에서의 공장의 이전 및 공장의 업종변경에 따르는 부동산취득등기를 포함하며, "지점등"이라 함은 행정자치부령이 정하는 사무소 또는 사업장을 말한다.

제104조의 2 【신고납부기한 등】

②법 제150조의 2 제 2 항에서 "대통령령이 정하는 날"이라 함은 다음 각 호의 날을 말한다.

1. 다음 각목의 1에 해당하는 경우에는 당해 사무소 또는 사업장이 사실상 설치된 날

 가. 대도시 안에서 법인을 신설하는 경우

○ **구 지방세법 시행규칙**(2001. 12. 31. 행정자치부령 제154호로 개정되기 전의 것)

제55조의 2 【사무소등】

영 제102조 제 2 항 후단에서 "행정자치부령이 정하는 사무소 또는 사업장"이라 함은 법인세법 · 부가가치세법 또는 소득세법의 규정에 의하여 등록된 사업장(법인세법 · 부가가치세법 또는 소득세법의 규정에 의한 비과세 또는 과세면제대상 사업장을 포함한다)으로서 인적 · 물적 설비를 갖추고 계속하여 사무 또는 사업이 행하여지는 장소를 말한다. 다만, 다음의 장소는 제외한다.

○ **법인세법 시행령**

제87조 【특수관계자의 범위】

①법 제52조 제 1 항에서 "대통령령이 정하는 특수관계에 있는 자"라 함은 법인

과 다음 각 호의 1의 관계에 있는 자(이하 "특수관계자"라 한다)를 말한다.

1. 임원의 임면권의 행사, 사업방침의 결정 등 당해 법인의 경영에 대하여 사실상 영향력을 행사하고 있다고 인정되는 자(「상법」 제401조의 2 제 1 항의 규정에 의하여 이사로 보는 자를 포함한다)와 그 친족
2. 주주 등(소액주주 등을 제외한다. 이하 이 관에서 같다)과 그 친족
3. 법인의 임원·사용인 또는 주주 등의 사용인(주주 등이 영리법인인 경우에는 그 임원을, 비영리법인인 경우에는 그 이사 및 설립자를 말한다)이나 사용인 외의 자로서 법인 또는 주주 등의 금전 기타 자산에 의하여 생계를 유지하는 자와 이들과 생계를 함께하는 친족
4. 제 1 호 내지 제 3 호에 해당하는 자가 발행주식총수 또는 출자총액의 100분의 30 이상을 출자하고 있는 다른 법인
5. 제 4 호 또는 제 8 호에 해당하는 법인이 발행주식총수 또는 출자총액의 100분의 50 이상을 출자하고 있는 다른 법인
8. 제 1 호 내지 제 3 호에 해당하는 자 및 당해 법인이 이사의 과반수를 차지하거나 출연금(설립을 위한 출연금에 한한다)의 100분의 50 이상을 출연하고 그 중 1인이 설립자로 되어 있는 비영리법인

❍ 농어촌특별세법

제 5 조 【과세표준과 세율】

①농어촌특별세는 다음 각 호의 과세표준에 대한 세율을 곱하여 계산한 금액을 그 세액으로 한다.

호 별	과세표준	세 율
6	지방세법에 의하여 납부하여야 할 취득세액	100분의 10

4. 평 석

가. 주요 법적 개념의 정리

(1) 도시 내에서의 법인의 부동산등기에 대한 등록세 중과규정

지방세법 제138조 제 1 항 제 3 호는 '대도시 내에서의 법인의 설립과 지점 또는 분사무소의 설치 및 대도시 내로의 법인의 본점 · 주사무소 · 지점 또는 분사무소의 전입에 따른 등기'와 '그 설립 · 설치 · 전입 이후의 부동산등기'에 대하여는 등록세를 법 제131조에서 규정한 일반 등록세율의 3배로 중과하도록 규정하고 있고, 그 위임에 따른 시행령 제102조 제 2 항은 "법 제138조 제 1 항 제 3 호에서 '법인의 설립과 지점 또는 분사무소의 설치 및 대도시 내로의 법인의 본점 · 주사무소 · 지점 또는 분사무소의 전입에 따른 부동산등기'라 함은 당해 법인 또는 지점 등이 그 설립 · 설치 · 전입 이전에 취득하는 일체의 부동산등기를 말하며, '그 설립 · 설치 · 전입 이후의 부동산등기'라 함은 법인 또는 지점 등이 설립 · 설치 · 전입 이후 5년 이내에 취득하는 업무용 · 비업무용 또는 사업용 · 비사업용을 불문한 일체의 부동산등기를 말한다"고 규정하고 있다.

대도시 내의 법인설립 및 전입 등에 대한 등록세 중과의 입법취지에 대하여 판례는 대도시 내로의 인구유입에 따른 인구집중을 막기 위하여 대도시 내에서의 법인의 설립, 지점 또는 분사무소의 설치 및 대도시 내로의 법인의 본점, 주사무소, 지점 또는 분사무소의 전입에 따른 부동산등기와 그 설립, 설치, 전입 이후의 부동산등기에 대하여 등록세를 중과세하려는 것[4]이라고 하거나, 대도시 내에서의 인구집중이나 공해를 방지하기 위하여

4) 대법원 1990. 2. 13. 선고, 89누7207 판결.

대도시 내의 법인설립, 부동산 취득 등을 억제하기 위한 조세정책적인 이유에서 일정한 경우 등록세를 중과하는 것[5]이라 한다.

위 규정에 대하여는 정책적인 소기의 효과를 거두지 못한 상태에서 대도시의 추가적 세입만 가능하게 하였을 뿐 이러한 지방세수입의 증가가 기금이나 수평적 재정조정제도를 통하여 지방이전이나 지역개발 유인으로 작용하지 못하였다는 비판이 제기되고 있는 등 문제가 지적되고 있고, 더 나아가 위 규정은 평등원칙에 반하고, 과잉금지원칙에 위배된다는 위헌 주장도 제기되고 있었으나, 헌법재판소는 근래에 위 법조항이 위헌이 아니라고 판시하였다.[6), 7)]

(2) 휴면회사(휴면법인)제도[8]

1) 휴면회사의 의의

휴면회사는 영업을 폐지하여 사실상 존재하지 아니하고 단지 등기부상으로만 존재하면서 최후의 등기 후 5년간 전혀 회사의 등기를 하지 아니한 주식회사이다. 여기에서 최후의 등기 후 5년간이란 법원행정처장이 공고한

---

5) 대법원 1995. 4. 28. 선고, 94누11804 판결.

6) 정덕모, 『대법원판례해설』 제26호(95누14855), 법원도서관, 1996.

7) 헌법재판소 1996. 3. 28. 선고, 94헌바42 결정.

"일반적으로 법인(法人)은 조직과 규모에 있어 강한 확장성(擴張性)을 가지고 활동의 영역과 효과가 넓고 다양하여 인구(人口)와 경제력(經濟力)의 집중효과(集中效果)가 자연인의 경우에 비하여 훨씬 더 강하게 나타날 것이고, 동시에 대도시(大都市)가 가지는 고도의 집적(集積)의 이익(利益)을 향유함으로써 대도시 외의 법인에 비하여 훨씬 더 큰 활동상의 편의와 경제적 이득을 얻을 수 있으므로, 법인(法人)이 대도시 내(大都市內)에서 하는 부동산등기(不動產登記)에 대하여 자연인(自然人)이나 대도시 외(大都市外)의 법인(法人)이 하는 부동산등기에 비하여 상대적으로 높은 세율의 등록세(登錄稅)를 부과하는 것이 조세평등주의(租稅平等主義) 내지는 실질과세(實質課稅)의 원칙(原則)에 위배되었다고 할 수 없다."

8) 강위두, "회사의 해산", 『고시연구』 17권 제 3 호(192호), 고시연구사, 1990.

날로부터 소급하여 5년간이라는 뜻이다. 그리고 회사의 등기는 설립등기, 이사 · 감사의 선임 · 변경등기 등과 같이 회사의 신청에 의하여 하는 등기뿐만 아니라 법원의 촉탁에 의하여 하는 등기도 포함된다. 이 휴면회사 정리제도는 주식회사에서만 인정되고 또 이것은 회사의 해산 · 청산의 의제를 목적으로 하는 것이므로 청산 중의 회사에는 적용되지 아니한다.

종래 휴면회사의 존재는 상호선택의 자유를 크게 저해하였으며 또 이른바 회사꾼이 실체가 없는 등기부상의 회사를 매매하여 이익을 취하기도 하고 또는 당좌거래를 개설하여 어음 용지와 수표를 교부받았다가 부도를 일으키는 등 휴면회사가 범죄의 온상으로 되었다. 이에 휴면회사 정리의 제도를 두어 휴면회사의 해산 · 청산을 의제하고 있다.

2) 휴면회사의 의제

휴면회사라도 그 법률관계를 신중하게 처리하기 위하여 바로 해산한 것으로 보지 아니하고, 법원행정처장의 공고와 법원의 개별통지를 거쳐 휴면회사가 해산된 것으로 본다.

법원행정처장은 관보로 최후의 등기 후 5년간 아무 등기를 하지 아니한 회사는 공고일로부터 2월 내에 본점소재지의 법원에 아직 영업을 폐지하지 아니하였다는 뜻의 신고를 할 것을 공고하고 또 본점소재지의 법원이 해당 회사에 개별적으로 위의 공고가 있었다는 뜻의 통지를 발송하여야 한다. 이러한 회사의 영업불폐지신고는 공고일로부터 2월 내에 본점소재지의 법원에 서면으로 하여야 한다. 이 영업불폐지신고서에는 회사의 상호, 본점소재지, 대표자의 성명 · 주소, 아직 영업을 폐지하지 아니하였다는 뜻, 법원의 표시, 신고연월일 등을 기재하고 회사의 대표자가 기명날인하여야 한다. 그러나 대리인이 영업불폐지신고를 할 때에는 영업불폐지신고서에 위의 사항 외에 대리인의 성명과 주소를 기재하여 대리인이 기명날인하고 이에 그 권한을 증명하는 서면을 첨부하여야 한다.

신고기간 내에 영업불폐지의 신고가 없거나 아무 등기가 없는 경우에는 그 신고기간이 만료한 때에 휴면회사가 해산한 것으로 본다. 이러한 휴면회사의 해산의제는 해산과 동일한 효력이 있으므로 해산의제된 휴면회사는 청산의 목적범위 내에서만 존속하고 또 그 해산의제 당시의 이사가 법정청산인으로 된다. 해산등기－휴면회사가 해산된 것으로 의제된 때에는 본점소재지의 등기소가 직권으로 그 휴면회사의 해산등기를 하여야 하고 또 지체 없이 지점소재지의 등기소에 그 뜻을 통지하여야 하며, 그 통지를 받은 지점소재지의 등기소는 지체 없이 그 휴면회사의 해산등기를 하여야 한다.

3) 해산의제회사의 계속

휴면회사가 해산으로 의제되어도 그 해산의제일(영업불폐지신고기간 만료시)로부터 3년 내에 주주총회의 특별결의에 의하여 회사를 계속할 수 있다. 이것은 기업의 유지를 위하여 해산의제의 휴면회사에 대하여 다시 회사계속의 기회를 부여하고자 하는 것이다. 해산의제의 휴면회사가 회사계속을 하는 경우에는 청산의 목적범위 내로 축소되었던 회사의 권리능력이 해산의제 전의 완전한 권리능력으로 복귀된다. 계속등기－휴면회사가 해산의제된 후 주주총회에서 회사계속의 결의를 한 때에는 본점소재지에서는 2주간 내 또 지점소재지에서 3주간 내에 회사계속의 등기를 하여야 한다.

4) 휴면회사의 청산의제

해산으로 의제된 휴면회사가 해산의제일로부터 3년 내에 회사계속의 결의를 하지 아니하는 경우에는 그 3년이 경과한 때에 청산이 종결된 것으로 본다(상법 제520조 제4항). 이것은 휴면회사가 해산으로 의제되어도 이로써 곧 법인격이 소멸되는 것이 아니므로 해산의제된 휴면회사의 법인격 소멸을 위하여 그 청산의제를 정한 것이다. 청산종결의 등기－휴면회사의 청산종결로 의제된 때에는 해산의제의 경우와 같이 본점소재지의 등기소가 직권으로 휴면회사의 청산종결의 등기를 하고 또 지체 없이 지점소재지의 등기소에 그 뜻을 통지하여야 하며, 그 통지를 받은 지점소재지의 등기소는 지체 없이 청산종결의 등기를 하여야 한다.

나. ×××의 조세회피방법

위와 같이 상법은 각종 범죄나 탈세의 도구가 되고 있는 현실을 인식하고 이를 방지하기 위하여 휴면회사의 의제 및 청산이라는 수단을 마련해 두고 있다. 그러나 ×××는 미처 청산의제되기 전의 휴면회사를 인수함으로써 휴면회사의 탈법적인 이용을 방지하기 위한 상법 규정의 적용을 피해 갈 수 있었다.

그리하여 국내에 들어와 설립된 지 5년이 지나지 않은 법인인 △△홀딩스가 신축 중인 ◇◇타워 빌딩을 매수하여 등기할 경우에는 위 등록세 중과세규정에 따라 중과세율을 적용한 등록세를 납부하여야 되나, △△홀딩스는 설립된 지 5년이 훨씬 지난 휴면법인을 인수하여 휴면법인이 ◇◇타워를 매수하여 취득하는 방법으로 대도시 내에서 설립된 지 5년 이내의 법인이 부동산을 취득하는 경우 부담하게 될 등록세 중과세율의 적용을 회피하였다.

다. 당사자의 주장

(1) 원고의 주장

원고는 회사는 본점소재지에서 설립등기를 함으로써 설립되는 것(상법 제172조)이므로 위 규정의 "설립 후 5년 이내"에 자본을 증가하는 경우란 "설립등기 후 5년 이내"에 자본을 증가하는 경우로 해석하여야 한다고 주장하였다. 원고는 1996. 1. 9. 설립등기를 경료하여 설립된 것이 명백한 이상, 그로부터 5년 이상이 경과한 후인 2001. 6. 21.자로 이루어진 이 사건 증자등기는 중과세대상이 될 수 없는바, 이에 반하여 이루어진 피고의 등록세 중과세 처분은 위법하다고 주장하였다.

그리고 조세법률주의의 원칙에 따른 엄격해석의 원칙에 비추어 볼 때, 지방세법 제138조 제1항 제1호, 제3호가 규정하고 있는 법인의 설립은 회사의 경우 설립등기일을 의미하는 것인데, 이 사건 증자등기·토지등기·건물등기는 모두 원고의 설립등기일로부터 5년이 경과한 후에 이루어졌으므로 위 법 소정의 중과대상에 해당하지 아니한다 할 것이고, 따라서 이 사건 각 부과처분은 위법하다고 주장하였다.

(2) 피고의 주장

원고가 휴면법인의 사업이나 종업원등에 대한 승계는 하지 않고, 인수 후에는 페이퍼컴퍼니의 형태로 운영되면서 외형상의 법인등록번호와 법인 설립일자만을 이용한 것은 조세를 면탈하려는 목적을 명백하게 드러낸 것이다. 따라서 원고가 기존 법인을 전혀 새로운 내용으로 변경하여 인수한 것은 새로운 법인의 '설립'이라고 보아야 한다고 대항하였다.

원고의 경우 2001. 6. 15.를 기준으로 인원구성, 자본, 법인명, 목적 등의 실체가 전면적으로 변경되었고, 그 변경의 실질은 해외투기 자본인 벨지움법인 △△홀딩스가 조세를 회피할 목적으로 회사를 설립하는 대신 휴면법인인 상태로 남아 있는 회사의 주식을 양도받는 거래형식을 취한 것에 불과하므로, 기존 법인과 변경 후의 법인 사이에는 법인격의 실질이 달라진 것이어서 동일성이 인정될 수 없고, 따라서 실질과세의 원칙이나 지방세법의 입법취지 및 다른 규정(구 지방세법 제150조의 2 제2항, 구 지방세법 시행령 제104조의 2 제2항 제1호 가목, 구 지방세법 시행규칙 제55조의 2)에 비추어 그 변경시에 새로운 법인이 설립되었거나 본점을 사실상 새로이 설치한 것으로 보아야 하므로, 이 사건 각 부과처분은 적법하다고 주장하였다.

라. 법원의 판단

(1) 1심법원의 판결요지

법인이 영업활동을 하지 아니하였다고 하더라도 이러한 경우에 관하여 법률에서 아무런 규정을 하고 있지 않으므로 당해 법인의 법인격 자체가 소멸하지 않는 한 당해 법인의 설립일은 당초 설립등기일이고, 폐업한 법인이 다시 영업을 재개하여 활동하는 경우에도 그 활동하는 시기에 새로이 법인이 설립되었다거나 본점을 사실상 새로이 설치하였다고 볼 수는 없으며(사실상 본점의 설치라는 것은 법률상 본점의 설치가 없음에도 이것이 있는 것으로 확장하는 것이고, 법률상 이미 설치가 있는 경우에 다시 사실상 설치가 있는지 여부를 논의할 수는 없다), 세법이라 하여 이를 달리 볼 것은 아니다. 한편 구 지방세법 제150조의 2 제 2 항 및 그 시행령 제104조의 2 제 2 항 제 1 호 가목은 그 규정 내용에 비추어 부동산 취득등기 이후 법인의 설립이 이루어진 경우에 있어 사후적으로 중과요건이 충족된 이후의 신고기일의 기산점에 관한 규정에 불과한데, 이 사건의 경우에는 부동산 취득등기 이후 법인의 설립이 이루어진 경우에 해당한다고 볼 수 없다. 그리고 구 지방세법 시행규칙 제55조의 2는 구 지방세법 시행령 제102조 제 2 항 규정에 의하면 지점 등에 관하여 적용되는 것일 뿐 법인설립에 관한 것이 아니다. 따라서 법인이 설립등기를 마친 후 폐업상태에 있었다 하더라도 당초 설립등기일을 기준으로 등록세의 중과세 여부를 판단하여야 함이 지방세법 제138조 제 1 항의 올바른 해석이라 할 것이다.

법인이 영업활동을 하지 아니하였더라도 당해 법인의 법인격 자체가 소멸하지 않는 한 당해 법인의 설립일은 당초 설립등기일이고, 폐업한 법인이 다시 영업을 재개하여 활동하는 경우에도 그 활동하는 시기에 새로이 법인이 설립되었다고 볼 수는 없다

구 지방세법 제138조 제 1 항은, 법인의 경우 조직과 규모에 있어 강한

확장성을 가지고 활동의 영역과 효과가 넓고 다양하여 인구와 경제력의 집중효과가 자연인의 경우에 비하여 훨씬 더 강하게 나타나고, 동시에 대도시가 가지는 고도의 집적의 이익을 향유함으로써 대도시 외의 법인에 비하여 훨씬 더 큰 활동상의 편의와 경제적 이득을 얻을 수 있으므로, 법인이 대도시 내에서 하는 등기에 대하여 자연인이나 대도시 외의 법인이 하는 등기에 비하여 상대적으로 높은 세율의 등록세를 부과하기 위한 규정이다(헌법재판소 1996. 3. 28. 선고, 94헌바42 결정). 따라서 이러한 등록세 중과를 회피하기 위하여 대도시에서 법인을 새로이 설립하는 대신 폐업 중인 법인을 인수한 후 이를 이용하는 경우 이는 기업윤리에 어긋나고 조세정의에도 반하는 것으로서 이러한 행위에 대하여 규율할 필요성이 있다고 생각할 수도 있다. 그러나 헌법 제38조는 "모든 국민은 법률이 정하는 바에 의하여 납세의 의무를 진다"고 규정하고, 제59조는 "조세의 종목과 세율은 법률로 정한다"고 규정함으로써 조세법률주의를 채택하고 있는바, 이러한 조세법률주의원칙은 과세요건 등은 국민의 대표기관인 국회가 제정한 법률로써 규정하여야 하고, 그 법률의 집행에 있어서도 이를 엄격하게 해석·적용하여야 하는 것으로서, 행정편의적인 확장해석이나 유추적용은 허용되지 않는다(대법원 2000. 3. 16. 선고, 98두11731 등 참조). 이러한 조세법률주의원칙상 당사자의 거래행위를 그 형식에도 불구하고 행위의 실질에 따라 조세회피행위라고 하여 그 행위의 효력을 부인하기 위해서는 법률에 개별적이고 구체적인 부인규정이 마련되어 있어야 하는 것이므로(대법원 1999. 11. 9. 선고, 98두14082 판결 등 참조), 위와 같은 행위에 대하여 과세를 하기 위해서는 이에 관한 개별적이고 구체적인 법률규정을 두어야 할 것이다.

결국, 이 사건과 같이 설립등기를 마친 후 폐업을 하여 사업실적이 없는 상태에 있는 법인의 주식 전부를 제3자가 매수한 다음, 법인의 임원, 자본, 상호, 목적 사업을 변경한 경우가 구 지방세법 제138조 제1항 제1호, 제3호에서 규정하고 있는 법인의 설립 또는 본점의 설치에 해당한다고 볼 수 없다.

(2) 2심법원의 판결요지

사전적인 의미에서 '설립'은 단체나 조직을 만든다는 의미를 가지는데, 법 제138조 제 1 항 제 1 호는 '법인의 설립 …… 에 따른 등기'에 대하여, 같은 항 제 3 호는 '설립 …… 에 따른 부동산등기와 그 설립 …… 이후의 부동산등기'에 대하여 등록세 등을 중과한다고 규정하고 있는바, 위 조문의 규정 형식에 비추어 보면 '설립'이 '설립등기에 의한 설립'만을 지칭한다기보다는 법인의 실질적인 설립행위 자체, 즉 사전적인 의미의 설립행위를 가리키는 것으로 해석할 수 있다〔특히 제 1 호의 경우 '설립등기에 의한 설립'으로 해석한다면 뒤에 오는 '등기'가 반복되게 되고, 제 3 호의 경우에도 '설립등기에 의한 설립'에 부동산등기가 따른다기보다는 회사를 조직(설립)하는 활동에 부수하여 부동산 취득등기가 따른다고 보는 것이 자연스럽다〕. 또한 같은 항 제 2 호에서도, 대도시 내로의 법인 본점 등의 '전입은 법인의 설립으로 보아' 같은 세율을 적용한다고 규정하는바, 전입과 설립이 동격으로 나란히 규정되어 있는 형태에 비추어 보더라도, 설립은 '설립등기에 의한 설립'이라기보다 법인의 실질적인 설립행위 자체를 가리키는 것으로 보는 것이 더 자연스럽다. 법 제138조 제 1 항 제 3 호 전단에서는 법인의 '설립 …… 에 따른 부동산등기'에 대하여 중과세한다고 규정하고, 시행령 제102조 제 2 항에서는 그 의미에 관하여 '법인 …… 이 그 설립 …… 이전에 취득하는 일체의 부동산등기'라고 규정하는바, 원고의 주장과 같이 법 제138조에서 규정하고 있는 '설립'이 오로지 '설립등기에 의한 설립'만을 규정하는 것이라면, 위 법령 내용은 설립등기에 의하여 법인격을 취득하기 전에 부동산 취득등기를 한 경우를 상정하는 것이 되어, 그와 같은 해석은 허용될 수 없고, 피고들의 주장과 같이 기존 법인이 부동산을 취득한 이후 전혀 별개의 법인으로 변경되어 실질적으로는 새로 설립된 것으로 볼 수 있는 경우가 위 법령의 적용대상에 해당할 것이다.

한편 법 제150조의 2 제 2 항에 의하면, 위와 같이 부동산 취득등기 이후에 법인설립 등이 있어 법 제138조에 따른 등록세 중과대상이 되는 경우에는 '대통령령이 정하는 날'부터 30일 이내에 중과율을 적용한 세액에서 이미 납부한 세액을 공제한 금액을 신고납부하도록 하면서, 시행령 제104조의 2 제2항 제1호에서는, 법인을 신설하는 경우에는 당해 사무소 또는 사업장이 '사실상 설치된 날'을 그 기산점으로 정하고 있는바, 위 규정들은 부동산 취득등기 이후에 법인이 설립되는 경우에는 사무소 또는 사업장의 사실상 설치와 같은 실질적인 설립행위를 기준으로 '설립' 여부를 판단하여 등록세 중과 여부를 결정하도록 정한 것이라고 할 수밖에 없다(원고는, 위 규정이 가산세 부과를 위하여, 중과되는 등록세 납부의무의 기산일을 정하는 것에 불과하다는 취지로 주장하나, 납부의무의 기산일을 정하는 것은 그때 중과되는 등록세 납부의무가 발생하는 것을 전제로 하는 것이므로 원고의 주장은 위 판단에 방해가 되지 아니한다).

이 사건에 있어서, 원고는 1996. 1. 9. 설립된 직후 폐업하여 약 5년간 아무런 영업실적도 없었다가 위와 같은 법인 인수가 이루어지게 되면서 신규 사업자등록이 이루어지고, 이 사건 부동산 취득을 염두에 두고 부동산 개발, 임대 및 관리업이 목적사업으로 추가된 후 2001. 6. 15. 기존 주주의 주식 전부가 양도되고, 상호와 임원진 전부가 교체되었으며, 정관도 새로 작성되었고, 그 직후에 자본이 크게 증가하고 법인인수의 목적인 이 사건 부동산 취득으로 나아갔는바, 위와 같은 일련의 법인 인수와 조직 변경은 오로지 법인설립 후 이 사건 부동산 취득에 따르는 중과세를 면할 목적에 기한 것으로 보이고 다른 의도를 찾아볼 수 없는 점, 비록 법인설립등기는 없었지만 원고 법인은 법인격이 계속 유지된 것을 제외하면 동일성을 찾을 수 없을 정도로 변경되었고, 그에 따라 새로운 법인이 설립된 것과 실질적으로는 아무런 차이를 찾을 수 없는 점, 법 제138조의 입법취지에 비추어 원고 법인의 위와 같은 인수행위 및 조직 변경에 관하여도 등록세 등을 중과하는 것이 합당한 점 등을 고려하면, 2001. 6. 15. 원고 법인의 실질적인 설립행위가 있었다고 평가함이 상당하다. 피고들이 위와 같은 원고 법인의 인수와 그 이후의 완전한 인적·물적 조직 변경을 실질적인 설립행위로 파악하는 것은 법 제138조 제 1 항의 문리 해석상 가능한 것으로 보이고, 그와 같은 해석이 조세법률주의에 위반되지 않음은 물론 이 사건 각 부과처분에 관하여 원고가 주장하는 다른 위법사유들을 인정할 수도 없다(원고는 이 사건 각 부과처분이 해외자본에 대한 차별 내지 자의적인 과세권 행사의 결과라는 취지로도 주장하나, 그와 같은 사정을 인정할 아무런 증거도 없을 뿐만 아니라 앞에서 본 바와 같이 이 사건 쟁점의 해결에는 원고 법인을 인수한 자본이 해외자본인지 여부는 전혀 관계가 없다).

(3) 대법원의 판결요지

헌법은 조세법률주의를 채택하여 모든 국민은 법률이 정하는 바에 의하여 납세의 의무를 지고(헌법 제38조), "조세의 종목과 세율은 법률로 정한다"(헌법 제59조)고 규정하고 있는바, 이러한 조세법률주의원칙은 과세요건 등은 국민의 대표기관인 국회가 제정한 법률로써 규정하여야 하고, 그 법률의 집행에 있어서도 이를 엄격하게 해석 · 적용하여야 하며, 비록 과세의 필요성이 있다 하여도 행정편의적인 확장해석이나 유추적용에 의해 이를 해결하는 것은 허용되지 않음을 의미한다(대법원 2000. 3. 16. 선고, 98두11731 전원합의체 판결 참조).

또한 납세의무자가 경제활동을 함에 있어서는 동일한 경제적 목적을 달성하기 위하여서도 여러 가지의 법률관계 중 하나를 선택할 수 있는 것이고, 과세관청으로서는 특별한 사정이 없는 한 당사자들이 선택한 법률관계를 존중하여야 할 것이되(대법원 2001. 8. 21. 선고, 2000두963 판결 참조), 실질과세의 원칙에 의하여 당사자의 거래행위를 그 형식에도 불구하고, 조세회피행위라고 하여 그 행위의 효력을 부인할 수 있으려면 조세법률주의원칙상 법률에 개별적이고 구체적인 부인규정이 마련되어야 하는 것이다(대법원 1999. 11. 9. 선고, 98두14082 판결 참조).

법인의 설립에 관한 민법과 상법의 각 규정에 의하면, 법인의 설립에는 기본적으로 설립행위와 설립등기가 필요하고, 법인은 설립행위를 거쳐 설립등기를 함으로써 성립함과 동시에 법인격을 취득하게 되어(민법 제33조, 상법 제171조 제1항 · 제172조 등 참조) 그로써 법인의 설립은 완성되는 것이므로, 설립등기 없는 법인의 설립은 있을 수 없고, 일단 법인이 설립등기로써 성립된 이후에는 그 법인격이 소멸되지 않는 한 같은 설립등기에 의한 새로운 법인의 설립도 있을 수 없는 것이다.

위의 법리는 법인설립 절차를 규율하는 기본법인 민법과 상법이 규정하는 바로서 법인설립에 관한 기본원칙이 되고 있고, 법인의 설립등기는 다른 법인등기 또는 상업등기와는 달리 창설적 효력을 가지며 그에 관한 규정은 강행규정인 점, 기타 관계규정의 형식과 내용 등을 종합적으로 고려할 때, 지방세법에서 '법인의 설립'에 관하여 위와 같은 일반적인 법리와는 다른 별도의 정의규정을 두고 있지 아니한 이상, 법 제138조 제1항 제1호와 제3호에서 규정하는 '법인의 설립' 역시 '설립등기에 의한 설립'을 뜻하는 것으로 해석하여야 할 것이다. 따라서 설립등기를 마친 후 폐업을 하여 사업실적이 없는 상태에 있는 법인의 주식 전부를 제3자가 매수한 다음 법인의 임원, 자본, 상호, 목적사업 등을 변경하였다 하여 이를 위 조항이 규정하는 '법인의 설립'에 해당한다고 볼 수는 없다 할 것이고, 가사 그러한 행위가 등록세 등의 중과를 회피하기 위한 것으로서 이를 규제할 필요가 있다 하더라도 그와 같은 행위의 효력을 부인하는 개별적이고 구체적인 법률 규정을 두고 있지 않은 조세법하에서 그 행위가 위 조항의 '법인의 설립'에 해당한다고 보아 등록세를 중과하는 것은 조세 법규를 합리적 이유 없이 확장 또는 유추해석하는 것으로서 허용될 수 없다 할 것이다.

그럼에도 불구하고, 이와 다른 전제에서 2001. 6. 15. 원고 법인의 실체가 전면적으로 변경되어 실질적인 새로운 설립이 있었다고 보아 그로부터 5년 이내에 이루어진 이 사건 증자등기 및 부동산등기를 등록세 등 중과대상으로 판단한 원심 판결에는 법 제138조 제1항 제1호와 제3호 소정의 법인의 설립의 해석 · 적용에 관한 법리를 오해하여 판결에 영향을 미친 위법이 있다고 할 것이다. 이 점을 지적하는 원고의 상고이유 주장은 이유 있다.

마. 판결의 분석 —— 대법원 판례의 비판

제 1 심 판결은 조세법률주의를 엄격하게 적용하여 조세회피행위라고 하여도 그 행위의 효력을 부인하기 위해서는 조세법률주의원칙상 법률에 구체적이고 개별적인 부인규정이 있어야 하는데 휴면법인 내지 폐업법인의 인수를 이용한 설립행위에 대하여는 그와 같은 명문의 부인규정이 없으므로 등록세를 중과할 수 없다는 대전제에서 사건을 접근하고 있다. 휴면법인이나 폐업법인을 인수하는 방법으로 등록세를 회피하는 것이 조세정의에 반하여 조세법적으로 규율할 필요성이 있다는 점은 인정하고 있으나 이를 부인한 명문규정이 없는 이상 해석론으로 부인하기는 어렵다는 입장이다.

이에 반하여 제 2 심 판결은 명백히 ×××가 취득한 이익에 대하여 과세할 필요가 있다는 전제하에 실질과세원칙을 폭넓게 적용하여 상법의 '법인의 설립등기'와 지방세법상의 '법인의 설립'을 구분하는 합목적론적 해석을 취함으로써 실질과세원칙을 관철하고자 하고 있다. 세법의 규율대상인 경제현상이 다양하고 끊임없이 변화하는 점을 감안할 때 입법기술상 어느 정도의 다의적인 개념의 사용과 그에 대한 해석행위는 과세에 있어 불가피하다는 점에서 피고는 관련 법규에서 개별적 조세회피를 부인하는 규정이 없다는 이유로 명백한 탈법적 조세면탈행위를 수인하지 않고, 실질과세원칙을 적극적으로 적용하여 지방세법의 해석상 '법인설립'을 상법의 해석론과는 다르게 볼 수 있다는 점을 주장하였으며 2심에서는 이러한 주장이 받아들여졌다고 할 것이다.

그러나 대법원은 실질과세의 원칙에 의하여 당사자의 거래행위를 그 형식에도 불구하고, 조세회피행위라고 하여 그 행위의 효력을 부인할 수 있으려면 조세법률주의원칙상 법률에 개별적이고 구체적인 부인규정이 마련되어야 한다고 하는 대원칙을 중시하고 있다. 그리하여 이 사건에서 지방세법상 법인의 설립 시점을 상법과 달리 실질적으로 볼 수 있다는 명문의 '부인규정'이 존재하지 아니하는 이상, 원고가 휴면법인을 인수하여 전혀 새로운 회사로 변경등기를 한 시점을 실질적인 설립으로 보는 것은 행정편의적인 확장해석이나 유추적용에 해당한다고 판단한 것이다.

다만, 대법원은 법인의 설립을 '민법과 상법의 각 규정에 의하면, 법인의 설립에는 기본적으로 설립행위와 설립등기가 필요하고, 법인은 설립행위를 거쳐 설립등기를 함으로써 성립함과 동시에 법인격을 취득하게 되어 그로써 법인의 설립은 완성'되는 것이라 하면서 '법인격이 소멸되지 않는 한 같은 설립등기에 의한 새로운 법인의 설립도 있을 수 없'다고 판단하였다. 이러한 대법원 판례의 태도는 국세기본법상 실질과세의 원칙으로 표현되는 과세의 정당성보다 헌법상 조세법률주의의 한 원칙인 과세요건 법정주의에 더 무게를 두고 판단한 결과라고 판단된다. 즉, 대법원은 지방세법 제138조 제 1 항과 지방세법 시행령 제102조 제 2 항에서 말하는 '법인의 설립'을 하나의 과세요건으로 본 것이다. 따라서 피고가 지방세법상 등록세 중과세와 관련하여 법인의 설립을 상법상 설립등기시점이 아닌 '사실상의 설립'이라는 개념을 도입하여 법인의 내용을 전면적으로 바꾸는 변경등기 시점[9]을 법인의 설립시로 보는 것은 법에 없는 요건을 추가한 것으로 판단한 것이다. 그리하여 법률에 없는 요건을 추가하여 과세를 함에 있어서는 '실질과세의 원칙에 의하여 당사자의 거래행위를 그 형식에도 불구하고, 조세회피행위라고 하여 그 행위의 효력을 부인할 수 있으려면 조세법률주의의 원칙상 법률에 개별적이고 구체적인 부인규정이 마련'[10] 되어야만이 과세를 할 수 있는 것이라고 판시한 것이다.

그러나 피고의 이러한 해석이 과연 조세법률주의의 과세요건 법정주의를 위반한 것인지에 관하여는 의문의 여지가 남는다. 지방세법 제138조 제

9) 이 사안에서 원고는 법인의 명칭, 본점소재지, 자본금, 이사 인적사항 등 상법상 법인의 필요적 등기사항의 대부분을 변경하여 등기하였다.

10) 이 사건 대법원 판례가 인용한, 대법원 1999. 11. 9. 선고, 98두14082 판결.

1 항과 같은 법 시행령 제102조 제 2 항 어디에도 '사실상의 설립'이라는 문구가 없는 것은 사실이지만, 마찬가지로 어디에도 '법인의 설립'이 상법상 법인의 '설립등기'를 의미한다는 명문의 규정은 없기 때문이다. 그렇다면 위 법규상 '법인의 설립'이 '설립등기'를 의미하는지 아니면 '설립행위'를 의미하는지 여부는 조세법률주의에 의한 기계적인 법문(과세요건)의 적용 문제가 아니라 법조문의 해석의 문제가 되는 것이라고 보는 것이 법문과 논리에 비추어 합당하다고 여겨진다. 이렇게 '법인의 설립'을 설립등기를 전제로 하는 과세요건이 아니라 독립된 법률해석의 대상으로 보게 된다면 논리적인 순서에 의하여 위 대법원 판례와 같이 세법상 '개별적인 부인규정'의 존부는 판단할 필요가 없게 되는 것이며 결국 모든 쟁점은 '법인의 설립'의 개념에 맞춰지게 되는 것이다.

어떤 법률상 나타난 문구의 해석은 Savigny의 법률해석원칙에 의하여 1차로 문리해석, 2차로 논리해석, 3차로 체계해석, 4차로 역사적 해석의 단계로 이루어진다.[11] 이를 이 사안에 적용하여 보면, '법인의 설립'이라는 것은 우선, ⅰ) 법인이 설립된 상태(설립등기) 또는, ⅱ) 법인을 설립하는 행위 두 가지로 문리해석할 수 있다. 이러한 문리해석만으로는 설립등기를 전제로 하는 설립을 말하는 것인지 법인을 설립하는 행위로 보아야 하는지 불명확하다. 그러나 지방세법 제138조 제 1 항 제 1 호에서 '설립등기에 의한 설립'으로 해석한다면 뒤에 오는 '등기'가 반복되어 논리적으로 어색한 문장이 된다.[12] 또한 같은 항 제 2 호에서 '전입은 법인의 설립으로 보아'라고

---

11) 김대휘, "법관의 법 발견의 3단계 — 특히 법률 수정의 문제 —", 『사법연구자료』 제13집, 1986.

사비니의 법률해석의 4단계 원칙은 현재에도 그 유효성이 인정되고 있다.

12) 지방세법 제138조 제 1 항 제 1 호는, '대도시 안에서의 법인의 설립(설립 후 5년 이내에 자본 또는 출자액을 증가하는 경우를 포함한다)과 지점 또는 분사무소의 설치에 따른 등기'라고 규정하고 있으므로 여기서 설립을 설립등기로 보게 되면 뒤의 등기가 중복된다는 의미이다.

규정하고 있는데[13] 전입은 법인이 소재지를 옮기는 '행위'를 의미한다는 점에서 이와 대구를 이루는 '설립'도 설립을 위한 행위라고 해석하는 것이 논리적인 해석이다.[14]

그러나 대법원은 문리, 논리해석을 지나치고 법인의 설립에 관한 민법 및 상법을 들어 설립등기에 의하지 않은 법인의 설립은 있을 수 없다는 체계론적인 해석으로 나아가고 있다. 그러나 위에서 살펴본 바와 같이 법문리상 설립이 '설립행위'를 의미할 수 있다는 점, 그리고 논리적으로 '설립행위'라고 해석할 수 있다고 본다면 설립등기가 전제되지 않은 '설립'이라는 개념도 충분히 상정 가능한 것이어서 이는 적법한 유추해석이고 조세법률주의를 벗어나지 않은 것이라고 볼 여지도 작지 않다. 오히려 2심 판결이 지방세법과 같은 법 시행령의 문언해석에 있어서 법률해석의 기본원칙에 충실하다고 보인다.

이 사건 대법원 판결은 '법인의 설립'에 관한 문리해석과 논리해석에 대한 명백한 의문점을 무시하고 이에 대한 아무런 언급 없이 '설립등기 없는 설립은 없다'라던가 설립 이후의 '설립'은 존재할 수 없다고 판단함으로써 법인설립의 단면만을 부각하여 판단함으로써 논리를 비약하는 오류를 안고 있다.

---

13) 지방세법 제138조 제1항 제2호는, '대도시 외의 법인이 대도시 내에로의 본점 또는 주사무소의 전입(전입 후 5년 이내에 자본 또는 출자액을 증가하는 경우를 포함한다)에 따른 등기. 이 경우 전입은 법인의 설립으로 보아 세율을 적용한다'고 규정하고 있다.

14) 이 사건 2심 재판부도 이러한 점을 분명하게 지적하여 판시하고 있다.

5. 결 론

앞에서 이 사건 대법원 판결의 법률해석에 있어서의 논리적인 오류를 지적하였지만, 반대의 결론을 내린 2심 판결도 논리적으로 완벽하다고 할 수는 없다. 왜냐하면 휴면법인(회사)이 영업을 폐지하여 사실상 존재하지 아니하고 단지 등기부상으로만 존재하면서 최후의 등기 후 5년간 전혀 회사의 등기를 하지 아니한 주식회사라고는 하지만 엄연히 설립등기는 존재하며 청산의제 절차를 거치기 전에는 회사로서 존재하는 회사이기 때문에 이러한 회사의 '설립행위'를 상정하기 쉽지 않기 때문이다.

그러나 단지 등기부상으로만 존재하는 회사를 인수하여 새롭게 영업을 시작하는 행위는 법률상 무엇이라고 개념 지어야 하는가. 단순한 '변경'이라고 하여 폐업된 회사를 정상적인 회사로 탈바꿈하는 현상을 담아내기에는 단어의 그릇이 너무 작다. 오히려 폐업된 회사를 다시 '설립'하는 것이 현실적으로 더 가깝지 않은가. 여기에다가 설립을 '설립등기'가 아닌 '설립을 위한 행위'로 보는 것이 더 논리적이라고 하는 법률해석의 논리를 덧붙이고, 과세의 정당성과 필요성[15), 16)]이라는 당위론을 더한다면 얼마든지 반대의 결론이 나올 수 있었던 사건이었다는 개인적인 의견으로 끝을 맺는다.[17)]

---

15) 원고도 변론과정에서 휴면법인을 인수하여 변경등기를 하는 복잡한 과정은 모두 등록세 중과세를 회피하기 위한 수단이었음을 인정하였다.

16) ×××가 휴면법인을 이용해 ◇◇타워빌딩을 매입한 것이 알려진 후 이를 모방, 교묘하게 세금을 회피해 온 국내외 법인이 서울에서만 2,074개에 달하고 있으며 이들 법인에 등록세를 중과한 액수가 1000억 원 가량에 이르렀다. 현재 이 사건 대법원 판결의 선고로 이를 모두 환급하여 주고 있다.

17) 본 평석 후 지방세법 개정(2010. 1. 1. 법률 제9924호 일부개정)으로 제138조 제 1 항에서 '법인의 설립'에 '휴면법인을 인수한 후 5년 이내에 자본 또는 출자액을 증가하는 경우'를 포함하게 됨으로써 입법적으로 해결되었다.

판례색인

판례색인

판례색인

판례색인

판례색인

판례색인

집 필 자

[감 수]

홍 만 표

2009 서울고등검찰청 송무부장(검사장)

[저 자]

김 진 오

총괄 집필

1976 서울대학교 법과대학 졸업

1978 서울대학교 법과대학원 수료

2010 고려대학교 법무대학원 조세법학과정

1984 사법연수원 수료(제14기)

1985, 1993 서울지방검찰청 남부지청, 서울지방검찰청 검사

1999, 2001 대전지방검찰청 공안부, 서울지방검찰청 의정부지청 부장검사

2006, 2009 부산고등검찰청 검사, 서울고등검찰청 검사

김 영 진

부가가치세편 집필

2003 고려대학교 법과대학 졸업

2010 서울시립대학교 세무전문대학원

2008 사법연수원 수료(제37기)

2008 대한법률구조공단 춘천지부 원주출장소 법무관

2009 서울고등검찰청 송무부 법무관(부가가치세 담당)

박 철 경

상속세 및 증여세 · 지방세편 집필

2002 연세대학교 법과대학 졸업

2007 사법연수원 수료(제36기)

2007 대한법률구조공단 전주지부 정읍출장소 법무관

2008~2009 서울고등검찰청 송무부 법무관(상속세 · 증여세 담당)

채 명 성

법인세편 집필

2004 서울대학교 법과대학 졸업

2010 서울대학교 법과대학원

2007 사법연수원 수료(제36기)

2007, 2008 부산고등검찰청 법무관, 법무부 법무관

2009 서울고등검찰청 송무부 법무관(법인세 담당)

황 재 훈

소득세편 집필

2002 고려대학교 법과대학 졸업

2008 고려대학교 법과대학원 수료

2007 사법연수원 수료(제36기)

2007 대한법률구조공단 대구지부 안동출장소 법무관

2008~2009 서울고등검찰청 송무부 법무관(정보공개, 행정심판, 소득세 담당)

조세법판례연구

인　　쇄	2010년 3월 10일
발　　행	2010년 3월 20일
편 저 자	서울고등검찰청 송무부 조세판례연구회
발 행 인	김 수 진
발 행 처	세 경 사
출판등록	1977. 12. 2., No. 제3-74호
주　　소	서울특별시 영등포구 여의도동 13-25 정우빌딩 209호
전화번호	792-7202~3, 795-3398, 796-2400
팩　　스	792-1343
홈페이지	www.taxbible.co.kr
I S B N	978-89-7933-193-6 93320
정　　가	40,000원